佛典汉译、理解与诠释研究

——以善巧方便一系概念思想为中心

卷上

程恭让 著

中国社会科学出版社

图书在版编目(CIP)数据

佛典汉译、理解与诠释研究：以善巧方便一系概念思想为中心：全二卷／程恭让著．—北京：中国社会科学出版社，2017.12（2023.12重印）
ISBN 978-7-5203-1656-9

Ⅰ.①佛… Ⅱ.①程… Ⅲ.①佛教—宗教经典—注释②佛教—宗教经典—译文 Ⅳ.①B94

中国版本图书馆 CIP 数据核字(2017)第 299594 号

出 版 人 赵剑英
责任编辑 韩国茹
责任校对 张爱华
责任印制 张雪娇

出 版 中国社会科学出版社
社 址 北京鼓楼西大街甲 158 号
邮 编 100720
网 址 http：//www.csspw.cn
发 行 部 010－84083685
门 市 部 010－84029450
经 销 新华书店及其他书店

印刷装订 北京君升印刷有限公司
版 次 2017 年 12 月第 1 版
印 次 2023 年 12 月第 2 次印刷

开 本 710×1000 1/16
印 张 56.75
插 页 2
字 数 930 千字
定 价 238.00 元（全二卷）

目　录

卷　上

卷 下

序　一

大乘佛教在修证究竟般若的同时，十分重视方法上的善巧方便。在佛教大乘经典中，言善巧方便者甚多。《华严经》中，出现以母譬般若、以父譬善巧方便的经文。《维摩经》更是明言："智度菩萨母，方便以为父，一切众导师，无不由是生。"这里"智度"，是指般若波罗蜜多（究竟智慧）；"方便"，是指善巧方便，经中也称为"善巧方便波罗蜜多"（僧肇释之为"权智"）。可见经典是将善巧方便与般若智慧同等并重，认为二者在佛陀法身慧命的起源方面，具有与众不同的重要价值。所以从这些经文就可以了解到善巧方便对于佛法思想的重要性。但是善巧方便的本质内涵是什么？善巧方便与般若智慧的关系究竟如何？善巧方便在佛法思想建构与菩萨救度众生的事业中，又究竟起到怎样的作用？这些问题若是要追究起来，就非常难以回答。最近，程恭让教授出版新著《佛典汉译、理解与诠释研究——以善巧方便一系概念思想为中心》，就是对于上述佛学难题的探索和回答。

程教授这部著作分成上下两卷，他用整整上卷的篇幅，回应这一问题，可见他这部书对此问题之高度重视。书中选择了若干重要的大乘经典，来予以重点研究。这些经典是：《小品般若经》《佛母宝德藏般若伽陀》《大乘善巧方便波罗蜜多经》《法华经》《维摩经》《华严经》《胜鬘夫人经》《究竟一乘宝性论》《瑜伽师地论》，等等，这些都是印度大乘佛教思想史上具有一流学术思想地位的经典，也都是对于中国佛教思想有重要影响、在魏晋－隋唐之间中国佛教的经典诠释学上具有核心地位的经典。通过对于这些大乘经典思想义理的细密疏证，程教授得出令人信服的结论：初期大乘经典结集中存在一个重视善巧方便波罗蜜多思想的动向，所以这一善巧方便波罗蜜多思想系统的成长，与大乘经典的理论诉求之间存在密切的关系。并且，初期大乘佛教的这一思想动向，在中晚期大乘经典中一直得到延续，可见善巧方便的思想在大乘佛教传统中是一贯的。

作者这部书的核心理念是：菩萨学行，应当是般若、方便相辅相成、并行不悖的。作者用十六个字，精要地概括他所理解之般若、方便的这种关系："不即不离、不一不二、平衡开发、辩证彰显。"而后世佛教文化中逐渐出现重般若而轻方便的倾向，这可以在理论上解释：为什么大乘佛教是一个尚须不断深入圆满的事业。程教授基于严谨的文本释义和思想史脉络所得出的这些结论是可靠的。过去大乘佛教思想中确实既具有强调般若思想的传统，也具有强调善巧方便思想的传统，而过去确实在部分经师中也更偏向以般若的概念来理解大乘思想，这样对大乘思想的理解就是不完整的，甚至是不够准确的。可以说般若代表佛教的静观智慧，而善巧方便则代表佛教的实践理性。所以如果般若、善巧方便失衡，那么菩萨个人的学行会出问题，整体的佛教事业也会出偏差。程教授这部著作的学术证成，可以说开启了基于善巧方便概念思想重新解读大乘思想，从而更好、更完整、更准确地理解大乘思想实质的学术新路！

作者二十多年前曾跟我攻读博士学位，1996 年他在北京大学完成博士学位论文《欧阳竟无佛学思想探微》，当时就被评为北京大学优秀博士学位论文。此后他克服一切困难，奋起研习梵文佛典，在国内学者中他是最早重视新发现之梵文本《维摩经》，并加以认真研究的学者。近年他还出版了《星云大师人间佛教思想研究》一书，在近现代佛教研究和人间佛教研究方面一直是居于前沿的优秀学者。所以我相信他这本书回归大乘经典汉译、诠释研究，有他自己独特的问题意识，有他思考现代佛教转型发展问题的理论考量，此书实是他把多年进行的近现当代佛教研究与传统佛教思想史研究融合推进的新成果，新方向，新智慧。祝愿他能把他所开拓的这一以善巧方便概念思想为中心的佛教思想史研究，进一步深入下去，取得更丰富的成果！

楼宇烈

2017 年 11 月 9 日于北京寓所

序　二

这部《佛典汉译、理解与诠释研究》，是程恭让教授的新著。程教授从事佛教研究多年，这部著作也是他多年研究的心得。佛教传入中国已经有两千多年，作为一种外来宗教，要在一个新的地方传播和发展，经典的翻译是首先必须要做的。只有通过经典的翻译和诠释，才能让人们了解这种外来宗教的意义。除此以外，这种宗教要想在一个新的土地上生存和发展，必定要和本地文化相融合。佛教在中国传播和发展的历史，就经历了这样一个过程。

中国佛教的形成和发展，与佛教经典的翻译以及对教义的理解有密切关系。对佛教经典的翻译与理解，其实关系到对两种文化的理解和把握。佛教经典在中国的传译，自汉末开始，到南北朝时期，已经经过了数百年。这数百年也是中国佛教徒对佛教教义理解和把握的过程。为了更好地理解印度佛教教义，魏晋时曾经出现过“格义”的方法。所谓格义，也就是用中国传统文化中的概念来与印度佛教中的名相概念进行比对和诠释，以方便人们对佛教教义的理解。在这种情况下所理解的佛教教义思想，肯定与印度佛教的原意有一定差异。然而，也正是这种差异，才形成了中国佛教的特质。

本书从佛教经典的翻译、理解和诠释的角度，对中国佛教的发展过程进行研究，这是十分有意义的。对佛教经典的翻译、理解和诠释，涉及中国佛教的形成和发展、中国佛教的特质以及中国佛教在社会上的传播和影响等重大问题。本书分上下两卷，共 20 章，主要讨论了大乘佛教经典，特别是诸如《般若经》《法华经》《维摩经》等一系列早期大乘佛教经典，在中国传译过程中，中土人士对其的理解和诠释。作者特别重视早期大乘佛教经典中提出的“善巧方便”这一思想概念，认为是大乘佛教特殊重要的思想之一，不仅是佛菩萨之重要德目，波罗蜜多之一重要方向，而且是佛菩萨说法度众乃至阐释佛理之内在智慧根据。作者认为，大乘佛教经典中的善巧方便思想，不仅对古典时代大乘佛教流派建设意义重大，而且对近现代佛教的兴起，乃至于在当代的延续，以及对现代人间佛教思想的理论和实践，也具有十分重要的现实意义和理论价值。

所谓“善巧方便”，又称作方便善巧、善权方便、权巧方便等，即随顺机宜而施设的巧妙智用。其实，关于“善巧方便”的思想，早在佛陀时代就已经出现。当年佛陀说法，就曾因受众对象的生活环境、修行背景和理解能力的不同，而有“应机说法”之举措。所谓“应机说法”，其实也就是善巧方便的具体体现之一。也正是由于对“善巧方便”这一概念的灵活应用，才使得佛教能够在当时诸多的沙门思潮中脱颖而出，在婆罗门教占主导地位的古代印度，发展成为一个重要的宗教，并为后来走向世界奠定了基础。

到了大乘佛教时期，善巧方便就更成了大乘佛教思想的重要特质之一，特别是在早期大乘佛教经典里，特别强调这一思想。如早期大乘佛教经典《佛说大方广善巧方便经》卷一中，有智上菩萨问佛说：“云何是菩萨摩诃萨善巧方便？愿佛世尊广分别说。佛告智上菩萨摩诃萨言：善男子！汝今当知，具善巧方便菩萨摩诃萨，以一方便普令一切众生如理修行。何以故？具善巧方便菩萨摩诃萨，乃至于彼傍生异类诸恶趣中，菩萨亦以平等一切智心施其方便。即以如是善根，回向一切众生，令诸众生修行二法。何等为二？所谓一切智心、回向心。善男子！如是名为菩萨摩诃萨善巧方便。”①

由此可见，大乘佛教所说的善巧方便思想，不仅仅是一种应机说法的方便法门，而是至少包含了这么几方面的内容：一是“以一方便普令一切众生如理修行”，这是在“应机说法”的基础上更进一步了，即以“方便”结合“如理”修行，将“方便”和“智”（理）相结合，这是大乘佛教教义重视“智慧”（般若）的体现。其次是在大乘佛教善巧方便思想中，还体现了“众生平等”的思想。作为与婆罗门教对立面出现的佛教，一直反对婆罗门教的种姓制度，提出“众生平等”的说法，因此赢得了

① 《佛说大方广善巧方便经》，《大正藏》第12册，第166页。

许多下层民众，特别是低种姓民众的支持，从而也扩大了佛教僧团的力量。在佛陀的十大弟子中，就有一位优婆离尊者，他出身于首陀罗种姓，这是古代印度种姓制度中最低等的种姓。他能够皈依佛门，也是佛陀实践众生平等的具体体现。优婆离出家后严守戒律，修持严谨，在佛陀十大弟子中被称为“持律第一”。佛陀涅槃后，在第一次经典结集时，由优婆离诵出律藏，从而为佛教经典的形成和僧团组织的发展立下巨大的功勋。大乘佛教所说的平等思想，还不仅仅是种姓平等，更是扩大到众生平等，即有情众生的平等，包括了“傍生异类、诸恶趣中”的一切众生，即包括了六道轮回中的一切众生，因此佛陀告诉智上菩萨，“具善巧方便菩萨摩诃萨，乃至于彼傍生异类诸恶趣中，菩萨亦以平等一切智心施其方便”，以平等一切智心对六道众生施以方便，这才是真正的“善巧方便”。由此可见，大乘佛教的“善巧方便”，一是包含了“平等一切智心”的运用，二是普被一切众生，包括“傍生异类，诸恶趣中”的一切众生。

大乘佛教善巧方便思想的出现，具有一定的时代背景和历史原因。大约在公元一世纪前后，大乘佛教开始在原来部派佛教的基础上渐渐发展起来。当时原来各部派佛教的思想理论，从人生观到解脱论，都已经发展得相当完备。大乘佛教要在此基础上得到发展，必定要在某些方面有所突破。而部派佛教对于新兴的大乘佛教思想则是尽力加以排斥，于是就有所谓“大乘非佛说”之争。而大乘佛教为了吸引更多信众，同时也是为了圆融其教义理论，则一方面强调“善巧方便”之说，要灵活运用“善巧方便”这一概念，另外还要强调方便与智慧的结合。

相对于大乘出现之前的各种佛教派别，大乘佛教思想理论更重视智慧（般若），强调要以般若智慧和善巧方便相结合。大乘佛教中观学派创始人之一的世亲在《无量寿经优波提舍》中解释“菩萨善巧方便回向”的意义时说，修行者将自己礼拜等五种修行过程中所获得的一切功德善根，用于发愿摄取一切众生，使众生得以往生安乐佛国，这就是善巧方便回向。即大乘菩萨自己修行所得各种智慧功德，滋养的一切善根，回向施予一切众生，使众生获得饶益，这就是善巧方便。

大乘佛教认为智慧和方便两者不可缺一。这在大乘佛教经典《妙法莲华经》中体现得尤为明显。《法华经》的中心思想是强调“佛之知见”，为了说明佛之知见，又从如是信、相、体、用、作、因、缘、果、报、本末究竟十个方面（即“十如是”）来加以说明，最后将一切归结为“诸法实相”。经中说佛陀是为一“大事因缘”而来到这个世界，什么是“大事因缘”呢，就是要向众生“开”佛知见，“示”佛知见，令众生“悟”佛知见，最后引导众生“入”佛知见。这开、示、悟、入四个字，可以说是《法华经》一经之精要。而所要“开、示、悟、入”的佛知见，也就是“诸法实相”。

为了让众生能够“开示悟入”，《法华经》又提出“会三归一”说。所谓“会三归一”，即会三乘归一乘，为了劝导声闻、缘觉、菩萨三乘行者转向一佛乘，《法华经》中佛陀苦口婆心，以种种譬喻，方便说法，引导三乘行者不要贪恋于眼前一点所得，而要将目标放在获得“一佛乘”之果位上。由此，《法华经》特别强调“佛之知见”的诸法实相，与“会三归一”的善巧方便相结合，这两者缺一不可。这一点，陈隋之际三论宗的吉藏大师在其所著的《法华义疏》中说得很明白。“外国称伛和拘舍罗。伛和称为方便，拘舍罗名为胜智。谓方便胜智也。”伛和拘舍罗，也就是方便善巧。方便善巧本身就体现了方便和智慧的结合。因此吉藏又进一步解释：“方便是善巧之名，善巧者智用也。理实无三，以方便力是故说三，故名善巧。”佛法本无三乘之说，只是为了方便善巧，使众生得益，故“无三说三”，这是方便善巧的具体运用，也是佛陀大悲心的体现。说三乘是为令众生悟入一乘，故此三乘为趣一乘之由渐，所以三乘为一乘之方便。因此《法华经》除序分之外，其正宗分即以《方便品》为首。吉藏认为，佛开三乘法以摄受众生，此即为方便善巧。

般若智慧和方便善巧相结合，正体现了大乘佛教思想的特点。大乘佛教认为这是不可分割的同一事物的两个方面。大乘佛教修行十波罗蜜，方便善巧即为其中之一。由此可见，方便善巧思想确实是大乘佛教教义思想中的一个重要方面。恭让教授在本书中，对这方面有详尽的论述，并对初期大乘经典到中、后期大乘佛教经典中，关于善巧方便的概念思想之发展，作了详尽的分析和论述，并认为重视善巧方便的思想概念，在大乘佛教发展过程中是一脉相传、始终一贯的。

除了大乘佛教的善巧方便思想之外，本收还涉及了其他诸多诠释课题。例如关于《维摩经》“不二智慧”的理论，关于《究竟一乘宝性论》中的如来藏思想来源等问题，都作了有益的探索。这些问题于中国佛教思想史的发展而言，都是十分重要的问题，因此本书对这些问题进行探索，将有益于更加进一步深入探讨和研究中国佛教思想的发展历程，有利于对中国佛教思想发展过程中的一些问题进行系统梳理和分析研究。本书内容十分丰富，而且从语言学和文献学研究方法之角度对一些大乘佛教经典在传译和诠释过程中产生的问题，以及佛教思想史上一些重要问题进行探讨，是十分有意义的。相信此书的出版，将会对加深当前中国佛教的研究，起到很大的促进作用。

业露华

于上海寓所

2017 年 11 月 29 日

序三：人间佛教的思想系谱研究

——善巧方便

拜读程恭让教授以二十载岁月蕴酿所成，即将出版的《佛典汉译、理解与诠释研究——以善巧方便一系概念思想为中心》上下两卷共八百多页的大作，对其治学之勤勉，著作内容之丰富详尽，又能发人所不能发之见解，心中十分叹服。

此书内容紧扣书名，是程恭让教授对一系列汉译佛典、历代中国祖师重要理解诠释及其问题所进行的研究。其目的在藉以澄清一项佛教思想史上的重要误解与偏见：也就是影响中国佛教至深，但为印度大乘佛教般若思想光辉所掩盖的“善巧方便”思想，常被误会只是中国佛教的特殊产物，然而这系思想，却可追溯至早期般若思想时即已存在，同时也是贯穿大乘三系，并为中国佛教乃至当代人间佛教的思想重要根源。

为了论证“善巧方便”一系概念思想在印度及中国佛教中的发展系谱，程恭让教授择定明确具有“方便善巧”思想之代表性汉译佛典，且其必有相关的现存梵本可作比对者进行诸译比对，作者既参考国际梵语文献学之成果，也吸纳了海峡两岸学者对相关问题的研究心得，更不辞辛劳地提出梵本新译以澄清若干古译之不清楚处，同时也将“善巧方便”思想由印度到中国的发展脉络，逐渐勾勒出清晰之系谱。

程教授所择定之佛典跨越大乘般若、唯识与如来藏三系，其目的乃在证成“善巧方便”是大乘所共许，非仅为如来藏思想独有之主张，且更为大乘佛教的普遍要求，故中国历代祖师对相关之经典之注解诠释，其实便是留意到“善巧方便”是大乘强调“度一切众生”要求下必然会发展出来的结果，而这思想正与当代“人间佛教”的主张遥相契合，因为：既要度化众生则必常在人间。我想这也可能是程恭让教授何以在全书之中，只提出一位中国当代最杰出的佛学家、人间佛教的倡导者——印顺长老，作为研究对象，而将这研究成果收录在全书之最后一章的理由吧。故全书虽不明言人间佛教，其实已为人间佛教的思想系谱，作了清楚的厘清，也说明了中国佛教之价值不是地域性而已，而是具有普遍性的意义。

我与程恭让教授结识于2011年他在台湾担任华梵大学客座教授之时，而今彼此工作岗位各有更迭，但一直维持联系。多年以来，罕相酬酢惟以学问相交，今蒙邀约为其新书作序，姑言阅览所得、一愚之见，聊充序文，以应老友之约。

郭朝顺

书于台北自宅

2017年11月6日

自　序

本书的研究计划，从根本上说，是要以佛教传入中国过程中佛典汉译及理解、诠释方面的相关问题为中心，从佛教学术史及佛教思想史的角度，总结佛典汉译、理解、诠释问题的理论成果及历史经验。书中试图依据20世纪现代佛教学术方法，重新深入探讨佛典汉译、理解问题知识上、学术上和思想上的成就及其得失，以便更好地理解大乘佛教的思想实质，中国佛教思想创造活动的规律与进程，并基于这样的佛教思想史研究，为近现代以来中国佛教思想的转型发展问题，为新时代佛教中国化及现代人间佛教的持续健康成长问题，为当代佛教文化的观察与思考，提供理解的新角度与学术的新视野。

在本书中，我们重点是以《佛母宝德藏般若伽陀》《八千颂般若经》《大乘善巧方便波罗蜜多经》《法华经》《华严经·十地品》《维摩经》《胜鬘经》《宝性论》《瑜伽师地论》等若干部著名大乘佛教经典的汉译与诠释问题作为研究个案，展开由点及面、由具体而抽象、由特殊而一般的相关研究。这几部大乘佛教经典当然不足以概括全部的大乘佛典，不过它们确实是大乘佛教经典中最有特色那部分经典集群中的一部分。尤其是这几部经典自身都包含着丰富而深刻的佛教思想义理，在传译到汉地以后，更是对中国佛教的经典诠释学、中国佛教思想文化信仰的开展、中国佛教的创宗立派、中国近现当代佛教思想的复兴等等，都发挥过并且还在发挥着重大的影响和持续的作用，所以以这几部佛典深具中华思想特色的诠释为中心，展开佛典汉译、理解与诠释问题的细部及深部的研究，不仅使得我们关于初期大乘经典及其汉译、理解课题的研究计划通过本书的个案式探究，得以成功的具体化；也使得我们观察、分析魏晋南北朝乃至隋唐时期中国佛教的经典诠释学，及佛教思想义理建构与展开的活动，获得一个能够予以观察与评估的切实可靠的诠释学窗口。

本书具体内容由上、下二卷共20章文字组成。在上卷部分，我们选择初期大乘佛教几部有特色的重要经典，例如《八千颂般若》《佛母宝德藏般若伽陀》《善巧方便波罗蜜多经》《法华经》《维摩经》，以及中后期大乘佛教的两部重要经典，即《瑜伽师地论》《究竟一乘宝性论》，以这些经典的译传、诠释为中心展开我们的研究，包括了一共11章内容。本书这一部分的中心课题和主要理念，是集中于大乘佛教思想中善巧方便一系概念思想的研究。

作者首先以印度初期大乘经典的结集及中国魏晋南北朝时代的佛典汉译、诠释为理解背景，对《佛母宝德藏般若伽陀》与《八千颂般若经》两部早期般若系经典基于善巧方便概念思想的学理关联性，以及同样为最早期大乘经典而后来收于《大宝积经》系列的《善巧方便波罗蜜多经》中的善巧方便概念、思想，进行了深入细致的专题讨论。我们通过文本义理的细致分析，可以确证《佛母宝德藏般若伽陀》的原始版本，即已包含了初期大乘佛教善巧方便概念思想的诸多重要思想因子（第一章）；也可以确证《善巧方便波罗蜜多经》是大乘佛教最早一部完全基于善巧方便概念思想自觉建构佛德问题的经典（第二章）。紧接着，本书以《法华经》的译传、理解为分析的重点，以宏观视野探析对于中国佛教学术思想的理解意义极其重大的《法华经》经典诠释学议题。书中首先对《法华经》的“法华法门”即《法华经》基于善巧方便而导向无上菩提的教法思想体系的内容、实质，及其对现代中国佛教思想义理建构的可能性意义，予以了整体的透视和概括的研究。在这一研究中我们尽可能凸显：大乘佛教经典中的善巧方便概念思想，不仅对于古典时代大乘佛教的教理建设意义重大，即便在近现代兴起及在当代延续的现代人间佛教理论实践——佛陀本怀的新揭显，大乘精神的真落实——中，也具有十分重要的理论价值。（第三章）

此后，我们从文本学的角度，对《法华经》中所有涉及善巧方便概念思想的句义段落，都做了周详的解说与分析。在此基础上，我们提出：大乘佛教经典中这一善巧方便概念的源初、基本内涵，是指在佛陀与众生之间展开有效互动的智慧和能力，以及通过这种互动和引导最终使得众生达成佛陀的证法菩提。所以，善巧方便是将佛陀证法与佛教教法联系起来的桥梁，是佛陀走向众生的依据，也是众生走向佛陀的条件。通过对

《法华经》文义的细致剖析，可以发现善巧方便概念的具体涵义包括这样一些层面：（一）善巧方便是佛陀的一种特殊智慧；（二）善巧方便具有伟大、卓越的品性；（三）善巧方便是菩萨波罗蜜多之一，是最高（或最后）的波罗蜜多；（四）善巧方便是佛之智慧、观见。（第四章，第五章）在业已厘定善巧方便概念本质内涵的基础上，我们进一步从佛典汉译及理解的诠释学角度，对《法华经》两处有重要特殊影响的古代译文，及其所影响的汉语佛教《法华经》经典诠释传统，试图做出深度的学术考察和公允的价值评估。（第六章，第七章）

本书上卷还包括以《维摩经》为中心的研究部分，以及以《宝性论》《瑜伽师地论》等经典为中心的研究部分。在以《维摩经》为中心的研究部分，我们首先同样高度关注此经所反映和体现的善巧方便思想。作为初期大乘佛教稍后阶段的一部重要经典，《维摩经》是将初期大乘经典结集时代体现般若一系概念思想的动向，与体现善巧方便一系概念思想的动向，给予新的创造性整合因而具有特殊思想价值的大乘经典。有关般若慧与善巧方便智不一不二、不即不离、平衡开发、辩证彰显的重要思想义理，虽然也已经出现在般若系统的其他经典中，在《法华经》中也已经得到一定的体现，但对于这一思想主题高度自觉的深入阐述和学理建构，则是在《维摩经》这部大乘经典中完全实现的。所以有关善巧方便是与般若不即不离的善巧方便，以及般若与善巧方便两种品德平等并举、相辅相成的义理主题，也就成为我们这一部分研究的重点内容。（第八章）本书这一部分还详细考察了罗什弟子僧肇的《维摩经》注疏，我们发现作为魏晋时期一位天才的中国佛教思想家，僧肇的《维摩经》注疏，对于上述将般若慧与善巧方便智平等并举予以倡导这一初期大乘佛教的重要思想，实际上有着相当深入的思考和认识。僧肇等魏晋学者关于这个问题的正确理解，应该得到高度的评价，也应该构成我们今后深度评估中国佛教思想活动的一个支点。（第九章）

初期大乘经典中除了众所周知的般若一系概念思想的动向之外，还存在另外一个重要的思想动向，那就是本书以善巧方便一系概念思想为脉络所描述的思想动向。通过对于初期几部重要大乘经典思想义理这一新角度的系统考量，本书对于初期大乘这一重要的思想动向已经形成整体性的理解架构。那么初期大乘经典中如此大张旗鼓申述的这一善巧方便思想线索，在此后大乘佛教思想的继续发展中，究竟有没有得到内在的赓续和传承，或是再度消失在思想之历史洪流中？这是一个大哉问也的问题，本书试图对这一问题作出一个谨慎而提要的回应，以确保我们关于善巧方便思想议题的完整性和系统性。为此作者在本书上卷的末尾部分，重点讨论了中后期大乘佛教的两部代表性论著，它们分别是作为印度大乘佛教如来藏系核心论典的《究竟一乘宝性论》，以及作为印度大乘佛教瑜伽行派中心论典的《瑜伽师地论》。我们在这里基于善巧方便概念思想的角度，对于这两部论典的思想实质予以了仔细的义理审察。研究与解读可以客观地证明：初期大乘经典中作为思想义理中心的善巧方便一系概念思想，在《宝性论》及《瑜伽师地论》这两部印度中后期大乘佛教重要经典中，都得到了完整的义理延续和确切的意义体现。（第十章，第十一章）这一部分的简要研究可以有力地证明：从初期大乘到中后期大乘，重视善巧方便一系概念思想的理论考量，在印度大乘佛教经典的思想传统中应该说确实是一脉相传、始终一贯的，这也可以再次证明：与般若智慧不即不离、相辅相成的善巧方便一系概念思想确实反映着大乘佛教的理论本质。

在本书下卷，我们更多处理了大乘佛典汉译、理解中涉及的其他诸多的诠释课题。20世纪最后十几年，因为新出现的《维摩经》梵本，在国际学界引起重新研究、理解这部著名大乘经典的学术热情。作为华语佛教学界最早关注这一梵本的学者，笔者也努力基于《维摩经》梵本的追踪和研究，重新考察了鸠摩罗什“实相”译语及其相关天台诠释的理论意义。（第十二章）历史上玄奘大师弟子窥基曾对罗什所译《维摩经》给予极其激烈的检讨和批判，他的这种批判在现代佛教学术中仍然不乏回响。本书通过审慎、客观的研究和公允理性的反思，对罗什《维摩经》译文的崇高学术价值进行了新的证成，同时我们也本着理性、科学的学术立场，对罗什译文中存在的一些问题，以及一些疏漏，作出尽可能合乎事实的说明。（第十三章）这一部分有关《维摩经》汉译、理解的研究中，我们还关心了两个方面的问题：其一是《维摩经》中著名的不二智慧理念，我们对这一理念的发生提供了一个印度佛教思想溯源的研究（第十四章）；其二是《维摩经》中同样著名的净土思想，我们以罗什的汉译、理解为中心，也对相关议题展开了深入的反思（第十五章）。

本书卷下的第二部分，笔者还以印度佛教如来藏思想的权威代表性经典

《究竟一乘宝性论》为中心，继续展开佛典汉译、理解及相关诠释问题的研究。我们集中讨论了《宝性论》所引用《胜鬘经》的经文问题，为揭开这一如来藏系重要经典核心思想义理的真实面目，我们在研究中根据《宝性论》的引用，提供了珍贵的原语资料和逐字逐句的译文。（第十六章）在这一部分我们还重点观察了华严宗祖师法藏的相关佛教思想义理诠释工作，通过对他的经典注疏著作《大乘法界无差别论疏》及《大乘起信论义记》与《宝性论》相涉内容的细致解读、分析，我们试图以翔实的文献资料说明：过去有些学者认为包括法藏在内的"中国佛教"不重视《宝性论》的看法，可能是不正确的；过去有些学者认为应当遵循以了义释不了义的原则，依据法相唯识思想体系解释如来藏学的做法，也有待商榷。法藏并非不重视《宝性论》所代表的印度大乘佛教如来藏系的思想传统，而印度大乘佛教如来藏系的思想传统也确实渊源有自，其理论证成也非常的自足和充分。据此，我们对法藏华严学视角下如来藏思想的真实性格，作出了基于历史事实和学术理性的客观说明。（第十七章，第十九章）这一部分笔者还特别以"无始时来界"这一颂文的传承与诠释，证成无论在印度大乘佛教的思想创造中，还是在中国佛教的经典注释中，都确实一直存在两个不同方向的诠释传统，而中国唐代佛教学者中，如法藏、慧沼等人对于这个颂文的诠释，立足于自己的宗派立场，同时容认他人信仰的意义和价值，他们都具有开放的胸怀和包容的精神，非常值得今天的研究者所借鉴。而且正是因为如此，本书认为晚清民国时期以来对佛教如来藏系统过度的甚至激烈的批判倾向，今天确实应该得到合理且必要的纠正。（第十八章）

最后，我们还对20世纪华语佛教著名学者印顺法师具备现代国际学术水准的《宝性论》研究，提出一个专案式的学术反思，由此读者可以看到从古代印度到古代中国，再到20世纪现代中国，《宝性论》佛教思想义理的高度价值，以及与这部著名论典有关如来藏思想信仰的传承脉络及其理论问题。同时基于以上数章关于《宝性论》的相关研究，本书作者也对现代中国佛教发展中如来藏思想的再建构问题，广义而言对于当代中国化佛教思想的再建构问题，提出我们一些建设性的思考。

本书将语言学、文献学研究方法与佛教思想史研究方法予以辩证整合，对于几部相关大乘佛教经典的语义解释、义理诠证方面，作出了深入扎实的分析、考察，在所有这些研究中作者自觉地以伽达默尔在《真理与方法》一书中所揭示的哲学诠释学基本思想方法作为原则，尽力寻求大乘经典时代、古典注疏时代，及我们当代文化的视域“融合”。本书对于汉传佛教魏晋南北朝时期的重要相关佛学思想家，例如僧肇、慧远、法云、智𫖮等人的佛教思想，都基于崭新的学术思想视角，做出了深入细致的剖析，这些研究将丰富佛教哲学史、佛教思想史研究的相关领域。在以上客观研究的基础上，在大乘原典思想及魏晋诠释智慧的光照中，本书得以提出初期大乘佛教经典结集及思想发展的一大动向，乃是对与般若智慧不一不二、不即不离、平衡开发、辩证彰显的善巧方便一系概念思想的高度倡导。对于这一初期大乘佛教重要学术思想动向的重新、深度及系统的学术掘发，也是作者近期著作和学思的一次系统整理和提升，个人认为其对于理解佛教思想的本质，对于理解原始佛教思想与大乘佛教思想的一贯，对于理解初期大乘佛教思想的实质，对于理解中国传统佛教思想、诠释活动的经验教训，乃至对于理解20世纪以来现代佛教思想文化的脉动，现今及今后一段时期人间佛教理论、实践的健康、良性发展，都将具有重要的学术意义及理论价值。

本书以整整上卷的篇幅探讨大乘佛教经典中的善巧方便思想及其中国诠释智慧。为什么作者在本书中要如此高度地强调以善巧方便一系概念思想为中心，对于大乘佛教经典的思想传统及佛典汉译、理解问题，展开深度的理论诠释工作？这既是本书作者长期以来研究佛教经典学获得的重要的义理体会，也是本书作者深入研究20世纪以来近现代中国佛教转型、发展问题及与之相关的现代人间佛教的问题之后，经过反复思考得出的一个结论。

本书的主张：从初期大乘经典的思想和逻辑入手，我们不难理解大乘佛教思想中善巧方便一系概念思想的重大意义。初期大乘佛教的经典结集中，确实出现以善巧方便一系概念思想作为中心的思潮和运动，这一点通过我们对《法华经》《善巧方便波罗蜜多经》《十地经》《维摩经》等著名初期大乘经典的解读，已经完全可以获得确证；通过对于早期般若系经典不偏不倚的客观解读，也可以获得重要的学术支持。初期大乘经典确实追求以善巧方便概念为中心来理解和建构佛陀、菩萨的特殊圣德，并以此一思想建构作为基础，来解决诸如佛陀个人的证法菩提与面向众生的教法之间的张力关系，佛教教法思想的内在依据与理论目标，菩萨智慧学的系统建构，菩萨伦理学的合理落实，以及菩萨般若德与方便德需要相辅相成、并行不悖以确保菩萨学行的成功等等一系列诸多重大思想课题。简单而言，善巧方便是佛陀、菩萨、圣者转依所得的一种殊胜品德，它与般若静观实相的趋向不同，是由慈悲心所激发佛法的实践智慧，是圣者的特殊能力，它由佛陀的证法菩提所规定，时时刻刻参考众生的根性，并以将其引归佛菩提作为目标。所以这一概念牵涉到对佛陀既具超越性又不离人间性圣德秘密的理解，牵涉到对佛教教法思想内在智慧依据的理解，牵涉到对佛教圣贤救度众生实践运作机制的理解，也牵涉到在不同时代、不同地域、不同文化环境下佛教思想理解与诠释的合法性、权威性等等诸多重大理论与实践的问题。以致我们可以不折不扣地说，如果不能对于大乘经典的善巧方便一系思想形成良好的理解，基本上也不可能真正理解大乘佛教思想的内在本质，纷纭复杂的诸多大乘经典、大乘教化的内在统一性问题，以及今日语境下佛教现代化转型的种种问题。

然而与善巧方便思想在初期大乘经典中得到如此高度的强调相比，在后世佛教思想信仰的发展中，不期然而然形成了普遍重视"般若"而轻视"方便"的习惯性理解和看法，菩萨个人修学及菩萨养成教育中般若与方便二种品质如人之父母（《维摩经》），如鸟之双翼（《般若经》），如双手所握双伞盖（《佛母宝德藏般若伽陀》），因而对于大乘菩萨的学行而言，丝毫不应于般若、方便二者中的任何一者有所偏废、有所依恃的菩萨智慧学之辩证格局，被自觉或不自觉地人为割裂、率意破坏了，在这一割裂和破坏的过程中，在《法华》等伟大经典中一再作为佛菩萨圣者"最后或最高的波罗蜜多"或"伟大的善巧方便波罗蜜多"，被反复礼赞的善巧方便德，就常常被降格，常常被委屈。笔者自己也有这方面的个人经验，记得有几次应邀演讲，在讲完以善巧方便为中心的课题后，我希望倾听到正面的回应，至少是有启发性的质疑，但是我所听到的反应常常是，听众往往会引用那句来历不甚清楚的话："慈悲多祸害，方便出下流"①，来应答我们经过深

① 作者迄今只在《卍续藏》第67册，编号为No.1304的禅籍《林泉老人评唱丹霞淳禅师颂古虚堂集》中，读到有"慈悲生患害"一句，至于"方便出下流"一句，至今尚未能找到言论的出处。林泉老人，即是指元代从伦禅师（1223—1281年），他师从曹洞宗僧人行秀禅师，于元至元九年（1272年）应元世祖之诏入内，阐扬佛法，成为当时代表性的禅师，是北方传承曹洞宗的代表人物。他著有《林泉老人评唱投子青和尚颂古空谷集》和《林泉老人评唱丹霞淳禅师颂古虚堂集》。（参见吴信如主编《禅宗宗派源流》一书第十二章的论述）很有可能丛林中所谓"慈悲多祸害，方便出下流"的说法，自这位林泉老人始。如果是这样，则说明此语是元以后丛林中传说的说法，而不是唐宋古德正式论学的言论。

入考据和思考得出的结论。人们不管佛学素养如何，经常情不自禁地将他所理解的“方便”，放到似乎要比般若价值次一级的地位上，甚至放在容易引发“下流”因而需要抑制的地位上，这不能不说是妨碍对于善巧方便之本质、价值深度理解的一个业已形成的习惯性思维模式了。

就魏晋-隋唐中国佛教思想的经典诠释而言，深受道安大师、罗什法师影响的僧叡、僧肇、慧远等人，对于善巧方便一系概念思想的价值，不仅都怀有充分的自觉，而且能够设法予以理论的阐述。本书上卷的若干章节，对此问题已有详尽的展示。他们的见解，他们的真知灼见，是魏晋时代中国佛教经典诠释留下的瑰宝，值得我们今天倍加珍惜。梁代论师法云的《法华经》理解与诠释，开始形成将“方便”与“究竟”（或者，“真实”）对立起来的思维模式，此举对于造成善巧方便概念价值的下降，有着关键的影响。天台智者大师的《法华经》诠释，受到法云理解、诠释模式很深的影响，但是智者大师固有的圆教智慧，使得他能够善巧化解“方便”与“真实”之间的张力，尤其是智者大师将传自《大智度论》的四悉檀理论发挥到了极致，这使得他能够从别一路向重新开启初期大乘经典借助善巧方便概念思想所阐发者。当然，基于善巧方便概念思想对于智者大师及天台注疏的重新解读，非本书所可完成的任务，只有俟诸异日了。[①] 这里还需要强调的是，就唐以后中国佛教思想诠释史而言，“般若为体，方便为用”，三论宗吉藏大师的这一著名格言，需要回归他的具体语境和时代，回归罗什、吉藏的中观学传承，甚至要回归初期大乘经典之后印度般若思想的发展，才能圆满地予以解读。他的这句格言如果不能善巧地得以理解和诠释，极容易在精英思想层面被视为重般若而轻方便思想倾向的合理论据。而前面所言“慈悲多祸害，方便出下流”这句所谓“古德之语”的广泛流行也是同样，如果不能善巧地予以疏导，又极容易

---

① 《大智度论》：“有四种悉檀：一者、世界悉檀，二者、各各为人悉檀，三者、对治悉檀，四者、第一义悉檀。四悉檀中，一切十二部经，八万四千法藏，皆是实，无相违背。佛法中，有以世界悉檀故实，有以各各为人悉檀故实，有以对治悉檀故实，有以第一义悉檀故实。”（参见《大正藏》第25册，No.1509，《大智度论》，第59页中）郭朝顺教授指出：“悉檀原文siddhanta，原来是因明学中论辩时所立之宗义的意思，但智顗并不同意此义，而是依慧思的说法，梵汉兼取解为‘遍施’。智顗，《法华玄义》，大正藏三十三册，页686下：‘南岳师例“大涅槃”，梵、汉兼称。“悉”是此言，“檀”是梵語，悉之言遍，檀翻为施。佛以四法，遍施众生，故言悉檀也。’”（参见郭朝顺《天台智顗的诠释理论》，里仁书局2004年版，第112页）

在社会大众层面构成看轻甚至看错善巧方便思想的最好的托辞。这个不幸的思想与心理的逻辑发生过程，如果我们深入去考量，跟大乘佛教的真精神在历史上难以得到深度、广度及高度的落实，大乘佛教迄今远未成为人类生活重大精神文明指向的历史过程，其实正好在时间上、在逻辑上同步。

我们甚至在被公认为现代人间佛教思想首倡者的太虚大师的著作中，也能发现：他居然也提到“慈悲多祸害，方便出下流”的“金句”：

> 夫现在科学时代，不同古时门户之见。如佛法真有实验凭据，则世人皆可归趋。然明末时莲池大师，已言其时中国无有一人能证小乘初果者，何况今日，证果更难！但佛说一切唯心，今日心理趋重实验，得千万人发心去实验，其中一定有人能亲证圣果者。唐朝的时候，得禅宗提高学佛法者的精神，将生命都不顾惜，故能一时风振。就今西洋的科学家，亦多忘身舍命去实验，乃有成绩。若出家僧能于佛法得到实验，必可重兴正法，挽救灭亡的僧众。有人说：末法到了，人的根基浅薄，不能实证圣果，但可求带业往生了事，致放逸懒惰，弄到佛法一代不如一代。俗语云：“慈悲多祸害，方便出下流”，此就是僧众衰落的原因。对于混衣食之徒不再说了，对于为法殷勤的人，要挽救僧众灭亡的人，一定要努力进行，求现身克成圣果。俗语说：“出家一年，佛在眼前；出家三年，佛到西天。”因为出家久了，不向上努力精进，变成了老疲参，便没用了，青年有为的佛徒，当鼓起勇气，先从研究以明达佛法真理，如理真修以亲证圣果，乃为救僧之第一义。①

上面引文所出自的文章《救僧运动》，是太虚大师 1927 年在闽南佛学院所讲。当时，在社会激烈革命运动的风潮下，现代中国的佛教改革运动，也面临很大的抉择：中国佛教的改革、转型，究竟要走什么样的道路？佛教的改革是不是要放弃传统的作为佛教轴心的僧团制度？太虚这个讲座就是回应这一问题。讲座中明确提出“救僧”的主张，坚持僧众为

---

① 太虚：《救僧运动》，载于《海潮音》月刊 8 卷 10 期。

佛教核心的理念，正是在阐述其“努力进行，求现身克成圣果”的救僧主张时，他引用了“慈悲多祸害，方便出下流”这个“金句”。太虚大师文中虽然称这一“金句”为“俗语”，但是认为它揭示了“僧众衰落的原因”，换句话说，在他看来“慈悲”“方便”是引起僧众品格下降的原因。太虚大师这里引用的“俗语”中的“慈悲”，当然不是大乘佛教所讲真正意义上的“慈悲”，“方便”也不是大乘佛教所讲真正意义上的“方便”。这一句“俗语”的引用，在太虚大师的全集中，也仅有一例，与他的著作中在在处处都在正面的意义上使用“慈悲”“方便”的概念相比，这一处引用本来于其思想也并无特别的价值。但是由于太虚大师的著作，是20世纪中国佛教文化的真正畅销书，所以他此处未加深思地引用引起的外溢效应，恐怕不是他自己在讲座时所能想象的。

总而言之，佛陀的本怀有待开发，大乘的真精神有待落实，而惟有回归大乘经典中与般若不即不离的善巧方便思想，这一切才有充分自觉的可能。所以牵涉善巧方便一系概念思想的理解所引发的学术及理论的种种教训，值得作为研究者的我们，在面临佛教文化似乎将迎来新一轮复兴机遇的今天，需要更加仔细地加以深思。

善巧方便的内涵、本质这种受到轻视甚至误解的思想背景，不仅深刻影响了唐以后中国佛教的经典诠释思想，甚至也影响到现代国际学界的相关佛教研究。关于这后一方面，我们这里仅举两个重要的例子。其中一例是荷兰佛教学者 H. Kern 教授（1833—1917 年），他是最早将《法华经》翻译到西方的老一辈著名佛教学者之一，在所译《法华经》（1884 年）中，他将善巧方便概念译为 skillfulness，并认为此字也可以译为：able management，diplomacy。这位学者在书中提供的解释是：“upaya，意味着一种权宜之计。”认为从无神论者的角度而言，善巧方便之占有者，只能是“裁决一切的时间”；而从有神论的角度以言，则他必定是“全能的精神”。我们看到这些解释既受到过去佛教理解方式的影响，也受到作者时代哲学范式的制约，可以说基本上或是从纯粹世俗工具理性的角度来理解这个概念，或者是从神秘化的角度去理解这个概念，而不管是哪种理解方式，都没有把握到理解这个概念必要的思想层次。

另外一例，是著名佛教学者 Edward Conze（1904—1979 年），他是欧洲20世纪最负盛名的般若学研究专家，是将几部重要般若经典翻译到英文世界的资深佛教学者（Vajracchedikā Prajāñāpāramitā，1957；*Perfection of Wisdom in* 8000 *Lines and its Verse Summary*，1958；*The Large Sutra on Perfect Wisdom with Divisions of Abhisamayālaṅkāra*，1961）。他的译文和研究，对于欧美学者理解大乘佛教般若系统的思想，起到巨大的作用。以其深邃的学识，他已经把“真实”（Suchness）、“善巧方便”（skill in means）、“回向”（dedication of merit）视为早期般若经典《八千颂般若》的基本思想成分，但是应当同样是受到我们所谓“重般若而轻方便”的传统理解模式不知不觉的影响，以致这位杰出的老一代学者，并没有对般若经典中其实处处表现出来的般若与方便的张力关系问题，加以认真的审察和专题的考量，也没有在这种审视和考量的眼光下，重新架构其初期大乘经典思想和般若思想逻辑的分析。

当代佛学研究者Michael Pye教授，是几乎唯一的例外。他曾经在20世纪70年代出版一本杰出的著作：*Skillful Means*：*A Concept in Mahayana Buddhism*，这部书是迄今唯一一部真正以善巧方便概念思想为基础、为中心解读初期大乘佛教思想的学术著作。Pye教授在书中曾经提到他在日本访问研究时，发现在日本社会日常文化中人们对于善巧方便这个词，普遍是在“仅仅是权宜之计而已”的意义上来使用。可以看出日本社会对于这个佛教词汇的理解，与这个日语词汇所出自的中国，大家所赋予的意义几乎是如出一辙的。但是这个层次上的用法遭到了一些日本佛教研究者（例如：Niwano Nikkyd，Kumoi Shdzen，Sawada Kenshd，Masuda Hideo，等等）的反对，他们都试图要恢复这个词在大乘佛教经典中的本义，来对抗社会通识性的理解。Pye教授在其书的第八章详细观察、比较了当时日本社会公众层面和专业学者层面对于这个佛教词汇的不同理解意趣，我们觉得也许正是这样一种观察，促使Pye教授决定以大乘经典中的善巧方便问题作为自己的研究课题，并且因而促成他写出了这个领域迄今为止唯一一部重要的专题性研究著作。

Pye教授在其书中一开头就指出：“善巧方便概念是大乘佛教引领性的观念之一，并且首先是由《法华经》及其他经典普遍地加以使用。”也就是说，他确立了善巧方便思想是大乘佛教重要引领性思想的理念，并且确立了《法华经》等大乘经典是制定这一理念的基础性经典。他说：“在大乘佛教中不同的佛教教化及实践的形式，都被宣布为是暂时性的手段、方法，它们所有的，都被佛陀所精巧地制定，以便为了尚未觉悟者的利益。一位自己进步的佛教徒认识到自己宗教的这种暂时性的特征，尽管使用提供给他的这些方法，他也不得不学习不要错误地依赖于它们。他把它们放在一边，就像一个越过溪流不再需要船筏的人把船筏留在岸上一样。佛教一些发展了的追随者，通常被大乘佛教徒称为菩萨的，继续去使用这些暂时性的方法，以便将其他众生引导至于涅槃。一个菩萨精于使得佛教在所有的细节方面被叙述出来，而不会被未觉悟者的分别所捕获。”这位学者试图在与善巧方便这一概念相匹配的高度上，来重新分析、理解大乘经典中这个概念的实质，并且为此，他仔细地研究了《法华经》《维摩经》的相关思想，同时也简要地讨论了《般若经》尤其是《八千颂般若经》相关部分经文的思想内容，由此他首次构造出一个理解初期大乘经典善巧方便思想的知识框架。就现代大乘佛教思想研究而言，他的工作在唤起人们重新重视大乘佛典中善巧方便一系概念思想的内涵、价值，从而对于大乘佛教的思想实质加以重新深度思考方面，确实具有原创和首创的学术意义。所以，他的工作也是本书所作研究工作的一个出发点，我们在这里应当对他富于原创性及深密细致的研究工作，表示衷心的感谢！

Pye 教授基本上是通过阅读来自梵本及汉语佛教典籍的西文译本，从事他的分析与诠释。他的精细和客观，使得他常常得出非常精确和可靠性的结论。但是从前面所引作者那几段文字中可以看出，从原则上而言，他还是侧重从“暂时性的方法”这一角度，来界定善巧方便概念的基本涵义，而不是从佛陀、菩萨、圣者内在德性的角度，来理解善巧方便概念的所指。这样他能否完全脱逸这个概念历史上形成的公众性理解层次，能否完整揭示这个概念真正的思想内涵和固有的理论深度，仍然不无疑问。再者，就对初期大乘经典的理解、诠释而言，魏晋－隋唐之间的汉语佛教经典诠释，是相关大乘佛教思想谱系建构不可逾越的一步，对于这一阶段汉语佛教大乘经典诠释思想的再理解、再诠释，对于完整、清晰地透视与体认初期大乘经典中的善巧方便概念思想必不可少，而他的研究工作对于这一角度也是付之阙如的。Pye 教授大作所留下的这些空间，使得我们可以更好地出发继续他已经开启的研究事业。

在 Pye 教授之后，关于大乘佛教善巧方便思想的理解、诠释方面，另外一位做出重要贡献的学者，是 Mark Tatz 教授。他在其书中对于 Pye 教授的著作，也有高度的评价。如他认为 Pye 教授的书“包括了对于古典大乘经典善巧方便的精彩的处理，人们这里所需要做的不多，就可以呈现涉及这个主题的经典传统的论文”。Mark Tatz 教授深受 Pye 教授思想方法的启发，以至于他重点研究了《善巧方便波罗蜜多经》，而这部经典正是 Pye 教授在其阐述初期大乘佛教善巧方便思想历史的研究中没有考虑，或较少考虑到的。《善巧方便波罗蜜多经》是最早期结集的大乘经典之一，同时是初期大乘经典中最自觉地依据善巧方便概念思想建构佛德的一部经典，缺少对于这一部重要善巧方便一系思想经典的理解，确实将很难深切体认善巧方便概念所指的内在向度。然而这部如此重要的大乘经典，在般若光辉的耀眼光芒中，在后世几乎完全被人们所忽视，而对于这部经典思想价值的忽视，对于理解大乘佛教善巧方便概念思想的价值，几乎是致命的。现在幸亏 Mark Tatz 教授所做的文本翻译工作，使我们得以把初期大乘佛教经典史上基于善巧方便概念构建佛德的关键一环联系起来。

在本书研究、写作进行的过程中，我们力图有所突破，有所创新。本书是以佛典汉译及其诠释问题为中心的研究课题，我们这一课题的主要学术创新包括：

（一）本书的研究课题以佛典翻译的问题为基础，展开全部的研究，凡研究工作中所涉及的相关经典，我们不仅参考古代译家的汉译，也参考现代学界的一切相关研究成果，尤其是国际佛学界的一些相关研究成果，因此我们力争能够站在当代佛教研究的学术前沿来讨论有关的议题；

（二）当代佛学研究中，由于一些历史因素的影响，一直存在比较严重的学科割裂的问题，本书的研究课题在进行过程中，我们努力尝试把语言学、文献学的研究方法，与佛教思想诠释及佛教思想史的研究方法真正结合起来，这是我们的研究在方法论方面的显著创新之处；

（三）本书的研究课题所选择重点讨论的几部经论，都是佛教思想史上的著名经典，其佛学价值、哲学价值、文化价值非常卓越，本课题研究基于现代学术方法及笔者对佛教思想多年研究的心得、理解，对于这些经典文义的诠释，思想义理的开发，思想脉络的联系，作出了许多具有学术原创性的分析，解释，说明，这一方面的成果可为未来相关研究提供有价值的学术参照；

（四）诠释学的研究方法，对于历史与现实的关系有充分的自觉，并本着这种自觉，建构尽可能合理的研究路径，由此对于历史的说明更具科学理性及现实意义，对于现实的观照也更加具有回归文化经典及历史传统的方法智慧，哲学诠释学视野中展开的佛典汉译与理解问题研究，将能够为近现代以来发生发展的现代佛教思想的转型创新问题，为当代人间佛教及佛教中国化的理论建构问题，提供有意义的学术借鉴。

由于时间紧张，教学科研任务繁重，加上水平有限，虽然本书已经付梓，但作者深深感觉尚存在诸多的不足。如对于有些最新国际研究文献，还有待今后继续追踪调研和消化吸收；在翻译文献和诠释文献的理解方面，深知还可以继续深入解读和加强；在现代学者一些相关研究价值的理解方面，今后也需要更加深入地思考和借鉴；理论与现实的恰当辩证与有机结合，更是深知也还有待我们诠释智慧和技巧的继续提高。尤其是，在本书初步圆满关于印度大乘经典思想义理新视角的再解读之后，如何基于善巧方便概念思想深入发掘大乘佛教与前大乘佛教思想义理的一贯性问题，如何对于汉系佛教的经典诠释史予以全面的疏理，全新的解读，从而更加系统地开发中国佛教经典诠释传统的深度智慧，以及如何在经典传统与人间佛教之间展开更具张力的理论筹思，这一系列的工作是作者今后应当努力完成的学术目标。

本书的研究计划和写作，断断续续先后用了近二十年。其间家人二十载如一日的期待、支持，小女程理更是一直为我注意收集很多的研究资料，这是鼓励作者能将研究计划进行下去的最深动力。一些学友的学术支持、帮助，令作者内心中深深的感动。我在这里不能不提到张志刚教授，陈一标教授，周齐研究员，唐忠毛教授，张志强教授，郑筱筠研究员，李建欣研究员，周广荣研究员，尹邦志先生等等，他们对于作者的研究提供了许多宝贵的支持。尤其是楼宇烈、业露华、郭朝顺三位教授，百忙之中欣然应允为本书撰写序言，这更是对作者的莫大策励！本书的部分研究成果，分别在南京大学梵汉经典对勘课、上海大学中国佛教思想史课，以及云湖书院和道安书院的课堂上，为同学们讲授过，他们当时的意见和支持，也已经转化为本书的思想智慧。本书是一部以思想文献研究为主轴的著作，许多前贤、新彦的研究，都是本书可以汲取的学术资源。中国社会科学出版社的陈彪先生、韩国茹女士，对于本书的出版给予了重要的支持。尤其是韩国茹女士作为责任编辑，以其专业精神、严谨态度，给予本书增色不少。本书现行上、下卷的结构，就是采纳她的意见才形成的。还有许许多多的朋友，都关心和支持过本书的研究与写作，在此恕难一一言及。这里谨以本书的出版，一并衷心表达对诸位善友难以言谢的感念！

最后需要说明一下，本书部分章节，曾在一些杂志上发表过。这次收入本书，都已做了大幅修改。当然作者在此仍然要致以衷心的谢意！

程恭让

2017年11月3日 于北京家中

卷　上

第一章 《佛母宝德藏般若伽陀》创始的大乘佛教善巧方便教法思想

《佛母宝德藏般若伽陀》（Prajñāpāramitā - Ratnaguṇa - samcayagathā（一般简称为 Rgs），虽然在中国汉传佛教中，到了北宋淳化二年十月（公元 991 年），才有一部印度译经三藏法师法贤的汉译本[①]，但在印度大乘佛教思想史及大乘佛教般若思想史上却是一部非常重要的经典著作。这部伽陀被视为是与著名的《八千颂般若》同其源泉的一部经典，后者是以散文形式出现的最早期的般若经典，前者则是以诗歌体出现的同一根源的经典，甚至很有可能前者正是后者以之作为依据展开其博大精深的般若思想体系架构的一部原始般若经典。

著名的般若思想经典的研究者 Edward Conze（1904—1979）曾经指出：现在传承下来的《佛母宝德藏般若伽陀》，可能不是这部经典最原初的形式，8 世纪时伟大的般若学者师子贤（Haribhadra），曾经对这部经典做过一些编辑；但是 Conze 也指出：由于诗歌体在韵律上的固有要求，使得后世对它的实质性改变，可能不会太大，师子贤所做的工作，也许只限于重新安排这些颂文，或者甚至只是将这些颂文做了分章而已。

Conze 也细致地分析了《佛母宝德藏般若伽陀》与《八千颂般若》两部经典文字语言和思想义理上的异同。他认为：《佛母宝德藏般若伽陀》的前 2 章共 41 颂，构成最原初的般若波罗蜜经，其时间可以追溯至公元前 1 世纪；另外有 52 颂，即第 29—31 章的部分，则在《八千颂般若》中完全没有对应的部分。Conze 对这一部分经文性质的描述如下："总的来说，这是一部独立的经文，它们处理引向般若智慧的前五种波罗蜜多，而

① 《大中祥符法宝录》卷八，《金藏》第 111 册，No. 1501，第 773 页上。

这部独立的经文增补到已经存在的 Rgs，好像是要把经文的章数从 28 章变成整个的 32 章。” Conze 认为，另外还有 33 颂之多的颂文，基本上这些颂文都是譬喻的部分，它们大多数都未被纳入《八千颂般若》之中。①

Conze 对于两部早期般若经典文本、思想渊源关系的开创性探讨，是极为细致的，给后人以深刻启发，不过，Conze 虽然指出《佛母宝德藏般若伽陀》末后一部分经典文献并未在《八千颂般若》中得到采用的事实，却无法解释何以这部分文献没有得到采用，以及何时这部分文献才被汇入业已存在的一部《宝德藏般若伽陀》中？而且更加重要的是，凡是研读过这两部经典的人，都不能否认《宝德藏般若伽陀》末后一部分经典的教法思想——基于善巧方便概念思想对于五种波罗蜜多的再诠释——所包含的一些重要佛学理念，诸如随喜说，回向说等，其实并不限于这一部分经典，而是广泛分布在《佛母宝德藏般若伽陀》的其他诸品，尤其是体现在梵本第六品，即汉译为《随喜功德品第六》的伽陀中，② 而这些重要的佛学议题，同样在《八千颂般若》的相关诸品中，也都得到高度的重视和大力的发挥。③ 更何况，无论是在《佛母宝德藏般若伽陀》，还是在《八千颂般若》中，对于称为“善巧方便”概念的基本思想原则，都有专门的篇章刻意地加以探讨。④ 所以，Conze 事实上是假定有一个独立的最原初的般若经典文本（如他这里所说的《佛母宝德藏般若伽陀》的前 2 章），这个文本必然是完全讲述般若思想的；而我们则倾向认为最早期的般若经典文本，或者确切地说最早期大乘佛教的经典文本，可能不仅包含了对于后来非常重要的般若一系概念及思想，也包含了其他同样重要的大

---

① *The Perfection of Wisdom in Eight Thousand Line & Lts Verse Summary*, translated by Edward Conze, Four Seasons Foundation, Bolinas, California, Second printing, with correction, 1975, Introduction X.

② 如《佛说佛母宝德藏般若波罗蜜经》之第六品《随喜功德品》，尤其是下面这个颂文表现得最为清楚：“及彼声闻学无学，有漏无漏诸善法，菩萨等一普回施，当为世间证菩提。”

③ 以《八千颂般若》对应的汉译《小品般若经》来说，其中的第六品《佐助品》，是讨论随喜思想；第七品《回向品》，则是讨论回向思想。罗什所译的这两品，合起来正好对应梵本《八千颂般若》的第六品，其名称正是《随喜回向品》（anumodanāpariṇāmaṇāparivarta）；而《八千颂般若》的第六品，与称作《随喜品》的《佛说佛母宝德藏般若波罗蜜经》的第六品，意义也是完全对应的。

④ 指《佛说佛母宝德藏般若波罗蜜经》的第二十品，即汉译为《善解方便品第二十》；梵本《八千颂般若》，同样是第二十品，即《思考善巧方便品》。

乘教法思想，例如：关于善巧方便一系概念思想，关于净化国土的概念思想，甚至关于其他净土信仰实践的概念思想等等。《八千颂般若》是最早期般若经典一个集大成性的结集和诠释，当然这一经典的教法思想建构是以般若概念思想为重心、为基础予以组织的，可是当我们可以跳开狭义“般若思想”的角度，来解读《八千颂般若》，或是所对应的汉译文本《道行般若经》或《小品般若经》，就会发现这部最早的般若经之一，事实上不仅包括了般若一系的概念思想，也包括了其他诸多或与之密切关联或与之不甚关联的思想。从这个角度来说，我们倾向把《佛母宝德藏般若伽陀》理解为最早期尝试组织、建构大乘思想信仰的一部大乘经典，此后的《八千颂般若》侧重发挥了这部经典中般若佛母一系概念思想的部分，而这部经典中其他的思想，尤其是其中以善巧方便为核心的思想，则有待于其后其他倾向的经典的诠释与发挥。

基于这样一个研究和理解的视角，我们这一研究尤其关注、重视该经关于善巧方便一系概念思想的有关论说。我们认为这是早期大乘经典关于善巧方便思想非常具有原创性的论说，这一论说与其后大乘经典善巧方便一系概念思想的展开，具有可以清晰探寻到的学术思想的关联。

其实关于这一点，已经由学者 Mark Tatz 所指出。如他在其研究《大乘善巧方便经》的著作中，就写有如下的一段话：

> 《善巧方便经》的第一部分，构成《佛母宝德藏般若伽陀》结束部分（29—31）的一个扩展。这些章没有如大部分《佛母宝德藏般若伽陀》那样，在《八千颂般若》中得以强化。此后在《八千颂般若》中，它们为致力寻求般若波罗蜜多的常啼菩萨“一种夸张的虔诚”（引用 Conze 之语）所取代。所以《佛母宝德藏般若伽陀》结束部分的某些章颂，曾一度独立于《八千颂般若》的编辑，而成为《善巧方便经》的基础。①

前面提到的两位学者，都发现了《佛母宝德藏般若伽陀》结束处一

① Mark Tatz: *The Skill in Means (ūpāyakauśalya) Sūtra*, Motilal Banarsidass Publishers, Private Limited, Delhi, 1994, p. 12.

些章颂思想义理的特殊性，而 Mark Tatz 甚至在 Conze 研究的基础上，更加明确指出了这部分经典文献与《大乘善巧方便经》文本义理之间的联系脉络。我们在这里将以更加系统的方式，即以善巧方便概念思想为中心，考量《佛母宝德藏般若伽陀》的思想实质，并基于此一视角，进一步理解和认识这部最早期大乘经典教法思想义理的全貌和特质。同时也期待这里所进行的研究，能够为重构和再现初期大乘经典善巧方便一系概念思想初始的源头，起到一定的促进作用。Conze 和 Mark Tatz 的上述研究与论说，构成我们下面进一步讨论的学术基础。

第一节 《佛母宝德藏般若伽陀》第 29—31 诸章颂文思想义理之分析

由于《佛母宝德藏般若伽陀》中第 29—31 诸章文本，在初期大乘佛教善巧方便概念思想发展的历史上，具有十分重要而突出的意义，所以这里先致力在前贤研究的基础上，提供一个较为精确的文本，同时基于精确的译文，进行相应的思想义理之解读与分析。再者，由于在这一部分原典中，有时候一章当中包括了两个甚至更多的思想主题，有时候同一个思想主题分布在前后两章中，所以这里的文本校勘、翻译与文义的分析，我们就不拟以原典的章节为顺序，而是以思想义理的脉络为顺序来进行。最后，正如前面已经指出的那样，《佛母宝德藏般若伽陀》中第 29—31 诸章中最重要的思想主题，是以善巧方便概念思想为中心，为基础，重新诠释及建构大乘旧有的五种波罗蜜多菩萨行思想，所以以下的文义分析，即依照这一思想义理的脉络来展开。

第 251—260 颂：基于善巧方便概念思想对禅那波罗蜜多的再诠释

251.

caturbhī ca dhyāna viharanti mahānubhāvā
na ca ālayo na pi ca niśrayu kurvayāti |
api kho punāśrayu ime catudhyāna sāṅgā

bheṣyanti bodhivarauttamaprāpaṇāya ‖ 1 ‖ ①

【法贤】大菩萨修四禅定，如所爱乐而无住，或复不住于四禅，当得最上之菩提。②

【新译】有大威力者，住四种禅那，不依诸禅那，也不使人依；这四种禅那，包括其支分，又将是基础，得上胜菩提。

252.

dhyāne sthito'tra bhavatī varaprajñalābhī
ārūpyarūpi ca samādhi catasra śreṣṭhā |
upakāribhūta imi dhyāna varāgrabodhau
na punāsravakṣati sa śikṣati bodhisattvo ‖ 2 ‖ ③

【法贤】得最般若住禅定，四无色等三摩地，为得最上大禅定，而复不学诸漏尽。④

【新译】在诸禅中住，能得胜般若，同样四殊胜，无色三摩地；诸禅能利益，最上胜菩提，故菩萨不再，学习尽诸漏。

第251—252颂思想义理之要点：第251颂，说明菩萨应当如何对待四种禅那，其要点是：（一）菩萨要修习诸种禅那，（二）菩萨修习四种禅那，但不要依赖四种禅那；（三）菩萨又要以四种禅那，作为获得胜菩提的基础；（四）菩萨学习四种禅那的根本目的，是要实现胜菩提。

第252颂的意义，与第251颂基本一致。不同处有二：（一）此颂由菩萨如何对待四种禅那，进而言菩萨应当如何对待四种无色定。根据颂文，菩萨对待无色定的态度，与对待四种禅那的态度一致。（二）因为菩

---

① Prajñāpāramitā - ratna - guṇa - saṃcaya - gāthā, mahāyānasūtrasaṃgraha (part 1), Buddhist Sanskrit Texts - No. 17, The Mithila Institute of Postgraduate Studies and Research in Sanskrit Learning, Darbhanga, edited by P. L. Vaidya, 1961, p. 389. 以下简称 Vaidya 本。

② 《佛说佛母宝德藏般若波罗蜜经》，《大正藏》第8册，No. 0229，第677页下。

③ Vaidya 本，第389页。

④ 《佛说佛母宝德藏般若波罗蜜经》，《大正藏》第8册，No. 0229，第677页下。

萨的人生价值目标，是要实证胜菩提，所以其学习禅那和无色定，目标都不是要“尽漏”。所以由以上二颂可以看出：菩萨与声闻一样，都要努力学习禅那及无色定，但其学习的目标、方向，与声闻相比已经发生了重要的转换。

253.

āścaryamadbhutamidaṃ guṇasaṃcayānāṃ
dhyāne samādhi viharanti nimitta nāsti |
tatra sthitāna yadi bhajyati ātmabhāvo
puna kāmadhātu upapadyati yathābhiprāyā ‖ 3 ‖ ①

【法贤】此功德藏未曾有，行三摩地而无相，住彼不破于我见，有心所思生欲界。②

【新译】诸功德集中，此事称奇异：住禅三摩地，而相不存在；若于其中住，身体消亡时，复随所意愿，往生至欲界。

第 253 颂思想义理之要点：此颂言菩萨践行禅那、三摩地时，与一般人之修学禅定，存在两个重大的差异：（一）菩萨修习禅那、无色定时，思想观念中是无相的；（二）菩萨并不贪恋禅定境界，当其一期生命结束时，不是要继续追求留生色界或无色界，耽着禅定、清闲之乐趣，而是毅然要到欲界，继续救度众生的职责。

254.

yatha jambudvīpaka manuṣya alabdhapūrvā
divi devauttamapurā anuprāpuṇeyā |
paśyitva te viṣaya tatra parigṛhītā
punarāgameya na ca niśrayu tatra kuryāt ‖ 4 ‖ ③

① Vaidya 本，第 389 页。

② 《大正藏》第 8 册，No. 0229，《佛说佛母宝德藏般若波罗蜜经》，第 677 页下。

③ Vaidya 本，第 389 页。

【法贤】譬如南阎浮提人，未生诸天生北洲，见彼境界而求生，作彼住已而复还。①

【新译】好比瞻部人，从前未得天，若如今获得，上妙天神城；见到此诸境，则于中执取，再来瞻部洲，不依赖其中。

255.

emeva te guṇadharā varabodhisattvā
dhyāne samādhi viharitva prayuktayogī |
puna kāmadhātusthita bhonti anopaliptā
padmeva vāriṇi aniśrita bāladharme ‖ 5 ‖ ②

【法贤】菩萨所修之功德，三摩地行而相应，虽同凡夫住欲界，由如莲华不着水。③

【新译】同样胜菩萨，持有诸品德，住禅三摩地，努力修持者；再度住欲界，则其无所染，好比水中莲，不染愚痴法。

第254—255二颂思想义理之要点：此二颂是一组譬喻说及法说，其要义是说明禅定修持对于菩萨在欲界生活的意义。其中，第254颂是譬喻说：就好比一个瞻部洲人，从前未到过天神城，见到那儿的一切，都会觉得新鲜、奇妙，因而执着、依赖，若是再来瞻部洲，对于瞻部洲的一切，就不会执着、依赖了。第255颂是法说：同样的道理，菩萨已经通过修持禅那、三摩地，具备了诸种禅定品德，所以再次来到欲界生活，就不会再执着、依赖欲界的一切。

256.

anyatra sattvaparipācana kṣetraśodhī
paripūraṇārtha imi pāramitā mahātmā |

---

① 《佛说佛母宝德藏般若波罗蜜经》，《大正藏》第8册，No. 0229，第677页下。

② Vaidya本，第390页。

③ 《佛说佛母宝德藏般若波罗蜜经》，《大正藏》第8册，No. 0229，第677页下。

ārūpyadhātuupapatti na prārthayantī
yatreha bodhiguṇapāramitāna hāni ‖ 6 ‖ ①

【法贤】菩萨度脱于众生，圆满净土波罗蜜，不求生于无色界，而求菩提波罗蜜。②

【新译】除成熟众生，及净化国土，圆满波罗蜜，此诸高贵者；菩萨不追求，托生无色界，彼处损诸度，有菩提德者。

第256颂思想义理之要点：此颂特别说明，如非需要，菩萨不追求到无色界托生。这是因为在无色界，将有损于菩萨的诸波罗蜜多，而这些波罗蜜多，是有助于菩提实现的诸种品德。所以可以看出：甚至连对菩萨托生处的考量，也都要以是否对诸佛菩提的实现有利为根本的标准。

257.

yatha kaścideva puruṣo ratanaṃ nidhānaṃ
labdhvā tu tatra spṛhabuddhi na saṃjaneyyā ।
ekāki so puna gṛhītva parasmi kale
gṛhṇitva geha praviśitva na bhoti lubdho ‖ 7 ‖ ③

【法贤】譬如天人获宝藏，虽得不生爱乐心，或言天人而起心，欲收彼宝不可得。④

【新译】好比某个人，获得珠宝藏，对此珠宝藏，不生贪爱觉；又于其他时，独自取珠宝，取而进家中，是人不成贪。

258.

emeva dhyāna catureva samādhi śāntāṃ

① Vaidya本，第390页。

② 《佛说佛母宝德藏般若波罗蜜经》，《大正藏》第8册，No.0229，第677页下。

③ Vaidya本，第390页。

④ 《佛说佛母宝德藏般若波罗蜜经》，《大正藏》第8册，No.0229，第677页下。

labdhvāna prītisukhadāṃ vidu bodhisattvāḥ |

avasṛjya dhyānasukhaprītisamādhilābhaṃ

puna kāmadhātu praviśanti jagānukampī ‖ 8 ‖ ①

【法贤】大智菩萨不乐住，四禅寂静三摩地，出彼寂静三摩地，而入欲界为世间。②

【新译】如是智菩萨，获得四种禅，寂静三摩地，能与喜乐者，舍弃禅那乐，三摩地得喜，因悯诸世人，再度入欲界。

第257—258二颂思想义理之要点：这是本段颂文中又一组譬喻说及法说，要义是说明菩萨之托生欲界，非为个人贪欲。其中，第257颂是譬喻说：对于一个获得宝藏的人，如何评价其是否贪着呢？如果他虽得而不生贪爱，后来则取珠宝回家，那么就可以说此人不是一个贪着之人。第258颂是法说：同样的道理，一个菩萨虽得禅那、三摩地之喜乐，但得而不贪，甚至能够舍弃之，到欲界从事艰辛的救度事业。所以，菩萨之生欲界，是出于救度众生、实现菩提的崇高目标，而非出于个人贪欲的动机。

259.

yadi bodhisattva viharāti samādhidhyāne

rahapratyayāni spṛhabuddhi na saṃjaneyyā |

asamāhito bhavati uddhatakṣiptacitto

parihīnabuddhiguṇa nāvika bhinnanāvo ‖ 9 ‖ ③

【法贤】若菩萨行三摩地，不乐罗汉及缘觉，乃至散乱凶恶心，无知迷乱无功德。④

【新译】如果菩萨住，三摩地禅那，对罗汉独觉，不生爱恋觉；

① Vaidya本，第390页。

② 《佛说佛母宝德藏般若波罗蜜经》，《大正藏》第8册，No. 0229，第677页下。

③ Vaidya本，第390页。

④ 《佛说佛母宝德藏般若波罗蜜经》，《大正藏》第8册，No. 0229，第677页下。

若其不入定，心高举散乱，丧失觉知德，是船破船夫。

第259颂思想义理之要点：此颂言菩萨既不能如罗汉、独觉那样贪恋禅味，以学禅定；也不能如一般凡夫那样，不从事深度的禅修训练。这是从罗汉独觉与一般凡夫的中道的角度，再言菩萨对待禅那、三摩地的适中态度。

260.

kiṃcāpi rūpamapi śabda tathaiva gandho
rasa sparśa kāmaguṇa pañcabhi yukta bhogī |
rahapratyayāna vigato'nantabodhisattvo①
satataṃ samāhitu prajānayitavya śūro ‖ 10 ‖ ②

【法贤】色声香味触五欲，及彼缘觉声闻等，如是之法悉远离，等引不离菩提心。③

【新译】若是一菩萨，与五种欲德，色声香味触，相应而受用，离声闻独觉，悦意菩提心，应知是英雄，常常入定中。

第260颂思想义理之要点：此颂是这一段言禅那颂文末尾之颂，所以具有总结的意味：菩萨对于禅修，正确的态度应当是：一个禅修者，最重要的是心中要有菩提，所以并非对于五欲怀有恐惧或是拒绝的态度是真正意义上的禅修；即便一个人身处五欲境界中，只要他始终心系菩提，那么他就应当被视为一个入定的菩萨。

我们看到，本段自251颂至260颂，一共10个颂文，思想主题是教授菩萨对于禅那、三摩地修学应当持有的正确态度。所以这一部分经典，重点不是在讨论何为禅那波罗蜜的问题，而是讨论菩萨应当如何善巧对待

---

① Prajñāpāramitā - ratna - guṇa - saṃcaya - gāthā （Sanskrit recension A）, edited by Yuyama Akira, Cambridge University Press, 1976（以下简称 Akira Yuyama 本）中“Anantabodhisattvo”作 ratu bodhicitta，参见第115页。

② Vaidya本，第390页。

③ 《佛说佛母宝德藏般若波罗蜜经》，《大正藏》第8册，No.0229，第677页下。

禅那波罗蜜，才能更好地实现禅那波罗蜜应有的功德。也就是说，这一部分颂文的主题思想，是基于善巧方便概念思想对于禅那波罗蜜多的再理解与再诠释。

本段颂文中如第258颂，有“大智菩萨”（vidu bodhisattvāḥ）的说法，我们新译为“智菩萨”，这里智菩萨的涵义，就是指一个精通教法理论与实践的菩萨。本段颂文基于善巧方便概念思想的角度对于禅那波罗蜜做了新规定：禅修的目标是诸佛的胜菩提，禅修不是要回避或拒绝欲界，而是要更好地进入欲界，实现救度众生的责任。所以我们衡量菩萨禅修的标准，不是以他是否拒绝五欲的生活作为标准，而是以他是否永远心系菩提作为唯一的和绝对的标准。因此可以说，无上正等菩提是菩萨从事禅那波罗蜜多修持的基础、目标和标准。

第261—271颂：基于善巧方便概念思想对精进波罗蜜多的再诠释

261.

parasattvapudgalanidāna viśuddhasattvā

vicaranti vīryabalapāramitābhiyuktāḥ |

yatha kumbhadāsi avaśāvaśa bhartikasya

tatha sarvasattvavaśatāmupayānti dhīrāḥ ‖ 11 ‖ ①

【法贤】菩萨一向为众生，修行精进波罗蜜，由如奴仆事其主，利于众生亦如是。②

【新译】虽其已净化，为其他众生，而致力修行，精进波罗蜜；如婢女对主，全无自主性，勇健者经验，诸众生自主。

262.

na ca svāmikasya prativākyu dadāti dāsī

ākruṣṭa cāpi athavā sada tāḍitā vā |

① Vaidya本，第390页。

② 《佛说佛母宝德藏般若波罗蜜经》，《大正藏》第8册，No. 0229，第677页下。

ekāntatrastamanasā sa bhayābhibhūtā
māmeva so anu vadhiṣyati kāraṇena ‖ 12 ‖ ①

【法贤】如仆事主心专注，虽被瞋辱而无对，凡所动止常在心，唯恐彼主责其过。②

【新译】婢女对主人，不说反对语，即便被呵斥，或常被折磨，总存恐惧意，为畏惧折服："但愿我主人，不以此杀我！"

263.
emeva bodhivaraprasthitu bodhisattvo
tiṣṭheya sarvajagatī yatha preṣyabhūto |
anu bodhiāgamu guṇāna ca pāripūrī
tṛṇa agni kāṣṭhaprabhavo dahate tameva ‖ 13 ‖ ③

【法贤】菩萨为求佛菩提，如奴事主利众生，证得无上菩提已，利生如火烧草木。④

【新译】同样一菩萨，倾向胜菩提，为世人站立，宛如一仆役；随菩提而来，圆满诸品德，如枯木成火，复焚此草木。

第 261—263 颂是一组颂文，主要的意义是讲菩萨践行精进波罗蜜多最重要的一项要求：全心全意地服务众生。此三颂思想义理之要点：第 261 颂是法说、譬喻说合说：此颂先言菩萨自身已经清净，但是为了净化众生之故，而致力于实践精进波罗蜜多，所以一切为了众生，是菩萨修行精进波罗蜜多的首要原则；继言菩萨此种精神，宛如一个女仆，一切都为了主人，而无自己生活之任何自主性。前者是法说，后者是譬喻说。第

① Vaidya 本，第 391 页。

② 《佛说佛母宝德藏般若波罗蜜经》，《大正藏》第 8 册，No. 0229，第 677 页下。

③ Vaidya 本，第 391 页。

④ 《佛说佛母宝德藏般若波罗蜜经》，《大正藏》第 8 册，No. 0229，第 677 页下。

262 颂也是譬喻说：继续说明婢女对待主人的态度：婢女对待主人的态度是：一切惟命是从，而且常常心怀畏惧。第 263 颂是法说：此颂言菩萨的人生价值理想，乃是“胜菩提”，为了实现“胜菩提”，则须努力践行精进，把一切众生视为主人，而自己则如同仆人。

264.

avasṛjya ātma sugatāṃ parasattvakārye

abhiyukta rātridiva niṣpratikāṅkṣacitto ǀ

māteva ekasutake paricāryamāṇo

adhyāśaye na parikhinna upasthiheti ‖ 14 ‖ ①

【法贤】昼夜勤行利他行，利已内心无我相，如母爱子常卫护，寒暑虽苦心无倦。②

【新译】舍幸运自己，为他众生事，昼夜勤努力，而心无期待；如慈爱母亲，鞠养唯一子，深心以照顾，全然不厌倦。

第 264 颂思想义理之要点：此颂复引入慈母卫护独子的譬喻，来说明菩萨应当如何践行精进，服务众生：正如慈母之爱独子，全心全意，绝无懈怠，同样菩萨践行精进，服务众生，也是全心全意，绝无懈怠。从文本言，此颂是《佛母宝德藏般若伽陀》第 29 章之最后一颂。而下面第 30 章开始的一部分颂文，则继续讨论有关精进波罗蜜多的议题。

265.

yo bodhisattva cirasaṃsaraṇābhiprāyo

sattvārtha kṣetrapariśodhanayuktayogī ǀ

na ca khedabuddhi aṇumātra upādiyāti

so vīryapāramitayukta atandritaśca ‖ 1 ‖ ③

---

① Vaidya 本，第 391 页。

② 《佛说佛母宝德藏般若波罗蜜经》，《大正藏》第 8 册，No. 0229，第 677 页下。

③ Vaidya 本，第 391 页。

【法贤】菩萨爱乐为众生，修治佛刹清净行，恒行精进波罗蜜，无如微尘心退倦。①

【新译】若菩萨心愿，是久处轮回，致力利众生，及净化国土；则修精进度，而且不懈怠，不生懈怠觉，哪怕仅稍许。

266.

saci kalpakoṭi gaṇaye vidu②bodhisattvo

cirasaṃjña③bodhi samudāniya tena duḥkhe |

ciraduḥkha bheṣyati samācaramāṇu dharmaṃ

tatu vīryapāramitahīna kusīdarūpo ‖ 2 ‖ ④

【法贤】大智菩萨俱胝劫，久修苦行为菩提，不离精进波罗蜜，无懈怠心终得证。⑤

【新译】若菩萨不智，算俱祇劫波，而生长久想，菩提难实现；如是行法时，会有长久苦，因缺精进度，面露懈怠色。

267.

prathamaṃ upādu varabodhayi cittupādo

so vā anuttaraśivāmanuprāpuṇeyā |

rātriṃdivaikamanasā tamadhiṣṭhiheyā

ārambhavīrya vidu paṇḍitu veditavyo ‖ 3 ‖ ⑥

【法贤】从初发心为菩提，乃至得获寂静证，恒于昼夜行精进，大智菩萨应如是。⑦

---

① 《佛说佛母宝德藏般若波罗蜜经》，《大正藏》第 8 册，No. 0229，第 677 页下。

② kalpakoṭi gaṇaye vidu，Akira Yuyama 本，作：kalpakoṭ igaṇa nāvidu，参见第 118 页。

③ cirasaṃjña，Akira Yuyama 本，作：cirasaṃjñi，参见第 118 页。

④ Vaidya 本，第 391 页。

⑤ 《佛说佛母宝德藏般若波罗蜜经》，《大正藏》第 8 册，No. 0229，第 677 页下。

⑥ Vaidya 本，第 391 页。

⑦ 《佛说佛母宝德藏般若波罗蜜经》，《大正藏》第 8 册，No. 0229，第 677 页下。

【新译】从最初开始，生胜菩提心，而到其获得，无上吉祥者；能昼夜一心，悉皆为此事，智贤明菩萨，应知发精进。

268.

saci kaścideva vadayeya sumeruśailaṃ
bhinditva paśca adhigamyasi agrabodhim |
saci khedabuddhi kurute ca pramāṇabuddhiṃ
kausīdyaprāpta bhavate tada bodhisattvo ‖ 4 ‖ ①

【法贤】有言能破于须弥，方证无上菩提果，闻已懈怠而退心，是彼菩萨之过失。②

【新译】假使会有人，对其如是言："先碎须弥山，后证胜菩提。"菩萨闻言后，若生厌倦觉，是觉有数量，则此时菩萨，成为懈怠者。

269.

atha tasyupadyati matī kimutālpamātraṃ
kṣaṇamātra bhasma nayatī vilayaṃ sumerum |
ārambhavīrya bhavate vidu bodhisattvo
nacireṇa bodhivara lapsyati nāyakānām ‖ 5 ‖ ③

【法贤】大智菩萨闻是言，谓须弥卢甚微小，于一念间可破坏，亦不住证佛菩提。④

【新译】若是心中想："数量何其少，只是刹那间，须弥成灰烬。"则此智菩萨，已发起精进，不久将获得，导师胜菩提。

第265—269颂五颂思想义理之要点：此五颂均言如何判断一个菩萨

① Vaidya本，第391—392页。

②《佛说佛母宝德藏般若波罗蜜经》，《大正藏》第8册，No. 0229，第677页下。

③ Vaidya本，第392页。

④《佛说佛母宝德藏般若波罗蜜经》，《大正藏》第8册，No. 0229，第677页下。

是已经发起精进波罗蜜多的菩萨，而不是一个心生懈怠的菩萨。所以，五颂讨论的是菩萨践行精进波罗蜜多的相。

其中第 265 颂言，如果一个菩萨志在久处轮回，救度众生，那么他就要致力修行精进波罗蜜多，不可以产生一点点懈怠的感觉。

第 266 颂言，一个“不智”的菩萨，才会考量：菩提需要长久劫波才能实现的问题，这种认识是菩萨退精进志，转为懈怠菩萨的主要原因。此处“不智菩萨”，正是指“智菩萨”的反面，此菩萨缺乏善巧方便智慧，因而对于实行精进波罗蜜多缺乏正确的态度和考量。

第 267 颂言，如何判断一个菩萨已经发起了精进？回答是：如果一个智贤明菩萨，从发心到成就菩提，其间昼夜一心，则说明其已经发起精进。此颂中值得注意的是“智贤明菩萨”的说法，这里“智贤明菩萨”的说法，与这部经典通常所说的“智菩萨”意义一致。如果说上文的“不智”，是指此菩萨缺乏善巧方便智，所以不能很好地践行精进波罗蜜多；那么此颂的意义相反，一个“智贤明菩萨”，因为具足善巧方便智，所以能够很好地践行精进波罗蜜多。

第 268—269 二颂，复以譬喻来说明如何一个菩萨是已经发起精进的菩萨，而非心生懈怠的菩萨：如果有人说要摧破须弥山之后，才能证得殊胜菩提，此时出现两种菩萨，一种菩萨如第 268 颂所言，是“不智”菩萨，他闻言之后，产生懈怠之感觉，于是不能很好地践行精进波罗蜜多；另一种则是如第 269 颂所示的菩萨，是“大智菩萨”，此智菩萨具足善巧方便，所以闻言之后，即认为时间甚短而菩提可期，所以他能够很好地践行精进波罗蜜多。

270.

saci kāyacittavacasā ca parākrameyyā

paripācayitva jagatī kariṣyāmi artham |

kausīdyaprāpta bhavatī sthitu ātmasaṃjñaiḥ

nairātmabhāvanavidūri nabhaṃ va bhūmeḥ ‖ 6 ‖ [1]

① Vaidya 本，第 392 页。

【法贤】于身心语行精进，度脱世间作大利，或着我相起懈怠，而不能证佛菩提。①

【新译】若以身心语，菩萨在前进："先成熟世人，然后我得利。"因住自我想，则成懈怠者，远离修无我，如空远离地。

第270颂思想义理之要点：此颂言第二种产生懈怠的情况，是由于此菩萨没有彻底放弃自我的概念。由于未能彻底放弃自我的概念，则菩萨在践行精进波罗蜜多时，就会成为一个懈怠者。关于"自我想"，是般若波罗蜜多要首先破除的概念，所以此处基于善巧方便概念思想对于菩萨精进波罗蜜多的讨论，实际上已经引入了般若波罗蜜多的智慧。

271.

yasminna kāyu na pi citta na sattvasaṃjñā
saṃjñāvivarti sthitu advayadharmacārī |
ayu vīryapāramita ukta hitaṃkareṇa
ākāṅkṣamāṇu śivamacyutamagrabodhim ‖ 7 ‖ ②

【法贤】无身心相无众生，离诸相住不二法，为求无上佛菩提，是行精进波罗蜜。③

【新译】于中无身心，也无众生想，住于摆脱想，而行不二法；利益者说此，精进波罗蜜，可期胜菩提，是吉祥甘露。

第271颂思想义理之要点：此颂是这一部分讨论精进波罗蜜多颂文的最后一颂，所以也是带有总结意味的颂文。此颂总结性地提出菩萨应当如何对待精进波罗蜜多修持的问题，认为只有当一个菩萨做到无我（无身，无心），无人（无众生），彻底摆脱了想的概念，并践行不二法时，才可以真正地践行精进波罗蜜多。

---

① 《佛说佛母宝德藏般若波罗蜜经》，《大正藏》第8册，No. 0229，第677页下。

② Vaidya本，第392页。

③ 《佛说佛母宝德藏般若波罗蜜经》，《大正藏》第8册，No. 0229，第677页下。

以上诸颂，即第261—271颂，共11颂，跨梵本两章（第29章及第30章），其主题是讨论菩萨的精进波罗蜜多。与前部分讨论禅那的文字相似，这里核心的思想主题也不是讨论何为精进波罗蜜多的问题，而是讨论菩萨应当如何善巧对待精进波罗蜜多。本段反复提到"智菩萨""不智菩萨"的概念，前者就是指具足善巧方便智慧的菩萨，后者则相反，指缺乏善巧方便的菩萨，因此本段的核心意旨乃是基于善巧方便概念思想对于精进波罗蜜多的重新规定与诠释。根据这一新规定和诠释，不难看到，"胜菩提"这一最高的价值目标，无条件地服务众生的精神，破除自我、他人概念的不二智慧，等等，成为衡量菩萨能否践行精进波罗蜜多，能否更好地实现精进波罗蜜多价值的最重要的佛法标准。

第272—278颂：基于善巧方便概念思想对忍波罗蜜多的再诠释

272.

paruṣaṃśruṇitva vacanaṃ parato duruktaṃ

paritoṣayāti susukhaṃ vidu bodhisattvo |

ko bhāṣate ka śṛṇute kutu kasya kena

so yukta kṣāntivarapāramitāya vijño ‖ 8 ‖ ①

【法贤】大智菩萨行利乐，令人闻言悉欢喜，说法无说无听人，名最上忍波罗蜜。②

【新译】若闻诸他人，恶口粗暴语，智菩萨甚易，使心觉满足："谁对谁说听，为何及由何？"则知其践行，胜忍波罗蜜。

第272颂思想义理之要点：此颂言菩萨践行忍波罗蜜多之第一特征：一般人甚难接受别人之粗言恶语，而能够践行忍波罗蜜多者，则必能极容易地接受他人之粗言恶语。此颂中出现"大智菩萨"的说法，"大智"，即新译"智"（vidu），如前已反复言之，表示此菩萨是拥有善巧方便品德的菩萨。

---

① Vaidya本，第392页。

② 《佛说佛母宝德藏般若波罗蜜经》，《大正藏》第8册，No. 0229，第677页下。

273.

so bodhisattva kṣamate guṇadharmayukto
yaścaiva ratnabharitaṃ trisahasra dadyāt |
buddhāna lokavidunārhatapratyayānāṃ
kalapuṇya so na bhavate iha dānaskandhe ‖ 9 ‖ ①

【法贤】譬如宝满三千界，施佛缘觉及罗汉，不如知法忍功德，百千万分不及一。②

【新译】功德法相应，此菩萨能忍，若人能布施，持宝三千界，诸佛世间知，罗汉及独觉，布施聚功德，不成一分忍。

第 273 颂思想义理之要点：此颂言菩萨践行忍波罗蜜多之第二特征：忍之功德极大，以充满珠宝的三千界布施诸佛、罗汉，所得的布施功德聚，不及胜忍功德之一分。此颂中菩萨所相应的“功德法”，是指“菩提功德法”，即是以菩提为目标的诸种功德法。所以菩萨行忍功德之所以极大，根源还是在于其所践行与诸佛菩提相应之故。

274.

kṣāntīsthitasya pariśudhyati ātmabhāvo
dvātriṃśalakṣaṇaprabhāva anantapāro |
sattvānaśūnyavaradharmaniśāmayātī
priyu bhoti sarvajagatī kṣamamāṇu vijño ‖ 10 ‖ ③

【法贤】持忍菩萨得清净，三十二相到彼岸，一切众生悉爱乐，闻法信受而调伏。④

【新译】菩萨住忍时，身体得清净，三十二相现，究竟无边际；

① Vaidya 本，第 392 页。

② 《佛说佛母宝德藏般若波罗蜜经》，《大正藏》第 8 册，No. 0229，第 677 页下。

③ Vaidya 本，第 392 页。

④ 《佛说佛母宝德藏般若波罗蜜经》，《大正藏》第 8 册，No. 0229，第 677 页下。

使众生知晓，殊胜空性法，一切世人爱，应知是忍者。

第 274 颂思想义理之要点：此颂言菩萨践行忍波罗蜜多之第三特征：践行忍波罗蜜多的菩萨，则现身体清净、三十二相，能宣说空性法，能为一切世人所爱等。

275.
saci kaści candanapuṭaṃ grahiyāna sattvo
abhyokireya gurupremata bodhisattvam |
dvitīyo'pi agni sakale śirasi kṣipeyā
ubhayatra tulyu manu tena upāditavyo ‖ 11 ‖ ①

【法贤】或有众生以旃檀，涂菩萨身为供养，或有持火遍烧然，行平等心无瞋喜。②

【新译】假使有众生，手持旃檀香，以尊重爱戴，向菩萨播散；第二人以火，遍掷其头上，菩萨于二者，会生相称意。

第 275 颂思想义理之要点：此颂言菩萨践行忍波罗蜜多之第四特征，能够践行忍波罗蜜多者，对顺缘、逆缘，能够做到心意平等。

276.
evaṃ kṣamitva vidu paṇḍitu bodhisattvo
taṃ cittupādu pariṇāmayi agrabodhau |
yāvanti kṣānti rahapratyayasattvadhātoḥ
abhibhoti sarvajagatī kṣamamāṇu śūraḥ ‖ 12 ‖ ③

【法贤】大智菩萨持是忍，或为缘觉及声闻，乃至世间诸众生，

① Vaidya 本，第 392 页。
② 《佛说佛母宝德藏般若波罗蜜经》，《大正藏》第 8 册，No. 0229，第 677 页下。
③ Vaidya 本，第 393 页。

悉皆回向佛菩提。①

【新译】智贤明菩萨，如是行忍后，能使此生心，回向胜菩提；罗汉独觉忍，及众生界忍，英雄行忍时，超一切世人。

第276颂思想义理之要点：此颂言菩萨践行忍波罗蜜多时，能够将此忍功德回向胜菩提，一般声闻、独觉、世人，虽行忍而不能回向胜菩提，菩萨行忍而能做如是回向，所以菩萨行忍所得功德胜过一切其他世人。此颂中又出现“智贤明菩萨”的说法，智（vidu）和贤明（paṇḍitu），这里都是形容词，用以修饰“菩萨”，表示此菩萨是拥有善巧方便智慧的菩萨。因此可以看出，这组颂文也是基于善巧方便概念思想对于忍波罗蜜多的再诠释。

277.

kṣamamāṇu eva puna citta upāditavyo
narakeṣu tiryayamaloki aneka duḥkhā ।
anubhūya② kāmaguṇahetu akāmakārā
kasmā hu adya na kṣameya nidāna bodhau ‖ 13 ‖ ③

【法贤】譬如世间贪五欲，甘忍三涂无边苦，菩萨为求佛菩提，今何不勤持忍辱。④

【新译】忍时应生心：“在诸地狱中，动物阎魔世，有诸多众苦；领受诸苦者，不要欲德因，今为菩提故，为何不能忍？”

278.

kaśadaṇḍaśastravadhabandhanatāḍanāśca
śirachedakarṇacaraṇākaranāsachedāḥ ।
yāvanti duḥkha jagatī ahu tatsahāmi

① 《佛说佛母宝德藏般若波罗蜜经》，《大正藏》第8册，No. 0229，第677页下。

② Anubhūya，Akira Yuyama本，作：anubhūtu，参见第122页。

③ Vaidya本，第393页。

④ 《佛说佛母宝德藏般若波罗蜜经》，《大正藏》第8册，No. 0229，第677页下。

kṣāntīya pāramita tiṣṭhati bodhisattvo ‖ 14 ‖ ①

【法贤】割截首足劓耳鼻，禁缚捶拷诸楚毒，如是苦恼悉能忍，是住忍辱波罗蜜。②

【新译】鞭杖刀杀害，捆绑及折磨，割首截其耳，切断脚手鼻，凡诸世间苦，我悉能忍之，如是此菩萨，居忍波罗蜜。

第 277—278 二颂思想义理之要点：此二颂言菩萨践行忍波罗蜜多时，如何可以做到难忍能忍？其中，第 277 颂言，需要在心中多多思维菩提，菩萨方能真正做到难忍能忍；第 278 颂言，世间有“鞭杖刀杀害，捆绑及折磨，割首截其耳，切断脚手鼻”等等诸多难忍之苦，菩萨为菩提之故，皆悉能忍。

以上诸颂，即第 272—278 颂，一共 7 颂，其中讨论忍波罗蜜多相关的议题。这里的讨论，同样不是一般意义上讨论何为忍波罗蜜多、如何践行忍波罗蜜多的问题，而是如同前面讨论禅那、精进波罗蜜多一样，是基于善巧方便概念思想对于忍波罗蜜多的重新规定。本段经文中也数次出现“智菩萨”或“智贤明菩萨”的说法，即是明证。本段所揭发的思想中，也是以诸佛的胜菩提作为忍波罗蜜多的轨范和标准。如果菩萨行忍能以忍功德回向菩提，则其功德必为无量；如果菩萨行忍能以菩提作为目标，则一切世间难忍悉皆能忍。能以诸佛胜菩提来引导践行忍波罗蜜多的菩萨，就是“智菩萨”，或“智贤明菩萨”。

第 279—286 颂：基于善巧方便概念思想对于戒波罗蜜多的再诠释

279.

śīlena udgata bhavanti samādhikāṅkṣī
sthita gocare daśabalāna akhaṇḍaśīlāḥ |
yāvanti saṃvarakriya anuvartayanti

---

① Vaidya 本，第 393 页。

② 《佛说佛母宝德藏般若波罗蜜经》，《大正藏》第 8 册，No. 0229，第 677 页下。

tāṃ sarvasattvahita bodhayi nāmayanti ‖ 1 ‖ ①

【法贤】持戒当得高名称，亦复证得三摩地，持戒为利诸众生，后当证于佛菩提。②

【新译】菩萨因持戒，期望三摩地，住十力者境，戒律无缺欠；凡其所随顺，诸律仪事业，为利益众生，都回向菩提。

第 279 颂思想义理之要点：此颂的核心问题是菩萨之持戒，如何能够做到戒无缺欠？颂文中的回答是：若是他们住于佛的境界（“十力者”，即是指诸佛），则成为戒无缺欠的持戒者。其次，若在遵守律仪戒时，能够将其回向殊胜菩提，则成为戒无缺欠的持戒者。

280.

saci pratyayānarahabodhi spṛhāṃ janeti

【duḥśīla bhoti】 viduṣāṃ③tatha chidracārī ǀ

atha bodhi uttamaśivāṃ pariṇāmayanti

sthitu śīlapāramita kāmaguṇebhi yukto ‖ 2 ‖ ④

【法贤】心重缘觉及声闻，及见破戒说他过，虽实持戒为菩提，是名持戒行五欲。⑤

【新译】假使生爱恋，独觉罗汉觉，则成恶戒者，不智瑕疵行；而若其回向，上吉祥菩提，虽参与欲德，居戒波罗蜜。

---

① Vaidya 本，第 393 页。

② 《佛说佛母宝德藏般若波罗蜜经》，《大正藏》第 8 册，No. 0229，第 677 页下。

③ 【duḥśīla bhoti】 viduṣāṃ，Akira Yuyama 本，作：duḥ śīla bhonti navidū，见第 123 页；另外可参见 *The Perfection of Wisdom in Eight Thousand Line & Lts Verse Summary*，transtated by Edward Conze，Four Seasons Foundation，Bolinas，California，Second printing，with correction，p. 68。这里依据二家的校定译文。

④ Vaidya 本，第 393 页。

⑤ 《佛说佛母宝德藏般若波罗蜜经》，《大正藏》第 8 册，No. 0229，第 677 页下。

第280颂思想义理之要点：此颂言菩萨持戒，如何能够做到非恶戒者，及戒无瑕疵者？颂文中的观点是：如果一个菩萨心恋罗汉、独觉所追求之菩提，则其虽持戒，亦会成为一个恶戒者，是有瑕疵戒者；相反，如果他凡有所为，皆回向胜菩提，则即便他参与诸种欲德，也非恶戒者，戒无瑕疵。

281.

yo dharma bodhiguṇaāgamu sūratānāṃ
so śīlaarthu guṇadharmasamanvitānām ।
yo dharma bodhiguṇahāni hitaṃkarāṇāṃ
duḥśīlatā ayu prakāśitu nāyakena ‖ 3 ‖ ①

【法贤】欲证菩提功德法，持戒具足行利乐，若行毁破于尸罗，是则灭坏于菩提。②

【新译】若传调柔者，菩提功德法，是具德法者，戒律之对象；若损利益者，菩提功德法，则导师开示：此是恶戒法。

第281颂思想义理之要点：此颂是言何为善戒、恶戒之判断标准：什么是菩萨应当持守的清净善戒，什么则是应当摒弃的恶戒？颂文的回答是：凡是能够传承诸佛菩提之德的法，就是菩萨的善戒；凡是有损诸佛菩提之德的法，对于菩萨而言就属于恶戒。所以是增益还是毁损诸佛菩提，是善戒、恶戒的判断标准。颂文中的“调柔者”及“利益者”，均是对诸佛的称呼。

282.

yadi pañca kāmaguṇa bhuñjati bodhisattvo
buddhaṃ ca dharma śaraṇāgatu āryasaṃgham ।
sarvajñatā ca manasī bhaviṣyāmi buddho
sthitu śīlapāramita vedayitavya vijño ‖ 4 ‖ ③

---

① Vaidya本，第393页。

② 《佛说佛母宝德藏般若波罗蜜经》，《大正藏》第8册，No. 0229，第677页下。

③ Vaidya本，第393—394页。

【法贤】菩萨虽乐受五欲，归命佛法及圣众，念我当证一切智，是住尸罗波罗蜜。①

【新译】如果一菩萨，受用五欲德，而皈依佛法，皈依圣僧伽，思一切知性："愿我当成佛。"应知此贤人，住戒波罗蜜。

283.

yadi kalpakoṭi daśabhī kuśalaiḥpathebhiś

caramāṇu pratyayarahatvaspṛhāṃ janeti |

tada khaṇḍaśīlu bhavate api chidraśīlo

pārājiko gurutaro ayu cittupādo ‖ 5 ‖ ②

【法贤】菩萨经历俱胝劫，奉行十善无间断，心乐缘觉及罗汉，是犯波罗夷重罪。③

【新译】若俱祇劫波，奉行十善道，而心中爱恋，独觉罗汉性，则戒有缺欠，及戒有瑕疵，如是而生心，更重波罗夷。

第282—283二颂思想义理之要点：此二颂言判定菩萨戒律持犯的标准，这一标准是：如果菩萨皈依佛法僧，以成就佛菩提作为人生价值目标，则即使其受用五欲，仍然是居于戒波罗蜜多（第282颂）；反之，如果他的人生价值目标不是成就胜菩提，而是贪恋罗汉、独觉的功德和菩提，则即便其多劫奉行十善，都是戒有缺欠者，戒有瑕疵者，甚至是更加严重的极重犯戒者（"波罗夷"）（第283颂）。

284.

rakṣantu śīla pariṇāmayi agrabodhiṃ

na ca tena manyati na ātmana karṣayethā |

---

① 《佛说佛母宝德藏般若波罗蜜经》，《大正藏》第8册，No. 0229，第677页下。

② Vaidya本，第394页。

③ 《佛说佛母宝德藏般若波罗蜜经》，《大正藏》第8册，No. 0229，第677页下。

ahusaṃjñatā ca parivarjita sattvasaṃjñā

sthitu śīlapāramiti vucyati bodhisattvo ‖ 6 ‖ ①

【法贤】持戒回向佛菩提，而不作念求自益，但念利他诸众生，是则持戒波罗蜜。②

【新译】若能护持戒，回向胜菩提，不以此骄矜，不使己忧恼；已摆脱我想，众生想亦然，则称此菩萨："居戒波罗蜜。"

285.

yadi bodhisattva caramāṇu jināna mārge

imi śīlavānimi duśīla karoti sattvān ।

nānātvasaṃjñaprasṛto paramaṃ duśīlo

api chidraśīlu na tu so pariśuddhaśīlo ‖ 7 ‖ ③

【法贤】菩萨若行诸佛道，于众生离种种相，不见破戒诸过患，此为最上善持戒。④

【新译】若菩萨践行，诸胜者之道，而分别众生："此等具戒者，彼等恶戒者。"驰骋差异想，是最为恶戒，其戒有瑕疵，无有清净戒。

第 284—285 二颂，言菩萨持戒之诸种应有的戒相。第 284 颂言，一个居戒的菩萨，则不骄、不恼，无我想、无众生想；第 285 颂言，一个居戒的菩萨，则不会驰骋于差异之想，说好说坏，说是说非。

286.

yasyo na asti ahasaṃjña na sattvasaṃjñā

saṃjñāvirāgu kutu tasya asaṃvaro'sti ।

① Vaidya 本，第 394 页。

② 《佛说佛母宝德藏般若波罗蜜经》，《大正藏》第 8 册，No. 0229，第 677 页下。

③ Vaidya 本，第 394 页。

④ 《佛说佛母宝德藏般若波罗蜜经》，《大正藏》第 8 册，No. 0229，第 677 页下。

yasyo na saṃvari asaṃvari manyanāsti
ayu śīlasaṃvaru prakāśitu nāyakena ‖ 8 ‖ ①

【法贤】菩萨要离于诸相，无我无人及寿者，不着戒相及行相，是则持戒之殊胜。②

【新译】若无自我想，无有众生想，舍弃于想贪，何处无律仪；若无律仪念，无非律仪念，则导师说言，其有戒律仪。

第286颂思想义理之要点：此颂是本部分颂文的结尾一颂，因而也是这段颂文中具有总结意味的一颂。本颂的要点是：一个居戒的菩萨，不仅要摆脱我想、众生想，而且要摆脱想的概念，做到无律仪之念，也无非律仪之念，这样的菩萨才是有戒律仪（律仪戒）的菩萨。声闻戒律中最基本的是律仪戒，而菩萨戒律的基础也是律仪戒，因此菩萨如何理解律仪、对待律仪，就成了基于善巧方便概念思想再诠释戒律波罗蜜多的关键问题。所以这一段颂文也就以对律仪戒的理解，作为本段戒律波罗蜜多再诠释的总结。

这一部分颂文，从第279颂开始，至第286颂结束，共8颂，是《佛母宝德藏般若伽陀》第31章第一部分颂文。此部分颂文的主题思想，已如前面的分析，是基于菩萨善巧方便概念思想对于旧有的戒律波罗蜜多的再理解，再诠释。戒律问题，从根本上说，乃是伦理问题，所以对于戒律的理解，关系到佛教教法思想对于伦理学的理解。佛教的伦理学思想不仅要规范和影响修道僧的伦理行为，同样要规范和影响在家居士乃至一般社会大众的伦理行为，故是佛法中有特殊意义的法门。由此视角，我们能加深理解这部早期大乘佛教经典基于善巧方便概念思想对于传统佛教戒律思想再诠释的重要意义。简要以言，这部分经典对于戒律波罗蜜多的再诠释，最核心的概念是诸佛菩提的概念，诸佛菩提不仅是菩萨戒律的制作标准，是判断戒律善恶的根本标准，也是判断菩萨戒律持犯的唯一标准。因此，对于菩萨律仪戒的理解，也要基于诸佛菩提的价值目标来进行。

---

① Vaidya本，第394页。

② 《佛说佛母宝德藏般若波罗蜜经》，《大正藏》第8册，No.0229，第677页下。

第287—296颂：基于善巧方便概念思想对布施波罗蜜多的再诠释

287.

yo evaśīlasamanvāgatu niṣprapañco

anapekṣako bhavati sarvapriyāpriyeṣu |

śirahastapāda tyajamāna adīnacitto

sarvāstityāgi bhavate satataṃ alīno ‖ 9 ‖ ①

【法贤】如是具足而持戒，一切无碍无分别，头目手足施无吝，一切所爱皆无着。②

【新译】如是具戒者，则无有戏论，可爱不可爱，一切无偏私；弃头手足时，其心不怯弱，抛弃一切有，而常不懈怠。

288.

jñātvā ca dharmaprakṛtīṃ vaśikā nirātmyaṃ

ātmāna māṃsa tyajamānu adīnacitto |

prāgeva vastu tada bāhira nātyajeyā

asthānameta yadi matsari so kareyā ‖ 10 ‖ ③

【法贤】了知法本空无我，乃于此身无恋着，况外财物而不舍，及彼非处而嫉妒。④

【新译】了知法自性，不自在无我，舍自己血肉，尚无怯弱心，何况外在物，由何不可舍？如心中吝啬，斯事不合理。

第287—288二颂思想义理之要点：此二颂言菩萨不仅能施与其自身，

① Vaidya本，第394页。

② 《佛说佛母宝德藏般若波罗蜜经》，《大正藏》第8册，No. 0229，第677页下。

③ Vaidya本，第394页。

④ 《佛说佛母宝德藏般若波罗蜜经》，《大正藏》第8册，No. 0229，第677页下。

亦能施与一切事物。其中，第287颂言菩萨因持戒之故，而能舍弃自身及事物；第288颂言，菩萨因理解一切法之本质故，能舍弃自身及一切事物。由此二颂可以看出，这里基于善巧方便概念思想对于布施波罗蜜多的再诠释中，已经包括了将戒律波罗蜜多及般若波罗蜜多融入布施波罗蜜多的涵义。

289.

ahasaṃjñatas tu mamatā bhavate ca rāgo
kutu tyāgabuddhi bhaviṣyati sā muhānām |
mātsarya preta bhavate upapadyayātī
athavā manuṣya tada bhoti daridrarūpo ‖ 11 ‖ ①

【法贤】于内外施生我慢，是菩萨病非为施，或起嫉妒生鬼趣，或得为人处贫贱。②

【新译】而由于我想，形成我所贪，愚痴者如何，成就舍弃觉？以其吝啬故，遂成为饿鬼，而若成为人，则有贫穷色。

290.

tada bodhisattva imi jñātva daridrasattvān
dānādhimukta bhavatī sada muktatyāgī |
catvāri dvīpi samalaṃkṛtu kheṭatulyaṃ
dattvā udagra bhavate na hi dvīpalabdho ‖ 12 ‖ ③

【法贤】知彼众生贫贱因，菩萨发心恒布施，施如四洲草木数，如是广大亦无相。④

【新译】此时菩萨知：“此诸众生穷。”遂信解布施，总解脱舍弃。施与四大洲，平等而庄严，等于农家地，因不得洲渚，欢喜而踊跃。

---

① Vaidya本，第394页。
② 《佛说佛母宝德藏般若波罗蜜经》，《大正藏》第8册，No.0229，第677页下。
③ Vaidya本，第395页。
④ 《佛说佛母宝德藏般若波罗蜜经》，《大正藏》第8册，No.0229，第677页下。

第289—290二颂思想义理之要点：此二颂说明践行布施波罗蜜多之必要性。其中，第289颂说明众生难以奉行舍弃的根本原因，是因为其具有自我观念，由于有自我观念，则形成对于“我所”的贪着，于是执着内外而不能舍弃。第290颂则进一步言：菩萨深刻理解：如是贪着内外而不舍弃，是造成众生贫穷的根本原因，如何可以化解众生的贫穷问题呢？惟有力行布施波罗蜜多。

291.

dānaṃ daditva vidu paṇḍitu bodhisattvo

yāvanti sattva tribhave samanvāharitvā ǀ

sarveṣu teṣu bhavate ayu dattadānaṃ

taṃ cāgrabodhi pariṇāmayate jagārtham ‖ 13 ‖ ①

【法贤】大智菩萨行施已，复念三有诸众生，菩萨亦为彼众生，悉皆回向于菩提。②

【新译】智贤明菩萨，践行布施后，存念三有中，所有诸众生，愿此所施物，为一切众生，为利益世人，回向胜菩提。

第291颂思想义理之要点：此颂言菩萨不仅能行布施，且能为一切众生利益之故，将布施所得功德，回向殊胜菩提。这个颂文中再次提到“智贤明菩萨”的说法，在“菩萨”这一称谓之前，加了“智”和“贤明”两个修饰语。“智”（vidu）和“贤明”（paṇḍitu）两个词，都是形容词，意思都是表示此菩萨对于诸种菩萨行，有善巧的理解，表明颂文同样是在善巧方便概念思想的角度，重新思考和规定布施波罗蜜多的问题。本颂所言以布施功德回向殊胜菩提，就是以善巧方便智慧介入布施活动，从而引起布施性质及功德性质发生根本性的质变。

① Vaidya本，第395页。

② 《佛说佛母宝德藏般若波罗蜜经》，《大正藏》第8册，No. 0229，第677页下。

292.

na ca vastuniśrayu karoti daditva dānaṃ
vidu pāku naiva pratikāṅkṣati so kadācit |
evaṃ tyajitva bhavate vidu sarvatyāgī
alpaṃ tyajitva labhate bahu aprameyam ‖ 14 ‖ ①

【法贤】如是行施无所着，亦复不求于果报，名大智者为一切，施因虽少果无量。②

【新译】在任何时候，不依赖事物，智菩萨布施，不期望果报；智菩萨如是，成舍一切者，即便少许施，得无量众多。

第 292 颂思想义理之要点：智菩萨在从事布施活动的时候，能够做到二者：（一）不依赖于事物，（二）不追求果报，所以不仅菩萨布施所得功德能够达到无量，且能够以少许布施获得无量诸多的功德。本颂中先后两次出现“智菩萨”的说法，都意在表示此菩萨能够以善巧方便智慧介入、引导其布施活动，所以能够引起布施性质及功德性质的本质改变。

293.

yāvanta sattva tribhave nikhilena asti
te sarvi dāna dadayanti anantakalpān |
buddhānuloki vidu③nārhatipratyayānāṃ
yāvanti śrāvakaguṇān parikalpa sthāne④ ‖ 15 ‖ ⑤

【法贤】乃至三有诸众生，一切皆以尊重施，如供养佛及菩萨，缘觉声闻之功德。⑥

---

① Vaidya 本，第 395 页。
② 《佛说佛母宝德藏般若波罗蜜经》，《大正藏》第 8 册，No. 0229，第 677 页下。
③ buddhānuloki vidu ，Akira Yuyama 本为：buddhāna lokavidunām，参见第 128 页。
④ 此句，Akira Yuyama 本为：Eṣ anti śrāvakaguṇān parikalpasthāne，参见第 128 页。
⑤ Vaidya 本，第 395 页。
⑥ 《佛说佛母宝德藏般若波罗蜜经》，《大正藏》第 8 册，No. 0229，第 677 页下。

【新译】凡是三有中，一切诸众生，无尽诸劫波，若悉行布施，施佛世间知，诸罗汉独觉，求声闻功德，在分别地位。

294.

yaśco upāyakuśalo vidu bodhisattvo

teṣāṃ sa puṇyakriyavastv anumodayitvā |

sattvārtha agravarabodhayi nāmayeyā

abhibhoti sarvajagatī pariṇāmayukto ‖ 16 ‖ ①

【法贤】大智菩萨以方便，用彼施福行回向，当令一切众生类，皆悉证得无上觉。②

【新译】若有智菩萨，有善巧方便，随喜前面人，功德作业事，为利益众生，回向胜菩提，相应回向故，超一切世人。

295.

kācasya vā maṇina rāśi siyā mahanto

vaiḍūryaratna abhibhoti sa sarva eko |

emeva sarvajagatī pṛthu dānaskandho

abhibhoti sarvapariṇāmaku bodhisattvo ‖ 17 ‖ ③

【法贤】如假琉璃宝大聚，不及一真琉璃宝，回施世间一切众，不及回施无上觉。④

【新译】如同琉璃宝，仅仅有一个，超大堆玻璃，及大堆摩尼；如是一菩萨，一切能回向，超一切世间，各自布施蕴。

第293—295颂三颂思想义理之要点：此三颂是把基于善巧方便的菩

① Vaidya本，第395页。

② 《佛说佛母宝德藏般若波罗蜜经》，《大正藏》第8册，No. 0229，第677页下。

③ Vaidya本，第395页。

④ 《佛说佛母宝德藏般若波罗蜜经》，《大正藏》第8册，No. 0229，第677页下。

萨布施所得功德，与一般人的布施功德进行比较。其中，第293颂，言一般人的布施，他们即便在无量劫波中对诸佛、罗汉等施行布施，其价值目标都是追求声闻功德，而不是追求无上菩提。第294颂言：一位具有善巧方便的智菩萨，能够为利益一切世人的缘故，能够随喜上述诸人的布施及功德，并且能够将其回向无上正等觉，则其所得功德即足以超过一切世人。第295颂，复以一个真琉璃宝胜过一堆玻璃或摩尼宝的譬喻，来说明能够回向的菩萨施行布施时，其功德足以胜过一切世人。

此三颂中的第294颂，再次提出“智菩萨”的说法，并且在“智菩萨”这个用语的前面，明确出现“善巧方便”这一修饰语。这是此经第29—31章明确出现善巧方便概念的唯一一例，也是一个明证和确证，表明这部最早期般若经典中“智菩萨”的说法，是表示此菩萨具有善巧方便智慧这一重要、特殊内涵。如本颂中所言，在从事布施活动时，能够随喜他人功德，及能够回向无上菩提，于是其布施功德超过其他一切诸人，这就是有善巧方便的“智菩萨”与一般菩萨的根本差异所在。

296.

yadi bodhisattva dadamāna jagasya dānaṃ
mamatāṃ na tatra karayenna ca vastuprema |
tatu vardhate kuśalamūla mahānubhāvo
candro va tatra prabhamaṇḍalu śuklapakṣe ‖ 18 ‖ ①

【法贤】菩萨行施于世间，不作我慢无所爱，修行而得大增长，如月离障出云中。②

【新译】如果一菩萨，布施世人时，自己无物爱，不使有我所，于是其善根，增长有威力，如在白净分，月有光明轮。

第296颂思想义理之要点：本颂是本段颂文最后一颂，也是《佛母宝德藏般若伽陀》第31章最末一颂，因而同样具有总结的意味。本颂再

① Vaidya本，第395页。

② 《佛说佛母宝德藏般若波罗蜜经》，《大正藏》第8册，No. 0229，第677页下。

言菩萨践行布施波罗蜜多的特征：菩萨布施时，自己能够做到无物爱，也不使对方引发我所的观念。因此这样的布施能够真正有益于善根，使其增长，发生质变，具有威力。

以上诸颂，即第287—296颂，一共10颂，言菩萨如何对待布施波罗蜜多。同样，这里核心的问题，不是讨论何为菩萨布施波罗蜜多的问题，而是基于菩萨所具足的善巧方便智慧，对于作为菩萨行基本形式之一的布施波罗蜜多的重新规定。这里最重要的思想是，由于善巧方便智慧的介入，使得菩萨在从事布施活动时，能够随喜他人，能够回向诸佛殊胜菩提，因而使得菩萨布施的性质及功德的性质，相应地发生了根本的变化。本段多次出现“智菩萨”的说法，并且清晰点明“善巧方便的”“智菩萨”的意义。这一说法确证这里的10个颂文，都是基于善巧方便概念思想对于布施波罗蜜多的再诠释，再理解；也确证本经第29—31诸章颂文，确实是以善巧方便概念思想为核心展开大乘教法思想体系，并基于善巧方便概念思想来重新理解、诠释菩萨行——五种旧有的波罗蜜多——思想体系。

虽然在第29—31诸章颂文中，这个“善巧方便”概念，只是在讨论布施波罗蜜多的部分出现了一次（第294颂），但是这一颂所具有的思想意义十分重大，在《佛母宝德藏般若伽陀》这部分文献中，此颂可谓具有思想义理总摄的意义。也就是说，菩萨无论践行布施，还是禅修、精进、忍、持戒这几种波罗蜜多时，因为有了善巧方便的介入、引领，使得其践行的德目，在价值目标上指向胜菩提，在发心方向上是为菩提心，在菩萨行过程中时时刻刻念兹在兹一切皆为胜菩提，一切不离胜菩提，因而诸种菩萨行的性质及其功德的性质，必然发生本质的改变。

其次，我们应该十分注意这部经典中“智菩萨”的说法和意义。在这部最早期般若经典中，“智菩萨”（古代汉译常译为“大智菩萨”）的说法，非常普遍，也非常醒目，它们不仅出现在第29—31诸章中，也出现在全经中，因而是这部经典具有特殊内涵的一种表达方式。从梵本看，“智菩萨”的原语是：vidu bodhisattva，有时为了强化表达，经文也称为“智贤明菩萨”：vidu paṇḍtu bodhisattva。其实，不仅从《佛母宝德藏般若伽陀》的这一部分看，所谓的“智菩萨”或“贤明的智菩萨”，是指具有善巧方便这种特殊和特别智慧的菩萨，而且在整个这部经典文献中，应该说相关的说法都充满这样的思想，也就是说，有关善巧方便的概念思想，是这部经典解释高位菩萨特殊品质的关键德目之所在。菩萨所具备的这一特殊品质不仅使得菩萨时时刻刻、在在处处能将其生命的价值关联于无上正等觉，也使得菩萨把其人生价值始终与众生关联在一起，而且还通过自己使得菩萨能够把众生与无上正等觉关联起来。

我们看到：这种依据善巧方便概念思想重新建构菩萨学行思想，乃至依据善巧方便概念思想解释一切菩萨行德目的思想，在《佛母宝德藏般若伽陀》的第29—31诸章，是以专题的形式出现的；在此经其他诸章，则是以思想义理背景的形式，寓于其中；而在其后的一些经典中，如在《大乘善巧方便经》或《法华经》中，就作为一种根本的教法思想义理模式出现了。

关于《佛母宝德藏般若伽陀》与《大乘方便会》善巧方便概念思想之义理关联

在明晰了《佛母宝德藏般若伽陀》中第29—31诸章颂文的思想义理，主要是基于善巧方便概念思想重新诠释菩萨行五种波罗蜜多体系之后，则该经这一颂文部分与《大乘善巧方便经》之间思想义理之关联，就非常容易明了。

我们以《大宝积经》中所收由东晋时期印度居士竺难提所译的《大乘善巧方便经》为例，来简要说明此一问题。竺难提所译的这部经典，在《大宝积经》中，被收录为第三十八会，名为《大乘方便会》。如译本中下面这段话：

> 复次善男子！菩萨摩诃萨行于方便，若见行施之人生随喜心，以此随喜善根愿与一切众生共之，回向阿耨多罗三藐三菩提。是方便菩萨亦愿施者受者不离一切智心。假令受者是二乘人，亦愿不离一切智心。是名菩萨摩诃萨行于方便。①

经中胜智菩萨向佛陀提出问题：“世尊！所言方便，何等为菩萨方便？

---

① 《大宝积经》，《大正藏》第11册，No.0310，第594页下。

世尊！云何菩萨摩诃萨行于方便？”佛陀对此问题予以多番回答，上述引文是佛陀回答中的第二项答词。这一回答说明“行于方便”的菩萨摩诃萨，见人布施心生随喜，并以此随喜善根回向阿耨多罗三藐三菩提，强调了在善巧方便智慧介入之下，菩萨修学布施活动中随喜与回向的重要价值。可以看到这一思想主题，与上述《佛母宝德藏般若伽陀》中第29—31章颂文的主题，尤其与前面已经分析过的第294颂颂文的精神，是完全一致的。

再看《大乘方便会》中下面一则佛陀的回答：

> 复次善男子！菩萨摩诃萨行于方便，若见声闻缘觉多得利养尊重赞叹，是菩萨自以二缘慰喻其心。何等为二？所谓因菩萨故有诸如来，因如来故有声闻缘觉。如是思惟：“二乘之人虽得利养，我犹胜彼。彼所食者是我父物，云何于中而生希望？”是名菩萨摩诃萨行于方便。①

佛陀这一答问中，主旨是要说明：当一个菩萨见到声闻、独觉在世间多得名闻利益、恭敬赞叹的情况下，菩萨思想观念中对于此事应当如何处理？一个具足善巧方便的菩萨，对于此事应当善加思维，对于声闻、独觉之所得，应当做到“不生希望”。而在《佛母宝德藏般若伽陀》第31章第292颂中，我们同样看到菩萨践行布施波罗蜜多时，应当“不求于果报”的说法，这一颂文的精神与上引佛陀答复胜智菩萨之问的精神，也是一致的。

再如《大乘方便会》经文中讨论菩萨善巧方便波罗蜜多的问题，有下面一个结论：

> 佛告智胜菩萨：善男子！如汝所说，菩萨摩诃萨行于方便，以方便力故，虽行少施，所得福德无量无边阿僧祇。②

---

① 《大宝积经》，《大正藏》第11册，No. 0310，第595页中。

② 同上。

《佛母宝德藏般若伽陀》第31章第292颂下面半偈，正是“施因虽少果无量”[①]。可知两个经典这一理念的精神——由于善巧方便的介入、引导，导致布施等学修活动性质上发生本质的变化——完全一致。

《大乘方便会》在讨论完布施波罗蜜多的议题之后，也用一段篇幅讨论了菩萨践行善巧方便时，如何对待戒律波罗蜜多的议题。经中说：

> 智胜菩萨白佛言：“世尊！云何菩萨犯罪？”
>
> 佛告智胜菩萨：“善男子！菩萨虽行解脱戒，于百千劫中啾果食草，能忍众生善恶之语。若与声闻缘觉共思惟法，善男子！是名菩萨摩诃萨犯于重罪。善男子！如声闻人犯于重禁，非即此身得入涅槃。善男子！菩萨如是不除声闻缘觉共思惟法，不舍不悔者，终不得成阿耨多罗三藐三菩提；若得佛法，无有是处。”[②]

这一部分经文讨论的主题是：什么是菩萨的犯戒？经文的核心思想：一个菩萨，即便百千劫波中遵守别解脱戒，但是却不可以“与声闻缘觉共思惟法”，也就是不可以像声闻、独觉那样理解修学佛法的旨趣。如果菩萨受戒守戒，而与声闻、独觉怀有同样的修学旨趣，那么对于菩萨而言，是“犯于重罪”。那么菩萨修学应当怀有的旨趣是什么呢？当然就是这段经文所讲的“阿耨多罗三藐三菩提”。所以判定一个菩萨是否犯戒，或是否违犯“重罪”，其根本并不在于他持有什么样的戒条，而是要看他是否丧失追求无上正等觉悟的人生理想和价值目标，要看他是否具足与无上正等觉这一崇高理想价值目标相应的心理动机。只要他时时刻刻心系这一崇高目标，那么菩萨就没有犯戒；相反，如果他或时或地放弃了这一目标，则形成十分严重的菩萨“犯戒”。

把《大乘方便会》这一段讨论菩萨戒律波罗蜜多的文字，与《佛母宝德藏般若伽陀》中讨论戒律的相关文字予以比较，如该经第31章第283颂：“菩萨经历俱胝劫，奉行十善无间断，心乐缘觉及罗汉，是犯波

---

① 《佛说佛母宝德藏般若波罗蜜经》，《大正藏》第8册，No.0229，第677页下。

② 《大宝积经》，《大正藏》第11册，No.0310，第595页下。

罗夷重罪。”[①] 可以看到不仅两部经文所表达的戒律精神一致，甚至文字上也高度接近。

从以上所考察的布施波罗蜜多及戒律波罗蜜多两个思想主题，可以看出《佛母宝德藏般若伽陀》与《大乘方便会》两部经文之间思想义理的关联，是客观存在的。这一思想脉络的主线，即基于善巧方便概念思想对于大乘菩萨行思想，例如诸种波罗蜜多思想，予以再诠释，再规定，再抉择，再理解。《佛母宝德藏般若伽陀》的第29—31诸章，已经可以看到基于善巧方便概念思想对于布施等五种波罗蜜多较为系统完整的再诠释，而在《大乘方便会》中，虽然只是重点就布施波罗蜜多及戒律波罗蜜多的问题，提出较为系统的诠释，并没有太多关于其他波罗蜜多所展开的诠释，但是《大乘方便会》中的相关思想，却具有《佛母宝德藏般若伽陀》相关部分经文所不具足的两个特点：

其一，《大乘方便会》中明确提出了“善巧方便波罗蜜多”的概念，而在《佛母宝德藏般若伽陀》未经后世编辑的文本中，却尚未出现这一新波罗蜜多概念，所以经文在谈到这一菩萨德目时，都还只是称为“善巧方便”而已。《大乘方便会》中“善巧方便波罗蜜多”概念的提出，表明初期大乘经典中对于善巧方便概念思想价值的认识，已经获得巨大的提升。

其二，在《大乘方便会》这部经典中有一段话，提出基于善巧方便原则的布施波罗蜜多活动，足以涵摄六种波罗蜜多的理念。经文中说：

> 复次善男子！菩萨摩诃萨行于方便，行施之时，具六波罗蜜。何等为六？善男子！菩萨行方便时，若见乞儿，除悭惜心，具足大施，是名檀波罗蜜。自持禁戒，施持戒者，见破戒人，劝令持戒，劝持戒已，然后给施，是名尸波罗蜜。自除瞋恚，行于慈愍，心无秽浊，利益众生，等心而施，是名羼提波罗蜜。若施饮食汤药，实时具足身心精进，去来进止屈伸俯仰，是名毗梨耶波罗蜜。若行施已，其心得定，欢喜悦预，专念不乱，是名禅波罗蜜。如是施已，分别诸法，施者是谁？谁为受者？谁受报者？如是观已，无有一法，名为施者、若

① 《佛说佛母宝德藏般若波罗蜜经》，《大正藏》第8册，No.0229，第677页下。

受施人及受报者，是名般若波罗蜜。善男子！是名菩萨摩诃萨行于方便具六波罗蜜。[1]

从思想逻辑的角度言，我们完全可以把整部《佛母宝德藏般若伽陀》，理解为一个具足善巧方便的“智菩萨”，应该如何对待六种波罗蜜多的问题。但是问题的另一面是，这部经典中确实用了压倒性的极大篇幅，来处理般若波罗蜜多的特质问题，而只有相对非常小的篇幅，是在处理其他五种波罗蜜多的问题。而且由于对于般若思想重要意义反复及高度的强调，致使经文中基于善巧方便概念思想的总体诠释角度，显得并不那么清晰明确。所以根据这些理由，我们大体上可以确立和把握到一条由《佛母宝德藏般若伽陀》到《大乘方便会》，善巧方便概念思想愈来愈清晰的进展的客观线索。

第二节 试论《佛母宝德藏般若伽陀》中方便与般若相互依恃、相互确证之思想义理

根据大乘佛教的菩萨行思想，般若（般若波罗蜜多）是菩萨之重要品德，善巧方便（善巧方便波罗蜜多）同样也是菩萨之重要品德，这两种菩萨品德之间密切关联、相互依止、相互扶持、相互确证，甚至平衡彰显，并举并重，这是早期大乘佛教经典结集时代一个十分重要的教法思想动向。这一重要的教法思想动向，在《佛母宝德藏般若伽陀》中，已经有相当明晰生动的体现。我们根据迄今的文献和佛教思想史研究，甚至可以认为正是这部最早期的般若经典，原创性地建构了这样一个重要和特殊的教法思想义理。这一思想义理的提出，反映了在早期大乘经典结集时代，不仅出现大幅度提升般若波罗蜜多的思想需要，也出现大幅度提升善巧方便重要思想的需要，同时合乎逻辑地出现要将般若波罗蜜多与善巧方便之间的关系予以更加合理地安排，从而重视和强调二者之间具有特殊思想义理关联、其辩证协和对于菩萨修学乃至证得无上佛菩提具有特殊重要意义的思想考量。

---

① 《大宝积经》，《大正藏》第11册，No.0310，第595页中。

我们在《佛母宝德藏般若伽陀》一书第29—31诸章，即在这部最早期般若思想经典主要基于善巧方便概念思想重新诠释及规定旧有菩萨行德目——五种波罗蜜多——的经文部分，可以读到下面这个颂文，以此经梵本言，这是全经的第294颂：

yaśco upāyakuśalo vidu bodhisattvo
teṣāṃ sa puṇyakriyavastv anumodayitvā |
sattvārtha agravarabodhayi nāmayeyā
abhibhoti sarvajagatī pariṇāmayukto ‖ 16 ‖ ①

北宋时期译经三藏法贤，将此颂文译为：

大智菩萨以方便，用彼施福行回向，当令一切众生类，皆悉证得无上觉。②

【新译】若有智菩萨，有善巧方便，随喜前面人，功德作业事，为利益众生，回向胜菩提，因相应回向，超一切世人。

此颂文中，我们所谓“前面人”（法贤译为“彼”），指前面一颂（第293颂）所说的全部的三有众生，他们在无尽劫波中，都向诸佛、罗汉、独觉实行布施，但是彼等布施活动追求的目标，不是诸佛的胜菩提——无上正等觉，而是声闻、独觉的菩提或功德。因此，本颂所说的菩萨“随喜”，是指随喜前面一颂中所示的这些布施者的功德。菩萨因为有善巧方便，所以，（一）能够随喜诸人的布施功德，（二）能够将所得功德回向胜菩提，因而其所获得的功德，就超过了一般从事布施活动的一切世人。

这里值得注意的是这个颂文的第一句（新译：若有智菩萨，有善巧方便）：yaśco upāyakuśalo vidu bodhisattvo，此句中，“菩萨”之字前面的修饰语有二：一是“智”，一是“善巧方便”。这里“智”，法贤译文一般译为“大智”，原文作vidu，形容词，表示聪慧、贤明、练达之义。在

---

① Vaidya本，第395页。

② 《佛说佛母宝德藏般若波罗蜜经》，《大正藏》第8册，No.0229，第677页下。

《佛母宝德藏般若伽陀》全经中，这个修饰语“vidu”，都是意在表达此菩萨既具备般若智慧，又具备善巧方便，因而是与众不同、能够真正践行菩萨行、完成菩萨修学目标者。本颂中“菩萨”前面的修饰语“upāyakuś-alo”，在此由名词转作形容词用，意思是：“善巧方便的”，这一表达式正好可以清晰传达本经所谓“智菩萨”说法一个重要的思想内涵：此菩萨乃是具足善巧方便之德的菩萨。同时需要注意，本颂也是在重点基于善巧方便概念思想重新诠释五种波罗蜜多的这一部分经文中，唯一一次正面出现“善巧方便”这个概念的地方，不仅对于这部分经文的诠释，甚至对于整个这部般若经典的释义，也都具有高度统摄的意义。我们根据此颂文的“善巧方便”概念，及“智菩萨”这一表达方式的特殊内涵，已经可以初步体会这部经典揭橥般若、方便密切关联、相互扶持这一思想义理的普遍意指。

《佛母宝德藏般若伽陀》中真正明确体现般若、方便相互关联、扶持之义的，不是在其基于善巧方便概念思想诠释五种波罗蜜多的部分（第29—31章），而是分布、渗透在这部经典的其他地方。可以说，有关善巧方便与般若智慧密切关联、相互扶持的思想义理，是构成这部最早期般若经典的一个基本义、潜在义和殊胜义。所以，在以下的研究中，我们就拟对经文中与这一思想义理相关的部分，予以简略考察。

《佛母宝德藏般若伽陀》第16章解读·关于巨鸟双翼喻

从般若、方便相互关联、扶持这一思想义理的角度，来解读《佛母宝德藏般若伽陀》的教法思想旨趣，我们首先就会发现，此伽陀中的第16章，即北宋汉译本中的《佛说佛母宝德藏般若波罗蜜经·如实品第十六》，尤其具有特殊的意义。此章经文共包括六个颂文，在意义上是一个密切联系的整体，所以为方便讨论，我们这里将这段颂文的梵本、法贤译本及我们的新译，都分别予以列出：

137.

ākāśadhātu purimādiśi dakṣiṇāyāṃ

tatha paścimottaradiśāya anantapārā |

uparādharāya daśaddiśi yāvadasti

nānātvatā na bhavate na viśeṣaprāptā ‖ 1 ‖ ①

【法贤】东方虚空界无边，南西北方亦如是，乃至上下及四维，无种种相无分别。②

【新译】东方及南方，虚空界无边，西方及北方，同样亦如此，上下及十方，只要是虚空，则无种种性，不可得差异。

138.

atikrānta yā tathata yā tathatā aprāptā
pratyutpanna yā tathata yā tathatārhatānām |
yā sarvadharmatathatā tathatārhatānāṃ③
sarveṣa dharmatathatā na viśeṣaprāptā ‖ 2 ‖ ④

【法贤】过去未来及现在，一切佛法及声闻，一切如实不可得，不可得故无分别。⑤

【新译】过去真如性，未来真如性，现在真如性，罗汉真如性，一切法如性，诸胜者如性，此诸真如性，不可得差异。

139.

yo bodhisattva imi⑥ icchati prāpuṇetuṃ
nānātvadharmavigatāṃ sugatāna bodhim |
prajñāya pāramita yujyatu yāya yukto⑦
vina prajña nāstyadhigamo naranāyakānām ‖ 3 ‖ ⑧

---

① Vaidya 本，第 372 页。
② 《佛说佛母宝德藏般若波罗蜜经》，《大正藏》第 8 册，No. 0229，第 677 页下。
③ tathatārhatānāṃ，Akira Yuyama 本，作 tathatā jinānāṃ，参见第 61 页，此处据而译文。
④ Vaidya 本，第 372 页。
⑤ 《佛说佛母宝德藏般若波罗蜜经》，《大正藏》第 8 册，No. 0229，第 677 页下。
⑥ Imi，Akira Yuyama 本，作 iṣu，第 61 页。
⑦ yujyatu yāya yukto，Akira Yuyama 本，作 yujyat upāyayukto，第 61 页。
⑧ Vaidya 本，第 372 页。

【法贤】菩萨乐求如是法，应行方便般若行，离种种相即菩提，菩萨离此无由证。①

【新译】若有一菩萨，想要去获得，离种种性法，诸善逝菩提，则应行般若，与方便相应，若是无般若，人导师不证。

140.

pakṣisya yojanaśataṃ mahatātmabhāvo

pañcāśatā pi abalobhayakṣīṇapakṣo |

so trāyatriṃśabhavanādiṣu jambudvīpe

ātmānamosariyi taṃ vilayaṃ vrajeyyā ‖ 4 ‖ ②

【法贤】如鸟能飞百由旬，折翅翼故飞无半，忉利天及阎浮人，忘失般若故自坠。③

【新译】如鸟巨大身，有一百由旬，或五百由旬，然毁折翅膀，无力且畏惧；若是此巨鸟，从诸忉利宫，坠落瞻部洲，将致陨其命。

141.

yadyāpi pañca ima pāramitā jinānāṃ

bahukalpakoṭiniyutāṃ samudānayeyyā |

praṇidhīn anantavipulāṃ sada sevya loke

anupāya prajñavikalā pari④śrāvakatve ‖ 5 ‖ ⑤

【法贤】虽修前五波罗蜜，经多俱胝那由劫，复以广大愿资持，离方便堕声闻位。⑥

【新译】俱祇那由劫，修行诸胜者，五种波罗蜜，总服务世间，

---

① 《佛说佛母宝德藏般若波罗蜜经》，《大正藏》第8册，No. 0229，第677页下。

② Vaidya，第372页。

③ 《佛说佛母宝德藏般若波罗蜜经》，《大正藏》第8册，No. 0229，第677页下。

④ Pari，Akira Yuyama本，作pati，今译文从之。

⑤ Vaidya本，第372页。

⑥ 《佛说佛母宝德藏般若波罗蜜经》，《大正藏》第8册，No. 0229，第677页下。

无尽广大愿，而无有方便，及缺乏般若，则堕声闻性。

142.

niryāyanāya① ya icchati buddhajñāne

samacitta sarvajagatī pitṛmātṛsaṃjñā |

hitacitta maitramana eva parākrameyyā

akhilārjavo mṛdugirāya parākrameyyā ‖ 6 ‖ ②

【法贤】乐行佛智心平等，犹如父母观一切，当行利益及慈悲，常宣善软妙言教。③

【新译】若人求佛智，无须滋养者，则其心平等，世人父母想；利益心慈意，如是而向前，悉质朴美语，如是而向前。

根据上面的文本校订与译文，可以把《佛母宝德藏般若伽陀》第 16 章以上六颂思想义理之要点整理如下：

第 137 颂（第 1 颂）是本段颂文中的第一个譬喻说：颂中举出虚空界的譬喻，如虚空界，无论在东南西北方，在上下四维，都没有任何种种性，没有任何差异性，这是人们所普遍认可的一个常识，故这里借以譬喻。

第 138 颂（第 2 颂）是本段颂文中的第一个法说：此颂是要说明，正如虚空界无论在任何方向都不存在任何差异一样，诸法的真如性，也是在一切时间中，在一切众生中，在一切圣贤中，及在一切诸法中，都不存在任何差异性。

第 139 颂（第 3 颂）是由对真如本质的说明，过渡到说明诸佛菩提（sugatāna bodhim）之本质，并由对诸佛菩提之本质的说明，过渡到阐述

① Niryāyanāya，Akira Yuyama 本，提示或为 Niryāpanāya，见其书第 68 页，此词极为费解，所以 Conze 译文未予译出，参见 *The Perfection of Wisdomin Eight Thousand Lines & Its Verse Summary*，translated by Edward Conze，Four Seasons Foundation，Bolinas，California，Second printing，with corrections，1975，p. 38。

② Vaidya 本，第 372 页。

③ 《佛说佛母宝德藏般若波罗蜜经》，《大正藏》第 8 册，No. 0229，第 677 页下。

菩萨实证诸佛菩提所必须具备的内在品德问题。颂文中指出：诸佛所证的菩提在本质上是离差异性法的，这正如真如在本质上是离差异性的。那么具足什么样品德的菩萨，有能力可以实证此离差异性法的诸佛菩提呢？颂文这里明确指出：具足善巧方便、践行般若波罗蜜多者，能够实证此殊胜菩提。因此，此颂是《佛母宝德藏般若伽陀》第 16 章中明确提出般若、方便密切关联思想义理的经文。同时我们也需注意：此颂最后一句又一次强调般若之重要性，虽言般若，言方便，言般若与方便之相互关联、相互扶持，而其思想重心仍落实在强调菩萨般若一德之特殊重要性，这符合此经及其后般若经典诠释菩萨行之基本价值思想立场。

第 140 颂（第 4 颂）是此段颂文中的第二个譬喻说，此颂再举出譬喻：如三十三天神宫中生活的一只巨鸟，其双翼因故毁损，现在它若是从三十三天落到南瞻部洲之地面，则其情况将会如何？颂中回答：此巨鸟当然不可避免粉身碎骨的最终结局。

第 141 颂（第 5 颂）是此段颂文中的第二个法说：此颂紧接前面毁折了翅膀的巨鸟譬喻，指出依据同样的道理，一个菩萨如果无有方便，缺少般若，那么即使他在悠久无尽的劫波中，一直努力践行五种波罗蜜多，其最终的结局还是会堕落到声闻地上。

最后是第 142 颂（第 6 颂），此颂是这一部分颂文中的最末一颂，因此对于这一段颂文的思想义理具有总结的意味。此颂本着般若智慧与善巧方便密切关联、相互扶持的要求和修养，说明一个菩萨在其践行菩萨行的过程中，应当如何对待众生，如何涵养其心，如何实践，及如何说法，才能够实现其所追求的佛菩提——“佛智”。

所以，通过以上的解读，本经此章的中心思想十分清晰：无论是佛转依所证的菩提，还是佛菩提所对应的知识与真理的标准——真如，都是离于差异性的，真如或菩提的这种特殊品质，要求菩萨具有特殊品质，才有可能予以实现或实证。只有一个菩萨既具足般若也具足善巧方便，才能够使五种波罗蜜多的意义得以充分实现，也才能够说法利益众生，才能够将自己和他人都成功导向佛智。这就好比一只巨鸟，若是具有健康的双翼，它就能够很好地飞翔，达到它飞行的理想高度，而不至于中途无功而返，甚或摧毁其生命。同样地，般若与方便这二种菩萨品德的涵养，以及它们在菩萨修学实践中的合理配合，正是菩萨健康地修学菩萨行，并最终证得菩提、真如的重要内在品德保证。

我们将本经第16章第140、141两个颂文，与本经第29—31诸章颂文的主题思想比较而观，将会更加清楚地理解本章经文思想义理的特色：第29—31诸章的核心思想是：若无善巧方便，则菩萨将不能充分实现前五种波罗蜜多的功德，而如果菩萨之善巧方便德介入其中，就能够充分彰显前五种波罗蜜多的功德；而第16章两个颂文的核心思想则是：若缺乏般若与善巧方便二者，则菩萨不能充分实现前五种波罗蜜多的功德。两相比较有助于我们清晰理解经文这两个部分相同及不同的旨趣：从相同的角度讲，这两部分颂文都意在建构善巧方便概念思想；从不同的角度讲，经文第29—31诸章思想义理的特色，是基于善巧方便概念思想对于五种波罗蜜多菩萨修学体系的重新规定与诠释，而第16章颂文思想义理的特色，则是基于般若、方便密切关联、相互扶持的理念，对于五种波罗蜜多所标志的菩萨修学体系的再理解、再建构。

在其后的《八千颂般若》中，我们可以读到同样精神旨趣的这个譬喻说和法说。如经文中下面的这一段：

“舍利弗！菩萨虽行空、无相、无作道，不为般若波罗蜜、方便所护故，证于实际，作声闻乘。舍利弗！譬如有鸟，身长百由旬，若二三四五百由旬，翅未成就，欲从忉利天上，来至阎浮提，便自投来下。舍利弗！于意云何？是鸟中道作是念：‘我欲还忉利天上！’宁得还不？”

“不也，世尊！”

“舍利弗！是鸟复作是愿：‘至阎浮提，身不伤损。’得如愿不？”

“不也，世尊！是鸟至阎浮提，身必伤损，若死，若近死苦。何以故？世尊！法应尔。其身既大，翅未成就故。”

“舍利弗！菩萨亦如是。虽于恒河沙劫，布施、持戒、忍辱、精进、禅定，发大心大愿，受无量事，欲得阿耨多罗三藐三菩提，而不为般若波罗蜜、方便所护故，则堕声闻、辟支佛地。”①

① 《小品般若波罗蜜经》，《大正藏》第8册，No. 0227，第562页下—563页上。

以上引用的，是鸠摩罗什《小品般若经》中的译文。罗什所译《小品般若经》是印度《八千颂般若》的对应本，也是中土最为流行的《八千颂般若》的传本。从译文看，《八千颂般若》这里强调了“不为般若波罗蜜、方便所护故，则堕声闻、辟支佛地”，与《佛母宝德藏般若伽陀》第16章巨鸟双翼的譬喻说及法说的旨趣，可谓完全一致。我们在比罗什译本更早的《八千颂般若》第一个汉语译本《道行般若经》中，可见此处相关的译文是：“何以故？不得深般若波罗蜜、沤惒拘舍罗故。”[①]“沤惒拘舍罗”这一用语，是其译者支娄迦谶的特殊术语，用以翻译“善巧方便”这个概念。所以支娄迦谶译本同样强调菩萨对于般若及方便两种品德的并举并重。而在现存的《八千颂般若》梵本中，我们也看到与两部汉译完全一致的经文。[②]

不过，《八千颂般若》经文思想义理之重点，当然还是落在般若波罗蜜多这一重心概念上，由于经文中对于般若波罗蜜多概念、特质、功能、作用长篇累牍及汪洋恣肆的诠释、发挥，使得般若、方便密切关联、相互扶持、相互确证的思想理念，淹没在般若空性思想义理的法海中，很难被后来的般若思想家和其他佛教学者所体会和确认。甚至受到《八千颂般若》语言及义理传统的影响，后人在解读《佛母宝德藏般若伽陀》时，也很难体会原始般若经典所着意揭示的般若与方便相互扶持、并举并重这一重大思想义理的宝贵价值。

但是般若与方便在菩萨学修中相互关联且相辅相成这一思想义理，在《佛母宝德藏般若伽陀》中是客观存在的。我们在这部经典中除了刚才已经读到的第16章巨鸟双翼的譬喻说和法说外，还能够读到第14章的相关重要文字，以及另外一些能够对此思想义理予以佐证或说明的文字。

《佛母宝德藏般若伽陀》第14章解读·四喻尤其是百二十岁老人喻

《佛母宝德藏般若伽陀》的第14章，是《譬喻品》，在这一品中，经

---

① 《道行般若经》，《大正藏》第8册，No. 0224，第453页下。

② Aṣṭasāhastrikā prajñāpāramitā, Buddhist Sanskrit Texts – No. 4, edited by Dr. P. L. Vaidya, published by The Mithila Institute of Postgraduate Studies and Reseach in Sanskrit Learning Darbhanga, 1960, p. 155. 以下简称《八千颂般若》Vaidya本。

文一共宣说了四个譬喻，即坏船逃生喻、担水器具喻、坚固不坚固船喻、百二十岁老人喻。这一部分经文一共包括10个颂文，为方便讨论，此处我们也先将梵本颂文、法贤汉译及我们的新译，一并列出如下。

119.

Yasyāsti śraddha sugate dṛḍha bodhisattvo
varaprajñapāramitaāśayasaṃprayogo ǀ
atikramya bhūmidvaya śrāvakapratyayānāṃ
laghu prāpsyate anabhibhū（tu）jināna bodhim ‖ 1 ‖ ①

【法贤】若菩萨发坚固心，修行最上般若行，超过声闻缘觉地，速能证得佛菩提。②

【新译】菩萨对善逝，若有坚固信，般若波罗蜜，为依而修行，则能够超越，声闻独觉地，证胜者菩提，快速不可胜。

120.

sāmudriyāya yatha nāvi praluptikāye
bhṛtakaṃ manuṣya tṛṇakāṣṭham agṛhṇamāno ǀ
vilayaṃ prayāti jalamadhya aprāptatīro
yo gṛhṇate vrajati pārasthalaṃ prayāti ‖ 2 ‖ ③

【法贤】如人欲渡于大海，所乘船舫忽破坏，不依草木命不全，若得依附达彼岸。④

【新译】譬喻大海上，有船身已坏，若不使佣人，持草木枯枝，则毁损水中，不得到渡口，若持枯木行，可到对岸滩。

---

① Vaidya本，第369页。
② 《佛说佛母宝德藏般若波罗蜜经》，《大正藏》第8册，No.0229，第677页下。
③ Vaidya本，第369页。
④ 《佛说佛母宝德藏般若波罗蜜经》，《大正藏》第8册，No.0229，第677页下。

121.

emeva śraddhasaṃgato ya prasādaprāpto

prajñāya pāramita mātra vivarjayanti |

saṃsārasāgara tadā sada saṃsaranti

jātījarāmaraṇaśokataraṃgabhaṅge ‖ 3 ‖ ①

【法贤】若人不发坚信心，依于般若求解脱，溺轮回海无出期，处生老死常苦恼。②

【新译】若成就信仰，获得净信心，而舍弃其母，般若波罗蜜，则在轮回海，总处生死中，生老死忧愁，灭为海中波。

122.

ye te bhavanti varaprajñaparigṛhītā

bhāvasvabhāvakuśalā paramārthadarśī |

te puṇyajñānadhanasaṃbhṛtayānapātrāḥ

paramādbhutāṃ sugatabodhi spṛśanti śīghram ‖ 4 ‖ ③

【法贤】若有信心持般若，解有无性见真如，是人获福智有财，速证最上佛菩提。④

【新译】而若是诸人，持有胜般若，精通有自性，有见于胜义，则是乘容器，持有德智财，速触最稀奇，善逝之菩提。

123.

ghaṭake apakvi yatha vāri vaheya kācit

jñātavyu kṣipra ayu bhetsyati durbalatvāt |

paripakvi vāri ghaṭake vahamānu mārge

① Vaidya 本，第 369 页。

② 《佛说佛母宝德藏般若波罗蜜经》，《大正藏》第 8 册，No. 0229，第 677 页下。

③ Vaidya 本，第 370 页。

④ 《佛说佛母宝德藏般若波罗蜜经》，《大正藏》第 8 册，No. 0229，第 677 页下。

na ca bhedanādbhayamupaiti ca svasti geham ‖ 5 ‖ ①

【法贤】如人担水用坏器，知不坚牢速破坏，若用坚牢器盛水，而无破坏无忧怖。②

【新译】如某女担水，而用未熟器，因器具无力，应知速毁坏；若用成熟器，担水于道中，则无毁坏畏，吉祥至家中。

124.

kiṃcāpi śraddhabahulo siya bodhisattvo
prajñāvihīna vilayaṃ laghu prāpuṇāti |
taṃ caiva śraddha parigṛhṇayamāna prajñā
atikramya bodhidvaya③prāpsyati agrabodhim ‖ 6 ‖ ④

【法贤】不见具信诸菩萨，远般若行求堕，能发信心持般若，证大菩提超二地。⑤

【新译】尽管一菩萨，极富于信仰，因缺乏般若，速速致消亡；若使此信者，能够持般若，超越二种地，能得胜菩提。

125.

nāvā yathā aparikarmakṛtā samudre
vilayamupaiti sadhanā saha vāṇijebhiḥ |
sā caiva nāva parikarmakṛtā suyuktā
na ca bhidyate dhanasamagramupaiti tīram ‖ 7 ‖ ⑥

【法贤】未有商人欲入海，不造坚固大船舫，依坚固船无怖畏，

---

① Vaidya 本，第 370 页。

② 《佛说佛母宝德藏般若波罗蜜经》，《大正藏》第 8 册，No. 0229，第 677 页下。

③ Bodhidvaya，Akira Yuyama 本，作 Bhūmidvaya，见第 56 页。

④ Vaidya 本，第 370 页。

⑤ 《佛说佛母宝德藏般若波罗蜜经》，《大正藏》第 8 册，No. 0229，第 677 页下。

⑥ Vaidya 本，第 370 页。

获多珍宝到彼岸。①

【新译】如船未修治，航行大海中，必致其毁灭，连财及商家；若船善修治，得以善相应，海中不破裂，全部财至岸。

126.

emeva śraddhaparibhāvitu bodhisattvo

prajñāvihīnu laghu bodhimupaiti hānim |

so caiva prajñavarapāramitāsuyukto

'kṣato'nupāhatu spṛśāti jināna bodhim ‖ 8 ‖ ②

【法贤】信心菩萨亦如是，离般若行远菩提，若修最上大智行，当得无上菩提果。③

【新译】同样一菩萨，信仰虽成就，因缺乏般若，速损其菩提；而若善相应，般若波罗蜜，则无伤无害，触胜者菩提。

127.

puruṣo hi jīrṇa dukhito śataviṃśavarṣo

kiṃcāpi utthitu svayaṃ na prabhoti gantum |

so vāmadakṣiṇadvaye puruṣe④gṛhīte

patanādbhayaṃ na bhavate vrajate sukhena ‖ 9 ‖ ⑤

【法贤】如百岁人复病患，是人不能自行立，若得左右扶侍者，随意行往无所怖。⑥

【新译】如人衰老苦，已百二十岁，即使自站立，也不能行走；若左右二边，为人所扶持，则不畏跌倒，能够安乐行。

---

① 《佛说佛母宝德藏般若波罗蜜经》，《大正藏》第 8 册，No. 0229，第 677 页下。

② Vaidya 本，第 370 页。

③ 《佛说佛母宝德藏般若波罗蜜经》，《大正藏》第 8 册，No. 0229，第 677 页下。

④ puruṣe，Akira Yuyama 本，作 puruṣ air，第 56 页。

⑤ Vaidya 本，第 370 页。

⑥ 《佛说佛母宝德藏般若波罗蜜经》，《大正藏》第 8 册，No. 0229，第 677 页下。

128.

emeva prajña iha durbalu bodhisattvo

kiṃcāpi prasthihati bhajyati antareṇa |

so vā upāyabalaprajñaparigṛhīto

na ca bhajyate spṛśati bodhi nararṣabhāṇām ‖ 10 ‖ ①

【法贤】菩萨般若力微劣，往菩提岸不能到，兼行最上方便行，得佛菩提无挂碍。②

【新译】同样一菩萨，聪明而力弱，即使能出发，中途也跌倒；而若其受持，方便力般若，则不致跌倒，触牛王菩提。

根据以上对《佛母宝德藏般若伽陀》第14章10个颂文的文本校勘与翻译，对其思想义理之要点可以分别解说如下：

第119颂（第1颂），此颂是总摄颂，是总体揭明这段颂文思想旨趣的颂文，此颂提出的理念是：如果一个菩萨既具足信仰，又依据胜般若波罗蜜而修学，则其必能速证胜菩提。颂文以般若波罗蜜为菩萨修学依据的基础，其以般若思想为重心阐释菩萨行的基本价值立场，于焉昭然若揭。

第120—122颂（第2—4颂），此三颂是本段颂文中阐释第一喻——坏船逃生喻——的部分。其中，第120颂是譬喻说：若渡海时船身解体，此时若不依附草木枯枝，则必随船而毁，若能依草木枯枝，尚可存活。第121—122二颂是相应的法说：同样的道理，菩萨度生死海，虽然信心坚固，可是如果不依般若波罗蜜多，则将生死沉沦，永无出期（第121颂）；反之，若是菩萨一方面信心坚固，一方面又能依般若波罗蜜多修学，则将度脱有望（第122颂）。

第123—124颂（第5—6颂），此二颂是本段颂文中阐释第二喻——担水器具喻——的部分。其中，第123颂是譬喻说：如一女人以未熟器具担水，则必然器毁水失，难以把水搬运到家中；如果改用成熟器具担水，则可以成就搬运水的事业。第124颂是法说：同样的道理，一个菩萨虽然

① Vaidya本，第370页。

② 《佛说佛母宝德藏般若波罗蜜经》，《大正藏》第8册，No. 0229，第677页下。

富于信仰，若是缺乏般若，则如未熟器具，难成菩提事业；反之，若一个有诸多信心的菩萨，不缺般若，则如成熟器具，必成菩提事业。

第125—126颂（第7—8颂），此二颂是本段颂文中阐释第三喻——坚固不坚固船喻——的部分。其中，第125颂是譬喻说：如商人要将诸多的财物运过大海，则需要建造坚固大船，善加修治，善加安排，才能平安抵达目的地；反之，若无坚固大船，而勉强渡海，则必然导致人亡财失。第126颂是法说：同样的道理，一个菩萨在修学菩萨行的过程中，若是缺乏般若，则必至失其菩提；若是具足般若，则能速证菩提。

第127—128颂（第9—10颂），此二颂是本段颂文中阐释第四喻——百二十岁老人喻——的部分。其中，第127颂是譬喻说：如一期颐老人，自身无力行走，若是左右有人扶持，则可以安然而行。第128颂是法说：同样的道理，一个虽聪明但乏力的菩萨，虽然能够发起菩提心，可是在修持菩萨行的道路上，不会走得太远，且一定会半途而废；反之，如果他为方便力及般若二者所摄持，则在修学菩萨行的过程中，必能远行，不会被摧折，且能够速证殊胜菩提。

通过以上对诸颂思想义理的解读，我们可以发现：在此章经文四个譬喻说及相应的法说中，前面三个譬喻说及法说的部分，思想义理之重点是在“坚固的信仰”与“殊胜般若波罗蜜多”之间展开辩证的考量，意在强调般若波罗蜜多这一品德学修对于菩萨修学菩萨行、实证殊胜佛菩提无比的重要性。但是第四个譬喻说及相应的法说，即百二十岁老人喻的部分，则主要是在“缺乏力量的般若”（prajña durbalu）和“方便力”（upāyabala）二者之间展开辩证的考量，这里侧重强调的则是菩萨为般若与善巧方便二者共同摄持之重要性，换言之，最后这个譬喻说及法说是强调方便力与般若相互扶持、并举并重对于菩萨学行之特别的重要性。

根据比勘法贤此经第十四章的译文，可以确定，法贤此部分译文，与今传梵本《佛母宝德藏般若伽陀》的对应部分，是基本一致的。我们在《八千颂般若》的第十四品中可以看到，《佛母宝德藏般若伽陀》的上述四个譬喻同样都得到采用，不过，根据《小品般若经》这部《八千颂般若》的汉语译本，我们则不难发现：关于第一个譬喻的法说部分，罗什译为：“为般若波罗蜜所守护故，中道不退，过声闻、辟支佛地，当住阿耨多罗三藐三菩提。”[①] 关于第二个譬喻的法说部分，罗什译为：“为般若波罗蜜、方便所护故，当知是菩萨不中道退转，安隐得到萨婆若。”[②] 而在第三个譬喻的法说部分，罗什的译文与前面几乎同样：“为般若波罗蜜、方便所护故，不堕声闻、辟支佛地，但以是诸功德，向阿耨多罗三藐三菩提。”[③] 在第四个譬喻的法说部分，情况亦然：“为般若波罗蜜、方便所护故，当知是菩萨不中道退转，能至阿耨多罗三藐三菩提。”[④] 这就是说，根据罗什的译本，上述四个譬喻，除了第一个譬喻外，其余三个譬喻的意义，都被经文解读为强调般若、方便二德相互关联、相辅相成。

罗什的这种译法，与现在传承下来的《八千颂般若》梵本，是完全一致的[⑤]；而在比罗什更早的，汉传佛教第一部《八千颂般若》的译本《道行般若经》中，可以看到情况又有所不同：以上四个譬喻的意义，包括第一个譬喻说的意义，完全被解读为是在强调般若与方便密切关联、相互扶持的思想。我们试看支娄迦谶的这段汉译：

> 佛言：“譬如大海中，船卒破坏，知中人皆当堕水没死，终不能得度。是船中有板若樯，有健者得之，骑其上顺流堕深得出，知是人终不没水中死也。何以故？用得板樯故。菩萨有信乐、有定行、有精进，欲逮阿耨多罗三耶三菩，不得深般若波罗蜜，不学沤恕拘舍罗，是菩萨便堕阿罗汉、辟支佛道中。菩萨有信乐、有定行、有精进，欲逮阿耨多罗三耶三菩，得深般若波罗蜜，学沤恕拘舍罗，是菩萨终不中道懈惰，过出阿罗汉、辟支佛道去，正在阿耨多罗三耶三菩中住。
>
> “譬如有人持坏瓶行取水，知是瓶不能久，当道坏。何以故？瓶未成故。若有菩萨有信乐、有定行、有精进，欲逮阿耨多罗三耶三菩，不得深般若波罗蜜，不学沤恕拘舍罗，是菩萨终不能逮萨芸若，便中道厌却，堕阿罗汉、辟支佛道中。譬若有人持成瓶行取水，知当安隐持水来归至也。何以故？其瓶已成故。若有菩萨有信乐、有定

① 《小品般若波罗蜜经》，《大正藏》第8册，No. 0227，第560页中。
② 同上。
③ 同上。
④ 同上。
⑤ 《八千颂般若》Vaidya本，第143—145页。

行、有精进，欲逮阿耨多罗三耶三菩，得深般若波罗蜜，学沤恕拘舍罗，知是菩萨终不中道懈惰休止洛心，正上阿耨多罗三耶三菩。

“譬若大海中有故坏船不补治之，便推着水中，取财物置其中，欲乘有所至，知是船终不能至，便中道坏，亡散财物。若有菩萨有信乐、有定行、有精进，欲逮阿耨多罗三耶三菩，不得深般若波罗蜜，不学沤恕拘舍罗，知是菩萨中道厌，便亡失名珍宝，更弃大珍宝去。何所为大珍宝？佛是也。是菩萨便中道堕阿罗汉、辟支佛道中。譬若有黠人，拖张海边故坏船补治之，以推着水中，持财物置其中，便乘欲有所至，知是船不中道坏，必到所至处。若有菩萨有信乐、有定行、有精进，欲逮阿耨多罗三耶三菩，得学深般若波罗蜜、沤恕拘舍罗，知是菩萨终不中道懈惰，正在阿耨多罗三耶三菩中住。何以故？是菩萨一心有信乐、有定行、有精进故，终不复堕罗汉、辟支佛道中，正向佛门。

“譬若有人年百二十岁，老极身体不安，若病寒热，寝卧床褥，此人宁能自起居不？”

须菩提言：“不能也。何以故？是人老极无势力故，正使病愈，由不能自起居行步。”

佛言：“菩萨有信乐、有定行、有精进，欲逮阿耨多罗三耶三菩，不得学深般若波罗蜜、沤恕拘舍罗者，终不能至佛，当中道休堕阿罗汉、辟支佛道中。何以故？不得学深般若波罗蜜、沤恕拘舍罗故。”

佛言：“但是人风寒病愈，身体强健，意欲起行，有两健人各扶一掖，各持一臂，徐共持行。其人语病者言：‘安意莫恐，我自相扶持在所至到，义不中道相弃。’如是人能到所欲至处不？”

须菩提言：“菩萨有信乐、有定行、有精进，欲逮阿耨多罗三耶三菩，得深般若波罗蜜，学沤恕拘舍罗，是菩萨终不中道懈惰，能究竟于是中得阿耨多罗三耶三菩。”[①]

所以，支娄迦谶把四个譬喻的法说部分，都译成了“学深般若波罗

① 《道行般若经》，《大正藏》第8册，No.0224，第452页上。

蜜、沤惒拘舍罗”，这里“沤惒拘舍罗”，即指“善巧方便”，如前已言，是最早期汉语般若经典翻译时代支译使用的特殊术语。支娄迦谶对于第一喻法说部分的这种译法，在今存梵语本《八千颂般若》中找不到文本支持，但是显然他的译文，也很可能是有其文本依据的。

所以，简单而言，无论是支译、罗什译，还是今存梵本，来自《八千颂般若》的这些相关文本资源，显然比现存的《佛母宝德藏般若伽陀》第 14 章，都更加突出、强化般若、方便密切关联、相互扶持、相辅相成乃至般若、方便并举并重的思想理念。这些证据可以在相当程度上，证明《佛母宝德藏般若伽陀》的早出，其中第 14 章关于四个譬喻说及法说的十个颂文，很有可能代表着相关思想文本较为原始的文献形态。这些证据也足以从一个侧面确证：《佛母宝德藏般若伽陀》和《八千颂般若》中关于般若、方便相互关联、相辅相成的思想，应该不是一个随意性的教法义理思想，而是最早期大乘经典及最早期般若思想结集时代大乘学者就不期然而然地拥有的一个深邃的思想共识。

《佛母宝德藏般若伽陀》第 20 章双伞盖喻对相关思想义理的进一步佐证

关于般若、方便密切关联、相互扶持这一思想义理，我们在《佛母宝德藏般若伽陀》中，还可以发现一处重要的佐证，那就是在这部经典的第 20 章，即法贤汉译《善解方便品第二十》中包含的一例。在梵本中此例是第 178、179 颂，我们把原文、法贤汉译及我们的新译，再次一并录出：

178.

puruṣā yathā mahaprapāti sthihitva kecid

ubhi pāṇi chatradvaya gṛhṇa upakṣayeyyā |

ākāli vāyur[①] avasṛjya mahāprapāte

no ca prapāta pati yāti na yāva tatra ‖ 13 ‖ [②]

---

① ākāli vāyur，Akira Yuyama 本，作 ākāśa = vāyur，见第 79 页，今译从之。

② Vaidya 本，第 378 页。

【法贤】如人经险遇大风，二手持盖心专注，是人怖险不能行，直至无风乃前进。[1]

【新译】如有一些人，站在大断崖，手持二伞盖，而在审视之：虚空中有风，驰骋大断崖，若此时无风，不从断崖堕。

179.

emeva sthitva karuṇāṃ vidu bodhisattvo

prajñāupāyadvayachatraparigr̥hīto ।

śūnyānimittapraṇidhiṃ vimr̥ṣāti dharmān

na ca nirvr̥tiṃ spr̥śati paśyati dharmacārī[2] ‖ 14 ‖ [3]

【法贤】大智菩萨住大悲，智慧方便为二手，执空无相愿法盖，见法不住于寂静。[4]

【新译】同样智菩萨，住于悲悯中，持般若方便，如同二伞盖，他推求诸法，空无相无愿，其见诸法时，则不触寂灭。

上面两个颂文思想义理之要点：

第 178 颂，此颂是譬喻说：就好比一个人站立在断崖上，手里持有一双伞盖，他小心地审视周围的环境：只要此时空中的风不吹拂，就不能从断崖上跳下。

第 179 颂，此颂是相应的法说：同样的道理，一个菩萨住立于大悲之中，他为般若、方便二者所统摄，这二者对于他的生命非常重要，就好比手里所握的一双伞盖一样，他以空无相无愿的立场，审视着诸法，而且只要他在观察诸法，就不证寂灭。

这里一个菩萨住于大悲，持有般若、方便，审视空无相无愿，以积累福德智慧资粮为重而不追求疾证寂灭的说法，已经将菩萨修学菩萨行的要

① 《佛说佛母宝德藏般若波罗蜜经》，《大正藏》第 8 册，No. 0229，第 677 页下。

② paśyati dharmacārī，Akira Yuyama 本，作 paśyatī dharmān，见第 79 页。

③ Vaidya，第 378 页。

④ 《佛说佛母宝德藏般若波罗蜜经》，《大正藏》第 8 册，No. 0229，第 677 页下。

点，全部生动地揭示出来。而其中最为醒目的说法，当然是以二种伞盖譬喻般若、方便这一生动的譬喻说及相应法说的内容。

所以，根据《佛母宝德藏般若伽陀》第16、14及20章的相关经文内容，应该可以确切证成我们一开始提出的诠释理念：《佛母宝德藏般若伽陀》是主张般若与方便相互扶持、相互确证的理念，并且因而是主张般若、方便并举并重思想的一部经典。《佛母宝德藏般若伽陀》是般若、方便密切关联、相辅相成这一教法方向思想义理的原创性经典，而在此后，从《佛母宝德藏般若伽陀》，到《八千颂般若》的接续甚至发挥，到《法华经》将善巧方便升格为与般若波罗蜜多并列的善巧方便波罗蜜多，再到《维摩经》中明确提出“无方便慧缚，有方便慧解；无慧方便缚，有慧方便解”[①] 的理念，初期大乘经典将菩萨学行中般若、方便平衡开发、辩证彰显的思想，逐步、完全地建构出来，从而得以圆满菩萨智慧学的思想全体，实现菩萨智慧学与菩萨伦理学的高度统一，这确实是初期大乘佛教思想发展曾经经历的一条道路。

① 《维摩诘所说经》，《大正藏》第14册，No.0475，第545页上。

第二章 《善巧方便波罗蜜多经》善巧方便概念思想之研究

《善巧方便波罗蜜多经》，是在初期大乘佛教经典结集时代出现的一部重要而特殊的经典。这部经典结集的时间，根据学者 Mark Tatz 的研究，可以追溯到公元前 1 世纪。① 我们说此经是初期大乘佛教一部重要而特殊的经典，是因为这部经典中包含了以善巧方便（ūpāyakauśalya）概念为核心的一系佛教的教法思想，或者，更准确地说，此经是印度大乘佛教中正式建构善巧方便一系概念思想的一部重要经典。我们这里需要特别指明的是：它或许是大乘佛教经典中第一部严格地以善巧方便概念作为中心，组织大乘教法思想的经典。

这部经典的思想意义十分深刻，但是它的思想影响，则几乎被后世遗忘。这是由两个方面的原因决定的：一方面的原因是，初期大乘佛教经典结集时期，既包含以般若概念思想为中心的经典结集运动，也包含以善巧方便概念思想为中心的经典结集运动，这是初期大乘运动着眼智慧学建设及伦理学建设的两大思想潮流。但是前者的影响和声势，显然逐渐盖过了后者，这是以善巧方便概念为核心的大乘经典及其思想传统遭到相当程度集体忽视的一个重要理由。另一方面的原因是，初期大乘经典专注于善巧方便一系概念思想者，除了这部《善巧方便波罗蜜多经》之外，较为著名的经典，尚有《法华经》及《维摩经》。而后面这两部大乘经典，或因汉系佛教中一些杰出论师——如光宅法云、智者大师等——的反复提倡（《法华经》），或因与般若一系思想的紧密结合（《维摩经》），得以大行

① Mark Tatz: *The Skill in Means* (*ūpāyakauśalya*) *Sūtra*, Motilal Banarsidass Publishers, Private Limited, Delhi, 1994, Introduction, p. 1.

于世；相形之下，这部《善巧方便波罗蜜多经》显得门庭冷落，在佛教思想史上长期处于几乎无人问津的状态！

在我们的研究之前，先要说明一下我们一再阐述过的一个学术思想：般若智慧与善巧方便智慧的合理平衡，般若思想与善巧方便思想之间的有机整合，本是大乘佛教智慧学及伦理学建设的合理方向，这一点不仅就历史上的大乘佛教可以这样说，就今日现实的大乘佛教的发展趋势来说，也可谓如此。[①] 所以回归大乘佛教经典结集初期讨论善巧方便思想的经典，尤其是这部结集时间属于初期大乘较早期的阶段、思想内涵也最具原创性的《善巧方便波罗蜜多经》，也就仍然具有重要的学术意义及思想意义。

第一节 《善巧方便波罗蜜多经》是一部重要而特殊的大乘佛教经典

在古代汉传佛教中，此经先后有过三个译本：

（1）东晋天竺居士竺难提的译本，后来被收入唐代菩提流志主译的《大宝积经》中，名为《大宝积经·大乘方便会》，在《大宝积经》中占据两卷半的篇幅，即第106卷之一部分，及第107—108二卷；

（2）西晋月氏国三藏竺法护的译本，名为《慧上菩萨问大善权经》，分为上、下两卷；

（3）北宋北印度译经三藏施护的译本，名为《佛说大方广善巧方便经》，分为四卷。

从以上的汉译可知，约公元前1世纪逐步结集起来的这部经典，一开始是单独流传的，它是在后来才被纳入《大宝积经》的体系中。此外，这部经典还有两个藏文译本；虽然没有完整的梵本保存下来，但存留了一些梵文的片段。[②] 如在由大乘论师寂天（Śāntideva）撰写的论书

① 参看程恭让《〈维摩诘经〉之〈方便品〉与人间佛教思想》，《玄奘佛学研究》2012年9月第18期；《〈维摩经〉善巧方便概念及其相关思想研究》，《世界宗教研究》2015年第6期；《以“善巧方便”为核心的〈法华经〉思想理念及其对当代佛教义学建构之可能价值》，《佛光学报》第三卷2017年1月第1期。

② Mark Tatz：*The Skill in Means* (*ūpāyakauśalya*) *Sūtra*, Motilal Banarsidass Publishers, Private Limited, Delhi, 1994, Introduction, pp. 17 – 18.

《大乘集菩萨学论》（汉译称为法称造）中，就因引用此经而保留了几段此经的梵文。[①]

那么此经的名称究竟是什么呢？我们在竺难提译本的中间部分，可以读到经中有如下的说法：

> 善男子！汝今谛听，善思念之。有经名《方便波罗蜜》，今当为汝说之。尔时菩萨从然灯佛来渐学方便，今亦当为汝少开示分别。[②]

根据这一说法，这部经典的名称（至少是这一段以下的部分），应当是《方便波罗蜜》。另外，在竺难提译本的末尾，可以读到：

> 尔时尊者阿难白佛言："世尊！当何名此经？云何奉持？"

---

① 在施护所译的《大乘集菩萨学论》中，引用的这几段《善巧方便经》，所译文字如下：

（1）"故《方便善巧经》说是根本罪云：善男子！菩萨于别解脱戒学式叉摩那，百千劫中唯食根果，解脱一切众生，忍受恶言。若于声闻、辟支佛行相应作意，是名菩萨根本重罪。善男子！得是根本罪者，譬如声闻于有余依涅槃而不堪任。善男子！此所说罪，于声闻、缘觉作意无有出离，亦复如是，于佛地涅槃而不堪任。"（《大乘集菩萨学论》，《大正藏》第32册，No. 1636，第88页下）

（2）"如《方便善巧经》云：善男子！譬若取明之人，为彼罥索五处系缚。以真言王，于所求法即能超越。由一真言明力，悉能断除一切缚法。善男子！是菩萨方便善巧受五欲乐，亦复如是，然于所作，不乱正行，谓若以一智力遍一切智心，净诸欲乐，当生梵世。"（《大乘集菩萨学论》，《大正藏》第32册，No. 1636，第107页中）

（3）"又《方便善巧经》云：昔光明梵志，于四万二千岁中，严持梵行。住七步已，发生悲悯。设犯禁戒，受地狱苦，不应弃彼，令趣命终。善男子！是光明梵志实时执彼右手，作如是言：姊起，如其所欲。以要言之，善男子！如是深妙欲中起大悲心，于十千劫受轮回苦，后复还修梵行。善男子！以菩萨方便善巧得生梵世。"（《大乘集菩萨学论》，《大正藏》第32册，No. 1636，第108页上）

（4）"彼经又说：若有菩萨为一众生发善根者，于其色相，如罪所堕百千劫中受地狱苦之所烧煮。世尊！彼菩萨然起是罪，无地狱苦。谓由于一众生，亦不舍离此善根故。"（《大乘集菩萨学论》，《大正藏》第32册，No. 1636，第108页上）

（5）"彼经又云：善男子！此方便善巧菩萨有极重罪。谓或时遇恶知识，劝就此蕴取证涅槃。然于后际，不复堪任被斯铠甲，何容化度一切众生？故我不起是心，如彼轮转，化度众生。又若设有是罪，如其法行，使无过咎。善男子！若出家菩萨一切分别所造过四重罪，是菩萨具方便善巧者，随起即悔，说为无罪。"（《大乘集菩萨学论》，《大正藏》第32册，No. 1636，第108页上）

② 《大宝积经》，《大正藏》第11册，No. 0310，第599页下。

佛告阿难："是经名为《方便波罗蜜》，亦名《转方便品》，亦名《说方便调伏》，如是奉持。"①

这里，经中自己提出了三个名称，分别是：《方便波罗蜜》，《转方便品》，《说方便调伏》。经末所拟的上述三个名称中，《方便波罗蜜》的说法，与经文中间部分提出的名称，是一致的。这里，所谓"方便"，实为"善巧方便"；所谓"波罗蜜"，实为"波罗蜜多"。以"善巧方便"为一种"波罗蜜多"，称为"善巧方便波罗蜜多"，表明本经已经正式将"善巧方便"概念提升到表示菩萨行、佛行波罗蜜多的层次，也就是将"善巧方便"明确规定为菩萨或佛陀生命中的一种内在殊胜品德，说明本经所代表的善巧方便思想，与《法华经》所代表的善巧方便思想，是处在同一思想层级上的（在《法华经》中，也正式出现"善巧方便波罗蜜多"的说法）。因此本经最为恰当的标题，应当是《善巧方便波罗蜜多经》；而古代印度大乘佛教论书的作者，则将之省略称为《方便善巧经》。② 所以我们的研究，也以此名称作为此经典的正式称呼。

鉴于在本经中间的部分出现"有经名《方便波罗蜜》，今当为汝说之"的说法，也有理由认为：现在传世的《善巧方便波罗蜜多经》，很有可能是两部经典——一部是诠释菩萨摩诃萨的善巧方便品德，一部则是诠释佛陀所具备的善巧方便品德——的汇编。

本书相关研究，主要文本依据竺难提的汉译本，同时我们也参考其他二种汉译。Mark Tatz 教授所作关于本经的研究，对于这部《善巧方便波罗蜜多经》的理解、诠释，是具有重要基础意义的研究，本书的研究和写作，一些基本的观点就是建立在其研究基础上的，所以这里应当致以深深的感谢！

第二节 《善巧方便波罗蜜多经》阐述菩萨具备之善巧方便

《善巧方便波罗蜜多经》全经文字，可以分成三个部分：

---

① 《大宝积经》，《大正藏》第 11 册，No. 0310，第 607 页下。

② 如在寂天所著的《大乘集菩萨学论》中，引用该经时，即使用这个简略称谓。

（一）序分，从开头“如是我闻”，到“无量百千万亿众生恭敬围绕而为说法”，是叙述此经的讲经缘起部分；

（二）正宗分，从“尔时众中有菩萨摩诃萨名曰智胜”开始，一直到“说此经已，七万二千人发阿耨多罗三藐三菩提心”一句止，是经文阐述善巧方便概念思想的主干部分；

（三）流通分，从“尔时尊者阿难白佛言”到经尾，是经文末尾佛陀嘱托弘法流通的部分。

经文正宗分的文字，依思想主题，又分为三个部分：

第一部分，从“尔时众中有菩萨摩诃萨名曰智胜”，一直到“说是语已，十千人天发阿耨多罗三藐三菩提心”，此部分思想主题是阐述菩萨摩诃萨之善巧方便；

第二部分，从“尔时世尊赞摩诃迦叶言：善哉，善哉！汝能劝发诸菩萨摩诃萨”，到“作如是愿言：我来世得成就如是智慧威德，是名如来方便”，此部分思想主题是通过对释迦牟尼生平事迹的解释，阐述释迦如来之善巧方便；

第三部分，从“善男子！我先于说示现众生十业因缘”，到正宗分结束，此部分思想主题是通过对释迦牟尼示现十业因缘的解释，再度阐述如来之善巧方便。

经文正宗分的内容，也可以简略概括为两个部分，即：（一）说明菩萨摩诃萨之善巧方便的部分，这是正宗分经文的第一部分；及（二）说明释迦牟尼佛之善巧方便的部分，这是正宗分经文的第二部分及第三部分。

本节先讨论正宗分经文说明菩萨善巧方便品德的部分。经文讨论菩萨所具备之善巧方便，分别集中于三个议题：其一，菩萨摩诃萨因为践行善巧方便，使得其布施等活动的性质与功能发生本质性的变化；其二，菩萨摩诃萨因为践行善巧方便，其所遵循之戒律与伦理之方向发生本质性的变化；其三，菩萨摩诃萨因为践行善巧方便，其对待及处理两性问题的价值方向也相应发生重要的变化。

其一，关于践行善巧方便的菩萨摩诃萨其布施等活动性质与功能发生本质变化的议题，经文主要以菩萨摩诃萨的布施活动为例予以说明。布施是菩萨所践行的基本修学活动，是菩萨行的基础部分，但是有没有善巧方便参与其中，其布施的性质及所获得的功德果报，存在极大的差异。经文由智胜菩萨对佛陀的提问，引起这一议题：

> 尔时，众中有菩萨摩诃萨，名曰智胜，即从座起，偏袒右肩，右膝着地，合掌向佛，而白佛言："世尊！欲问一事，唯愿听许。若佛听者，乃敢咨请。"佛告智胜菩萨："善男子！恣汝所问，当为汝说，断汝所疑。"尔时智胜菩萨白佛言："世尊！所言方便，何等为菩萨方便？世尊！云何菩萨摩诃萨行于方便？"如是问已，佛赞智胜菩萨言："善哉，善哉！善男子！汝为诸菩萨摩诃萨故，问方便义，多所利益，多所安乐，悯念世间，利益安乐诸天、世人，为摄未来诸菩萨智慧及去来现在诸佛法故。善男子！当为汝说。谛听，谛听，善思念之。"智胜菩萨受教而听。①

这里，智胜菩萨，名字是 jñānottra。所提出的问题是：菩萨摩诃萨拥有名为"善巧方便"的东西，那么什么是菩萨摩诃萨的善巧方便？一个菩萨摩诃萨怎样才是践行善巧方便的菩萨摩诃萨？汉译中此处的"方便"，都是指"善巧方便"，以下经文的相关用法，也全同此例。智胜菩萨的核心问题是菩萨摩诃萨所具备的善巧方便是什么，及怎样践行。

下面是佛陀对于智胜问题的第一个回答：

> 善男子！行方便菩萨，以一抟食给施一切众生。何以故？行方便菩萨以一抟食施与，下至畜生，愿求一切智，以是菩萨与一切众生共之，回向阿耨多罗三藐三菩提。以是二因缘，摄取一切众生，所谓求一切智心，及愿方便。善男子！是名菩萨摩诃萨行于方便。②

佛陀回答的内涵：一个具备善巧方便的菩萨摩诃萨，能以少量的食物布施一切众生。这是因为菩萨拥有善巧方便，所以其布施时，心理上有追求一切智的愿望，要把这样布施所得的功德，都回向无上正等觉，与诸众

① 《大宝积经》,《大正藏》第 11 册，No. 0310，第 594 页下。

② 同上。

生共享。这里所谓“求一切智心”，即是“发菩提心”，也就是生发以无上正等觉作为目标的思想、愿望；所谓“回向阿耨多罗三藐三菩提”，即是改变布施这一活动所获结果之方向，使布施这一活动由通常可得人天福报的结果，转变为无上正等觉的甚础。根据佛陀的回答，我们清楚看出善巧方便与无上正等觉这两个概念之间的密切关联，只有具备追求无上正等觉的动机，以实现无上正等觉作为目标的智慧，才是菩萨摩诃萨的善巧方便。

关于菩萨摩诃萨在布施等活动中如何践行善巧方便的问题，此部分经文共有九个方面的说明：

（1）一个有善巧方便的菩萨摩诃萨，在布施活动中追求一切智，并且使其功德回向无上正等觉，与一切众生共享。所以能以微少的布施，利益一切众生。（已如上述）

（2）一个有善巧方便的菩萨摩诃萨，见人布施则生随喜之心，并且把随喜所生功德回向无上正等觉，愿意与一切众生共享。①

（3）一个有善巧方便的菩萨摩诃萨，把十方世界中无主树及种种香，奉献给诸佛；也把十方世界有主树及种种香，奉献给诸佛，如是奉献时，把所得功德都回向无上正等觉，愿意与一切众生共享。②

（4）一个有善巧方便的菩萨摩诃萨，见众生受诸乐报，则愿其得一切智乐；见众生受诸苦报，则愿代其受苦，愿其得乐，愿成一切智。③

（5）一个有善巧方便的菩萨摩诃萨，礼拜、供养一佛，则是礼拜、供养一切诸佛。④

（6）一个有善巧方便的菩萨摩诃萨，若是钝根，不应轻视自己，应该思维：解一四句偈义，即是通达一切法义。若为众生解说一四句偈义，则愿众生多闻如阿难，能够通达一切法义。⑤

（7）一个有善巧方便的菩萨摩诃萨，若是贫穷之人，能够施僧之物少，心中如是思维：愿此微施，能够成就一切智；愿一切众生，皆能获得宝手。⑥

---

① 《大宝积经》，《大正藏》第 11 册，No. 0310，第 594 页下。

② 同上书，第 595 页上。

③ 同上。

④ 同上。

⑤ 同上书，第 595 页中。

⑥ 同上。

（8）一个有善巧方便的菩萨摩诃萨，如果见到声闻、缘觉多得供养、赞叹，能够正确思维，心中不生怨恨。①

（9）一个有善巧方便的菩萨摩诃萨，在实行布施这一修学活动时，同时即具足六种波罗蜜多。②

因为一个有善巧方便的菩萨，能够创造这样的奇迹——实现布施等修学活动性质及结果的根本转变，所以这部分经文最后总结说：

> 尔时智胜菩萨白佛言："世尊！未曾有也。菩萨摩诃萨行于方便，即于施时以此施故，摄一切佛法及诸众生。"佛告智胜菩萨："善男子！如汝所说。菩萨摩诃萨行于方便，以方便力故，虽行少施，所得福德无量无边阿僧祇。"③

拥有善巧方便的菩萨摩诃萨在从事布施等活动时，其所得功德无论在深度上和广度上都发生了根本性质的质变，所以拥有善巧方便的菩萨摩诃萨，能以少量的布施成就无边无际的广大福德！

其二，菩萨摩诃萨因为践行善巧方便，致力于引导众生走上无上正等觉悟之路，其为一切众生、为无上觉悟的人生理想，与致力于断除烦恼，致力于解决个人问题的声闻、独觉，在本质上就有很大的不同。既然如此，菩萨对于戒律的理解及其价值的选择，就必然与普通声闻乘的行者有所区别。经中以讨论什么是菩萨摩诃萨对于戒律的违犯问题为中心，对此重要议题展开了一些阐释。

下面几段经文，就是经中集中处理这一议题的部分：

> （1）佛复告智胜菩萨："善男子！菩萨摩诃萨虽至不退转地，亦以方便而行于施，是名菩萨行于方便。善男子！有时恶知识教菩萨言：'汝何用久处生死？可于此身早入涅槃。'菩萨知已，即应离之：'我如是大庄严，教化一切众生，是人为我作诸留难。若我不在生死

① 《大宝积经》，《大正藏》第 11 册，No. 0310，第 595 页中。

② 同上。

③ 同上书，第 595 页下。

中者，何能教化无量众生？'"

（2）智胜菩萨白佛言："世尊！若有众生以妄想故，犯四重罪。"佛告智胜菩萨："善男子！若出家菩萨以妄想故，犯四重罪，行方便菩萨能尽除灭。我今亦说无有犯罪，及受报者。"

（3）智胜菩萨白佛言："世尊！云何菩萨犯罪？"佛告智胜菩萨："善男子！菩萨虽行解脱戒，于百千劫中噉果食草，能忍众生善恶之语。若与声闻、缘觉共思惟法，善男子！是名菩萨摩诃萨犯于重罪。善男子！如声闻人犯于重禁，非即此身得入涅槃。善男子！菩萨如是不除声闻、缘觉共思惟法，不舍不悔者，终不得成阿耨多罗三藐三菩提。若得佛法，无有是处。"①

东晋竺难提这几段汉译，意义比较晦涩，幸好寂天论师的《大乘集菩萨学论》保存了这几段文字的原文，Mark Tatz 教授在其著作中，曾予以引用：

SS 93：23—29：iha kulaputra ūpāyakuśalo bodhisattvo yadā kadācit kasmiṃścit pāpamitravaśenāpattim āpadyet, sa itaḥpratisaṃśikṣate – na mayaibhiḥskandhaiḥparinirvāpayitavyam | mayā punar evaṃ samnāhaḥsaṃ-naddhavyaḥ – aparāntakotiḥsaṃsaritavyāṃ sattvānam paripācanahetor iti | na mayā cittadāho karaṇīyaḥ | yathā yathā saṃsariṣyāmi tathā tathā sattvān paripācayiṣyāmi | api tvetāṃ cāpattiṃ yathā dharmaṃ parikariṣyāmi | ātyatyāṃ saṃvaram āpatsye | sacet kulaputra pravrajito bodhisattvaḥparikalpamādāya sarvāścatasro mūlāpattir atikramet, anena copāyakauśalyena vinodayet, anāpattim bodhisattvaya vadāmi ||②

SS 40：25—30：kim cāpi kulaputra bodhisattvaḥprātimokṣa – śikṣāyāṃ śikṣamāṇaḥkalpasataśahasram api mūlaphalabhakṣaḥsyāt | sarv-

---

① 《大宝积经》，《大正藏》第 11 册，No. 0310，第 595 页下。
② Mark Tatz：*The Skill in Means*（*ūpāyakauśalya*）*Sūtra*, Motilal Banarsidass Publishers，Private Limited，Delhi，1994，Introduction，p. 29.

asattvānāṃ ca sūktaduruktāni kṣamet | śrāvakapratyekabuddhabhūmipratysamyuktaiśca manasikārair viharet | iyaṃ boddhisattvasya gurukā mūlāpattiḥ | tadyathā kulaputra śrāvakayāniyo mūlāpattim āpannaḥ, sa 'bhavyaḥtair eva skndhaiḥparinirvātum, evam eva kulaputro 'pratideśyaitām āpattim aniḥsṛjya tān śrāvakapratyekabuddhamanasikārān, abhavyo buddhabūmau parinirvātum ‖ ①

我们还可以以施护所译《佛说大方广善巧方便经》中的对应译文，作为释义时的参证：

(1) 尔时，世尊复告智上菩萨摩诃萨言："善男子！汝今当知，具善巧方便菩萨摩诃萨，设于异时有极重罪，而彼菩萨亦不坏善根。云何不坏？所谓：菩萨或时值遇彼恶知识，劝令退失无上道意，得极重罪，菩萨尔时即自思惟：'我今若或即于此身取证涅槃，断后边际，不复堪任被精进铠，何能度脱一切众生轮回苦恼？我今不应以此因缘，自坏其心。何以故？我欲于轮回中度脱一切众生，设有极重罪，亦不断善根。'善男子！如是，名为菩萨摩诃萨善巧方便。

(2) "又，善男子！若出家菩萨有分别心，生别异作意，彼所得罪过四根本，是菩萨若具善巧方便者，随起即悔。善男子！我说彼菩萨为无罪者。"

(3) 尔时，智上菩萨摩诃萨白佛言："世尊！云何菩萨亦有罪耶？"佛告智上菩萨摩诃萨言："善男子！若言菩萨无有罪者，云何菩萨于百千劫中学波罗提木叉戒，有破根本果者？善男子！汝今当知，是等菩萨虽于一切众生善言、恶言皆悉能忍，但为于彼声闻、缘觉法中相应作意，是故我说彼所得罪，过四根本。如彼声闻乘人犯根本罪已，无所堪任取证涅槃；出家菩萨亦复如是，起是罪已，不即悔舍声闻、缘觉相应作意，亦复无所堪任，不能趣证大涅槃界。"②

---

① Mark Tatz: *The Skill in Means (ūpāyakauśalya) Sūtra*, Motilal Banarsidass Publishers, Private Limited, Delhi, 1994, Introduction, p. 30.

② 《佛说大方广善巧方便经》,《大正藏》第12册，No. 0346，第167页上—中。

可以看出，这段经文讨论了关于菩萨摩诃萨戒律议题三个方面的问题：

（1）菩萨摩诃萨的善巧方便能保障其减轻或消除极重的违犯，经中提出：即便有些时候，菩萨摩诃萨因为一些外缘，犯下“退失无上道意”——即退失菩提心——的“极重罪”，但是因为菩萨摩诃萨具备善巧方便之品德，这种品德将保障他减轻甚至消除这些极重的违犯；

（2）具备善巧方便的菩萨摩诃萨可以消除四种重罪，如果出家菩萨犯下四种重罪（这里指四种根本违犯，是应当从僧团开除出去的四种罪：包括杀害，偷窃，违背独身的原则，未得谓得），而一个具备善巧方便的出家菩萨，则可以以忏悔的方式消除这些重罪；

（3）菩萨真正的根本违犯是违背菩萨学修的精神，经文的回答：一个菩萨即便在践行声闻人之别解脱戒，但是其与声闻人之作意，则根本不同。所以如果一个菩萨“与声闻、缘觉共思惟法”，失去菩萨修学的宗旨——自觉觉他、觉行圆满的精神，那么这就叫“菩萨摩诃萨犯于重罪”。

我们知道：佛陀在世时的说法，一方面包含了许多关于修道生活的伦理，但同时也包含许多世俗生活的伦理原则。佛陀制订的修道僧戒律，及此后部派佛教在这方面的一再强化，使得佛教在世人的心目中，以修道僧伦理、戒律为最显著的特色。但是佛陀之教确实有可为广大普通群众践行的一面，而大乘佛教的兴起，本质方向之一就是要把佛教作为普世宗教的一面大力弘扬起来，因此作为大乘佛教中心角色的菩萨的戒律及伦理原则问题，就成为一个高度繁难而复杂的问题：如何既不乖违修道僧伦理，又能适合菩萨摩诃萨的修学目标？如何建设符合大乘佛教理想与目标的戒律准则及价值方向？这是大乘思想需要思考和发展的重要方面。《善巧方便波罗蜜多经》此处以善巧方便概念为核心，检讨大乘菩萨的戒律、伦理及价值问题，可以说直接迫近了大乘佛教伦理价值思想中最核心的层面。

其三，菩萨摩诃萨具备善巧方便问题的又一个思想议题是：因为有善巧方便，所以菩萨在涉及性的问题上，亦有其特殊的价值方向，因此人们难以轻率地言其过误。有关性的问题，即两性关系问题，当然是佛教戒律轨则及其伦理思想的一个重要方面。在佛教的教法思想传统中，涉及性问题的考量一向比较敏感而特殊，而在《善巧方便波罗蜜多经》中此方面的内容则得到相当深刻的关注和讨论，所以这里拟把此一议题列为菩萨善巧方便问题第三个重要的思想议题。

关于这一议题，经文是举众尊王菩萨的事例以言。经中说：

> 尔时尊者阿难白佛言："世尊！我今晨朝，入舍卫城，次第乞食，见众尊王菩萨，与一女人同一床坐。"
>
> 阿难说是语已，实时大地六种震动。众尊王菩萨于大众中，上升虚空，高七多罗树，语阿难言："尊者！何有犯罪能住空耶？阿难！可以此事问于世尊，云何罪法？云何非罪？"
>
> 尔时阿难忧愁向佛，右膝着地，手执佛足："世尊！我今悔过。如是大龙，我说犯罪。如是菩萨，我求其过。世尊！我今悔过，唯愿听许。"
>
> 佛告阿难："汝不应于大乘大士，求觅其罪。阿难！汝声闻人，于障处行寂灭定，无有留难，断一保证。阿难！行方便菩萨如是成就一切智心，虽在中宫婇女共相娱乐，不起魔事及诸留难，而得阿耨多罗三藐三菩提。何以故？阿难！行方便菩萨无有受如是众生不以三宝劝化，若阿耨多罗三藐三菩提。阿难！若学大乘善男子、善女人，不离一切智心，若见可意五欲，即便在中共相娱乐。阿难！汝应作是念：'如此菩萨即是能成如来根本。'"①

佛陀之长老弟子阿难指责众尊王菩萨在性的戒律上存在过失，遂有这一段经文的讨论。众尊王菩萨为自证清白，不得不升七倍多罗树高的空中，此种少见的神迹示现，让阿难意识到自己对于众尊王的指责，是非常轻率的。于是他向众尊王与佛陀，表示诚挚的忏悔。佛陀则借助这个场合，阐释了对于拥有善巧方便的菩萨摩诃萨，不能在涉及性的问题上轻率地"求觅其罪"的看法。

佛陀这里给出的理由是：声闻乘人与大乘学人的修学中心有所不同，因而相应地，其遵行伦理规范的价值方向必然有所不同：声闻乘人，因为始终想要保持平静的心理状态，所以追求不间断地遏止欲望之流；而有善

① 《大宝积经》，《大正藏》第11册，No. 0310，第595页下—596页上。

巧方便的菩萨摩诃萨，他思想上充满遍知的心念，以追求不间断地遍知为其修学的主要目标。所以对于一个修学菩萨乘者而言，他的人生理想始终是圆满的觉悟，他与其随从、眷属一起生活，始终不离无上正等觉这个主旨；即便他与眷属进行感官的娱乐，也始终不会违背获得无上正等觉这一崇高的理想。基于此点，轻率地以对于性问题的违犯指责一个修学大乘的菩萨摩诃萨，就是不正确的。

大乘佛教在修学目标上指向无上正等觉，在适用人群方面含括广大人民群众，与以解脱烦恼为人生的根本目标、以精英修道团队为其戒律及伦理奉行者的部派佛教（前大乘佛教）相比，在如何对待性这一敏感话题上，其理论的思考，实践的行持，必然就有重要的不同。其实在佛教发展之初，如何合理地处理性的问题，就已是一个难以回避的问题；在部派佛教和大乘佛教时期，这个问题也一直是一个重大而敏感的问题；即便是在2000年后的今天，面临转型、发展的历史形势，面对当代世界的多元价值，究竟应该如何理解及处理性的问题，佛教思想界仍然难以全面、合理地予以有效的讨论。所以《善巧方便波罗蜜多经》这段经文诉诸善巧方便概念处理菩萨与性的关系问题，就是一个十分具有远见及重大理论、实践意义的问题。

从经文此部分对于相关话题所作繁复而细致的处理，也可以体会《善巧方便波罗蜜多经》在讨论性这一思想主题时的重视、认真和谨慎。我们看到：（1）如上所述，经中简单叙述众尊王菩萨与一女人的故事，对于菩萨与性的思想主题，佛陀在理论上给出了重要的标准；而且，（2）经文接下去叙述了众尊王与此女人五百世的本生故事，试图从轮回及历史的角度，对于其交往与生活给出合理性的说明；再接着，（3）经文举出佛陀自己过去生中与瞿夷的故事，与众尊王与女人的故事相互佐证，进一步加强其合理性①；（4）经文不厌其烦，甚至提出作为弥勒菩萨前生的无垢比丘，曾经与一贫女共住石窟的本事，来与众尊王故事、释迦本生故事相互旁证②；（5）最后，经文将叙述场景拉回到现实生活中，它叙述了舍卫大城爱作菩萨与德增长者女的情事，从现实的视角对涉及性的思想主

① 《大宝积经》，《大正藏》第11册，No. 0310，第596页上。

② 同上书，第596页下。

题，再度加以一番审慎的考量。

最后，关于菩萨摩诃萨具备善巧方便，有其特殊的戒律、伦理的价值方向，因而不能轻率地援引声闻戒律，在性的问题上对其予以责难的思想主题，我们还可以读到经文中如下一段意味深长的譬喻说法：

> 汝今当知，如诸菩萨摩诃萨所行方便，声闻、缘觉之所无有。善男子！譬如淫女，善知六十四态，为财宝故，媚言诱他，诈许舍身，所重之物，无所匮惜，后得彼物。得彼物已，驱逐令去，不生悔心。善男子！行方便菩萨能知随宜，行于方便，如是教化一切众生，随其所欲而为现身，于所须物心无吝惜，乃至舍身，为众生故，爱乐善根，不求果报。知诸众生作善根已，心无退转，即于尔时心生舍离，所现五欲，永无恋着。
>
> 善男子！譬如黑蜂，在畜生中，于一切花，虽经香味，而于其中无依止想，无所爱着，于花叶茎香不持而去。善男子！菩萨摩诃萨行于方便，亦得如是，为化众生，处于五欲，见法无常，不以常想而起于爱，又不自害，亦不害他。
>
> 善男子！如小种子，虽生于牙，然其本色，无所亏损，不生异物。善男子，如是空、无相、无作、无我智慧种子，菩萨虽有烦恼，于五欲娱乐，不生三恶道牙，不损善根之色，亦不退转。
>
> 善男子！譬如鱼师，以食涂网，投之深渊，既满所求，即寻牵出。善男子！行方便菩萨亦复如是，以空、无相、无作、无我智慧勋修其心，结以为网，一切智心以为涂食，虽投五欲污泥之中，如其所愿，牵出欲界，命终之后，生于梵世。
>
> 善男子！譬如有人善知咒术，为官所执，被五系缚，此人自以咒术力故，即断五缚，随愿而去。善男子！如是菩萨摩诃萨行于方便，虽处五欲，共相娱乐，为化众生，如其所求，以一切智咒断五欲缚，生于梵世。
>
> 善男子！譬如士夫，善知战法，藏一利刀，卫送行人。而彼众中无有一人能知此人密怀奇谋而反轻之，更生怜悯，无敬重心，各相谓言："彼人既无器仗，亦无伴党，此非健士，复无势力，自身不救，何能济人？此若坏贼，无有是处。彼人必当受诸困厄。"时彼士夫，

遂至空泽，群贼俱发。尔时士夫牢自庄严，寻时即出所藏之刀，始一掷刀，群贼丧命，诸贼既坏，复还藏刀。善男子！行方便菩萨善藏智刀，而以方便，处于五欲，共相娱乐，为化众生。声闻见此方便菩萨处于五欲共相娱乐，不知方便，故生浊心，或复怜愍，谓为放逸："如是之人尚不自度，况能救度一切众生？若能坏魔，无有是处。"尔时菩萨善用方便智慧之刀，如其所求，断诸烦恼，尽令摧灭，以智慧刀，至净佛土，无诸女人，乃至无有一念欲想。①

这段经文开头指出，"如诸菩萨摩诃萨所行方便，声闻、缘觉之所无有"，说明菩萨所具备的这种善巧方便品德，是声闻、独觉行人所不具备的。这段经文连续使用六个譬喻，即（1）如淫女，（2）如黑蜂，（3）如小种子，（4）如鱼师，（5）如善知咒术者，（6）如善知战法者，反复说明及赞叹具备善巧方便这一品德的菩萨摩诃萨的独特性、卓越性及圣洁性。

第三节 《善巧方便波罗蜜多经》阐述佛陀具备之善巧方便

善巧方便不仅是菩萨摩诃萨所具备的一项重要品德，更是佛陀（包括作为佛陀本生形式的菩萨）所具备的一项重要品德。此如《善巧方便波罗蜜多经》以下的宣示：

佛告德增菩萨："善男子！汝于如来、菩萨，莫生疑也。何以故？佛及菩萨成就不可思议方便，佛及菩萨住种种方便而教化众生。善男子！汝今谛听，善思念之。有经名《方便波罗蜜》，今当为汝说之。尔时菩萨从然灯佛来渐学方便，今亦当为汝少开示分别。"②

这里所谓"如来、菩萨"，指的是释迦牟尼佛如来，以及作为释迦如

① 《大宝积经》，《大正藏》第11册，No. 0310，第597页上。

② 同上书，第599页下。

来本生形式的菩萨。这段经文概括地提出：佛陀及作为佛陀本生的菩萨，都成就了“不可思议方便”，所以他们“住种种方便而教化众生”。经文正宗分这一部分，主要是通过两个思想主题的讨论，来彰显佛陀所拥有的这种善巧方便品德：即：1. 由佛陀生平事迹来彰显佛陀的善巧方便，及 2. 由佛陀向众生示现的十业因缘来彰显佛陀的善巧方便。以下我们就对这两个方面的内容略加考察。

1. 由佛陀生平事迹来彰显佛陀之善巧方便

在《善巧方便波罗蜜多经》正宗分经文的第二部分，从以下诸多方面讨论佛陀生命生活中彰显的善巧方便品德。

（1）菩萨摩诃萨为什么可以无量亿劫住于世界？

如经中说：菩萨摩诃萨见燃灯佛时即得无生法忍，得无生法忍七日之后，便能得成阿耨多罗三藐三菩提；若欲百劫，亦能得成。菩萨摩诃萨为众生故，受一切有，随所在处，随其所求，得毕所愿，而后乃成阿耨多罗三藐三菩提。所以，菩萨摩诃萨是以方便力，无量亿劫住于世界。这是“菩萨摩诃萨行于方便”。[①]

（2）菩萨摩诃萨为什么入于禅定，却能够精进不息，教化众生？

如经中说：若声闻人入于禅定者，达到身心不动之状态，便自谓已入涅槃。若菩萨入于禅定者，身心精进，无有懈怠，以四摄法，摄取众生；大慈悲故，以六波罗蜜教化众生。这是“菩萨摩诃萨行于方便”。[②]

（3）菩萨为什么要离开兜率天，到阎浮提成就阿耨多罗三藐三菩提？

如经中说：菩萨处兜率天宫，也能成就阿耨多罗三藐三菩提，转法轮度众生。但是考虑到阎浮提人不能至此兜率天听受法教，兜率天人能下阎浮提听法。所以菩萨舍兜率天，在阎浮提成就阿耨多罗三藐三菩提。这是“菩萨摩诃萨行于方便”。[③]

（4）菩萨为什么要进入母胎成就阿耨多罗三藐三菩提？

如经中说：菩萨不入母胎，也可以成就阿耨多罗三藐三菩提。若不入

① 《大宝积经》，《大正藏》第 11 册，No. 0310，第 599 页下。

② 同上。

③ 同上书，第 600 页上。

胎，众生或生疑问：是菩萨从何处来？他是天、龙、鬼神、乾闼婆，是变化所成？是故为断其疑，使其生信，菩萨示现进入母胎，成就阿耨多罗三藐三菩提。这是“菩萨摩诃萨行于方便”。[①]

（5）菩萨为什么身似白象示入母胎？

如经中说：菩萨在此三千大千世界最尊最贵，成就白净法故，现似白象，入于母胎，更无其他天人鬼神，能作如是入母胎者。这是“菩萨摩诃萨行于方便”。[②]

（6）菩萨为什么在母胎中满足十月然后乃出？

如经中说：有余众生或生是心：若不满十月，此童子身或不具足。是故菩萨现处胎中满足十月。从初入胎，至满十月，于其中间，诸天见菩萨身所处高楼，纯以七宝庄严，非天所有。这是“菩萨摩诃萨行于方便”。[③]

（7）菩萨为什么从右胁入胎？

如经中说：或有众生作如是疑：谓菩萨从父母精，和合而生。为断彼疑，欲现化生，故从胁入。这是“菩萨摩诃萨行于方便”。[④]

（8）菩萨为什么在空闲处生，而非在家中及城内出生？

如经中说：菩萨若处家中生者，天、龙、鬼神、乾闼婆等，不持花香、末香、涂香、诸天百千无量伎乐，而来供养。时迦毗罗城人民，道德荒迷，放逸自高，不能供养菩萨。是故菩萨在空闲处生，不在城内及家中出生。这是“菩萨摩诃萨行于方便”。[⑤]

（9）菩萨的母亲为什么仰攀绛赖叉树枝而生菩萨？

如经中说：有些众生或生疑问：摩耶夫人生菩萨时，受诸苦恼，如其他女人一般。为示摩耶受快乐故，示现仰攀树枝而生菩萨。这是“菩萨摩诃萨行于方便”。[⑥]

（10）菩萨为什么以正念从右胁出，非从余身分出？

如经中说：菩萨之净行，在三千大千世界中最尊最胜，不因女根而

---

① 《大宝积经》，《大正藏》第 11 册，No. 0310，第 600 页上。

② 同上书，第 600 页中。

③ 同上。

④ 同上。

⑤ 同上。

⑥ 同上。

住，不因女根而出，是以一生菩萨示现从右胁出。这是“菩萨摩诃萨行于方便”。①

（11）菩萨为什么初生时由释提桓因以宝衣承取？

如经中说：释提桓因昔时发愿：“菩萨若生，我当以宝衣承取。”以菩萨善根妙故，增益余天信敬供养。这是“菩萨摩诃萨行于方便”。②

（12）菩萨为什么生时行七步，非行六步或是八步？

如经中说：菩萨要显示他人所不能显示之大神力、勤精进、大丈夫相，所以无人扶持，即能行走七步；其次，行走七步可以满足一切众生，若行六步不足以满足众生，若行八步则有所过之。所以这是“菩萨摩诃萨行于方便”。③

（13）为什么菩萨行七步后，倡言“我于世界中最尊”？

如经中说：当时释梵诸天，及诸天子，心怀骄慢，自言自己是世界中尊。菩萨悯其因是慢心，长夜堕在三恶道中，所以说如是言：“我于世界最尊最胜，离老病死。”以便折服、引导诸天消除慢心，敬顺佛法。这是“菩萨摩诃萨行于方便”。④

（14）菩萨为什么行七步而便大笑？

如经中说：菩萨不为欲故笑，不为慢故笑，不为轻故笑。当时菩萨思惟：是诸众生礼敬、供养我，我当以大悲心满其所愿，使其一一如同佛世尊，成就圆满觉悟。以是因缘，菩萨大笑。这是“菩萨摩诃萨行于方便”。⑤

（15）为什么释提桓因及梵天王洗浴菩萨？

如经中说：菩萨欲令释梵诸天兴供养故，亦以世法如初生婴儿应洗浴故，是故菩萨虽身无垢，而令释梵洗浴。这是“菩萨摩诃萨行于方便”。⑥

（16）菩萨为什么在空闲处时不即至道场，而是要进入宫中？

如经中说：欲令诸根具足故，示处宫殿，五欲自娱，然后舍四天下，

---

① 《大宝积经》，《大正藏》第11册，No.0310，第600页中。

② 同上。

③ 同上书，第600页下。

④ 同上。

⑤ 同上。

⑥ 同上书，第601页上。

而行出家；复为欲化余人，令舍五欲，剃除须发，法服出家，故作如是示现。所以菩萨要过人间生活，然后出家；而不是在空闲处出生，即诣道场。这是“菩萨摩诃萨行于方便”。[①]

（17）菩萨为什么适生七日，摩耶夫人寻便命终？

如经中说：菩萨先在兜率天时，以天眼观察摩耶夫人命根，已知其满十月已，余有七日在，当时菩萨便从兜率天下，入其胎中。所以菩萨以方便知摩耶夫人命根欲尽，故来下生，非菩萨咎。这是“菩萨摩诃萨行于方便”。[②]

（18）为什么菩萨善学书论、博弈、射御、军策、计谋种种伎艺？

如经中说：菩萨于三千大千世界，无有一事而不知者，若偈、若辞辩、若应辩、若咒术、若戏笑、若歌舞作乐、若工巧，菩萨生时，已一切善知。故菩萨善学，为示现学世法故。这是“菩萨摩诃萨行于方便”。[③]

（19）菩萨为什么娶妻、纳妃、生子？

如经中说：菩萨是离欲丈夫，不以个人欲望，纳妃、婇女、眷属。但是菩萨若不示现妻妇男女者，众生当谓菩萨非是男子，如是众生会得无量罪。欲断彼疑，故娶释种女，示现有子罗睺罗。有大心众生，处在居家，五欲财宝、僮仆眷属，种种受已，菩萨为彼众生令舍居家五欲财宝僮仆眷属而行出家，故示现如是事。如是等等，这是“菩萨摩诃萨行于方便”。[④]

（20）菩萨为什么在阎浮提树下思惟？

如经中说：为欲教化七亿诸天，欲令父母知菩萨必定出家，欲示现增益智慧，是故菩萨在阎浮提树下，坐禅思惟。这是“菩萨摩诃萨行于方便”。[⑤]

（21）菩萨为什么出城游观？

如经中说：欲示现见老病死人故，令诸眷属知菩萨畏老病死故，出家学道；非为贡高、损减眷属故，出家学道，欲利益眷属故出家。所以，这

---

① 《大宝积经》，《大正藏》第11册，No.0310，第601页上。

② 同上。

③ 同上。

④ 同上书，第601页中。

⑤ 同上书，第601页下。

是“菩萨摩诃萨行于方便”。[①]

（22）菩萨为什么夜半出家？

如经中说：为了示现利益众生的善根，所以菩萨夜半出家；为了显示离诸欢乐而不离白净之法的意义，所以菩萨示现夜半出家。这是“菩萨摩诃萨行于方便”。[②]

（23）菩萨为什么以睡眠覆盖宫人伎女，然后出家？

如经中说：若眷属诸亲这样想：是诸天以睡眠覆盖大家，开门引导菩萨升空而去，不是菩萨自己的错误，于是诸人对于菩萨就增益信心，对于诸天就生不信心。所以以睡眠覆盖宫人伎女，然后出家，这是“菩萨摩诃萨行于方便”。[③]

（24）菩萨为什么遣车匿送还家白马，及宝衣璎珞？

如经中说：欲令眷属知菩萨不贪在家名衣上服及诸宝璎；其次，亦令未来诸人学佛，要舍诸所有，于佛法出家。所以这是“菩萨摩诃萨行于方便”。[④]

（25）菩萨为什么以刀自下其发？

如经中说：三千大千世界中无有众生，有资格能与剃发，所以菩萨示现自下其发；其次，为令众生深信菩萨是要出家，故示现自下其发；再者，为息净饭王此时所生恶心，菩萨自己持刀下发。所以这是“菩萨摩诃萨行于方便”。[⑤]

（26）菩萨为什么要经历六年苦行生活？

如经中说：菩萨苦行六年，不是因其宿业余报，遭受此苦，而是要令众生于一切恶业报中能生患心，归向菩萨。经文此处也解释在迦叶古佛时代，作为释迦牟尼本生的婆罗门青年树提，以诽谤迦叶古佛的方式，逐步诱导五位婆罗门青年皈信佛教的故事。有些众生曾经诽谤持戒沙门、婆罗门，因而忧恼覆心，为了消除这部分众生心中的忧恼，佛陀现受如是业报。世间也有沙门、婆罗门，日食一麻一米，谓得清净解脱，菩萨为调伏

① 《大宝积经》，《大正藏》第11册，No.0310，第601页下。

② 同上。

③ 同上书，第602页上。

④ 同上。

⑤ 同上。

彼故，示现曾经日食一麻一米。苦行六年的修道生活有诸多意图，所以是“菩萨摩诃萨行于方便”。[①]

（27）菩萨为什么食已气力充足至菩提树，而不是以羸瘦的状态至菩提树？

如经中说：菩萨能够不饮食，身体羸异，成就阿耨多罗三藐三菩提，况食麻米！但菩萨为悯当来众生，示现众生可以行安乐行而得智慧，也是为了成就施食女人助菩提法。所以这是“菩萨摩诃萨行于方便”。[②]

（28）菩萨为什么从吉安天子求草敷座？

如经中说：过去诸佛敷解脱座，皆以草垫，不以软垫；此外，欲成就吉安天子（Svastika），使其未来得以成佛。所以这是“菩萨摩诃萨行于方便”。[③]

（29）为什么恶魔波旬至菩提树下，不欲令菩萨成就阿耨多罗三藐三菩提？

如经中说：恶魔本来没有能力至菩提树下，干扰佛陀得道。因恶魔波旬在欲界有尊严地位，若佛示现与恶魔斗法，并击败恶魔，则四天下诸天、人民，必来皈信佛法，发阿耨多罗三藐三菩提心。所以这是“菩萨摩诃萨行于方便”。[④]

（30）为什么如来觉悟之后七日七夜不舍跏趺坐，仰观菩提树目不暂眴？

如经中说：当时色界诸天神祇，也在佛陀觉悟现场，色界诸天喜欢寂灭之行，他们看见如来结跏趺坐，重视禅修，必然心生欢喜，率多皈依于佛。所以这是“如来方便”。[⑤]

（31）为什么要待梵王劝请，然后如来才开始说法？

如经中说：如来本行菩萨道时，修无量阿僧祇行愿，要与一切众生解脱之乐，何以要待梵王劝请后才说法呢？这是因为当时的天人，大多皈依梵王，尊重梵王，梵王信仰是普世流行的宗教信仰。待梵王劝请，如来转于法轮，能促进佛法的弘扬。所以这是“如来方便”。[⑥]

---

① 《大宝积经》，《大正藏》第 11 册，No. 0310，第 602 页上。

② 同上书，第 603 页中。

③ 同上。

④ 同上。

⑤ 同上书，第 603 页下。

⑥ 同上书，第 604 页上。

以上31条，前29条，言“菩萨摩诃萨行于方便”；最后2条，言“如来方便”。经文把无上正等觉者在人世间示现其出生、生活、修行、觉悟、弘扬佛法的全部过程和表现，都视为佛陀或作为佛陀本生的菩萨摩诃萨的“善巧方便”之作用。可以看出，《善巧方便波罗蜜多经》提出了一个基于大乘佛教视角的较为完整的佛陀传，建构了一套基于善巧方便概念的完整的佛陀观，可以看出这个佛陀传及佛陀观是严格以佛陀所具备的善巧方便品德作为核心概念，来理解、诠释佛陀全部的生平与思想的。根据这样的阐释，我们可以总结经文的思想旨趣：善巧方便不是被规定为佛陀或菩萨一项可有可无的品质，而是以利益众生为基本价值、以成就菩提为最高目标的菩萨或佛陀的核心品德及价值元素。

2. 由佛陀向众生示现的十业因缘来彰显佛陀之善巧方便

在《善巧方便波罗蜜多经》正宗分经文的第三部分，谈及如来一生中经历的各种不佳的生活处境——十业因缘：

（1）如来昔时在舍卫城中，为调伏四十人，示现佉违罗刺刺如来足；[①]

（2）如来制订解脱戒不久，为五百比丘治病之故，示现从耆域药师求优钵罗花；[②]

（3）如来矜悯护念当来比丘，示现入城乞食不得，空钵而出；[③]

（4）旃遮婆罗门女，曾以木杆系于腹部，诈言身孕，诽谤如来；[④]

（5）诸婆罗门为陷害佛弟子，杀婆罗门女孙陀利，埋祇洹园堑中；[⑤]

（6）如来及僧众五百人，在婆罗门毗兰若聚落，三月之中以马麦为生；[⑥]

（7）如来十五日说戒时，告知大迦叶如来背痛；[⑦]

---

① 《大宝积经》，《大正藏》第11册，No. 0310，第604页上。

② 同上书，第605页中。

③ 同上。

④ 同上书，第606页上。

⑤ 同上。

⑥ 同上书，第606页中。

⑦ 同上书，第606页下。

（8）释种破时，如来坐舍耶树下，自言头痛；①

（9）颇罗堕婆罗门以五百种骂詈佛，如来忍受之；②

（10）提婆达多与菩萨世世共生一处，对佛陀总是多方迫害。③

对于上述如来十业，应当如何解释呢？是认为如来所遭遇的十种不佳生活处境是其宿世恶业的果报，还是可以给予新的理解？早期佛教经典倾向认为这十种不佳的生活处境反映了佛陀宿世恶业的残余果报，但是在认同佛陀是无上正遍知者的大乘佛教看来，这样的理解方式似乎有损于佛陀全知、全能的品格。所以对于佛陀生平生活中这些特殊处境的理解及诠释，必须开发新的思想道路。《善巧方便波罗蜜多经》正是根据善巧方便这一佛陀特殊品德的概念，来重新处理佛陀的十业果报问题。经中关于佛陀的十业果报问题，提出如下这一总的解释原则：

> 善男子！我先于说示现众生十业因缘，或是菩萨、或是如来，于此十中，示现方便，唯有智者，能知是义。善男子！不应生念，谓菩萨当有微细之罪。若菩萨成就如是微细不善之法，坐于道场，成阿耨多罗三藐三菩提者，无有是处。何以故？善男子！如来成就一切善法，断一切不善法，无有生死业报习气，若有遗余不断灭者，无有是处，何况有障碍业报。
>
> 善男子！若有众生谓无业报，不信业报，为是众生示现业报因缘，如来实无业报，我是法王，尚受业报，况余众生而不受耶？为彼众生作如是示现，是故如来自现业缘。善男子！如来无有一切业障。譬如书师善学书论，教诸幼童，随诸幼童赞诸书章，非是书师于诸书章有障碍也。书师作如是念："彼诸幼童，当随我学。"善男子！彼书师非为不达故，作如是唱。善男子！如来亦复如是，于一切法善学已，如是说，如是示，为余众生令行业清净故。善男子！譬如大药师，善能疗治一切诸病，自无有病，见诸病人，而于其前自服苦药，诸病人见是药师服苦药已，然后效服，各得除病。善男子！如来亦复

① 《大宝积经》，《大正藏》第 11 册，No. 0310，第 607 页上。

② 同上。

③ 同上书，第 607 页中。

如是，自除一切烦恼病已，于一切法无有障碍，能示现一切法：以是不善业故，得如是报，现如是缘。欲令众生除一切身口意业障，行于净行。善男子！譬如长者子，若居士子，父母爱念，与其乳母。时此乳母无有病痛，为婴儿故，自服苦药，欲令乳得清净。善男子！如来亦复如是，是一切世界之父，为教化不知业报众生故，如来无病，而为众生示现作病：以是业故，得如是报；以此业故，得如是报。众生闻已，心生惊畏，除诸恶业，不作恶缘。①

这两段经文的开头几句话："我先于说示现众生十业因缘，或是菩萨、或是如来，于此十中，示现方便，唯有智者，能知是义"，意思是：在如来向众生显示的十种作业因缘中，其实显示的都是如来或菩萨的善巧方便；因此，这些作业因缘的真实涵义是隐秘的、内在的，不能仅从表面现象理解这十业因缘的涵义，只有聪叡的菩萨才能理解其真实本质。这样经文就确立了根据佛菩萨所具善巧方便之特殊品德理解如来觉悟后所遭遇不佳生活处境的解释原则。

这一解释原则的要义是：不能把如来向众生示现的十业因缘，理解为佛陀所作业行的果报，因为如来已经断除一切恶，已经修集一切善，所以他的生命生活中不可能再度上演一般人类所经历的业报故事；其次一个方面，应该把如来所示现的十业因缘，理解为为了教化认为无有业报，也不信业报的众生，所以这是如来依据善巧方便品德所作的示现，目的是引导人们改变习见的生活方式，追求净化和觉悟。在这部分经文结束的时候，经中再次说到此义："善男子！如来总说十业因缘，皆是如来方便示现，非是业报。何以故？众生不知业因所得果报，为众生故，如来示现如是业报：此业作已，得如是报；彼业作已，得如是报；作如是业，得如是报。众生闻已，作如是业，离如是业，离不善业，修习善业。"②

总之，在历史上呈现的释迦牟尼生平生活中的十种作业因缘，不是其行为的被动的果报，而是他依据善巧方便为了教化众生所作的主动示现。这样，基于善巧方便品德所理解的佛陀十种作业因缘，不仅满足了人们确

① 《大宝积经》，《大正藏》第 11 册，No. 0310，第 604 页上。

② 同上书，第 607 页中。

保佛陀概念及佛陀信仰崇高性、神圣性的需要，也使人们有机会能够更深理解佛菩萨的伟大品质，而这一伟大品质的特质及实质，是其将自己“降格”，以一定的筹划设法接近众生，并将一切众生最终导向无上正等觉悟的慈悲及智慧的能力——善巧方便。

第四节 结 论

在《大宝积经·大乘方便会》中，经文最后宣布的结论是：

> 善男子！今说方便已，示现方便已，此诸方便，坚持秘藏，不应为下劣之人、薄善根者说。何以故？此经非声闻、辟支佛之所行处，况下劣凡夫能信解耶！何以故？此人不能学诸方便。所以者何？此方便经非其所用故。非余瓦器所能受持，唯有菩萨，于此方便法，能说、能学。
>
> 善男子！譬如夜暗，然大明灯，得见室中一切所有。善男子！菩萨闻如是诸方便已，即见一切菩萨所行之道，于此法中我所应学，于一切如来行及菩萨行已到彼岸，善行菩萨道者不以为难。善男子！我今当说，欲得菩提道诸善法者，所谓善男子、善女人，闻过百千由旬有说此方便经处，当往彼听。何以故？若菩萨闻此方便经已，得光明行，一切法中除疑悔心。尔时四众及诸人天成宝器者，说此经时，悉闻悉知；非宝器者，虽在此会，不闻不知。于此经中，耳尚不闻，况能口说，非宝器故。是以如来说是法时，不闻不知，不蒙佛神力故。[①]

这段经文宣布：善巧方便概念思想，不应对声闻、独觉及下劣凡夫宣说，因为这些人都不是可以承受此经的容器；此经只应对菩萨摩诃萨宣说，因为只有菩萨摩诃萨才是堪能接受此经的容器，他们对于善巧方便思想信仰“能说、能学”。这段经文概括说明了有关善巧方便一系概念思想之经典的适用对象是菩萨，这与印度早期佛教思想史发展的历史事实是一致的：在前大乘佛教的佛教教法中，尽管善巧方便一直是佛教思想的一个重要概念，但此概念

---

① 《大宝积经》，《大正藏》第 11 册，No. 0310，第 607 页中。

的意义、价值，则只有到大乘佛教初期结集中，才真正得以彰显。这一思想史事实足可佐证《善巧方便波罗蜜多经》此处的理念：善巧方便概念思想及其所代表的佛法系统与菩萨乘及菩萨行者的特质、使命，广义而言与整个佛教思想文化的承担、使命，存在密不可分的关系。

那么善巧方便一系概念思想对于菩萨乘及整体佛法的特殊意义究竟是什么呢？这段经文也提示了两层涵义：

（一）就好比在黑暗的夜晚，人们看不见室内的一切，如果点亮了一盏明灯，则可以看见室内的一切；如是，如果没有对于善巧方便一系概念思想的开示，菩萨对于“一切菩萨所行之道”，就尚以“为难”，而如果理解了《善巧方便经》所开示的一切，菩萨对于一切“如来行及菩萨行”，于一切应学、应行，就“不以为难”。这也就是说，只有精通善巧方便，才能圆满菩萨行及佛行，理解及掌握善巧方便一系教法思想，是菩萨摩诃萨圆满菩萨行的必要条件。

（二）即便在“过百千由旬”处，即在遥远的地方，有人研究、讲习此《善巧方便波罗蜜多经》，善男子、善女人都要克服重重困难，前往听闻、受持，“菩萨闻此方便经已，得光明行，一切法中除疑悔心”，这里“得光明行”，是指听闻者知识得以增长；“一切法中除疑悔心”，是指对于佛法舍弃怀疑及犹豫。这是因为佛教的经典，大部分都是针对各种不同情况而讲解的，思想义理复杂，且往往充满歧义。学佛者面对如此庞大、繁复的教法，常常会感到无所适从。《善巧方便波罗蜜多经》，首次以善巧方便这个佛菩萨所拥有的特殊品德为核心，从佛教伦理学的角度规划和整理了佛教的教法，不仅使得大乘佛教的教理尤其是大乘佛教的伦理思想得以条理化，而且使得佛陀引导一切众生归向无上正等觉的核心本怀，也彻底得以呈现。所以，听闻、受持《善巧方便波罗蜜多经》，就具有特殊的意义！

总之，善巧方便是践行菩萨行的菩萨摩诃萨，及作为圆满觉者的佛陀所拥有的特殊品德，因此以揭显善巧方便一系概念思想为主的《善巧方便波罗蜜多经》的适用对象，是以救度众生、实现菩提为使命、为职责的菩萨们。《善巧方便波罗蜜多经》使得菩萨确切理解所应知、应行的菩萨行，使得听闻的善男子、善女人于大乘佛教的伦理思想获得充分的认识，于佛陀的核心本怀获得领悟，所以它是与菩萨乘佛教的理论、实践具有重大密切关系的一部大乘经典！

第三章　以善巧方便概念思想为核心的《法华经》教法思想理念

本章以东晋庐山慧远大师（334—416 年）向著名译经大师鸠摩罗什（Kumārajīva，344—413 年）的提问开始，慧远的提问中，曾经提到《般若经》将般若、方便譬成鸟之双翼的譬喻，并由此引发《般若经》与另一部著名大乘佛教经典《法华经》的思想贯通与差异的问题。本章据此，详细分析了最早期般若经典之一《八千颂般若》中的这一譬喻，并征引其他经中的证据，确证《般若经》确有将般若与善巧方便两系思想并列并举的重要思想理念。接下去笔者重新诠释《法华经》相关经文，论证《法华经》是初期大乘经典中以善巧方便一系概念及思想作为核心思想理念的最重要的一部大乘经典，从而确证了有关方便思想在大乘佛教思想中极其重要的地位。笔者在讨论中，也力图勾勒出在初期大乘思想发展中方便思想理念演绎的逻辑。最后，笔者基于善巧方便这一菩萨智慧学原则，对于佛教思想义理建构与诠释的方法论问题，以及当代佛教义学何以可能的问题，展开了别开生面的简要讨论和创新诠释。

第一节　从庐山慧远“罗汉受决”之问谈起

东晋庐山慧远与著名译经大师鸠摩罗什法师之间的交往，一直是魏晋时期中国佛教思想史上一个饶有意趣的话题。[①] 慧远、罗什的书信往来现

① 关于这个议题，可参考日本学者木村英一编《慧远研究 遗文篇》，创文社 1962 年刊行，及《慧远研究 研究篇》，创文社 1962 年刊行；汤用彤：《汉魏两晋南北朝佛教史》，中华书局 1983 年版；任继愈主编：《中国佛教史》第二卷，中国社会科学出版社 1985 年版。最近关于这个问题的研究，可参看张竟业《〈大乘大义章〉简析》，《法音》1996 年第 11 期；（转下页注）

存十八章，收录于藏经中，即《大乘大义章》。[①]这部书历史上还有另外一个名称，即《鸠摩罗什法师大义》。

现行慧远、罗什的问答分成上中下三卷，共包括十八个问题。我们这里关心的是收在卷中的一个问题，即所谓“罗汉受决”的问题。罗汉受决，即阿罗汉被佛陀授记在未来将会成佛。这是《法华经》中一个重要而显著的思想义理，而《法华经》则是魏晋时期在《般若经》之外中国佛教一度展开热烈的“佛教义学”研讨的著名大乘经典之一。慧远书信中有关的问题如下：

> 来答称《法华经》说：罗汉受记为佛，譬如法身菩萨净行受生，故记菩萨作佛，居此为法身之明证。

根据汤用彤先生在《汉魏两晋南北朝佛教史》一书中的考订，认为慧远约在义熙元年（405 年）接到姚左君书，转达罗什对慧远的问候；翌年（406 年）慧远与罗什通函问好，罗什此后则报以答书。后有僧法识自北来，言罗什欲返本国，慧远遂作书致问，并问曰：

> 经说罗汉受决为佛。又云：临灭度时，佛立其前，讲以要法。若此之流，乃出自圣典，安得不信？但未了处多，欲令居决其所滞耳。所疑者众，略序其三：一、谓声闻无大慈悲，二、谓无沤和[②]、般若；三、谓临泥洹时，得空空三昧时，爱着之情都断，本习之余不起，类同得忍菩萨，其心泊然，譬如泥洹后时，必如此爱习残气，复何由而生耶？斯问已备于前章。又大慈大悲积劫之所习，纯诚着于在

（接上页注）杜继文：《〈大乘大义章〉析略》，《世界宗教研究》1994 年第 2 期；解兴华：《〈大乘大义章〉试析》，西南大学硕士学位论文，2007 年；吴丹：《〈大乘大义章〉研究》，吉林人民出版社 2008 年版；杜保瑞：《〈大乘大义章〉探究》，《华梵学报》2002 年 6 月第 8 期；赖鹏举：《中国佛教义学的形成——东晋外国罗什〈般若〉与本土慧远涅槃之争》，《中华佛学学报》2000 年 7 月第 13 期。

① 《高僧传》之《释慧远传》，《大正藏》第 50 册，No. 2059，第 357 页下。另参考汤用彤《汉魏两晋南北朝佛教史》上册，中华书局 1983 年版，第 253 页。

② 沤和，即 ūpāya（方便）的音译，也译作沤惒拘舍罗，以下不再说明。

昔，真心彻于神骨。求之罗汉，五缘已断，焦种不生，根败之余，无复五乐，慈悲之性，于何而起耶？又沤和、般若，是菩萨之两翼，故能凌虚远近，不坠不落。声闻本无此翼，临泥洹时，纵有大心，譬若无翅之鸟，失据堕空。正使佛立其前，羽翮复何由顿生？若可顿生，则诸菩萨无复积劫之功。此三最是可疑。虽云有信，悟必由理，理尚未通，其如信何？[1]

慧远这个提问最前面的一句话："来答称《法华经》说：罗汉受记为佛，譬如法身菩萨净行受生，故记菩萨作佛，居此为法身之明证"，是他转述慧远、罗什第一问答《初问答真法身》这一问题中罗什的部分答词。罗什在那个回答中说过：

又经言法身者，或说佛所化身，或说妙行法身、性生身，妙行法性生身者，真为法身也。如无生菩萨舍此肉身，得清净行身。又如《法华经》说罗汉受起为佛。经复云"罗汉末后之身"，是二经者皆出佛口，可不信乎？但以罗汉更不受结业形，故说言后边耳。譬如法身菩萨净行生故，说言作佛。[2]

从这个记载可以看出：慧远先向罗什请教法身问题，而在得到罗什的回答后，因罗什在回书中援引《法华经》罗汉授记经文证明法身的存在，所以慧远复又作书请教罗什对罗汉授记问题的看法。可见慧远、罗什之间的佛学问答，并不如《高僧传》中的描述，好像是一次性完成的，相反，二人之间的讨论可能是在一段时间内陆续进行的。可以确定的是，这些问答发生在公元406年之后，也就是在罗什入关后，即其人生岁月最后的七年当中，而这段时间同时也是慧远进入其漫长一生的最后十年，是他的佛学体验和生命智慧臻于成熟的人生阶段。

慧远这里提出的问题是：《法华经》中说到罗汉授记作佛，罗什也援引作为证据，证明法身的存在。但是罗汉与菩萨不同，一、罗汉无大慈悲心，而菩萨则久劫以来始终涵养大慈悲心，没有大慈悲心的罗汉如何可以

---

① 《鸠摩罗什法师大义》，《大正藏》第45册，No. 1856，第133页上。

② 同上书，第122页下。

作佛呢？二、罗汉无沤和、般若，而沤和、般若则是菩萨的两翼，就如鸟儿有了健全的两个翅膀，就可以凌空高翔，不坠不落，菩萨有此两翼之后，就可以一直达到最高最圆满的觉悟，而罗汉是声闻人，声闻人无此两翼，如何能够在其修学过程中不中途坠落下来呢？三、罗汉临涅槃时，得空空三昧时，无爱习残气，菩萨则有这种爱习残气，爱习残气是转生轮回的必要条件，罗汉无此残气，则何由可以转生呢？总之，在慧远看来，大慈悲心、健全的沤和与般若、爱习残气这三者，都是菩萨作佛的必备条件，而这三者在罗汉那里都不具备，所以罗汉如何可以授记作佛，这是一个让理性深感困惑的佛学问题。

我们在本书中并非要讨论《法华经》罗汉授记成佛问题，所以慧远这里针对罗汉授记问题提出的三条质疑，并不是本书要全面和详细考察的。我们这里最感兴趣的是他上述质疑中的第二项质疑，即他在这项质疑中提出了罗汉与菩萨修养德性上的一个重要的区别：罗汉缺乏般若、沤和这两翼，而菩萨则具备此两翼。沤和，在最早期汉译佛典中，是对于“方便”（ūpāya）一字的译音，所以沤和、般若，也就是后来汉译佛典中的方便与般若。以方便、般若作为“菩萨之两翼”的观念，则是根据早期汉译《般若经》中鸟之两翼的譬喻引申而来。所以慧远此处的问题，把我们带向了《般若经》中一个重要的佛教智慧学议题：正如鸟儿有双翼，所以可以凌空高飞、不坠不落一样，菩萨有方便、般若两翼，所以可以实现成佛的理想，不致坠落到声闻地或者独觉地中。为了使《般若经》中这一议题的涵义及意义更加清晰地透现出来，我们下面将对《般若经》中的相关经文予以进一步观察。

第二节　从《道行般若》到《小品般若》：慧远所引用相关经文的再省思

慧远在上述问题第二项质疑中依据的经文，可见于支娄迦谶所译《道行般若经》之第十四《本无品》如下一段：

> 佛言：是六十菩萨过去世时，各各供养五百佛，布施求色，持戒、忍辱、精进求色，禅不知空离空，不得般若波罗蜜沤恕拘舍罗，

> 今皆取阿罗汉道，菩萨有道得空、得无色、得无愿，是菩萨不得般若波罗蜜沤惒拘舍罗，便中道得阿罗汉道不复还。譬若有大鸟，其身长八千里、若二万里，复无有翅，欲从忉利天上自投来下至阎浮利地上。未至，是鸟悔，欲中道还上忉利天上，宁能复还不耶？舍利弗言：不能复还。佛言：是鸟来下至阎浮利地上，欲使其身不痛，宁能使不痛不耶？舍利弗言：不能也，是鸟来其身不得不痛，若当闷极若死。何以故？其身长大及无有翅。佛言：正使是菩萨如恒中沙劫，布施求色，持戒、忍辱、精进求色，禅亦不入空，不得深般若波罗蜜沤惒拘舍罗，起心欲索佛道，一切欲作佛，中道得阿罗汉、辟支佛道，是菩萨于过去、当来、今现在佛所持戒、精进、三昧、智慧，闻佛萨芸若，皆念求色，是为不持怛萨阿竭戒、精进、三昧、智慧，不晓知萨芸若，但想如闻声耳，便欲从是作阿耨多罗三耶三菩，会不能得，便中道得阿罗汉、辟支佛道。何以故？不得深般若波罗蜜沤惒拘舍罗故。①

这段译文中两次出现“不得般若波罗蜜沤惒拘舍罗”，两次出现“不得深般若波罗蜜沤惒拘舍罗”。这里“般若波罗蜜”即“般若波罗蜜多”，指菩萨之第六度：prajñāpāramitā；“沤惒拘舍罗”，即善巧方便：upāyakauśalya。

在由昙摩蜱及竺佛念所译的《摩诃般若钞经》中，这段经文也出现过，见于其译本第七《本无品》中：

> 佛语舍利弗：是辈菩萨供养过去五百佛已，皆作施与，护于净戒，成于忍辱，所作精进，定足于禅，以不得般若波罗蜜沤和拘舍罗，虽是菩萨摩诃萨有道意入空、无相、无愿，离于沤和拘舍罗者，便中道为本际作证得声闻。譬如有大鸟，舍利弗！其身若四千里、若八千里、若万二千里、若万六千里、若三万里，从忉利天上欲来下至阎浮利地。是鸟而无翅，反从忉利天上自投来下。云何，舍利弗！是鸟欲中道还上忉利天上，宁能还不？舍利弗言：不能，天中天！佛

① 支娄迦谶译：《道行般若经》，《大正藏》第8册，No. 0224，第453页下。

> 言：是鸟来下至阎浮利地，欲令其身不痛，宁能使不痛？舍利弗言：不能，天中天！其鸟来下，身不得不痛。若死，若当闷极。何故？其身甚大而反无翅。佛言：如是，舍利弗！正使菩萨摩诃萨，如恒边沙劫，作布施，护于净戒，成于忍辱，所作精进，定足于禅，发心甚大，欲总揽一切成阿惟三佛。不得般若波罗蜜沤和拘舍罗者，便中道堕落在声闻、辟支佛地道。如是，舍利弗！菩萨摩诃萨于过去当来今现在佛所，为不持戒三昧，若智慧、若脱慧、若见慧，而反作想，是为不持怛萨阿竭戒三昧，智慧、若脱慧、若见慧，为不知怛萨阿竭故而晓知，但闻空声想之，如所闻，持欲作阿耨多罗三耶三菩，会不能得，便中道在声闻、辟支佛地道。何以故？如是为不得般若波罗蜜沤和拘舍罗故。①

此译文中，三次出现“不得般若波罗蜜沤和拘舍罗”，一次出现“离于沤和拘舍罗”，两译所使用名相大同。

我们在支谦所译的《大明度经》第十四《本无品》中，也能看到这段文字的翻译：

> 佛语秋露子：是六十人过世时，各供养五百佛，皆布施、持戒、忍辱、精进、弃定、不知空。虽空，不得明度、变谋明慧之护，今皆堕应仪道中。闿士有道得空、无色、无愿，不得明度、变谋明慧，便中堕彼两道。譬若大鸟，其身二万里，无翅，从天上自投，中欲还，宁能不？对曰：不能。至地，欲令身不痛，宁能不痛乎？对曰：不能，或闷、或死。何以故？其身大而无翅。正使闿士如恒沙劫作布施、持戒、忍辱、精进、求色定，不入空，不入明度，不得变谋明慧，心大起索佛道，一切欲作佛，便中道得应仪、缘一觉。②

此译文中，两次出现“不得明度、变谋明慧”，一次出现“不入明度，不得变谋明慧”。译文中“明度”，即是般若波罗蜜多；“变谋明慧”，

① 昙摩蜱、竺佛念译：《摩诃般若钞经》，《大正藏》第8册，No.0226，第525页下。

② 支谦译：《大明度经》，《大正藏》第8册，No.0225，第494页上。

即是善巧方便。支谦的译文，在名相上力求用表义的汉语来传达，尤其此处将善巧方便规定为“变谋明慧”的译法，确定善巧方便乃是一种智慧，反映出译家的不凡洞见。

下面则是鸠摩罗什在所译《小品般若经》第十五《大如品》中提供的相关译文：

> 舍利弗！是六千菩萨，已曾供养亲近五百诸佛，于诸佛所，布施、持戒、忍辱、精进、禅定，不为般若波罗蜜方便所护故，今不受诸法，漏尽，心得解脱。舍利弗！菩萨虽行空、无相、无作道，不为般若波罗蜜方便所护故，证于实际，作声闻乘。舍利弗！譬如有鸟，身长百由旬，若二、三、四、五百由旬，翅未成就，欲从忉利天上，来至阎浮提，便自投来下。舍利弗！于意云何？是鸟中道作是念：我欲还忉利天上。宁得还不？不也，世尊！舍利弗！是鸟复作是愿：至阎浮提，身不伤损。得如愿不？不也，世尊！是鸟至阎浮提，身必伤损。若死，若近死苦。何以故？世尊！法应尔。其身既大，翅未成就故。舍利弗！菩萨亦如是。虽于恒河沙劫，布施、持戒、忍辱、精进、禅定，发大心大愿，受无量事，欲得阿耨多罗三藐三菩提，而不为般若波罗蜜方便所护故，则堕声闻、辟支佛地。①

罗什译文中三次出现“不为般若波罗蜜方便所护”，他译prajñāpāramitā为“般若波罗蜜”，译upāyakauśalya为“方便”。这里译善巧方便为方便，是罗什汉译佛典中常用的省略式译例。

比较而言，上述四译所处理的相关译文，内容基本相同，罗什的译文传达意义最为清晰，支谦的译文过于简略，《道行》与《钞经》的文字最为相似。

以上所列举的四种经典：《道行般若经》《摩诃般若钞经》《大明度经》《小品般若经》，都被认为是最早的《般若经》——《八千颂般若经》的不同汉语异译本。我们在今存梵本《八千颂般若经》中，也可以

---

① 鸠摩罗什译：《小品般若波罗蜜经》，《大正藏》第8册，No. 0227，第563页上。

找到这段经文对应的梵文，下面我们把这段梵文一并列出，并据而提供一个新译，以方便后文的进一步讨论。

【梵本】

bhagavānāha – etaiḥśāriputra bodhisattvaiḥpañcabuddhaśatāni paryupāsitāni, sarvatra ca dānaṁ dattaṁśīlaṁrakṣityaṁkṣāntyā saṁpāditaṁ vīryamārabdhaṁdhyānānyutpāditāni । te khalu punarime prajñāpāramitayā aparigṛhītā upāyakauśalyena ca virahitā abhūvan । kiṁcāpi śāriputra eteṣāṁ bodhisattvānāmasti mārgaḥśūnyatā vāānimittacaryā vā apraṇihitamanasikāratā vā, atha ca punaretairupāyakauśalyavikalatvādbhūtakoṭiḥsākṣātkṛtā, śrāvakabhūmau nirjātāḥ, na buddhabhūmau ।

tadyathāpi nāma śāriputra pakṣiṇaḥśakuneryojanaśatiko vā dviyojanaśatiko vā triyojanaśatiko vā caturyojanaśatiko vā pañcayojanaśatiko vāātmabhāvo bhavet । sa trāyastriṁśeṣu deveṣu vartamāno jambūdvīpamāgantavyaṁmanyeta । sa khalu punaḥśāriputra pakṣīśakunirajātapakṣo vā bhavet, śīrṇapakṣo vā bhavet, chinnapakṣo vā bhavet । sa trāyastriṁśato devanikāyādātmānamutsṛjet – iha jambūdvīpe pratiṣṭhāsyāmīti manyeta । atha tasya pakṣiṇaḥśakunestataḥpatataḥākāśe antarīkṣe sthitasya antarācittasyaivaṁ bhavet – aho batāhaṁ punareva trāyastriṁśeṣu deveṣu pratiṣṭheyamiti । tatkiṁ manyase śāriputra api nu sa pakṣīśakuniḥpratibalaḥpunareva trāyastriṁśeṣu deveṣu pratiṣṭhātum? āyuṣmān śāriputra āha – no hīdaṁbhagavan । bhagavānāha – sacetpunarevaṁcintayet – aho batāhamakṛto' nupahato jambūdvīpe pratiṣṭheyamiti । tatkiṁmanyase śāriputra api nu sa pakṣīśakunirakṛto'nupahato jambūdvīpe pratiṣṭhet? śāriputra āha – no hīdaṁ bhagavan । kṛtaśca sa bhagavan upahataśca bhavejjambūdvīpe ca patitaḥsan maraṇaṁ vā nigacchet maraṇamātrakaṁ vā duḥkham । tatkasya hetoḥ? evaṁhyetadbhagavan bhavati – yadasya mahāṁścātmabhāvo bhavati, pakṣau cāsya na bhavataḥ, uccācca prapatati ॥

evamukte bhagavānāyuṣmantaṁśāriputrametadavocat – evametacchāriputra, evametat । kiṁcāpi śāriputra bodhisattvo mahāsattvo' nuttarāyāṁsamyaksaṁbodhau cittānyutpādya gaṅgānadīvālukopamān kalpāṁ stiṣṭhan dānaṁdadyāt, śīlaṁrakṣet, kṣāntyā saṁpādayet, vīryamārabheta, dhyānāni, samāpadyeta, mahaccāsya prasthānaṁbhavet, mahāṁścāsya cittotpādo bhavedanuttarāṁsamyaksaṁbodhimabhisaṁboddhum । sacedayaṁ prajñāpāramitayā aparigṛhīta upāyakauśalyena ca virahito bhavet, evaṁśrāvakabhūmiṁvā pratyekabuddhabhūmiṁvā patati ‖ ①

【新译】薄伽梵答：这些菩萨都曾亲近过五百位佛，而且到处施予布施，遵守戒律，修行安忍，发起精进，体悟禅那。然而，这些菩萨都不被般若波罗蜜多所统摄，并且舍弃善巧方便。舍利弗！尽管这些菩萨摩诃萨都有道：它或者是空性，或者是无相行，或者是无愿作意，然而，由于欠缺善巧方便，他们都作证了实际，成办了声闻地，而未成办佛地。

舍利弗！这就好比一只有翅类的鸟，假定它会有一百由旬、二百由旬、三百由旬、四百由旬或五百由旬的身体，当它在三十三天神部类中生活时，它考虑要去往瞻部洲。舍利弗！我们再假定这只有翅类的鸟，或者翅膀尚未长出，或者翅膀损坏了，或者翅膀折断了，会从这个三十三天神部类投下身体。它心里想："我希望待在瞻部洲中。"而当这只有翅类的鸟正从那里堕落到虚空中、居于虚空中时，在此过程中，其心里会这样想："呜呼哀哉！我还是应当待在三十三天神们当中啊。"那么，舍利弗！你怎么想呢？这个有翅类的鸟还能够待在三十三天神们当中吗？长老舍利弗回答：薄伽梵！确实，这不可能。薄伽梵说道：那么假定它又这样想："呜呼！但愿我可以无损、无伤，待在瞻部洲。"那么，舍利弗！你怎么想呢？这只有翅类的鸟可以无损、无伤，待在瞻部洲吗？舍利弗回答：薄伽梵！确实，这不可能！它会有损、有伤。而且，当它落到瞻部洲时，它的结局会是死亡，或者近乎死亡的痛苦。为什么呢？因为，薄伽梵！情况是如此：这只鸟有巨大的身体，而且它没有两只翅膀，再加上它从高处

① 《八千颂般若》Vaidya 本，第 155 页。

坠落。

这样说罢，薄伽梵就对长老舍利弗说道：舍利弗！此事如此，此事如此。舍利弗！尽管一个菩萨摩诃萨生起无上正等正觉心，存世如同恒河沙数的劫波，给予布施，遵守戒律，修行安忍，发起精进，体悟禅那，此人的趋向伟大，此人的发心伟大：因为他要去觉悟无上正等正觉。可是假使这个菩萨摩诃萨不被般若波罗蜜多所统摄，并且舍弃善巧方便，那么他就同样坠落到声闻地或者独觉地。

可以看出：今存梵本这段话有三次涉及般若、方便，第一次是：prajñāpāramitayā aparigṛhītā upāyakauśalyena ca virahitā，我们译为“不被般若波罗蜜多所统摄，并且舍弃善巧方便”；第二次为 upāyakauśalyavikalatvād，我们译为“由于欠缺善巧方便”；第三次为 prajñāpāramitayā aparigṛhīta upāyakauśalyena ca virahito，我们译为“不被般若波罗蜜多所统摄，并且舍弃善巧方便”。第二次出现的句子中缺少“般若波罗蜜多”。这种情况与昙摩蜱及竺佛念所译的《摩诃般若钞经》中的情况相似。如果根据上下文义及汉译诸本的情况来推敲，我们认为支娄迦谶、支谦及罗什此段译文所依据的版本，应当是更加可靠的。

《般若经》这段经文以鸟为例：当一只由于各种原因缺乏两翼的鸟从三十三天神部类投下瞻部洲时，它必然一直向下坠落，中途无任何回旋余地，而当它落到大地上时，它必然或死或重伤。这是因为：它没有翅膀；它有巨大的身体；它从高空下坠。同样的道理：如果一个菩萨摩诃萨发心追求无上正等正觉，且已经修习了布施等五种波罗蜜多，如果他缺乏般若波罗蜜多及善巧方便，那么他就不可能达到无上正等正觉之地，而一定堕落于声闻地或独觉地。

《八千颂般若经》中的这个譬喻，很明显是把般若波罗蜜多及善巧方便二者，视为一个菩萨摩诃萨的两翼。正如鸟儿如果有双翼，并且这双翼是健全的、平衡的，它就可以正常地凌空飞翔，而不会堕地一样，菩萨如果有般若波罗蜜多及善巧方便这对翅膀，并且如果这对翅膀是健全的、平衡的，那么他就可以达到无上正等觉的理想修行境地，而不会中途坠落到声闻地或独觉地。所以虽然这段经文中并未出现明确的字句，把般若波罗蜜多及善巧方便说成是菩萨摩诃萨的“两翼”，但经文中譬喻这种修辞手法显然可以让读者做出这种合乎逻辑的推理。这正是我们在慧远的叙述中所看到的情形。

《八千颂般若经》中的这个譬喻，并不是偶然出现的，它与最早期般若经典（例如：《佛母宝德藏般若伽陀》《八千颂般若》）将般若、方便并举的思想理念是一致的，上述譬喻可以说正是《般若经》般若、方便并重并举思想的一个重要的表达方式。我们在这部经中可以找到般若、方便并举思想理念的大量例证，足可以提醒我们：《般若经》固然是以阐述“佛母般若”思想为核心的重要大乘经典，但这部经典作为最早期、原创性的菩萨乘经典，其中包含及发明的重要思想义理则绝对并不限于般若思想，将般若、方便予以并举并立，从而在一方面大幅度提升般若这一波罗蜜多思想地位的同时，也在大幅度地提升善巧方便一系概念及思想的思想地位，此种思想事实及思想情势，其实为后来的般若弘扬者及研究者严重地忽视了。

我们还可以罗什译本《小品般若经》第十四品《船喻品》为例，对此稍加说明。此品说到四个譬喻，（一）海中船破时乘客能否取木板喻，（二）有人持未熟、已熟瓶取水喻，（三）大海中船是否坚牢喻，（四）百二十岁老人有无健人搀扶喻。在叙述这四个譬喻之后，如叙述第一个譬喻后，经文说言菩萨学佛，若不取般若波罗蜜多，则于中道退没；若取般若波罗蜜多，则不于中道退没。而在其他三个譬喻之后，经文均称：若菩萨不为般若波罗蜜多、方便所护，则中道退没；若为般若波罗蜜多、方便所护，则不于中道退没。[①]《般若经》罗什译本这一品上述四个譬喻，最为清晰地揭明、证实早期般若类经典确实相当明确地包含、弘扬般若、方便并重并举的思想义理，这与此经罗什译本《大如品》鸟之双翼的譬喻，思想方向、精神气质可谓完全一致！

因此我们应当说：慧远把般若波罗蜜多及善巧方便视为菩萨“两翼”的说法，是对于《般若经》中将般若波罗蜜多与善巧方便并列并举，并将此二者与其余五种波罗蜜多做出一定程度区分，以便体现二者之特殊重要价值的思想，做出的一种既精准又具有独特“中国风格”的诠释，表明作为中土佛学的开创者道安法师门下最为杰出的佛学继承人，慧远已经

① 《小品般若波罗蜜经》，《大正藏》第8册，No.0227，第560页中—下。

非常深刻地领会到《般若经》中高度重视善巧方便一系概念及其思想、高度重视般若与方便平衡开发、辩证彰显的思想的重大寓意，这在魏晋时期中国佛教研究及般若思想研究中，乃是一个富于远见卓识的思想，即便在已经过去一千五百多年以后的今天，慧远的这一理解和诠释仍然值得我们予以深切的重视及珍视。慧远能够透过经典理解与诠释得到这一精辟见解，足见他及其老师道安在般若学上浸润之深，沉潜之厚，理解之透，也可以从一个侧面解释为什么他能够领导庐山僧团，统理江左佛教，并开创出结社念佛这种具有中国风格的新兴宗派式的佛教修学模式——正如我们所认为的，任何能够将佛学推陈出新、发扬光大的一代佛学宗师，必然于《般若经》中所揭橥的这种般若、方便并举并重的佛教智慧学思想模式，深深具备独特的理论见地及深厚的修证工夫。现在我们要接着在同一佛教思想理解之背景下观察罗什法师门下弟子对于慧远疑义的一种响应与解释。

第三节　僧叡与僧肇的相关论述

魏晋时期是中国佛教思想处于消化吸收和起步发展的阶段，但同时也是中国佛教思想极为活跃、极富创新精神的阶段。在罗什之前，引领当时佛教文化发展的道安大师（312—385 年），已经表现出了在佛学诠释与佛教思想上严谨而深刻的思考习惯，道安的弟子中很多人后来成为罗什的追随者，这些人不仅佛学知识扎实，且精于思考，最重要的是他们的思想富有创造性，不墨守成规，所以在一定意义上可以说魏晋时期虽然是中国佛教的初传期，但也是中国佛教思想创造活动一个极其重要的阶段。我们说的这种深入思考、个性化创造的风气，其实涵盖了当时佛学的各个领域，而本书所关心的，则主要是有关大乘佛教经典翻译、诠释、理解的领域，尤其是较前阶段开始翻译、流传的《般若经》与稍后翻译、流传的《法华经》这两部经典诠释、理解方面的相关问题。在这些问题上，我们也可以看到道安时代留下来的及罗什时代所集聚的这些佛学思想精英的思考深度。这样的时代背景及思想氛围，表明前面我们叙述过的慧远在深入研究后向罗什提出的问题，并不是一个完全孤立的个案，并非不值得后人予以太多关注。

例如，我们在这里可以举僧叡的例子。僧叡是道安的高足，同时也是罗什门下资历最深的弟子，是继道安之后，魏晋时期中国佛教学者中最为精深的般若学研究专家之一。罗什于403—404年译《大品般若经》,[①] 我们看僧叡在所著《大品经序》中写的下面这段话：

> 摩诃般若波罗蜜者，出八地之由路，登十阶之龙津也。夫渊府不足以尽其深美，故寄大以目之；水镜未可以喻其澄朗，故假慧以称之；造尽不足以得其崖极，故借度以明之。然则功托有无，度名所以立；照本静末，慧目以之生；旷兼无外，大称由以起。斯三名者，虽义涉有流，而诣得非心；迹寄有用，而功实非待。非心，故以不住为宗；非待，故以无照为本。本以无照，则凝知于化始；宗以非心，则忘功于行地。故启章玄门，以不住为始；妙归三慧，以无得为终。假号照其真，应行显其明，无生冲其用，功德旌其深。大明要终以验始，沤和即始以悟终。荡荡焉，真可谓大业者之通途，毕佛乘者之要轨也。夫宝重故防深，功高故校广，嘱累之所以殷勤，功德之所以屡增，良有以也。[②]

僧叡这段话是他对罗什所译《大品般若经》思想义理的总结。其中非常值得我们注意的，是其中有“大明要终以验始，沤和即始以悟终”两句话。这两句话中的“大明”，是指般若波罗蜜多这个概念；“沤和”，是指善巧方便这个概念。所以僧叡这两句话的意思，可以这样解读：般若与善巧方便两个概念，是《大品般若经》中的两个核心概念，它们贯穿了《般若经》思想的始终。当然，我们也可以把僧叡这句话中的“大明”，理解为是指《般若经》中的《大明品》；把这句话中的“沤和”，理解为是指《般若经》中的《沤和品》。我们知道，在罗什翻译的27卷本《摩诃般若波罗蜜经》中，其中第32品，即《大明品》；而在支娄迦谶所译的《道行般若经》中，其中的第四品，即《沤惒拘舍罗劝助品》。

① 参见汤用彤《汉魏两晋南北朝佛教史》，中华书局1983年版，第226—227页。

② 《出三藏记集》，《大正藏》第55册，No. 2145，第52页下。参考苏晋仁《出三藏记集》，中华书局1995年点校本，第291—292页。

所以僧叡这两句话的意思就是：含有方便思想的《沤和拘舍罗劝助品》，与含有般若思想的《大明品》，在这部《般若经》中具有特殊的思想地位。所以我们看到，上面两种解释，就其本质而言是一致的。这两句话在僧叡这篇序言中出现，从魏晋时期中国佛教思想的角度而言，实有非凡的意义。它足以证明僧叡体察到了般若、方便两系概念思想的重要性，以及相应而言，般若、方便并列并举的思想在《般若经》中的重要意义和地位。

僧叡还有一篇文章，是他为罗什所译《小品般若经》（弘始十年，408 年）所写的经序。在这篇文章中，我们惊讶地看到：僧叡十分引人注目地直接谈及《般若经》与《法华经》的思想关联问题，他说：

> 《般若波罗蜜经》者，穷理尽性之格言，菩萨成佛之弘轨也。轨不弘，则不足以冥群异，一指归；性不尽，则物何以登道场，成正觉。正觉之所以成，群异之所以一，何莫由斯道也。是以累教殷勤，三抚以之频发；功德迭校，九增以之屡至。如《问相》标玄而玄其玄，《幻品》忘寄而忘其忘，《道行》坦其津，《难问》穷其原，《随喜》忘趣以要终，《照明》不化以即玄。章虽三十，贯之者道；言虽十万，佩之者行。行凝然后无生，道足然后补处，及此而变一切智也。《法华》镜本以凝照，《般若》冥末以解悬。解悬理趣，菩萨道也；凝照镜本，告其终也。终而不泯，则归途扶疏，有三实之迹；权应不夷，则乱绪纷纶，有惑趣之异。是以《法华》《般若》，相待以期终；方便、实化，冥一以俟尽。论其穷理尽性，夷明万行，则实不如照；取其大明真化，解本无三，则照不如实。是故叹深，则《般若》之功重；美实，则《法华》之用征。此经之尊，三抚三嘱，未足惑也。①

那么《法华经》与《般若经》思想的关联，究竟表现在什么方面呢？僧叡在这篇文字中提出的观点是："《法华》镜本以凝照，《般若》冥末以

① 《出三藏记集》，《大正藏》第 55 册，No. 2145，第 54 页下。参考苏晋仁《出三藏记集》，中华书局 1995 年点校本，第 297—298 页。

解悬”，意思是说：《法华经》的中心是要澄清“本”，佛法的根源，从而来培养人们的知识、智慧；《般若经》的中心，则是应对“末”，就是要应化度众，消解纷扰，把众生从倒悬的状态度脱出来。所以与两部经典思想中心的侧重相应，《般若经》主要是处理菩萨道的问题；《法华经》则主要是导向佛道（“终”）的问题。僧叡也指出两部经典各自的局限：《法华经》的不足，是在穷理尽性、阐明万行的方面；《般若经》的不足，是在阐明真化、说明真理统一性的方面。据此僧叡认为《般若》《法华》的弘化应当“相待以期终”，即强调《般若》《法华》应当相辅相成，一起达到弘化的目标。僧叡在这篇小文中提到：方便和实化，应当融合为一。根据僧叡使用的术语，他是以“方便”归属《法华经》，以“实化”（下面又称为真化）归属《般若经》的。虽然文章的作者对所使用的上述这些概念，都缺乏清晰的说明和界定，有关的观点也有些模糊，甚至有些歧义，但是僧叡显然注意到了《般若经》与《法华经》的深刻联系，内在的相通与差异，并且在努力思考和试图阐释这些问题。

僧叡本是一个以专精《般若》研究名世的专家，但是在罗什弘始八年（406年）翻译《法华经》时，他又是笔录者，因此对于《法华经》，僧叡同样有精深的研究。正是这样的学养背景，使得僧叡得以开启对于《法华》与《般若》相辅相成及其各自优点、缺点的辩证理解，让我们看到他已经具备更加平衡地、更加客观地，也更加辩证地理解《般若》与《法华》思想义理关联性的佛教经典诠释学思路。僧叡下面这篇序言收录在大藏经罗什所译《法华经》末尾，称为《法华经后序》，[①] 是僧叡表达其对《法华经》看法的最主要的文献。我们在他这篇序言中，能够看到他关于《法华经》非常成熟的思想：

> 《法华经》者，诸佛之秘藏，众经之实体也。以华为名者，照其本也。称分陀利者，美其盛也。所兴既玄，其旨甚婉，自非达识传之，罕有得其门者。夫百卉药木之英，物实之本也。八万四千法藏者，道果之原也。故以喻焉。诸华之中，莲华最胜。华而未敷名屈摩罗，敷而将落名迦摩罗，处中盛时名分陀利。未敷喻二道，将落譬泥

---

① 参考苏晋仁《出三藏记集》，中华书局1995年点校本，第321页的说明。

> 洹，荣曜独足以喻斯典。至如般若诸经，深无不极，故道者以之而归；大无不该，故乘者以之而济。然其大略，皆以适化为本。应务之门，不得不以善权为用。权之为化，悟物虽弘，于实体不足，皆属法华，固其宜矣。寻其幽旨，恢廓宏邃，所该甚远，岂徒说实归本、毕定殊途而已耶。乃实大明觉理，囊括古今。云佛寿无量，永劫未足以明其久也；分身无数，万形不足以异其体也。然则寿量定其非数，分身明其无实，普贤显其无成，多宝照其不灭。夫迈玄古以期今，则万世同一日；即百化以悟玄，则千途无异辙。夫如是者，则生生未足以期存，永寂亦未可言其灭矣。寻幽宗以绝往，则丧功于本无；控心辔于三昧，则忘期于二地。①

僧叡在序文一开头盛赞《法华经》，称它是“诸佛之秘藏，众经之实体”，并对此经以莲花作为经题的理由，作出简要的说明。之后作者立即转而提到《般若经》，将《般若经》的思想与《法华经》的思想加以对比，这种行文风格，与同一位作者在《小品般若经》序中，由评论《般若》进而评论《法华》的思路，是一致的。这说明系统地、深入地研究两部经典的思想，考虑其相同，揭示其差异，是僧叡在罗什门下进一步修学之后，关于《法华经》等佛教经典诠释研究的成熟的学术思路。

关于这两部经典的显著差异，僧叡在这篇短文中认为：般若诸经的思想，“以适化为本”，但是般若也有“应务”的责任，而“应务”的责任则需要“善权”。善权的长处，是在“悟物”；短处，则是在体认“实体”的方面。所以诸佛就把这两个方面（“适化”及“应务”），都交托给了《法华经》，或者换句话说：这两个方面都凝聚在《法华经》中了（“皆属法华，固其宜矣”）。

这里僧叡主要是使用“适化”与“应务”一对概念，来阐释其思想。大致而言，僧叡是以“适化”指个人精神修养方面的问题，指个人如何体认宇宙的真理，以及如何过一种合理的生活的问题；僧叡是以“应务”指如何过群体生活，包括接引大众，参与社会人群，弘法度众方面的问

---

① 《出三藏记集》，《大正藏》第55册，No. 2145，第57页中。本段文字标点、校勘，参考苏晋仁《出三藏记集》，中华书局1995年点校本，第306、307页。

题。所以僧叡的完整的想法可以理解为：《般若经》《法华经》都既要“适化”，也要“应务”；般若诸经，在“适化”的方面是专长，在“应务”方面似乎有所不足；而《法华经》则在“适化”及“应务”两个方面，都非常具足。这就是僧叡在此序中称《法华经》为“诸佛之秘藏，众经之实体”的理由，也是他认为此经“恢廓宏邃，所该甚远”的理由。僧叡因而不同意仅仅从“说实归本、毕定殊途”的角度，来解读这部经。这个批评是非常重要的，他实际上给我们留下其时代《法华经》经典诠释学两条不同解读路径的线索，而他自己的努力，显然是其中一条诠释路径的代表。

这里我们要重点指出：僧叡在这篇序言中，对于“适化”与“应务”的区分，实际上是从他的独特角度，提出了般若智慧与善巧方便的本质差异及功能区分的问题。我们知道，在魏晋时期的佛典翻译中，“善权”的概念，其实就是指善巧方便，僧叡以其主要的功能为“应务”，认为这种智慧主要的作用，不是在体认实际（“实”）的方面，以这样的方式，僧叡就实际上作出了般若与善巧方便各自的功能区分，根据这一区分，般若的主要任务是体认实际，而方便的主要任务则是应化度人。

总之僧叡作为一位资深的专精《般若经》的学者，却给予了《法华经》思想相当高的评价，并且认为两部经典各有专长，有相互补充的可能。同时僧叡的分析既把善巧方便一系概念与思想，看成是《般若经》的重要核心概念思想之一，又认为方便的主要功能是应务弘化，所以是高度重视弘化佛教事业的《法华经》最重要的思想关怀。僧叡这些极富原创性的诠释观点，都自觉或不自觉地集中到般若与方便的关系问题上，由此他开启了中国佛教思想诠释，尤其是以《般若经》《法华经》思想相关性诠释的重要诠释思路，而这条诠释思路与我们后来耳熟能详的那种典型诠释思路，即由竺道生及法云等人所开启的《法华经》诠释思路，存在相当大的差异。

我们在罗什另外一位弟子，年轻的僧肇身上，能看到与僧叡有着大体相似路径的思想诠释取向。这一点可以由僧肇在其著名著作《注维摩诘经》中所提出的权智思想，清楚地昭示出来。僧肇在那里说：

> 肇曰：夫有不思议之迹显于外，必有不思议之德著于内。覆寻其

> 本，权智而已乎。何则？智无幽而不烛，权无德而不修。无幽不烛，故理无不极；无德不修，故功无不就。功就在于不就，故一以成之；理极存于不极，故虚以通之。所以智周万物而无照，权积众德而无功，冥寞无为而无所不为，此不思议之极也。巨细相容，殊形并应，此盖耳目之粗迹，遽足以言乎？然将因末以示本，托粗以表微，故因借座，略显其事耳。①

僧肇这段《维摩经》释文，提出外内、本迹、本末、粗微多组概念，将“不思议”的外在表现及内在根据区分开来，表现在外的不思议，是一些神通现象，它们是粗显的而非隐微的，是现象而非本质，是枝节而非根本，而作为内在根据的不思议，则是菩萨圣者内在的德性修养，它们是隐微的，是本质的，是根本的。而这些隐微的本质的根本的内在德性修养的根蒂依据，究竟是什么呢？僧肇认为，就是佛菩萨圣者拥有的权智。因此，在僧肇看来不思议思想是《维摩经》的中心思想，该经所揭橥的所有佛教思想都以不思议思想为基础，所展示的诸多菩萨实践、神通现象，都是不思议的外在表现，而作为这些不思议的理论及实践的支撑的根本依据，则是作为菩萨圣者内在德性根本的权智。这样僧肇实际上赋予了权智之说在《维摩经》所有的佛教概念及思想中最核心及最殊胜的位置。僧肇这里所谓的“权”，正是指善巧方便；所谓“智”，正是指般若智。所以僧肇通过诠释《维摩经》所表述的权智思想，是魏晋时代中国佛教经典诠释学中般若、方便既二分又互补这一思想理念最清晰、最透彻的体现。

僧肇另一部更加著名的著作《肇论》，开篇之《宗本义》一篇中，我们能读到如下一段话：

> 沤和、般若者，大慧之称也。诸法实相，谓之般若；能不形证，沤和功也。适化众生，谓之沤和；不染尘累，般若力也。然则般若之门观空，沤和之门涉有。涉有未始迷虚，故常处有而不染；不厌有而观空，故观空而不证，是谓一念之力权慧具矣。一念之力权慧具矣，

---

① 《注维摩诘经》，《大正藏》第38册，No. 1775，第382页上。

好思，历然可解。[1]

这段话中“权慧”的说法，与《注维摩诘经》中所说的“权智”完全对应。这段话的要点有二：其一是规定了般若、方便各自的对象与职能，如文中所说，般若观空，方便涉有，这是二者所涉及的对象的区分；般若观照实相，方便则保证能不取证实相，方便救度众生，般若则保证不染尘累，这是二者功能作用的差异。其二，般若与方便在具体作用的方式上有一个重要特点，那就是二者不可分割地融合在一起，而正因为这一点，这段话提出了“一念之力权慧具”的思想，也就是说般若与方便二者虽然是二种不同的智慧，指向不同，功能不同，但二者却包含在、具足于同一心念当中。[2]

我们知道，这篇《宗本义》的作者究竟是不是僧肇，迄今学界并无定论。但是我们在这一段话中所读到的“权慧”，与《注维摩诘经》中所说的“权智”，在佛学义理上是完全贯通的。这从一个侧面可以证明：《宗本义》的思想，正是僧肇思想的精粹概括。因此，我们看到无论是在讨论般若思想的著作《肇论》中提出的“权慧”说，还是在讨论《维摩经》思想的注疏著作中提出的“权智”说，僧肇都在阐释般若与方便平等平列、相辅相成的思想，这是僧肇的佛学诠释及其佛教思想的根本。我们在这里看到他的基本思想倾向与僧叡一致，但是僧肇已经将般若、方便关系之思想系统化地发挥成了他的核心思想。僧肇的著作并未太多地考虑《法华经》，但是僧肇透过《般若经》《维摩诘经》所建立的系统的诠释思想，无疑也包括他对《法华经》中一些佛教思想本质问题的看法。

如前已言：《法华经》“罗汉受决”问题的讨论，是慧远、罗什问答中一个非常值得关注的议题。这一议题涉及魏晋佛学正在由般若学转向后般若学的学术、思想转向的问题，牵涉到《法华经》与《般若经》思想差异与一致的议题，又涉及对于般若、方便关系的理解，涉及善巧方便一系概念与思想的理解，所以是魏晋时代中国佛教经典诠释与佛教思想发展中一个有意味的课题。

---

① 《肇论》，《大正藏》第 45 册，No. 1858，第 150 页下。

② 任继愈主编：《中国佛教史》卷二，中国社会科学出版社 1993 年版，第 473 页。

慧远提问中有关“般若、沤和”为菩萨二翼的质疑，显示作为道安高足，江南中国佛教的卓越领袖，一个具有严谨思考气质和深刻思想素质的佛教思想家，慧远已经深刻地关注到《般若经》中般若与方便的关系议题，这是大乘佛教初兴时期一个重要的思想动向，慧远以此思想质疑《法华经》的罗汉授记理论，表明这位一流素质的佛教思想家和领袖，意识到了般若、方便思想的重要，这在魏晋时代的中国佛教思想史上，应当具有高度的意义。值得今日重新深入评估。

通过考察罗什弟子僧叡及僧肇的相关论述，我们看到，当时的佛学先进中，不仅慧远，而且僧叡及僧肇，都认识到《般若经》中般若、方便并列并举思想的重大价值和重要地位，也都对《般若经》与《法华经》的一致与差异问题，提出一种可能的解决思路，这一思路在僧肇的佛学诠释中得到一个体系化的成就，那就是其关于“权智”和“权慧”的著名学说。

魏晋时期中国佛教的思想诠释，本来有可能以《般若经》《法华经》《维摩经》等大乘经典的诠释之机，走出一条关注般若与方便二种智慧，重视方便思想的诠释进路。罗什与慧远的答问本来可以开启这样的思路，不过罗什的有关解说，有没有为中国佛教诠释思想此一向度的开展，提供这样的机遇呢？

第四节 “《法华》经义，不以此说”——罗什的回应与解答

下面我们将简要考察罗什法师对于慧远“罗汉授记”之问的回答。先看回答中的下面这个部分：

> 什答曰：一切阿罗汉虽得有余涅槃，心意清净，身口所作不能无失念。不知之人起不净想，其实无复别有垢法。如人锁脚，久久乃离，脚虽不便，更无别法。阿罗汉亦如是：从无始生死来，为结所缚，得阿罗汉道，虽破结缚，以久习因缘故，若心不在道，处于愦闹，因妄念，令身口业而有失相。是人入无余涅槃时，以空空三昧，舍无漏道，从是以后，永无复有身口业失。时闻促故，不应难言更当起也。又谓以空空三昧，能断余习者，是事不然。何以故？用此三昧

舍无漏者，则非无漏定。若然者，何得谓烦恼习气都尽耶？又阿罗汉还生者，唯《法华经》说。无量千万经皆言阿罗汉于后边身灭度，而《法华经》是诸佛秘藏，不可以此义难于余经。若专执《法华经》，以为决定者，声闻三藏及余摩诃衍经寝而不用。又有经言：菩萨畏阿罗汉、辟支佛道，过于地狱。何以故？堕于地狱，还可作佛。若尔者，唯有《法华》一经可信，余经皆为虚妄。是故不应执着一经，不信一切经法。当应思惟因缘：所以取涅槃，所以应作佛。然五不可思议中，诸佛法是第一不可思议。佛法者，谓阿罗汉涅槃当作佛，唯佛知之。又声闻人以爱为集谛，阿罗汉爱尽故，则无复生理。摩诃衍人言：有二种爱：一者、三界爱；二者、出三界爱，所谓涅槃、佛法中爱。阿罗汉虽断三界爱，不断涅槃、佛中爱。如舍利弗心悔言：我若知佛有如是功德智慧者，我宁一劫于阿鼻地狱，一胁着地，不应退阿耨三菩提。又《毗摩罗诘经》：摩诃迦叶与目连悔责，一切声闻皆应号泣。此是爱习之气。又《首楞严三昧》中说：如盲人梦中得眼，觉则还失。我等声闻智慧于佛智慧，更无所见，此似若无明。如是爱、无明等，往来世间，具菩萨道，乃当作佛。[①]

上面这一部分中罗什回应慧远的第三项质疑：阿罗汉已经断除烦恼及习气，如何可以再入轮回，具菩萨道呢？罗什在这部分文字中，首先坚持阿罗汉不会因烦恼及其习气而“还生”，因为阿罗汉入有余涅槃时，虽有时尚出现身口业之过失，然已别无垢法；入无余涅槃时，已永离身口业之过失，其习气已不可能再起。因此阿罗汉不可能凭借爱染习气而“还生”。罗什接着提出：只有《法华经》中提出“阿罗汉还生”的说法，其他“无量千万经”都认为阿罗汉以“后边身”灭度，这里所说的“无量千万经”不仅包含声闻三藏，也包括大乘的经藏，所以不可以根据一部《法华经》的说法，就断言阿罗汉可以“还生”。所以关于阿罗汉再度进入轮回的依据问题，罗什的基本立场是：阿罗汉涅槃及成佛，这是佛经中的思想，虽然“不可思议”，但应当绝对可以凭信；不过阿罗汉并非以烦恼习气而“还生”，因为阿罗汉已经断除一切烦恼、习气，所以已经“无

① 《鸠摩罗什法师大义》，《大正藏》第45册，No. 1856，第133页中。

复生理”了。在这一部分响应的最后，罗什也尝试区分“三界爱”与“出三界爱”，出三界爱就是对于涅槃、佛法的爱。阿罗汉已经断除了“三界爱”，但并未断除“出三界爱”。此外与佛的卓越智慧相比，声闻们的智慧根本不成其为“智慧”，几乎就像三界中的“无明”一样。阿罗汉具有这样的“出三界爱”，具有相对佛智而言微不足道的智慧即“无明”，所以从这个角度也可以勉强地说他具备轮回世间的条件。

所以，对于阿罗汉不具备爱染习气，如何可以受生轮回的质疑，罗什一方面认为应当诉诸佛法“不可思议”的信仰传统，作为对于这个问题的真正解决之道；一方面也通过辨析阿罗汉所具有的“出三界爱”及其相对于佛陀卓越智慧而言如同“无明”的智慧，认为阿罗汉具备轮回世间的菩萨道。这样的响应，表现出罗什的思想似乎陷于不得不动摇于信仰主义与理性主义之间的窘境。罗什还特别提到对于三藏经典及包括《法华经》在内的大乘经典，都要做全面观及加以辩证理解，这固然反映出罗什的整体佛教的思想立场及理性治学的佛学风格，但也向我们透露罗什似乎并不准备回到善巧方便这一《法华经》思想的主轴上，来考虑包括罗汉成佛等一系列大乘佛教疑难问题的解决之道。此外我们在这一讨论中，既发现罗什似乎中断了往佛性论思想方向去解读《法华经》的任何可能，也发现他似乎并未特别彰显那种把《法华经》置于大乘经典中崇高和卓越地位的思想意识，这一点与作为罗什弟子的僧叡、道生所表现的《法华经》诠释意向，甚至与作为罗什中土佛学前辈道安大师的上座弟子慧远的《法华经》理解方向，似乎都表现出有所不同的价值取向。

下面这个部分是罗什响应慧远所谓“阿罗汉不具备大慈悲心”的质疑：

> 佛（此字为衍文——引者）设入菩萨道，尚不得同直修菩萨道者，何况同无生法忍菩萨也。何以故？是人于众生中，不生大悲心，直趣佛道，但求自利，于无量甚深法性中，得少便证。以是因缘故，教化众生，净佛国土，皆为迟久，不如直趣佛道者疾成于佛。又阿罗汉慈悲，虽不及菩萨慈悲，与无漏心合故，非不妙也。如经中说：比丘慈心和合，修七觉意，设断五道因缘者，慈悲犹在，发佛道心时，还得增长，名为大慈大悲。如《法华经》中说：于他方现在佛闻斯

事，然后发心。又涅槃法，无有决定不相应焦罗汉耳。何以故？涅槃常寂灭相，无戏论诸法。若常寂灭、无戏论，则无所妨。又诸佛大菩萨，深入法性，不见法性，不三品之异。但为度众生故，说有三分耳。①

阿罗汉究竟有无大悲心？罗什这一段的回答同样有些矛盾。罗什一方面认为阿罗汉即便进入菩萨道，也不对众生生起大悲心；但另一方面又认为，阿罗汉的慈悲虽不及菩萨慈悲，但阿罗汉“慈悲犹在”，在生起佛道之心时，其慈悲之心还会增长，成为“大慈大悲”，所以，罗什实际上又承认阿罗汉具有慈悲心。他在这一部分再次举出《法华经》的经证，说明阿罗汉在他方闻佛说法发心的可能性。罗什还根据“涅槃法”所具有的“常寂灭、无戏论”的性质，推论从逻辑上言这种涅槃法的性质与“大慈大悲”、劳碌度众的德行实践并不相互妨碍。总之罗什这部分回答，试图化解慧远质疑中罗汉无慈悲、菩萨则大慈大悲的对立色彩，认为应当对于阿罗汉的慈悲做一定程度的肯定。罗什这些响应表现了对小乘、大乘思想能够兼容包容的思想气质。在这段话结束的部分，罗什实际上回到了善巧方便的议题方向上，遗憾的是他并未就此深入讨论下去。

接下来我们关注罗什对于慧远质疑中提出的“沤和、般若是菩萨之二翼”这一观念的回应，如前已言这一回应是我们在本书中需要特别留意的。罗什的说法如下：

沤和、般若是菩萨两翅者，而《法华经》义，不以此说也。是《般若波罗蜜经》，经中赞叹般若波罗蜜故，有菩萨离般若波罗蜜，但以余功德求佛道者，作此喻耳，是故佛言：虽有无量功德，无般若、沤和，如鸟无两翅，不能远至。如是成阿罗汉，到于涅槃，大愿以满，不能复远求佛道。若《法华经》说，实有余道。又诸佛赞助成立，何有难事哉？佛有不可思议神力教化，能令草木说法往来，何况于人？如焦谷不能生，此是常理，若以神力、咒术、药草力、诸天福德愿力，尚能移山住流，何况焦种耶？如以无漏火烧，阿罗汉心不

① 《鸠摩罗什法师大义》，《大正藏》第45册，No. 1856，第133页中。

> 应复生，但以佛无量神力接佐，何得不发心作佛也？假使佛语阿难：作众恶事，以恭敬深爱佛故，尚亦当作。何况佛记言作佛，为开其因缘，而不成佛乎？如大医王，无有不治之病。如是佛力所加，无有不可度者。又阿罗汉于涅槃不灭，而作佛者，即是大方便也。又菩萨先愿欲以佛道入涅槃，无般若方便故，堕声闻辟支佛地，如无翅之鸟。今阿罗汉欲以声闻法入涅槃，或于中道，以有漏禅，生增上慢，如无翅鸟，不得随愿，便当堕落。若能随佛所说，与禅定、智慧和合行者，得入涅槃。是名阿罗汉中有二事，以禅定为方便，无漏慧为智慧。又佛说般若波罗蜜时，未说《法华经》，是诸佛欲入涅槃时，最后于清净众中演说秘藏。若有先闻者，心无疑难。而诸阿罗汉谓所愿以毕，佛亦说言阿罗汉末后身灭度。菩萨闻已，于阿罗汉道则有畏。今略说二因缘故，佛有此说。一者秘《法华》义故，多令众生乐小乘法，得于解脱。二者欲使菩萨直趣佛道，不令迂回。所以者何？阿罗汉虽疾证无为法，尽一切漏，得到苦边，后入菩萨道时，不根明利，习大道为难，以所资福德微薄故。若无此二因缘者，阿罗汉终归作佛，不应为作留难也。①

罗什在这段话开头明确地说："沤和、般若是菩萨两翅者，而《法华经》义，不以此说也。"也就是说：他认为方便、般若是"菩萨之二翼"的说法，不是《法华经》的经义。罗什在下文中更是明确地说，般若、方便为菩萨二翼的说法，是《般若经》的经义，而非《法华经》的经义。

既然承认般若、方便为"菩萨之二翼"的经义是《般若经》的经义，那么罗什又如何理解《般若经》的这个经义呢？罗什在这段话中提出的看法是：《般若经》中之所以提出这个譬喻，是要赞叹般若，因为有些菩萨离开般若波罗蜜多，希望以"余功德"求"佛道"，所以《般若经》才提出这个譬喻，说明如鸟若无翅，则不能远行，菩萨若无般若方便，则不能至于佛道。罗什这里说的"余功德"，即《般若经》那段经文所讲从布施到禅定这五种功德。罗什这句话说《般若经》意在说明以"余功德"难以达成"佛道"的看法是正确的，但若如他说这句话是意在赞叹般若

---

① 《鸠摩罗什法师大义》，《大正藏》第45册，No. 1856，第133页中。

就比较勉强，至少释义方面不是太全面、太精确，因为若是这个譬喻真的仅仅意在赞叹般若波罗蜜多，那就没有必要连续三次反复称说“不为般若波罗蜜多所统摄，舍弃善巧方便”。这个譬喻当然是要赞叹般若波罗蜜多的重要性，因为整部《般若经》从头至尾可以说都是在赞叹般若波罗蜜多的重要性，但我们也应理解：《般若经》同时也赞叹善巧方便之重要性，尤其包含了鸟之双翼这个譬喻的段落更是如此。

再者，《法华经》之经义既然不在于般若、方便之菩萨二翼，那么《法华经》如何确保阿罗汉可以成佛呢？因为根据《般若经》的理论，一切希图成佛者都必须具有以般若、方便为“菩萨二翼”的智慧学模式。罗什在这段话中提出的看法如下：一、“若《法华经》说，实有余道”，也就是在罗什看来，在方便、般若平衡开发、辩证彰显的智慧学模式以外，《法华经》有其他的方法可以保证阿罗汉至于佛道。罗什这段文字并未清楚说明他所谓的“余道”究竟是什么，但是显然在他心目中是以所谓“余道”排除了以《般若经》提出的方便、般若平衡开发、辩证彰显这一菩萨智慧学原理解释《法华经》必定要弘扬思想的可能性，换句话说，罗什在这里已经很清楚地表明，他认为以般若、方便作为菩萨之二翼的智慧思想，并不一定是佛教智慧学的普遍性思想模式，因而也就不是《法华经》必定要弘扬的思想主题。二、“又诸佛赞助成立，何有难事哉”，也就是说，罗什认为《法华经》的罗汉授记成佛，主要的保障应当是佛的“赞助”，罗什由此把《法华经》的经义诠释，再次引向“不可思议神力教化”的路向上去。因此罗什思想中对于《法华经》罗汉成佛问题的最终解决之道，是诉诸佛陀的“神力”。他对《法华经》相关思想提供的解释框架，有着浓厚的“神力主义”的成分，而这样的解释思路其实与他自己所一再展示的理性主义的佛学立场与思路是有所矛盾的。

我们应当特别注意罗什这段话中的两句话，一是“又菩萨先愿欲以佛道入涅槃，无般若方便故，堕声闻辟支佛地，如无翅之鸟”，在他此语中，“般若方便”的表达方式似乎意指“般若这种方便”，而不是“般若、方便”，这即表示在罗什的理解中“般若方便”这个复合词是采用表示同位格关系的持业释复合方式；另外一句话，“是名阿罗汉中有二事，以禅定为方便，无漏慧为智慧”，这句话中的“以禅定为方便”，明确指认禅定乃是一种方便。从上面这两个用语看，罗什似乎未将善巧方便视为一个与前六度拥有不同意指因而具有独立内涵及外延的佛法思想义理的重要名相。但是罗什这样的理解与《般若经》这段经文中明明以鸟之双翼譬喻般若、方便的说法是矛盾的，与经文中屡屡出现般若、方便并立并举的表述是矛盾的，与大乘经典集结中作为一个佛学门类的方便一系概念及其思想的正式升格与专题阐发的重大佛教思想动向，更是有所矛盾的。

所以，我们看到公元5世纪之初汉传佛教佛典诠释思想史上一个非常重要也非常令人觉得遗憾的一幕：出自中土道安的佛学传承系统，代表中国本土佛教界一流思想精英的庐山慧远，通过“罗汉授记”的问题，已经把《般若经》与《法华经》佛学思想的差异与贯通的问题清晰地呈现出来，尤其是在这一呈现中，慧远极其精准地把握住了《般若经》启示的菩萨道智慧学思想模式的核心——菩萨的般若与方便应当平衡地开发、辩证地彰显的思想。慧远的提问使得人们思考这一《般若经》菩萨道智慧学思想模式的普遍性问题，使得人们思考《般若经》与《法华经》的思想差异与一致的问题，也使得人们思考对于《法华经》核心教法思想——此即善巧方便一系概念及其思想——的体会与理解的问题。这本是佛教思想史上千载难逢的一刻，因为如果当事人能够成功把握好这一刻，中国佛教对于佛教智慧学思想模式的理解将会直接契入初期大乘的根本见地。遗憾的是，罗什法师，一位同时在《般若经》与《法华经》的翻译与传习上尽心尽力的翻译大师、弘法大师，一位在当时的中国佛教界具有无与伦比影响力的佛学大师，却轻松地拒绝了慧远所提议的那种试图在《般若经》与《法华经》之间建立起逻辑辩证关系的理解与诠释方式，以般若、方便之平衡开发、辩证彰显作为菩萨道智慧学核心思想模式的重要见解，虽然已与中国佛教界觌面相逢，但对于它的全面掌握则注定还要迷雾重重。

第五节 《法华经》的核心思想：作为“最高（或最后）的波罗蜜多”的“伟大的善巧方便”

《法华经》的核心思想，在我们看来是以善巧方便概念为中心的一系思想。关于这一点，在《法华经》的核心一品即《方便品》中，有很多处清楚地显现出来。

其实，在《法华经》之《方便品》开头的两段长行文字中，已经把《法华经》的这一核心思想表达得非常精准。这两段文字中的第一段赞叹佛智甚深、难知难见，第二段则赞叹佛陀具备伟大的善巧方便这种最高或最后的波罗蜜多。前者是要揭示佛陀出世的本怀，或者说佛陀在世间立教弘法、救度众生的唯一目的，是要说明众生领会佛陀所证悟的最高境界：菩提或佛智；后者则揭示为了达成佛陀出世的这一本怀，佛菩萨圣贤说法立教的内在依据，即善巧方便这种特殊的智慧。可以说这两段经文已经把这部经典中《方便品》思想义理的深刻内涵，乃至整个《法华经》全经思想义理的深刻内涵，都概括无疑。

我们所指的这两段话中，有两个非常重要的句子，重新解读一下这两个句子，对于我们理解《法华经》的核心思想，应当有一定的帮助。其中第一段话中一个非常重要的句子是：

gambhīraṁ śāriputra durdṛśaṁ duranubodhaṁ buddhajñānaṁ tathāgatair arhadbhiḥ samyaksaṁbuddhaiḥ pratibuddham, durvijñeyaṁ sarvaśrāvakapratyekabuddhaiḥ | ①

【新译】舍利弗！诸如来阿罗汉正等觉者所觉悟的佛智，深奥、难见、难知，一切声闻、独觉都难以理解。

这句话的主词正是“佛智”（buddhajñāna），说明这个主词的宾词是“深奥”（gambhīra）、“难见”（durdṛśa）、“难知”（duranubodha）、“难以理解”（durvijñeya），以状佛智之超卓性。《法华经》方便品第1—18诸颂，内涵一致，均是赞叹佛陀的证法，即赞叹佛菩提之崇高、卓越，而所谓的“佛智”，当然为佛菩提之主要内容。《方便品》长行开头一段文字

① Buddhist Sanskirt Texts – No. 6, The Mithila Institute of Postgraduate Studies and Research in Sanskrit Learning, Darbhanga, edited by P. L. Vaidya, 1960, p. 21. 以下简称 Dr. P. L. Vaidya 校勘本。Prof. U. Wogihara（荻原云来）& C. Tsuchida（土田胜弥）校勘：《改订梵文法华经》，山喜房佛书林 1994 年版，第 28 页。以下简称《改订梵文法华经》。参考 Prof. Kern and Prof. Bunyiu Nanjio edit., Saddharmapuṇḍarīkā, Biblio Verlag, 1970, p. 30。以下简称 Kern 本。

全部是解释这18个颂文的文字，而我们所引的这句话更是清晰明确地点出这18个颂文的基本思想：佛菩提或佛智具有崇高伟大、一般人难以企及之特质。

所以这里赞叹佛智，即赞叹佛菩提，而佛菩提是一切佛教教法的最高目标，所以这段话整个都是在说明佛陀教法的最高目标是什么。佛陀教法的最高目标当然是佛智或菩提，揭示这一最高的教法目标不仅是指出一切佛陀教法的本质何在，也从而以教法诠释的方式揭明了佛陀出世的本怀。

下面是《方便品》长行第二段话中的一个重要句子：

mahopāyakauśalyajñānadarśanaparamapāramitāprāptāḥśāriputra tathāgatā arhantaḥsamyaksaṁbuddhāḥ | ①

【新译】舍利弗！诸如来阿罗汉正等觉者已经获得伟大的善巧方便智慧、观见这种最高（或最后）的波罗蜜多。

这句话中的 mahopāyakauśalyajñānadarśanaparamapāramitā 部分，是一个较长的复合词，复合词前半段是mahopāyakauśalyajñānadarśana，后半段是paramapāramitā，这是一个表示同位格关系的持业释复合词，所以这个短语的确切意思是：伟大的善巧方便智慧观见，它即是最高（或最后）的波罗蜜多。

在《般若经》中及在其他早期大乘经典中，已经建立了以般若为第六种波罗蜜多的六种波罗蜜多学说体系，现在《法华经》中正式提出善巧方便也是一种波罗蜜多，所以说善巧方便乃是“最高（或最后）的波罗蜜多”。“最高”或“最后”，这里意思就是“善巧方便”是第七种波罗蜜多。

这个复合词的前半段（mahopāyakauśalyajñānadarśana）也是一个复合词，表达的涵义是：“伟大的善巧方便”，它是一种佛陀的智慧，是一种佛陀的观见，所以这个复合词内涵的准确解释应当是：“伟大的善巧方便这种（佛陀的）智慧、观见”。我们由这个短语的涵义可以看出善巧方便

① Dr. P. L. Vaidya 校勘本，第31页。

的本质：善巧方便本身是指一种智慧，即佛陀的智慧及佛陀的观见。

总之，我们在这句话中可以看到：（一）《方便品》称善巧方便为“伟大的善巧方便”，凸显这部经典中善巧方便概念思想的第一义：善巧方便的伟大性、卓越性；（二）善巧方便是由诸佛“所获得”，这里“所获得”即“证得”之义，所以善巧方便是佛陀证法的一项内容，是一种佛德，这就凸显善巧方便的佛德性、超越性；（三）善巧方便是佛之智慧、观见，也就是说善巧方便的本质，是一种佛陀的特殊智慧、观见，也就说明不能仅以技巧、方法来看待善巧方便，甚至也不能以一般层次的智慧看待善巧方便，这就清楚显示善巧方便与佛陀相关联的智慧性；（四）善巧方便是一种波罗蜜多，这表明善巧方便的概念，已经从早期佛教经典中教学法意义上的概念，提升为波罗蜜多的概念，善巧方便是最高（或最后）的波罗蜜多，则表明有关六度（六种波罗蜜多）加上第七种波罗蜜多（善巧方便波罗蜜多）形成七种波罗蜜多的菩萨道波罗蜜多思想，至此已经达到圆熟的境地，由此我们可以看到善巧方便的波罗蜜多性。

所以根据《方便品》以上两段长行文字中的两个重要句子的思想，我们可以回到我们在本节一开始提出的观点：《法华经》之《方便品》的以上两段长行文字，一个说明佛陀教法的目标是最高的智慧即菩提，以揭显佛陀之本怀；一个说明佛陀施教的内在依据乃是伟大的善巧方便这种卓越的智慧，最高（或最后）的波罗蜜多。至于佛陀为了实现一切众生都获得觉悟的伟大目标，则必须依据善巧方便，根据众生的根性而展开种种不同的言教，那就是需要展开诸乘与一乘、诸宗与一宗、诸教与一教的种种的辩证，而这些主题正是《方便品》长行其他段落文字所要表述的。所以我们看到：《法华经》经文，如果以《方便品》为例，包括与《方便品》有密切思想联系的诸品经文，例如《譬喻品》《信解品》等，其主要的思想特色确实表现为对佛陀教法的依据、目标及方式方法等理论问题的理性反省。我们知道：自佛陀入灭之后一百年，统一的和合一味的佛教思想与信仰，已经分裂为大众部与上座部传承、弘扬的两大体系。此后数百年，佛教部派的分化愈演愈烈，从《法华经》中的说明可知，此时的佛教已经演变出诸乘、诸宗、诸教并立并峙的局面。《般若经》中对于声闻、独觉的强势而激烈的批评，足以让我们生动地感受到在佛灭一百年到五百年之间佛教思想信仰领域出现的巨大歧异。所以《法华经》的结集面临一个重要的任务，那就是要调和各派的思想和学说，重新建立佛陀教法的统一的和合一味的质量。而《法华经》调和诸宗、诸乘及诸教的方式，并不是要去建立一种新的乘、宗或教，而是要以教理诠释的方式，寻找在各种不同的乘、宗、教背后一贯的东西，共通的东西，本质的东西，这也就是要对佛教教法所以可能的一些根本问题展开理论思考，也就是对佛教教法的依据、目标、方法等佛教哲学问题展开系统的理论的反省，而这正是《法华经》提出善巧方便一系概念及其思想的真正的旨趣所在。《法华经》诚然也同许多大小乘佛教经典一样，其中包含了许许多多不同形式与内容的"说法"；不过《法华经》的核心思想，以《方便品》为准，则与其说是要提供一种新的佛学思想观念，不如说是要对现有的种种佛法予以内在的反省和理性的清理，以便找到它们之所以堪为佛教教法思想的本质或标准。总之，系统地理论地反思佛教教法的依据、目标、方法，才是《法华经》真正的核心教法思想。

《法华经·方便品》上述核心思想不仅表现在其长行文字中，也表现在其颂文部分。这里仅摘录以下几个颂文，并略加分析，以见一斑。

【梵本】
upāyakauśalya mametadagraṁ
bhāṣāmi dharmaṁbahu yena loke |
tahiṁtahiṁlagna pramocayāmi
trīṇī ca yānānyupadarśayāmi || 21①

【罗什】佛以方便力，示以三乘教，众生处处着，引之令得出。②
【法护】佛有尊法，善权方便，犹以讲说，法化世间，常如独

① Dr. P. L. Vaidya 校勘本，第 23 页。Saddharmapuṇḍarīkāsūtra, Central Asian Manuscripts, Romanized Texts, edited by Hirofumi Toda, Tokushima Kyoiku Shuppan Center, 1993, p. 21. 以下简称中亚本。《改订梵文法华经》，第 32 页。参考 Kern 本，第 34 页。

② 《妙法莲华经》，《大正藏》第 9 册，No. 0262，第 5 页下。

步，多所度脱，以斯示现，真谛经法。[1]

【新译】我的这个善巧方便极为殊胜，依据它，我在世间说了很多的法，使到处陷溺者解脱，且示现三乘。

解说：此颂在《法华经·方便品》诸颂中，是最为清楚地揭示善巧方便之功能作用的一个颂文：佛陀设教、度众、立乘的内在依据，乃是在于善巧方便。颂文前半段首先称赞善巧方便的性质，是“极为殊胜”（agra，最上，第一，优异等），彰显善巧方便之卓越品格。可以看出，竺法护译文中，以“尊法”译 agra，试图传达出善巧方便的这一卓越品德。罗什译文省略了这个字未译，所以也就难以传达此颂的思想中心乃是在于善巧方便这个概念，以及此颂说明善巧方便所具备之性质及其功能作用这层涵义。

再者，这个颂文中共有三个动词：说（bhāṣāmi）、解脱（pramocayāmi）、示现（upadarśayāmi），皆为善巧方便外化之实践，可见善巧方便之卓越作用，最能反映善巧方便所具备之诸功能作用的系统性。法护译文分别译为“讲说”，“度脱”，“示现”，尚能传达善巧方便功能作用的这种系统性。罗什译文中，善巧方便，简译为“方便”。在三个动词中，罗什译出了示现、度脱两个动词，未译“说”字，且在三个动词的翻译中，“示以三乘教”一句，被罗什在顺序上提前。按照梵文，善巧方便之功能有三：依次分别为“说法”，“度众”，“演示”教乘。而照罗什的译法，“说法”这个意项被略去，且整个颂文以演示教乘这个意项为主。后来在汉传佛教《法华经》思想诠释史上，其核心思想被更多地理解为是关于“三乘一乘”的学说，根据这种解读，《法华经》的思想宗旨被理解为主要与“乘”的学说有关，这与对罗什上述译文的理解存在一定程度的关系。

【梵本】

upāyakauśalya mamaivarūpaṁ

yat trīṇi yānānyupadarśayāmi |

---

① 《正法华经》，《大正藏》第9册，No. 0263，第68页上。

ekaṁtu yānaṁhi nayaśca eka

ekā ciyaṁdeśana nāyakānām ‖ 69 ‖ ①

【罗什】我有方便力，开示三乘法。一切诸世尊，皆说一乘道。②

【法护】今我如是，行权方便，各令休息，说三乘教。其乘有一，亦不非一，大圣世尊，故复说一。③

【新译】我的善巧方便是如此这般，以致我示现三乘，而乘是一种，宗旨也是一种，还有诸导师的教也是一种。

解说：此颂以“如此这般”来说明佛陀所获得的善巧方便的特征：佛陀以善巧方便，而将同一个乘示现为三种不同的乘，复以善巧方便指出三种不同的乘其实是同一种乘。这是本颂前半颂文的涵义。于此需要指出：佛陀“如此这般”的善巧方便，不仅是他能将同一的乘根据众生的根性演示为三种不同的乘之内在根据，也同样是他针对众生较为成熟的根性，指出不同的乘的本质一致性之内在根据。

其次，我们在此需要郑重地指出：本颂中不仅讨论乘的问题，后半段还引申出对于“宗”（naya）与“教”（deśana）问题的同样的觉解。也就是说：佛陀不仅以善巧方便为内在智慧依据，解决同一的乘与不同的乘之间的辩证关系问题，同样也要依据其善巧方便，解决同一的宗、同一的教与不同的宗、不同的教之间的辩证关系问题。罗什此处的译文，缺少宗、教的议题；而法护的译文，明显在此处是误读了原文。这一颂文除了证实佛陀演乘、立宗、建说的内在依据确实是他所具备的善巧方便这种智慧之外，也证明乘的问题是《法华经》所要处理的重要议题，但确实不是这部经典要解决的全部议题，或核心议题。这是我们在重新解读《法华经·方便品》的思想时，需要强调指出的一点。《法华经》的中心思想是关于善巧方便概念及其一系思想的问题，而不是关于三乘一乘的问题。

---

① Dr. P. L. Vaidya 校勘本，第 33 页。参见中亚本，第 28 页。《改订梵文法华经》，第 45 页。参考 Kern 本，第 48 页。

② 《妙法莲华经》，《大正藏》第 9 册，No. 0262，第 7 页下。

③ 《正法华经》，《大正藏》第 9 册，No. 0263，第 70 页上。

【梵本】

Upāyakauśalyamanantu teṣāṁ
bhaviṣyati lokavināyakānām।
yenā vineṣyantiha prāṇakoṭyo
bauddhasmi jñānasmi anāsravasmin ‖ 99 ‖ ①

【罗什】一切诸如来，以无量方便，度脱诸众生，入佛无漏智。②

【法护】是等大人，行权方便，当得成佛。导世圣雄，所以开化，亿数众生，禅定智慧，以消诸漏。③

【新译】这些世间导师的善巧方便将无有穷尽，他们依据其将把俱祇生灵导向无漏的佛的智慧。

解说：本颂是《方便品》颂文中颂未来诸佛以善巧方便说法度众那部分的颂文之一。在本颂中，有两个关键词：一是“善巧方便”，一是“佛的智慧”，前者是未来诸佛施设教法的内在依据，后者是未来诸佛施设教法的目标指向，所以，在这个颂文中，未来诸佛说法立教的依据及目标两方面的涵义都很齐备。文中以“无有穷尽”描述善巧方便的性质，罗什译为“无量”，法护未译出此词。无漏的佛智，罗什译为“佛无漏智”，法护的译文此处译为“禅定智慧，以消诸漏”，表意嫌不够确切。

【梵本】

upāyakauśalya prakāśayanti
vividhāni yānānyupadarśayanti।
ekaṁca yānaṁparidīpayanti
buddhāimam uttamaśāntabhūmim ‖ 105 ‖ ④

① Dr. P. L. Vaidya 校勘本，第 37 页。参见中亚本，第 30 页。《改订梵文法华经》，第 51 页。参考 Kern 本，第 52 页。

② 《妙法莲华经》，《大正藏》第 9 册，No. 0262，第 7 页。

③ 《正法华经》，《大正藏》第 9 册，No. 0263，第 70 页。

④ Dr. P. L. Vaidya 校勘本，第 38 页。参见中亚本，第 30 页。《改订梵文法华经》，第 52 页。参考 Kern 本，第 53 页。

【罗什】知第一寂灭，以方便力故，虽示种种道，其实为佛乘。①

【法护】以若干教，开化令入，皆共咨嗟，是一乘道，寂然之地，无有二上。②

【新译】觉悟此最上寂静地位的他们，开演善巧方便：示现种种的诸乘，并且照亮同一的乘。

解说：颂文中说的“最上寂静地位”（uttamaśāntabhūmi），文中作有财释，意思是指“有最上寂静地位者”，此即指佛智或“菩提”。因此这个颂文也再次表示佛陀设法演教的目标，乃是佛智或菩提。这个颂文可以见证：无论是示现种种的诸乘，还是照亮同一的乘，都是属于佛陀善巧方便智慧外化的工作。这说明善巧方便确为佛陀说法、立乘的内在依据。颂文中“示现种种的诸乘”和“照亮同一的乘”之间，用不变化词 ca 连接，用意是在表示佛陀示现“种种的诸乘”和照亮“同一的乘”之间存在辩证的关系：种种的诸乘就是同一的乘，而同一的乘也就是种种的诸乘；佛陀虽示现种种的诸乘，也就是在揭示同一的乘；佛陀在揭示同一的乘，也并不离开种种的诸乘。所以在“种种的诸乘”与“同一的乘”之间并不存在截然对立、矛盾的关系，也不是在种种的诸乘之外还有一个孤悬的同一的乘，是所谓的“一乘”。

第六节　法云、智顗本迹二门说的再审视：《法华经》中善巧方便概念思想之前后一贯

人们或将怀疑：或许，以《法华经》的《方便品》为中心，能够得出结论：善巧方便一系概念及其思想，确实是《法华经》的核心思想。不过《法华经》是初期大乘的一部较大篇幅的经典，是否善巧方便一系概念及其思想仅仅是《方便品》等相关诸品的思想，而未必可以解读为贯穿《法华经》全经的思想理念呢？

我们知道，在中国佛教《法华经》经典诠释学系统中，光宅法云对

---

① 《妙法莲华经》，《大正藏》第 9 册，No. 0262，第 7 页。

② 《正法华经》，《大正藏》第 9 册，No. 0263，第 70 页。

于《法华经》的诠释，在梁代以后中国的《法华经》诠释，乃至在中国佛教总体的经典诠释学中占据崇高的地位。法云尤其是将《法华经》正宗分的经文科判为“开三显一以明因”，“开近显远以明果”的分析方法，对其时代及后世的《法华经》诠释思想，产生了重要的影响。法云的说法是：

> 寻诸经宗旨要略有三：一者以因为宗，二者以果为宗，三者以因果为宗也。以何故者？如《胜鬘》《圆经》，单以因为宗，语万善之因，明同归之路，括五乘皆无异路。又有单果为宗者，即是大小两本，是故首称《涅槃》。涅槃之号，是极果总名，非是因地通目。今此《法花》，则以因果为宗，自《安乐》之前，开三显一以明因义；自《踊出》之后，开近显远以明果义。[①]

法云这里在讨论“宗”的问题上，认为佛教的经典，有单单以因为宗的，如《胜鬘经》《圆觉经》，都是单单以因为宗；有单单以果为宗的，如《涅槃经》，是单单以果为宗；有以因果为宗的，如这部《法华经》，就是以因果二者为宗。法云根据这样理解宗的模式，进而提出：《法华经》之《安乐行品》经文以前，都是“开三显一以明因义”；《地涌品》经文以后，则是“开近显远以明果义”。

我们知道中国佛教的经典诠释学，自东晋道安大师开始，正式建立序分、正宗分、流通分三分科判制度。[②] 法云的《法华经》注疏著作，从学术角度讲，是对道安所示佛教经典注疏学模式的发扬光大。如在《法华经义记》中，法云基于道安的科分构架，对于其“开三显一”“开近显远”的《法华经》经文诠释结构，做了极具创见的描述：

> 正宗中，有两段者：但此经只以因果为宗，是故第一，《方便品》以下，尽《安乐行品》，有十二品经，正开三显一以明因义，譬莲家之花也。第二，从《踊出品》以下，竟《分别功德品》中弥勒

---

① 《法华经义记》，《大正藏》第33册，No.1715，第574页中。

② 参考汤用彤《汉魏两晋南北朝佛教史》，中华书局1983年版，第417页。

说偈颂佛长行以来，凡有两品半经，名为开近显远以明果义，喻若花家之莲。前辨因义，后明果宗，然则因果双说，经之正体也。[①]

也就是说，法云提出：从《法华经》之第二品，即《方便品》开始，到《安乐行品》结束，共有12品经文，是“开三显一”；从《地涌品》到《分别功德品》弥勒说颂，共两品半经文，则是“开近显远”。

我们知道：无论根据南北朝以后中国佛教对《法华经》的研究，还是根据现代学界对这部经典的文献学研究，大家一般认为《法华经》的结集，可能有前后两个部分。因此，法云这一科判的精神，是十分理性的，是杰出的，它为后世佛教注疏家所继承。其中，尤其以天台智者大师（538—597年）为最，他不仅在《法华经》注疏实践中，系统演绎和发挥了法云所提出的科判方法，而且事实上是基于法云“开三显一”“开近显远”的理念，发扬并开创出被称为“本迹二门”的著名的佛教诠释学思想，及其佛教哲学思想。

如我们在智者大师所著《法华经文句》一开头，即读到：“师严道尊，鞠躬祇奉，如来一命，四方奔踊，故言《从地踊出品》。三世化导，惠利无疆，一月万影，孰能思量？召过以示现，弘经以益当，故言《从地踊出品》。虚空湛然无早无晚，或者执迹而暗其本，召昔示今，破近显远，故言《从地踊出品》。寂场少父、寂光老儿，示其药力，咸令得知，故言《从地踊出品》。文云‘是从何所来，以何因缘集’，今以诸义释品，显四悉檀因缘之解，故言《从地踊出品》。此下是大段第二，开师门之近迹，显佛地之远本。其文为三：一、从此下，至‘汝等自当因是得闻’，序段也；二、从‘尔时释迦告弥勒’下，至《分别功德品》弥勒说十九行偈，正说段也；三、从偈后下十一品半，流通段（云云）。”[②] 从天台智者大师这一段话的表述可以看出，他在这里的经文分析方法，是明确承接法云“开近显远”的说法而来；不过，他在具体科判上，并不同意法云仅以《地涌品》以下两品半经文为“开近显远”的意见，而是认为《地涌品》以下的经文，都是揭示“开近显远”的义理。因此，天台后学如

---

① 《法华经义记》，《大正藏》第33册，No. 1715，第575页上。

② 《妙法莲华经文句》，《大正藏》第34册，No. 1718，第124页下。

湛然，在祖述天台智𫖮的《法华玄义》时，就概括出了这样一个著名说法："本迹二门各十四品。"①

不管光宅法云之后，关于"本迹二门"的说法有什么不同，《法华经》后半部分中的《如来寿量品》，被认为是"本门"的中心一品，正如《法华经》前半部分中的《方便品》，被认为是"迹门"的中心一品，这个观点是《法华经》古今诠释者高度一致地予以认同的。我们前面的文字，已经根据《方便品》讨论了《法华经》的核心思想，那么这一讨论可以通过《法华经》后半部分经文，尤其是作为后半部分经文之核心的《如来寿量品》思想义理的检验吗？这是我们这一节要主要考虑的问题。下面我们就来看《如来寿量品》中的几个例证。

如我们在《如来寿量品》中可以读到这样的段落：

【梵本】

yāvanti mama kalpakoṭīnayutaśatasahasrāṇyanuttarāṁsamyaksaṁbodhimabhisaṁbuddhasya | yataḥprabhṛtyahaṁkulaputrā asyāṁsahāyāṁlokadhātau sattvānāṁdharmaṁ deśayāmi, anyeṣu ca lokadhātukoṭīnayutaśatasahasreṣu, ye ca mayā kulaputrā atrāntarā tathāgatā arhantaḥsamyaksaṁbuddhāḥparikīrtitā dīpaṁkaratathāgataprabhṛtayaḥ, teṣāṁca tathāgatānāmarhatāṁsamyaksaṁbuddhānāṁparinirvāṇāni, mayaiva tāni kulaputrā upāyakauśalyadharmadeśanābhinirhāranirmitāni | ②

【罗什】我成佛已来，复过于此百千万亿那由他阿僧祇劫。自从是来，我常在此娑婆世界说法教化，亦于余处百千万亿那由他阿僧祇国导利众生。诸善男子！于是中间，我说燃灯佛等，又复言其入于涅槃，如是皆以方便分别。③

【法护】吾逮无上正真道成最正觉已来，其劫之限，过于尔所尘数

---

① 《法华玄义释签》，《大正藏》第33册，No. 1717，第816页上。

② Dr. P. L. Vaidya校勘本，第190页。参见中亚本，第155页。参考《改订梵文法华经》，第270页。

③ 《妙法莲华经》，《大正藏》第9册，No. 0262，第42页中。

之劫。诸族姓子等，见吾于此忍界讲法，复在他方亿百千垓诸佛世界而示现，皆悉称吾为如来、至真、等正觉。锭光如来，以诸伴党若干之数而现灭度。诸族姓子，吾以善权方便，演说经典，现无央数种种瑞应。①

【新译】诸位善男子！我已经觉悟无上正等正觉百千亿那由他劫波了。诸位善男子！从此以后，我在此堪忍世界中，为诸众生说法；也在百千亿那由他其他的世界中，为诸众生说法。诸位善男子！这里，凡是在其中间我所称述的诸如来阿罗汉正等觉者，例如燃灯如来等等，以及这些如来阿罗汉正等觉者的诸多涅槃，诸位善男子！我是以善巧方便的说法、引导，幻现了这些。②

解说：这段话中佛陀告诉大家，他已经久远成佛，并且在诸多的世界中，分身无数。凡是在如此久远的时间及广大无垠的空间中，他弘法度众所谈到的燃灯古佛等诸佛，以及他们的涅槃，都是为了完成佛陀自己善巧方便的说法、弘法的使命而化现出来的。这段话中，“善巧方便”转为形容词，用来修饰“说法、引导”，说明这里的“说法、引导”具有善巧方便的性质，即具有依据善巧方便智及导向佛陀证法、佛智菩提的性质。所以这段话说明：在久远的时间及广阔的空间中，佛陀都同样依据善巧方便在弘法度众，正如他在娑婆世界以释迦牟尼形式出现时，所为所作的一样。

在这一品接下来的经文中，我们看到这样一段话：

【梵本】

api tu khalu punaḥkulaputrāḥ, tathāgata āgatāgatānāṁsattvānāmi-ndriyavīryavaimātratāṁvyavalokya tasmiṁstasminnātmano nāma vyāharati | tasmiṁstasmiṁścātmanaḥparinirvāṇaṁvyāharati, tathā tathā ca sattvān pari-toṣayati nānāvidhairdharmaparyāyaiḥ | ③

---

① 《正法华经》,《大正藏》第9册，No. 0263，第113页中。

② 河口慧海：《河口慧海著作集》第八卷《法华经》卷下，世界文库刊行会，第3—4页以下简称《河口慧海》；见Kern本，第300页。

③ Dr. P. L. Vaidya校勘本，第190页。参见中亚本，第155页。参考《改订梵文法华经》，第270页。

【罗什】诸善男子！若有众生来至我所，我以佛眼，观其信等诸根利钝，随所应度，处处自说，名字不同、年纪大小，亦复现言当入涅槃，又以种种方便说微妙法，能令众生发欢喜心。[①]

【法护】又如来悉知一切群萌，往来进止诸原根本，悉观其心而随示现，各为名号，亦不灭度而说泥洹，顺诸众生瑕秽善恶，则为解演若干种法。[②]

【新译】再者，诸位善男子！如来了解前来的众生们的根性及努力程度之差异性，对于每一个人都说出他们自己的名字；对于每一个人都说出他们自己的涅槃。他总是这样，用各种种类的法门，让众生心生欢喜。[③]

解说：这段话是说，如来了解众生的根性及后天条件的不同，对于前来的众生，总是设法鼓励他们，使其欢喜满足。罗什译文中有“以种种方便”这样一个表达方式，其中含有“方便”，法护译文未见。勘对梵本，此处同法护的翻译。不过，一则因为此段文字本来紧接着上一段佛以善巧方便说过往诸佛事的逻辑而来，而且此段中，有考虑众生根性及“用种种法门”两个意思，而这两个意思，恰恰都是善巧方便的重要特征。再者，善巧方便智慧还有另外一个工作机理，是对一般凡庸众生多所鼓励。所有这些特征，本段话中皆具备。所以，罗什这段译文是意译，他添加了作为专业术语的“方便”一词，在这里是合乎逻辑的经文解读。当然，我们也完全可以这样理解：此处罗什是把“各种种类的法门”理解为“种种方便”了。

再看紧接着的下面这段经文：

【梵本】

tatra kulaputrāstathāgato nānādhimuktānāṁsattvānāmalpakuśalamūlānāṁbahūpakleśānāmevaṁvadati – daharo'hamasmi bhikṣavo jātyābhiniṣkrāntaḥ। acirābhisaṁ buddho'smi bhikṣavo' nuttarāṁ samyaksaṁ bodhim। yatkhalu punaḥkulaputrāḥ, tathāgata evaṁcirābhisaṁbuddha evaṁvyāharati –

---

① 《妙法莲华经》，《大正藏》第9册，No. 0262，第42页中。

② 《正法华经》，《大正藏》第9册，No. 0263，第113页下。

③ 《河口慧海》卷下，第4页；Kern本，第300页。

acirābhisaṁbuddho′ hamasmīti, nānyatra sattvānāṁparipācanārtham | avatāraṇārthamete dharmaparyāyā bhāṣitāḥ | sarve ca te kulaputrā dharmaparyāyāstathāgatena sattvānāṁvinayārthāya bhāṣitāḥ | ①

【罗什】诸善男子！如来见诸众生乐于小法、德薄垢重者，为是人说：我少出家，得阿耨多罗三藐三菩提。然我实成佛已来久远若斯，但以方便，教化众生，令入佛道，作如是说。②

【法护】诸族姓子，见无数品心性各异，所行不同德本浅薄，多所坏破而不信乐，故为说言，告诸比丘：这度终始方今出家，成平等觉从来未久，甫乃逮得无上正真道，成最正觉。③

【新译】诸位善男子！在这里，对于善根微弱而杂染众多的种种信解的众生们，如来这样说：诸位比丘！我年龄很小，生下来就出家。诸位比丘！我才觉悟无上正等正觉不久。诸位善男子！如来已经觉悟如此之久，却这样说："我才觉悟不久"，这样说不为别的，只是为了成熟众生。为了大家领悟，他说了这些法门。诸位善男子！如来是为了调伏众生，才说所有这些法门的。④

解说：这段经文是说，对于根性平庸的众生，如来并不说自己久远成佛，而是说自己刚刚觉悟不久。这是为了调伏众生。勘对梵本，此段文字中也同样没有出现"善巧方便"这个词，但是罗什的译文中有"但以方便，教化众生"的说法。法护的译文，同梵本所传。根据梵本我们知道：这段话是顺承上面的一段，远承含有"善巧方便"概念名词的一段，三段文义一脉相承，都是讲久远成佛的如来，如何以善巧方便，为诸众生说法。所以，罗什这一段的译法还是意译，添加"方便"一词是可行的。

诸如此类，举一反三。《寿量品》中的经文，即便没有提到"善巧方便"，但是无论从文字语义或者思想逻辑的意义讲，大部分都可以视为在讲

① Dr. P. L. Vaidya 校勘本，第 190 页。参见中亚本，第 155 页。参考《改订梵文法华经》，第 270 页。

② 《妙法莲华经》，《大正藏》第 9 册，No. 0262，第 42 页中。

③ 《正法华经》，《大正藏》第 9 册，No. 0263，第 113 页下。

④ 《河口慧海》卷下，第 4 页；Kern 本，第 301 页。

佛陀的善巧方便——不是释迦如来的善巧方便，而是久远成佛、十方分身的如来的善巧方便。下面我们再举两个原文中涵有“善巧方便”的句子。

【梵本】

tataḥkulaputrāḥtathāgataḥupāyakauśalyena teṣāṁsattvānāṁdurlabhaprādurbhāvo bhikṣavastathāgata iti vācaṁvyāharati sma । tatkasya hetoḥ? tathā hi teṣāṁsattvānāṁbahubhiḥkalpakoṭīnayutaśatasahasrairapi tathā-gatadarśanaṁbhavati vā na vā । tataḥkhalvahaṁkulaputrāstadārambaṇaṁkṛtvaivaṁvadāmi – durlabhaprādurbhāvā hi bhikṣavastathāgatā iti । ①

【罗什】是故如来以方便说：“比丘当知！诸佛出世，难可值遇。”所以者何？诸薄德人，过无量百千万亿劫，或有见佛，或不见者，以此事故，我作是言：“诸比丘！如来难可得见。”②

【法护】如来善权，告诸比丘：勤苦作行，乃得佛道，诚谛不虚。以诸众生从无央数亿百千垓，乃见如来，以其匆匆，所作不当故，恇汲恇汲，无宁息故，言法难值、如来难遇。③

【新译】因此，诸位善男子！如来根据善巧方便，对这些众生说：“诸位比丘！如来难以获得，难以出现。”为什么呢？因为，这些众生在百千俱祇那由他劫波中，或者才见到如来，或者不曾见到如来。因而，诸位善男子！我这样考虑后，才这样说：“诸位比丘！如来难以获得、难以出现。”④

解说：这一段话意思是说：佛陀虽然早成佛道，住世久远，但常常倡言“如来难以获得、难以出现”的说法，这样的说法是根据善巧方便而说，目的是激发众生对于如来的渴求之心，为其作得度的因缘。汉译中法护译善巧方便为“善权”，罗什译为“方便”。

另一段文字：

---

① Dr. P. L. Vaidya 校勘本，第 191 页。参见中亚本，第 156 页。参考《改订梵文法华经》，第 272 页。

② 《妙法莲华经》，《大正藏》第 9 册，No. 0262，第 42 页下。

③ 《正法华经》，《大正藏》第 9 册，No. 0263，第 113 页下。

④ 《河口慧海》卷下，第 6 页；Kern 本，第 303 页。

【梵本】

tatkiṁmanyadhve kulaputrā mā haiva tasya vaidyasya tadupāyakauśalyaṁkurvataḥkaścinmṛṣāvādena saṁcodayet? āhuḥ – no hīdaṁbhagavan, no hīdaṁsugata | āha – evameva kulaputrāḥahamapyaprameyāsaṁkhyeyakalpakoṭīnayutaśatasahasrābhisaṁ buddha imam anuttarāṁ samyaksaṁ bodhim | api tu khalu punaḥkulaputrāḥahamantarāntaramevaṁrūpāṇyupāyakauśalyāni sattvānāmupadarśayāmi vinayārtham | na ca me kaścidatra sthāne mṛṣāvādo bhavati ‖ ①

【罗什】佛言：我亦如是，成佛已来、无量无边百千万亿那由他阿僧祇劫，为众生故，以方便力，言当灭度，亦无有能如法说我虚妄过者。②

【法护】佛见如是，复还出世，一切众生皆是吾子，诸族姓子，如来行权，非徒虚妄。③

【新译】诸位善男子！你们心里怎么想呢？呜呼！对于这个安排此种善巧方便的医师，有人可以以说谎来谴责他吗？大众回答：薄伽梵！没有这回事；善逝！没有这回事！佛陀说：正是同样，诸位善男子！我虽然已经觉悟这个无上的正等菩提无量无数百千亿那由他劫波了，可是，诸位善男子！我在所有这期间，都在示现如此这般的诸多善巧方便，以便调伏众生。根据这种情况，对我而言不存在任何谎言。④

解说：上面这段话是《寿量品》长行文字结束处，对于经中著名的医师譬喻作出的解说。佛陀就如经中譬喻故事的那位良医，不得不以宣告自己死亡的方式，来激发因为吸食毒物而失去本心的爱子，让他们在震撼当中得以恢复心智；同样，佛陀在无量、无数百千万俱祇那由他劫波中，

① Dr. P. L. Vaidya 校勘本，第 192 页。中亚本这段文字已经残损。参考《改订梵文法华经》，第 274—275 页。

② 《妙法莲华经》，《大正藏》第 9 册，No. 0262，第 43 页中。

③ 《正法华经》，《大正藏》第 9 册，No. 0263，第 114 页中。

④ 《河口慧海》卷下，第 9 页；Kern 本，第 303 页。

其实早已觉证无上正等觉，可是他到处都在给众生示现如此这般的诸多善巧方便，以便调伏众生。在这样的情况下，佛陀这里就不存在虚妄之语。这段话凸显了佛陀为了救度为五欲六尘所迷醉失去心智的众生，不得不使用诸多善巧方便来加以教化的合理性及必要性。汉译中法护把善巧方便译为“权”，罗什译为“方便力”。

根据以上简要的考察就可以看出：作为《法华经》所谓“本门”的核心一品《如来寿量品》，同样是以善巧方便一系概念及思想作为释迦如来久远以来在娑婆世界及其他世界救度众生、说法施教的根据。所以无论是《法华经》的“本门”，还是“迹门”，都以善巧方便这一思想理念作为其核心的及一贯的重要思想理念。这也是《法华经》经典结集的内在义理依据，尽管过去的研究与阐释对于这一内在思想依据的阐释并不充分。

第七节　大乘方便五经：善巧方便概念及其思想的系统建构

本书所谓的“大乘方便五经”，是指在初期大乘佛教经典集结及思想开展史上对于善巧方便概念及其思想的诠释具有重要理论意义，且在大乘佛教思想史上具有重大学术思想影响的经典，也就是指《般若经》《法华经》《维摩经》《十地经》《善巧方便波罗蜜多经》这五部经典。

笔者的基本看法如下：在初期大乘经典结集及大乘佛教思想建构过程中，存在以下三个方面最重要的思想动向：一是在《阿含》经典中已经存在的菩萨六度学说中的第六度即般若波罗蜜多，被从诸度中单列出来升格成为“佛母”般若；一是在原始佛教中作为教学法意义上的概念的善巧方便，逐渐与诸种波罗蜜多并列，并因而升格为表示菩萨学修德目的第七度——善巧方便波罗蜜多；一是般若及善巧方便这两个特殊的菩萨德目之间平等并举、相辅相成的关系，将被予以高度的认识和定型化。笔者认为以上即为初期大乘佛教思想的三个重要动向，而这三个重要动向的本质都与此阶段佛教对其“智慧”之本质的理性的自我反省有关，而这种理性反省，尤其与初期大乘对于佛陀本怀的诠释性理解，及大乘佛教对于实现佛道、救度众生的伟大使命的理论建构关联在一起。

以上我们提到的五部大乘经典在反映及体现上述大乘佛教思想动向方

面，具有特殊重大的意义，所以我们称之为“大乘方便五经”。

首先，《般若经》。如我们所知，《八千颂般若》不仅提出佛母般若的概念①，而且多次以般若与善巧方便两个概念并列并举，并提出般若、善巧方便如鸟之两翼的精巧譬喻，说明般若、善巧方便乃是菩萨之两翼，两翼健全之菩萨，可以达到佛地，成就最高最圆满的觉悟，实现自度度他的理想，而两翼不健全的菩萨——所谓两翼不健全，是指两翼未生，毁损，或者二者的能力不够平衡——则只能坠落到声闻地或独觉地当中，不能实现伟大的菩萨道理想。《般若经》这个譬喻极为形象地表达出要将般若与善巧方便平等并举的思想，这是大乘经典第一次正题地高度地展现善巧方便的巨大作用，在佛教哲学或佛教智慧学发展史上具有重大意义。与般若平衡地彰显的善巧方便同般若一样是菩萨的重要品德，而此二种菩萨品德之平衡彰显，辩证开发，则是确保菩萨实现救度众生及圆满觉悟的伟大理想要具备的智慧方面的必要条件。

其次，《法华经》。正如前文的考察所示：《法华经》的核心思想体现在《方便品》，而《方便品》的核心思想，则集中于对善巧方便一系概念及其思想的阐发。如果说《般若经》的思想以般若概念为核心，同时兼及善巧方便概念之重要性，那么《法华经》的核心思想则是全力以赴以善巧方便概念为中心而展开。《法华经》与一般的佛教经典及大乘佛教经典最大的不同，表现在一般的佛教经典及大乘佛教经典所关切的无非是佛菩萨圣贤的“说法”——佛菩萨圣贤说了什么具体的教法，而《法华经》所关切的则是佛菩萨圣贤何以说法，及其说法的目的为何——这也就是佛菩萨圣贤“说法”的“依据”及“目标”之问题。

根据《法华经》的揭橥，佛菩萨圣贤“说法”的内在依据，即是

① 如《八千颂般若》Vaidya 本第七品：svalakṣ aṇaśūnyatāmupādāya mātā bhagavan bodhisattvānāṁ mahāsattvānāṁ prajñāpāramitā ।（《八千颂般若》Vaidya 本，第 87 页）；《八千颂般若》Vaidya 本第 12 品：evaṁ hi subhūte tathāgatā arhantaḥ samyaksaṁ buddhā enāṁ prajñāpāramitāṁ kelāyanti mamāyanti gopāyanti । tatkasya hetoḥ ？eṣ ā hi mātā janayitrī tathāgatānāmarhatāṁ samyaksaṁ buddhānām ।（《八千颂般若》Vaidya 本，第 125 页）；《八千颂般若》Vaidya 本第 28 品：tatkasya hetoḥ ？uktametadānanda tathāgatena – prajñāpāramitā atītānāgatapratyutpannānāṁ tathāgatānāmarhatāṁ samyaksaṁ buddhānāṁ mātā jananī janayitrī sarvajñatāyāāhāriketi ।（《八千颂般若》Vaidya 本，第 228 页）

经中称为最高（或最后）波罗蜜多的“善巧方便”，这个最高（或最后）波罗蜜多，被认为是“伟大的波罗蜜多”；而佛菩萨圣贤“说法”的“目标”，则是引导一切众生达到佛陀的觉悟：佛陀所证悟及实现的最高境界的佛智或“菩提”。为了这一伟大的“目标”，佛菩萨圣贤依据内在的善巧方便智慧，考虑到众生不同的及差异的根性，建立种种的教法，实行种种的乘，实施种种针对性的救度。而就说法的形式而言，复有针对不成熟根性众生的“随宜说”，及针对成熟根性众生的“显了说”，由此经典中也重点展开了所谓三乘一乘问题的辩证。总而言之善巧方便一系概念及其思想是《法华经》的核心思想，对于佛菩萨圣贤说法根据、目标、方式问题的系统的理论的反省，则是这部经典的特殊意义所在。《法华经》通过对于善巧方便一系概念及其思想的深入反省，不仅使得教法依据、佛陀本怀等佛教重大理论问题的省思获得清晰的阐明，也从其所关注的独特角度，把《般若经》所开启的佛教智慧学思想模式朝成熟之境大大推进了一步。

其三，《维摩经》。自古以来《维摩经》被看成是一部附属于《般若经》的经典，这样的看法虽然揭示了《维摩经》思想与般若思想之间确实存在的密切的联系，不过对于《维摩经》自身思想之特点及其真正独具之佛学价值，则不免有所委屈。事实上，《维摩经》的核心思想，可以由该经下面这个颂文标示出来：

> prajñāpāramitā mātā bodhisatvāna māriṣa ǀ
> pitā copāyakauśalyaṃ yato jāyanti nāyakāḥ ǁ ①

> 【支谦】母智度无极，父为权方便；
> 菩萨由是生，得佛一切见。②

---

① 大正大学综合佛教研究所：《梵文维摩经》，梵语佛典研究会 2006 年版，第 79 页。以下简称《梵文维摩经》。

② 《佛说维摩诘经》，《大正藏》第 14 册，No. 0474，第 529 页下。

【罗什】智度菩萨母，方便以为父；
一切众导师，无不由是生。①
【玄奘】慧度菩萨母，善方便为父；
世间真导师，无不由此生。②
【新译】朋友们！般若波罗蜜多是诸菩萨母，善巧方便是诸菩萨父，导师们由此二者出生。

我们认为：《维摩经》中的这个颂文，非常清楚地以般若为佛菩萨母、以善巧方便为佛菩萨父，代表了初期大乘佛教一个十分重要的思想传统，这就是初期大乘思想中般若波罗蜜多与善巧方便并举并重的重要思想传统。同时从思想逻辑上看，《维摩经》中这个般若母、方便父的譬喻，恰好可以看成是对《般若经》的佛母般若理念及《法华经》所特别重视的善巧方便理念所做的一次辩证性思想整合。《维摩经》这个颂文的著名譬喻及在这个譬喻中表达的思想理念，使得作为菩萨学修德目的善巧方便与般若波罗蜜多不相上下的重要性，以及这二者之间平衡、协调、配合、互动的关系，都颇为清晰地呈现了出来。

第四，《十地经》。根据有些学者的研究，《十地经》可能早在大本《华严经》结集之前，即已作为单本在流行。③ 所以这部经典中的思想理念，对于《华严经》这部大乘著名经典的思想特色，可以说具有一定的奠基性意义。《十地经》在中国唐代以前已有数次翻译：早期有西晋竺法护的译本（《渐备一切智德经》，西晋竺法护译，297 年，《大正藏》第 10 册）；次有鸠摩罗什的译本（《十住经》，姚秦鸠摩罗什译，402—404 年，

① 《维摩诘所说经》，《大正藏》第 14 册，No. 0475，第 549 页中。
② 《说无垢称经》，《大正藏》第 14 册，No. 0476，第 576 页上。
③ 平川彰："《华严经》并非一开始就集成这么大部的经典。《大智度论》中引用了《十地经》和《不可思议解脱经》（《如法界品》），这两经理应该早就独立流行。还有之前的经典中，有支娄迦谶译的《兜沙经》，这是《华严经》《名号品》、《光明觉品》等的原型。此外支谦译的《菩萨本业经》，与以《华严经·净行品》为中心的数品有关。《十地经》也是自古即存在，《首楞严经》等都有提到'十地'，《十地经》本身便是竺法护所译的《渐备一切智德经》，所以可能先有这些单经存在，然后才编纂成大部的《华严经》。《十地经》及《菩萨本业经》《兜沙经》等的成立，可以说都很早。"参考平川彰《印度佛教史》第三章《初期大乘佛教》，显如法师、李凤媚、庄昆木译，贵州大学出版社 2013 年版，第 153 页。

《大正藏》第10册），罗什并且译出该经的注疏书《十住毗婆沙论》（龙树著，姚秦鸠摩罗什译）；此后，北魏时期菩提流支等亦译出世亲所著解释这部经的论书《十地经论》（508—511年，《大正藏》第26册），同时中国佛教界掀起研究菩萨修行次第思想（地论）的高潮。

《十地经》中一个非常有特色的思想，是它把表示菩萨修行次第的十地思想与表示菩萨学修品德的十种波罗蜜多结合起来，认为从菩萨初地开始，第一种波罗蜜多即布施波罗蜜多得以充分彰显，由此往后，直至菩萨第十地，第十种波罗蜜多得以充分彰显。按照这一论述构架，般若波罗蜜多在菩萨地之第六地充分彰显出来（汉译："彼于十种波罗蜜多慧到彼岸而得增上，余到彼岸随力随分，非不修行"[①]；梵本：tasya daśabhyaḥpāramitābhyaḥprajñāpāramitā atiriktatamā bhavati，na ca pariśeṣā na samudāgacchati yathābalaṁyathābhajamānam ｜[②]新译：在此菩萨那里，十种波罗蜜多中，般若波罗蜜多成为最有支配性的，然而并非其余不随力随分而起作用）。善巧方便波罗蜜多则在菩萨地之第七地得以充分彰显（汉译："彼于十种波罗蜜多，方便善巧波罗蜜多以为增上，余到彼岸随力随分，非不修行"[③]；梵本：tasya daśabhyaḥpāramitābhya upāyakauśalyapāramitā atiriktatamā bhavati，na ca pariśeṣā na samudāgacchati yathābalaṁyathābhajamānam ｜[④]新译：在此菩萨那里，十种波罗蜜多中，善巧方便波罗蜜多成为最有支配性的，并非其余的不随力、随分而起作用）。《十地经》的论述从修行次第的角度因而也即从实践的角度完善了菩萨十种波罗蜜多学说，使得对于菩萨道这二种重要智慧品德的修学培养，在实际操作上有了切实的保障。由《般若经》所开启的大乘佛教的智慧学思想模式，至此已不仅是理论形态

① 大唐于阗三藏尸罗达摩于北庭龙兴寺译：《佛说十地经》，《大正藏》第10册，No. 0287，第554页中。

② Daśabhūmīāvaro Nāma Mahāyānasūtra, *The Memorial Publication of Two Thousand Five Hundredth Birthday of Gautama The Buddha*, revised and edited by rtūko kondo, Rinsen Book Co., 1983, p. 105.

③ 大唐于阗三藏尸罗达摩于北庭龙兴寺译：《佛说十地经》，《大正藏》第10册，No. 0287，第557页中。

④ Daśabhūmīāvaro Nāma Mahāyānasūtra, *The Memorial Publication of Two Thousand Five Hundredth Birthday of Gautama The Buddha*, revised and edited by ryūko kondo, Rinsen Book Co., 1983, p. 125.

的智慧学思想模式，而且是实践形态的可操作、可保障的智慧学思想模式。这一点正是我们将属于《华严》系统的古老大乘经典《十地经》视为“大乘方便五经”之一的一个主要理由。

最后，《善巧方便波蜜多经》。此经也是最早结集流行的一部重要大乘经典，后来被收入《宝积经》中，成为其中一部分。此经应该是最早、最自觉、最明确地以善巧方便概念为中心，系统建构菩萨品德及佛陀品德的经典。本书前面已有专章分析，此处不再赘述。以上五部经典不仅都是最早期阶段的重要大乘经典，也是我们所说的旨在探讨佛教智慧学思想模式的“大乘方便五经”。这五部最早期阶段的大乘经典不约而同地从不同角度对于善巧方便一系概念及其思想加以深切关注，说明了一个事实：初期大乘经典中体现的佛学思想是大乘佛教哲学理念正在建构的阶段，而在这一阶段，大乘经典结集者显然更加深刻地意识到大乘思想的建构，必须重视大乘的智慧学，而大乘智慧学的良性、合理的证成，则应当重视般若、方便之平衡开发及辩证彰显。而在上述五部以善巧方便一系概念及其思想为重心的大乘经典中，《法华经》显然又占据最为核心的地位。这是因为《法华经》是真正专题地及全面地审视善巧方便一系概念及其思想的经典，是真正对佛菩萨圣贤“说法”之依据、目标、方法等重大佛教理论问题展开充分自觉的理论反省的经典。所以我们认为《法华经》的核心思想乃是善巧方便思想，《法华经》最卓越的佛学贡献，不在于它具体建构了何种新鲜的佛说，而在于它一劳永逸地为佛教找到了教法建构的智慧依据，真正的佛陀本怀，以及在特定时空中展开具体救度实践的方式方法。所以，笔者个人认为《法华经》对于善巧方便这一菩萨德目的重大意义价值及其特征特质的理解及规范，对于中国佛教、佛教乃至当代佛教的开展确实具有重大的理论启迪及参照意义。

第八节　当代佛教义学思想建构如何可能——从《法华经》的善巧方便思想视角审视

当代佛教义学的思想建构，是指在当代中国佛教的理论展开及实践进程中所提炼出来的佛教思想理念的义理系统。百年以来的中国佛教可谓佛教的转型发展期，目前这一转型发展期已经逐步进入思想理念义理系统的构造阶段。这是一个自然的进程，可以说佛教的转型发展已经度过其被动阶段，进入主动阶段，而伴随这一过程的，则是佛教义学思维的自觉。应该说这是一个可喜可贺的现象。

由于目前有关佛教义学问题的思考比较复杂，这里仅以最近中国社会科学院世界宗教研究所研究员周贵华先生的一些讨论为例，试做观察。周氏最近提出“佛教义学”之概念，并撰有《中国佛教义学的过去与现在》及《现代佛教义学的几个方面》（上）等论文，对其说之基本涵义、基本思想，予以系统证成、建立，读之觉得可喜可贺，备受鼓舞与启发。

如周贵华文中定义“佛教义学”之概念如下：

> 佛教义学，乃立足于佛教本位而解诠佛教之学，包括各种侧面、层次以及方式，其开展，可称佛教义学活动，又可称广义的佛教义学研究。①

从这个定义可以看出：周贵华所谓“佛教义学”之最为本质的要求，乃在于“佛教本位”——以佛教思想、信仰、文化作为价值中心的要求。从现代佛教学术的角度言，这可以说是一个相当“严苛”的要求。不过周贵华的这个定义同时注意到在作为“佛教义学”之体现的佛教“活动”中所包含的理论与实践的统一，学术与修证的统一，因此又可谓是一个相当宽泛及具有一定包容色彩的界定。这个“佛教义学”的概念在规定上注意到严格性与包容性的辩证关系，因此目前是此议题一个比较科学的界定。

周贵华之所以倡言“佛教义学”，是因其痛感到“佛教义学”之传统在中国已经彻底衰微，而造成衰微之原因，主要缘于内在、外在的二重因素。这里内在的原因当然是由于“中国佛教整体走向衰颓”的历史宿命。此义如他文中所论：

> 在进入现代之前，佛教义学传统已经衰落。唐会昌灭佛后，教门

---

① 周贵华：《中国佛教义学的过去与现在》，《西南民族大学学报》2014 年第 10 期，第 80 页。

如天台、华严、唯识宗典籍散佚，以它们为主体的佛教义学研究几乎消歇。禅宗以及净土宗的盛行，使中国佛教义学传统复兴的前景变得愈加暗淡。事实上，此后中国传统佛教义学研究以五代末宋初永明延寿的《宗镜录》为标志走向终结，后来的几次短暂的复兴实际是名不副实的。佛教义学的进一步没落，也反映了中国佛教整体走向衰颓。传统意义上的精英佛教代表的向上一路消失，而俗化的民间信仰主宰了佛教的运势，祈福、求子、求来生的经忏佛教兴起，令佛教庸俗化、迷信化，太虚大师批评为“死化”、“鬼化”，所谓“死鬼”佛教。佛教从智慧趣求转为蒙昧性质，而且厌离、逃避社会而“自贬”、“自隔离”，即自我边缘化为消极的社会存在。①

所谓外在的原因，在周贵华文中主要是指现代佛教学术研究的兴起。如他下面的看法：

在现代，在西方文化及学术研究的浪潮中，中国佛教研究通过日本佛教学术界的引导，大多转向学术研究。佛教学术研究以科学、人本与逻辑主义为指导，宣称诉诸于客观、中立、公正、公共等等标准，构成一种外在于佛教性质的研究，即外在的佛教研究，很快发达起来，占据佛教学问的主流，结果，基于佛教本位的佛教义学研究就无法保持自己的规范、标准。换言之，佛教义学研究在现今的学术规范下，难以获得一席之地，其空间不说被彻底但至少被大大压缩了。②

周先生的以上看法，笔者均表示认同。尤其是他特别指出要建立“佛教义学”，积极推动“佛教义学”事业，认为现今“佛教义学”开展的一个重大瓶颈，乃是在于开展者们自身缺乏开展的自信，没有信心打破“自说自话”的紧箍咒，而被接纳入公共学问空间。所以他大声疾呼：

---

① 周贵华：《中国佛教义学的过去与现在》，《西南民族大学学报》2014 年第 10 期，第 83 页。

② 同上。

“按照佛教本位，一切众生都有佛性，即内在皆本具善根，这样，佛教义学摄现今学术研究的一些方法与资源，又基于佛教本位而能与众生善根构成相应，反倒是最具有普世性的学问，完全可以与佛教学术研究共存，甚至并驾齐驱。”看到周贵华从“一切众生皆有佛性”的传统佛学原理乐观而积极地导出“佛教义学”与“现今学术研究”兼容相摄之可能性，在佛教思想与信仰久已不在场之现实人生主流生活的大陆社会，这样的声音真可谓振聋发聩之音，足以兴起吾辈同志的意趣。作为一位老友，一位有着大体相似的学术经历与思想追求的佛教学者，笔者对周先生上述思想应当表达真诚的随喜，对他多年以来孜孜不倦克服各种困难试图创立“完整佛教思想”，以便建立系统的及规范的“佛教义学”的宏伟理想及雄心抱负，更是需要表达敬意！

笔者注意到周贵华近年来的著作文章，颇关注近现代中国佛教思想、信仰的复兴与开展，在其上述文章中，他也积极评述了太虚、欧阳竟无、印顺等人的佛教活动，并把他们的有关思想视为近现代“佛教义学”的重要思想资源。笔者对于周贵华的上述看法除表示赞叹之外，也希望补充说明：对于“佛教义学”的建构，除了要切实关注从杨文会以来近现代佛教学者种种有价值的理论建树以外，更需要高度地关注本质上继承了近现代中国佛教的革新思想传统，以契理契机的智慧规范大力复活及活化了佛教思想、信仰之基本精神的现当代人间佛教的理论与实践，尤其是20世纪下半期在台湾特殊人文社会环境下所展开的现代人间佛教的理论与实践。笔者在近些年对作为20世纪下半期最卓越的人间佛教理论家及实践家的星云大师及佛光山模式的人间佛教，做过一些深度分析与研究，① 笔者相信包括星云大师在内的这些现当代人间佛教行者的心灵智慧及其弘法成果，是20世纪至21世纪之初中国佛教积累的最为宝贵的正资产，因而也是当代佛教义学建构者应当予以高度关注的。

“佛教义学”的盛衰，从长的历史时段看，当然与佛教自身的盛衰无法分开。关于宋元明清以来中国佛教愈来愈趋向衰微的态势，这已是佛教史家的共识，问题是在探讨这一衰微态势的成因时，学者们会表现出不同的思考方向。有些学者主张从中国社会政治对于佛教的压制性优势来解释

① 程恭让：《星云大师人间佛教思想研究》，台湾佛光文化有限公司2015年版。

中国佛教的式微；有些学者则诉诸中国佛教的某些学理偏差，认为佛学思想上的原因才是造成中国佛教由盛而衰的主因。可是如果我们从一个更加长远的佛教史眼光来审视从印度到中国的佛教，我们就必须承认一个基本的历史事实：当大乘佛教逐步在中国社会生根开花的时候，在印度本土的佛教思想与信仰则几乎同时性地走向了不可抗拒的消退与没落。这样一个简单的历史事实，启发了笔者的一个想法：单纯责备中国的社会政治环境及佛学思想上某些诠释性的偏差对于中国佛教的不良影响，与不加简别地赞叹佛教“中国化”种种辉煌成就的学者们的主张，其实是同样有失偏颇的。

所以，笔者认为今日中国“佛教义学”的建构，不仅需要深层次地思考何为“佛教义学”的问题，也要深层次地思考“佛教义学”何以可能的问题。而如果我们专注思考“佛教义学”何以可能的问题，则毫无疑问我们需要更加审慎、更加科学、更加客观及更加系统地清理历史上的佛教及历史上的“佛教义学”的种种资源。以个人的研究经验而言，笔者认为这其中一个重要的关键，是须跳脱佛教思想史上由于知解的过度运用及宗派思维的过度强盛导致的诸多思维窠臼，让吾人的心灵能够直接面对保存在诸多伟大佛教经典中的原初性的佛教智慧。这也是笔者近年来重视根据佛教经典的客观研究倡言善巧方便一系概念及其思想价值的重要理由所在。“佛教义学”基本上属于佛教的哲学工作的范围，而佛教的哲学工作和活动，顾名思义主要针对及处理的乃是佛教的智慧学。笔者近年针对诸多大乘经典的解读，发现早期大乘经典对于佛教的智慧学其实拥有一个十分完整而系统的理论认识，那就是笔者在最近的著作中称为般若与善巧方便不一不二，不即不离，平等并举，相辅相成的佛教智慧模式，也是本书中所谓般若波罗蜜多与善巧方便平衡开发、辩证彰显的核心的佛教智慧学思想模式。

在最早期的般若经典如《八千颂般若》中，已经具备对于佛教智慧学此种“菩萨之二翼”的清醒意识，在《法华经》中方便一系概念及思想的升格化、系统化得以完成，而经过《维摩经》以般若母、方便父之方式，正式确定般若、方便二者之平衡彰显的辩证关系，建立佛教智慧学之正轨，同时经过《十地经》将此智慧学之模型从实践的角度予以次第化，于是最终成就佛教智慧学理论建构与实践操作的双重落实。笔者曾经指出：般若、方便二种智德不即不离，不一不二，平等并举，相辅相成，本为大乘思想之真正的智慧基础、理论基础，为佛陀教法之真正的智慧基础、理论基础，也是现代人间佛教真正的智慧基础、理论基础，于此二智若能不偏不倚，圆满成就，则真理得以实证，解脱得以实现，而救度众生、弘扬佛法的功德，亦有成就的可能。[①] 可是，从宏观的历史视野来审视，我们将会发现在初期大乘佛教经典之后，佛教思想的研究者一般较多偏向往般若智慧上发展发挥，而于善巧方便一系概念及其思想的性质及功能，则要么看轻，要么看错。一言以蔽之：初期大乘经典，依据本书所谓大乘方便五经中保存的“圣言量”，强调、重视佛菩萨圣贤之般若、方便二种智慧品德的辩证开发、平衡彰显，而后世佛教思想理念的发展则不免有“强于般若”而“弱于方便”之趋势，若是身为一位关乎救度使命的佛教弘化者，却不幸缺乏善巧方便之智慧修养，则其将如何度生？如何救世？如何契理契机地建立为时代所需要的教法？所有这些都将会是无法完成的任务。

所以笔者赞同包括周贵华先生在内的现在一些学者试图宣示建立与推动“佛教义学”的抱负、立场，但是也认为当代佛教义学思想建构的努力，本身尚普遍缺少对于“佛教义学建构可能性”问题的理论反思。本书通过对《法华经》教法思想所做的反思性研究，就是希望能为当代佛教义学思想建构何以可能的问题，提供一个基于大乘经典智慧学解读与理解的新的研究视角。我们认为如果不能恰当地理解历史上佛教义学建构的智慧基础，那么所谓的佛教义学思想的建构，将是既缺乏理论自觉，又缺乏现实实践意义的。我们的用意是要说明《法华经》所揭橥的教法思想的特色：那就是对于一切佛教教法成为佛教教法的依据、目标、方法的理性反省，而这种反省同时即是对“佛陀本怀”问题的一种回顾。这其实是佛陀之教的原初的智慧学，是大乘佛教根源性的智慧学，是佛教在世间的开展必须遵循的基本准则，也是今后人间佛教的继续成长必须深切予以留意的一个根本问题。笔者希望这一无论对于理解佛教智慧的结构抑或对于理解佛教学理的基础都具有基源重要性的《法华经》智慧思想模式，能够对我们今天尝试和论证佛教义学概念及其可能性议题有所参考与启迪。

---

① 程恭让：《星云大师人间佛教思想研究》，佛光文化事业有限公司 2015 年版，第 764 页。

第四章 《法华经》善巧方便概念及思想的文本考察（上）

——《方便品》善巧方便概念思想相关句例分析

《法华经》之《方便品》，包括长行部分的诠释文字，及偈颂部分的文字。其中一共有145个颂文（依据梵文本统计），及长行部分的散文若干段落。这一品的中心思想，无论是颂文的部分，还是长行的部分，都完全围绕善巧方便概念思想为轴心展开，所以，如果不能精准理解这一品善巧方便概念的涵义，可以说也就无法精准掌握《法华经》此品的核心思想主题。

《法华经》的《方便品》，又是《法华经》全经最为核心的部分。所以如果不能掌握这一品的思想主题，对于理解《法华经》全经，不可避免将会产生负面的影响；反过来如果能够成功掌握这一品的思想义理，那么对于客观掌握《法华经》全经的思想脉络，也将具有极其重要的制导作用。

我们从初期大乘佛教经典的结集，初期大乘佛教思想的开展，也可以看出，有关般若概念思想的提升，有关善巧方便概念思想的发掘，及般若与方便关系的辩证考量，是构成初期大乘佛教经典的最主要的几个思想动向。从这几个主要的思想动向不难体会：善巧方便一系概念思想，对于初期大乘佛教思想展开的重大意义。因此，关于《法华经》善巧方便思想的细部研究，对于我们理解初期大乘佛教的思想实质，也将具有极其重大的理论意义。

为此，本章是我们关于《法华经·方便品》善巧方便概念思想专题的文本学探讨。《方便品》的长行文字，与其颂文部分，在思想逻辑上存在密切的关系。我们甚至可以说，《法华经·方便品》的长行部分，其实在相当的意义上，可以视为对该品中颂文部分的再诠释。所以为了考察的逻辑上的理路，我们也拟分为颂文部分及长行部分两个部分，并拟先对颂文部分的相关句例、后对长行部分的相关句例，分别加以分析和研究。

第一节 “方便”概念之语源学释义与《方便品》之科文

我们前面已经一再指出：《法华经》之《方便品》是《法华经》的核心，其实这个说法并不是一个什么新鲜的观点。从魏晋南北朝时期以来的《法华经》注疏来讲，像光宅法云、慈恩窥基的《法华经》注疏，都已经明显地包含了这样的认识。现代研究者中，如日本学者横超慧日，就曾明确地指出过：“《方便品》是《法华》一经之核心。”① 不过，无论是对于《法华经·方便品》的研究，或者是对于《法华经》整部经典的研究，首先要基于对经文中善巧方便一系概念思想的精确考量，而关于这一点，则常常是古今研究者、诠释者，一般所较为模糊的地方。而如果基于一个不甚准确的善巧方便概念的释义，进而去试图把握《方便品》的思想，乃至《法华经》的整体思想，就往往会产生一些不可思议的偏差，所谓“差之毫厘，谬以千里”者是也！

从《法华经》的概念术语体系来看，也从初期大乘佛教经典的术语体系来看，“方便”（upāya）与“善巧方便”（upāyakauśalya）两种表达方式，在经典中经常会互用；而在汉传佛教的翻译史中，罗什的译文，甚至经常将有关“善巧方便”的经文，直接省略性地译为“方便”。这两个方面的现象，均说明在古代印度的佛教经典中，“方便”与“善巧方便”两个名词，大体上是两个表义基本一致的名词概念，所以彼此之间完全可以通用。也因此，探讨这个“善巧方便”概念的涵义，基本上可以由对“方便”这个概念的语源学的理解而得以契入。

方便，从梵字构成来讲，是由两个前缀（upa 和 ā）加上动词字根 i 所组成。其中，动词字根 i，原始语义是表示“到达、遭遇”这些含义；

① 横超慧日等：《法华思想之研究》（上），释印海译，法印寺印行《法印佛学文集》之三十六，第 33 页。

而两个前缀 upa 和 ā，则是表示“接近、趋向”的意思。所以前缀和字根糅合在一起，就成为表示含有“达到、接近”这样意味的动词或名词。

因此，作为佛典中一个我们耳熟能详的名词用法的 upāya，尽管我们已经熟知这个名词具有方法、手段、策略等义项，但是我们首先需要关注：这个名词的基本义，从语源学的意义上讲，乃是“达到、接近”这样的意义。达到或接近，必设定有一个需要达到或接近的“目的”，从佛学理论的角度讲，这个所谓的“目的”在不同的经典中，可以有不同的理解。如在前大乘的传统佛教经典中，可以以脱苦、解脱等意向，作为“达到、接近”的“目的”。而在《法华经》中，更是前所未有地大声疾呼、正式揭橥：成就无上正等觉，成就佛陀证法、佛智菩提，乃是一切教法思想的“目的”。

同时，涉及“达到、接近”的问题，必然同时产生有“谁人”使其“达到、接近”，及使谁人“达到、接近”的问题，就佛学理论的角度讲，当然是佛陀是使其达到者，而众生则是使之达到者。这样所谓的“达到、接近”，又必然是在佛陀与众生二者之间所展开的辩证运作的活动。

所以可以理解，正是在考察了“方便”一词的上述语源学意义，以及在佛教经典中必然具备的佛学意义之后，日本学者云井昭喜曾经写道：“考量到佛陀与人间之关系时，所把握住有二种理解。其一是众生向觉悟方面，或者接近方面。其二是，佛以众生觉悟，说到使令接近佛之境地。可以说是从佛陀向人间之方面所考量的。这件事看出寻求佛教经典史展开之后时，对于此有从人间向佛之道，有从佛向人间之道之二方面，知道这些成为佛教教理史展开之重要的要素。”① 也就是说，在我们考量佛教的“方便”概念或“善巧方便”概念的涵义时，必须了解在这一概念中，包含了“佛陀接近众生”和“众生接近佛陀”两方面的要素。云井昭喜的这一阐释，已经正确地揭示了《法华经》中善巧方便概念涵义的基本面：在佛陀与众生之间进行双向有效的互动，以便最终使得众生达成佛智菩提，是以《法华经》为代表的初期大乘佛教经典中善巧方便概念原初的和基本的思想内涵。至于对于这一概念完整、丰富内涵的细腻体认和全面

---

① 横超慧日等：《法华思想之研究》（上），释印海译，法印寺印行《法印佛学文集》之三十六，第 387—388 页。

揭示，则只有透过对经典原语的细致理解与合理诠释，才有可能实现。

为了便于了解下面文字中我们对经文句例所作的具体分析，易于掌握我们正在启动的《法华经》经典诠释学的思想逻辑，这里先将《方便品》颂文部分，制成一个科判表，以供参考。

《法华经》第二品（《善巧方便品》）颂文科分

分科序号	颂文序号 （根据梵本编制）	主题思想
第一部分	第 1—21 颂	释迦如来无问自赞说法
第二部分	第 22—37 颂	舍利弗三次劝请佛陀说法
第三部分	第 38—41 颂	五千位四众弟子退场，佛陀予以容忍
第四部分	第 42—70 颂	佛陀正说《法华经》的教法思想原则：基于善巧方便而导向佛之菩提的思想原则
第五部分	第 71—97 颂	以过去诸佛的弘法实践证成《法华经》的基本教法思想原则
第六部分	第 98—103 颂	以未来诸佛的弘法实践证成《法华经》的基本教法思想原则
第七部分	第 104—107 颂	以现在诸佛的弘法实践证成《法华经》的基本教法思想原则
第八部分	第 108—134 颂	以释迦一代的弘法实践证成《法华经》的基本教法思想原则
第九部分	第 135—145 颂	对大众的劝勉与思想义理总结

第二节 《法华经·方便品》涉及善巧方便概念的颂文句例分析

在本节以及后面的一些章节里，我们将在试图更深理解初期大乘佛教经典善巧方便思想的实质及意义的方向下，启动对《法华经》思想的再理解及再诠释。我们这个诠释工作，将遵循佛教思想史及佛教语言文献学并举并重的研究思路。我们认为：佛教语言学及文献学的研究，是佛教教理学诠释的学术基础；而佛教教理学的理解与诠释，则是佛教语言学、文献学研究的目标归宿。就本书而言，我们将特别重视汉魏、南北朝之间中国佛教《法华经》的古译与研究，尤其是鸠摩罗什所译的《妙法莲华经》，和竺法护所译的《正法华经》，以及相关的中国佛教思想家的经典学诠释传统，这些将是我们诠释工作依据的最主要的参考文献。

同时我们也考虑到《法华经》研究的国际性，所以在我们的研究工作中，也重视参考此经梵文经典的一些国际研究成果。尤其是 Dr. P. L. Vaidya 所校勘的《法华经》梵本（1960），因为它是国际学界比较晚近期的工作，已经吸纳此前该经诸多的梵本校勘研究，所以会以其作为我们主要的梵本依据。而其他各家的研究，也同样会作为必须借鉴的资料。我们对待这些研究，基本是采取择善而从的态度。同时，因为学界一般认为罗什的《法华经》译典，是依据中亚传承的《法华经》传本，所以我们也把由 Hirofumi Toda 教授编辑的《妙法莲华经》中亚手稿（1981），列为我们主要的参考文献资料。尤其是其所发表的《法华经》中亚手稿中包括的第一部分手稿——Kashgar Manuscript——，经本保存较全，参考意义重大，所以我们在有关的注释中将会广泛采用，以便读者诸君进一步参证。

《法华经·方便品》共有 145 个颂文（根据梵本统计），其中含有“善巧方便”或“方便”这一概念的句例，一共涉及 20 个颂文。下面我们就按照原文的顺序，逐个进行释义。

第 1 例 · 第 21 颂

upāyakauśalya mametadagraṁ
bhāṣāmi dharmaṁbahu yena loke |
tahiṁtahiṁlagna pramocayāmi
trīṇī ca yānānyupadarśayāmi ‖ 21[①]

---

① Dr. P. L. Vaidya 校勘本，第 23 页。中亚本，第 21 页。中亚本这个颂文写为：upāyakauś alya mam’ etad agram yenāha bhāṣ ām’ iha dharma loke ·（tahiṃ）tahiṃ lagna pramocayāmi trayaśca yānāny upadarsayāmīti ‖

【罗什】佛以方便力，示以三乘教，众生处处着，引之令得出。[①]

【法护】佛有尊法，善权方便，犹以讲说，法化世间，常如独步，多所度脱，以斯示现，真谛经法。[②]

【新译】我的这种善巧方便极为殊胜，依据它，我在世间演说很多的法，度脱处处陷溺者，并且示现三种乘。[③]

解说：这个颂文在《方便品》颂文中是第21个颂文。根据经文中长行文字对于颂文的解释来看，这一颂被认为是第一部分长行文字所解释第一段颂文（共21颂）的最末一颂，所释的这部分颂文，在义理上自成一个段落。所以，在我们制定的《方便品》颂文的科判表中，我们也将第1—21颂，视为《方便品》颂文的第一部分：释迦如来无问自赞其证法及教法的部分。为清晰的缘故，这里再把《方便品》第1—21颂的具体义理层次，细科如下：

义理层次		颂文序号	思想主题
第一层次	第一层次之一	第1—4颂	自赞佛陀证法·佛陀证法因果殊胜
	第一层次之二	第5—7颂	自赞佛陀证法·佛陀证法具有高度超越性，惟佛与佛，及于佛菩提信解坚固的菩萨，能够知之
	第一层次之三	第8—11颂	自赞佛陀证法·声闻弟子不能理解佛陀证法之超越性
	第一层次之四	第12—13颂	自赞佛陀证法·独觉不能理解佛陀证法之超越性
	第一层次之五	第14—16颂	自赞佛陀证法·新近趋乘菩萨不能理解佛陀证法之超越性
	第一层次之六	第17颂	自赞佛陀证法·不退转菩萨不能理解佛陀证法之超越性

① 《妙法莲华经》，《大正藏》第9册，No. 0262，第5页下。

② 《正法华经》，《大正藏》第9册，No. 0263，第68页上。

③ 《河口慧海》上卷，第33页；Kern本，第34页。

续表

<table>
<tr><th colspan="2">义理层次</th><th>颂文序号</th><th>思想主题</th></tr>
<tr><td>第一层次</td><td>第一层次之七</td><td>第 18 颂</td><td>自赞佛陀证法·结言惟释迦如来及十方诸佛能知殊胜、微妙证法</td></tr>
<tr><td colspan="2">第二层次</td><td>第 19—21 颂</td><td>自赞佛陀教法（指示法，或教导法，或引导法），初揭《法华经》教法思想的基本原则：基于善巧方便而导向佛陀证法（即佛智、菩提）的思想原则</td></tr>
</table>

根据上面的科分可以清晰地看出：《方便品》这一部分颂文，虽只是佛陀无问自说的部分，即意在发起后面具体说法的第一部分，但这一部分实际上在全部《方便品》颂文中，具有十分重要的意义，因为借助无问自说的方式，释迦如来在这里提出了证得法（我们可简称为“证法”）及教授法（我们简称为“教法”）二分的理论模式，并根据这种理论模式，初步揭示出《法华经》中所要弘扬的佛教教法思想的基本原则：基于善巧方便而导向佛智菩提的思想原则。在这一部分颂文中，第 1—18 颂都是佛陀称赞其证法的超越性，第 19—21 颂三个颂文，则是佛陀称赞其教法，亦即揭示其教法思想的基本原则。

本颂（第 21 颂）由于其在本品中的特殊位置，及其思想内容的精深，在《方便品》中，乃至在整部《法华经》所有涉及善巧方便概念思想的文字中，都特别具有统摄的意义。颂文说明佛陀演说佛法、度脱众生、建立教乘的内在依据，都是其所具有的内在品德：善巧方便。颂文第一句，用“极为殊胜”（agra，最上，第一，优异等意义），表述、称赞善巧方便概念之品德。颂文后三句中，有三个动词：演说（bhāṣāmi）、度脱（pramocayāmi）、示现（upadarśayāmi），皆为善巧方便外化之实践，可见善巧方便之功能作用。从中亚传本可以看到，这个颂文与尼泊尔传本所传，意义上没有什么差异。

罗什译文中，善巧方便（upāyakauśalya），简译为“方便”，同时后面加上“力”字，成为“方便力”，这是罗什译典中，尤其是其在《法华经》《维摩诘经》译文中非常普遍的译法。这种将“力”字缀合在“方便”后面的译法，显示罗什对于包括《法华经》在内大乘佛教经典善巧方便概念思想的一种理解，即他认为经典中作为佛陀内在品德之一的“善巧方便”，不是一般静观的智慧，而是实践的智慧，是行动的智慧，因而这种智慧含有“力量”这种品性。从汉译看，罗什未译此颂“殊胜”一义。又在三个动词中，罗什译出了示现、度脱两个动作，未译“演说佛法”一义。且其译文中示现三乘教之句提前，显示译家对于“善巧方便”与“建立教乘”之间的关系，似乎显示更加高度的重视。法护译文中，此处译“善巧方便”为“善权方便”，这个汉语概念的采用，贯通《正法华经》的全部译文，应当说是法护此译中非常固定的术语概念。法护以“尊法”来对应“极为殊胜”。三个动词，也都完全译出。所以法护这个颂文的翻译，可以说非常成功。

第 2 例 · 第 42 颂

śṛṇohi me śārisutā yathaiṣa

saṁbuddha dharmaḥpuruṣottamehi |

yathā ca buddhāḥkathayanti nāyakā

upāyakauśalyaśatairanekaiḥ ‖ 42 ‖ ①

【罗什】舍利弗善听！诸佛所得法，无量方便力，而为众生说。②

【法护】舍利弗听此，佛为人中上，谛觉了诸法，为说若干教。③

【新译】舍利弗！请你听我说：诸人中尊者怎样觉悟此法，以及诸佛、导师们怎样以诸多成百种善巧方便谈论此法。④

解说：这个颂文是《方便品》颂文部分的第 42 颂，根据我们的颂文科判表可以看出，从第 42—70 颂是《方便品》颂文的第四部分，即释迦

---

① Dr. P. L. Vaidya 校勘本，第 29 页。参见中亚本，第 27 页。

② 《妙法莲华经》，《大正藏》第 9 册，No. 0262，第 7 页下。

③ 《正法华经》，《大正藏》第 9 册，No. 0263，第 70 页上。

④ 《河口慧海》上卷，第 46 页；Kern 本，第 44 页。

如来正式宣说《法华经》教法思想基本原则的部分。这一颂是这一部分的开端第一颂，在这一部分思想义理的开展方面，甚至在整部经典关于善巧方便概念思想的阐述方面，也都具有重要的统摄意义。颂文中我们看到：释迦如来要求舍利弗及诸与会大众倾听其宣讲的内容，乃是两项：一是诸佛怎样觉悟了法，二是诸佛怎样以诸多善巧方便演示此法。所谓"诸佛觉悟的法"，即是我们前文所称的"证法"，在《法华经》的术语系统中，它经常被称为"佛智"，"菩提"，或"殊胜法"；所谓"诸佛演示的法"，即是我们前文所说的"教法"，或是教导法，指示法，引导法。所以在这个颂文里面，我们看到《法华经》实际上充分自觉其证法、教法二分的理论框架，并根据这一证法、教法二分的理论框架，阐明善巧方便一系概念思想的意义。颂文里面规定：诸佛说法或教法，都是基于善巧方便。那么诸佛说法或教法，与诸佛的证法之间是什么关系呢？一切说法、教法，都是为了佛之菩提，导向佛之菩提，也就是为了及导向佛的证法。这是《法华经》第二品所演示法华法门的中心内容，也是《法华经》中希望表达的一切诸佛教法的中心内容。所以这首颂文，我们可以看作《法华经》阐述其教法思想核心原理的颂文之一：佛陀教法的本质，是佛陀所觉悟的法（菩提）；佛陀立教的依据，则是其所具有的善巧方便。所以我们正是根据这个颂文，才得以更清楚地确立《法华经》具有将佛陀证法、教法二分的思想结构；也正是依据这个颂文，我们才得以更清楚地确立《法华经》的基本教法思想原则，是基于善巧方便而导向佛之菩提的思想原则。

《法华经》是在佛灭五百年之后，大乘佛教初兴，反思佛陀出世本怀，反思佛教思想信仰真精神的经典，《法华经》的全部反思，都以作为佛陀证法的核心的佛智菩提，及作为佛陀教法的核心的善巧方便两个概念为中心。前者就是罗什译文中讲的"所得法"；后者即罗什译文中讲的"方便力"。罗什这个颂文的翻译可谓十分精准。法护此处译文表意清晰，遗憾的是居然漏译作为这一颂核心概念之一的"善巧方便"。罗什将善巧方便略译为"方便"，并在"方便"后，添加了"力"字。如前已说，"方便力"乃罗什译文中非常有特色的概念。

第3例·第47颂

Upāyametaṁkurute svayaṁbhūr
bauddhasya jñānasya prabodhanārtham |
na cāpi teṣāṁpravade kadācid
yuṣme'pi buddhā iha loki bheṣyatha ‖ 47 ‖ [①]

【罗什】我设是方便，令得入佛慧，未曾说汝等，当得成佛道。[②]

【法护】大圣所兴，行权方便，因劝化之，使入佛慧。如佛道教，兴显于世，吾始未曾，为若等现。[③]

【新译】自成者设置这些方便，意在使其领悟佛陀的智慧；我从来没有告诉他们：你们此世将在世间成佛。

解说：这个颂文也是《方便品》颂文中佛陀正说《法华经》教法思想基本原则这一部分颂文中的一颂，是佛陀基于其已经确定的《法华经》的基本教法思想原则，对之前自己一期教化中教法内容本质的指明。释迦如来的早期教化以知苦、断集、趣灭、修道为特征，意在引导弟子进入佛陀的智慧，而没有直接说明教法的目标就是佛陀的智慧。所以以四种圣谛为特征的佛陀此期教化即过去的教化，也是佛陀所设置的“方便”，意在引导众生领悟“佛慧”，只是到目前为止，佛陀都没有明确宣示：大家学佛，无论采取什么形式，其实都是以佛慧为修学的目标。

从颂文的表述可以理解：方便（upāya）一词，本身就具有导向佛慧的意义；所以，这个词虽然是取自当时印度人日常生活中表示人生技巧的概念，但是这个词一旦引入佛教哲学，其基本意义已经发生本质的变化：

---

① Dr. P. L. Vaidya 校勘本，第30页。参见中亚本，第27页。此处颂文为：upāyam etat kurute svayaṃbhur bodhasmi yānasmi praveśanārthaṃm na ca tāva ' ham teṣ a kadāci vyāharī yuṣ me ' pi buddhā iha loki bheṣ yatha.

② 《妙法莲华经》，《大正藏》第9册，No. 0262，第7页下。

③ 《正法华经》，《大正藏》第9册，No. 0263，第70页上。

不能导向佛慧的，没有资格称为佛法的“方便”，这样佛法概念中的方便或善巧方便，就与日常生活中表示工具理性的方便智慧严格地区分了开来。颂文中出现了两个最重要的词，其一是佛慧，其二是方便。一说到方便，一定会关联于“佛慧”，佛陀的智慧，佛的菩提。换句话说，并不是任何方法、技巧性的东西，都可以称为“方便”；只有与“佛慧”相关联，能够将人们导向“佛慧”的方法、手段、技巧，才有资格称为“方便”。所以我们说：佛的智慧、佛的菩提、佛的觉悟，是衡量善巧方便概念的根本标准。

佛陀说法皆依据善巧方便，但是究竟是采取直接宣说的方式，还是如佛陀此期教化前期一直所做的那样，并不直接告诉大家将会成为佛陀呢？这就说明依据善巧方便而说法，可以有间接宣说的方式，也可以有直接宣说的方式。《法华经》之前佛陀的说法方式，就是间接宣说的方式；《法华经·方便品》的出现，则代表直接宣说的方式登台。前者就是后面将会说明的“随宜言说”；后者则是对于随宜言说的开显，揭秘。前者主要是宣讲苦集灭道诸种圣谛，后者则是明确宣示大家有机会在现实世界修行成佛。所以佛陀的前期说法，都是随宜言说。

此颂中方便 upāya，竺法护译为“权方便”，在他处他则译为“善权方便”，“权方便”和“善权方便”是在他的译文中可以替换的术语。罗什此处译为“方便”，也是遵循他省略的翻译习惯。此颂文中，buddhasya jñānasya（佛智，或佛慧）这一部分，在中亚传本中，写为：bodhasmi yānasmi，值得注意的是尼泊尔传本中的 jñāna（智），在中亚传本中写作“yāna”（乘），可是一般认为罗什的译本，应该比较多地受到中亚传本的影响，但是罗什在这里却是翻译成了“慧”字。这个例证或可以说明：今天我们看到的所谓中亚传本，与罗什当年所依据的中亚传本，还是有所不同的。所以，从文献学角度探讨《法华经》尼泊尔传本与中亚传本之异，当然是必要的；但是寻求二者之通，意在精确释义，却可能更现实，也更加有价值。

第 4 例 · 第 49 颂

navāṅgametan mama śāsanaṁca

prakāśitaṁsattvabalābalena |
upāya eṣo varadasya jñāne
praveśanārthāya nidarśito me ‖ 49 ‖ ①

【罗什】我此九部法，随顺众生说，入大乘为本，以故说是经。②

【法护】于我法教，诸新学者，佛以圣慧，行权方便，所可分别，为众生故，欲开化之，故示此谊。③

【新译】根据众生之有力、无力，我宣讲了此九分教法；我陈述了这些方便：以便其领悟胜施者的智慧。④

这个颂文也是《方便品》颂文中佛陀正说《法华经》教法思想基本原则这一部分颂文中的一颂，是释迦如来基于《法华经》中已经确立的教法思想的基本原则，对佛陀此期教化中前期九分教教法内容本质的阐明：佛陀教法中的九分教都是“方便”，其目标则是使得大家领悟佛陀的智慧。至于九分教具体内容的设置，则是需要参考众生有力、无力的情况。颂文中除了同前面第47颂一样，提出了《法华经》中界定善巧方便概念内涵的两个重要原则，即一是佛智，二是导向佛智的“方便”，还明确提出了界定善巧方便概念内涵的第三个原则：众生的实际情况。此外，本颂对于佛陀九分教的本质的阐明，也凸显出《法华经》中一个重要的思想主张：通过诉诸佛的菩提，理解一切题材形式的佛陀言教及不同阶段的佛陀教法，本来具有内在一致性。

由于颂文音节数量的要求，此颂中的“方便”，可以视为“善巧方便”的略称。译文中，法护译方便为“权方便”，即表示他认为此处同样讲的是“善巧方便”。罗什此处译文未见这个“方便”概念。

另外，这个颂文中的 varadasya jñāne（胜施者的智慧）这一部分，

① Dr. P. L. Vaidya 校勘本，第30页。参见中亚本，第27页。此处中亚本为：navā [ga] kṛtā mahya ihāsti ś āsane prakāś itaṃ satvabalābalena upāym etad varabuddhayāne praveś anqrthaṃ jinaś āsanesmim.

② 《妙法莲华经》,《大正藏》第9册，No. 0262，第7页下。

③ 《正法华经》,《大正藏》第9册，No. 0263，第70页上。

④ 《河口慧海》上卷，第47页；Kern本，第45页。

《法华经》中亚传本中，写为：varabuddhayāne，意思是：殊胜佛乘，因此，罗什译文“入大乘为本”一句的“入大乘”，本质上正是指这里的“殊胜佛乘”。这可以说明罗什的译文，与《法华经》的中亚传本存在一致性；同时也说明：这里中亚传本中的“乘”，本质上正是表示“智慧”。《法华经》的基本精神，是坚持大乘的信仰立场，但是重在透过善巧方便，体会佛教教法的一致性。所以我们应该在这个原则下，善巧理解罗什此处的译文。不能望文生义，根据罗什这处译文，虚构“大乘”“小乘”对立的观念。

第 5 例 · 第 54 颂

ekaṁhi yānaṁdvitiyaṁna vidyate
tṛtiyaṁhi naivāsti kadāci loke |
anyatrupāyā puruṣottamānāṁ
yad yānanānātvupadarśayanti ‖ 54 ‖ ①

【罗什】十方佛土中，唯有一乘法，无二亦无三，除佛方便说。②

【法护】佛道有一，未曾有二，何况一世，而当有三？除人中上，行权方便，以用乘故，开化说法。③

【新译】除掉诸人中尊者依据善巧方便，有时候在世间示现乘之多样性之外，确实，乘是一种，没有第二种乘，没有第三种乘。④

解说：这个颂文也是《方便品》颂文中佛陀正说《法华经》教法思想基本原则这一部分颂文中的一颂，是基于已经确立的教法思想的基本原则，以善巧方便概念为中心，反思、阐明佛陀一期教法中另一个重要观念，即有关乘的教法的实质问题。对于乘的问题，一方面我们需要认识到

① Dr. P. L. Vaidya 校勘本，第 31 页。参见中亚传本，第 27 页。
② 《妙法莲华经》，《大正藏》第 9 册，No. 0262，第 7 页下。
③ 《正法华经》，《大正藏》第 9 册，No. 0263，第 70 页上。
④ 《河口慧海》上卷，第 47 页；Kern 本，第 46 页。

所有的乘都是一种乘，不存在第二种乘或第三种乘；另一方面则需要认识到佛陀也根据善巧方便，说到多种乘。虽然在理解乘的问题上，这个颂文表达了两个方面的意涵，但是颂文的重心还是在于“一乘”。也就是说，《方便品》更加强调佛陀教法的根本一致性。大乘佛教中“一乘”的著名主张，可以说萌发于此。颂文中的“一”，表示惟一，同一，在句中，起形容词作用，作“乘”字的宾词，所以“一乘”的意思，是“一种乘，同一的乘”，意在强调诸乘的同一性、一致性；而不是作为一个专门术语来使用，不是表示在其他诸乘之外，还存在某一个乘；也不是表示在诸乘之上，还存在某一个更高的统一的乘。在罗什及法护的译文中，这里“第二”译为了“二”，“第三”译为了“三”。罗什译文在“一乘”后添加了“法”字，成为“一乘法”。颂文中“方便”，同样是指“善巧方便”，罗什译为“方便”，法护译为“权方便”。

第 6 例 · 第 67 颂

teṣāmahaṁśārisutā upāyaṁ
vadāmi duḥkhasya karotha antam |
duḥkhena saṁpīḍita dṛṣṭva sattvān
nirvāṇa tatrāpyupadarśayāmi ‖ 67 ‖ ①

【罗什】是故舍利弗，我为设方便，说诸尽苦道，示之以涅槃。②

【法护】佛了善权，卓然难及，为说勤苦，断其根原。众生之类，诸见所恼，佛故导示，便至泥洹。③

【新译】舍利弗！我告诉他们方便：“你们应当尽苦！”见到为苦所折磨的众生，我也就在这里示现涅槃。④

---

① Dr. P. L. Vaidya 校勘本，第 33 页。参见中亚本，第 28 页。
② 《妙法莲华经》，《大正藏》第 9 册，No. 0262，第 7 页下。
③ 《正法华经》，《大正藏》第 9 册，No. 0263，第 70 页上。
④ 《河口慧海》上卷，第 49 页；Kern 本，第 48 页。

解说：这个颂文也是《方便品》颂文中佛陀正说《法华经》教法思想基本原则这一部分颂文中的一颂，是释迦如来根据此品已经确立的佛教教法思想的基本原则，对有关声闻乘教法内容的本质的反省与阐明。颂文的意思是：无论是教导众生尽苦，还是示现涅槃，都是佛陀依据善巧方便所施设的教法。也就是说，声闻乘教法中强调的尽苦的修学，以及涅槃的设置，都以引导众生达到佛菩提为根本目标。所以声闻乘教法也是依据善巧方便的随宜言说。译文中法护译善巧方便为“善权”，罗什译为“方便”。

第 7 例 · 第 69 颂

upāyakauśalya mamaivarūpaṁ
yat trīṇi yānānyupadarśayāmi |
ekaṁtu yānaṁhi nayaśca eka
ekā ciyaṁdeśana nāyakānām || 69 || ①

【罗什】我有方便力，开示三乘法，一切诸世尊，皆说一乘道。②

【法护】今我如是，行权方便，各令休息，说三乘教。其乘有一，亦不非一，大圣世尊，故复说一。③

【新译】我有这样的善巧方便，以致我示现三乘；不过，乘是同一的，宗旨是同一的，还有诸导师的这些教导，也是同一的。④

解说：这个颂文应当与本品第 54 颂对读、互补。第 54 颂说乘是一种，除掉佛陀依据善巧方便宣说有多种乘这种情况之外；此颂则说佛陀以善巧方便宣说乘有三种，然其实是一种乘。两颂义理的方向相反，但正好可以互补，说明《法华经》在对有关乘的教法内容本质的反思中，核心的要点，是要处理好“一乘”与“三乘”的辩证关系问题。

---

① Dr. P. L. Vaidya 校勘本，第 33 页。参见中亚本，第 28 页。

② 《妙法莲华经》，《大正藏》第 9 册，No. 0262，第 7 页下。

③ 《正法华经》，《大正藏》第 9 册，No. 0263，第 70 页上。

④ 《河口慧海》上卷，第 47 页；Kern 本，第 46 页。

不过，这个颂文不仅是讨论乘的问题，后半段还引申出对于“宗旨”（naya 宗旨，旨趣，方法）、“教导”（deśana，指教，指导，指示）问题的讨论。颂文表达的意思是：对于有关宗旨的问题，有关教导的问题，也都应当如同对于乘的问题的反思一样，佛陀虽然示现了诸宗、诸教，但是同样要把握诸宗思想实质的同一性，诸教思想实质的同一性。《方便品》这个颂文可以说明，《法华经》不仅考虑乘的问题，也考虑宗旨、教导的问题。对于乘的问题、宗的问题、教的问题，基于善巧方便智慧予以完整的系统的反思与阐明，才是《法华经》教法思想系统的完整关切。

现存此经的中亚传本，与尼泊尔系统的传本，内容完全一致，即也有关于“宗”和“教”的部分。汉译中两家的译文，此处都缺少梵颂后半段关于宗和教的部分。从法护的译文看，应当是出自对于原文的误读。罗什译文中缺少此句，可以视为传本缺乏此句所致。法护译善巧方便为“权方便”，罗什译为“方便力”。

中国佛教的经典诠释学，如天台、华严的经典诠释学，都发展出了不仅包括乘的问题也包括宗的问题和教的问题在内的系统诠释学，而这样的诠释系统的开发，与本颂颂文原本具有的完整内涵颇为一致。由这一点我们可以体会魏晋至隋唐之间中国化佛教经典诠释思想的开阔性和原创性。

第 8 例 · 第 72 颂

sarvehi tehi puruṣottamehi
prakāśitā dharma bahū viśuddhāḥ |
dṛṣṭāntakaiḥkāraṇahetubhiśca
upāyakauśalyaśatairanekaiḥ ‖ 72 ‖ ①

【罗什】如是诸世尊，种种缘譬喻，无数方便力，演说诸法相。②
【法护】谓此一切，人中之上，讲说经法，无数清净，所可作

① Dr. P. L. Vaidya 校勘本，第 33 页。参见中亚本，第 28 页。
② 《妙法莲华经》，《大正藏》第 9 册，No. 0262，第 7 页下。

为，报应譬喻，行权方便，亿百千垓。①

【新译】所有这些人中尊者，都依据诸多的成百种善巧方便，以诸譬喻，及论证、理由，演说了很多清净法。②

解说：《方便品》颂文中第71—97颂，是以过去诸佛遵循同样的教法思想原则——基于善巧方便而导向佛之菩提的思想原则——，证成《法华经》中《方便品》所表达和称述的教法思想的合理性。这个颂文是这部分颂文中的一颂，颂中说明过去诸佛在施设教法时，同样依据其善巧方便，以譬喻说及法说为其具体的说法手段。颂文中“譬喻”，表示以譬喻作为说法的具体策略、手段，我们可以称为“譬喻说”；“论证、理由”（kāraṇahetu），表示以论证及推理作为说法的具体策略、手段，我们可以称为“法说”。当然颂文中这两个地方，也都可以处理为“善巧方便”的修饰语，那样就是：“譬喻性的”，及“有论证、有理由的”。两种处理方式，涵义及实质都一致。法护此处译善巧方便为“权方便”，罗什译为“方便力”。

第9例·第74颂

anye upāyā vividhā jinānāṁ
yehī prakāśenti mamagradharmam |
jñātvādhimuktiṁtatha āśayaṁca
tathāgatā loki sadevakasmin ‖ 74 ‖ ③

【罗什】又诸大圣主，知一切世间，天人群生类，深心之所欲，更以异方便，助显第一义。④

【法护】又复见异，若干大圣，为讲分别，是大尊法。本性清

---

① 《正法华经》，《大正藏》第9册，No. 0263，第70页上。

② 《河口慧海》上卷，第50页；Kern本，第49页。

③ Dr. P. L. Vaidya 校勘本，第34页。参见中亚本，第28页。

④ 《妙法莲华经》，《大正藏》第9册，No. 0262，第7页下。

净，乃信解之。若在天上，世间亦然。[1]

【新译】懂得在有天神的世间，（众生的）信解及意向后，诸胜者还有其他种种方便，用以宣说我的这种殊胜法。[2]

解说：这个颂文也是《方便品》颂文中，释迦如来以过去诸佛的弘法实践证成《法华经》教法思想基本原则的正确性、合理性这一部分颂文中的一颂。本颂说明，除了前面那个颂文所讲属于善巧方便的譬喻故事、论证及推理这些弘法策略、手段之外，在有天神、人类的世间，过去诸佛还有其他各种各样的善巧方便，可以宣说诸如来的这种殊胜法。这个颂文在表述善巧方便概念的内涵时，有几个关键性的思想元素：（一）善巧方便；（二）众生的信解及意向；（三）诸佛的殊胜法；（四）其他的种种方便。这四个元素，如我们前面已经分析的那样，其中，（一）善巧方便是诸如来说法的内在根据；（二）众生的信解及意向，是诸如来运用善巧方便智慧时需要参照的对象；（三）诸佛的这种殊胜法，这里就是指诸佛的证法：智慧，或诸佛所证的菩提；（四）其他的种种方便，是指作为诸佛弘法依据的善巧方便本身包含的各种技巧，这里尤其是指除譬喻说及法说之外，其他各种各样的方法、技巧。所以这个颂文所表达的《法华经》方便概念的诸多重要思想元素较为完具，是《方便品》中阐释善巧方便概念及以此概念为核心的《法华经》教法思想基本原则的代表性颂文之一。

汉译中法护未能译出此颂中的善巧方便，罗什译为“方便”。罗什译文中的“异方便”，根据梵本颂文对勘，是“其他的方便”之义。文中我们所译的“殊胜法”agradharma，即是指菩提或佛智，罗什译为“第一义”，法护译为“大尊法”，都意在传达以佛智或佛菩提表征的佛陀证法的崇高性。这个颂文中的动词“宣说”（prakāśenti），罗什译为“助显”，其中的“助”字，可以视为罗什所添加。第一义或大尊法，惟有通过诸佛以各种各样的善巧方便，才得以宣说出来。证法不离教法，教法不离证法，所以无第一义则无方便，无方便也无所谓第一义，《法华经》对于善

① 《正法华经》，《大正藏》第9册，No. 0263，第70页上。

② 《河口慧海》上卷，第50页；Kern本，第49页。

巧方便之卓越性、重要性，有极为深切的认识，可以说不可能有对善巧方便的任何轻视之义。

第 10 例 · 第 98 颂

anāgatā pī bahubuddhakoṭyo
acintiyā yeṣu pramāṇu nāsti |
te pī jinā uttamalokanāthāḥ
prakāśayiṣyanti upāyametam ‖ 98 ‖ ①

【罗什】未来诸世尊，其数无有量，是诸如来等，亦方便说法。②

【法护】若复当来，无数亿佛，不可思议，无能限量，是等上胜，世雄导师，当为讲说，善权慧事。③

【新译】未来将有无数亿不可思议的诸佛，他们的数目不存在，这些胜者，最高的救度世间者，也都要宣传此种方便。④

解说：《方便品》颂文中，第 98—103 颂一共 6 个颂文，是释迦如来以未来诸佛的弘法实践，同样遵循《法华经》提出的教法思想原则——基于善巧方便将众生导向佛之菩提的教法思想原则——，来证成《法华经》反思、开显佛陀本怀及佛教教法思想的正确性。这个颂文是这部分颂文中的一颂。颂文明确说明未来诸佛同样将会宣说这种善巧方便。

我们在《法华经》之《方便品》的颂文中，可以看到两种句型：一种是说诸佛以方便宣说法，一种是说诸佛宣说方便。这两个类型的颂文涵义，表面上看并不完全一致，前一类型之表达方式中，"法"是指殊胜法，即佛的智慧，佛的菩提；后一类型之表达方式中，"方便"成为动词

---

① Dr. P. L. Vaidya 校勘本，第 37 页。中亚本，第 32 页。参见中亚本，第 30 页。此颂在中亚本中为：anāgatā ' pi bahu buddha koṭ ayaḥ acintikā yeṣ a pramāṇa nāsti · te ' pi jinā uttamalokanāyakā upāyajñānena vadanti dharmaṃm.

② 《妙法莲华经》，《大正藏》第 9 册，No. 0262，第 7 页下。

③ 《正法华经》，《大正藏》第 9 册，No. 0263，第 70 页上。

④ 《河口慧海》上卷，第 54 页；Kern 本，第 52 页。

“宣说”的宾语。不过从另一个角度看，我们又要注意到两种表达方式本质的一致性：因为根据《法华经·方便品》，《法华经》整部经典，甚至大乘佛教初期经典中以善巧方便概念思想为核心要素的一系经典，例如《八千颂般若》《维摩经》等等，我们可以得出的结论是：这些大乘经典中所讲到的方便，或善巧方便，从概念上讲，自身就包含有指向佛菩提的规定性，不以佛菩提为指向性目标的任何智慧或任何技巧，并无资格称为大乘佛法所同意的善巧方便。因此，这里说诸佛宣说善巧方便，同诸佛宣说殊胜法，虽然在表达方式的侧重点上有所不同，但实际所表达的思想实质，则是贯通和一致的。

关于上面说的这点，我们考察本颂尼泊尔传本与中亚传本的情况，可以更加清晰。如本颂中亚传本中，最后一句是：upāyajñānena vadanti dharmaṃm，可以译为：他们以方便智说法。这里“方便”之字，正是使用具格；而句中动词的宾语，正是“法”字。两系传本此处涉及“方便”之字，一个使用了“业格”的表达方式，一个使用了“具格”的表达方式，表明就《法华经》经本的语词表达习惯而言，两种表达方式的内涵是本质一致的。

此外此处中亚传本“方便”之后，有“智”（jñāna）字，也可帮助确证我们对善巧方便概念内涵的解释：善巧方便是一种智慧，是指一种佛智，而不可以把它简单等同为一种方法、技巧等。这是我们在讨论《法华经》乃至整个大乘佛教经典中善巧方便一系概念思想时，必须时刻牢牢记住的。

汉译中，法护此处将善巧方便译为“善权”，并在后面添上“慧事”，成为“善权慧事”。这处译文证明法护懂得，大乘佛教经典中讲的方便，本质上是一种智慧。法护这里的处理，说明他翻译的底本近于尼泊尔传本；而添加一个“慧”字，则不排除他也参考了中亚传本。罗什此处译为“方便说法”，可以看出是以“方便”在句中起修饰动词的作用。还有，中亚传本此处明确有“法”字，所以罗什这里的翻译正好与中亚传本一致。不过罗什此处没有译出“智”字，不免让人觉得美中不足。罗什在传译《法华经》善巧方便概念时，重“力”甚于重“智”，这种翻译特点非常明显。

第 11 例・第 99 颂

Upāyakauśalyam anantu teṣāṁ
bhaviṣyati lokavināyakānām ǀ
yenā vineṣyantiha prāṇakoṭyo
bauddhasmi jñānasmi anāsravasmin ‖ 99 ‖ ①

【罗什】一切诸如来，以无量方便，度脱诸众生，入佛无漏智。②

【法护】是等大人，行权方便，当得成佛。导世圣雄，所以开化，亿数众生，禅定智慧，以消诸漏。③

【新译】这些世间导师的善巧方便，将会无有穷尽；他们凭借它，将把俱祇生灵调伏于佛的无漏智慧。④

解说：这个颂文紧接着上面一颂，也是《方便品》中释迦如来以未来诸佛之弘法实践，证成《法华经》教法思想原则正确性这部分颂文之一。本颂的关键词是两个：一是善巧方便，一是佛的无漏智慧，前者是未来诸佛施设教法的内在依据，后者是未来诸佛施设教法的目标指向。颂文在这两个关键词后，都添加了修饰词，如修饰善巧方便为"无尽"，修饰佛智为"无漏"。颂文对于佛智及方便并重的用意，已经表达得非常清楚。汉译中护法译善巧方便为"权方便"，罗什译为"方便"。

第 12 例・第 103 颂

dharmasthitiṁ dharmaniyāmatāṁ ca
nityasthitāṁ loki imam akampyām ǀ

---

① Dr. P. L. Vaidya 校勘本，第 37 页。参见中亚本，第 30 页。

② 《妙法莲华经》，《大正藏》第 9 册，No. 0262，第 7 页下。

③ 《正法华经》，《大正藏》第 9 册，No. 0263，第 70 页上。

④ 《河口慧海》上卷，第 54 页；Kern 本，第 52 页。

buddhāśca bodhiṁpṛthivīya maṇḍe

prakāśayiṣyanti upāyakauśalam ‖ 103 ‖ [①]

【罗什】是法住法位，世间相常住，于道场知已，导师方便说。[②]

【法护】诸法定意，志怀律防，常处于世，演斯赞颂，每同赞说，善权方便，诸最胜尊，志意弘大。[③]

【新译】在地上的（菩提）场中觉悟了这个菩提，是住立法，是决定法，有常住性，在世间不可动摇，他们将会宣传善巧方便。[④]

解说：这个颂文也是《方便品》颂文中以未来诸佛的弘法实践，证成《法华经》教法思想原则合理性、正确性这部分颂文中的一个。这个颂文的关键词一是菩提，一是善巧方便。此颂同前面第 98 颂的句例一样，是以善巧方便作为动词“宣说”的宾语。汉译中，法护译善巧方便为“善权方便”；罗什译为“方便”。罗什译文中，“于道场知已”，“知”（实际上是“觉悟”）的宾语，不是“菩提”，而是前文中的“世间”（“世间相常住”的“世间”）。法护此处的译文，同样没有译出“菩提”一词。不过，参考此经的中亚传本，其中有 lokam imaṃ akaṃpikam mahipiṇḍi buddhyitvā，其中作为完成分词“觉悟”的宾语的，正是“世间”。所以，罗什的译法，确实是有来自中亚传本的根据。不过，如我们前面已经确定：以善巧方便智慧导向佛的菩提，正是《方便品》的核心思想原则，也正是《法华经》的核心教法思想原则。所以，此经尼泊尔传本，此处以“菩提”作为“觉悟”的宾语，里面出现“菩提”这一思想要素，与《法华经》教法思想的一贯原则，显得更加一致。

另外，有值得注意者：本颂中作为动词“宣说”宾语的，是“善巧方便”；而在第 98 颂中，动词“宣说”的宾语，则是“方便”。这可以证

---

① Dr. P. L. Vaidya 校勘本，第 38 页。参见中亚本，第 30 页。此颂在中亚本中是：dharmasthitir dharmaniyāmatā（ṃ）ca nityasthitaṃ lokam imaṃ aka｜pikam mahipiṇḍ i buddhyitvā jinā vināyakā upāyakośalya prakāśayaṃti.

② 《妙法莲华经》，《大正藏》第 9 册，No. 0262，第 7 页下。

③ 《正法华经》，《大正藏》第 9 册，No. 0263，第 70 页上。

④ 《河口慧海》上卷，第 54 页；Kern 本，第 53 页。

明在梵文《法华经》的术语体系中，方便 = 善巧方便，这样的用法，与在《般若经》及《维摩诘经》中的用法，都是一致的。从这个角度，也可以说明罗什大部分地方都把善巧方便略译为“方便”的译法，是有根据的，是合理的。

第 13 例 · 第 105 颂

upāyakauśalya prakāśayanti
vividhāni yānānyupadarśayanti |
ekaṁca yānaṁparidīpayanti
buddhāimam uttamaśāntabhūmim ‖ 105 ‖ [①]

【罗什】知第一寂灭，以方便力故，虽示种种道，其实为佛乘。[②]

【法护】以若干教，开化令入，皆共咨嗟，是一乘道，寂然之地，无有二上。[③]

【新译】因为觉悟了此有最上寂静地位者，所以他们宣传善巧方便，即示现种种诸乘，并且照亮一种乘。[④]

解说：《法华经》中《方便品》第 104—107 颂，是释迦如来以现在十方诸佛都遵循上述《法华经》的教法思想原则，证成《法华经》教法思想原则的合理性、正确性。这个颂文是这部分颂文中的一颂。此颂说明：因为觉悟了殊胜法，所以现在的十方诸佛，也与我释迦，过去的诸法，及未来的诸佛，以同样的方式，做着同样的弘法工作：宣说善巧方便，即示现种种诸乘，并且阐明诸乘乃是同一种乘的道理。颂中“有最上寂静地位者”（uttamaśāntabhūmi），即是指“菩提”，也即前面说的“殊胜法”，都是代表佛陀的证法。

从梵本来看，此颂文中虽然有三个动词：宣传，示现，照亮，但后两

① Dr. P. L. Vaidya 校勘本，第 38 页。参见中亚本，第 30 页。
② 《妙法莲华经》，《大正藏》第 9 册，No. 0262，第 7 页下。
③ 《正法华经》，《大正藏》第 9 册，No. 0263，第 70 页上。
④ 《河口慧海》上卷，第 55 页；Kern 本，第 53 页。

个动词之间是并列的关系，第一个动词与后面两个动词之间，则不是并列的关系，而是有统摄后面两个动词的意味。所以善巧方便既管控“示现三乘”，也管控“照亮一乘”。也就是说，无论是阐明三种乘，还是阐明一种乘，即无论是随宜说，还是非随宜说，根本的原则都是“善巧方便”。罗什这里的译文，以“佛以方便力”翻译颂文第一句，就强调了这一重要意义。罗什译的“种种道”，现在对勘梵本，我们知道是“种种乘”之义。

第 14 例 · 第 109 颂

deśemi dharmaṁca bahuprakāraṁ
adhimuktimadhyāśaya jñātva prāṇinām ǀ
saṁharṣayāmī vividhairupāyaiḥ
pratyātmikaṁjñānabalaṁmamaitat ‖ 109 ‖ ①

【罗什】我以智慧力，知众生性欲，方便说诸法，皆令得欢喜。②

【法护】吾所说法，若干种变，知诸萌类，心所好乐，若干色像，寻令悦豫，缘其智慧，训以道力。③

【新译】了解生灵们的信解、意向，我教导诸多品类的法；我用种种的方便使其欢喜，这是我内在的智慧力。④

解说：参考前面所提供的《方便品》颂文科判表，我们认为《方便品》颂文中的第 108—134 颂，是释迦如来以自己一生的弘法实践，来反思并证成《法华经》教法思想基本原则的合理性。此颂是这一部分颂文中的一颂。此颂说明，释迦如来一生中所说种种法，也都同样依据善巧方便。而在说明善巧方便的具体工作原理时，本颂则不仅如前面诸颂的说

① Dr. P. L. Vaidya 校勘本，第 38 页。参见中亚本，第 30 页。
② 《妙法莲华经》，《大正藏》第 9 册，No. 0262，第 7 页下。
③ 《正法华经》，《大正藏》第 9 册，No. 0263，第 70 页上。
④ 《河口慧海》上卷，第 55 页；Kern 本，第 54 页。

明，提出“诸生灵的信解及意向”，即以对众生思想性格的研究，作为善巧方便工作机制的参考标准；本颂还特别说明，依据种种的善巧方便，使得众生“欢喜”这一意义。所以如果说客观地研究和了解众生，是善巧方便的重要工作原理之一；而使得众生们心生欢喜，利于将其导向佛法，则应当说是善巧方便另外一条十分重要的工作原理。关于这后一条原理的说明，因为这一意义仅见于本颂，所以弥足珍贵。

此颂还说明“善巧方便”的教法工作，是佛陀内在智慧力的表现。这一说明中指出了善巧方便的三个特点：（一）内证性，（二）智慧性，（三）力量性。罗什译文中，经常把善巧方便译为“方便力”，这个颂文便是罗什这种译法的经典依据之一。汉译中，法护此处所译的“若干色像”，显然是误读“方便”一字而来；罗什这一颂文的翻译水准，远远高出法护。不过，我们对于罗什所译的“我以智慧力”与“方便说诸法”两句，须善读之。这里“智慧力”与“方便”，是指同一事物，不可误读为隔开的二事。

第 15 例 · 第 118 颂

purimāṁśca buddhān samanusmaranto
upāyakauśalyu yathā ca teṣām |
yaṁnūna haṁpi ima buddhabodhiṁ
tridhā vibhajyeha prakāśayeyam ‖ 118 ‖ ①

【罗什】寻念过去佛，所行方便力，我今所得道，亦应说三乘。②

【法护】等观往古，诸佛所为，彼时圣众，行权方便。吾今宁可，以此佛道，分为三乘，而开化之。③

【新译】因为回忆过去的诸佛，以及他们的那些善巧方便，我岂

---

① Dr. P. L. Vaidya 校勘本，第 40 页。参见中亚本，第 31 页。

② 《妙法莲华经》，《大正藏》第 9 册，No. 0262，第 7 页下。

③ 《正法华经》，《大正藏》第 9 册，No. 0263，第 70 页上。

不是也可把这个佛之菩提区分为三重，在这里宣说?[①]

解说：这个颂文也是《方便品》颂文中通过对释迦如来一代弘法实践的反思，证成《法华经》基本教法思想原则这部分颂文中的一颂。此颂说明佛陀此世成为无上正等觉者后，遭遇要不要说法，及如何说法的巨大困境。因为佛陀的证法，是超越性的，崇高的，纯净的，无漏的，“我所得智慧，微妙最第一”，而众生的心境，则是低俗的，下流的，有漏的，“众生诸根钝，着乐痴所盲”，[②] 所以，在佛陀和众生之间，在佛陀的超越性证法和众生的愚痴心性之间，确实存在难以弥合的绝大的鸿沟啊！佛陀如果要说法，并且其说法如果要具有实质性的意义，那么最关键的一步是：需要佛陀走向众生，也需要众生走向佛陀。而能够使佛陀走向众生也能够使众生走向佛陀的，正是佛陀的善巧方便智慧。这正是过去诸佛所证的一种智慧。所以此颂表达，佛陀决定如过去诸佛一样，将自己的证法菩提区分为三重，对众生开示。这就是说，佛陀决定以善巧方便佛智之运用，为众生说法！

汉译中，法护译善巧方便为“权方便”，罗什译为“方便力”。罗什此处译“佛菩提”为“道”，法护则译为“佛道”。颂文中是拟将佛菩提三重区分而言之，本无乘字，法护、罗什二译，此处均有“乘”字。考诸此经中亚传本，这里也无乘字。

第16例·第120颂

sādhū mune lokavināyakāgra
anuttaraṁjñānamihādhigamya |
upāyakauśalyu vicintayanto
anuśikṣase lokavināyakānām ‖ 120 ‖ [③]

① 《河口慧海》上卷，第56—57页；Kern本，第55页。
② 《妙法莲华经》，《大正藏》第9册，No. 0262，第7页下。
③ Dr. P. L. Vaidya 校勘本，第40页。参见中亚本，第31页。

【罗什】第一之导师，得是无上法，随诸一切佛，而用方便力。①

【法护】快哉能仁，世雄导师，斯为正法，执御当然，乃能思惟，善权方便。诸大圣典，亦学救世。②

【新译】太好了！牟尼！世间第一导师！你在此实证无上智慧后，考量善巧方便，要学习世间诸导师。③

解说：这个颂文也同前面的颂文一样，是释迦如来以自己一生的教法实践，证成《法华经》教法思想原则这部分颂文中的一颂。本颂中十方诸佛现身，赞叹释迦所做的这一明智选择。颂文中的两个关键词，一是无上智慧 anuttaraṁjñānam，也就是上面那个颂文中所说的“佛之菩提”；一是善巧方便，在本颂中，它是现在主动分词 vicintayanto 的宾语。汉译中罗什译善巧方便为“方便力”，法护译为“善权方便”。颂文中“无上智慧”，法护译为“正法”，罗什译为“无上法”。

第 17 例 · 第 122 颂

tato vayaṁkāraṇasaṁgraheṇa
upāyakauśalya niṣevamāṇāḥ |
phalābhilāṣaṁparikīrtayantaḥ
samādapemo bahubodhisattvān ‖ 122 ‖ ④

【罗什】是故以方便，分别说诸果。虽复说三乘，但为教菩萨。⑤

【法护】吾等犹此，兴立摄济，以权方便，而为示现。嗟叹称

① 《妙法莲华经》，《大正藏》第 9 册，No. 0262，第 7 页下。

② 《正法华经》，《大正藏》第 9 册，No. 0263，第 70 页上。

③ 《河口慧海》上卷，第 57 页；Kern 本，第 55—56 页。

④ Dr. P. L. Vaidya 校勘本，第 40 页。此颂中亚本，第 31 页写为：tato vayaṃ kāraṇasaṃgraheṇa upāyakauśalya nirdarśayāmaḥ phalābhilāṣ aḥ parikīrtayaṃtaḥ samādapemi bahubodhisatvān. 与尼泊尔传本文字稍异。

⑤ 《妙法莲华经》，《大正藏》第 9 册，No. 0262，第 7 页下。

美，获果之证，又复劝助，无数菩萨。[①]

【新译】于是，我们，因为熟悉善巧方便，就以包含因的方式，宣传对于果的歆慕，激发诸多的菩萨。[②]

解说：这个颂文也是释迦牟尼如来反思自己一生弘法实践这一部分颂文中的一颂，也属于十方诸佛现身赞叹释迦如来明智选择的部分。本颂说明：十方现在诸佛都使用善巧方便，宣传因果观念，从而得以接引诸多的菩萨入道。此颂承接第121颂而来，第121颂文中说："我等亦皆得，最妙第一法，为诸众生类，分别说三乘。少智乐小法，不自信作佛。"[③] 之所以要将最高的境界分为三重来说明，是因为信解褊狭、缺乏智慧的人们，很难相信自己将会成佛。所以本颂才接着说明：诸佛于是就以宣传因果观念的方式，得以接引诸多的菩萨。

汉译中法护把善巧方便译为"权方便"，罗什译为"方便"。文中kāraṇasaṁgraheṇa，可译为"以包含因的方式"，法护、罗什二译，均未译出。

第18例·第125颂

tato hyahaṁśārisutā viditvā
vārāṇasīṁprasthitu tasmi kāle |
tahi pañcakānāṁpravadāmi bhikṣuṇāṁ
dharmaṁupāyena praśāntabhūmim ‖ 125 ‖ [④]

【罗什】思惟是事已，即趣波罗奈。诸法寂灭相，不可以言宣，以方便力故，为五比丘说。[⑤]

【法护】告舍利弗，吾听省彼，寻时往诣，波罗奈国，便即合

① 《正法华经》，《大正藏》第9册，No. 0263，第70页上。
② 《河口慧海》上卷，第57页；Kern本，第56页。
③ 《妙法莲华经》，《大正藏》第9册，No. 0262，第7页下。
④ Dr. P. L. Vaidya校勘本，第40页。参见中亚本，第31页。
⑤ 《妙法莲华经》，《大正藏》第9册，No. 0262，第7页下。

集，诸比丘众，身子欲知，佛善权法。①

【新译】舍利弗！于是，我理解后，当时就前往波罗奈斯，依据方便，为五比丘说寂静地位的法。②

解说：这个颂文也是释迦如来反思一生教法实践，证成《法华经》教法思想基本原则这部分颂文中的一颂。本颂内容是对释迦前期为五比丘说法的教法（即转法轮）实质的反思与阐明。颂文中的关键词，一是“方便”，一是“寂灭地位的法”。后者如前已经讨论过，就是指殊胜法，佛的证法菩提。汉译中法护此处译善巧方便为“善权”，罗什译为“方便力”。罗什这个颂文的汉译，文义堪称俱美。

第 19 例 · 第 129 颂

upasaṁkramitvā ca mamaiva antike
kṛtāñjalīḥsarvi sthitāḥsagauravāḥ |
yehīśruto dharma jināna āsīt
upāyakauśalyu bahuprakāram ‖ 129 ‖ ③

【罗什】咸以恭敬心，皆来至佛所，曾从诸佛闻，方便所说法。④

【法护】一切皆来，归于世尊，佥共叉手，恭肃而住。善权方便，为若干种。⑤

【新译】还有所有来到我的身边，合掌站立，心怀虔敬者，他们已经听闻诸胜者的法，多种多样的善巧方便。⑥

解说：这个颂文也是释迦如来反思一生弘法实践，证成《法华经》

① 《正法华经》，《大正藏》第 9 册，No. 0263，第 70 页上。
② 《河口慧海》上卷，第 57—58 页；Kern 本，第 56 页。
③ Dr. P. L. Vaidya 校勘本，第 41 页。参见中亚本，第 32 页。
④ 《妙法莲华经》，《大正藏》第 9 册，No. 0262，第 7 页下。
⑤ 《正法华经》，《大正藏》第 9 册，No. 0263，第 70 页上。
⑥ 《河口慧海》上卷，第 58 页；Kern 本，第 57 页。

教法思想基本原则这部分颂文中的一颂。此颂及此颂前面的第128颂，叙述有两类人来到释迦的道场，一类是现在发起菩提心者，一类是从前在诸佛处已经听闻教法，懂得诸佛基于善巧方便说法的思想原则者。当这两类人前来求教时，在佛陀看来，就意味着释迦一生的弘法实践，此时就处在一个关键的转型阶段——由随宜言说而揭秘随宜言说。颂文中法护译善巧方便为“善权方便”，罗什译为“方便”。

第20例·第144颂

etādṛśī deśana nāyakānām
upāyakauśalyamidaṁvariṣṭham |
bahūhi saṁdhāvacanehi coktaṁ
durbodhyametaṁhi aśikṣitehi ‖ 144 ‖ ①

【罗什】舍利弗当知！诸佛法如是，以万亿方便，随宜而说法，其不习学者，不能晓了此。②

【法护】众猛尊导，讲法如是，善权方便，亿百千垓，分别无数，无复想念，其不学者，不能晓了。③

【新译】导师们的教导都是这样，这是最优异的善巧方便；可是诸未学者，确实难以理解用诸多随宜言说所说的这些。④

解说：这个颂文是《方便品》颂文中倒数第二个颂文，根据《方便品》颂文思想逻辑的科分，这是属于最后一部分颂文——佛陀鼓励、劝勉与会大众并对其教法思想予以总结——中的一个颂文，也是本品诸颂中带有总结性意义的一个颂文。本颂中出现三个重要的关键词：一是“教导”（deśana），一是善巧方便，一是随宜言说（saṁdhāvacana）。关于

① Dr. P. L. Vaidya校勘本，第43页。参见中亚本，第32页。
② 《妙法莲华经》，《大正藏》第9册，No. 0262，第7页下。
③ 《正法华经》，《大正藏》第9册，No. 0263，第70页上。
④ 《河口慧海》上卷，第60页；Kern本，第59页。

“教导”，我们在前面已经分析过，根据《方便品》，《法华经》主张在教导的多样性与其同一性、唯一性之间，应当有基于善巧方便的合理辩证。关于“善巧方便”，此颂以“优异”来说明之。关于“随宜言说”，这段颂文指出：诸佛基于善巧方便的说法，因为考虑众生的根性需要，所以很多的说法都是用随宜言说的方式来进行，因此教法的本质、真实意义，佛陀思想的根本精神，难以为一般人所真正理解。这个说法也可以反过来这样解读：如果不是以随宜言说的方式来表述佛法，那么基于善巧方便的说法，则不会那么难以理解。根据尼泊尔传本的梵本，此颂将“善巧方便”与“随宜言说”两个概念的意义予以明确区分的意识，表现得很清楚。

汉译中法护译善巧方便为“善权方便”，罗什译为“方便”。罗什这里的译文“以万亿方便，随宜而说法”，考之《法华经》中亚传本，与罗什译法显得颇为接近。① 罗什也译出了“随宜而说”的意义，法护的译文中此意则不甚清晰。

第三节 《法华经·方便品》涉及善巧方便概念的长行句例分析

接下来，我们要进一步考察、分析《方便品》长行文字中与“善巧方便”概念思想有关的句例。本品长行的文字与颂文的文字之间存在密切的关系，在一定的意义上，或可以看作诠释与被诠释的关系：颂文的部分属于一个流传较久的经文传统，而长行的部分则可以理解为佛经结集者对于颂文的整理与解读。因此我们看到在《法华经》之《方便品》中，长行的文字虽然是对颂文部分的解释，但它并未全面地解释这些颂文，而是选择性地，或综合性地，解释了这些颂文。在这样的做法中，经典结集者就会更加提炼颂文所代表的较为古老的佛教思想传统，从而使得《方便品》颂文所凝聚的《法华经》教法思想的基本原则——基于善巧方便而导向佛智、菩提这一教法思想原则，更加清晰地彰显出来。

在《方便品》长行部分，我们一共撮录 9 处涉及善巧方便概念和思

① 中亚本，第 32 页。此颂中亚本如下：etādṛ śā deśanā nāyakasya upāyakauśalyasahasrakauṭibhiḥ bahūni sandhāvacanebhi bhāṣ itā durbudhyanā caiṣ amaśikṣ itena.

想的句例，加以观察和讨论。这些例句清晰地显示：善巧方便一系概念和思想，不仅是《方便品》颂文部分的核心概念和思想，也是其长行部分的核心概念和思想，并因而在相当程度上代表了《法华经》的核心概念和思想。下面的部分，即对长行部分所涉及的相关句例进行简要的分析。

第 21 例

在《方便品》开头的部分，有两段长行文字（根据梵本体现的义理逻辑而言），对于理解《方便品》的核心思想，乃至对于理解《法华经》全经的核心思想，具有十分重要的意义，甚至可以说具有纲领性的意义。对于这两段话的理解，也为我们评估光宅法云以来中国佛教《法华经》经典诠释学的意义、价值与特色，提供了重要的判断依据。所以我们首先将考察这两段话。

先看第一段话：

【梵本】

atha khalu bhagavān smṛtimān saṁprajānaṁs tataḥsamādhervyutthitaḥ। vyutthāya āyuṣmantaṁśāriputram āmantrayate sma gambhīraṁśāriputra durdṛśaṁ duranubodhaṁ buddhajñānaṁ tathāgatairarhadbhiḥsamyaksaṁbuddhaiḥ pratibuddham, durvijñeyaṁsarvaśrāvakapratyekabuddhaiḥ। tatkasya hetoḥbahubuddhakoṭīnayutaśatasahasraparyupāsitāvino hi śāriputra tathāgatā arhantaḥsamyaksaṁbuddhā bahubuddhakoṭīnayutaśatasahasracīrṇacaritāvino′ nuttarāyāṁsamyaksaṁbodhau dūrānugatāḥkṛtavīryāāścaryādbhutadharmasamanvāgatā durvijñeyadharmasamanvāgatā durvijñeyadharmānujñātāvinaḥ ‖ ①

【罗什】尔时，世尊从三昧安详而起，告舍利弗：诸佛智慧甚深无量，其智慧门难解难入，一切声闻、辟支佛所不能知。所以者何？佛曾亲近百千万亿无数诸佛，尽行诸佛无量道法，勇猛精进，名称普

① Dr. P. L. Vaidya 校勘本，第 21 页。参见中亚本，第 19 页。

闻，成就甚深未曾有法。①

【法护】于是世尊从三昧觉，告贤者舍利弗：佛道甚深，如来至真等正觉所入之慧，难晓、难了，不可及知。虽声闻、缘觉，从本亿载所事归命，无央数劫造立德本，奉遵佛法，殷勤劳苦，精进修行，尚不能了道品之化。②

【新译】当时，薄伽梵正念、正知，由此三摩地出来。从三摩地出来后，他召唤舍利弗说：舍利弗！佛智深奥，难见，难知，它由诸如来、阿罗汉、正等觉者所觉悟，难以为一切声闻、独觉所理解。为什么呢？因为，舍利弗！诸如来、阿罗汉、正等觉者，侍奉过诸多百千俱胝那由他佛，在诸多百千俱胝那由他佛那里具足修行所积累者，久已通达无上正等正觉，已经形成勤勇，具足奇特、稀有法，成就难以理解的法，具知难以理解的法。③

再看第二段话：

【梵本】

durvijñeyaṁś āriputra saṁ dhābhāṣyaṁ tathāgatānām arhatāṁsamyaksaṁ buddhānām । tatkasya hetoḥ svapratyayān dharmān prakāśayanti vividhopāyakauśalyajñānadarśanahetukāraṇanirdeśanārambaṇaniruktiprajñaptibhistairupāyakauś alyaistasmiṁ stasmiṁ llagnān sattvān pramocayitum । mahopāyakauśalyajñānadarśana- paramapāramitāprāptāḥśāriputra tathāgatā arhantaḥ samyaksaṁ buddhāḥ । asaṅ gāpratihatajñānadarśanabalavaiś āradyāveṇikendriyabalabodhyaṅgadhyā-navimokṣasamādhisamāpattyadbhuta dharmasamanvāgatā vividhadharmasaṁprakāśakāḥ । mahāścaryādbhutaprāp tā-ḥśāriputra tathāgatāarhantaḥsamyaksaṁbuddhāḥ । ④

---

① 《妙法莲华经》，《大正藏》第 9 册，No. 0262，第 5 页中。

② 《正法华经》，《大正藏》第 9 册，No. 0263，第 68 页上。

③ 《河口慧海》上卷，第 29 页；Kern 本，第 30 页。

④ Dr. P. L. Vaidya 校勘本，第 21 页。参见中亚本，第 19 页。

【罗什】随宜所说，意趣难解。舍利弗！吾从成佛已来，种种因缘，种种譬喻，广演言教，无数方便，引导众生令离诸着。所以者何？如来方便知见波罗蜜皆已具足。舍利弗！如来知见，广大深远，无量、无碍，力、无所畏、禅定、解脱三昧，深入无际，成就一切未曾有法。舍利弗！如来能种种分别，巧说诸法，言辞柔软，悦可众心。舍利弗！取要言之，无量无边未曾有法，佛悉成就。①

【法护】又舍利弗！如来观察人所缘起，善权方便随谊顺导，猗靡现慧各为分别，而散法谊用度群生，以大智慧力无所畏，一心脱门三昧正受，不可限量，所说经典不可及逮，而如来尊较略说耳。②

【新译】舍利弗！诸如来、阿罗汉、正等觉者的随宜言说，难以被理解。为什么呢？因为他们依据这些善巧方便，用有种种善巧方便智慧观见的理由、论证、教导、思考、释词这些假名，宣传依赖自己的诸法，以便度脱到处陷溺的众生。舍利弗！诸如来、阿罗汉、正等觉者，已经获得伟大的善巧方便智慧观见这种最高的波罗蜜多，已经成就不执着、不损害的智慧观见、力、不怯懦、不共、根力、觉支、禅那、解脱、三摩地、三摩钵底、奇特法，能够演说种种的诸法。舍利弗！诸如来、阿罗汉、正等觉者，已经获得伟大的奇迹、奇特。③

这段《方便品》长行文字所对应的颂文，我们前面已言：颂文中第1—18颂，均为赞叹佛的证法，作为佛果的殊胜菩提、佛智，这种佛智、菩提难见难知，所以说唯有佛与佛，乃能知晓；第19—21三颂，则赞叹佛的教法：基于善巧方便而导向佛之菩提的教法思想原则。至于赞叹佛果菩提难知难晓的颂文，我们可以举出第2、3、9、18颂为例。

如第2颂：

【梵本】

balā vimokṣā ye teṣāṁvaiśāradyāśca yādṛśāḥ |

---

① 《妙法莲华经》,《大正藏》第9册，No. 0262，第5页中。

② 《正法华经》,《大正藏》第9册，No. 0263，第68页上。

③ 《河口慧海》上卷，第29页；Kern本，第30页。

yādṛśā buddhadharmāśca na śakyaṁjñātu kenacit ‖ 2 ‖ [①]

【罗什】佛力无所畏，解脱诸三昧，及佛诸余法，无能测量者。[②]

【法护】离垢解脱门，寂然无所畏，如诸佛法貌，莫有逮及者。[③]

【新译】他们那些诸力，诸解脱，那样的诸无畏，及那样的诸佛法，任何人都不能够懂得它们。[④]

解说：此颂即明确赞叹作为佛果的诸力、解脱、无畏、（不共）佛法等，任何人都不能知晓。此颂是赞叹证法的果殊胜。

第3颂

【梵本】

pūrve niṣevitā caryā buddhakoṭīna antike ।

gambhīrā caiva sūkṣmā ca durvijñeyā sudurdṛśā ‖ 3 ‖ [⑤]

【罗什】本从无数佛，具足行诸道，甚深微妙法，难见难可了。[⑥]

【法护】本从亿诸佛，依因而造行，入于深妙谊，所现不可及。[⑦]

【新译】在俱祇诸佛的身边，其往世娴熟的诸种修行，深奥、微妙，难以认知，极难见到。[⑧]

解说：此颂言释迦佛往世在诸佛身边所修习的诸行（菩萨行），微妙难知。这一颂是赞叹证法的因殊胜。

---

① Dr. P. L. Vaidya 校勘本，第 21 页。参见中亚本，第 20 页。

② 《妙法莲华经》，《大正藏》第 9 册，No. 0262，第 5 页中。

③ 《正法华经》，《大正藏》第 9 册，No. 0263，第 68 页上。

④ 《河口慧海》上卷，第 31 页；Kern 本，第 32 页。

⑤ Dr. P. L. Vaidya 校勘本，第 21 页。参见中亚本，第 20 页。

⑥ 《妙法莲华经》，《大正藏》第 9 册，No. 0262，第 5 页中。

⑦ 《正法华经》，《大正藏》第 9 册，No. 0263，第 68 页上。

⑧ 《河口慧海》上卷，第 31 页；Kern 本，第 32 页。

第 9 颂：

【梵本】

sa caiva sarvā iya lokadhātu

pūrṇā bhavecchārisutopamānām |

ekībhavitvāna vicintayeyuḥ

sugatasya jñānaṁna hi śakya jānitum ‖ 9 ‖ ①

【罗什】假使满世间，皆如舍利弗，尽思共度量，不能测佛智。②

【法护】设令于斯，佛之境界，皆以七宝，充满其中，以献安住，神明至尊，欲解此慧，终无能了。③

【新译】假设此所有的世界，都充满如舍利弗者，他们成为一个人，然后思惟考虑，即使这样他们也确实不能理解善逝的智慧。④

解说：这个颂文，假设一种情况：三千大千世界都充满如同舍利弗一样的聪明睿智的人士，大家一心一意来思考佛陀的智慧，同样也无法理解佛智。以此，说明作为菩提的佛智之绝对超越性。

第 18 颂：

【梵本】

gambhīra dharmā sukhumā pi buddhā

atarkikāḥsarvi anāsravāśca |

ahaṁca jānāmiha yādṛśā hi te

① Dr. P. L. Vaidya 校勘本，第 22 页。参见中亚本，第 20 页。

② 《妙法莲华经》,《大正藏》第 9 册，No. 0262，第 5 页中。

③ 《正法华经》,《大正藏》第 9 册，No. 0263，第 68 页上。

④ 《河口慧海》上卷，第 32 页；Kern 本，第 33 页。

te vā jinā loki daśaddiśāsu ‖ 18 ‖ ①

【罗什】又告舍利弗：无漏不思议，甚深微妙法，我今已具得，唯我知是相，十方佛亦然。②

【法护】诸佛圣明，不可及逮，一切漏尽，非心所念。独佛世尊，能解了知，分别十方，诸佛世界。③

【新译】所觉悟的诸法，也深奥，也微妙，不可以寻思，而且一切都是无漏的；我在此世了解（它们），十方世界中所有那样的胜者们，亦然。④

解说：此颂的意思是：惟佛与佛，乃能彻底知晓作为佛果的菩提或佛智。作为佛果的菩提具有绝对的殊胜性及超越性，只有释迦如来及类似于释迦如来的十方诸佛，才能理解这种殊胜性及超越性。

根据以上的分析可以看出，《法华经》中《方便品》上面所分析的长行第一段文字，对应于颂文部分的第1—18颂，其诠释主旨是赞叹佛陀的证法：菩提或佛智。而上面所分析的第二段文字，对应于第19—21颂，则是赞叹佛陀的教法：以善巧方便佛德为中心的教法思想原则。佛陀弘法、救度及立教，当然不是仅仅依据善巧方便，还需要佛陀其他诸德综合地发挥作用，不过在这些诸德中，善巧方便智的作用无疑是最为基础性和关键性的。因此，在第二段赞叹佛陀教法的部分，可以看到是以善巧方便佛德为中心的，同时称赞与善巧方便这一佛德一起起作用的佛陀的其他诸种品德。

第二段长行文字开头的第一句话，说“诸佛、阿罗汉、正等觉者的随宜言说，难以被理解”，表面上看，这里是在赞叹“随宜言说”（saṁdhābhāṣya），但随宜言说之所以可能，是因为如来阿罗汉正等觉者所证得的菩提果中，具备一种特殊的品德：善巧方便这种智慧，所以这段接

① Dr. P. L. Vaidya 校勘本，第23页。参见中亚本，第20页。

② 《妙法莲华经》，《大正藏》第9册，No. 0262，第5页中。

③ 《正法华经》，《大正藏》第9册，No. 0263，第68页上。

④ 《河口慧海》上卷，第33页；Kern本，第34页。

下来的文字，以“为什么呢”一句为发端，就直接过渡到称赞“伟大的善巧方便智慧观见这种最高的波罗蜜多”(mahopāyakauśalyajñānadarś-anaparamapāramitā)。所以这里说随宜言说难以知晓，实际上是为了称赞能够发起随宜言说并作为随宜言说所以可能的智慧依据的善巧方便。这段话中当然称赞了随宜言说，但这一段的重心是在称赞作为佛陀一种特殊品德的善巧方便，这是认清《法华经》思想义理本质的重大关节。根据《法华经》后面大量的表述可知：诸佛说法有随宜言说及非随宜言说两种形式，而这两种形式中，随宜言说又更为普遍、基本，这也可以理解为此段文字第一句话先称赞随宜言说的一个合乎逻辑的理由。

这里特别提请注意：这段话中提到善巧方便时，使用了这样一个特殊的表达：mahopāyakauśalyajñānadarśanaparamapāramitā，这个复合词前段为mahopāyakauśalyajñānadarśana（伟大的善巧方便智慧观见），后段为paramapāramitā［最高（或最后）的波罗蜜多］，这是一个表示同位格关系的持业释复合词，说明：善巧方便即最高（或最后）的波罗蜜多。这个复合词的意义说明：（一）善巧方便是伟大的；（二）善巧方便是佛陀的智及见，因此它是佛陀证法佛智或佛菩提的一个构成部分；（三）善巧方便是波罗蜜多，这表示这个始源于阿含经典的善巧方便概念，已经完成从作为教学法的智慧概念到位列佛菩萨品德之一的“波罗蜜多”的义理升华；（四）善巧方便在诸波罗蜜多思想体系中占据有特殊意义的地位：它是最高（或最后）的。因此我们可以说，仅仅根据《方便品》长行中的这个复合词，《方便品》就已经完成对善巧方便概念思想的基本界定。考虑到这是在《方便品》长行一开始位置就建构起来的理念，所以我们有充分的理由，确认它是《法华经》中建构的最重要的义理范畴。

《法华经》之《方便品》中关于“伟大的善巧方便波罗蜜多”这个范畴的建构说明：《法华经》在波罗蜜多思想传统中，是大大提升了善巧方便的地位，在它看来善巧方便是被视为最高或最后的波罗蜜多的。也就是说，在《法华经》看来，升格善巧方便为一种波罗蜜多，代表菩萨学行波罗蜜多体系的完成。我们在这里看到了早期大乘经典结集时代一个重要的思想动向，那就是善巧方便从原始佛教及部派佛教教学法意义上使用的一个概念，被逐步纳入波罗蜜多思想体系中，被逐步提升为一种波罗蜜多这样一种重要的思想动向。在《法华经》之《方便品》中，这样一种提升善巧方便的动向，尤其具有特殊的意义，它称善巧方便为佛智佛见，称其为最高或最后的波罗蜜多，称善巧方便波罗蜜多为伟大的波罗蜜多，说明《法华经》中对善巧方便概念范畴内涵的提炼，思想地位的提升，已经达到充分的和极致的认识。由此，我们有足够的学术支持来提议说：《法华经》是一部以善巧方便概念思想为核心展开的初期大乘佛教的经典。

我们在《法华经》其他品节的长行文字中，还能找到称善巧方便为最高或最后波罗蜜多的例子，与上面的诠释可以相互参证。例如下面这个例子：

【梵本】

Sarvadharmāśca kāśyapa tathāgato yuktyopanikṣipati | tathāgatajñānenopanikṣipati | yathā te dharmāḥ sarvajñabhūmimeva gacchanti | sarvadharmārthagatiṁca tathāgato vyavalokayati | sarvadharmārthavaśitāprāptaḥ sarvadharmādhyāśayaprāptaḥ sarvadharmaviniścayakauśalyajñānaparamapāramitāprāptaḥ sarvajñajñānasaṁdarśakaḥ sarvajñajñānāvatārakaḥ sarvajñajñānopanikṣepakaḥ kāśyapa tathāgato'rhan samyaksaṁbuddhaḥ || ①

【新译】迦叶波！如来根据道理安置一切诸法，他以如来之智慧安置一切诸法，那样，这些诸法就能达到一切知者之地。其次，如来审察一切诸法之利益，迦叶波！因为关于一切诸法的利益获得自在，关于一切诸法获得深心欲乐，获得善巧抉择一切诸法智这种最高（或最后）的波罗蜜多，迦叶波！能够开显一切知者的智慧，能够使（众生）悟入一切知者的智慧，能够安置一切知者的智慧的，就是如来阿罗汉正等觉者。

此段文字见于汉译《法华经》中的《药草喻品》，文中所谓的 sarvadharmaviniścayakauśalyajñānaparamapāramitā，可以译为“善巧抉择一切诸法智这种最高（或最后）的波罗蜜多”，其中，善巧抉择一切诸法智，在经

① Dr. P. L. Vaidya 校勘本，第 84 页。《改订梵文法华经》，第 114 页。

中是“善巧方便智”的别名，所以这个例子也是经中称赞善巧方便波罗蜜多为最高或最后的波罗蜜多的显例。

总起来看：《方便品》开头第一、第二两段长行文字，是佛自赞其证法、教法的文字，也是在《法华经》开头为初步建构其教法思想原则所发挥的文字。无论根据所诠释的颂文，还是根据诠释性质的这两段长行文字，我们都可以确定：《法华经》中《方便品》这部分文字所确立的基本教法思想原则，是基于善巧方便而导向佛之菩提的思想原则，这一思想原则中，“菩提”及“善巧方便”两个范畴，成为经文中的两个核心范畴。《法华经》中的其他一切教法思想，可以说都是围绕这两个核心范畴而展开的。

第 22 例

【梵本】

atha khalu ye tatra parṣatsaṁ nipāte mahāśrāvakāājñātakauṇḍinyapramukhā arhantaḥkṣīṇāsravā dvādaśa vaśībhūtaśatāni ye cānye śrāvakayānikā bhikṣubhikṣuṇyupāsakopāsikā ye ca pratyekabuddhayānasaṁ prasthitāḥ, teṣāṁsarveṣāmetadabhavat ko nu hetuḥkiṁ kāraṇaṁyad bhagavānadhimātramupāyakauśalyaṁtathāgatānāṁsaṁvarṇayati gambhīras´ cāyaṁ mayā dharmo′ bhisaṁbuddha iti saṁvarṇayati durvijñeyaśca sarvaśrāvakapratyekabuddhairiti saṁvarṇayati yathā tāvad bhagavatā ekaiva vimuktirākhyātā, vayamapi buddhadharmāṇāṁlābhino①

【罗什】尔时大众中，有诸声闻漏尽阿罗汉，阿若憍陈如等千二百人，及发声闻、辟支佛心比丘、比丘尼、优婆塞、优婆夷，各作是念：今者，世尊何故殷勤称叹方便，而作是言：佛所得法甚深难解，有所言说意趣难知，一切声闻、辟支佛所不能及。佛说一解脱义，我等亦得此法到于涅槃，而今不知是义所趣。②

【法护】尔时大众会中，一切声闻阿罗汉等，诸漏已尽，知本际

① Dr. P. L. Vaidya 校勘本，第 24 页。参见中亚本，第 21 页。

② 《妙法莲华经》，《大正藏》第 9 册，No. 0262，第 6 页上。

党，千二百众，及弟子学，比丘、比丘尼、清信士、清信女诸声闻乘，各各兴心念：世尊何故殷勤咨嗟善权方便，宣畅如来深妙经业，致最正觉慧不可及，声闻、缘觉莫能知者？如今世尊乃演斯教，于是佛法无逮泥洹，虽说此经，吾等不解谊之所趣。[①]

【新译】当时，在此大众集会处，有阿若憍陈如等一千二百位大声闻，是已尽漏泄、已得自在的阿罗汉，还有属于声闻乘的其他一些比丘、比丘尼、优婆塞、优婆夷，还有那些已经趋向独觉乘者，所有这些人都有这样的想法：是何原因，是何理由，以致薄伽梵极为称赞诸如来的善巧方便，如他称赞说："我所觉悟的这个法深奥。"他还称赞说："一切声闻、独觉都难以理解它。"正如薄伽梵说过：解脱是同一个解脱，我们也是诸佛法的获得者啊！[②]

解说：这段文字叙述阿若憍陈如等一千二百位罗汉及其他声闻弟子内心中共同的疑问。这个疑问即：佛陀为何在法华法会之前，以无问自说的方式，极度地称赞"善巧方便"呢？汉译中，法护译善巧方便为"善权方便"，罗什译为"方便"。

我们在本段长行对应诠释的颂文中，可以看到以下三个颂文：

第 23 颂：

【梵本】

bodhimaṇḍaṁca kīrtesi pṛcchakaste na vidyate |

saṁdhābhāṣyaṁca kīrtesi na ca tvāṁkaści pṛcchati ‖ 23 ‖ [③]

【罗什】道场所得法，无能发问者；我意难可测，亦无能问者。[④]

【法护】赞扬佛道场，无敢发问者，独咨嗟真法，无能启微妙。[⑤]

① 《正法华经》，《大正藏》第 9 册，No. 0263，第 68 页下。

② 《河口慧海》上卷，第 33—34 页；Kern 本，第 34—35 页。

③ Dr. P. L. Vaidya 校勘本，第 24 页。参见中亚本，第 21 页。

④ 《妙法莲华经》，《大正藏》第 9 册，No. 0262，第 6 页中。

⑤ 《正法华经》，《大正藏》第 9 册，No. 0263，第 68 页下。

【新译】你称赞如同醍醐的菩提，没有人能向您发问；您还称赞随宜言说，也没有任何人向您提问。[①]

第 24 颂：

【梵本】

apṛcchito vyāharasi caryāṁvarṇesi cātmanaḥ ǀ

jñānādhigama kīrtesi gambhīraṁca prabhāṣase ‖ 24 ‖ [②]

【罗什】无问而自说，称叹所行道，智慧甚微妙，诸佛之所得。[③]

【法护】显现大圣法，自叹誉其行，智慧不可限，欲分别深法。[④]

【新译】你未被提问却在说话，你称赞自己的修行；实证智慧的您在称赞，并且你谈论深奥的（东西）。[⑤]

第 25 颂：

【梵本】

adyeme saṁśayaprāptā vaśībhūtā anāsravāḥ ǀ

nirvāṇaṁprasthitā ye ca kimetad bhāṣate jinaḥ ‖ 25 ‖ [⑥]

【罗什】无漏诸罗汉，及求涅槃者，今皆堕疑网，佛何故说是？[⑦]

【法护】今鄙等怀疑，说道诸漏尽，其求无为者，皆闻佛所赞。[⑧]

【新译】如今，凡是那些趋向涅槃、已得自在、无有漏泄者，都

---

① 《河口慧海》上卷，第 35 页；Kern 本，第 36 页。

② Dr. P. L. Vaidya 校勘本，第 24 页。参见中亚本，第 21 页。

③ 《妙法莲华经》，《大正藏》第 9 册，No. 0262，第 6 页中。

④ 《正法华经》，《大正藏》第 9 册，No. 0263，第 68 页下。

⑤ 《河口慧海》上卷，第 35 页；Kern 本，第 36 页。

⑥ Dr. P. L. Vaidya 校勘本，第 24 页。参见中亚本，第 21 页。

⑦ 《妙法莲华经》，《大正藏》第 9 册，No. 0262，第 6 页中。

⑧ 《正法华经》，《大正藏》第 9 册，No. 0263，第 68 页下。

觉得疑惑：胜者为什么谈论这些呢？[①]

解说：比较这三个颂文和前面的长行文字可以看出：在颂文中，舍利弗所提出的疑问是，为什么佛陀要谈论自证的境界？尤其是为什么他要谈论菩提和随宜言说呢？但是在上面那段长行诠释中，我们注意到：经文的表述及声闻们的问题是，佛陀为什么要极度称赞“善巧方便”？所以这里存在一个问题，即善巧方便与随宜言说的关系问题。是应当理解为善巧方便即随宜言说呢，还是应当理解为善巧方便与随宜言说有所不同呢？关于这个问题的模糊及难解，可能是《法华经》经文翻译与思想理解中一直存在的最严重的诠释学问题之一。我们后面将会在第四节中尝试对这个问题进一步予以澄清。

第 23 例

atha khalvāyuṣ mān śāriputrastāsāṁcatasṛṇāṁparṣadāṁvicikitsākathaṁkathāṁviditvā cetasaiva cetaḥparivitarkamājñāya ātmanā ca dharmasaṁśayaprāptastasyāṁ velāyāṁ bhagavantametadavocat ko bhagavan hetuḥ, kaḥpratyayo yad bhagavānadhimātraṁpunaḥpunastathāgatānāmupāyakauśalyajñānadarśanadharmadeśanāṁsaṁvarṇayati gambhīraśca me dharmo′ bhisaṁbuddha iti । durvijñeyaṁca saṁdhābhāṣyamiti punaḥpunaḥsaṁvarṇayati । na ca me bhagavato′ntikādevaṁrūpo dharmaparyāyaḥśrutapūrvaḥ । imāśca bhagavaṁścatasraḥparṣado vicikitsākathaṁkathāprāptāḥ । tatsādhu bhagavānnirdiś atu yatsaṁ dhāya tathāgato gambhīrasya tathāgatadharmasya punaḥpunaḥsaṁvarṇanāṁkaroti ‖ [②]

【罗什】尔时舍利弗知四众心疑，自亦未了，而白佛言：世尊！何因何缘，殷勤称叹诸佛第一方便、甚深微妙、难解之法？我自昔

① 《河口慧海》上卷，第 35 页；Kern 本，第 36 页。

② Dr. P. L. Vaidya 校勘本，第 24 页。参见中亚本，第 21 页。

来，未曾从佛，闻如是说；今者四众，咸皆有疑。唯愿世尊，敷演斯事：世尊何故殷勤称叹甚深微妙难解之法？[1]

【法护】贤者舍利弗，见四部众心怀犹豫，欲为发问，决其疑网，冀并被蒙，前白佛言：唯然世尊！今日如来何故独宣善权方便，以深妙法逮最正觉，道德巍巍不可称限？[2]

【新译】当时，长老舍利弗知道此四众的疑惑、犹豫，晓得其心中所思，而且自己对于法也颇感疑惑，因而在此时刻，他就问薄伽梵：薄伽梵啊！是何原因？是何缘故？以致薄伽梵一再地极为称赞诸如来善巧方便智慧观见的说法呢？如您说："我所觉悟的法深奥。"如您一再称赞："随宜言说难以理解。"我在薄伽梵的身边，以前从未听闻如此这般的法门。而且，薄伽梵！这四众都觉得疑惑、犹豫。所以，还是请薄伽梵开示：何故如来一再称赞深奥的如来之法？[3]

解说：此段长行文字中，舍利弗也把心里的疑问，集中在善巧方便的范畴上：如来为什么一再极为称赞善巧方便智慧观见的说法呢？这里经文使用的短语：upāyakauśalyajñānadarśanadharmadeśanā，可以处理为"善巧方便智慧观见的说法"，也可以处理为"以善巧方便智慧观见说法"。从这个短语可以看出：（一）此处"善巧方便"跟"智慧观见"连在一起，成为一个表示同位格关系的持业释复合词，说明以"善巧方便"为一种佛智佛见的理念，是《法华经》非常清晰的理念，善巧方便的本质是一种智慧，且是一种特殊的佛智，关于善巧方便概念思想的这样一层涵义，已经可以确认无误；（二）此处把"善巧方便"和"教导法"（说法）两件事融合在一块，说明说法的依据是善巧方便，而具有善巧方便的说法能够导向佛智，所以善巧方便与"说法"有最为密切的关系，这样一层涵义，也已经非常清晰了。

还有本段结束时，舍利弗请教的问题，并不是问如来为什么称赞善巧方便，而是问如来为什么称赞诸如来证法？经文试图以这样的提问方式，

① 《妙法莲华经》，《大正藏》第 9 册，No. 0262，第 6 页中。

② 《正法华经》，《大正藏》第 9 册，No. 0263，第 68 页下。

③ 《河口慧海》上卷，第 35 页；Kern 本，第 36 页。

将善巧方便与作为佛陀证法的菩提紧密关联的意义，努力彰显出来。

第 24 例

Bhagavānetadavocat kadācit karhicicchāriputra tathāgata evaṁ rūpāṁdharmadeśanāṁkathayati । tadyathāpi nāma śāriputra udumbarapuṣpaṁkadācit karhicit saṁdṛśyate, evameva śāriputra tathāgato'pi kadācit karhicit evaṁrūpāṁdharmadeśanāṁkathayati । śraddadhata me śāriputra, bhūtavādyahamasmi, tathāvādyahamasmi, ananyathāvādyahamasmi । dur bodhyaṁśāriputra tathāgatasya saṁdhābhāṣyam । tatkasya hetoḥnānāniruktinirdeśābhilāpanirdeśanairmayāśāriputra vividhairupāyakauśalyaśatasahasrairdharmaḥsaṁprakāśitaḥ । atarko'tarkāvacarastathāgatavijñeyaḥśāriputra saddharmaḥ । ①

【罗什】佛告舍利弗：如是妙法，诸佛如来时乃说之，如优昙钵华，时一现耳。舍利弗！汝等当信佛之所说，言不虚妄。舍利弗！诸佛随宜说法，意趣难解。所以者何？我以无数方便，种种因缘、譬喻言辞，演说诸法。是法非思量分别之所能解，唯有诸佛乃能知之。②

【法护】如来云何说此法乎？譬灵瑞华时时可见，佛叹斯法久久希有，尔等当信如来诚谛所说深经，谊甚微妙，言辄无虚，若干音声，现诸章句，各各殊别，人所不念，本所未思，如来悉知。③

【新译】薄伽梵说道：舍利弗！薄伽梵有时候偶尔谈到这样的说法。舍利弗！就好比优昙钵花有时候偶尔地显现出来，正是同样，舍利弗！如来也有时候偶尔地谈到这样的说法。舍利弗！你要相信我：我是一个实说者，是一个如说者，是一个非异说者。舍利弗！如来之随宜言说难以被理解。为什么呢？舍利弗！我依据成百上千种诸多的善巧方便，用各种各样的释词、教导、谈话、解说，宣说了法。舍利弗！如来所认识的妙

---

① Dr. P. L. Vaidya 校勘本，第 27 页。参见中亚本，第 23 页。

② 《妙法莲华经》，《大正藏》第 9 册，No. 0262，第 7 页上。

③ 《正法华经》，《大正藏》第 9 册，No. 0263，第 69 页中。

法，无有寻思，不属于寻思的领域。①

解说：这段话中的第一句，及第二句，所谓“如来谈到这样的说法”，意思是：如来将要以新的方式来说法，也就是如来将要把一直以来随宜言说的说法方式，转变为非随宜言说的说法方式。由于众生根性存在普遍的和内在的缺陷，随宜言说说法方式构成了如来说法的通常方式，而非随宜言说的说法方式，或者说对于随宜言说说法方式的大揭秘，直接显露佛陀教法的本怀，这样的说法方式是偶一为之，就如优昙钵花在世间偶一显现一样。

以意义而言，这段长行文字主要是对应《方便品》中第135—138颂，这几颂属于《方便品》颂文中的最后一部分，即释迦如来鼓励和劝勉与会大众的部分。几个颂文和对应的长行文字，都意在表示：佛陀随宜言说的教法模式很常见，而非随宜言说的教法模式则很稀有，就如同优昙钵花在世间十分稀有一样。以此鼓励《法华经》的与会大众，要倍加珍惜《方便品》所揭橥的佛教教法思想的基本原则。

第25例

Tatkasya hetoḥye'pi tu śāriputra atīta'dhvanyabhūvan daśasu dikṣvaprameyeṣvasaṁkhyeyeṣu lokadhātuṣu tathāgatā arhantaḥsamyaksaṁbuddhā bahujanahitāya bahujanasukhāya lokānukampāyai mahato janakāyasyārthāya hitāya sukhāya devānāṁca manuṣyāṇāṁca । ye nānābhinirhāranirdeśavividhahetukāraṇanidarśanārambaṇaniruktyupāyakauśalyairnānādhimuktānāṁsattvānāṁnānādhātvāśayānāmāśayaṁviditvā dharmaṁdeśitavantaḥ । te' pi sarve śāriputra buddhā bhagavanta ekameva yānamārabhya sattvānāṁdharmaṁdeśitavantaḥ, yadidaṁbuddhayānaṁsarvajñatāparyavasānam, yadidaṁ tathāgatajñānadarśanasamādāpanameva sattvānāṁtathāgatajñānadarśanasaṁdarśanameva tathāgatajñānadarśanāvatāraṇameva tathāgatajñānadarśanaprat-

① 《河口慧海》上卷，第39页；Kern本，第39页。

ibodhanameva tathāgatajñānadarśanamārgāvatāraṇameva sattvānāṁ dharmaṁdeśitavantaḥ। yairapi śāriputra sattvaisteṣāmatītānāṁ tathāgatānāmarhatāṁ samyaksaṁ buddhānāmantikāt saddharmaḥśrutaḥ, te'pi sarve'nuttarāyāḥ samyaksaṁbodherlābhino'bhūvan ‖ ①

【罗什】舍利弗！过去诸佛，以无量无数方便，种种因缘、譬喻言辞，而为众生演说诸法，是法皆为一佛乘故。是诸众生，从诸佛闻法，究竟皆得一切种智。②

【法护】去来现在亦复如是。以权方便若干种教，各各异音开化一切，而为说法皆兴大乘，佛正觉乘诸通慧乘。又舍利弗！斯众生等悉更供养诸过去佛，亦曾闻法，随其本行获示现谊。③

【新译】为什么呢？舍利弗！在过去的世代，在十方无量、无数的世界中，曾有诸如来、阿罗汉、正等觉者，为了大众的利益，为了大众的幸福，出于对世间的悲悯，为了诸天神及诸人类大众的好处、利益、幸福，他们用有各种导向、教导，有种种理由、论证、例证、思考、释词的诸多善巧方便，在懂得有种种界别、意向的种种信解的众生的意向之后，而为其说法；舍利弗！所有这些诸佛、薄伽梵，也都是基于一乘为诸众生说法，即基于以一切知性为结束的佛乘，即基于能够劝勉众生如来智慧观见、能够展示如来智慧观见、能够悟入如来智慧观见、能够觉悟如来智慧观见、能够悟入如来智慧观见之道的佛乘，为诸众生说法。舍利弗！从这些过去的如来、阿罗汉、正等觉者的身边听闻正法的一切众生，也都成为无上正等菩提的获得者。④

解说：《方便品》颂文部分的第 71—97 颂，以过去诸佛的弘法实践来证成《法华经》教法思想的基本原则，即基于善巧方便而导向佛陀证法的思想原则，这段长行的文字即将这部分颂文的核心义理，融合地表现

① Dr. P. L. Vaidya 校勘本，第 27 页。参见中亚本，第 24 页。
② 《妙法莲华经》，《大正藏》第 9 册，No. 0262，第 7 页上。
③ 《正法华经》，《大正藏》第 9 册，No. 0263，第 69 页中。
④ 《河口慧海》上卷，第 40 页；Kern 本，第 41 页。

出来。文中关键词有三个：（一）善巧方便；（二）众生的意向；（三）一乘，佛乘，一切知性，如来之智慧、观见，这四个词在文中都是同一个意思，指佛陀的证法：作为佛果的菩提。汉译中法护译善巧方便为“善权方便”，罗什译为“方便”。文中“一乘”，意思是：“同一的乘”，“一种乘”；所谓“佛乘”，意思是：以佛为目标的乘。

第 26 例

Ye'pi te śāriputra anāgate'dhvani bhaviṣyanti daśasu dikṣvaprameyeṣvasaṁkhyeyeṣu lokadhātuṣu tathāgatā arhantaḥsamyaksaṁbuddhā bahujanahitāya bahujanasukhāya lokānukampāyai mahato janakāyasyārthāya hitāya sukhāya devānāṁca manuṣyāṇāṁca, ye ca nānābhirnihāranirdeśavividhahetukāraṇanidarśanārambaṇaniruktyupāyakauśalyairnānādhimuktānāṁ sattvānāṁnānādhātvāśayānāmāśayaṁviditvā dharmaṁdeśayiṣyanti, te' pi sarve śāriputra buddhā bhagavanta ekameva yānamārabhya sattvānāṁdharmaṁ deś ayiṣyanti yadidaṁ buddhayānaṁ sarvajñatāparyavasānam, yadidaṁ tathāgatajñānadarśanasamādāpanameva sattvānāṁtathāgatajñānadarśanasaṁdarśanameva tathāgatajñānadarśanāvatāraṇameva tathāgatajñānadarśanapratibodhanameva tathāgatajñānadarśanamārgāvatāraṇameva sattvānāṁdharmaṁ deśayiṣyanti । ye'pi te śāriputra sattvāsteṣāmanāgatānāṁtathāgatānāmarhatāṁsamyaksaṁbuddhānāmantikāt taṁdharmaṁśroṣyanti, te' pi sarve' nuttarāyāḥsamyaksaṁbodherlābhino bhaviṣyanti ‖ ①

【罗什】舍利弗！未来诸佛当出于世，亦以无量无数方便，种种因缘、譬喻言辞，而为众生演说诸法，是法皆为一佛乘故。是诸众生，从佛闻法，究竟皆得一切种智。②

【法护】（同上）

① Dr. P. L. Vaidya 校勘本，第 28 页。参见中亚本，第 24 页。

② 《妙法莲华经》，《大正藏》第 9 册，No. 0262，第 7 页上。

【新译】舍利弗啊！在未来的世代，在十方无量、无数的世界中，会有诸如来、阿罗汉、正等觉者，为了大众的利益，为了大众的幸福，出于对于世间的悲悯，为了诸天神以及诸人类大众的好处、利益及幸福，他们将会用有各种导向、教导，有种种理由、论证、例证、思考、释词的善巧方便，在懂得有种种界别、意向，有种种信解的众生的意向之后，将会说法；舍利弗！所有这些诸佛薄伽梵，也都基于一乘，将为诸众生说法，即基于以一切知性为结束的佛乘，即基于能够劝勉众生如来智慧观见、能够展示如来智慧观见、能够悟入如来智慧观见、能够觉悟如来智慧观见、能够悟入如来智慧观见之道的佛乘，将为诸众生说法。舍利弗啊！从这些未来的如来、阿罗汉、正等觉者的身边将会听闻此法的所有这些众生，也都将会成为无上正等菩提的获得者。①

解说：《法华经》中《方便品》第98—103颂，以未来诸佛的弘法实践证成《法华经》教法思想基本原则的正确性、合理性。这段长行文字与这部分颂文的意思相应。

第27例

Ye'pi te śāriputra etarhi pratyutpanne'dhvani daśasu dikṣvaprameyeṣ vasaṁ khyeyeṣu lokadhātuṣu tathāgatā arhantaḥ samyaksaṁ buddhāstiṣṭhanti ghriyante yāpayanti, dharmaṁca deśayanti bahujanahitāya bahujanahitāya lokānukampāyai mahato janakāyasyārthāya hitāya sukhāya devānāṁca manuṣyāṇāṁca, ye nānābhinirhāranirdeśavividhahetukāraṇanidarśanārambaṇaniruktyupāyakauśalyairnānādhimuktānāṁsattvānāṁnānādhātvāśayānāmāśayaṁviditvā dharmaṁdeśayanti, te'pi sarve śāriputra buddhā bhagavanta ekameva yānamārabhya sattvānāṁdharmaṁdeśayanti yadidaṁbuddhayānaṁ sarvajñatāparyavasānam, yadidaṁtathāgatajñānadarśanasamādāpanameva sattvānāṁtathāgatajñānadarśanasaṁdarśanameva tathāgatajñānadarśanāvatā-

① 《河口慧海》上卷，第41页；Kern本，第41页。

raṇameva tathāgatajñānadarśanapratibodhanameva tathāgatajñānadarśanamārgāvatāraṇameva sattvānāṁdharmaṁdeśayanti | ye' pi te śāriputra sattvāsteṣāṁpratyutpannānāṁtathāgatānāmarhatāṁsamyaksaṁbuddhānāmantikāt taṁdharmaṁśṛṇvanti, te'pi sarve'nuttarāyāḥsamyaksaṁbodherlābhino bhaviṣyanti ‖ ①

【罗什】舍利弗！现在十方无量百千万亿佛土中，诸佛世尊多所饶益安乐众生，是诸佛亦以无量无数方便，种种因缘、譬喻、言辞，而为众生演说诸法，是法皆为一佛乘故。是诸众生，从佛闻法，究竟皆得一切种智。②

【法护】(同上)

【新译】舍利弗！现今，在现在的世代，在十方无量、无数的世界中，有诸如来、阿罗汉、正等觉者，他们住世、维持、安养，并且为了大众的利益，为了大众的幸福，出于对世间的悲悯，为了诸天神及诸人类大众的好处、利益及幸福，而在说法；舍利弗！凡是一切用有各种引导、教导，有种种理由、论证、例证、思考、释词的诸多善巧方便，在懂得有种种界别、意向，有种种信解的众生的意向之后，而在说法的这些诸佛薄伽梵，也都基于一乘，在为诸众生说法，即基于以一切知性为结束的佛乘，即基于能够劝勉众生如来智慧观见、能够展示如来智慧观见、能够悟入如来智慧观见、能够觉悟如来智慧观见、能够悟入如来智慧观见之道的佛乘，在为诸众生说法。舍利弗啊！从现在这些如来、阿罗汉、正等觉者的身边，正在听闻此法的所有这些众生，也都将会成为无上正等菩提的获得者。③

解说：《法华经》中《方便品》第104—107颂，是以现在诸佛的弘法实践，证成《法华经》教法思想基本原则的正确性、合理性。本段长行文字，是把这些颂文的意思融合地表现了出来。

---

① Dr. P. L. Vaidya 校勘本，第28页。参见中亚本，第25页。

② 《妙法莲华经》，《大正藏》第9册，No. 0262，第7页上。

③ 《河口慧海》上卷，第42页；Kern 本，第42页。

第 28 例

Ahamapi śāriputra etarhi tathāgato′ rhan samyaksaṁbuddho bahujanahitāya bahujanasukhāya lokānukampāyai mahato janakāyasyārthāya hitāya sukhāya devānāṁca manuṣyāṇāṁca nānābhinirhāranirdeśavividhahetukāraṇanidarśanārambaṇaniruktyupāyakauśalyairnānādhimuktānāṁsattvānāṁnānādhātvāśayānāmāśayaṁviditvā dharmaṁdeśayāmi । ahamapi śāriputra ekameva yānamārabhya sattvānāṁdharmaṁdeśayāmi yadidaṁbuddhayānaṁsarvajñatāparyavasānam, yadidaṁtathāgatajñānadarśanasamādāpanameva sattvānāṁtathāgatajñānadarśanasaṁdarśanameva tathāgatajñānadarśanāvatāraṇameva tathāgatajñānadarśanapratibodhanameva tathāgatajñānadarśanamārgāvatāraṇameva sattvānāṁdharmaṁdeśayāmi । ye′ pi te śāriputra sattvā etarhi mamemaṁdharmaṁśṛṇvanti, te′pi sarve′nuttarāyāḥ samyaksaṁ· bodherlābhino bhaviṣyanti । tadanenāpi śāriputra paryāyeṇa evaṁ veditavyaṁ yathā nāsti dvitīyasya yānasya kvaciddaśasu dikṣu loke prajñaptiḥ, kutaḥpunastṛtīyasya ‖ ①

【罗什】舍利弗！我今亦复如是，知诸众生有种种欲，深心所著，随其本性，以种种因缘、譬喻、言辞，方便力而为说法。舍利弗！如此皆为得一佛乘、一切种智故。舍利弗！十方世界中，尚无二乘，何况有三。②

【法护】吾见群生本行不同，佛观其心所乐若干，善权方便造立报应，而讲法谊，皆为平等正觉大乘，至诸通慧道德一定，无有二也，十方世界等无差特，安得三乘？③

【新译】舍利弗！即便我，如今的如来、阿罗汉、正等觉者，也为了大众的利益，为了大众的幸福，出于对世间的悲悯，为了诸天神及诸

① Dr. P. L. Vaidya 校勘本，第 28 页。参见中亚本，第 25—26 页。

② 《妙法莲华经》，《大正藏》第 9 册，No. 0262，第 7 页上。

③ 《正法华经》，《大正藏》第 9 册，No. 0263，第 69 页下。

人类大众的好处、利益、幸福，用有各种引导、教导，有种种理由、论证、例证、思考、释词的诸多善巧方便，在懂得有种种界别、意向，有种种信解的众生的意向之后，正在说法；舍利弗！即便我，也基于一乘在为诸众生说法，即基于以一切知性为结束的佛乘，即基于能够劝勉众生如来智慧观见、能够展示如来智慧观见、能够悟入如来智慧观见、能够觉悟如来智慧观见、能够悟入如来智慧观见之道的佛乘，在为诸众生说法。舍利弗啊！现今所有从我这里听闻此法的众生，也都将会成为无上正等菩提的获得者。

因而，舍利弗啊！通过此种方式，你也可以这样理解：在十方世界，无论何处，都不存在"第二种乘"的名称，更何况还有第三种乘的名称呢！①

解说：《法华经》中《方便品》第108—134诸颂，以释迦一生教法实践及过程，证成《法华经》教法思想基本原则的正确性、合理性。这段长行文字，是将这部分颂文的意思综合地表现了出来。

第29例

api tu khalu punaḥśāriputra yadā tathāgatā arhantaḥsamyaksaṁbuddhā kalpakaṣāye votpadyante sattvakaṣāye vā kleśakaṣāye vā dṛṣṭikaṣāye vāāyuṣkaṣāye votpadyante । evaṁrūpeṣu śāriputra kalpasaṁkṣobhakaṣāyeṣu bahusattveṣu lubdheṣvalpakuśalamūleṣu tadāśāriputra tathāgatā arhantaḥsamyaksaṁbuddhā upāyakauśalyena tadevaikaṁbuddhayānaṁtriyānanirdeśena nirdiśanti । tatra śāriputra ye śrāvakā arhantaḥpratyekabuddhā vā imāṁkriyāṁtathāgatasya buddhayānasamādapanāṁna śṛṇvanti nāvataranti nāvabudhyanti, na te śāriputra tathāgatasya śrāvakāveditavyāḥ, nāpyarhanto nāpi pratyekabuddhā veditavyāḥ । ②

① 《河口慧海》上卷，第43页；Kern本，第42页。

② Dr. P. L. Vaidya校勘本，第28—29页。参见中亚本，第26页。

【罗什】舍利弗！诸佛出于五浊恶世，所谓劫浊、烦恼浊、众生浊、见浊、命浊。如是，舍利弗！劫浊乱时，众生垢重，悭贪嫉妒，成就诸不善根故，诸佛以方便力，于一佛乘分别说三。舍利弗！若我弟子，自谓阿罗汉、辟支佛者，不闻、不知诸佛如来但教化菩萨事，此非佛弟子，非阿罗汉，非辟支佛。①

【法护】又舍利弗！设如来说众生瑕秽一劫不竟，今吾兴出于五浊世：一曰尘劳，二曰凶暴，三曰邪见，四曰寿命短，五曰劫秽浊。为此之党本德浅薄，悭贪多垢故，以善权现三乘教，劝化声闻及缘觉者；若说佛乘，终不听受、不入不解，无谓如来法有声闻及缘觉道深远诸难。②

【新译】舍利弗啊！可是，当诸如来、阿罗汉、正等觉者在劫波浊中出生时，或者当他们在众生浊、烦恼浊、邪见浊、寿命浊中出生时，舍利弗啊！此时，在如此状态的扰乱的劫波浊中，很多众生都贪婪，且少有善根，舍利弗！诸如来、阿罗汉、正等觉者，就依据方便善巧，以教导三乘的方式，教导一乘。舍利弗！凡是在这里，不听闻、不悟入、不懂得如来劝勉佛乘这种事业的声闻、阿罗汉或独觉，舍利弗！就不要把他们理解为是如来的声闻，也不要把他们理解为是如来的阿罗汉或独觉。③

解说：这段长行有关五浊恶世的说法，见于《方便品》颂文中第124颂④，及第141颂⑤，此段长行文字是根据这两个颂文的基本意义，加以综合后，表现出来的。长行文字的综合意义是：在五浊恶世，由于众生的根性极其恶劣，所以凡是诸佛在这样的时代出世，则必定根据善巧方便，以教导三乘的方式，教导唯一的佛乘。换句话说，凡是在十分恶劣的时代

① 《妙法莲华经》，《大正藏》第9册，No.0262，第7页中。

② 《正法华经》，《大正藏》第9册，No.0263，第69页下。

③ 《河口慧海》上卷，第44页；Kern本，第42—43页。

④ 罗什译文："复作如是念：我出浊恶世，如诸佛所说，我亦随顺行。"法护译文："于时余等，当遵其行，如诸导师，之所言说。我时比丘，亦持斯法，出生于人，黎庶之间。"

⑤ 罗什译文："以五浊恶世，但乐着诸欲，如是等众生，终不求佛道。"法护译文："何故说世，而有五事？或有众生，怀毒求短，贪欲愚瞶，而好诽谤，如是伦品，不尚至道。"

环境推行佛化，那么佛教教法的模式，势必是依据善巧方便，而以随宜言说为主。

第四节 关于《法华经》中“随宜言说”与“善巧方便”两个概念的关系问题

在研究《法华经》中《方便品》的善巧方便概念思想时，乃至在研究整个《法华经》经典诠释系统的善巧方便概念思想时，有一个重要问题一直困扰着人们，有待必要的澄清，那就是在《法华经》中出现的一个新概念：“随宜言说”这个概念及其含义的问题。这个概念在《方便品》中已经出现，而且跟这个概念关涉的一些论说，经常与经中对善巧方便概念的论说，联系在一起。这就促使我们考虑：如果要想对《法华经》甚至对大乘佛教教法思想中具有本质重要性的善巧方便概念思想，进行有效的义理澄清，就必须首先认真澄清随宜言说的问题。那么何谓“随宜言说”呢？随宜言说与善巧方便的关系究竟如何？这是我们在接下去的文字中要重点考虑的议题。我们清楚对于这个问题的精确考虑，不仅关涉到对随宜言说的性质的理解，同样也关涉到对善巧方便的性质的进一步理解。

在《法华经》经文中，随宜言说，主要有三个表达方式：一个是saṁdhābhāṣya，一个是saṁdhābhāṣita，还有一个是saṁdhāvācana。第一个表达方式中的bhāṣya，是名词，意思是：言语，所说，注释，著作；第二个表达方式中的bhāṣita，是过去被动分词形态，意思是：“被说”“所说”；第三个表达方式中的vācana，意思是：说话，语言，话语。这三个复合词的前半段，都是saṁdhā，动词字根是dhā，字根的原义是放置、受持、接受、使用等义，加上前缀saṁ，可以用作动词，也可以用作名词。如果用作动词，具有放置、结合、和解、参照等义；如果用作名词，则是契约、协议、约束、意图、限制之义。我们上面三种表达形式中的saṁdhā，都是用作名词。所以，saṁdhābhāṣita，意思是指暧昧地言说，歧义性很强地言说；saṁdhābhāṣya，是指容易混淆的语言；saṁdhāvācana，也差不多是指同样的意思。中国佛教的佛典汉译传统，常常把 saṁdhā 译为：密意，所以 saṁdhābhāṣita，就可以写为：密意言说；saṁdhābhāṣya，就是：密意言论；saṁdhāvācana，就是：密意说话。以上三种表达方式，包含的意义都是一致的。

罗什在《法华经》翻译中，已经注意到在《法华经》的教法思想中，这个语词具有的特殊性，即在经中它是作为佛学术语来使用，而非在一般意义上来使用；比较起来，法护关于这层经义，则似乎未能通过翻译，而有较为清晰的表现。罗什比较固定地将上面三个词，译为“随宜言说”，由是这个词也就成为汉译佛典一个较为固定的佛学术语。我们在这个研究中，也采用罗什固定的术语。

《法华经》中的《方便品》，建构了一个佛教教法思想的基本原则，那就是基于善巧方便而导向佛陀证法（佛陀智慧或佛陀菩提）的教法思想原则。其中有两个核心的范畴，一个是善巧方便，是佛陀依据而说法、度众、建立教乘的智慧；一个是菩提，那是佛陀所证得的殊胜法，是作为其转依果的法。佛陀在说法、度众时，所依据的善巧方便，必须考虑众生的具体情况，如其意向、志趣等等，在众生一端和佛的菩提一端之间运作的善巧方便，必然会在说法的形式上带来差异。如此，就在佛陀说法的形式上，产生出了随宜言说的问题。简单地说：善巧方便是佛陀教法的依据，而随宜言说则是佛陀教法的形式。佛陀教法的形式，如果从模式的角度考虑，可以分为随宜言说及非随宜言说这两大模式，而不管采取何种模式，都必须要依据佛陀的善巧方便这种特殊佛智。

前文已经指出，《法华经》第二品即《善巧方便品》是非常集中地讨论善巧方便概念及思想的经文，这里需要补充另外一点：《法华经》之第二品，同时也非常集中地涉及“随宜言说”的概念问题。为了我们的考察能够清晰、系统，这里我们先把《方便品》涉及随宜言说的句例，列举如下。

（1）《方便品》提到的随宜言说

在《方便品》颂文部分，说及随宜言说的，共有两处，依梵本而言，即第 23 颂和第 145 颂。其中，第 23 颂如下：

【梵本】

bodhimaṇḍaṁca kīrtesi pṛcchakaste na vidyate |

saṁdhābhāṣyaṁca kīrtesi na ca tvāṁkaści pṛcchati ‖ 23 ‖ ①

【罗什】道场所得法，无能发问者；我意难可测，亦无能问者。②

【法护】赞扬佛道场，无敢发问者，独咨嗟真法，无能启微妙。③

【新译】你称赞如同醍醐的菩提，没有人能向您发问；您还称赞随宜言说，也没有任何人向您提问。④

解说：这个颂文是以长老舍利弗的口气叙述，颂中描述佛陀在法华法会开端，无问自语，一方面称赞菩提（bodhimaṇḍa），一方面称赞随宜言说（saṁdhābhāṣya）。而在《方便品》开头的21个颂文中，前18颂都是佛陀自赞佛陀证法：佛智或佛菩提；第19—21颂，则称赞佛陀教法：以菩提及善巧方便两个概念为轴心的教法思想。而舍利弗紧接着就说，佛陀自赞了“菩提”及“随宜言说”。明显地，照舍利弗的用语，此处似乎善巧方便=随宜言说。不过，从两家的汉译看，此处对应“随宜言说”的部分，法护似乎是用“真法”来对译，罗什则译为“我意难可测”，很让人费解。参考此经的中亚传本，这一颂的颂文，中亚本与尼泊尔传本一致。

《方便品》第145颂如下：

【梵本】

Tasmāddhi saṁdhāvacanaṁvijāniyā

buddhāna lokācariyāṇa tāyinām |

jahitva kāṅkṣāṁvijahitva saṁśayaṁ

① Dr. P. L. Vaidya 校勘本，第24页。参见中亚本，第21页。

② 《妙法莲华经》，《大正藏》第9册，No. 0262，第6页中。

③ 《正法华经》，《大正藏》第9册，No. 0263，第68页下。

④ 《河口慧海》上卷，第35页；Kern本，第36页。

bhaviṣyathā buddha janetha harṣam ‖ 145 ‖ ①

【罗什】汝等既已知，诸佛世之师，随宜方便事，无复诸疑惑，心生大欢喜，自知当作佛。②

【法护】由是之故，了正真言，正觉出世，顺修明哲，断诸狐疑，蠲除犹豫，能仁欣勇，咸至佛道。③

【新译】因此，你们要理解诸佛、世间教师、救度者的随宜言说，舍弃疑惑，抛掉犹豫，你们应当心生欢喜：你们将成佛！④

解说：这个颂文是《方便品》最末一颂，带有对全品颂文的思想义理进行总结的意味。颂中佛陀鼓励大众理解诸佛的随宜言说，抛弃怀疑、犹豫，确信自己将会成佛。颂文中的随宜言说，原文为 saṁdhāvacana，意思是：密意话语，歧义性的语言，“随宜话语”。佛陀在此处宣告：大家要理解他过去教法中随宜言说的性质，现在要做一个思想信仰的转型宣示：那就是确信大家可以成佛，而在过去的教法模式中，是没有直接、清晰地说出这样的意义的。过去的教法中没有直接、清晰地说明大家可以成佛，是不是意味佛陀过去说法依据的善巧方便智慧存在问题呢？不是的！因为过去佛陀依据善巧方便所说的法，一样是要把大家导向佛的菩提，善巧方便作为智慧，本质上就具有连接佛陀与众生，引导众生向菩提的特质。所以这里所谓要理解随宜话语，并不是要否定随宜话语，更不是要否定善巧方便，而是要人们理解依据善巧方便的教法言说模式，本来就有随宜言说与非随宜言说的可能的区别。而决定究竟是采取随宜言说，还是非随宜言说，从根本上说，还是取决于时代环境因素的考量。

值得注意的是，罗什译文中把“方便”缀合在“随宜”（saṁdhā）之后，译文这一句成为“随宜方便事”，译文似有容认“随宜 = 方便”的意思，似乎没有对“随宜言说”与“方便”两个概念做出任何必要的区分。

① Dr. P. L. Vaidya 校勘本，第 43 页。中亚本中这一颂只能读出 tasmid dhi sandhāvacanaṃ，后面的部分残损，证明颂文中随宜言说，用的 sandhāvacanaṃ 这一表达方式，第 32 页。

② 《妙法莲华经》，《大正藏》第 9 册，No. 0262，第 7 页下。

③ 《正法华经》，《大正藏》第 9 册，No. 0263，第 70 页上。

④ 《河口慧海》上卷，第 60 页；Kern 本，第 59 页。

中亚本此处仅能读出：tasmid dhi sandhāvacana｜，此后的颂文部分已经残损，所以我们这里无法判断罗什此处的译法，是否有其经本的证据。法护把此词译为“正真言”，虽然在他的翻译中看不到他对此词是固定佛学术语的性质有什么理解，不过从此处使用“正真言”这种汉字，前一例中似乎使用“真法”这种汉字，透露出法护是倾向于从正面价值的方向，来理解 saṁdhāvacana 的义涵的，这是我们需要注意的。

《方便品》除以上两个颂文涉及随宜言说外，长行部分文字也有两处涉及随宜言说。其中第一处，如上文已经引证，为经文开头第二段第一句：

durvijñeyaṁśāriputra saṁdhābhāṣyaṁtathāgatānām arhatāṁsamyaksaṁbuddhānām｜

关于此句，法护的译文同样未能译出。罗什的译文：“随宜所说意趣难解”，译义精当。我们可以新译为：“诸如来阿罗汉正等觉者的随宜言说难以理解。”此后一段，解释随宜言说何以难以理解？经文提出因为诸如来具备善巧方便，此善巧方便为最高（或最后）的波罗蜜多，诸如来依据善巧方便及其他相关的佛陀品德，以种种方式，为诸众生说种种法。众生根性的复杂性导致了教法施设的模糊性，故而言随宜言说难以理解。所以长行事实上是对善巧方便与随宜言说二者作出了必要的区分。

《方便品》长行文字中另一处涉及随宜言说的句子，也已经如前引证：

【梵本】

durbodhyaṁśāriputra tathāgatasya saṁdhābhāṣyam｜ tatkasya hetoḥ? Nānāniruktinirdeśābhilāpanirdeśanairmayā śāriputra vividhairupāyakauśalyaśatasahasrairdharmaḥsaṁprakāśitaḥ｜ atarko'tarkāvacarastathāgatavijñeyaḥ śāriputra saddharmaḥ｜

【罗什】舍利弗！诸佛随宜说法，意趣难解。所以者何？我以无数方便，种种因缘、譬喻言辞，演说诸法。是法非思量分别之所能解，唯有诸佛乃能知之。①

【法护】尔等当信如来诚谛所说深经，谊甚微妙言辄无虚，若干音声现诸章句，各各殊别人所不念，本所未思如来悉知。②

【新译】舍利弗！如来之随宜言说难以被理解。为什么呢？舍利弗！我依据成百上千种诸多的善巧方便，用各种各样的释词、教导、谈话、解说，宣说了法。舍利弗！如来所认识的妙法，无有寻思，不属于寻思的领域。③

解说：此句中随宜言说（saṁdhābhāṣya），法护译为"诚谛所说深经"，与其前译"正真言"，"真法"，虽缺乏术语意识，但用语倾向颇为一致。罗什译为"随宜说法"。此段与前面考察过的长行文字意思一致，文中均提出二点：（一）随宜言说难以理解；（二）随宜言说何以难以理解？因为诸佛依据善巧方便说法。随宜言说是被说出的东西，而且是不清晰地、不直接地说出的东西，善巧方便则是依据而说的东西，是佛陀的特殊智慧。从表述中可以看出，在随宜言说与善巧方便二者之间加以必要的简别，是经文作者认为的自然之事。

（2）《譬喻品》中的随宜言说

在《法华经》第三品，即《譬喻品》中，也有三处文字，涉及对随宜言说的理解问题。其中一处如下：

【梵本】

tatkasya hetoḥ? Sacedbhagavānasmābhiḥpratīkṣitaḥsyāt sāmutkarṣikīṁ dharmadeśanāṁ kathayamānaḥ, yadidamanuttarāṁ samyaksaṁ bodhimārabhya, teṣveva vayaṁbhagavan dharmeṣu niryātāḥsyāma | yatpunarbhagavan asmābhiranupasthiteṣu bodhisattveṣu saṁdhābhāṣyaṁbhagavato' jānamāna-

① 《妙法莲华经》，《大正藏》第 9 册，No. 0262，第 7 页上。

② 《正法华经》，《大正藏》第 9 册，No. 0263，第 69 页中。

③ 《河口慧海》上卷，第 39 页；Kern 本，第 39 页。

istvaramāṇaiḥprathamabhāṣitaiva tathāgatasya dharmadeśanā śrutvodgṛhītā dhāritā bhāvitā cintitā manasikṛtā। ①

【罗什】所以者何？若我等待说所因成就阿耨多罗三藐三菩提者，必以大乘而得度脱。然我等不解方便随宜所说，初闻佛法，遇便信受、思惟、取证。②

【法护】所讲演法大圣等心，为开士叹思奉尊者，为受第一如来训典，堪至无上正真之道。我等所顺而被衣服，所建立愿不以频数。③

【新译】为什么呢？假使薄伽梵被我们所期待，为我们言说殊胜性质的说法，也就是依据此无上正等觉而说法，那么，薄伽梵啊！我们也可以成就这些诸法。然而，薄伽梵！我们因为匆匆忙忙，并不懂得当诸菩萨尚未承事时，如来之随宜言说，所以一听闻如来最初所说的说法，我们就接受、受持、修习、思考、作意这些说法。④

解说：此段文字也由佛陀长老弟子舍利弗之口说出，表示诸声闻弟子不懂得如来早期所安排的教法，具有随宜言说的性质，所以当年大家听闻之后，就加以受持、修行，因而就没有理解如来随宜言说背后真正的关怀所在，其实乃是“无上正等觉”。这里随宜言说（saṁdhābhāṣya）一句，法护未能译出，法护此段译文也十分晦涩，实在令人费解。罗什这里译为“方便随宜所说”，我们注意到：无论根据此经的尼泊尔传本或中亚传本，此处都没有“方便”之字，所以我们基本上可以断定，是译者罗什在这里添加了这两个字，所以成为“方便随宜所说”。这是罗什《法华经》译文中第二次在“随宜言说”上面增加“方便”之字的做法，说明在罗什的理解中，很有可能有将“方便”等同“随宜言说”的一种考虑。

《譬喻品》另外两处颂文，是第36颂，及第37颂：

---

① Dr. P. L. Vaidya 校勘本，第44页。参见中亚本，第34页。

② 《妙法莲华经》，《大正藏》第9册，No. 0262，第10页中。

③ 《正法华经》，《大正藏》第9册，No. 0263，第73页中。

④ 《河口慧海》上卷，第62页；Kern 本，第61页。

【梵本】

anumodāma mahāvīra saṁdhābhāṣyaṁmaharṣiṇaḥ |

yathārtho vyākṛto hyeṣa śāriputro viśāradaḥ ‖ 36 ‖

vayamapyedṛśāḥsyāmo buddhā loke anuttarāḥ |

saṁdhābhāṣyeṇa deśento buddhabodhimanuttarām ‖ 37 ‖ ①

【罗什】世尊说是法，我等皆随喜，大智舍利弗，今得受尊记，我等亦如是，必当得作佛，于一切世间，最尊无有上，佛道叵思议，方便随宜说。②

【法护】大导师所说，我今代劝助，勇猛舍利弗，而乃得授决。为叹本发意，所供养佛数，我当蒙及逮，得佛世最上。③

【新译】大雄！我们随喜大仙的随宜言说。如您所预言："这个舍利弗，是无有畏惧者。"（36）

我们也会是如此这般的人：世间无上的佛陀，我们将以随宜言说，指示无上的佛菩提。（37）④

解说：《法华经》中第三品第36—37颂，是诸天神之子所说，颂文中言：他们随喜薄伽梵之随宜言说，并希望如舍利弗一样，未来将会成佛，也能以随宜言说之方式开示无上的佛菩提。

这两个颂文中的随宜言说（saṁdhābhāṣya），法护于前颂中，仅仅译为"所说"；后一颂中，完全未见译出。罗什于前一颂中，只是译为"说是法"；于后一颂中，则译为"方便随宜说"。勘对梵本，我们也发现，中亚传本中的此颂，与尼泊尔传本是一致的，这两个颂文中，都没有出现"方便"。这是罗什《法华经》译文中，将"方便"与"随宜言说"直接结合在一起的第三个例证，应该可以清楚反映罗什的解读倾向。

① Dr. P. L. Vaidya 校勘本，第40页。《改订梵文法华经》，第68页。参见中亚本，第38—39页。

② 《妙法莲华经》，《大正藏》第9册，No. 0262，第12页上。

③ 《正法华经》，《大正藏》第9册，No. 0263，第75页上。

④ 《河口慧海》上卷，第71页；Kern本，第70页。

(3)《药草喻品》中的随宜言说

《法华经》第五品即《药草喻品》中，也有一处说及“随宜言说”。

【梵本】

So' haṁkāśyapa ekarasadharma viditvā yaduta vimuktirasaṁnirvṛtirasaṁnirvāṇaparyavasānaṁnityaparinirvṛtamekabhūmikamākāśagatikamadhimuktiṁsattvānāmanurakṣamāṇo na sahasaiva sarvajñajñānaṁ saṁprakāśayāmi | āścaryaprāptā adbhutaprāptā yūyaṁkāśyapa yadyūyaṁsaṁdhābhāṣitaṁ tathāgatasya na śaknutha avataritum | tatkasya hetoḥ? durvijñeyaṁkāśyapa tathāgatānāmarhatāṁsamyaksaṁbuddhānāṁsaṁdhābhāṣitamiti || ①

【罗什】如来知是一相一味之法，所谓解脱相、离相、灭相，究竟涅槃、常寂灭相，终归于空。佛知是已，观众生心欲而将护之，是故不即为说一切种智。汝等迦叶，甚为希有，能知如来随宜说法，能信能受。所以者何？诸佛世尊随宜说法，难解难知。②

【法护】世尊如之见一味已，入解脱味志于灭度，度诸未度究竟灭度，令至一土一同法味，到无恐惧，使得解脱。化于众生使得信乐，苞育将护，悉令普至于诸通慧，赞咏分别逮贤圣法，亦如向者迦叶所说。③

【新译】迦叶波！我懂得一味的法，那就是以解脱为味、以寂灭为味、以涅槃为终结、永恒寂灭、同一地位、趋向空的法，因为随护众生的信解，我没有立刻宣传一切知者智。迦叶波！你们获得了奇迹，获得了神奇，然而你们却不能悟入如来的随宜言说。为什么呢？迦叶波！因为诸如来、阿罗汉、正等觉者的随宜言说，是难以理解的。④

---

① Dr. P. L. Vaidya 校勘本，第 85 页。参见中亚本，第 64 页。

② 《妙法莲华经》，《大正藏》第 9 册，No. 0262，第 19 页下。

③ 《正法华经》，《大正藏》第 9 册，No. 0263，第 83 页中。

④ 《河口慧海》上卷，第 121 页；Kern 本，第 122 页。

解说：这段话是如来对迦叶波说明：迦叶波等虽已经获得稀有之法，然而还是不能理解如来的随宜言说，因为如来的随宜言说，确实难以理解。此段文字中前面的部分说，如来因为护念众生的信解，所以没有立刻宣说“一切知者的智慧”（佛智）。这就说明，如来之所以采取难以理解的随宜言说，而没有采取容易理解的其他说法形式——非随宜言说，主要是因为考虑众生的“信解”问题。其次，这段话前面一部分还谈到“一切知者的智慧”（佛智），经文表达的意思很清楚：一种教法形式，究竟是不是随宜言说，关键要看有没有直接地澄清“一切知者的智慧”（佛智）。所以不直接宣说“一切知者的智慧”（佛智），就是随宜言说；直接宣说“一切知者的智慧”（佛智），就不是随宜言说。

原文中的两处随宜言说，都是 saṁdhābhāṣita，两处罗什都译为“随宜说法”。法护这里的所译，文义不甚清晰。

（4）《五百弟子受记品》提到的随宜言说

《法华经》汉译第八品即《五百弟子受记品》开头，也有一处，提到随宜言说的问题。

【梵本】

atha khalvāyuṣmān pūrṇo maitrāyaṇīputro bhagavato'ntikādidamevaṁrūpamupāyakauśalyajñānadarśanaṁsaṁdhābhāṣitanirdeśaṁśrutvā eṣāṁca mahāśrāvakāṇāṁvyākaraṇaṁśrutvā imāṁca pūrvayogapratisaṁyuktāṁkathāṁ śrutvā imāṁca bhagavato vṛṣabhatāṁśrutvāāścaryaprāpto' bhūdadbhutaprāpto'bhūnnirāmiṣeṇa ca cittena prītiprāmodyena sphuṭo'bhūt | ①

【罗什】尔时富楼那弥多罗尼子，从佛闻是智慧方便随宜说法，又闻授诸大弟子阿耨多罗三藐三菩提记，复闻宿世因缘之事，复闻诸

① Dr. P. L. Vaidya 校勘本，第 128 页。参见中亚本，第 99 页。此处，中亚本的颂文是：ūpāyakauśalyajñānadarśanasandhābhāṣ itanirdeśaṃ，与尼泊尔系统的传本稍别。

佛有大自在神通之力，得未曾有，心净踊跃。[①]

【法护】于是贤者邠耨文陀尼子，闻佛世尊敷阐善权示现方便，授声闻决当成佛道，追省往古所兴立行，又瞻如来诸佛境界，得未曾有，欢喜踊跃，无衣食想，支体解怿，不能自胜，于大正法，或悲或喜。[②]

【新译】当时长老满慈子，在薄伽梵身边，听闻如此这般善巧方便智慧观见的关于随宜言说的教导之后，听到对于这些诸大声闻的授记之后，听到与前世有关的这些说法之后，以及听到薄伽梵的这种威力性之后，感到神奇，感到稀有，因为心无所求，就被欢喜和喜悦所覆盖。[③]

解说：此例中说佛陀声闻弟子满慈子，听到佛陀关于随宜言说的教导等之后，感到欢喜踊跃。文中的复合词 saṁdhābhāṣitanirdeśa，意思是：关于随宜言说的教导。关于随宜言说的教导，意思是解释、阐明随宜言说之本质，因而，这就不再是随宜言说，而是非随意言说，揭秘随宜言说了。在这个词前面还有一个修饰语：upāyakauśalyajñānadarśana，此处可以译为“善巧方便智慧观见的”，在句中转作有财释，用为形容词，来修饰后面短语的中心语“教导”。所以整个句子这一部分，就成为：“善巧方便智慧观见的关于随宜言说的教导”。

Kern 教授的英文译本，此处译为：“从佛陀听闻善巧方便之展示，及来自神秘演说的指示”，是将此句中“善巧方便”及“随宜言说”处理为两个部分；河口慧海此经的藏文译本，处理方式与 kem 较授相同。今考《法华经》中亚传本，此处为：ūpāyakauśalyajñānadarśanasandhābhāṣitanirdeśaṃ，从复合词本身的规则来讲，可以把 ūpāyakauś alyajñānadarś ana 和 sandhābhāṣitanirdeśaṃ 前后两段，处理为表示并列关系的复合词，如藏译及 Kern 教授所做的处理那样；也可以如我们所为，把 ūpāyakauśalyajñānadarśana 理解为是对后一部分短语的中心语“教导”的修饰语。

① 《妙法莲华经》，《大正藏》第 9 册，No. 0262，第 27 页中。

② 《正法华经》，《大正藏》第 9 册，No. 0263，第 94 页中。

③ 《河口慧海》中卷，第 34 页；Kern 本，第 191 页。

不管哪一种处理方式，都说明不能把此句中由“善巧方便”及“随宜言说”两个部分所标记者，简单地处理为同一个对象。

汉译中法护的译文是“敷阐善权示现方便”，未见“随宜言说”；罗什译为“是智慧方便随宜说法”，这个译文中，究竟“智慧方便”与“随宜说法”是同位格关系呢，还是前者是后者的修饰语，单凭此条译文本身，是难以确定的。

（5）《法师品》中的著名用例

下面是汉译《法华经》第十品即《法师品》中的用例，这是汉译《法华经》中一个十分著名的用例。

【梵本】

tadyathāpi nāma bhaiṣajyarāja kaścideva puruṣo bhavedudakārthī udakagaveṣī | sa udakārthamujjaṅgale pṛthivīpradeśe udapānaṁkhānayet | sa yāvat paśyecchuṣkampāṇḍarampāṁsuṁnirvāhyamānam, tāvajjānīyāt, dūra itastāvadūdakamiti | atha pareṇa samayena sa puruṣa ārdrapaṁsumudakasaṁniśraṁkardamapaṅkabhutamudakabindubhiḥsravadbhirnirvāhyamānampaśyet, tāṁśca puruṣānudapānakhānakān kardamapaṅkadigdhāṅgān, atha khalu punarbhaiṣajyarāja sa puruṣastatpūrvanimittaṁ dṛṣṭvā niṣkāṅkṣo bhavennirvicikitsaḥ – āsannamidaṁ khalūdakamiti | evameva bhaiṣajyarāja dūre te bodhisattvā mahāsattvā bhavantyanuttarāyāṁ samyaksaṁ bodhau, yāvannemaṁdharmaparyāyaṁśṛṇvanti, nodgṛhṇanti nāvataranti nāvagāhante na cintayanti | yadā khalu punarbhaiṣajyarāja bodhisattvā mahāsattvā imaṁdharmaparyāyaṁśṛṇvanti udgṛhṇanti dhārayanti vācayanti avataranti svādhyāyanti cintayanti bhavayanti, tadā te′ bhyāśībhūtā bhaviṣyantyanuttarāyāṁsamyaksaṁbodhau | sattvānāmito bhaiṣajyarāja dharmaparyāyādanuttarā samyaksaṁbodhirājāyate | tatkasya hetoḥ? paramasaṁdhābhāṣitavivaraṇo hyayaṁdharmaparyāyastathāgatairarhadbhiḥsamyaksaṁbuddhaiḥ | dharmanigūḍhasthānamākhyātaṁ bodhisattvānāṁ mahāsattvānāṁ parinispattihetoḥ | ①

【罗什】药王！譬如有人渴乏须水，于彼高原，穿凿求之。犹见干土，知水尚远；施功不已，转见湿土；遂渐至泥，其心决定，知水必近。菩萨亦复如是，若未闻、未解、未能修习是《法华经》者，当知是人去阿耨多罗三藐三菩提尚远；若得闻解、思惟、修习，必知得近阿耨多罗三藐三菩提。所以者何？一切菩萨阿耨多罗三藐三菩提，皆属此经。此经开方便门，示真实相。是《法华经》藏，深固幽远，无人能到，今佛教化成就菩萨而为开示。②

【法护】譬如男子渴极求水，舍于平地，穿凿高原，日日兴功，但见燥土，积有时节，其泉玄邃，而不得水。复于异时，掘土甚多，乃见泥水，浊不可饮，当奈之何？其人不懈，稍进得水，于时男子，睹本瑞应，释除狐疑，无复犹豫：吾兴功夫，积有日月，今者乃能值得水耳。如是，药王！设有菩萨闻是经典，而不受持、讽诵、学者，去于无上正真之道，为甚远矣。是景摸者，诸菩萨业，假使闻此《正法华经》，讽诵精修，怀抱在心而奉行之，尔乃疾成最正觉矣。佛语药王：一切菩萨，其有不肯受讽行者，不能得至无上正真道最正觉也。所以者何？吾前已说班宣此言，假使有人不乐斯经，则为违远于诸如来。此经典者，道法之首，众慧之元，成就菩萨。③

【新译】药王！譬喻有个求水寻水的男子，为了水，他在高原的地上凿井。只要当他看到被（工人）搬运出来的淡黄色的沙土还是干枯的，他心里就知道：此处离水尚远；而当某个时候他看到被（工人）搬运出来的是混合着水的湿润的沙土，因为诸流动的水珠而是黑色的淤泥，并且看到这些凿井工人身体上都沾满了黑色淤泥时，药王！此时此人见到这些先兆，他就心无疑虑，毫不怀疑：我们已经临近水了。药王啊！正是同样，当诸菩萨摩诃萨未听闻这个法门，不接受、不领悟、不深入、不思

① Dr. P. L. Vaidya 校勘本，第 146 页。《改订梵文法华经》，第 202 页。参见中亚本，第 114 页。

② 《妙法莲华经》，《大正藏》第 9 册，No. 0262，第 31 页下。

③ 《正法华经》，《大正藏》第 9 册，No. 0263，第 101 页下。

考这个法门时，这些菩萨摩诃萨就尚远离无上正等觉；而当这些菩萨摩诃萨听闻、接受、受持、谈论、领悟、诵读、思考、修持这个法门时，此时他们就会临近无上正等觉。药王啊！众生的无上正等觉都由此法门产生。为什么呢？因为这个法门是对于随宜言说最高的开显，诸如来阿罗汉正等觉者是为成就诸菩萨摩诃萨的缘故说出了法之隐秘的层次。①

解说：这段话就是《法师品》中著名的“凿井譬”所在的段落。这个譬喻说：就好比一人在高地上凿井，如果见到搬运出来的土是湿润的，则知离水不远；同样道理，如果听闻并接受了《法华经》中所示的法门，则表示此人已离无上正等觉不远。最后几句是对这个譬喻的解释，说明法华法门“是对于随宜言说最高的开显”，它说出了“法之隐秘的层次”。所以，这里我们清楚地看到：在《法华经》之前的佛陀弘法，都是“随宜言说”；而《法华经》的法门，则是“对于随宜言说最高的开显”，或者是“最高的开显随宜言说”。而所谓“开显”，意思就是“揭秘”，如《法华经》从一开始就以佛陀自赞的方式，说明佛陀的本怀是无上正等觉，即佛菩提；佛陀说法的依据，是善巧方便等等。我们称之为《法华经》教法思想的基本原则：基于善巧方便导向佛之菩提的原则。这一教法思想原则清晰地揭明佛法有证法和教法的二分，而教法则是基于善巧方便而导向证法，这就是开显，就是“揭秘”，也就是把教法思想的内在原则直接地、清晰地加以阐明。换句话说，所谓“开显随宜言说”，也就是“说出了法之隐秘的层次”。《法华经》中的这个譬喻及说明的段落，确证了《法华经》在弘法模式的问题上，有密意说及开显说的明确考量。《法华经》自身是开显说的典范经典，所以称为“最高的开显”。

经文中 paramasaṁdhābhāṣitavivaraṇo hyayaṁdharmaparyāyas，涵义是：这个法门是对于随宜言说最高的开显；或者处理为：这个法门是最高的开显随宜言说。罗什把这一句译为“开方便门”，今参考中亚本，此处只有随宜言说一词，而无“方便”之字，所以罗什的译法，一如前面的分析，很明确有将“善巧方便”完全等同于“随宜言说”的考量。罗什译文中的“示真实相”一句，根据此经中亚传本，这一句是：dharmaniṣkuṭasthānam

① 《河口慧海》中卷，第63页；Kern本，第221页。

ākhyātaṁ，而根据尼泊尔传本，此处则是 dharmanigūḍhasthānamākhyātaṁ。前者，可以翻译为“说出真实的层次”；后者，可以翻译为“说出隐秘的层次”。所以，罗什这句译文显然是与中亚传本一致的。

我们知道，罗什译文中的“开方便门，示真实相”，是中国佛教《法华经》经典诠释学思想理念形成“开权显实”解释模式的重要文献依据之一，这里指出其原委，可以有利于我们今后的进一步研究。

(6)《劝持品》中的说法

下面是汉译《法华经》第十二品即《劝持品》中的第 16 颂，这个颂文也谈到了随宜言说的相关问题。

【梵本】

Bhagavāneva jānīte yādṛśāḥpāpabhikṣavaḥ |

paśćime kāli bheṣyanti saṁdhābhāṣyamajānakāḥ ‖ 16 ‖ [①]

【罗什】世尊自当知，浊世恶比丘，不知佛方便，随宜所说法。[②]

【法护】世尊具知之，如凶恶比丘，然后来末世，当分别开解。[③]

【新译】薄伽梵知道：在未来的时代，将会出现像那样的恶劣比丘，他们不懂得随宜言说。[④]

解说：此颂是《劝持品》中八十万亿那由他诸菩萨摩诃萨同声领解中的一颂，描述未来时代恶劣比丘状貌之一。颂文中随宜言说（saṁdhābhāṣya)，法护译为“当分别开解”，完全不知所云。罗什将不知随宜言说一句，译为“不知佛方便，随宜所说法”。勘对中亚本，此处也没有“方便”之字。

---

① Dr. P. L. Vaidya 校勘本，第 165 页。参见中亚本，第 133—134 页。

② 《妙法莲华经》，《大正藏》第 9 册，No. 0262，第 36 页中。

③ 《正法华经》，《大正藏》第 9 册，No. 0263，第 106 页下。

④ 《河口慧海》中卷，第 101 页；Kern 本，第 261 页。

（7）《安乐行品》中的说法

下面是汉译《法华经》第十四品即《安乐行品》中涉及随宜言说的言句。

【梵本】

Punaraparaṁmañjuśrīrbodhisattvo mahāsattvastathāgatasya parinirvṛtasya saddharmapratikṣayāntakāle vartamāne imaṁdharmaparyāyaṁdhārayitukāmastena bhikṣuṇā gṛhasthapravrajitānāmantikād dūreṇa dūraṁ vihartavyam, maitrīvihāreṇa ca vihartavyam ｜ ye ca sattvā bodhāya saṁprasthitā bhavanti, teṣāṁ sarveṣāmantike spṛhotpādayitavyā ｜ evaṁcānena cittamutpādayitavyam ｜ mahāduṣ prajñajātīyā bateme sattvāḥ, ye tathāgatasyopāyakauśalyaṁsaṁdhābhāṣitaṁna śṛṇvanti na jānanti na budhyante na pṛcchanti na śraddadhanti nādhimucyante ｜①

【罗什】又，文殊师利！菩萨摩诃萨，于后末世法欲灭时，有持是《法华经》者，于在家、出家人中，生大慈心，于非菩萨人中生大悲心，应作是念：如是之人，则为大失如来方便随宜说法，不闻、不知、不觉、不问、不信、不解是经；我得阿耨多罗三藐三菩提时，随在何地，以神通力、智慧力引之，令得住是法中。②

【法护】又语溥首：如来灭度后，若菩萨大士，奉行斯典，常以时节，其是比丘，当行慈愍，向诸白衣、出家寂志、一切群生行菩萨道者，常念过去世行大乘者，善权方便演真谛谊，若听闻者，不知、不了、不悦、不信、不省、不综。③

【新译】再者，文殊师利！一个菩萨摩诃萨，在如来入灭，正法彻底消灭的时间出现时，如果想要持守这个法门，就要远远离开这些在家

① Dr. P. L. Vaidya 校勘本，第 173 页。《改订梵文法华经》，第 245 页。参见中亚本，第 139—140 页。

② 《妙法莲华经》，《大正藏》第 9 册，No. 0262，第 38 页下。

③ 《正法华经》，《大正藏》第 9 册，No. 0263，第 109 页中。

人、出家人的身边，并且要以践行慈心而住。对于所有倾向菩提的众生，都要生起喜乐。他应当像这样地生心：“呜呼！这些众生是十分缺乏智慧的一类人，他们不听、不知、不觉、不问、不信、不解如来善巧方便的随宜言说。”①

解说：此例中的随宜言说 saṁdhābhāṣita，前面有“善巧方便”(upāyakauśalya)这一短语，Kern 教授的译文，及河口慧海对藏文本《法华经》所作的日语译本，此处都将二者并列，处理为“善巧方便”及“随宜言说”。这表示他们认为：善巧方便不等于随宜言说。我们倾向把此处的善巧方便转成有财释的形容词，作随宜言说的修饰语。所以这句话的意思，就是“善巧方便的随宜言说”。随宜言说，本是佛陀依据善巧方便所为，本可以导向佛智菩提，所以说它是“善巧方便的”；因为采取密意言说的方式，容易产生歧义，隐秘了深层次的义理，所以此处说众生难闻，难知等。

汉译中法护译此短语为“善权方便演真谛谊”，是其难得地将“随宜言说”短语译出的一处。从他这一处译为“演真谛谊”来看，同于前面考察的几个例子，他确实是主张从正面评价随宜言说的价值的。罗什此处译为“方便随宜说法”，从字面难以判断他是以“方便”为“随宜说法”的修饰语，还是以二者为同位格关系。照前面的例子及我们的分析看，罗什此处采取后一解读立场的可能性要大些。这是《法华经》原语中真正将“善巧方便”与“随宜言说”结合在一起的一例。我们将二者处理为修饰与被修饰的关系。我们知道在修饰与被修饰的关系中，存在着相通性，一致性，但不能将二者予以等同，因为从语法的角度讲，修饰者与被修饰者当然也存在一些性质的差异。

(8)《分别功德品》也谈到随宜言说

《法华经》汉译第十七品即《分别功德品》中的第 36 颂，也谈及随宜言说。

---

① 《河口慧海》中卷，第 114—115 页；Kern 本，第 273 页。

【梵本】

adhyāśayena saṁpannāḥśrutādhārāśca ye narāḥ |

saṁdhābhāṣyaṁvijānanti kāṅkṣā teṣāṁna vidyate ‖ 36 ‖ ①

【罗什】若有深心者，清净而质直，多闻能总持，随宜解佛语，如是诸人等，于此无有疑。②

【法护】志性悉具足，其人博闻持，所说谛化人，则无有狐疑。③

【新译】那些深心相信、受持所闻者，懂得随宜言说，他们就没有疑惑。④

解说：这是《分别功德品》中佛陀所说颂文。此颂说明在未来的世界，什么样的众生能够理解佛陀的随宜言说。那些深心虔信而又知识渊博的人，能够理解佛陀的随宜言说。颂文中随宜言说（saṁdhābhāṣya），罗什译为“随宜语”，法护似译为“所说谛”。

第五节　本章简要的结论

根据我们这一部分对于《法华经》中《方便品》所涉及善巧方便概念思想的句例的详尽分析、考察，及《法华经》全经中涉及“随宜言说”例句的分析、研究，我们可以得出以下的结论：

（1）《法华经》中制订的基本的教法思想原则是：基于善巧方便并导向佛菩提的思想原则，这是释迦牟尼佛一代教法的原则，也是其过往无数世代的教法原则，同时是十方三世一切诸佛共同遵循的普遍性教法思想原则。根据这一教法思想原则，佛菩提及善巧方便是两个核心的范畴，前者是佛陀说法设教的最高目标，后者是佛陀说法、度众、立教的内在智慧依据。

---

① Dr. P. L. Vaidya 校勘本，第 201 页。参见中亚本，第 160 页。

② 《妙法莲华经》，《大正藏》第 9 册，No. 0262，第 44 页下。

③ 《正法华经》，《大正藏》第 9 册，No. 0263，第 116 页中。

④ 《河口慧海》下卷，第 17 页；Kern 本，第 320 页。

（2）对于善巧方便概念内涵的全面、深刻揭示，是《法华经·方便品》一个十分重要的理论工作。如我们前面已言，大乘经典中这一善巧方便概念的原初、基本内涵，是指在佛陀与众生之间的有效互动以及最终使得众生走向佛陀，达成佛陀的证法菩提。这一概念的具体含义，包括了这样一些理论层面：

（一）善巧方便乃是指智慧；

（二）善巧方便具有伟大、卓越的品性；

（三）善巧方便是菩萨波罗蜜多之一，是最高（或最后）的波罗蜜多；

（四）善巧方便是佛之智慧、观见。

所以，我们充分地肯定并一再指出：《法华经》中的这些规定，在在处处提醒人们要高度重视善巧方便概念之本质与功能，不能将其看轻及看错。

（3）善巧方便工作的基本机理，既要参照佛菩提，又要考虑众生的根性，因此，从大类来讲，就有两种根本的弘法模式：一是随宜言说的弘法模式，采取密意说，比较多地侧重众生的根性、需求、理解力等；一是对随宜言说的开显，即对其予以揭秘，可以称为非随宜言说，也可以称为对随宜言说的开显。《法华经》的特殊性，便是因为此经是释迦一代教法中，对于既往教法隐秘义理的开显之经，是酣畅淋漓地直接揭示佛陀出世的本怀，对于随宜言说的揭秘即是非随宜言说，这就是“法华法门”。

（4）由于佛陀觉悟以后，一直采取随宜言说的弘法模式，导致人们对于善巧方便与随宜言说的关系，容易陷于理解上的困难和模糊。其实，随宜言说是指弘法的模式，善巧方便则是指内在的佛智，随宜言说是特定的弘法模型，它要依据善巧方便；而对随宜言说的开显，揭秘，同样也要依据善巧方便。法护的汉译，对于随宜言说这一重要佛学概念，似乎没有实现术语化，不过其对该词的处理方式，表现出主张从正面理解随宜言说价值的倾向。罗什的译文倾向传达善巧方便与随宜言说二者之间的密切关系，甚至是二者之间等同的关系，而未对二者的差异作出必要的区分。这样的译风和理解，对于后世中国佛教思想家形成对于善巧方便概念特质的理解与诠释，确实存在相当重要的影响。

（5）从涉及善巧方便概念思想及涉及随宜言说概念思想的语句考察，

可以看出，罗什译文受到《法华经》中亚传本的影响，这是一件非常肯定的事实。在中亚传本与尼泊尔传本之间，也确实存在一些差异。不过，我们根据所有相关句例的分析可以看出，中亚传本与尼泊尔传本容或在文字上有所差异，但就善巧方便一系概念思想及其所反映的《法华经》的基本教法思想原则而言，两种传本之间，是不存在任何实质性差异的。我们甚至依此可以断言，尽管两系传本都有丰富复杂的历史发展与嬗变，但是其实质与精神——反思及阐明佛陀本怀及佛陀教法思想的基本原则——，则应当是完全一致，且一成不变的。

第五章 《法华经》善巧方便概念及思想的文本考察(下)

——《方便品》以外诸品善巧方便概念句例的分析

《法华经》中，不仅《方便品》使用了大量的有关善巧方便概念的句例，在其他诸品中，包含善巧方便概念思想的句例，也比比皆是。本章我们将对《方便品》以外的这些相关句例，继续做一个系统的分析、研究。

第一品(共2例)

例句1

ye ca teṣu buddhakṣetreṣu bodhisattvā mahāsattvā anekavividhaśravaṇ-ārambaṇādhimuktihetukāraṇairupāyakauśalyairbodhisattvacaryāṁcaranti, te′pi sarve saṁdṛśyante sma | ①

【罗什】复见诸菩萨摩诃萨，种种因缘、种种信解、种种相貌，行菩萨道。②

【法护】又诸菩萨意寂解脱，其出家者求报应行，皆亦悉现。③

---

① Dr. P. L. Vaidya 校勘本，第3页。参见中亚本，第8页。这段话在中亚本中为：ye ca teṣ u buddhakṣ etreṣ u bodhisatvā mahāsatvā anekavi ［vi］ dhāraṃbaṇaiḥ śravaṇādhimuktihe-tukāraṇaiḥ upāyakuśalā bodhisatvacaryāṃ caraṃti te ‘pi sarve saṃdṛ śyaṃte sma.

② 《妙法莲华经》，《大正藏》第9册，No. 0262，第2页中。

③ 《正法华经》，《大正藏》第9册，No. 0263，第63页中。

【新译】凡是这些佛土中的菩萨摩诃萨，是依据有种种听闻、思维、信解、论证、推理的善巧方便，正在实行菩萨行者，那么所有的他们也都曾显现出来。①

解说：此处说佛陀在法华法会开端之前，眉间放光，照耀东方八万世界，在佛陀的光明中，有（一）六趣众生，（二）诸佛薄伽梵，（三）所说法，（四）诸比丘、比丘尼等，（五）菩萨摩诃萨，（六）已入涅槃诸佛薄伽梵，（七）珠宝所成塔庙等七事，显现出来。此句所记为第五种所显现的事物。法护译文未能译出这段话的精确内涵，罗什译文译出种种因缘等，但种种因缘等所修饰的核心词汇“善巧方便”这个语汇，译文中没有出现。考此经中亚传本，句中亦有“善巧方便”，写作：upāyakuś alyā，于是此词在句中遂作形容词用，修饰“诸菩萨摩诃萨”，意思是“善巧方便的”。本句说明，东方八万世界诸菩萨摩诃萨，是以善巧方便行菩萨道。或者如中亚传本，则是：东方八万世界诸菩萨摩诃萨，是善巧方便的，他们行菩萨道。两种表达的意义是一致的。

例句 2

Tadeva paripūrṇa nimittamadya
upāyakauśalya vināyakānām |
saṁsthāpanaṁkurvati śākyasiṁho
bhāṣiṣyate dharmasvabhāvamudrām ‖ 98 ‖ ②

【罗什】今相如本瑞，是诸佛方便，今佛放光明，助发实相义。③
【法护】今日变化，而得具足。诸导师尊，行权方便，大释师

---

① 参考《河口慧海》上卷，第 6 页。

② Dr. P. L. Vaidya 校勘本，第 20 页。参见中亚本，第 18 页。此颂在中亚本中是：paripūrṇa te caiva nimitta adya · upāyakausʹ alya vināyakānām upastaṃbhazaṇ kurvati śākyasiṃho bhāṣ iṣ yate dharmasvabhāvamudrām.

③ 《妙法莲华经》，《大正藏》第 9 册，No. 0262，第 4 页中。

子，建立兴发。讲说经法，自然之教。①

【新译】这是现在圆满的征象：释迦狮子确立诸导师的善巧方便，将要演说法自体印。②

解说：此颂文中善巧方便，法护译为“权方便”，罗什译为“方便”。颂文中的 dharmasvabhāvamudrā，可以译为“法自体印”，法护译为“经法自然之教”，罗什译为“实相”。此处“自体”，意思是“本质”。所以“法自体印”的意义是：“如印法之本质”，或者为“根据本质而言的如印法”：正是指诸法实相，或佛智菩提。此颂为第一品诸颂中的核心一颂，说明放光这种征象，是佛陀将要演说《法华经》法门的预兆，颂文中用两句话概括佛陀即将宣说的这个法门的要义：确立诸佛之善巧方便；揭示法之本质。前一句揭示佛陀非随宜说法模式之说法依据，乃是善巧方便；后一句揭示佛陀非随宜说法模式之说法内涵，乃是诸法之本质。

第三品(例句3—16)

例句3

yadā ca me buddhasahasrakoṭyaḥ
kīrteṣyatī tān parinirvṛtān jinān |
yathā ca tairdeśitu eṣa dharma
upāyakauśalya pratiṣṭhihitvā ‖ 17 ‖ ③

【罗什】佛说过去世，无量灭度佛，安住方便中，亦皆说是法。④

【法护】有百千佛，及垓之数，悉得睹见，众灭度脱。如斯诸

① 《正法华经》，《大正藏》第9册，No. 0263，第66页中。

② 《河口慧海》上卷，第98页。

③ Dr. P. L. Vaidya 校勘本，第46页。参见中亚本，第36页。

④ 《妙法莲华经》，《大正藏》第9册，No. 0262，第10页中。

佛，所说经典，善权方便，随顺御之。[①]

【新译】您告诉我其时有成千上万亿诸佛，他们都是已经涅槃的胜利者，还有他们怎样安住在善巧方便中，演说了此法。[②]

解说：此颂中善巧方便，法护译为“善权方便”，罗什译为“方便”。此颂显示过去诸佛也都住于善巧方便中，演说“是法”，“是法”这里即指佛陀证法：佛智菩提。

例句 4

anāgatāśco bahu buddha loke
tiṣṭhanti ye co paramārthadarśinaḥ |
upāyakauśalyaśataiśca dharmaṁ
nidarśayiṣyantyatha deśayanti ca ‖ 18 ‖ [③]

【罗什】现在未来佛，其数无有量，亦以诸方便，演说如是法。[④]

【法护】假使有见，现究竟行，当来诸佛，众亿百千，善权方便，导御是党，为讲说经，诱进泥洹。[⑤]

【新译】未来也有诸多的佛，还有那些见到胜义、现在在世间住立的诸佛，他们也以成百种善巧方便，将说此法，或在说此法。

解说：此颂紧接着上面那个颂文，说明同过去的诸佛一样，未来的诸佛，以及现在的诸佛，也都遵循同样的教法思想原则：即依据善巧方便，将要言说此法，或正在开示此法。颂中善巧方便，法护译为“善权方便”，罗什译为“方便”。

① 《正法华经》，《大正藏》第 9 册，No. 0263，第 73 页中。
② 《河口慧海》上卷，第 65 页；Kern 本，第 64 页。
③ Dr. P. L. Vaidya 校勘本，第 46—47 页。参见中亚本，第 36 页。
④ 《妙法莲华经》，《大正藏》第 9 册，No. 0262，第 10 页中。
⑤ 《正法华经》，《大正藏》第 9 册，No. 0263，第 73 页中。

例句 5

Evamukte bhagavānāyuṣmantaṁśāriputrametadavocat – nanu te mayāśāriputra pūrvamevākhyātaṁyathā nānābhinirhāranirdeśavividhahetukāraṇanidarśanārambaṇaniruktyupāyakauśalyairnānādhimuktānāṁsattvānāṁnānādhātvāśayānāmāśayaṁ viditvā tathāgato'rhan samyaksaṁbuddho dharmaṁdeśayati | imam evānuttarāṁsamyaksaṁbodhimārabhya sarvadharmadeśanābhirbodhisattvayānameva samādāpayati | ①

【罗什】尔时佛告舍利弗：我先不言：诸佛世尊以种种因缘、譬喻、言辞方便说法，皆为阿耨多罗三藐三菩提耶？是诸所说，皆为化菩萨故。②

【法护】佛告舍利弗：向者吾不说斯法耶？以若干种善权方便，随其因缘而示现之，如来、至真、等正觉所分别演，皆为无上正真道故，我所咨嗟皆当知之，为菩萨也。③

【新译】这样说罢，薄伽梵就对长老舍利弗说道：舍利弗！我过去岂不对你说过：了解了有各式各样的信解，有种种界及意向的众生们的意向之后，依据有种种引导、指示，有各种理由、论证、举例、思维、释词的善巧方便，一个如来、阿罗汉、正等觉者在说法。他是为了这个无上正等觉，用一切的说法，使其接受菩萨乘。④

解说：此段中的善巧方便，法护译为“善权方便”，罗什译为“方便”。文中“善巧方便”前面，有修饰语 nānābhinirhāranirdeś avividhahetukāraṇanidarśanārambaṇanirukty，可以译为“有种种引导、指示，有各种理由、论证、举例、思维、释词的”。法护这里简单译为“随其因缘而示

① Dr. P. L. Vaidya 校勘本，第 51 页。参见中亚本，第 39 页。

② 《妙法莲华经》，《大正藏》第 9 册，No. 0262，第 12 页中。

③ 《正法华经》，《大正藏》第 9 册，No. 0263，第 75 页上。

④ 《河口慧海》上卷，第 72 页；Kern 本，第 64 页。

现之”，并处理为一个单句，看不出其与“善巧方便”的修饰关系；罗什译为“种种因缘、譬喻、言辞方便”，较好地译出了修饰语与中心词之间的关系。此段话非常清楚地传达了关于善巧方便概念的几个特质：（一）佛依据善巧方便为众生说法；（二）善巧方便拥有的弘法模式及弘法手段；（三）拥有善巧方便的佛陀了解众生的意向；（四）佛陀说法的目标是要将众生导向“无上正等觉”。我们看到这几个要素可以说都是对善巧方便概念的本质规定。罗什此处的译文中，所有这些要素都很完备。

例句 6

atha khalu sa puruṣa evamanuvicintayet – ādīptamidaṁ niveśanaṁ mahatāgniskandhena saṁpradīptam । mā haivāhaṁceme ca kumārakā ihaivānena mahātāgniskandhena anayavyasanamāpatsyāmahe । yannvaham-upāyakauśalyenemān kumārakān asmād gṛhāt niṣkrāmayeyam । ①

【罗什】尔时长者即作是念：此舍已为大火所烧，我及诸子若不时出，必为所焚。我今当设方便，令诸子等得免斯害。②

【法护】父而念曰：今遭火变，屋皆然炽，以何方便，免救吾子？③

【新译】当时这个人心里这样想：这个舍宅烧起来了，它被巨大的火聚所焚烧。呜呼！希望我和这些孩子不要因为这个巨大的火聚落入不幸、灾难当中。我岂不是应当以善巧方便，把这些孩子从这个房子解救出来？④

解说：此句中的善巧方便，法护、罗什皆译为“方便”。此句中大富长者要以善巧方便将诸子从火宅救出，这里所谓的“善巧方便”，是指人

① Dr. P. L. Vaidya 校勘本，第 52 页。参见中亚本，第 40 页。
② 《妙法莲华经》，《大正藏》第 9 册，No. 0262，第 12 页下。
③ 《正法华经》，《大正藏》第 9 册，No. 0263，第 75 页上。
④ 《河口慧海》上卷，第 74 页；Kern 本，第 74 页。

类日常生活中作为人生技能的“善巧方便”，即世俗层面的善巧方便。由此可知，佛典是采用印度人日常用语的善巧方便概念，而赋予全新的意义与内涵：日常生活层面的善巧方便概念，是指纯粹世间的智慧，属于工具理性的范畴，用以解决人生现实层面实际需要的问题；而《法华经》中所称赞的作为诸佛言说殊胜法内在依据的善巧方便，则是指超越世间层面的智慧，它是联结佛陀与众生、超越的菩提与众生心性的特殊圣智。对于这一佛法概念现实生活来源的理解，有助于厘清善巧方便概念的一种特质；但是佛智层面的善巧方便与现实生活层面的善巧方便有本质的不同，这一点我们必须予以高度的重视。

例句 7

śāriputra āha – na hyetad bhagavan, na hyetat sugata । anenaiva tāvad bhagavan kāraṇena sa puruṣo na mṛṣāvādī bhaved yattena puruṣeṇopāyakauśalyena te dārakāstasmādādīptād gṛhānniṣkāsitāḥ, jīvitena ca abhicchāditāḥ । tatkasya hetoḥ? ātmabhāvapratilambhenaiva bhagavan sarvakrīḍanakāni labdhāni bhavanti । ①

【罗什】舍利弗言：不也，世尊！是长者但令诸子得免火难，全其躯命，非为虚妄。何以故？若全身命，便为已得玩好之具，况复方便，于彼火宅而拔济之。②

【法护】舍利弗白佛：不也，安住！不也，世尊！其人至诚。所以者何？彼大长者救济诸子，而不欲令遇斯火害，随其所乐许而赐之，适出之后各与大乘，以故长者不为虚妄。③

【新译】舍利弗回答：薄伽梵，无有此事；善逝，无有此事！薄伽梵！首先，此人因为这个理由，就不会成为一个说谎者，因为，此人用善巧方便，把这些孩子从燃烧的房子里解救了出来，而且保全了他们的生

① Dr. P. L. Vaidya 校勘本，第 53 页。参见中亚本，第 42 页。

② 《妙法莲华经》，《大正藏》第 9 册，No. 0262，第 13 页上。

③ 《正法华经》，《大正藏》第 9 册，No. 0263，第 75 页下。

命。为什么呢？薄伽梵啊！只有得到身体，他们才能得到一切娱乐啊。①

解说：此段话为经中薄伽梵与舍利弗长老关于长者方便救子，是否涉及说谎这个世间伦理问题的对话。这是舍利弗的答词。这段话说明：有了生命才有娱乐，生命是第一位的，故长者方便救子，保全了诸子的性命，其他的娱乐才有可能，从生命价值是第一位的角度而言，长者所设方便，不涉及说谎的问题。文中善巧方便，法护未能译出，罗什译为“方便”。

例句 8

Yadyapi tāvad bhagavan sa puruṣasteṣāṁ kumārakāṇāmekarathamapi na dadyāt, tathāpi tāvad bhagavan sa puruṣo na mṛṣāvādī bhavet | tat-kasya hetoḥ? tathā hi bhagavaṁstena puruṣeṇa pūrvameva evamanuvicintitam – upāyakauśalyena ahamimān kumārakāṁstasmānmahato duḥkha-skandhāt parimocayiṣyāmīti | anenāpi bhagavan paryāyeṇa tasya puruṣasya na mṛṣāvādo bhavet | ②

【罗什】世尊！若是长者，乃至不与最小一车，犹不虚妄。何以故？是长者先作是意：我以方便令子得出。以是因缘，无虚妄也。③

【法护】究竟诸子志操所趣，故以方便令免患祸。④

【新译】薄伽梵！确实，即便这个长者不给予诸子一辆车，薄伽梵！这位长者也不会成为一个说谎者。为什么呢？薄伽梵！因为此人前面心里这样思考：我要用善巧方便，把孩子们从这个巨大的苦聚中解脱出来。薄伽梵！即便根据这一点，这个人也没有说谎。⑤

解说：此段文字承接前段文字，这一段提出长者方便救子不涉及说谎

---

① 《河口慧海》上卷，第 77 页；Kern 本，第 75—76 页。

② Dr. P. L. Vaidya 校勘本，第 52 页。参见中亚本，第 42 页。

③ 《妙法莲华经》，《大正藏》第 9 册，No. 0262，第 13 页上。

④ 《正法华经》，《大正藏》第 9 册，No. 0263，第 75 页下。

⑤ 《河口慧海》上卷，第 77 页；Kern 本，第 76 页。

问题的第二个理由：长者的动机是救济诸子，使其免于灾难。从长者动机的角度言，他设立的方便，也不涉及说谎。上一段讲的是结果，这一段讲的是动机，从“结果”及“动机”两个层面言，长者方便救子的行动，均不涉及任何“说谎”的伦理问题。文中善巧方便，法护及罗什均译为“方便”。罗什此处的译文极为精确。

例句 9

tathāgato jñānabalavaiśāradyāveṇikabuddhadharmasamanvāgataḥṛddhibalenātibalavā? llokapitāḥ, mahopāyakauś alyajñānaparamapāramitāprāpto mahākāruṇiko'parikhinnamānaso hitaiṣī anukampakaḥ | ①

【罗什】而悉成就无量知见、力、无所畏，有大神力及智慧力，具足方便智慧波罗蜜，大慈大悲，常无懈惓，恒求善事，利益一切。②

【法护】如来慧现，法王神力，为世之父，善权方便，摄持恩议，行乎大悲，道心无尽。③

【新译】如来具足智慧、力、无畏、不共诸佛法，因神通之力而具备强力，是世间之父，已经获得伟大的善巧方便智这种最高（或最后）的波罗蜜多，拥有伟大的慈悲，意念永不疲惫，是施利者，是同情者。④

解说：文中短语：mahopāyakauśalyajñānaparamapāramitā，可以译为“伟大的善巧方便智这种最高（或最后）的波罗蜜多”，此语清楚地表示：（一）善巧方便是“伟大的”；（二）善巧方便是一种佛智；（三）善巧方便是一种波罗蜜多；（四）善巧方便是“最高（或最后）的波罗蜜多”。这个复合词前后两部分，mahopāyakauśalyajñāna 和 paramapāramitā，是表示

① Dr. P. L. Vaidya 校勘本，第 53 页。参见中亚本，第 42 页。

② 《妙法莲华经》，《大正藏》第 9 册，No. 0262，第 13 页上。

③ 《正法华经》，《大正藏》第 9 册，No. 0263，第 75 页下。

④ 《河口慧海》上卷，第 78 页；Kern 本，第 76 页。

同位格关系的持业释复合词。这一表述，与《法华经》第二品长行文字中对善巧方便概念的表述，完全一致，因而可以证明《法华经》已经完全自觉地建构了善巧方便概念，也说明《法华经》的核心思想确实是以善巧方便一系概念及思想为中心的思想义理体系。同时，这一概念及其思想的建立，也表明《法华经》与《般若经》思想的显著区别：正如《般若经》是以般若概念及其思想为核心的经典一样，《法华经》则是以善巧方便概念及其思想为核心的经典。此句中善巧方便，法护译为“善权方便”，罗什译为“方便”。文中短语“最高（或最后）的波罗蜜多”，法护完全没有译出，罗什译为“具足方便智慧波罗蜜”，虽未见处理“最高”一词，但在译语要素上已经接近完备，已经传达出“方便是一种智慧，而这种方便智慧是波罗蜜多”的要义。

例句 10

tatra śāriputra tathāgato yadyathāpi nāma sa puruṣo bāhubalikaḥsthāpayitvā bāhubalam, upāyakauśalyena tān kumārakāṁstasmādādīptādagārānniṣ kāsayet, niṣ kāsayitvā sa teṣāṁpaścādudārāṇimahāyānāni dadyāt, evameva śāriputra tathāgato′ pyarhan samyaksaṁbuddhastathāgatajñānabalavaiśāradyasamanvāgataḥsthāpayitvā tathāgatajñānabalavaiśāradyam, upāyakauśalyajñānenādīptajīrṇapaṭalaśaraṇaniveśanasadṛśāt traidhātukāt sattvānāṁniṣkāsanahetostrīṇi yānānyupadarśayati yadutaśrāvakayānaṁpratyekabuddhayānaṁbodhisattvayānamiti । ①

【罗什】舍利弗！如彼长者，虽复身手有力而不用之，但以殷勤方便，勉济诸子火宅之难，然后各与珍宝大车。如来亦复如是，虽有力、无所畏，而不用之，但以智慧方便，于三界火宅拔济众生，为说三乘：声闻、辟支佛、佛乘。②

---

① Dr. P. L. Vaidya 校勘本，第 54 页。参见中亚本，第 43—44 页。这里，中亚本作：mahābhogabalenopāyakauṣ alyena.

② 《妙法莲华经》，《大正藏》第 9 册，No. 0262，第 13 页中。

【法护】譬如长者，立强勇猛多力诸士，救彼诸子使离火患，方便诱之，适出在外，然后乃赐微妙奇特众宝车乘。如是，舍利弗！如来正觉以力、无畏建立众德，善权方便，修勇猛慧，睹见三界然炽之宅，欲以救济众生诸难，故现声闻、缘觉、菩萨之道，以是三乘开化驱驰。①

【新译】在这里，舍利弗！如来，就好比那个胳膊有力的男人，他弃而不用胳膊之力，却以善巧方便，将这些诸子从这个燃烧的舍宅中解救出来，解救出来后，此人会给予他们殊胜的大车；正是同样，舍利弗！如来阿罗汉正等觉者，具足如来之智慧、力量、无畏，但他弃而不用如来之智慧、力量、无畏，却以善巧方便智，因为要把众生从三界——这三界是如同燃烧、衰老、破旧的依止处、住宿处——解救出来的缘故，示现给他们三乘，即声闻乘，缘觉乘，菩萨乘。②

解说：此段话中前后两处说到善巧方便，前一处言长者以善巧方便，使诸子脱离火宅，这是指世间层面的善巧方便，文中法护、罗什均译为“方便”；后一处言佛以善巧方便智，使众生脱离三界火海，这是出世层面的善巧方便，法护译为“善权方便”，罗什译为“方便”。文中清楚地有 upāyakauśalyajñāna（善巧方便智）的概念，这是经中明确善巧方便是一种智慧的经典性句例。法护这里译为“善权方便，修勇猛慧”，罗什这里译为了“智慧方便”，都是在表示“善巧方便是一种智慧”的意义。

这段话中再次说明：善巧方便这个《法华经》的核心概念，是取用于印度人当时日常生活中的一个概念。印度文化以善巧方便表示达到一定目标、解决一定人生问题的智慧概念，而大乘佛教则把这一概念改造、提升成为表达佛陀弘法依据的智慧概念。这就启发我们：既要回归人类日常生活，更好地理解大乘佛法善巧方便概念思想的起源、动机，也要回归经典，更好地理解这个概念与表示日常生活人生技巧、工具理性概念的本质区别，方向性的不同。

① 《正法华经》，《大正藏》第 9 册，No. 0263，第 75 页下。

② 《河口慧海》上卷，第 80 页；Kern 本，第 78 页。

例句 11

tadyathāpi nāma śāriputra tasya puruṣasya na mṛṣāvādo bhavet, yena trīṇi yānānyupadarśayitvā teṣāṁ kumārakāṇāmekameva mahāyānaṁ sarveṣāṁ dattaṁ saptaratnamayaṁ sarvālaṁ kāravibhūṣitamekavarṇameva udārayānameva sarveṣāmagrayānameva dattaṁbhavet । evameva śāriputra tathāgato′pyarhan samyaksaṁbuddho na mṛṣāvādī bhavati, yena pūrvamupāyakauśalyena trīṇi yānānyupadarśayitvā paścānmahāyānenaiva sattvān parinirvāpayati । tatkasya hetoḥ? tathāgato hi śāriputra prabhūtajñānabalavaiśāradyakośakoṣṭhāgārasamanvāgataḥpratibalaḥsarvasattvānāṁsarvajñajñānasahagataṁ dharmamupadarśayitum । anenāpi śāriputra paryāyeṇaivaṁveditavyam, yathā upāyakauśalyajñānābhinirhāraistathāgata ekameva mahāyānaṁdeśayati ‖ ①

【罗什】舍利弗！如彼长者，初以三车诱引诸子，然后但与大车，宝物庄严，安隐第一；然彼长者无虚妄之咎。如来亦复如是，无有虚妄，初说三乘引导众生，然后但以大乘而度脱之。何以故？如来有无量智慧、力、无所畏诸法之藏，能与一切众生大乘之法，但不尽能受。舍利弗！以是因缘，当知诸佛方便力故，于一佛乘分别说三。②

【法护】如彼长者本许诸子以三品乘，适见免难，各赐一类平等大乘，诚谛不虚，各得踊跃，无有愠恨。如来如是，本现三乘，然后皆化，使入大乘，不为虚妄。所以者何？当知如来等觉，有无央数仓库帑藏，以得自在，为诸黎庶，现大法化诸通惘慧，当作是知，当解此谊。如来等正觉，善权便，以慧行音，唯说一乘，谓佛乘也。③

---

① Dr. P. L. Vaidya 校勘本，第 55—56 页。参见中亚本，第 46 页。中亚本最后一句作：upāyakauśalyajñānābhinirhāreṇa tathāgata ekam eva buddhayānaṃ sarvasatvānāṃ deśayati.

② 《妙法莲华经》，《大正藏》第 9 册，No. 0262，第 13 页下。

③ 《正法华经》，《大正藏》第 9 册，No. 0263，第 76 页中。

【新译】舍利弗！就好比这个人没有说谎：他在许诺了三车之后，却给予所有这些孩子同一种大车，这是由七宝所成、用一切装饰品所装饰、同一种颜色的殊胜的车。他给予了所有的孩子最好的车。舍利弗！正是同样，如来阿罗汉正等觉者，不是一个说谎者，他以善巧方便，先示现三乘，后来却只是以大乘使众生入灭。为什么呢？舍利弗！因为如来具足丰富的智慧、力量、无畏——这些品德如同仓库、库房、舍宅——，能够给一切众生显示与一切知者的智慧相伴随的法。舍利弗！即便以此种方式也可以这样理解：如来以根据善巧方便智的诸种引导，所显示的只是同一种大乘。①

解说：此段文字说明如来以善巧方便说法度众，与从火灾中方便救脱诸子的长者，同样不是说谎者。关于长者的部分，前面说明过，经文分别是从结果、动机两个角度，说明其不是说谎者。关于佛陀的部分，此处则说明基于善巧方便所做的三乘、一乘的安排，因如来具有丰富的智慧、力量、无畏，故他有能力言说与其无上佛智相伴随的法，也就是说，佛陀基于善巧方便智所说的法，必然都是与佛智佛菩提相关的。这可以视为是佛陀说法的目标：开发众生的佛智、菩提，从佛陀基于善巧方便所说的佛法，都具有这样的导向性，可以说明佛陀方便说法不是一个说谎者。

文中也有两处涉及善巧方便：前一处言如来以“善巧方便”，先示以三乘；后一处言如来“依据善巧方便智的诸种引导”，所示现的是惟一的大乘。法护未译前一处善巧方便，后一处译为“善权便”。罗什也未译前一处善巧方便，后一处译为“方便力”。将善巧方便（或：善巧方便智）译为“方便力”，是罗什大乘经典翻译中的一个特有用法，尤其是在《法华经》《维摩经》等经典的翻译中，他多处这样翻译。方便智不是一种静观的智慧，而是一种实践的智慧，它既与真理联结，同时也与众生的需要联结，在这种智慧中含有行动的能量，这是罗什译为“方便力”的内在原因。另外，中亚本此段话最后一句中，用的是“佛乘”，而非“大乘”，与罗什此处的译文颇为一致。

---

① 《河口慧海》上卷，第82—83页；Kern本，第82页。

例句 12

upāyu so cintayi tasmi kāle
lubdhā ime krīḍanakeṣu bālāḥ |
na cātra krīḍā ca ratī ca kācid
bālāna ho yādṛśu mūḍhabhāvaḥ ‖ 70 ‖ [①]

【罗什】今此舍宅，无一可乐，而诸子等，耽湎嬉戏，不受我教，将为火害。即便思惟，设诸方便。[②]

【法护】即自思议，立造权计。今我诸子，耽媔音伎，祸害乘至，非戏乐时。痛哉愚愦，不睹酷苦。[③]

【新译】此人这个时候考量了方便：这些愚痴的孩子贪着游戏，而在这里没有游戏，也没有任何娱乐，呜呼！孩子们就有那样的幼稚性。[④]

解说：这一颂文中，使用“方便”（upāyu），而不是使用“善巧方便”，而前面长行部分每次所使用者，都是“善巧方便”，可见“善巧方便”是规范的术语表达，而“方便”则是出于音韵省略的考虑，或者是习惯性的表达方式。所以，罗什经常将善巧方便，简译为“方便”，是有根据的。

例句 13

Upāyakauśalyamahaṁprayojayī
yānāni trīṇi pravadāmi caiṣām |
jñātvā ca traidhātuki nekadoṣān

---

① Dr. P. L. Vaidya 校勘本，第 60 页。参见中亚本，第 47 页。
② 《妙法莲华经》，《大正藏》第 9 册，No. 0262，第 13 页下。
③ 《正法华经》，《大正藏》第 9 册，No. 0263，第 76 页中。
④ 《河口慧海》上卷，第 87 页；Kern 本，第 86 页。

nirdhāvanārthāya vadāmyupāyam ‖ 89 ‖ ①

【罗什】以是方便，为说三乘，令诸众生，知三界苦，开示演说，出世间道。②

【法护】善权方便，为大良药，分别三乘，以示众生。适闻三界，无量瑕秽，则以随时，驱劝令出。③

【新译】我安排了善巧方便，为这些人宣示三乘；了解三界存在诸多的过患，所以我谈论方便，以便其驰出。④

解说：此颂中有两处涉及方便，第一处给出了“善巧方便”的全称，第二处则是简称“方便”。第一处善巧方便，法护、罗什都译出了；第二处方便，两家译文中皆未见译出。不过，在中亚本中，颂末写作：apāyam，意思是“危途”，佛经中常常用作为“三界”的代名词。罗什此处译文中，有“出世间”的译法，其中的“世间”一词，就是指此处的“危途”。

例句 15

evaṁprajānāhi tvamadya tiṣya
nāstīha yānaṁdvitiyaṁkahiṁcit |
diśo daśā sarva gaveṣayitvā
sthāpetvupāyaṁpuruṣottamānām ‖ 96 | ⑤

【罗什】以是因缘，十方谛求，更无余乘，除佛方便。⑥

---

① Dr. P. L. Vaidya 校勘本，第 62 页。参见中亚本，第 48 页。中亚本此颂颂末，写作：apāyam。

② 《妙法莲华经》,《大正藏》第 9 册，No. 0262，第 13 页下。

③ 《正法华经》,《大正藏》第 9 册，No. 0263，第 76 页中。

④ 《河口慧海》上卷，第 90 页；Kern 本，第 88 页。

⑤ Dr. P. L. Vaidya 校勘本，第 63 页。参见中亚本，第 49 页。

⑥ 《妙法莲华经》,《大正藏》第 9 册，No. 0262，第 13 页下。

【法护】卿当知是，计有一乘，则无有二。住至十方，一切求索，知人中上，普行善权。[①]

【新译】提舍！去所有十方求索之后，如今，你应当这样理解：这里绝不存在任何第二种乘，只有诸人中尊者的方便。[②]

解说：提舍，是舍利弗的另一个名字。此颂中的方便，就是“善巧方便”。法护译为“善权”，罗什译为“方便”。颂文意思是：十方世界跟此世界一样，诸佛所施设的教法，本质上都是依据方便而导向菩提，所以，一切诸佛施设的一切教法，本质上是一致的，即都是为了佛的菩提，指向佛的菩提。所以，它们都是同一种乘：大乘，或者殊胜乘，或者佛乘，以菩提作为目标的乘。所以绝不存在第二种乘——如果人们执着于乘，而不知教法的根本目标其实是佛所证得的菩提的话。

例句 15

ye bodhisattvāśca ihāsti keci –
cchuṇvanti sarve mama buddhanetrīm |
upāyakauśalyamidaṁjinasya
yeno vinetī bahubodhisattvān ‖ 99 ‖ [③]

【罗什】若有菩萨，于是众中，能一心听，诸佛实法。诸佛世尊，虽以方便，所化众生，皆是菩萨。[④]

【法护】其有菩萨，住于是者，至诚之决，取譬若斯。一切普闻，佛之明目，诸大导师，行权方便，所当劝助。[⑤]

【新译】凡是在这里的一些菩萨，所有的都在听闻我的佛眼：这

① 《正法华经》，《大正藏》第 9 册，No. 0263，第 76 页中。
② 《河口慧海》上卷，第 91 页；Kern 本，第 90 页。
③ Dr. P. L. Vaidya 校勘本，第 64 页。参见中亚本，第 49 页。
④ 《妙法莲华经》，《大正藏》第 9 册，No. 0262，第 13 页下。
⑤ 《正法华经》，《大正藏》第 9 册，No. 0263，第 76 页中。

是胜者的善巧方便，他以之调伏了诸多的菩萨。[①]

解说：这个颂文中，以“佛眼”来拟称善巧方便，这是十分重要的说法，说明理解善巧方便是理解教法思想本质的关键。颂文中的善巧方便，法护译为“权方便”，罗什译为“方便”。两个汉译中，仅从译文，现在确实难以体会到这样的经文内涵。

例句 16

upāyakauśalya kṣipitva mahyaṁ
yā buddhanetrī sada loki saṁsthitā |
bhṛkuṭiṁkaritvāna kṣipitva yānaṁ
vipāku tasyeha śṛṇohi tīvram ‖ 112 ‖ [②]

【罗什】若人不信，毁谤此经，则断一切，世间佛种。或复颦蹙，而怀疑惑，汝当听说，此人罪报。[③]

【法护】又其毁谤，善权方便，世间所有，佛常明目。其闻佛说，讲此罪福，志不欢乐，颜色为变。[④]

【新译】若是诽谤我的善巧方便——那是总在世间住立的佛眼——，疾言厉色，诽谤了乘，你要听听此人可怕的果报。[⑤]

解说：此颂再次以佛之眼目，来比喻善巧方便，可见善巧方便这一概念所代表佛德的重要性。此颂文中的善巧方便，法护译为“善权方便”，罗什未见译出。法护此颂的译文，较好地传达出了经意。考诸中亚本此颂文字，同尼泊尔传本。

---

① 《河口慧海》上卷，第 92 页；Kern 本，第 90 页。
② Dr. P. L. Vaidya 校勘本，第 65 页。参见中亚本，第 49—50 页。
③ 《妙法莲华经》，《大正藏》第 9 册，No. 0262，第 13 页下。
④ 《正法华经》，《大正藏》第 9 册，No. 0263，第 76 页中。
⑤ 《河口慧海》上卷，第 93 页；Kern 本，第 90 页。

第四品(例句 17—22)

例句 17

anenopāyena taṁputramālapet saṁlapecca । ①

【罗什】以方便故，得近其子，后复告言。②

【法护】(阙文)

【新译】以此种方便，他得以跟这个儿子说话，交谈。

解说：此颂文中方便一词，如《譬喻品》长者救子的用例一样，是指世间生活层面工具理性的人生技巧智慧。法护未能译出，罗什译为方便。

例句 18

atha khalu bhagavan sa gṛhapatirupāyakauśalyena na kasyacidācakṣet – mamaiṣa putra iti । atha khalu bhagavan sa gṛhapatiranyataraṁpuruṣamāmantrayet – gaccha tvaṁbhoḥpuruṣa । enaṁdaridrapuruṣamevaṁvadasva – gaccha tvaṁbhoḥpuruṣa yenākāṅkṣasi । mukto'si । evaṁvadati sa puruṣastasmai pratiśrutya yena sa daridrapuruṣastenopasaṁkrāmet । upasaṁkramya taṁdaridrapuruṣamevaṁvadet – gaccha tvaṁbhoḥpuruṣa yenākāṅkṣasi । mukto'sīti । atha khalu sa daridrapuruṣa idaṁvacanaṁśrutvāāścaryādbhutaprāpto bhavet । sa utthāya tasmāt pṛthivīpradeśādyena daridravīthītenopasaṁkrāmedāhāracīvaraparyeṣṭihetoḥ । atha khalu sa gṛhapatistasya

① Dr. P. L. Vaidya 校勘本，第 73 页。参见中亚本，第 56 页。

② 《妙法莲华经》，《大正藏》第 9 册，No. 0262，第 17 页上。

daridrapuruṣasyākarṣaṇahetorupāyakauśalyaṁprayojayet । ①

【罗什】所以者何？父知其子志意下劣，自知豪贵为子所难，审知是子，而以方便，不语他人云是我子。使者语之：我今放汝，随意所趣。穷子欢喜，得未曾有，从地而起，往至贫里，以求衣食。尔时长者，将欲诱引其子，而设方便。②

【法护】所以者何？父知穷子志存下劣，不识福父，久久意悟色和知名，又见琦珍。长者言曰：是吾子也。以权告子：今且恣汝，随意所奉。穷子怪之，得未曾有。则从坐起，行诣贫里，求衣索食。父知子缘，方便与语：汝便自去，与小众俱。③

【新译】于是，薄伽梵！这个家主，因为有善巧方便，就不会对任何人说："这是我的儿子。"薄伽梵！这个家主召唤某个仆人说："先生，请你前去，你要去告诉这个穷人：先生，你想去哪儿就去哪儿吧，你是自由的。"此人听了主人的吩咐后，回答："那好吧！"就去见穷人。见到后，就对这个穷人这样说："先生，你想去哪儿就去哪儿吧，你是自由的。"穷人听到此话，感觉稀奇、神奇，他从这个地方起身，就去往贫穷的街巷——他要在那儿求得食物和衣服。于是，为了诱引这个穷人的缘故，这个家主就安排善巧方便。④

解说：这段话是《法华经》第四品即《信解品》中著名的穷子喻中的一段。这段话中有两处涉及善巧方便，一处是：其父以善巧方便，而不告知任何人穷子是其子一事；另一处是，其父为了诱引其子，安排善巧方便。在法护的译文中，第一处译为"权"，但经文的意思，恰好译反了；第二处译为"方便"。罗什译文中，两处均译为"方便"，且意思都译得恰到好处。这段文字中的两处善巧方便，同样都是指现实生活层面作为人生技巧、具有工具理性性质的智慧。

---

① Dr. P. L. Vaidya 校勘本，第 73 页。参见中亚本，第 55—56 页。

② 《妙法莲华经》，《大正藏》第 9 册，No. 0262，第 16 页下。

③ 《正法华经》，《大正藏》第 9 册，No. 0263，第 80 页上。

④ 《河口慧海》上卷，第 104—105 页；Kern 本，第 103 页。

例句 19

bhagavāṁścāsmākamupāyakauśalyena asmiṁstathāgatajñānakośe dāyādān saṁsthāpayati। niḥspṛhāśca vayaṁbhagavan। tata evaṁjānīma – etadevāsmākaṁ bahukaraṁ yadvayaṁ tathāgatasyāntikāddivasamudrāmiva nirvāṇaṁpratilabhāmahe। te vayaṁbhagavan bodhisattvānāṁmahāsattvānāṁtathāgatajñānadarśanamārabhya udārāṁdharmadeśanāṁkurmaḥ। ①

【罗什】世尊以方便力，说如来智慧。我等从佛，得涅槃一日之价，以为大得；于此大乘，无有志求。我等又因如来智慧，为诸菩萨开示演说，而自于此，无有志愿。②

【法护】于今世尊以权方便，观于本际慧宝帑藏，蠲除饥饥，授大妙印。唯然大圣，于今耆年，斯大迦叶，从如来所，朝旦印印，当至无为。又世尊为我等示现菩萨大士慧谊，余党奉行，为众说法。③

【新译】薄伽梵以善巧方便，将我们都确立为此如来智慧仓库的继承人，可是，薄伽梵！我们却无所欲求。因为，我们这样理解：我们的那种智慧比较多，以致我们在如来的身边，获得如同一日工价的涅槃。薄伽梵！我们基于如来之智见，为诸菩萨摩诃萨作殊胜的说法。④

解说：此段话中的善巧方便，法护译为“权方便”，罗什译为“方便力”。罗什这段译文中“世尊以方便力，说如来智慧”一句，译文省略较多。原文意思是：佛陀以善巧方便，确定我们这些声闻弟子也是如来智慧之继承人，也就是说，如来以说法的善巧方便，其实已经确定声闻也以如来智慧作为目标，由此显示“三乘”其实是“一乘”之义。所以，此处的“智慧”，是菩提之代名词。菩提是指佛的转依果，是绝对清净、无

① Dr. P. L. Vaidya 校勘本，第 75 页。参见中亚本，第 58 页。

② 《妙法莲华经》，《大正藏》第 9 册，No. 0262，第 17 页中。

③ 《正法华经》，《大正藏》第 9 册，No. 0263，第 80 页下。

④ 《河口慧海》上卷，第 108—109 页；Kern 本，第 107 页。

漏、圆满的佛陀证法的表征。在佛陀这些证法中,“智慧”当然是其中最重要的品德之一,所以《法华经》中常常以“智慧”代指“菩提”。因而,以善巧方便导向“如来智慧”,实际上是导向全体的佛陀证法:菩提。

例句 20

tathāgatajñānaṁvivarāmo darśayāma upadarśayāmaḥ। vayaṁbhagavaṁstato niḥspṛhāḥsamānāḥ। tatkasya hetoḥ? upāyakauśalyena tathāgato'smākamadhimuktiṁprajānāti। tacca vayaṁ na jānīmo na budhyāmahe yadidaṁ bhagavatā etarhi kathitam – yathā vayaṁ bhagavato bhūtāḥputrāḥ, bhagavāṁścāsmākaṁsmārayati tathāgatajñānadāyādān।①

【罗什】我等又因如来智慧,为诸菩萨开示演说,而自于此无有志愿。所以者何?佛知我等心乐小法,以方便力随我等说;而我等不知真是佛子。今我等方知世尊,于佛智慧无所吝惜。②

【法护】当显如来圣明大德,咸使畅入随时之谊。所以者何?世雄大通善权方便,知我志操不解深法,为现声闻,畏三界法及生老死,色声香味细滑之事,趣欲自济,不救一切,离大慈悲、智慧、善权,禅定三昧。乃知人心,不睹一切众生根原。譬如穷士,求衣索食,而父须待,欲使安乐,子不觉察。佛以方便随时示现,我等不悟。今乃自知成佛真子,无上孙息,为佛所矜,施以大慧。③

【新译】我们揭开、看见、示现如来之智慧,薄伽梵!我们对此同样无所希求。为什么呢?因为如来以善巧方便,能够懂得我们的意向,可是我们却不懂得、不理解如来现在所说的话:我们是薄伽梵真正的儿子。薄伽梵记得我们,如来智慧之继承人。④

① Dr. P. L. Vaidya 校勘本,第 75 页。参见中亚本,第 58 页。
② 《妙法莲华经》,《大正藏》第 9 册,No. 0262,第 17 页中。
③ 《正法华经》,《大正藏》第 9 册,No. 0263,第 80 页下。
④ 《河口慧海》上卷,第 109 页;Kern 本,第 108 页。

解说：此段文字中出现一次善巧方便：如来以善巧方便知晓我们的意向。这句话很好地显示了我们前文所说如来善巧方便品德之一个重要特征，善巧方便的工作机制之一是：理解众生的心理意向。此处法护译为“善权方便”，罗什译为“方便力”。

还有需要注意的是：此文中提及的“如来智慧”，同上面分析过的那段引文一样，是“菩提”之代名词，正是指如来之全体证法，是以善巧方便教化众生所导向的最高目标。法护此段译文中有很多语句，与诸本颇多不同。尤其出现一次“善权方便”，出现一次“善权”，出现一次“方便”，与罗什译文、今传梵本，都有较大差异。是底本确有不同，还是叠加诸多修饰所致，难以确言。

例句 21

upāyakauśalya yathaiva tasya
mahādhanasya puruṣasya kāle |
hīnādhimuktaṁsatataṁdameti
damiyāna cāsmai pradadāti vittam ‖ 48 ‖ ①

【罗什】如富长者，知子志劣，以方便力，柔伏其心，然后乃付，一切财物。②

【法护】善权方便，犹若如父，譬如长者，遭时大富。其子而复，穷劣下极，则以财宝，而施与之。③

【新译】就好像那个巨富之人，经常以善巧方便，调服下劣信解的儿子，调服之后，死时授予其财产。④

解说：颂文中的善巧方便，也是指世俗生活层面的善巧方便，是作为

① Dr. P. L. Vaidya 校勘本，第 82 页。参见中亚本，第 61 页。

② 《妙法莲华经》，《大正藏》第 9 册，No. 0262，第 17 页中。

③ 《正法华经》，《大正藏》第 9 册，No. 0263，第 81 页中。

④ 《河口慧海》上卷，第 116 页；Kern 本，第 114 页。

工具理性的人生技巧智慧。文中有“kāle”(时),我们根据上下文义,处理为“死时”。颂文中的善巧方便,法护译为善权方便,罗什译为方便力。

例句 22

suduṣkaraṁkurvati lokanātho
upāyakauśalya prakāśayantaḥ |
hīnādhimuktān damayantu putrān
dametva ca jñānamidaṁdadāti ‖ 49 ‖ [1]

【罗什】佛亦如是,现希有事,知乐小者,以方便力,调伏其心,乃教大智。[2]

【法护】大圣导师,所兴希有,分别宣畅,善权方便。诸子之党,志乐下劣,修行调定,而以法施。[3]

【新译】宣传善巧方便的世间救主,能为极其难为之事:他调服信解褊狭的诸子,将其调服之后,施予这种智慧。[4]

解说:此颂文与上面第 48 颂构成对应的颂文,前一颂讲长者驯服穷子的世间善巧方便智慧,后一颂则讲佛陀驯服信解狭劣的学生的出世间善巧方便智慧。法护译为“善权方便”,罗什译为“方便力”。罗什译文中“以方便力,调伏其心,乃教大智”,这里“大智”中的“大”字,是罗什译文所添,意在表示这里所言的“智慧”,实际上表征佛菩提之义。

再者,因为本品譬喻故事的主角是一个长者,在找到多年丢失的儿子之后,此子因为长期在贫穷生活中成长,心理意向已经趋向贫困、褊狭,志向低劣;而其父亲则是一个大富长者,意向高远。因此,父子之间存在

---

① Dr. P. L. Vaidya 校勘本,第 82 页。参见中亚本,第 61 页。此处尼泊尔本 prakāśayanta,中亚本写作:prayojayaanta.

② 《妙法莲华经》,《大正藏》第 9 册,No. 0262,第 17 页中。

③ 《正法华经》,《大正藏》第 9 册,No. 0263,第 81 页中。

④ 《河口慧海》上卷,第 116 页;Kern 本,第 114 页。

巨大的差距。这样父子如何沟通，父亲如何引导穷子，就成为一个父亲最重要的问题。大富长者与穷子的关系，跟佛陀与诸声闻弟子的关系，甚至广义而言与一切众生的关系，是相类似的。大富长者需要安排善巧方便，来接引他的儿子逐渐熟悉富贵的环境；佛陀同样需要安排善巧方便，来接引三界志向不高的众生逐步达到觉悟。所以本品的故事及其解说，特别强调了善巧方便的一个特殊意义：长者或佛陀，如何达到其子（众生），即如何与众生联系、沟通的问题。所以，善巧方便这个概念思想的本义，是引导众生达到觉者的境界；但其中最为基础的关键一步，则是佛陀要先达到众生，要消解佛陀与众生之间难以沟通的鸿沟，也就是要让众生可以接受佛教教化的问题。这是本品所传达善巧方便概念及思想的一个特殊意义，值得认真关注。

第五品（例句 23—31）

例句 23

anena dṛṣṭāntanidarśanena

upāyu jānāhi tathāgatasya |

yathā ca so bhāṣati ekadharmaṁ

nānāniruktī jalabindavo vā ‖ 35 ‖ ①

【罗什】佛以此喻，方便开示，种种言辞，演说一法，于佛智慧，如海一滴。②

【法护】以见如是，微妙之谊，如来所建，善权方便。假使分别，一善法事，亦如天雨，至若干形。③

【新译】以这个比方性的说法，你们就应该懂得如来的方便：他

① Dr. P. L. Vaidya 校勘本，第 89 页。参见中亚本，第 66 页。

② 《妙法莲华经》，《大正藏》第 9 册，No. 0262，第 19 页下。

③ 《正法华经》，《大正藏》第 9 册，No. 0263，第 83 页下。

有种种的言辞，却在谈论同一个法，如同诸水滴。①

解说：此颂文中的方便，法护译为“善权方便”，罗什译为“方便”。颂文中“同一个法”，罗什译为“一法”，法护译为“一善法事”，都是指佛的证法，智慧菩提。颂文中的譬喻，“如诸水滴”，意思是同一水表现为诸水滴，或者诸多水滴同为水之表现，以譬喻佛陀说法言辞众多，所说者却是同一个法。由于佛陀说法的最高目标是：佛智或菩提，因此罗什这里译为“于佛智慧，如海一滴”。最重要的是，我们对罗什的这些译文，不能望文生义地理解，在这里尤其不能构想“方便”与“智慧”的对立，因为“方便”是导向“菩提”者，所以二者之间绝不存在对立，方便恰恰是对距离、鸿沟的弥补、消除。

例句 24

svapratyayaṁdharma prakāśayāmi
kālena darśemi ca buddhabodhim |
upāyakauśalyu mamaitadagraṁ
sarveṣa co lokavināyakānām ‖ 43 ‖ ②

【罗什】迦叶当知！以诸因缘，种种譬喻，开示佛道，是我方便，诸佛亦然。③

【法护】一时之间，说因缘法，而为众人，现于佛道。善权方便，佛谓言教，一切导师，亦复如是。④

【新译】我宣说依赖自己的法，并且适时地揭示佛之菩提；我的此种善巧方便极为殊胜，一切世间诸导师亦然。⑤

① 《河口慧海》上卷，第 127 页；Kern 本，第 126 页。

② Dr. P. L. Vaidya 校勘本，第 90 页。参见中亚本，第 66 页。

③ 《妙法莲华经》，《大正藏》第 9 册，No. 0262，第 19 页下。

④ 《正法华经》，《大正藏》第 9 册，No. 0263，第 83 页下。

⑤ 《河口慧海》上卷，第 129 页；Kern 本，第 128 页。

解说：此颂文中的后面二句，是说明善巧方便的崇高特质：无论是释迦如来的善巧方便，还是一切世间诸导师的善巧方便，都“极为殊胜”；前二句，说明善巧方便的功能作用：佛以之说法，并且适时地开示佛之菩提。这里，前者是指依据善巧方便的随宜言说，后者是指依据善巧方便的非随宜言说即大揭秘。

这个颂文很好地说明了善巧方便的特质和功能，是《法华经》对善巧方便概念思想解释文字中最有概括力的文字之一。需要特别注意的是，此处说明善巧方便之功能有二句：（一）说法；（二）适时地揭示佛之菩提。从释迦如来教法史的历史事实看，佛陀在承担弘法的使命之后，先说了很多法，一直在说法，但是并不是经常地揭示自己的觉悟：佛的智慧，佛的菩提，而是在《法华经》的法会中才正式讲到菩提，所以颂文中用了一个副词修饰语：kālena，我们此处译为“适时地”。颂文讲的“说法”，是指依据善巧方便的随宜言说；颂文讲的“揭示佛菩提”，则是指依据善巧方便所作教法模式的转型，大揭秘，非随宜言说。因而这个颂文明确地告诉我们：无论是一般意义上随宜言说的说法，还是演示菩提，直接揭露佛陀本怀，同样是依据善巧方便！

颂文中的善巧方便，法护译为“善权方便”，罗什译为“方便”。

例句 25

tasyaivaṁsyāt – tasya puruṣasya pūrvapāpena karmaṇā vyādhirutpannaḥ। ye ca kecana vyādhaya utpadyante, te sarve caturvidhāḥ – vātikāḥ paittikāḥślaiṣmikāḥsāṁnipātikāśca। atha sa vaidyastasya vyādhervyupaśamanārthaṁpunaḥpunarupāyaṁcintayet। ①

【罗什】（阙文）

【添品】时有良医，能知诸病，见彼生盲丈夫，如是念言：其彼丈夫，先有恶业，今有病生，若其病生，则有四种：所谓风、黄与

① Dr. P. L. Vaidya 校勘本，第 91 页。参见中亚本，第 67 页。

癃，及以等分。时彼良医，为欲灭其病故，又复方便，如是思惟。[1]

【法护】若有良医，观人本病，何故无目？本罪所种，离明眼冥，体瘘重病。何谓重病？风寒热癖，是则四病。便心念言：斯人之疾，凡药疗之，终不能愈。雪山有药，能疗四病：一曰显，二曰良，三曰明，四曰安，是药四名。[2]

【新译】医师心里就这样想：此人因为过去的罪业，产生了疾病。凡是产生出来的一切疾病，都有四个种类：风病，胆汁病，痰病，杂病。当时，这个医师为了治愈此人的疾病，一再地考量方便。[3]

解说：此段文字中出现一次“方便”，是指世间生活层面的一种技巧智慧。法护未译出。罗什所译《法华经》此品，没有这一部分。我们以隋代补译的《添品妙法莲华经》的文字来观察，此处译者译为“方便”。

例句 26

atha sa vaidyastasmin jātyandhe kāruṇyamutpādya tādṛśamupāyaṁcintayet，yenopāyena himavantaṁparvatarājaṁśaknuyādgantam | [4]

【罗什】（阙文）

【添品】时彼良医，于生盲所，发生悲悯。兴起如是方便思惟，以彼方便，诣雪山王。[5]

【法护】于时良医，悯伤病人。为设方便，即入雪山。[6]

【新译】当时，这个医师对此生盲者，产生了同情，他考量如此这般的方便——以那种方便，他能够前往雪山山王。[7]

---

① 《添品妙法莲华经》，《大正藏》第 9 册，No. 0264，第 153 页中。

② 《正法华经》，《大正藏》第 9 册，No. 0263，第 85 页上。

③ 《河口慧海》上卷，第 131 页；Kern 本，第 130 页。

④ Dr. P. L. Vaidya 校勘本，第 91 页。参见中亚本，第 67 页。

⑤ 《添品妙法莲华经》，《大正藏》第 9 册，No. 0264，第 153 页中。

⑥ 《正法华经》，《大正藏》第 9 册，No. 0263，第 85 页上。

⑦ 《河口慧海》上卷，第 131 页；Kern 本，第 130 页。

解说：此段文字中出现的两次方便，同样是指世俗生活层面的善巧方便智慧。法护译为方便，《添品》也译为方便。

例句 27

atha sa puruṣastān ṛṣīnevaṁvadet – ka upāyaḥ, kiṁvāśubhaṁkarma kṛtvedṛś īṁ prajñāṁ pratilabheya, yuṣmākaṁ prasādāccaitān guṇān pratilabheya?[①]

【罗什】（阙文）

【添品】时彼丈夫，语仙人言：以何方便？又作何等清净业已，当得是智？及于汝等，净信力故，我亦当得如此功德？[②]

【法护】其人问曰：作何方术，得斯圣通？愿垂慧诲。[③]

【新译】于是，此人就这样问这些仙人："什么是方便呢？在做出什么样的净业后，我可以获得如此这般的般若；再者，因为对于你们的虔信，我可以获得这些品德吗？"[④]

解说：此段文字中出现的方便，是指超越性的善巧方便。此处法护译文中，处理为"方术"。《添品》中，译为了"方便"。

例句 28

atha bhagavāṁ stān prajñācakṣuṣā paśyati । dṛṣṭvā ca jānāti – amī sattvāḥpūrvaṁkuśalaṁkṛtvā mandadveṣāstīvrarāgāḥ, mandarāgāstīvradveṣāḥ, kecidalpaprajñāḥ, kecit paṇḍitāḥ, kecitparipākaśuddhāḥ, kecinmithyādṛṣṭayaḥ । teṣāṁsattvānāṁtathāgata upāyakauśalyena trīṇiyānāni deśayati ।

① Dr. P. L. Vaidya 校勘本，第 92 页。参见中亚本，第 68 页。

② 《添品妙法莲华经》，《大正藏》第 9 册，No. 0264，第 153 页中。

③ 《正法华经》，《大正藏》第 9 册，No. 0263，第 85 页上。

④ 《河口慧海》上卷，第 131 页；Kern 本，第 130 页。

tatra yathā te ṛṣayaḥpañcābhijñā viśuddhacakṣuṣaḥ, evaṁbodhisattvā bodhicittānyutpādya anutpattikīṁ dharmakṣāntiṁ pratilabhya anuttarāṁ samyaksaṁbodhimabhisaṁbudhyante ‖ ①

【罗什】（阙文）

【添品】佛以佛眼，而观见之，见已了知：此等众生，先世作善，少瞋厚欲，少欲厚瞋，或有少智，或有巧慧，或有成熟清净，或有邪见。彼等众生，佛为方便，巧说三乘。如彼仙人，五通净眼者，即是菩萨菩提心生，得无生忍，证觉无上正真之觉。②

【法护】观于众生心之根原，病有轻重，垢有厚薄，解有难易，睹见远近，便见三乘。发菩萨心，至不退转，无所从生，径得至佛，犹如有目，得为神仙。③

【新译】于是薄伽梵就以般若眼观察他们，观察之后就了解：这些众生，过去曾行善事，有些有微薄的憎恨、强烈的贪着，有些有微薄的贪着、强烈的憎恨；有些少有般若，有些则是智者；有些拥有清净的果报，有些是虚妄邪见者。于是如来就以善巧方便，给这些众生开示三乘。就如同在那里，这些拥有五种神通的仙人，都有净化的眼睛；同样，诸菩萨生起菩提心，获得无生法忍，将获得无上正等觉。④

解说：此段文字中出现一次善巧方便，是指作为佛陀说法依据的善巧方便。法护未能译出，整段译文也错乱难读；《添品》此处译为“方便”，《添品》的译文，较能正确地传达经文的内涵。

例句 29

Sarvadharmāvabodhāttu samyaksaṁbuddha ucyate |

---

① Dr. P. L. Vaidya 校勘本，第 92 页。参见中亚本，第 68 页。

② 《添品妙法莲华经》，《大正藏》第 9 册，No. 0264，第 153 页中。

③ 《正法华经》，《大正藏》第 9 册，No. 0263，第 85 页上。

④ 《河口慧海》上卷，第 135 页；Kern 本，第 135 页。

Tenopāyaśatairnityaṁdharmaṁdeśeti prāṇinām ‖ 53 ‖ ①

【罗什】（阙文）

【添品】若能觉诸法，说名正遍知。②

【法护】（阙文）

【新译】由于觉悟一切法，则称为正等觉者；此人常以百方便，而为诸生灵说法。③

解说：此颂文中善巧方便所在的半颂，在《添品》译文中缺文；法护的翻译中，这一颂都缺文；参考藏文译本，后半颂亦缺文。在中亚本中，后半颂同样缺失。今传梵本，则保存有善巧方便一句的半个颂文。

例句 30

upāyakuśalaḥśāstāsaddharmaṁdeśayatyasau ।

anuttarāṁbuddhabodhiṁdeśayatyagrayānike ‖ 61 ‖ ④

【罗什】（阙文）

【添品】彼以善方便，演说寂正法。无上佛觉智，演说最胜乘。⑤

【法护】（阙文）

【新译】这位善巧方便的导师演说正法，为殊胜乘者开示无上的佛菩提。⑥

解说：这个颂文在法护的译本中未见到，《添品》得以完全译出。此颂文中善巧方便一词，为依主释，对格关系，进而转为有财释，用作形容

① Dr. P. L. Vaidya 校勘本，第 94 页。参见中亚本，第 69 页。此颂在中亚本中只有前半颂。

② 《添品妙法莲华经》，《大正藏》第 9 册，No. 0264，第 154 页中。

③ 《河口慧海》上卷，第 137 页；Kern 本，第 137 页。

④ Dr. P. L. Vaidya 校勘本，第 94 页。参见中亚本，第 69—70 页。

⑤ 《添品妙法莲华经》，《大正藏》第 9 册，No. 0264，第 154 页中。

⑥ 《河口慧海》上卷，第 138 页；Kern 本，第 138 页。

词，作“导师”这个字的修饰语。《添品》中译为“以善方便”，未将“善巧方便”转作形容词使用。此颂文中的 upāyakuśalaḥ，十分明确应当转为形容词，作中心语“导师”的修饰语，所以这个颂文非常清晰地证明：拥有善巧方便的导师，则其弘法教化活动，必具备两个方面的特征：（一）说法；（二）开示无上菩提。所以此颂亦能确证前面已经说过的：无论是一般意义的说法，还是宣示佛陀的本怀，解释无上正等觉，也就是无论是随宜言说，还是大揭秘，非随宜言说，都是依据善巧方便。

例句 31

upāya eṣa buddhānāṁvadanti yadimaṁnayam |

sarvajñatvamṛte nāsti nirvāṇaṁtatsamārabha ‖ 75 ‖ ①

【罗什】（阙文）

【添品】是诸佛方便，为说如此道。若离一切智，无有发涅槃。②

【法护】（阙文）

【新译】因为，这是诸佛的方便——他们称之为宗旨，没有一切知者性，就没有涅槃，所以，你们应当努力！

解说：此颂文同样未见于法护译文中，《添品》则完全译出。颂文中方便，《添品》译为“方便”。中亚本此颂文字稍异，但意义一致。颂文的意思是强调：没有一切知的佛，就没有涅槃；而佛陀依据善巧方便的教法，就是要达到一切知或涅槃。这里称善巧方便为“宗旨”（道理），与前面称善巧方便为“佛眼”，意义都是一样的，意在强调理解善巧方便是理解佛陀教法思想的关键。同时，这个颂文再次强调了善巧方便概念与一切知者性（佛，菩提）及涅槃的内在、密切关联。

---

① Dr. P. L. Vaidya 校勘本，第 95 页。参见中亚本，第 70 页。中亚本如下：upāya eṣ a buddhānāṃ vadaṃti yad imaṃ nayam sarvajśātvam ṛ te nāsti nirvāṇaṃ tat samācara.

② 《添品妙法莲华经》，《大正藏》第 9 册，No. 0264，第 154 页中。

第七品(例句32—39)

例句32

aham anyāsu lokadhātuṣvanyonyairnāmadheyairviharāmi, tatra te punarutpatsyante tathāgatajñānaṁparyeṣamāṇāḥ । tatra ca te punarevaitāṁ kriyāṁśroṣyanti । ekameva tathāgatānāṁparinirvāṇam । nāstyanyad dvitīyamitobahirnirvāṇam । tathāgatānāmetadbhikṣava upāyakauśalyaṁveditavyaṁ dharmadeśanābhinirhāraś ca । yasmin bhikṣavaḥsamaye tathāgataḥparinirvāṇakālasamayamātmanaḥsamanupaśyati, pariśuddhaṁ ca parṣadaṁ paśyati adhimuktisārāṁśūnyadharmagatiṁgatāṁdhyānavatīṁmahādhyānavatīm, atha khalu bhikṣavastathāgato'yaṁ kāla iti viditvā sarvān bodhisattvān sarva-śrāvakāṁśca saṁnipātya paścādetamarthaṁsaṁśrāvayati । na bhikṣavaḥki-ṁcidasti loke dvitīyaṁnāma yānaṁparinirvāṇaṁvā, kaḥpunarvādastṛ-tīyasya? upāyakauśalyaṁ khalvidaṁ bhikṣavastathāgatānāmarhatām – dūrapr-anaṣṭaṁ sattvadhātuṁ viditvā hīnābhiratān kāmapaṅkamagnān, tata eṣ āṁbhikṣavastathāgatastannirvāṇaṁbhāṣate yadadhimucyante ‖ ①

【罗什】我于余国作佛，更有异名。是人虽生灭度之想，入于涅槃，而于彼土求佛智慧，得闻是经，唯以佛乘而得灭度，更无余乘，除诸如来方便说法。诸比丘！若如来自知涅槃时到，众又清净、信解坚固、了达空法、深入禅定，便集诸菩萨及声闻众，为说是经。世间无有二乘而得灭度，唯一佛乘得灭度耳。比丘当知！如来方便，深入众生之性，知其志乐小法，深着五欲，为是等故，说于涅槃。是人若

① Dr. P. L. Vaidya 校勘本，第120页。参见中亚本，第94页。这段话中 bhikṣ ava upāyakaus ´alyaṁ veditavyaṁ dharmadeśanābhinirhāraśca 一句，中亚本写作：bhikṣ ava upāyakauśalyaṁ veditavyaṁ sandhāvacanaṃ ca dhārmadeśanābhinirhāram ca.

闻，则便信受。[1]

【法护】甫当往至他佛世界，顺殊异行，生异佛国，当求道慧，志听启受，尔乃解知如来之法，有一灭度，无有二乘也。皆是如来善权方便，说三乘耳。如来正觉灭度之时，若有供养以清净行，信乐妙言趣于经典，一心定意为大禅思，当知尔时观于如来，皆普合会诸菩萨众，会诸声闻听受此法，尔乃睹见世间佛道，无二灭度也。如来正觉善权说耳，其乐下劣小乘行者，则自亡失远乎人种，不解人本为欲所缚。如来灭度时，若有闻说欢喜信者，佛恩所护。[2]

【新译】我以不同的名称，生活在不同的世界。他们将会再度往生到那些世界，追求如来的智慧。他们在那些世界，将会再度听闻这种事业：诸如来只有一种涅槃，在此涅槃以外，不存在第二种其他的涅槃。诸位比丘！你们要懂得诸如来的这种善巧方便，及其说法、引导。诸位比丘！若于某个时刻，如来见到是自己涅槃的时候，并且见到大众已经清净，拥有坚实的信心，通达空法，具足禅那，具足伟大的禅那，那么在这个时候，诸位比丘！如来了解“是时候了”，就会聚集所有的菩萨及所有的声闻，使其听闻此义：诸位比丘！世间不存在任何名为“第二”的乘，或者涅槃，更何况名为“第三”的乘或涅槃呢？诸位比丘！这是诸如来阿罗汉的善巧方便：他们知晓众生界久已败坏，他们耽乐褊狭，深陷淤泥，于是，诸位比丘！如来就说了这种他们可以信解的涅槃。[3]

解说：本段中有两处说及善巧方便：一处是：诸如来的这种善巧方便；一处是：这是诸如来的善巧方便。法护一处译为“善权方便”，一处译为“善权”；罗什在两处都译为“方便”。根据内容推敲，本段文字涉及善巧方便概念的部分，正好可以分为两个义理层次：第一个义理层次是：无论在其他国土，或在此方国土，如来行将涅槃之时，都会开显“只有一种乘，只有一种涅槃”的道理，这是如来的善巧方便；第二个义理层次是：由于知道众生们根性腐败，意向狭劣，所以如来为其说言他们

---

① 《妙法莲华经》，《大正藏》第 9 册，No. 0262，第 25 页下。

② 《正法华经》，《大正藏》第 9 册，No. 0263，第 92 页中。

③ 《河口慧海》中卷，第 23 页；Kern 本，第 180 页。

可以理解和接受的涅槃，这是如来的善巧方便。前一义理层次是非随宜言说，大揭秘；后一义理层次，是随宜言说。

例句 33

atha khalu sa mahājanakāyaḥś rāntaḥklānto bhītastrastaḥevaṁ vadet – yat khalvārya deśika pariṇāyaka jānīyāḥ – vayaṁhi śrāntāḥklāntā bhītāstrastā anirvṛtāḥ। punareva pratinivartayiṣyāmaḥ। atidūramito'ṭavīkāntāramiti। atha khalu bhikṣavaḥsa deśika upāyakuśalas tān puruṣān pratinivartitukāmān viditvā evaṁcintayet – mā khalvime tapasvinastādṛśaṁmahāratnadvīpaṁ na gaccheyuriti। sa teṣāmanukampārthamupāyakauśalyaṁprayojayet। tasyā aṭavyāmadhye yojanaśataṁvā dviyojanaśataṁvā triyojanaśataṁvā atikramya ṛddhimayaṁnagaramabhinirmimīyāt। ①

【罗什】所将人众，中路懈退，白导师言：我等疲极，而复怖畏，不能复进，前路犹远，今欲退还。导师多诸方便，而作是念：此等可愍，云何舍大珍宝，而欲退还？作是念已，以方便力，于险道中，过三百由旬，化作一城。②

【法护】将众贾人，欲度悬迥，皆俱疲怠，不能自前。各思恋曰：予等安处圣兴之土，本国平雅，有君长师父，今来远涉，极不任进，宁可共还，免离苦难！导师愍之：发来求宝，中路而悔。设权方便，于大旷野，度四千里，若八千里，以神足力，化作大城。③

【新译】当时，这个大商团，疲劳、困乏、惊恐、畏惧，他们会这样说："圣人，导师，领导人啊！你应当理解：我们疲劳、困乏、惊恐、畏惧、不安。我们想要退转回去！这里的旷野险道实在太遥远！"当时，诸位比丘！这个导师，是位善巧方便的导师，他知道这些人想要退转

---

① Dr. P. L. Vaidya 校勘本，第 120 页。参见中亚本，第 94 页。

② 《妙法莲华经》，《大正藏》第 9 册，No. 0262，第 25 页下。

③ 《正法华经》，《大正藏》第 9 册，No. 0263，第 92 页中。

回去，心里这样想："希望这些受苦者不要不前往大宝洲渚啊。"出于对这些人的同情，他就会这样安排善巧方便：他会在此旷野中间，幻化一个由神通作成的城市。超过一百由旬，或二百由旬，或三百由旬。①

解说：此段文字中也有两处言及善巧方便：一处是言：善巧方便的导师，句中"善巧方便"，转成一个有财释的形容词；一处是导师安排善巧方便，句中"善巧方便"，则做名词用。法护译文中，第一处善巧方便未能译出，第二处译为"权方便"；罗什两处都译出了，第一处译为"方便"，第二处译为"方便力"。本段文字中讲的善巧方便，因为是商团领袖引导众人度过漫长森林旷野的领导技巧，所以是指世俗人生层面的方便智慧。

例句 34

tatra tathāgataḥsattvān durbalāśayān viditvā yathā sa deśikastadṛddhimayaṁnagaramabhinirmitīte teṣāṁsattvānāṁviśrāmaṇārtham, viśrāntānāṁ caiṣāmevaṁkathayati – idaṁkhalu ṛddhimayaṁ nagaramiti, evameva bhikṣavastathāgato'pyarhan samyaksaṁ buddho mahopāyakauśalyena antarā dve nirvāṇabhūmī sattvānāṁviśrāmaṇārthaṁdeśayati saṁprakāśayati yadidaṁśrāvakabhūmiṁ pratyekabuddhabhūmiṁ ca | yasmiṁśca bhikṣavaḥsamaye te sattvāstatra sthitā bhavanti, atha khalu bhikṣavastathāgato'pyevaṁ saṁśrāvayati – na khalu punarbhikṣavo yūyaṁ kṛtakṛtyāḥkṛtakaraṇīyāḥ | api tu khalu punarbhikṣavo yuṣmākamabhyāsaḥ | itas tathāgatajñānaṁvyavalokayadhvaṁbhikṣavo vyavacārayadhvam | yad yuṣmākaṁnirvāṇaṁnaiva nirvāṇam, api tu khalu punarūpāyakauśalyametad bhikṣavastathāgatānāmarhatāṁsamyaksaṁbuddhānāṁyat trīṇi yānāni saṁprakāśayantīti || ②

---

① 《河口慧海》中卷，第 24 页；Kern 本，第 181 页。

② Dr. P. L. Vaidya 校勘本，第 121 页。参见中亚本，第 95 页。

【罗什】佛知是心怯弱下劣，以方便力，而于中道为止息故，说二涅槃。若众生住于二地，如来尔时即便为说：汝等所作未办，汝所住地，近于佛慧，当观察筹量所得涅槃非真实也。但是如来方便之力，于一佛乘分别说三。如彼导师，为止息故，化作大城。既知息已，而告之言：宝处在近，此城非实，我化作耳。[①]

【法护】如来悉见其心所念，志疲懈想，为现声闻、缘觉易得，犹如无导，化作大城，人民饶裕，商者晏息，视如厌玩，没之不现，为众商人，说幻化城。其导师者，谓如来也；大旷野者，谓五道生死；众商贾人，谓诸学者；将行求宝，谓说道慧菩萨行法；中路厌玩，不肯进者，谓佛难得，累劫积功，不可卒成，诱以声闻、缘觉易办；化作城者，谓罗汉泥洹；没城不现，谓临灭度，佛在前立，劝发无上正真道意。其罗汉事，限碍非真，不至大道，若至他方，与佛相见，得不退转，无所从生，乃为大宝究竟之事。佛语诸比丘：如来说法，尔等闻之，谓悉备足，不知所作尚未成办。又如来慧，普见世间一切人心，示现泥洹，如来至真等正觉，善权方便，说有三乘。[②]

【新译】如来知道这里的众生，都力量、意向贫乏，因而就好比那位商团导师，幻化一个神通作成的城市，以便这些众生休息，而对休息过的他们，他这样说："这只是神通作成的城市。"正是同样的道理，诸位比丘！如来阿罗汉正等觉者，也为了众生休息的缘故，以其伟大的善巧方便，开示、宣传中间两个涅槃地，也就是声闻地和独觉地。诸位比丘！而若是某个时候，他们成为住于其中的众生，诸位比丘！那时候，如来阿罗汉正等觉者也就使其这样听闻："诸位比丘！你们尚未完成所作的事业，尚未完成当作的事业。再者，诸位比丘！你们临近它，诸位比丘！你们可以观察如来智，审视如来智。凡是你们的涅槃都不是涅槃。诸位比丘！这是诸如来阿罗汉正等觉者的善巧方便：他们宣传三种乘。"[③]

解说：此段话中也有两处涉及善巧方便，一处称为"伟大的善巧方

---

① 《妙法莲华经》，《大正藏》第9册，No. 0262，第26页上。

② 《正法华经》，《大正藏》第9册，No. 0263，第92页下。

③ 《河口慧海》中卷，第25—26页；Kern本，第182—183页。

便”，这是《法华经》中称赞善巧方便概念时一个十分重要和有特色的说法，这个说法强调了善巧方便的卓越性，说明不应该对其存有任何轻视的态度，佛陀正是依据这种善巧方便，开示了声闻地及独觉地两个中间状态的涅槃地。另一处说：诸佛宣传三种乘，这是诸如来阿罗汉正等觉者的善巧方便。所以本段两处所谈的善巧方便，都是指诸佛依据善巧方便采取随宜言说的弘法模式。汉译中法护译出了第二处，称为“善权方便”，未译出第一处；罗什两处都译出，前一处称为“方便力”，后一处称为“方便之力”。

例句 35—36

ye cāpi saṁśrāvitakā tadāsī
te śrāvakā teṣa jināna sarve |
imameva bodhimupanāmayanti
kramakrameṇa vividhairupāyaiḥ ‖ 89 ‖
ahaṁpi abhyantari teṣa āsīn
mayāpi saṁśrāvita sarvi yūyam |
teno mama śrāvaka yūyamadya
bodhāvupāyeniha sarvi nemi ‖ 90 ‖ ①

【罗什】尔时闻法者，各在诸佛所，其有住声闻，渐教以佛道。我在十六数，曾亦为汝说，是故以方便，引汝趣佛慧。②

【法护】于彼所说，及听受者，是诸声闻，悉佛弟子。步步各各，若干色像，今当亲近，发大道意。吾身尔时，寤不觉者，皆令一切，咸得听受。尔诸贤者，号声闻子，善权方便，示诸人道。③

【新译】那时所有的听法者，都是这些胜者的声闻；他们以种种的方便，使其渐次皈敬这个菩提。

我也曾在他们的中间，所有的你们也都由我而听闻；因而如今你们是

① Dr. P. L. Vaidya 校勘本，第 125 页。参见中亚本，第 97 页。

② 《妙法莲华经》，《大正藏》第 9 册，No. 0262，第 26 页上。

③ 《正法华经》，《大正藏》第 9 册，No. 0263，第 93 页上。

我的声闻，我以方便把所有的你们导向菩提。[①]

解说：上面这两个颂文连在一起。前一颂言诸佛以种种方便，使得诸听众，逐步归向菩提。法护这里误将 upāya（方便）连前面的字末音（vividhair）而读，因而翻成了“若干色像”；罗什未译出这处“方便”。后一颂文中的方便，法护译为“善权方便”，罗什译为“方便”。这两个颂文中，无论是前一颂中说的诸佛，还是后一颂中说的释迦如来，都以善巧方便将声闻弟子导归菩提，所以佛的菩提，是善巧方便的目标，也是《法华经》中所诠释的佛陀出世的本怀，精神。颂文中的菩提（bodhi），罗什分别译为“佛道”及“佛慧”，法护译为“大道”和“道”。

例句 37

kuśalaśca so pi tada paṇḍitaśca
praṇāyakopāya tadā vicintayet |
dhikkaṣṭa ratnairimi sarvi bālā
bhraśyanti ātmāna nivartayantaḥ ‖ 96 ‖ [②]

【罗什】导师作是念：此辈甚可悯，如何欲退还，而失大珍宝？[③]

【法护】导师聪明，为方便父，谆谆宣喻，诱诲委曲。矜怜暗塞，欲弃宝退，坏败本计，中路规还。[④]

【新译】当时这位导师贤善、聪明，此时他就会思考方便：呜呼！悲哉！所有这些愚痴者都在失去珠宝，因为他们自己要退转。[⑤]

解说：这个颂文中，应该分解为：praṇāyakoupāyam。其中，praṇāya-

① 《河口慧海》中卷，第 30 页；Kern 本，第 187 页。
② Dr. P. L. Vaidya 校勘本，第 126 页。参见中亚本，第 97 页。
③ 《妙法莲华经》，《大正藏》第 9 册，No. 0262，第 26 页上。
④ 《正法华经》，《大正藏》第 9 册，No. 0263，第 93 页上。
⑤ 《河口慧海》中卷，第 31 页；Kern 本，第 188 页。

ko（导师），是第一句的主语；upāya，则是第二句的动词宾语。法护译为“为方便父”，应该是误读所致。罗什译文未见翻译此词。这个颂文还是在讲商团首领引导大众度过丛林旷野的故事，所以句子中的“方便”，还是指世俗生活层面的方便智慧。

例句 38

yuṣmāka khedaṁca mayā vitdivā
nivartanaṁmā ca bhaviṣyatīti |
upāyakauśalyamidaṁmameti
janetha vīryaṁgamanāya dvīpam ‖ 102 ‖ ①

【罗什】我见汝疲极，中路欲退还，故以方便力，权化作此城。汝等勤精进，当共至宝所。②

【法护】吾时观察，枯燥荆棘，每惧仁等，创楚悔还。即设善权，化现众诸，且宜精志，顺路进前。③

【新译】我知道你们的疲乏，心里就想：“但愿你们不要退转！”这是我的善巧方便，因而你们要产生勤勉，去往洲渚！④

解说：这个颂文中第三句出现的善巧方便，upāyakauśalyam，中亚本写作：upāyajñānena，再次证明《法华经》中讲的善巧方便，确实是指智慧，一种特殊的佛智。颂文中的善巧方便，法护译为“善权”，罗什译为“方便力”。值得注意的是，罗什这两句译文：“故以方便力，权化作此城”，其中出现“权”字，并且这个“权”字，紧跟在“方便力”之后，表示“暂时”之义。罗什这一译文是意译性的，译义不存在任何问题，

---

① Dr. P. L. Vaidya 校勘本，第 126 页。参见中亚本，第 97 页。此颂文，中亚本写为：yuṣ māka khedaṃ ca mayā viditvā ni［r］vartanā mā bhaviṣ yatīti · upāyajñānena mayā kṛ taṃ idaṃ janetha vīryaṃ gamanāya dvīpaṃ.

② 《妙法莲华经》，《大正藏》第 9 册，No. 0262，第 26 页上。

③ 《正法华经》，《大正藏》第 9 册，No. 0263，第 93 页上。

④ 《河口慧海》中卷，第 32 页；Kern 本，第 189 页。

不过却是后来中国佛教《法华经》经典诠释学中“方便是权”这一解读方式由来的一个文献因素。

例句 39

upāyakauśalya vināyakānāṁ
yad yāna deśenti trayo maharṣī |
ekaṁhi yānaṁna dvitīyamasti
viśrāmaṇārthaṁtu dviyāna deśitā ‖ 106 ‖ ①

【罗什】诸佛方便力，分别说三乘，唯有一佛乘，息处故说二。②

【法护】诸佛大圣，善权方便，讲说佛教，大仙救护。其乘有一，未曾有二。休息尔等，故分别说。③

【新译】此是诸导师的善巧方便：大仙们指示三种乘；确实，乘是唯一一种，没有第二种乘，不过为了休息，他们说了二种乘。④

解说：本颂的意思是：诸佛演示三乘，其实三乘是一乘，也只有一乘，说声闻、缘觉二乘，是让大家中途休息的缘故。这就是诸佛的善巧方便。所谓的一乘，就是佛乘，以菩提为目标的乘。此颂文中的善巧方便，法护译为“善权方便”，罗什译为“方便力”。

第八品（例句 40—47）

例句 40

atha khalvāyuṣmān pūrṇo maitrāyaṇīputro bhagavato'ntikādidamevaṁ-

① Dr. P. L. Vaidya 校勘本，第 127 页。参见中亚本，第 98 页。
② 《妙法莲华经》，《大正藏》第 9 册，No. 0262，第 26 页上。
③ 《正法华经》，《大正藏》第 9 册，No. 0263，第 93 页上。
④ 《河口慧海》中卷，第 32 页；Kern 本，第 189 页。

rūpamupāyakauśalyajñānadarśanaṁsaṁdhābhāṣitanirdeśaṁśrutvā eṣāṁca mahāśrāvakāṇāṁvyākaraṇaṁśrutvā imāṁca pūrvayogapratisaṁyuktāṁkathāṁ śrutvā imāṁca bhagavato vṛṣabhatāṁ śrutvāāścaryaprāpto'bhūdadbhutaprāpto'bhūnnirāmiṣeṇa ca cittena prītiprāmodyena sphuṭo'bhūt | ①

【罗什】尔时富楼那弥多罗尼子，从佛闻是智慧方便随宜说法，又闻授诸大弟子阿耨多罗三藐三菩提记，复闻宿世因缘之事，复闻诸佛有大自在神通之力，得未曾有，心净踊跃。②

【法护】于是贤者邠耨文陀尼子，闻佛世尊敷阐善权示现方便，授声闻决当成佛道，追省往古所兴立行，又睹如来诸佛境界，得未曾有，欢喜踊跃。③

【新译】当时长老满慈子，在薄伽梵身边，听闻如此这般善巧方便智慧观见的关于随宜言说的教导之后，听到对于这些诸大声闻的授记之后，听到与前世有关的这些说法之后，以及听到薄伽梵的这种威力性之后，感到神奇，感到稀有，因为心无所求，就被欢喜和喜悦所覆盖。④

解说：短语 saṁdhābhāṣitanirdeśa 中，前段 saṁdhābhāṣita 与后段 nirdeśa，是依主释位格关系，所以这个复合词的意思是：“关于随宜言说的教导”，其中心语是“教导”。而这个复合词前面的那个短语，upāyakauśalyajñānadarśanaṁ，作为这个“教导”的修饰语，是一个多财释的复合词，意思是“善巧方便智慧观见的”。这一段一共出现 4 次动词 śrutvā，每次所言都对应一个主题，这也可以间接证实此处 upāyakauśalyajñānadar-śanaṁ，应当处理为 saṁdhābhāṣitanirdeśaṁ的修饰语。中亚本中，此处写作：upāyakauś alyajñānadarśanasandhābhāṣitanirdeśaṃ，即将前后两个短语连在一起，构成一个更大的复合词，处理的方式应该同上。saṁdhābhāṣita，随宜言说，这是密

① Dr. P. L. Vaidya 校勘本，第 128 页。参见中亚本，第 99 页。这段文字中，中亚本写作：upāyakauśalyajñānadarśanasandhābhāṣ itanirdeśaṃ.

② 《妙法莲华经》，《大正藏》第 9 册，No. 0262，第 27 页中。

③ 《正法华经》，《大正藏》第 9 册，No. 0263，第 94 页中。

④ 《河口慧海》中卷，第 34 页；Kern 本，第 191 页。

意说法；saṁdhābhāṣitanirdeśa，关于随宜言说的教导，则是指开显随宜言说，是非随宜言说，大揭秘。此教导或开显，同样是依据善巧方便而来的，所以说是“善巧方便的”；此善巧方便，作为佛陀之特殊品德，也是一种佛智，也是一种佛见，所以说是“善巧方便智慧观见的”。所以不管是“随宜言说”之方式，还是“开显随宜言说”之方式，都是依据善巧方便而为，不能把“善巧方便”与“随宜言说”完全等同起来。

汉译中法护的对应译文，是“敷阐善权示现方便”，似乎只是译出upāyakauśalyajñānadarśanaṁ，未译后半段saṁdhābhāṣitanirdeśa；罗什译文是“智慧方便随宜说法”，其中“智慧方便”是译upāyakauśalyajñānadarśanaṁ，“随宜说法”是将saṁdhābhāṣita与中心语nirdeśa融合以译。

例句41

mahatā ca prītiprāmodyena mahatā ca dharmagauraveṇa utthāyāsanād bhagavataścaraṇayoḥpraṇipatya evaṁ cittamutpāditavān – āś caryaṁ bhagavan，āścaryaṁsugata। paramaduṣkaraṁtathāgatā arhantaḥsamyaksaṁbuddhāḥkurvanti，ya imaṁnānādhātukaṁlokamanuvartayante，bahubhiścopāyakauśalyajñānanidarśanaiḥsattvānāṁdharmaṁdeśayanti，tasmiṁstasmiṁśca sattvān vilagnānupāyakauśalyena pramocayanti। ①

【罗什】即从座起，到于佛前，头面礼足，却住一面，瞻仰尊颜，目不暂舍，而作是念：世尊甚奇特，所为希有！随顺世间若干种性，以方便知见而为说法，拔出众生处处贪着。②

【法护】无衣食想支体解怿，不能自胜，于大正法，或悲或喜，即从坐起，稽首佛足，寻发心言：甚难及也。世尊！未曾有也。安住！如来至真等正觉所设方谋，甚深甚深，非口所宣，此诸世界，有

① Dr. P. L. Vaidya校勘本，第128页。参见中亚本，第99页。这一段话中的nidarśana，在中亚本中作darśana。

② 《妙法莲华经》，《大正藏》第9册，No. 0262，第27页中。

若干品，以无数权，随现慧谊，顺化群生，分别了法，为此众人，说其本原，方便度脱。①

【新译】由于巨大的欢喜、喜悦，由于对于法的巨大的敬重，他从座位起来，顶礼薄伽梵的双脚，心里这样想：薄伽梵，真是稀奇！善逝，真是稀奇！诸如来、阿罗汉、正等觉者能为最难为者：他们随顺这个种种界别的世间，用诸多的善巧方便智慧观见，为诸众生说法；其次，他们以善巧方便，使到处陷溺的众生得以解脱。②

解说：本段紧接着上面的一段，这段话中有两处言及善巧方便：一处言“诸多的善巧方便智慧观见”，一处言“善巧方便”。法护译文中，第一处译为“权”，第二处译为“方便”；罗什第一处译为“方便”，第二处未见译文。这段话说明：善巧方便智慧观见，不仅是佛陀说法的智慧依据，也是诸佛度脱众生的智慧依据。本段中的短语 upāyakauśalyajñānanid-arśana，在中亚本中是 upāyakauśalyajñānadarśana，我们这里照中亚本处理。善巧方便不是一般的方法、手段，也不是一般意义上的智慧，而是一种特殊的佛智，是超越性的圣智，为了表达这一意义，《法华经》中就有 upāyakauśalyajñānadarśana（善巧方便智慧观见）这样一种特殊的表达形式，以说明善巧方便是佛的“智见”之一。佛有诸多种类的佛智，善巧方便乃是其一；而善巧方便智甚为特殊，它是佛陀沟通众生、说法度众的特殊智慧。这也是前文中一再出现的用法。罗什此处译为“方便知见”，符合中亚传本的意义，新译从之。

例句 42

tadyathāpi nāma mama etarhi sarvatra cāgryo dharmakathikānā-mabhūt, sarvatra ca śūnyatāgatiṁgato'bhūt | sarvatra ca pratisaṁvidāṁ lābhī abhūt, sarvatra ca bodhisattvābhijñāsu gatiṁgato'bhūt | suviniścitad-harmadeśako nirvicikitsadharmadeśakaḥpariśuddhadharmadeśakaścābhūt |

---

① 《正法华经》，《大正藏》第9册，No. 0263，第94页中。

② 《河口慧海》中卷，第34页；Kern本，第191页。

teṣāṁca buddhānāṁbhagavatāṁśāsane yāvadāyuṣpramāṇaṁbrahmacaryaṁ caritavān । sarvatra ca śrāvaka iti saṁjñāyate sma । sa khalvanenopāyena aprameyāṇāmasaṁkhyeyānāṁ sattvakoṭīnayutaśatasahasrāṇāmarthamakārṣīt, aprameyānasaṁkhyeyāṁśca sattvān paripācitavānanuttarāyāṁ samyaksaṁbodhau । ①

【罗什】汝等勿谓富楼那但能护持助宣我法，亦于过去九十亿诸佛所，护持助宣佛之正法，于彼说法人中，亦最第一。又于诸佛所说空法，明了通达，得四无碍智，常能审谛清净说法，无有疑惑，具足菩萨神通之力。随其寿命，常修梵行，彼佛世人咸皆谓之：实是声闻。而富楼那以斯方便，饶益无量百千众生，又化无量阿僧祇人，令立阿耨多罗三藐三菩提。②

【法护】其满愿子，岂独为吾作声闻乘而受法典也。勿造斯观，曾已历侍九十亿佛，从诸世尊启受正要。所在众会，常为法讲，宣散经谊，分别空慧，志无所著。若说经时，无有犹豫，靡不通达，未常弊碍，普恒尽心诸佛世尊菩萨神通，毕其形寿，令修梵行，于声闻众信意想之，以斯善权，利益救济，于无央数亿百千垓群生之类，开化无量阿僧祇人，令发无上正真道意。③

【新译】就像如今在我这儿一样，到处都是最优秀的说法者，到处都是通达空性旨趣者，到处都获得明解，到处都通晓菩萨诸种神通的旨趣，他是一位意义极为确定的说法者，是无有疑虑的说法者，是清净的说法者。在这些诸佛薄伽梵的教法中，他都终其一生践行梵行，而且到处都被看作所谓“声闻”。确实，以此种方便，他曾经为无量无数百千亿那由他众生引发了利益，使得无量无数的众生都在无上正等觉中得以成熟。④

解说：此段在经文中也是承接前两段文字而来，是佛陀对于声闻弟子

---

① Dr. P. L. Vaidya 校勘本，第 128 页。参见中亚本，第 99—100 页。
② 《妙法莲华经》，《大正藏》第 9 册，No. 0262，第 27 页中。
③ 《正法华经》，《大正藏》第 9 册，No. 0263，第 95 页中。
④ 《河口慧海》中卷，第 36 页；Kern 本，第 193 页。

满慈子修行造诣的肯定。其中，最重要的一个说明：无论在现世，或者在往昔无数世代，满慈子都一贯地以方便饶益众生，令其有机会开发无上觉悟。

值得注意的是：此段经文所说满慈子之“方便”，从表象上看，与其始终践行梵行，及示现为诸佛的声闻弟子有关；但从实质看，满慈子以此种方便，将无量无数众生导向佛的菩提，所以满慈子的“方便”之所以能够称为“方便”，得到佛陀的高度肯定（认为他是最优秀的说法者，等等），归根结底的理由，还是他的这种“方便”，有导向“菩提”的实质。汉译中法护译为“善权”，罗什译为“方便”。

例句 43

śṛṇotha me bhikṣava etamarthaṁ

yathā carī mahya sutena cīrṇā |

upāyakauśalyasuśikṣitena

yathā ca cīrṇā iya bodhicaryā ‖ 1 ‖ ①

【罗什】诸比丘谛听！佛子所行道，善学方便故，不可得思议。②

【法护】诸比丘听，于此谊旨。如吾所语，诸天世人，行权方便，究竟善学，若当遵崇，修佛道行。③

【新译】诸位比丘！请大家听听此义：学习善巧方便的佛子怎样修行？及怎样修行菩提行？④

解说：这个颂文把“善巧方便”与“菩提行”（通常称为“菩萨行”）联系在一起，因而学习“善巧方便”，也就是践行“菩提行”。由此可见，按照《法华经》的理解，“善巧方便”与“菩提”这二者，确

① Dr. P. L. Vaidya 校勘本，第 129 页。参见中亚本，第 101 页。

② 《妙法莲华经》，《大正藏》第 9 册，No. 0262，第 28 页上。

③ 《正法华经》，《大正藏》第 9 册，No. 0263，第 95 页中。

④ 《河口慧海》中卷，第 38 页；Kern 本，第 195 页。

实是密不可分地结合在一起的。颂文中的善巧方便，法护译为“权方便”，罗什译为“方便”。

例句 44

Upāyakauśalyaśatairanekaiḥ

paripācayanti bahubodhisattvān |

evaṁca bhāṣanti vayaṁhi śrāvakā

dūre vayaṁuttamamagrabodhiyā ‖ 3 ‖ ①

【罗什】以无数方便，化诸众生类。自说是声闻，去佛道甚远。②

【法护】善权方便，若干亿千，以用开化，无数菩萨。斯声闻众，故复说言，上尊佛道，甚为难获。③

【新译】（虽然）他们用数百种善巧方便，使诸多的菩萨得以成熟；然而他们这样说：我们是声闻，因为，我们远离最上殊胜菩提。④

解说：颂文中所谓“成熟诸菩萨”，意思是：使得追求菩提的众生，都成熟于“最上殊胜菩提”中。所以善巧方便之所以称为善巧方便，最重要的衡量标准，或界定准则，确实就是“菩提”。这一点是《法华经》中反复、一再而言者。这个颂文中的善巧方便，法护译为“善权方便”，罗什译为“方便”。最上殊胜菩提，罗什简译为“佛道”，法护译为“尊佛道”。

例句 45

evaṁcaranto bahu mahya śrāvakāḥ

① Dr. P. L. Vaidya 校勘本，第 130 页。参见中亚本，第 101 页。

② 《妙法莲华经》，《大正藏》第 9 册，No. 0262，第 28 页上。

③ 《正法华经》，《大正藏》第 9 册，No. 0263，第 95 页中。

④ 《河口慧海》中卷，第 38 页；Kern 本，第 195 页。

sattvānupāyena vimocayanti |
unmādu gaccheyu narā avidvasū
sa caiva sarvaṁcaritaṁprakāśayet ‖ 7 ‖ ①

【罗什】我弟子如是，方便度众生。若我具足说，种种现化事，众生闻是者，心则怀疑惑。②

【法护】吾声闻众，行亦如是，应时随宜，化此萌类，以权方便，发起一切，悉为众人，顺而广说。③

【新译】我的许多声闻都这样实践，他们以方便度脱诸众生；假使他明白说出一切所行，无知无识的人们可能趋向癫狂。④

解说：这个颂文是释迦如来赞叹诸弟子众，能以善巧方便度脱众生。颂文说在通常情况下，弟子们都是依据善巧方便，采取随宜言说的方式弘法度众。因为如果众生的条件不够成熟，就不适宜采取非随宜言说的弘法模式，对教法思想的基本原则予以大开显，大揭秘，否则的话，愚痴众生可能会陷于疯狂。颂文中的善巧方便，法护译为“权方便”，罗什译为“方便”。

例句 46

deśeṣyatī dharma sadā viśārado
upāyakauśalyasahasrakoṭibhiḥ |
bahūṁśca sattvān paripācayiṣyati
sarvajñajñānasmi anāsravasmin ‖ 13 ‖ ⑤

---

① Dr. P. L. Vaidya 校勘本，第 130 页。参见中亚本，第 101 页。
② 《妙法莲华经》，《大正藏》第 9 册，No. 0262，第 28 页上。
③ 《正法华经》，《大正藏》第 9 册，No. 0263，第 95 页中。
④ 《河口慧海》中卷，第 39 页；Kern 本，第 196 页。
⑤ Dr. P. L. Vaidya 校勘本，第 131 页。参见中亚本，第 101 页。

【罗什】常以诸方便，说法无所畏，度不可计众，成就一切智。[①]

【法护】讲说经典，亿百千垓，善权方便，常遵勇猛，当复开化，无数众生，悉在道慧，无有诸漏。[②]

【新译】他无所畏惧，总是会用千亿的善巧方便说法，并且将使得诸多的众生，在一切知者的无漏智慧中得以成熟。[③]

解说：这个颂文是佛称赞弟子满慈子，擅长依据善巧方便说法度众，并且其说法度众的效果很明显，将诸多众生都导向了佛的证法：无漏佛智。我们在这个颂文中，再次体会到善巧方便与佛智的关联：善巧方便的衡量标准或界定原则就是佛智或菩提。汉译中法护译为“善权方便”，罗什译为“方便”。颂文中 sarvajñajñāna，可以译为“一切知者智”，即是“佛智”，也即本经中经常说的殊胜菩提，这个词罗什译为“一切智”，法护译为“道慧”。

例句 47

te vayaṁbhagavaṁstathāgatena saṁbodhyamānāḥ – mā yūyaṁbhikṣava etannirvāṇaṁmanyadhvam । saṁvidyante bhikṣavo yuṣmākaṁsaṁtāne kuśalamūlāni yāni mayā pūrvaṁparipācitāni etarhi ca mamaivedamupāyakauśalyaṁ dharmadeś anābhilāpena yad yūyametarhi nirvāṇamiti manyadhve । evaṁca vayaṁ bhagavatā saṁbodhayitvā adyānuttarāyāṁ samyaksaṁbodhau vyākṛtāḥ ‖ [④]

【罗什】今者世尊觉悟我等，作如是言：诸比丘！汝等所得，非究竟灭。我久令汝等种佛善根，以方便故，示涅槃相，而汝谓为实得灭度。世尊！我今乃知实是菩萨，得受阿耨多罗三藐三菩提记。[⑤]

---

① 《妙法莲华经》，《大正藏》第 9 册，No. 0262，第 28 页上。

② 《正法华经》，《大正藏》第 9 册，No. 0263，第 95 页中。

③ 《河口慧海》中卷，第 40 页；Kern 本，第 197 页。

④ Dr. P. L. Vaidya 校勘本，第 135 页。参见中亚本，第 104 页。

⑤ 《妙法莲华经》，《大正藏》第 9 册，No. 0262，第 29 页上。

【法护】比丘尔等，勿以此谊谓泥洹也。卿诸贤者，又当亲殖众德之本。昔者如来以权方便开导若等，今亦如是重说经法，若之徒类自取灭度。今者世尊，授以无上正真道决。[1]

【新译】薄伽梵！如来正在使我们这些人觉悟："诸位比丘！你们不要认为这是涅槃。诸位比丘！在你们的相续中，存在着我往世已经使之成熟的诸种善根。而且，如今以说法、谈话的方式，是我的善巧方便的东西，你们则认为是'涅槃'。"我们在这样觉悟之后，薄伽梵现在就为我们预言了无上的正等觉。[2]

解说：这段经文中说的"善巧方便"，法护译为"权方便"，罗什译为"方便"。无上的正等觉，法护译为"无上正真道"，罗什译为"阿耨多罗三藐三菩提"。

第九品(例句48)

例句48

niṣkāṅkṣaprāpto'smi sthito'smi bodhaye
upāyakauśalya mamedamīddaśam |
paricārako'haṁsugatasya bhomi
saddharma dhāremi ca bodhikāraṇāt ‖ 7 ‖ [3]

【罗什】我今无复疑，安住于佛道，方便为侍者，护持诸佛法。[4]

【法护】得立佛道，心不怀疑，如是比者，善权方便。而为安住，立侍者地，以大道故，奉持正法。[5]

---

① 《正法华经》，《大正藏》第9册，No.0263，第97页上。
② 《河口慧海》中卷，第45页；Kern本，第202页。
③ Dr. P. L. Vaidya校勘本，第139页。参见中亚本，第108页。
④ 《妙法莲华经》，《大正藏》第9册，No.0262，第30页上。
⑤ 《正法华经》，《大正藏》第9册，No.0263，第98页中。

【新译】我心里已无疑虑，我住立在菩提中；我的善巧方便是这样：我成为善逝的侍者，并且因为菩提的缘故受持正法。①

解说：这个颂文中，佛弟子阿难表达他对自己所获得的善巧方便的理解。阿难这里说自己拥有善巧方便的原因是：（一）他成为佛陀的侍者；（二）他为了菩提的缘故，受持正法。所以阿难所获得的“善巧方便”，也是跟“菩提”紧密关联在一起的。不能简单地把阿难成为侍者一事，理解为是阿难的“方便”。颂文中的善巧方便，法护译为“善权方便”，罗什译为“方便”。

第13品(例句49—50)

例句49

mahāduṣprajñajātīyā bateme sattvāḥ，ye tathāgatasyopāyakauśalyaṁ s-aṁdhābhāṣitaṁna śṛṇvanti na jānanti na budhyante na pṛcchanti na śradd-adhanti nādhimucyante | ②

【罗什】如是之人，则为大失。如来方便随宜说法，不闻、不知、不觉，不问、不信、不解。③

【法护】常念过去世行大乘者，善权方便演真谛谊，若听闻者，不知、不了、不悦，不信、不省、不综。④

【新译】呜呼！这些众生是极其无知的一类众生，他们不听闻、不知晓、不觉悟、不询问、不相信、不理解如来善巧方便的随宜言说。⑤

解说：这是《法华经》中《安乐行品》的一个句子。此句子中有两

① 《河口慧海》中卷，第51页；Kern本，第209页。

② Dr. P. L. Vaidya校勘本，第173页。参见中亚本，第140页。

③ 《妙法莲华经》，《大正藏》第9册，No. 0262，第38页下。

④ 《正法华经》，《大正藏》第9册，No. 0263，第109页中。

⑤ 《河口慧海》中卷，第115页；Kern本，第273页。

个重要名词，一个是善巧方便，一个是随宜言说。此句子中的善巧方便(upāyakauśalya)，转为有财释，作形容词用，用来修饰“随宜言说”。说法模式可以分为随宜言说及开显随宜言说两种，无论采取何种说法模式，都是依据善巧方便所为。所以不论是佛陀采取随宜言说的说法模式，或是采取开显性、揭秘性的说法模式，都可以说它们是“善巧方便”的，即都是在一定情况下导向佛智菩提的。随宜言说是善巧方便的，并不表示随宜言说 = 善巧方便，这是我们已经反复阐明的。法护译文中，译善巧方便为“善权方便”，译随宜言说为“演真谛谊”；罗什译善巧方便为“方便”，译随宜言说为“随宜说法”。

例句 50

ahaṁtu bodhimanuprāpuṇitvā
yadā sthito bheṣyi tathāgatatve |
tato upāneṣyi upāyi sthitvā
saṁśrāvayiṣye imamagrabodhim ‖ 47 ‖ ①

【罗什】我得佛道，以诸方便，为说此法，令住其中。②

【法护】吾本初始，得佛道时，如今如来，现在之时。设能逮闻，于是尊经，则便建立，亿权方便。③

【新译】而当我圆满了菩提，已在如来性中安住，此后我就住立于方便，加以引导，要使其听闻这个殊胜的菩提。④

解说：这个颂文中的方便 upāya，句中作位格（upāyi）用。法护、罗

① Dr. P. L. Vaidya 校勘本，第 175 页。参见中亚本，第 142 页。此颂在中亚本中写为：ahaṃ tu bodhim anuprāpunitvā yadā sthito bheṣ yu tathāgatatve · tato na upāneṣ yi upāyakoṭ ibhiḥ saṃś rāvayiṣ ye imam agrabodhim.

② 《妙法莲华经》，《大正藏》第 9 册，No. 0262，第 39 页上。

③ 《正法华经》，《大正藏》第 9 册，No. 0263，第 109 页下。

④ 《河口慧海》中卷，第 118 页；Kern 本，第 276 页。后者，此处解读不同，未能译出句中的方便。

什均解读此字为方便。此颂中除“方便”外，还两次出现“菩提”之字，完全符合《法华经》中以菩提作为佛陀说法的最高目标，以佛菩提作为善巧方便智衡量标准的教法思想的原则。此外，藏文中的这个颂文，译家解读，也认为存在“方便”之字，参考河口慧海的译文可知。尤其，此颂中亚本，写为：upāyakoṭibhiḥ(一亿方便)，确证这个颂文中谈及“方便”。法护、罗什二译，一个译为“诸方便”，一个译为“亿权方便”，都把此处“方便”，解读为复数形式，这与中亚本所传颇为符合。二家译文中的“佛道”，均是指“菩提”。

第15品(例句51—57)

例句51

yataḥprabhṛtyahaṁkulaputrā asyāṁsahāyāṁlokadhātau sattvānāṁdharmaṁdeśayāmi, anyeṣu ca lokadhātukoṭīnayutaśatasahasreṣu, ye ca mayā kulaputrā atrāntarā tathāgatā arhantaḥsamyaksaṁbuddhāḥparikīrtitā dīpaṁkaratathāgataprabhṛtayaḥ, teṣāṁca tathāgatānāmarhatāṁ samyaksaṁbuddhānāṁparinirvāṇāni, mayaiva tāni kulaputrā upāyakauśalyadharmadeśanābhinirhāranirmitāni । ①

【罗什】自从是来，我常在此娑婆世界说法教化，亦于余处百千万亿那由他阿僧祇国导利众生。诸善男子！于是中间，我说燃灯佛等，又复言其入于涅槃，如是皆以方便分别。②

【法护】诸族姓子等，见吾于此忍界讲法，复在他方亿百千垓诸佛世界而示现，皆悉称吾为如来至真等正觉。锭光如来，以诸伴党若干之数，而现灭度。诸族姓子，吾以善权方便，演说经典，现无央数

① Dr. P. L. Vaidya 校勘本，第190页。参见中亚本，第155页。中亚本中有：upāyakauśalyadharmadeśanā = abhinirhārārtham abhinirmitāni，与尼泊尔传本文字稍异。

② 《妙法莲华经》，《大正藏》第9册，No. 0262，第42页中。

种种瑞应。[1]

【新译】诸位善男子！从此以后，我在此堪忍世界中，为诸众生说法；也在百千亿那由他其他的世界中，为诸众生说法。诸位善男子！这里，凡是在其中间我所称述的诸如来阿罗汉正等觉者，例如燃灯如来等等，以及这些如来阿罗汉正等觉者的诸多涅槃，诸位善男子！我是以善巧方便的说法、引导，幻现了这些。[2]

解说：这是《法华经》中著名的《如来寿量品》中的一段。此处言薄伽梵在堪忍世界弘法，同时也在其余国土演示教法，凡所涉及燃灯如来等等，及其他诸古佛涅槃之事，都是依据善巧方便的说法、引导，而加以化现。文中善巧方便（upāyakauśalya），转化为形容词，修饰后面的“说法、引导”。根据此处的文义，这些“说法、引导”，是采取随宜言说的模式的，但是仍然具有导向佛智菩提的属性，所以说其是“善巧方便的”。中亚本中，此处写为：upāyakauśalyadharmadeśanā = abhinirhārārtham。善巧方便，汉译中法护译为“善权方便”，罗什译为“方便”。

例句 52

tataḥkulaputrāḥtathāgataḥupāyakauśalyena teṣāṁ sattvānāṁ durlabhaprādurbhāvo bhikṣavastathāgata iti vācaṁvyāharati sma | [3]

【罗什】是故如来以方便说：比丘当知！诸佛出世，难可值遇。[4]

【法护】如来善权告诸比丘，勤苦作行乃得佛道，诚谛不虚。[5]

【新译】因而，诸位善男子！如来就以善巧方便，告诉这些众生：“诸位比丘！如来是难得出现的。”[6]

---

① 《正法华经》,《大正藏》第 9 册，No. 0263，第 113 页中。

② 《河口慧海》下卷，第 4 页；Kern 本，第 300 页。

③ Dr. P. L. Vaidya 校勘本，第 191 页。参见中亚本，第 156 页。

④ 《妙法莲华经》,《大正藏》第 9 册，No. 0262，第 42 页下。

⑤ 《正法华经》,《大正藏》第 9 册，No. 0263，第 113 页下。

⑥ 《河口慧海》下卷，第 6 页；Kern 本，第 303 页。

解说：这段话的意思是：如来本来常住世间，寿命无量，十方世界分身无数，但是为了激发众生对于如来之思念之情，改变懈怠，发起修道，所以依据善巧方便，说言：如来出现甚为难得。文中善巧方便，法护译为“善权”，罗什译为“方便”。

例句 53

te khalvidaṁmahābhaiṣajyaṁna pibanti， māṁcābhinandanti । yannvahamimān putrānupāyakauśalyena idaṁbhaiṣajyaṁpāyayeyamiti । atha khalu sa vaidyastān putrānupāyakauśalyena tadbhaiṣajyaṁpāyayitukāma evaṁ vadet – jīrṇo'hamasmi kulaputrāḥ， vṛddho mahallakaḥ । kālakriyā ca me pratyupasthitā । mā ca yūyaṁputrāḥśocișṭha， mā ca klamamāpadhvam । sacedākāṅkṣadhve， tadeva bhaiṣajyaṁpibadhvam । sa evaṁtān putrānupāyakauśalyena anuśiṣya anyataraṁjanapadapradeśaṁprakrāntaḥ । ①

【罗什】虽见我喜，求索救疗；如是好药，而不肯服。我今当设方便，令服此药。即作是言：汝等当知！我今衰老，死时已至，是好良药，今留在此，汝可取服，勿忧不差。作是教已，复至他国。②

【法护】今我此子，愚冥不解，志性颠倒，不肯服药。病不除愈，或恐死亡，宁可以权，饮诸子药。则设方便，欲令速服，便告诸子：今我年老，羸秽无力，如是当死。汝辈孚起，若吾命尽，可以此药，多所疗治，服药节度，汝等当学，假使厌病，欲得安隐，宜服斯药。教诸子已，舍诣他国，犹如终没。③

【新译】这些孩子不饮用此大药物，可是他们喜欢见到我。既然这样，我岂不是可以用善巧方便，使诸子喝下这些药物啊。于是，这个医师，因为想要以善巧方便使诸子饮用这个药物，就对这些诸子说：“诸位

① Dr. P. L. Vaidya 校勘本，第 192 页。参见中亚本，第 157 页。此段中，中亚本有这样的表达形式：abhinandaṃti draṣṭuṃ.

② 《妙法莲华经》，《大正藏》第 9 册，No. 0262，第 43 页上。

③ 《正法华经》，《大正藏》第 9 册，No. 0263，第 114 页上。

善男子！我老了，衰老了，已是老朽，我的死亡已经出现。儿子们！希望你们不要悲伤，不要觉得沮丧。假使你们愿意，就请你们喝下这些药物吧。”他以善巧方便这样教育诸子后，就去往别的某个地方。①

解说：这段话是《法华经》中《如来寿量品》著名医师譬喻的一部分。文中出现三次善巧方便：药师考虑以善巧方便使其诸子服药；想要以善巧方便使诸子服药的医师；医师以善巧方便训诫其子。三处文字中，罗什仅译出一处（方便），法护译出了两处（权，方便）。这一段话中说的善巧方便，因为是指医师治愈其失心诸子的医疗技巧，所以是指世俗生活层面作为工具理性的方便智慧。

中亚本中，在 abhinandanti 处，写为：abhinandaṃti draṣṭuṃ，表意更加清楚。所以我们此句译为“喜欢见到我”。

例句 54

atha khalu sa vaidyastān putrānābādhavimuktān viditvā punarevātmānamupadarśayet। tatkiṁmanyadhve kulaputrā mā haiva tasya vaidyasya tadupāyakauśalyaṁkurvataḥkaścinmṛṣāvādena saṁcodayet? āhuḥ – no hīdaṁbhagavan, no hīdaṁsugata। āha – evameva kulaputrāḥahamapyaprameyāsaṁkhyeyakalpakoṭīnayutaśatasahasrābhisaṁbuddha imam anuttarāṁ samyaksaṁbodhim। api tu khalu punaḥkulaputrāḥahamantarāntaramevaṁrūpāṇyupāyakauśalyāni sattvānāmupadarśayāmi vinayārtham। na ca me kaścidatra sthāne mṛṣāvādo bhavati ‖ ②

【罗什】其父闻子悉已得差，寻便来归，咸使见之。诸善男子！于意云何？颇有人能说此良医虚妄罪不？不也，世尊！佛言：我亦如是，成佛已来、无量无边百千万亿那由他阿僧祇劫，为众生故，以方

① 《河口慧海》下卷，第 8 页；Kern 本，第 305—306 页。

② Dr. P. L. Vaidya 校勘本，第 192 页。中亚本中，此段已残。

便力，言当灭度，亦无有能如法说我虚妄过者。[1]

【法护】时父见子服药病愈，便复还现。佛语诸族姓子：如是医者善权方便，令子病愈，宁可诽谤，彼医所处为不审乎？诸菩萨白佛言：不也，世尊！不也，安住！佛言：吾从无数不可计限亿百千劫，发无上正真道意，勤苦无量，每行权便，示现教化，发起群生。[2]

【新译】当这个医师知道自己诸子的疾病已经治愈，就又出现于世。诸位善男子！你们怎么想呢？鸣呼！这个医师因为安排了此种善巧方便，有些人就可以以说谎谴责他吗？大家回答：薄伽梵！没有此事！善逝！没有此事。佛陀说：正是同样，诸位善男子！我虽然已经觉悟这个无上的正等菩提无量无数百千亿那由他劫波了，可是，诸位善男子！我在所有这期间，都在示现如此这般的诸多善巧方便，以便调伏众生们。根据这种情况，对我而言不存在任何谎言。[3]

解说：这段话是经中讲完医师譬喻故事以后，佛陀所作的说明。文中一共出现两次善巧方便：安排了善巧方便的医师；示现善巧方便的佛陀。罗什译出第二处善巧方便，他译为“方便力”，而未译第一处善巧方便。法护两处都译出，第一处译为“善权方便”，第二处译为“权便”。这一段是总结说明《如来寿量品》中的善巧方便说，佛如良医，寿量无尽，常住世间，分身无数，为教化众生之故，依据善巧方便智，做过种种说法，而且大多数的说法，都是随宜言说。但是不管是什么样的说法，不管这些说法是随宜言说，还是非随宜言说，目标都是引导众生领悟佛陀的证法菩提，故对于出于善巧方便而考虑众生根性的佛陀言说，绝对不可以谎言来拟判。

例句 55

nirvāṇabhūmiṁcupadarśayāmi

---

① 《妙法莲华经》，《大正藏》第 9 册，No. 0262，第 43 页上。

② 《正法华经》，《大正藏》第 9 册，No. 0263，第 114 页上。

③ 《河口慧海》下卷，第 9 页；Kern 本，第 306 页。

vinayārtha sattvāna vadāmyupāyam ǀ
na cāpi nirvāmyahu tasmi kāle
ihaiva co dharmu prakāśayāmi ‖ 3 ‖ ①

【罗什】尔来无量劫，为度众生故，方便现涅槃，而实不灭度，常住此说法。②

【法护】而为示现，立于灭度，以教化谊，导利众生。用权方便，而现灭度，故为众人，演斯法典。③

【新译】我显示涅槃之地，我谈论方便，以便调伏众生们；那个时候我并未入灭，而且还在这里说法。④

解说：这个颂文中共有四个动词：显示（upadarśayāmi）、谈论（vadāmy）、入灭（nirvāmy）及宣说（prakāśayāmi）。其中方便和涅槃两个名词，分别是“谈论”及“显示”两个动词的宾语，罗什未译动词“谈论”，而是把“方便”和“现涅槃”整合到一个句子中。

例句 56

evaṁca haṁteṣa vadāmi paścāt
ihaiva nāhaṁtada āsi nirvṛtaḥ ǀ
upāyakauśalya mameti bhikṣavaḥ
punaḥpuno bhomyahu jīvaloke ‖ 7 ‖ ⑤

【罗什】我时语众生：常在此不灭，以方便力故，现有灭不灭。⑥

【法护】而于后世，分别此语，吾在于斯，不为灭度。比丘欲

① Dr. P. L. Vaidya 校勘本，第 193 页。中亚本中，此颂已残。
② 《妙法莲华经》，《大正藏》第 9 册，No. 0262，第 43 页中。
③ 《正法华经》，《大正藏》第 9 册，No. 0263，第 114 页中。
④ 《河口慧海》下卷，第 10 页；Kern 本，第 307 页。
⑤ Dr. P. L. Vaidya 校勘本，第 193 页。中亚本中，此颂已残。
⑥ 《妙法莲华经》，《大正藏》第 9 册，No. 0262，第 43 页中。

知，佛权方便，数数堪忍，现寿于世。①

【新译】后来我这样告诉他们："其时我在这里并不入灭。诸位比丘！这是我的善巧方便。我一再地出现在生命世间。"②

解说：这个颂文的意思是：佛陀本来常住不灭，但是以善巧方便，常常以涅槃的方式引导众生悟入菩提。佛陀的本真生命，其实一直在世间进行教化的工作。颂文中的善巧方便，法护译为"权方便"，罗什译为"方便力"。

例句 57

yathā hi so vaidya upāyaśikṣito
viparītasaṁjñīna sutāna hetoḥ ।
jīvantamātmāna mṛteti brūyāt
taṁvaidyu vijño na mṛṣeṇa codayet ‖ 20 ‖ ③

【罗什】如医善方便，为治狂子故，实在而言死，无能说虚妄。④

【法护】如医所建，善权方便，开阐分别，示子方术。现衰老死，其身续存，神变音声，不终不始。⑤

【新译】正如那位学习了方便的医师，为了知觉颠倒的儿子们，虽然自己还活着，却说已经死亡；这位医师是一个智者，不可以"说谎"加以谴责。⑥

解说：这个颂文对应长行中的医师譬喻故事，所以这个颂文中的方便，是指世俗生活层面的方便智慧。法护译为善权方便，罗什译为方便。

① 《正法华经》，《大正藏》第 9 册，No. 0263，第 114 页中。
② 《河口慧海》下卷，第 10 页；Kern 本，第 307 页。
③ Dr. P. L. Vaidya 校勘本，第 195 页。中亚本中，此颂已残。
④ 《妙法莲华经》，《大正藏》第 9 册，No. 0262，第 43 页中。
⑤ 《正法华经》，《大正藏》第 9 册，No. 0263，第 114 页中。
⑥ 《河口慧海》下卷，第 12 页；Kern 本，第 309 页。

第 24 品(例句 58—59)

例句 58

atha khalvakṣayamatirbodhisattvo mahāsattvo bhagavantametadavocat – kathaṁbhagavan avalokiteśvaro bodhisattvo mahāsattvo'syāṁsahāyāṁ lokadhātau pravicarati? kathaṁsattvānāṁdharmaṁdeśayati? kīdṛśaścāvalokiteśvarasya bodhisattvasya mahāsattvasyopāyakauśalyaviṣayaḥ?①

【罗什】无尽意菩萨白佛言：世尊！观世音菩萨，云何游此娑婆世界？云何而为众生说法？方便之力，其事云何?②

【法护】于是无尽意菩萨，前白佛言：光世音以何因缘游忍世界？云何说法？何谓志愿所行至法？善权方便境界云何?③

【新译】于是无尽意菩萨摩诃萨，就问薄伽梵：薄伽梵！观自在菩萨摩诃萨如何在此堪忍世界游行？他如何为众生们说法？观自在菩萨摩诃萨善巧方便之境界是怎样的?④

解说：这是《法华经》中《普门品》之重要一段，此段中无尽意菩萨向佛陀提出三个问题（法护译文中是四个问题），其中一个问题是讨论观自在菩萨的“善巧方便之境界”。因此以本段文字为界，《普门品》的内容，可以分成前后两个部分：前一部分是讨论观自在菩萨慈悲度众的实践，后一部分则是以本段文字为开始，讨论观自在菩萨慈悲度众的工作原理。本段的三个问题或四个问题中，最核心的一问，其实是问观自在菩萨之善巧方便的问题，所以我们可以看到：所谓观自在菩萨慈悲度众之工作

---

① Dr. P. L. Vaidya 校勘本，第 251 页。参见中亚本，第 208 页。中亚本此品残缺不全，所涉及的这段文字亦然，不过尚可看出有 upāyakola 等字样。另外，从中亚本中也可看出，这段无尽意菩萨的提问，也是提问关于观世音菩萨的三个问题，其中即包含了善巧方便的问题。

② 《妙法莲华经》，《大正藏》第 9 册，No. 0262，第 57 页上。

③ 《正法华经》，《大正藏》第 9 册，No. 0263，第 129 页中。

④ 《河口慧海》下卷，第 112 页；Kern 本，第 410 页。

原理，本质上也是善巧方便的智慧原理。《法华经》末后的部分（第22品以后），颇多叙述菩萨事迹。那么这些部分的经文，与前两个部分的经文究竟有什么关系呢？我们从《普门品》的这段经文可以了解，菩萨救度工作的重要原则是善巧方便，所以善巧方便概念思想，也是贯通《法华经》菩萨诸品的一个关键的思想脉络。

文中善巧方便（upāyakauśalya），法护译为“善巧方便”，罗什译为“方便之力”。境界一字，法护译出来了；罗什译为“其事”，是采取意译。

例句59

ṛddhībalapāramiṁgato
vipulajñāna upāyaśikṣitaḥ |
sarvatra daśaddiśī jage
sarvakṣetreṣu aśeṣa dṛśyate ‖ 18 ‖ ①

【罗什】（阙文）
【添品】具足神通力，广修智方便，十方诸国土，无刹不现身。②
【法护】（阙文）
【新译】他具足圆满的神通力，学习了有广大智慧的方便，在十方世界任何地方，在一切的国土中，他都无有余遗得以现身。③

解说：这个颂文中的“方便”（upāya），是作为过去被动分词学习（śikṣita）的宾语的。根据中亚本，此颂虽已残损，但尚可看到颂文中有vipulajñāna - upāyaśikṣito这样的表达方式。根据颂文上下文义理考虑，我们建议将此句译为“学习了有广大智慧的方便”，也就是把vipulajñāna，

---

① Dr. P. L. Vaidya校勘本，第255页。参见中亚本，第210页。中亚本此品残损严重，此颂亦然，仅存以下部分：pāramiṃ gato vipulajñāna = upāyaśikṣ ito · sarvatra daśaddhi.

② 《妙法莲华经》，《大正藏》第9册，No. 0262，第57页下。

③ 《河口慧海》下卷，第116页；Kern本，第415页。

理解为 upāya 的修饰语。所以，对于积极从事救度众生工作的菩萨而言，高度的神通力量，及广大智慧的善巧方便，可以说是其菩萨行修学的主要内容。

在罗什译《法华经》及法护译《正法华经》中，此品都只有长行，没有颂文。隋代阇那崛多等补足的罗什译本，译出了这一品的颂文。此颂中的方便，隋译本译为了“方便”。

第 25 品(例句 60)

例句 60

tasya khalu punaḥkulaputrā rājñaḥśubhavyūhasya dvau putrāvabhūtām – eko vimalagarbho nāma，dvitīyo vimalanetro nāma । tau ca dvau dārakāvṛddhimantau cābhūtām，prajñāvantau ca puṇyavantau ca jñānavantau ca bodhisattvacaryāyāṁca abhiyuktāvabhūtām । tadyathā – dānapāramitāyāmabhiyuktāvabhūtām，śīlapāramitāyāṁ kṣāntipāramitāyāṁ vīryapāramitāyāṁ dhyānapāramitāyāṁprajñāpāramitāyāmupāyakauśalyapāramitāyāṁmaitryāṁ karuṇāyāṁmuditāyāmupekṣāyāṁyāvat saptatriṁśatsu bodhipakṣikeṣu dharmeṣu । ①

【罗什】有二子，一名净藏，二名净眼。是二子有大神力，福德智慧，久修菩萨所行之道，所谓檀波罗蜜、尸罗波罗蜜、羼提波罗蜜、毗梨耶波罗蜜、禅波罗蜜、般若波罗蜜、方便波罗蜜，慈悲喜舍，乃至三十七品助道法，皆悉明了通达。②

【法护】有二子，一名离垢藏，二名离垢目。又其二子皆得神足，轻举能飞，智慧具足，功德备悉，圣达巍巍，行菩萨业，夙夜精

① Dr. P. L. Vaidya 校勘本，第 258 页。参见中亚本，第 212 页。中亚本此品残损严重，这段话亦然，不过从中尚可看出 śīlapāramitāyāṃ kṣ āntipāramitā ... dhyānapāramitāyāṃ prajñāpāramitāyāṃ upāyakauśalyapāramitā 等相关内容，确证此处确实列出了七种波罗蜜多的名相。

② 《妙法莲华经》,《大正藏》第 9 册，No. 0262，第 59 页中。

进，未曾懈废，勤心专精，六度无极，善权，四等所济无限，悉遵通达三十有七道品之法。[①]

【新译】诸位善男子！这位净庄严王曾有两个儿子，一个名叫无垢藏，第二个名叫无垢眼。而且，这两个儿子都具足神通，具足般若，具足福德，具足智慧，致力于菩萨行，也就是致力于布施波罗蜜多，致力于戒律波罗蜜多、安忍波罗蜜多、精进波罗蜜多、禅那波罗蜜多、般若波罗蜜多、善巧方便波罗蜜多、慈、悲、喜、舍，乃至三十七种菩提分法。[②]

解说：这是《法华经》中《妙庄严王本事品》中的一段。此处最为值得重视的是：《法华经》在描写妙庄严王二子之“菩萨行”时，列出七种波罗蜜多，四无量心，及三十七种道品。这是经文中明确出现七种波罗蜜多的说法，其中善巧方便被列在第七种波罗蜜多的位置，显示在早期大乘经典结集的历史过程中，传统所谓的“六度无极”，加上第七种善巧方便波罗蜜多，从而形成七种波罗蜜多的菩萨修学波罗蜜多思想体系，此时已经宣告成熟。

我们认为，以善巧方便一系概念及其思想为中心的大乘思想及大乘经典的崛起，其中最重要的标志，一是般若波罗蜜多被提升为佛母般若，二是善巧方便概念被提升为一个新的波罗蜜多，三是般若、方便两个概念被并列、并举，在这个思想过程中，与佛母般若受到广泛重视的同时，作为诸佛菩萨之父的善巧方便波罗蜜多，也获得当时以佛菩提作为修学目标的佛教徒前所未有的尊重。《法华经》本身的结集，就是这一初期大乘佛教思想信仰蓬勃发展的重要标记。

现存《法华经》尼泊尔系统的梵本中，七种波罗蜜多并列，并依据顺序铺陈；法护译本有“六度无极”之说法，然后紧跟着列出“善权”；罗什译本此处译为：“所谓檀波罗蜜、尸罗波罗蜜、羼提波罗蜜、毗梨耶波罗蜜、禅波罗蜜、般若波罗蜜、方便波罗蜜”，十分清晰，且与现存梵本一致。我们在现存中亚传本中，也看到此处明确列出了包括善巧方便在内的七种波罗蜜多的名相。所以，基本上《法华经》此段经文，可以认

① 《正法华经》，《大正藏》第9册，No. 0263，第131页上。

② 《河口慧海》下卷，第120页；Kern本，第419页。

为保存了关于七种波罗蜜多教法思想体系一个比较早期的和比较正式的历史记录。

第 27 品(例句 61)

例句 61

Amātsaryo'haṁkulaputrā aparigr̥hītacitto viśārado buddhajñānasya dātā, tathāgatajñānasya svayaṁbhūjñānasya dātā । mahādānapatirahaṁ kulaputrāḥ । yuṣmābhirapi kulaputrā mamaivānuśikṣitavyam । amatsaribhirbhūtvemaṁtathāgatajñānadarśanaṁmahopāyakauśalyamāgatānāṁkulaputrāṇāṁkuladuhitr̥ṇāṁca ayaṁdharmaparyāyaḥsaṁśrāvayitavyaḥ । ye ca aśrāddhāḥsattvāste'smin dharmaparyāye samādāpayitavyāḥ । evaṁ yuṣmābhiḥ kulaputrāstathāgatānāṁpratikāraḥkr̥to bhaviṣyati ‖ ①

【罗什】所以者何?如来有大慈悲,无诸悭吝,亦无所畏,能与众生,佛之智慧、如来智慧、自然智慧,如来是一切众生之大施主。汝等亦应随学如来之法,勿生悭吝。于未来世,若有善男子、善女人,信如来智慧者,当为演说此《法华经》,使得闻知,为令其人得佛慧故。若有众生不信受者,当于如来余深法中,示教利喜。汝等若能如是,则为已报诸佛之恩。(第二十二品)②

【添品】所以者何?如来有大慈悲,无诸悭吝,亦无所畏,能与众生佛之智慧、如来智慧、自然智慧。如来是一切众生之大施主,汝等亦应随学如来之法,勿生悭吝,于未来世,若有善男子、善女人信如来智慧者,当为演说此《法华经》使得闻知,为令其人得佛慧故。若有众生不信受者,当于如来余深法中示教利喜。汝等若能如是,则为已报诸佛之恩。(第二十七品)③

---

① Dr. P. L. Vaidya 校勘本,第 268 页。参见中亚本,第 224 页。

② 《妙法莲华经》,《大正藏》第 9 册,No. 0262,第 52 页下。

③ 《添品妙法莲华经》,《大正藏》第 9 册,No. 0264,第 195 页下。

【法护】又族姓子，心无所著，勿得秘惜此《正法华经》，志无所畏，则施佛慧、如来之慧、自在之慧，则为无上无极法施。当学佛行，无得矜惜悭嫉爱重，宜广示现斯如来慧，当使通闻，至于不至，往所不往，当勤听受此要经典。其不信者，当令信乐，当劝群生入于尊法。诸族姓子，能如是者，则知如来之所建立。[①]

【新译】诸位善男子！我没有吝啬，心无所取，无有畏惧，是施与佛智者，是施与如来智、自成智者。诸位善男子！我是一位伟大的施主。诸位善男子！你们也要随我学习！成就这种是如来智慧观见的伟大的善巧方便之后，你们也要心无吝啬，让前来的诸善男子、善女人听闻这个法门；你们也要以此法门，劝勉不信的众生们。这样，诸位善男子！你们就酬谢了佛恩！[②]

解说：这是《法华经》梵本最后一品中关于善巧方便的一个句例。罗什译本《妙法莲华经》，此段文字置于第二十二品即《嘱累品》中。法护译本，及隋代《添品妙法莲华经》，此段文字所在的这一品，位置在经末。文中短语 tathāgatajñānadarśanaṁ mahopāyakauśalyam，可以译为“是如来智慧观见的伟大的善巧方便”。这样我们就清楚地看到：（一）这是经末最后一次称赞善巧方便概念的性质，这里称它为“伟大的”，显示善巧方便之卓越性；（二）这里的表述说明：善巧方便确实是一种如来智，因为这里的“如来智慧观见”，必须起形容词作用，来修饰“善巧方便”。我们在《法华经》第二品《善巧方便品》中，已经见到其长行部分开端，明确地称赞善巧方便是“伟大的善巧方便”，并且见到将善巧方便表述为“如来智慧观见”的说法，而在这里的经末部分，再一次看到同样的表达形式。首尾贯通，文脉一致，由此足见有关善巧方便一系概念、思想，的确是《法华经》结集者一个非常自觉及有意识的思想建构的产物。

遗憾的是，罗什、法护两种译本中，都未见到此句。隋代《添品妙法莲华经》，只是补足罗什译文中与当时见到的梵本相比，缺少的较大段落，至于罗什已经译出的文字，则基本不作改动。所以添品中此处的文字

---

① 《正法华经》，《大正藏》第9册，No. 0263，第134页上。

② 《河口慧海》下卷，第140页；Kern本，第441页。

与罗什译本一致，未见到涉及善巧方便一句的译文。换句话说，隋译中没有此句，并不能作为其所依据的梵本缺乏此句的证明。我们在中亚传本中，可以见到这一句的存在，就是一个明证。对于《法华经》的古代汉译来说，结尾品中的这一句，关于善巧方便这种伟大佛德的智慧性、超越性、卓越性，有归纳总结、提纲挈领、画龙点睛之效果，此句未能圆满译传，不足以表达善巧方便概念思想之殊胜，不能不说是一件憾事！

简要的结论：

（1）不仅在大家一致所承认、自古以来视为《法华经》核心部分的《方便品》中，我们能看到大量涉及“善巧方便”一系概念思想的句子，在《方便品》以外的诸品中，同样也能找到大量与善巧方便一系概念思想有关的经句。而且不论是在《方便品》中，还是在《方便品》以外的诸品中，所涉及的善巧方便概念思想的理念，在这部经典中是高度一致的。也就是说，我们前面一章关于《方便品》善巧方便概念思想所说的所有的话，也完全适用于此处。

（2）《方便品》外诸品涉及善巧方便概念思想的讨论中，有一个义理层面，对于《方便品》中的讨论，有重要的补充作用，那就是在《方便品》以外的《法华经》相关经文的研讨中，我们发现有关于佛法善巧方便概念思想与人类日常生活中作为工具理性的方便智慧二者之间的关系问题。由于在《法华经》中，有诸多譬喻说法，诸如火宅譬喻、穷子譬喻、化城譬喻、医师譬喻等，譬喻的特点，是以生活中显见之事，来引导理解深奥的佛法义理，这样在《法华经》展开譬喻性理解、开显法华深奥法门的努力中，我们就发现经中同步叙述两系善巧方便智慧：一系是人类日常生活中的实践智慧，它就是一般所谓的工具理性；一系是佛陀说法时作为其内在依据的智慧，它是佛陀诸品德中的一种品德，是伟大的善巧方便智。前者是世俗的，后者是出世的；前者满足人类日常生活的需要，后者满足圣者弘法活动的需要；前者以达成人生现实需求为目的，后者则以达成佛之菩提的开显和实现为最高目标。

（3）由于在《法华经》诸品中，都包含了大量有关善巧方便的句例，有关善巧方便概念思想所代表的《法华经》的基本教法思想原则——基于善巧方便而导向佛之菩提的思想原则——，更是成为这部经典各品贯穿性的思想原则，这就确证我们启动《法华经》再诠释的一个核心理念：有关善巧方便一系概念思想，应当确实是《法华经》全经的核心思想，并且甚至应当是初期大乘佛教明确意识到，并充分加以发挥的纲要性的思想。尤其是，在《法华经》的几个重要经品，例如在《譬喻品》《信解品》，在《安乐行品》《如来寿量品》《普门品》等著名经品中，我们都看到了善巧方便概念思想对于《法华经》思想义理建构所起的巨大的引导和贯通作用。不管是如古代的诠释家那样，将此经理解为是以“本迹二门”相衔接的前后两个部分，还是如现代的研究，可能会考虑此经结集中三个部分的问题，我们认为：在全部《法华经》经文中，其实有其一贯性，一致性，思想理念的统一性，而作为一贯、一致、统一的关键因素，就是善巧方便一系概念思想。所以，对《方便品》以外诸品相关经文的研究，能够更好诠证我们以善巧方便一系概念思想为轴心解读《法华经》思想及初期大乘佛教思想这一方法理念的正当性、合理性。

第六章　《法华经》“正直舍方便”一颂译文及其对中国佛教诠释思想的影响

第一节　本章的问题关切与思考旨趣

《法华经》是初期大乘佛教的重要经典，也是大乘佛教的核心经典，对于这部经典的研究与解释，是中国佛教经学诠释思想史上最重要的一部分内容，对于中国佛教的思想建构、方法思维具有无可比拟的影响。正是因此，今日我们对于中国佛教传统思想的反思性研究，也就需要特别关注《法华经》相关翻译及相关汉语诠释思想史的研究。本书对于著名译经大师鸠摩罗什所译《法华经》“正直舍方便”一颂之翻译及其后法云、智者大师等人的诠释的再反思，即出于这样的考量意图。我们通过对比罗什的翻译与早于他一百多年的竺法护的相关译文，并以今存梵本相对勘，可以确定这个颂文并不是要直接处理与“方便善巧”概念及思想有关的议题，梵本原文中甚至也根本没有出现“善巧方便”这个概念，罗什的这一译法及其后深受罗什译文影响所致的汉语诠释思维与思想的合理性，及其权威性，在今日就应得到重新的学术考量。

在拙论《〈维摩诘经〉之〈方便品〉与人间佛教思想》及拙著《星云大师人间佛教思想研究》中，笔者初步提出并概略地论证了善巧方便这个概念及其相关思想在佛教思想史上的重大意义。笔者的基本看法如下：般若与善巧方便这二种智慧之平衡彰显、辩证开发，不仅是佛陀之教的智慧基础，是大乘佛教的智慧基础，也是由大乘佛教尤其是由汉传佛教转型而出的现代人间佛教的智慧基础。由此就可理解到与般若智慧不一不二、不即不离、平等并举、相辅相成的善巧方便这一菩萨波罗蜜多的超绝性与重要性。不过，在佛教思想史上，尤其是在汉传佛教的诠释思想史上，对于善巧方便这一菩萨品德的特质常常认识不足，认识不清，连带地对于善巧方便的重要性及其功能、价值，也就常常存在一些认识和理解的误区。①

拙书中并且曾经指出：

> 一些学者常常根据《法华经》中的下面这个颂文："正直舍方便，但说无上道"，对于"方便"这个概念，总是心存一定程度的轻视或贬低。事实上，罗什所译的这个颂文，在历史上确实是佛教界人士对于善巧方便的真实性质产生错误理解的一个重要的文献根源。②
>
> 我们知道："正直舍方便，但说无上道"，出自鸠摩罗什所译的《妙法莲华经》。此一颂文对于汉传佛教思想诠释史上关于善巧方便概念及其思想的理解的形成而言，是一个重要的文献根源。拙著中已经着手对此问题展开一些纲要式的分析。③

事实上，在罗什所译的《妙法莲华经》中，有两处译文，与后来中国佛教经典诠释学中的《法华经》诠释学，关系尤其重大。一处译文是"开方便门，示真实相"，一处译文就是这里提出的"正直舍方便，但说无上道"。由于这两处译文对于汉语语境中的《法华经》经典诠释的影响大到如此程度，以致不仅我们阅读魏晋—隋唐之间的《法华经》古德注疏，能够到处感受到这两处译文的巨大影响，甚至直到今天的现代学界中，也有一些学者能够敏锐地观察到这一点。④ 由于这一问题在汉传佛教思想诠释史上事关重大，所以我们现在拟进一步专题予以讨论。在本章中，我们先讨论"正直舍方便，但说无上道"这个颂文。

---

① 参见程恭让《〈维摩诘经〉之〈方便品〉与人间佛教思想》，《玄奘佛学研究》第18期（2012年9月），第149—194页；程恭让：《星云大师人间佛教思想研究》，佛光文化事业有限公司2015年版，尤其是该书第699—771页。

② 程恭让：《星云大师人间佛教思想研究》，佛光文化事业有限公司2015年版，第768页。

③ 同上书，第768—770页。

④ 如日本学者云井昭喜在讨论《法华经》的方便思想时，提出"方便与真实"的议题，所引用的就是上面我们提到的这两处译文。参见横越慧日等《法华思想之研究》（上），创文社1962年印行，第384—385页。

第二节 从《法华义记》到天台注疏对“正直舍方便”颂的关注

鸠摩罗什所译的这个颂文见于《法华经》之第二品，即《方便品》。罗什所译颂文如下：

> 今我喜无畏，于诸菩萨中，正直舍方便，但说无上道。①

隋代阇那崛多、达摩笈多所译的《添品妙法莲华经》，实为以罗什的译本为基础，根据梵本加以改订和增添而成，② 这个增订本的《法华经》在文字上沿用罗什的译文，与我们此处讨论有关的这个“正直舍方便”一颂，自然也同样地被添本所采用。③ 罗什译本《法华经》流行于世后，随着《法华经》的传播，汉传佛教经典诠释思想的兴盛，及天台佛学宗派的创立，相应地《法华经》中这个著名颂文的影响也就愈来愈凸显。

例如，被称为《法华经》四大注释家④之一的梁代论师光宅法云，在其所作《法华义记》中，我们发现他就曾先后 9 次引用罗什译的这一颂文，并以之作为说明《法华经》诸品之间思想义理脉络的重要线索，足见作者对于此颂文所表达的思想理念及其在本经中所据思想地位的高度重视。⑤ 关于这一颂文的涵义，法云最重要的解说如下：

---

① 鸠摩罗什译：《妙法莲华经》，《大正藏》第 9 册，No. 0262，第 7 页下。

② 吕澂：《妙法莲华经方便品讲要》，《吕澂佛学论著选集》二，齐鲁书社 1991 年版，第 1097 页。

③ 《添品妙法莲华经》，《大正藏》第 09 册，No. 0264，第 140 页中。

④ 这是日本学者稻荷日宣在《法华经一乘思想的研究》一书第 104 页中提出的观点，他称梁光宅寺法云、隋天台山智𫖮、隋嘉祥寺吉藏、唐慈恩寺窥基，为《法华经》四大注释家。黄国清先生在其所著博士学位论文《窥基〈妙法莲华经玄赞〉研究》中引用了这个观点，参见黄著《绪论》第 1 页。

⑤ 这九个句例涉及对《法华经》中《方便品》《譬喻品》《信解品》《化城喻品》《五百弟子授记品》诸品经文思想义理线索的理解。详细情况如下：

（1）“第六‘我即作是念，如来所以出，为说佛慧故，今正是其时’，有两行一句偈，此间名为佛见众生大乘机发故欢喜，此则追为火宅中第六长者见子免难故欢喜譬作本，下言‘其心泰然，欢喜踊跃’也。第七‘于诸菩萨中，正直舍方便，但说无上道’，此三句，此间名为佛为众生说大乘，即是说《法华经》，此则为下火宅中第八等与大车譬作本，下言舍利弗尔时长者（转下页注）

“今我喜无畏”，此一句是第二，正明欢喜。

(接上页注) 各赐诸子等一大车下是也。”这是《法华经义记》解释《方便品》经文思想义理时涉及的句例，法云这里指出：“今我喜无畏”一句，与其前一颂一起，为《法华经》第三品火宅譬喻中的第六个譬喻“长者见子免难故欢喜譬”作依据；“于诸菩萨中”等三句，为《法华经》第三品譬喻中的第八个譬喻“等与大车譬”作依据。

(2)“‘今我喜无畏’，此一句是第二正明欢喜。‘于诸菩萨中，正直舍方便，但说无上道’，此三句是第八，此间名为佛为众生说大乘，即是说《法华经》，舍者除昔日方便教去，但说无上道者，取今日大乘之教也。此则为下火宅中第八长者等与大车譬作本也。下言是时长者名赐诸子等一大车也。”这一句例所指同前一句例。

(3)“第八从‘舍利弗尔时长者各赐诸子等一大车’以下，名为长者赐大车譬，此即譬上《方便品》中第八‘于诸菩萨中，正直舍方便，但说无上道’有三句偈，佛为三乘人说《法华》，记其得佛。”

(4)“‘舍利弗尔时长者各赐诸子等一大车’，此下是第八长者赐大车譬，即譬上《方便品》中第八‘于诸菩萨中，正直舍方便，但说无上道’，明如来为三乘人说《法华》。”

以上二例是《法华经义记》中解释《譬喻品》涉及的两个句例，与前两个句例一样，所指都是《方便品》与《譬喻品》由此颂文所连接的内在思想关联性。

(5)“第八从‘临欲终时而命其子’以下，名付家业譬，则领上火宅中第八长者赐大车譬，亦远领上《方便品》中第八‘于诸菩萨中，正直舍方便，但说无上道’下，明佛为时众说《法华》授记得佛。”这是《法华经义记》中解释《法华经》第四品即《信解品》涉及的句例，意思是说《法华经》第四品即《信解品》中的“付家业譬”，近接《譬喻品》中“长者赐大车譬”，远接《方便品》中“正直舍方便”等三句颂文。

(6)“‘临欲终时而命其子’，此下是第八付家业譬，此则领火宅中第八长者赐诸子珍宝大车，言尔时长者各赐诸子等一大车譬；《方便品》中‘于诸菩萨中，正直舍方便，但说无上道’即是，说《法华》明万善同归，明三乘人皆转作菩萨，皆成佛道。”这也是《法华经义记》解释《信解品》的句例，所指同上。

(7)“第二‘便集诸菩萨为说’，是经上则拟穷子领解中第八付家业譬，亦远拟火宅中第八长者赐大车譬，亦远拟《方便品》中第八言‘于诸菩萨中，正直舍方便，但说无上道’，但说无上道，即是说《法华》，下则第五为灭化城将至宝所譬作本。”

(8)“‘即灭化城’，此下是第五明将至宝所譬，上‘便集诸菩萨，为说大乘《法华》’，此中言宝处在近，即是显实之义，即是上‘唯一佛乘得灭度’耳。亦远是《方便品》中‘但说无上道’义也。‘向者大城，我所化作’者，即是上法说中‘世间无有二乘’句，明开权之义，亦远是《方便品》中‘正直舍方便，但说无上道’句也。”

以上二例见于《法华经义记》对于《法华经》中第七品即《化城喻品》的解释中。意思是指《化城喻品》中的“便集诸菩萨为说是经”，谈到与前面经文的关系，是近接《信解品》穷子领解中的“付家业譬”，远接《譬喻品》“长者赐大车譬”，及《方便品》中“正直舍方便”的颂文；谈到与后面经文的关系，则为本品“灭化城将至宝所譬”作依据。本品中“将至宝所譬”，前面与“便集诸菩萨为说大乘法华”相接，同时远接《方便品》中“但说无上道”之义；“向者大城，我所化作”，也远接《方便品》中“正直舍方便，但说无上道”句。

(9)“第五名为示宝珠譬者，此领上化城中灭化城将至宝所譬，远领穷子中付家业譬，亦远领火宅中长者赐诸子大车譬，亦远领《方便品》中‘于诸菩萨中，正直舍方便，但说无上道’，但说无上道，说《法华经》。”此是《法华经义记》解释第八品《五百弟子授记品》的句例，意思是指：本品中的“示宝珠譬”，往前近接《化城喻品》“灭化城将至宝所譬”，远接《信解品》中“付家业譬”，《譬喻品》中“长者赐诸子大车譬”，及《方便品》中“于诸菩萨中”中三句颂文。

> "于诸菩萨中，正直舍方便，但说无上道"，此三句是第八，此间名为佛为众生说大乘，即是说《法华经》。舍者，除昔日方便教去，但说无上道者，取今日大乘之教也。此则为下火宅中第八长者等与大车譬作本也。下言是时长者名赐诸子等一大车也。①

法云此处科判，是把此颂第一句"今我喜无畏"，与前两个颂文连在一起，构成一个意义段落；而此颂的后三句，构成另一个意义段落。法云这里的科判方式，为后来的智者大师所继承。②

根据法云此处的解释，"正直舍方便"一句的"舍"，被认为是"除去"之义，"方便"，被认为是昔日的"方便教"；"但说无上道"中的"无上道"，被认为是今日的"大乘之教"，"但说"的涵义，被理解为与"舍"相对立的"取"义。法云这一解释，一方面把"方便"与"无上道"对置起来，以"方便"为"昔日"的"方便教"，以"无上道"为"今日"的"大乘之教"，从而强化了佛陀昔日教法与今日教法的对立，非大乘教法（方便教，即所谓小乘）与大乘教法的对立；另一方面以"取舍"这样的词汇，解释经文对于"方便教"与"大乘之教"的价值立场，舍方便而取无上道、舍方便之教而取大乘之教的思想态度表达得毫不含糊。总之，根据法云这一解释，方便，等于"方便教"，或者"昔日方便教"，成为价值上次等的东西，甚至是需要舍弃的东西。

法云在《法华经义记》中以"开三显一""开近显远"解释《法华经》正宗分前后两大部分之间思想义理的逻辑关联，③ 以"开权显实"作为《法华经》的核心思想宗旨④。这种诠释方式及诠释思想都为此后中国佛教的《法华经》理解，奠定了真正的思想原则及义理逻辑。他解释《方便品》，开篇就说："今日此经正显昔日三乘教是方便，方便但三乘教，当乎昔日之时，本是实教，不名方便，既说今日一乘实相之理，此则

---

① 法云：《法华经义记》，《大正藏》第33册，No. 1715，第610页上。

② 智𫖮："七我即作是念二行一句，明如来欢喜，为下长者欢喜譬本。八于诸菩萨前三句，明为说大乘，为下等赐大车譬本。"参见《妙法莲华经文句》，《大正藏》第34册，No. 1718，第57页下。

③ 法云：《法华经义记》，《大正藏》第33册，No. 1715，第574页中。

④ 同上书，第651页中、655页中。

形显昔三乘是方便。是故下经文言：此经开方便门，示真实相，是则说今日因果真实之相，则显昔日因果非是真实。”[①] 这里阐述《法华经·方便品》的思想旨趣，引用了经中著名的“开方便门，示真实相”一句。所以法云在《法华经义记》中广泛引用“正直舍方便，但说无上道”一颂，作为理解《法华经》思想义理重要脉络的诠释意识。其在具体解释中以方便与无上道对置、舍方便而取无上道的诠释思想，与其基于“方便”与“真实”的对置以解读《法华经》逻辑结构、思想宗旨的总体理解模式，是完全一致的。

陈隋时代创立天台宗学的智顗，在所著《法华经玄义》中，颇多受到法云《法华经义记》的影响。智顗在书中引入《大智度论》四悉檀观念，[②] 与其自己创立的释名、辨体、明宗、论用、判教这“五重玄义”解经学模式相互参证。如智顗说：“问：佛有所说，依四悉檀，今解五义，与彼会不？答：此义今当说。先对五章，次解四悉檀。世界悉檀，对释名，名该一部，世界亦冠于三；第一义对体，最分明；为人，对宗，宗论因果，为人生善，义同；对治，对用，用破疑滞，与治病事齐；分别悉檀，对教相，教相如后说。”[③] 此即认为四悉檀之理念，与五重玄义之说完全可以贯通，因此四悉檀义成为智顗诠释《法华经》思想义理的一个新的独特的理论架构。《法华经玄义》以专章阐释四悉檀要义，于中盛谈十义，而其第九义，乃是“开显”，即“开权显实”之义。智顗在这里详细地解释了法云已经提出的“开权显实”的理念：

> 开权显实者：一切诸法，莫不皆妙；一色一香，无非中道。众生情隔于妙耳，大悲顺物，不与世诤，是故明诸权实不同故。《无量义》云：四十余年，三法、四果，二道不合。今开方便门、示真实相，唯以一大事因缘，但说无上道，开佛知见，悉使得入究竟实相。除灭化城，即是决粗；皆至宝所，即是入妙。若乳教四妙，与今妙不殊，唯决其四权，入今之妙，是故文云“菩萨闻是法，疑网皆已

① 法云：《法华经义记》，《大正藏》第33册，No. 1715，第651页中，592页上。

② 《大智度论》，《大正藏》第25册，No. 1509，第59页中。

③ 智顗：《妙法莲华经玄义》，《大正藏》第33册，No. 1716，第686页中。

除”，即此意也。决酪教四权，生酥十二权，熟酥八权，皆得入妙。故文云“千二百罗汉，悉亦当作佛”，又云“决了声闻法，是众经之王；闻已谛思惟，得近无上道”。方等、般若，所论妙者，亦与今妙不殊。开权显实，其意在此。问曰：决诸权悉檀，同成妙第一义，为当尔不？答：决权入妙，自在无碍，假令妙第一义，不隔于三，三不隔一，一三自在，今且作一种解释也。若决诸权世界悉檀，为妙世界悉檀者，即是对于释名妙也，亦是九法界、十如是性相之名，同成佛法界性相，摄一切名也；亦是会天性、定父子，更与作字，名之为儿，我实汝父，汝实我子也。若决诸权第一义悉檀，为妙第一义悉檀者，即对经体妙也，即是开佛知见，示真实相，引至宝所也。若决诸权为人悉檀，为妙为人悉檀者，即是对宗妙也，如此经云“各赐诸子等一大车”也。若决诸权对治悉檀，入妙对治悉檀者，即是对用妙也。文云“以此宝珠，用贸所须”，又云“如此良药，今留在此，可用服之，勿忧不差”，经云“正直舍方便，但说无上道”，动执生疑，“佛当为除断，令尽无有余”，又云“我已得漏尽，闻亦除忧恼”也。若是分别诸权四悉檀同异，决入此经妙悉檀中，不复见同异，“昔所未曾说，今皆当得闻”，即是妙不同异，即对教相妙也。即如文云“虽示种种道，其实为一乘”，虽分别诸同异，为显不同异说无分别法也。[①]

在智𫖮上面这段阐释中，一称：“今开方便门、示真实相，唯以一大事因缘，但说无上道，开佛知见，悉使得入究竟实相。除灭化城，即是决粗；皆至宝所，即是入妙”，文中提到的“开方便门、示真实相”，“唯以一大事因缘”，“但说无上道”，“开佛知见”，“除灭化城”，“皆至宝所”，等等，这些都是《法华经》中的原文。[②] 尤其智𫖮在这里明确提到了“但说无上道”的颂文，说明他认为这一颂文的涵义，与这里所引《法华》其他经文的涵义是一致的：包括“但说无上道”在内的这些《法华》经文，在“开方便门，示真实相”的经文的统摄下，都意在证成该经开

① 智𫖮：《妙法莲华经玄义》，《大正藏》第33册，No. 1716，第686页下。

② 《妙法莲华经》，《大正藏》第9册，No. 0262，第31页下、7页上、7页下、25页下、25页下。

决权粗、显示实妙的“开权显实”的核心思想宗旨。在这段诠释文字的后半部分，智𫖮再次明确引用了“正直舍方便，但说无上道”的经文，作为他从“决诸权对治悉檀，入妙对治悉檀”的角度，阐释其开权显实思想主张的重要经证之一。

从《法华经玄义》以上两处的引用，我们明显看出：智𫖮不仅继承了法云以这一颂文作为解读《法华经》思想义理脉络线索的诠释意识，且进一步发展了法云的上述诠释意识：这一颂文在智𫖮解读《法华经》思想宗旨理论依据的部分——解释四悉檀学说的部分——被引用，说明在智𫖮心目中，这一颂文已经成为一条至关重要的经证，它是智𫖮借以诠释《法华经》思想宗旨的四悉檀学说的重要经证，也是其依据四悉檀学说阐释《法华经》开权显实思想主张的重要经证。

在今传由智者大师弟子灌顶所整理的《法华经玄义》之前，除收录灌顶的《法华私记缘起》外，还收录了三篇序文：一是《大师别行经序》，即通行本中的《序王》；二是《记者所序》，即通行本中的《私序王》；三是《玄文本序》，即《玄义》开头“此妙法”以下的一段文字。[①] 我们看到：无论是智𫖮自己所作的这篇“序王”，还是灌顶写的“私序王”，都引用了上面我们讨论过的那个颂文。[②] 足见在智𫖮、灌顶这两位

① 此处参考湛然的说法，参见湛然《法华玄义释签》，《大正藏》第33册，No. 1717，第815页中—816页上。

② 其中，《序王》如下：“所言妙者，妙名不可思议也。所言法者，十界、十如，权实之法也。莲华者，譬权实法也。良以妙法难解，假喻易彰；况意乃多，略拟前后，合成六也。一、为莲故华，譬为实施权，文云‘知第一寂灭，以方便力故；虽示种种道，其实为佛乘’；二、华敷譬开权，莲现譬显实，文云‘开方便门，示真实相’；三、华落譬废权，莲成譬立实，文云‘正直舍方便，但说无上道’。又莲譬于本，华譬于迹，从本垂迹，迹依于本，文云‘我实成佛来，久远若斯。但教化众生，作如是说：我少出家，得三菩提’；二、华敷譬开迹，莲现譬显本，文云‘一切世间，皆谓今始得道，我成佛来，无量无边那由他劫’；三、华落譬废迹，莲成譬立本，文云‘诸佛如来，法皆如是，为度众生，皆实不虚’。是以先标妙法，次喻莲华，荡化城之执教，废草庵之滞情，开方便之权门，示真实之妙理，会众善之小行，归广大之一乘，上中下根，皆与记莂。又发众圣之权巧，显本地之幽微。故增道损生，位邻大觉；一期化导，事理俱圆。莲华之譬，意在斯矣。经者，外国称修多罗，圣教之都名。有翻无翻，事如后释。记者释曰。盖序王者，叙经玄意，玄意述于文心，文心莫过迹本。仰观斯旨，众义冷然。妙法莲华，即叙名也；示真实之妙理，叙体也；归广大之一乘，叙宗也；荡化城之执教，叙用也；一期化圆，叙教也。六譬，叙迹本也。文略意周矣。”（参见《妙法莲华经玄义》，《大正藏》第33册，No. 1716，第681页上）另一篇序文如下：“夫理绝偏圆，寄圆珠而谈理；极非远近，（转下页注）

天台学创始巨擘的心目中，《法华经》这一重要颂文的特殊厚重分量。智者大师的《法华经》注疏著作，以及在这些注疏著作中建构起来的佛教思想义理，毫无疑问是古代汉传佛教中最重要及最富原创性的思想之一。与此相应，智者大师对《法华经》中"正直舍方便"颂文的诠释，以及他在诠释中表现的思想和态度，也就成为中国佛教经典诠释思想中一个具有本质意义的重要思想线索。汉传佛教经典诠释思想的这一基本线索，以开权显实作为核心的思想目标，以方便与无上道的对置、对立作为根本的理论特征、思维模式，不管这一对置、对立是以较激烈的形式出现（如在光宅法云那儿所表现的那样），还是以较温和的形式出现（如在天台智者大师那儿所表现的圆教智慧那样）。然而，《法华经》自身的语言、文献，是否绝对支持这样的翻译，又是否绝对支持这样的诠释或理解呢？

第三节 即文字而求真实——《法华经》"正直舍方便"一颂释义

为了回答这个问题，我们首先需要考虑《法华经》古代三种今存汉译中的另外一个译本，即竺法护所译的《正法华经》。在《正法华经》的第二品译文中，我们读到下面几句颂文：

（接上页注）托宝所而论极。极会圆冥，事理俱寂。而不寂者，良由耽无明酒，虽系珠而不觉；迷涅槃道，路弗远而言长。圣主世尊，悯斯倒惑，四华六动，开方便之门；三变千踊，表真实之地。咸令一切，普得见闻。发秘密之奥藏，称之为妙；示权实之正轨，故号为法；指久远之本果，喻之以莲；会不二之圆道，譬之以华。声为佛事，称之为经。圆诠之初，目之为序。序类相从，称之为品。众次之首，名为第一。释曰：谈记是叙名，会冥是叙体，圆珠是叙宗，俱寂是叙用，四华六动是叙教。本迹可知。此《妙法莲华经》者，本地甚深之奥藏也。文云'是法不可示，世间相常住'，三世如来之所证得也。文云'是第一寂灭'，'于道场知已'，'大事因缘，出现于世'，'始见我身，令入佛慧'，'为未入者，四十余年，以异方便，助显第一义'，今'正直舍方便，但说无上道'。所言妙者，褒美不可思议之法也。又妙者，十法界十如之法。此法即妙，此妙即法，无二无别，故言妙也。又妙者，自行权实之法妙也，故举莲华而况之也。又妙者，即迹而本，即本而迹，即非本非迹，或为开废（云云）。又妙者，最胜修多罗甘露之门，故言妙也。释曰：妙无别体，体上褒美者，叙妙名也。妙即法界，法界即妙者，叙体也。自行权实者，叙宗也。本迹六喻者，叙用也。甘露门者，叙教也。"（参见《妙法莲华经玄义》，《大正藏》第33册，No. 1716，第681页中）

> 佛时悦豫，秉修勇猛，应时解断，一切诸结。今日当说，最胜自由，或以劝助，使入佛道。[①]

《正法华经》上引几句颂文之前，是如下的译文："志怀愚痴，起于妄想，设吾说法，少有信者，骄慢自大，不肯启受。如斯法者，菩萨乃听。"[②] 而在罗什所译《妙法莲花经》"正直舍方便"颂文前，是如下的译文："舍利弗当知！钝根小智人，着相骄慢者，不能信是法。"[③] 不难看出，两组译文的基本意思，完全是一致的。在《正法华经》上引几句颂文之后，是如下的译文："诸佛之子，得观睹此，因从获信，顺行法律。时千二百，诸漏尽者，皆当于世，成为佛道。"[④] 而在罗什所译《妙法莲花经》"正直舍方便"颂文后，是如下的译文："菩萨闻是法，疑网皆已除，千二百罗汉，悉亦当作佛。"这两组颂文的意思也是完全一致的。所以根据上下文义背景、结构对勘，可以肯定：上引竺法护所译"佛时悦豫，秉修勇猛"这段颂文，正是对应鸠摩罗什译文中"正直舍方便"的这段颂文。

再根据两译中这个颂文的语势及语义看：罗什译文中的"喜"字，对应法护译文中的"悦豫"；罗什译文中的"无畏"，对应法护译文中的"勇猛"；罗什译文中的"舍"，对应法护译文中的"解断"；罗什译文中的"方便"，对应法护译文中的"诸结"；罗什译文中的"菩萨"，对应法护译文中的"最胜自由"；罗什译文中的"无上道"，对应法护译文中的"佛道"。因此，罗什所译"今我喜无畏"一句，对应法护译文中"佛时悦豫，秉修勇猛"二句；罗什所译"于诸菩萨中"一句，对应法护译文中"最胜自由"一句；罗什译文中"正直舍方便"一句，对应法护译文中"应时解断，一切诸结"二句；罗什译文中"但说无上道"一句，对应法护译文中"今日当说"一句，还有"或以劝助，使入佛道"二句。

所以，无论从两译的上下文背景看，还是从两译这组颂文的语义看，我们都可以完全确定：罗什所译"正直舍方便"一颂，确实与法护所译

---

① 竺法护译：《正法华经》，《大正藏》第9册，No. 0263，第70页上。

② 同上。

③ 鸠摩罗什译：《妙法莲华经》，《大正藏》第9册，No. 0262，第7页下。

④ 竺法护译：《正法华经》，《大正藏》第9册，No. 0263，第70页上。

"佛时悦豫，秉修勇猛"的颂文是对应的颂文。然而，奇怪的是，罗什译文"正直舍方便"一句中的"方便"一词，在法护的译文中完全不见，而在所对应的位置上，则赫然出现"诸结"一词。

这是一个十分重要的信息，它应当引起我们的注意：由罗什所译出而在中国佛教《法华经》思想诠释史乃至在中国佛教的整个思想诠释史上具有特殊重大影响的"正直舍方便"这个颂文，其实就翻译的角度来讲，原本就存在上述重大的差异！据梁僧祐《出三藏记集》所载，竺法护于晋太康七年（286 年）传译《正法华经》，罗什于秦弘始八年（406 年）传译《妙法莲华经》，[①] 两译前后相差整整 120 年。早出的法护译本在此处表达"舍弃一切诸结"的意思，晚出的罗什译本在此处则表达"舍弃方便"的意思，两句颂文的涵义可谓大相径庭，即使我们具备任何高超的诠释技巧，也难以使得两种内涵差异十分明显的译文融和起来。那么是什么造成了这样的情况？两种翻译中究竟哪一种翻译可能更贴近原文的涵义呢？或者还是因为不同的底本造成了上述传译的差异？这是我们需要继续探讨的问题。

今存《法华经》梵本的存在，为我们以上的推断，增添了更加有力的证据。据今存梵本，罗什、法护所译这个颂文的原文如下：

Viśāradaścāhu tadā prahṛṣṭaḥ
saṁlīyanāṁsarva vivarjayitvā ǀ
bhāṣāmi madhye sugatātmajānāṁ
tāṁścaiva bodhāya samādapemi ‖ 132[②]

---

① 僧祐：《出三藏记集》，《大正藏》第 55 册，No. 2145，第 56 页下、57 页上。

② Dr. P. L. Vaidya 校勘本，第 41 页；《改订梵文法华经》，第 56 页；另外，尚可参 Kern 本，第 57 页；蒋忠新：《民族文化宫图书馆藏梵文〈妙法莲华经〉写本》，第 53 页。四本中，saṁ līyanāṁ 一字，Kern 本作 saṃlīyatāṃ，蒋忠新本作 saṃlīyanaṃ，Dr. P. L. Vaidya 校勘本同《改订梵文法华经》。

此外，尚可参考以下梵本：

梵本《法华经》saddharmapuṇḍ arikasūtram，Hirofumi Toda saddharmapuṇḍ arikasūtram Nepalese Manuscript（k′）德岛大学教养部，伦理学研究室 1980 卷：《伦理学科纪要》第 8 册：（转下页注）

我们可以将这个颂文新译如下：

此时，舍弃了一切的怯懦，我无畏且欢喜；我在诸由善逝自体所生者中说话，劝勉他们向菩提。

据今存梵本，可以看出：

（一）罗什译文中的“方便”，法护译文中的“结”，所对应的梵文原语，是saṁlīyanā，该名词由动词字根lī变化而来，这个字有粘着、倾向、隐伏、消解、畏缩、依靠、懈怠诸义，此处法护翻译为“结”，似乎正是取粘着、倾向之义。罗什此处的译法，与这个语词的涵义完全不合。今译“怯懦”，是取原文“畏缩”之义。我们这里提出的译法，与其他现代译家的意见也是一致的。①

（二）罗什译文中的“无上道”，法护译文中的“佛道”，在梵文本

（接上页注）viśāradāścâhu tadā prahṛṣṭāḥ

saṃlīyanā（ṃ）sarvi vivarjayitvā । bhāṣ āmi madhye sugatātmajānān tāṃścva bodhāya samādapemi ‖

梵本《法华经》saddharmapuṇḍ arikasūtram，Hirofumi Toda saddharmapuṇḍ arikasūtram Central Asian Manuscripts Romanized Text，德岛 Tokushima Kyoiku shuppan Center 1983：

viśāradāścâha prahṛṣṭacitta

sa（ṃ）līyatāṃ sarva vivarjayitvā bhāṣ āmi madhye sugatatmajānāṃ tāṃścva bodhāya samādapemi

梵本《法华经》saddharmapuṇḍ arikasūtram，Hirofumi Toda saddharmapuṇḍ arikasūtram（Nepalese Manuscript 北京民族文化宫图书馆藏）德岛德岛大学教养部，伦理学研究室 1989 卷：《伦理学科纪要》第 17 册：

viśāradaścâhu tada prahṛṣṭaḥ

saṃlīya（naṃ）sarva vivarjayitvā । bhāṣ āmi madhye sugatātmajānāṃ । tāṃs´cva bodhāya samādayemi ‖

梵本《法华经》（C3 = Ca）saddharmapuṇḍ arikasūtram（C3 = Ca）：

bhāṣ āmi madhye sugatātmajānāṃ tāṃścva bodhāya samādapemi ‖

梵本《法华经》[C4 = Cb，Abbr. of Toda] saddharmapuṇḍ arikasūtram（C4 = Cb）：

bhāṣ āmi madhye sugatātmajānāṃ । tāṃścva bodhāya samādayemi ।

可以看出：以上诸本中，最后二本缺诸本此颂前两句，其他相同。（参考 http：//sdp. chibs. edu. tw/ui. html 提供的信息，谨此感谢！）

① 如 Kern 译为 timidity，参 Kern 本，第 57 页。此外这与日本学者河口慧海根据藏文本《法华经》翻译的意见也是一致的，参见《河口慧海》，第 58 页；与松涛诚廉、长尾雅人、丹治昭义《法华经》的新译本也是一致的，参见《大乘佛典》4《法华经》，第 74 页。

中对应的字，是 bodha（菩提，或觉悟），"无上"之义，原文无有，应当是罗什所添。

（三）罗什此处译文中的"诸菩萨"，法护译文中的"最胜自由"，在梵文本中对应的字是 sugatātmajānāṁ，这是《法华经》中的专门用语，直译为"诸由善逝自体所生者"，意思是指那些能够听随佛陀教导的弟子们。[①] 罗什、法护二人此处的译文，都采取了意译。

（四）这个颂文的后半部分，有两个动词，即"说话"（bhāṣāmi）及"劝勉"（Samādapemi），法护译为"今日当说"，及"或以劝助"，两个动词都译出了。罗什译出了一个动词（"说"），省去了另一个动词（"劝勉"），且把第二个动词的一个宾语（"菩提"），连接到第一个动词之后。

罗什的《法华经》汉译，一直被认为受到此经中亚传本的深刻影响。那么，我们在考察罗什所译《方便品》这个颂文时，也需要考察中亚传本的因素，这样便于我们更加客观、公允地理解问题。现在我们根据由 Hirofumi Toda 编校的《妙法莲华经》中亚传本手稿（1981）中 Kashgar Manuscript，把这个颂文的中亚传本再抄录于下：

Viśāradāś cāha prahṛṣṭacitta · sa（ṃ）līyatāṃ sarva vivarjayitvā · bhāṣāmi madhye sugatātmajānāṃ tāṃścaiva bodhāya samādapemi. [②]

可以看出：尼泊尔传本中此处的 saṁ līyanāṁ，在中亚本中写作：sa（ṃ）līyatāṃ，而其涵义是一致的。所以，从中亚本来看，此处的意思也是指佛陀舍弃了怯懦，决意为诸菩萨宣示无上菩提。

因此我们有理由认为，罗什、法护所译《法华经》，就二人所传承的底本而言，可能确如古人所言，存在"多罗之叶"与"龟兹之文"的不

① 按：此词在《法华经》中一共出现了三次，除了文中已举出的一例外，另外两例分别见于梵本第一品第 90 颂（《改订梵文法华经》，第 25 页），及梵本第 20 品第 5 颂（《改订梵文法华经》，第 332 页）。足见在《法华经》中，此字是专门用语，指称那些能够听随佛陀教导的弟子们。但在这两处，法护及罗什二译，都未当作专门名词予以翻译。

② 中亚本，第 32 页。

同。[①] 不过，就此经梵本的现存情况来看，虽然此颂“今我喜无畏”，“正直舍方便”二句，在有些梵本中是缺文，但另外二句在今存梵本中的语源却都一致，同时在大部分今存梵本中，此一颂文的梵语原语也都是完全一致的。尤其是，通过比较此经的尼泊尔传本与中亚传本，也可以确证相关的颂文，文字与内容是一致的。因此，法护、罗什此颂底本所依据的文字来源，应当可以肯定是一致的；出现不同的翻译，我们认为并非由于语源的不同，更大的可能是由于二人解读的差异。

第四节　即义理而求真实——《法华经》“正直舍方便”一颂释义

根据我们所制订的《法华经·方便品》颂文的科判，我们认为：《方便品》颂文共145颂（根据梵本统计），从佛法义理脉络上讲，共分为九个部分，其中第108—134颂是颂文的第八部分，思想主题是：释迦如来从反思自己一生弘法实践、过程的角度，证成《法华经》法门，或《法华经》基本教法思想原则——基于善巧方便而导向佛之菩提的思想原则——的正确性、合理性。本书所考察的“正直舍方便”一颂，在《方便品》第八部分的颂文中，因此要想准确、恰当地理解本颂的思想义理，还需要参考这一部分颂文的义理脉络。

这一部分颂文，从思想逻辑来讲，又可以分成以下五个义理层次。第一个义理层次是：佛陀说明：释迦如来与过去、现在、未来诸佛不异，都遵循同样的教法思想原则，即基于善巧方便而将众生导向佛之菩提的思想原则。这一义理层次有第108、109二颂：

ahaṁpi caitarhi jinendranāyako
utpanna sattvāna sukhāpanārtham |
saṁdarśayāmī ima buddhabodhiṁ

① 《添品妙法莲华经序》，载于《添品妙法莲华经》，《大正藏》第9册，No. 0264，第134页中。

nānābhinirhārasahasrakoṭibhiḥ ‖ 108 ‖ ①

【罗什】今我亦如是，安隐众生故，以种种法门，宣示于佛道。②

【法护】今我如是，为人中王，兴发黎庶，安隐利谊，种种音声，亿百千垓，故为示现，斯佛大道。③

【新译】现今，我，作为胜者之主、导师，也为了实现众生的幸福而出生；用千俱祇的各种引导，我显示这种佛菩提。④

deśemi dharmaṁca bahuprakāraṁ
adhimuktimadhyāśaya jñātva prāṇinām ｜
saṁharṣayāmī vividhairupāyaiḥ
pratyātmikaṁjñānabalaṁmamaitat ‖ 109 ‖ ⑤

【罗什】我以智慧力，知众生性欲，方便说诸法，皆令得欢喜。⑥

【法护】吾所说法，若干种变，知诸萌类，心所好乐，若干色像，寻令悦豫，缘其智慧，训以道力。⑦

【新译】懂得诸生灵的信解、愿望，我宣说诸多品类的法；用种种的方便使其欢喜，这是我内在的智慧之力。⑧

下面是《方便品》颂文第八部分的第二个义理层次：释迦如来反思：自己证得菩提后，为什么要选择基于善巧方便而导向佛菩提的弘法教法思想原则？这一层次的颂文，共包括第110—124颂，一共是15个颂文：

① Dr. P. L. Vaidya 校勘本，第38页。参见中亚本，第30页。
② 《妙法莲华经》，《大正藏》第9册，No. 0262，第7页下。
③ 《正法华经》，《大正藏》第9册，No. 0263，第70页上。
④ 《河口慧海》上卷，第55页；Kern 本，第54页。
⑤ Dr. P. L. Vaidya 校勘本，第38页。参见中亚本，第30页。
⑥ 《妙法莲华经》，《大正藏》第9册，No. 0262，第7页下。
⑦ 《正法华经》，《大正藏》第9册，No. 0263，第70页上。
⑧ 《河口慧海》上卷，第55页；Kern 本，第54页。

ahaṁpi paśyāmi daridrasattvān
prajñāya puṇyehi ca viprahīṇān |
praskanna saṁsāri niruddha durge
magnāḥpunarduḥkhaparaṁparāsu ‖ 110 ‖ ①

【罗什】舍利弗当知！我以佛眼观，见六道众生，贫穷无福慧，入生死险道，相续苦不断。②

【法护】吾为法王，而遍观见，诸愚冥者，离智慧德，崩坠生死，坑圹险谷，不得解脱，来世艰难。③

【新译】我也看到贫穷的众生，缺乏般若及诸福德；他们堕落于轮回，拘禁在恶道，陷于辗转的诸苦中。④

tṛṣṇāvilagnāṁścamarīva bāle
kāmairihāndhīkṛta sarvakālam |
na buddhameṣanti mahānubhāvaṁ
na dharma mārganti dukhāntagāminam ‖ 111 ‖ ⑤

【罗什】深着于五欲，如牦牛爱尾，以贪爱自蔽，盲瞑无所见。不求大势佛，及与断苦法。⑥

【法护】爱欲所系，驰如流沙，诸尘劳垢，今日自在。大圣威神，觉无所来，诸法未曾，致众患苦。⑦

【新译】他们执着爱欲，如牦牛执着尾巴，因为诸种欲望，他们此世一切时间总是冥暗；他们不期望有伟大威力的佛陀，不追求使苦终结

① Dr. P. L. Vaidya 校勘本，第 38—39 页。参见中亚本，第 31 页。
② 《妙法莲华经》，《大正藏》第 9 册，No. 0262，第 7 页下。
③ 《正法华经》，《大正藏》第 9 册，No. 0263，第 70 页上。
④ 《河口慧海》上卷，第 55 页；Kern 本，第 54 页。
⑤ Dr. P. L. Vaidya 校勘本，第 39 页。参见中亚本，第 31 页。
⑥ 《妙法莲华经》，《大正藏》第 9 册，No. 0262，第 7 页下。
⑦ 《正法华经》，《大正藏》第 9 册，No. 0263，第 70 页上。

的法。①

gatīṣu ṣaṭsu pariruddhacittāḥ

kudṛṣṭidṛṣṭīṣu sthitā akampyāḥ I

duḥkhātu duḥkhānupradhāvamānāḥ

kāruṇya mahyaṁbalavantu teṣu ‖ 112 ‖ ②

【罗什】深入诸邪见，以苦欲舍苦，为是众生故，而起大悲心。③

【法护】群萌之类，默在六堑，坚住邪见，不可动转，在于苦恼，处危险径。吾发大哀，悯此愚痴。④

【新译】他们的心幽闭于六趣，住立于诸邪见中，而不可动摇；他们从苦追逐苦，对于这些众生，我有深切的慈悯。⑤

So'haṁviditvā tahi bodhimaṇḍe

saptāha trīṇi paripūrṇa saṁsthitaḥ I

arthaṁvicintemimamevarūpaṁ

ullokayan pādapameva tatra ‖ 113 ‖ ⑥

【罗什】我始坐道场，观树亦经行，于三七日中，思惟如是事。⑦

【法护】安隐求至，处于道场，具足七日，坐于草蓐，即思惟谊：当何所兴？寻时即断，彼世慢恣。⑧

---

① 《河口慧海》上卷，第 56 页；Kern 本，第 54 页。

② Dr. P. L. Vaidya 校勘本，第 39 页。参见中亚本，第 31 页。

③ 《妙法莲华经》，《大正藏》第 9 册，No. 0262，第 7 页下。

④ 《正法华经》，《大正藏》第 9 册，No. 0263，第 70 页上。

⑤ 《河口慧海》上卷，第 56 页；Kern 本，第 54 页。

⑥ Dr. P. L. Vaidya 校勘本，第 39 页。参见中亚本，第 31 页。此颂中亚本为：so ' ham viditvā tahi bodhimaṇḍ e saptāhatrīṇi paripūrṇa susthitaḥ arthaṃ vicintemi kathaṃ karomi taṃ pādapo (1) lokayamāno tatra.

⑦ 《妙法莲华经》，《大正藏》第 9 册，No. 0262，第 7 页下。

⑧ 《正法华经》，《大正藏》第 9 册，No. 0263，第 70 页上。

【新译】了解（此点），我在那菩提场中，停留满满的三周，一边观察那里的树木，一边思考如此这般的这些事。①

preksạ̄mi taṁcānimiṣaṁdrumendraṁ
tasyaiva heṣṭhe anucaṁkramāmi ǀ
āścaryajñānaṁca idaṁviśiṣṭaṁ
sattvāśca mohāndha avidvasū ime ‖ 114 ‖ ②

【罗什】我所得智慧，微妙最第一。众生诸根钝，着乐痴所盲，如斯之等类，云何而可度？③

【法护】观察尊树，目未曾眴。吾又经行，于斯树下，因奇特慧，得未曾有，众生轮转，于大无明。④

【新译】目不转睛凝视那树王，我在其下面经行；（心里想：）这种稀奇的智慧十分优异，而这些众生则因愚痴而冥暗，无知无识。⑤

brahmā ca māṁyācati tasmi kāle
śakraśca catvāri ca lokapālāḥ ǀ
maheśvaro īśvara eva cāpi
marudgaṇānāṁca sahasrakoṭayaḥ ‖ 115 ‖ ⑥

【罗什】尔时诸梵王，及诸天帝释、护世四天王，及大自在天，并余诸天众，眷属百千万。⑦

【法护】于时梵天，则知佛意，帝释四天，诸护世者，大神妙

---

① 《河口慧海》上卷，第 56 页；Kern 本，第 54 页。

② Dr. P. L. Vaidya 校勘本，第 39 页。参见中亚本，第 31 页。

③ 《妙法莲华经》，《大正藏》第 9 册，No. 0262，第 7 页下。

④ 《正法华经》，《大正藏》第 9 册，No. 0263，第 70 页上。

⑤ 《河口慧海》上卷，第 56 页；Kern 本，第 54—55 页。

⑥ Dr. P. L. Vaidya 校勘本，第 39 页。参见中亚本，第 31 页。

⑦ 《妙法莲华经》，《大正藏》第 9 册，No. 0262，第 7 页下。

天，及善天子，无数亿千，皆共觉知。[①]

【新译】这个时候，梵王恳求我，天帝释，四大护世，大自在天，自在天，还有千俱祇的天神，也都恳求我。[②]

kṛtāñjalī sarvi sthitāḥsagauravā
arthaṁca cintemi kathaṁkaromi |
ahaṁca bodhīya vadāmi varṇān
ime ca duḥkhairabhibhūta sattvāḥ ‖ 116 ‖ [③]

【罗什】恭敬合掌礼，请我转法轮。我即自思惟：若但赞佛乘，众生没在苦，不能信是法。[④]

【法护】一切叉手，俨然恭肃。我时自念，当奈之何？假令吾叹，佛之道德，群黎品类，莫肯受化。[⑤]

【新译】所有的天神都合掌站立，心存虔敬；而我心里思考：我要怎样做呢？我若是说言与菩提有关的话语，而这些众生则为诸苦所折服。[⑥]

te mahya dharmaṁkṣipi bālabhāṣitaṁ
kṣipitva gaccheyurapāyabhūmim |
śreyo mamā naiva kadāci bhāṣituṁ
adyaiva me nirvṛtirastu śāntā ‖ 117 ‖ [⑦]

【罗什】破法不信故，坠于三恶道。我宁不说法，疾入于涅槃。[⑧]

---

① 《正法华经》,《大正藏》第 9 册，No. 0263，第 70 页上。
② 《河口慧海》上卷，第 56 页；Kern 本，第 55 页。
③ Dr. P. L. Vaidya 校勘本，第 39 页。参见中亚本，第 31 页。
④ 《妙法莲华经》,《大正藏》第 9 册，No. 0262，第 7 页下。
⑤ 《正法华经》,《大正藏》第 9 册，No. 0263，第 70 页上。
⑥ 《河口慧海》上卷，第 56 页；Kern 本，第 55 页。
⑦ Dr. P. L. Vaidya 校勘本，第 39 页。参见中亚本，第 31 页。
⑧ 《妙法莲华经》,《大正藏》第 9 册，No. 0262，第 7 页下。

【法护】诸暗冥者，便当谤毁，适毁此已，趣非法地。吾初未曾，说奇妙法，常乐余事，当何兴立？[①]

【新译】他们会诽谤我的法，是蠢人所说的。而诽谤之后，他们就会趋向恶趣之地。我认为还是绝不谈论比较好，希望现在我就有寂静的涅槃！[②]

purimāṁśca buddhān samanusmaranto
upāyakauśalyu yathā ca teṣām ǀ
yaṁnūna haṁpi ima buddhabodhiṁ
tridhā vibhajyeha prakāśayeyam ‖ 118 ‖ [③]

【罗什】寻念过去佛，所行方便力，我今所得道，亦应说三乘。[④]

【法护】等观往古，诸佛所为，彼时圣众，行权方便。吾今宁可，以此佛道，分为三乘，而开化之。[⑤]

【新译】因为我忆念过去的诸佛，以及他们那样的善巧方便：我岂不是也可把那佛菩提区分为三重，在这里加以弘扬？[⑥]

evaṁca me cintitu eṣa dharmo
ye cānye buddhā daśasu diśāsu ǀ
darśiṁsu te mahya tadātmabhāvaṁ
sādhuṁti ghoṣaṁsamudīrayanti ‖ 119 ‖ [⑦]

【罗什】作是思惟时，十方佛皆现，梵音慰喻我："善哉释

① 《正法华经》,《大正藏》第 9 册，No. 0263，第 70 页上。
② 《河口慧海》上卷，第 56 页；Kern 本，第 55 页。
③ Dr. P. L. Vaidya 校勘本，第 40 页。参见中亚本，第 31 页。
④ 《妙法莲华经》,《大正藏》第 9 册，No. 0262，第 7 页下。
⑤ 《正法华经》,《大正藏》第 9 册，No. 0263，第 70 页上。
⑥ 《河口慧海》上卷，第 57 页；Kern 本，第 55 页。
⑦ Dr. P. L. Vaidya 校勘本，第 40 页。参见中亚本，第 31 页。

迦文！[①]

【法护】初成佛时，作此思惟，又有十方，诸佛世尊，其大圣众，悉各自现，音赞善哉，我等欣豫。[②]

【新译】当我这样思考这个法时，我以外的十方诸佛，都向我示现其身体，并且赞叹说："太好了！[③]

sādhū mune lokavināyakāgra
anuttaraṁjñānamihādhigamya |
upāyakauśalyu vicintayanto
anuśikṣase lokavināyakānām ‖ 120 ‖ [④]

【罗什】"第一之导师，得是无上法，随诸一切佛，而用方便力。[⑤]

【法护】快哉能仁，世雄导师，斯为正法，执御当然，乃能思惟，善权方便。诸大圣典，亦学救世。[⑥]

【新译】"太好了！牟尼！世间第一导师！在此世实证了无上的智慧，您思考善巧方便，学习世间诸导师。[⑦]

vayaṁpi buddhāya paraṁtadā padaṁ
tṛdhā ca kṛtvāna prakāśayāmaḥ |
hīnādhimuktā hi avidvasū narā
bhaviṣyathā buddha na śraddadheyuḥ ‖ 121 ‖ [⑧]

---

① 《妙法莲华经》，《大正藏》第9册，No. 0262，第7页下。

② 《正法华经》，《大正藏》第9册，No. 0263，第70页上。

③ 《河口慧海》上卷，第57页；Kern本，第55页。

④ Dr. P. L. Vaidya校勘本，第40页。参见中亚本，第31页。此颂中，写作：anuttaram dharmam imādhigamya，而在尼泊尔传本中，则为：anuttaraṁ jñānamihādhigamya。

⑤ 《妙法莲华经》，《大正藏》第9册，No. 0262，第7页下。

⑥ 《正法华经》，《大正藏》第9册，No. 0263，第70页上。

⑦ 《河口慧海》上卷，第57页；Kern本，第55—56页。

⑧ Dr. P. L. Vaidya校勘本，第40页。参见中亚本，第31页。

【罗什】“我等亦皆得，最妙第一法，为诸众生类，分别说三乘。少智乐小法，不自信作佛。①

【法护】吾等为佛，履上迹时，分为三乘，而开化之。下劣不肖，志怀羸弱，观诸佛兴，卒不肯信。②

【新译】“当时，我们觉悟无上的境界后，也将其区分为三重，加以宣说；因为，信解褊狭、无知无识的人们，不可能相信：‘你们可以成佛。’③

tato vayaṁkāraṇasaṁgraheṇa
upāyakauśalya niṣevamāṇāḥ |
phalābhilāṣaṁparikīrtayantaḥ
samādapemo bahubodhisattvān || 122 || ④

【罗什】 “是故以方便，分别说诸果。虽复说三乘，但为教菩萨。”⑤

【法护】吾等犹此，兴立摄济，以权方便，而为示现。嗟叹称美，获果之证，又复劝助，无数菩萨。⑥

【新译】“于是，我们，因为熟悉善巧方便，就以包含因的方式，宣传对于果的歆慕，激发诸多的菩萨。”⑦

ahaṁcudagrastada āsi śrutvā
ghoṣaṁmanojñaṁpuruṣarṣabhāṇām |
udagracitto bhaṇi teṣa tāyināṁ

---

① 《妙法莲华经》，《大正藏》第9册，No. 0262，第7页下。

② 《正法华经》，《大正藏》第9册，No. 0263，第70页上。

③ 《河口慧海》上卷，第57页；Kern本，第56页。

④ Dr. P. L. Vaidya校勘本，第40页。参见中亚本，第31页，此颂中写作：ṇisevamāṇāḥ，而在尼泊尔传本中，此词是：niṣ evamāṇāḥ.

⑤ 《妙法莲华经》，《大正藏》第9册，No. 0262，第7页下。

⑥ 《正法华经》，《大正藏》第9册，No. 0263，第70页上。

⑦ 《河口慧海》上卷，第57页；Kern本，第56页。

na mohavādī pravarā maharṣī ‖ 123 ‖ ①

【罗什】舍利弗当知！我闻圣师子，深净微妙音，喜称南无佛。②

【法护】尔时佛身，听诸尊叹，寻则解了，诸大圣音。弘妙之士，心欣悦豫，今大神通，分别名色。③

【新译】当时，听了诸人中牛王悦意的声音后，我感到欢喜踊跃；因为心中欢喜，我就对这些救度者说："一个胜妙的大仙，不是愚痴论者。"④

ahaṁpi evaṁsamudācariṣye

yathā vadantī vidu lokanāyakāḥ |

ahaṁpi saṁkṣobhi imasmi dāruṇe

utpanna sattvāna kaṣāyamadhye ‖ 124 ‖ ⑤

【罗什】复作如是念：我出浊恶世，如诸佛所说，我亦随顺行。⑥

【法护】于时余等，当遵其行，如诸导师，之所言说。我时比丘，亦持斯法，出生于人，黎庶之间。⑦

【新译】如诸位贤明的世间救度者所说，我也要这样实行；我也已经出生在这个扰攘的、残酷的众生浊中。⑧

以下是《方便品》颂文第八部分的第三个义理层次：释迦如来回忆、反思自己觉悟之后前期的弘法实践，证成以善巧方便导向佛之菩提的教法

① Dr. P. L. Vaidya 校勘本，第 40 页。参见中亚本，第 31 页。此颂中末句，在中亚本中是：namo jinānāṃ prakaromi harṣ ita（ḥ）。可以看出罗什译本这一句与中亚传本完全一致。

② 《妙法莲华经》，《大正藏》第 9 册，No. 0262，第 7 页下。

③ 《正法华经》，《大正藏》第 9 册，No. 0263，第 70 页上。

④ 《河口慧海》上卷，第 57 页；Kern 本，第 56 页。

⑤ Dr. P. L. Vaidya 校勘本，第 40 页。参见中亚本，第 31 页。

⑥ 《妙法莲华经》，《大正藏》第 9 册，No. 0262，第 7 页下。

⑦ 《正法华经》，《大正藏》第 9 册，No. 0263，第 70 页上。

⑧ 《河口慧海》上卷，第 57—58 页；Kern 本，第 56 页。

思想原则。这一义理层次包括三个颂文：第125—127颂：

tato hyahaṁśārisutā viditvā

vārāṇasīṁprasthitu tasmi kāle |

tahi pañcakānāṁpravadāmi bhikṣuṇāṁ

dharmaṁupāyena praśāntabhūmim ‖ 125 ‖ ①

【罗什】思惟是事已，即趣波罗奈。诸法寂灭相，不可以言宣，以方便力故，为五比丘说。②

【法护】告舍利弗，吾听省彼，寻时往诣，波罗奈国，便即合集，诸比丘众。身子欲知，佛善权法。③

【新译】舍利子啊！了解之后，那时我就前往波罗奈斯，在那儿我以方便为五比丘宣说有寂静地位的法。④

tataḥpravṛttaṁmama dharmacakraṁ

nirvāṇaśabdaśca abhūṣi loke |

arhantaśabdastatha dharmaśabdaḥ

saṁghasya śabdaśca abhūṣi tatra ‖ 126 ‖ ⑤

【罗什】是名转法轮，便有涅槃音，及以阿罗汉，法僧差别名。⑥

【法护】大圣应时，便转法轮，兴发宣畅，灭度寂然，叹罗汉音，赞誉法声。⑦

【新译】从此，我的法轮转动了，涅槃这个名称遂在世间出现，

① Dr. P. L. Vaidya 校勘本，第40—41页。参见中亚本，第31页。

② 《妙法莲华经》，《大正藏》第9册，No. 0262，第7页下。

③ 《正法华经》，《大正藏》第9册，No. 0263，第70页上。

④ 《河口慧海》上卷，第57—58页；Kern本，第56页。

⑤ Dr. P. L. Vaidya 校勘本，第41页。参见中亚本，第31页。

⑥ 《妙法莲华经》，《大正藏》第9册，No. 0262，第7页下。

⑦ 《正法华经》，《大正藏》第9册，No. 0263，第70页上。

同样，阿罗汉、法及僧伽这些名称，当时也都出现。①

bhāṣāmi varṣāṇi analpakāni
nirvāṇabhūmiṁcupadarśayāmi |
saṁsāraduḥkhasya ca eṣa anto
evaṁvadāmī ahu nityakālam ‖ 127 ‖ ②

【罗什】从久远劫来，赞示涅槃法，生死苦永尽，我常如是说。③

【法护】（阙文）

【新译】我宣说不少的年份，我显示涅槃之地：“此是轮回苦之终结”，我总是这样地宣说。④

以下是《方便品》颂文第八部分的第四个义理层次：释迦反思自己的弘法过程，认为目前是教法宣传模式转型的恰当时候，即应当适时地从随宜言说转型为非随宜言说，由此证成《法华经》教法思想原则的正确性及合理性。这个层次包括128—133颂，共6个颂文：

yasmiṁśca kāle ahu śāriputra
paśyāmi putrān dvipadottamānām |
ye prasthitā uttamamagrabodhiṁ
koṭīsahasrāṇi analpakāni ‖ 128 ‖ ⑤

① 《河口慧海》上卷，第58页；Kern本，第56页。

② Dr. P. L. Vaidya校勘本，第41页。参见中亚本，第31页。此颂在中亚本中为：bhāṣ āmi ca kalpa bahūn anekāṃ nirvāṇabhūmim upadarśayāmi saṃsāraduḥ khasya ca eṣ a anto evaṃ vademi aha nityakālaṃm. 这里值得注意的是kalpa bahūn anekāṃ，与罗什译文“久远劫”一致，确证罗什的译本确实出于中亚本的传承。

③ 《妙法莲华经》，《大正藏》第9册，No. 0262，第7页下。

④ 《河口慧海》上卷，第58页；Kern本，第56—57页。

⑤ Dr. P. L. Vaidya校勘本，第41页。参见中亚本，第31—32页。

【罗什】舍利弗当知！我见佛子等，志求佛道者，无量千万亿。①

【法护】于是歌颂，圣众之德，其闻最胜，说彼经典。②

【新译】舍利弗啊！当我看见两足尊者们的诸子，他们数目不少，有千俱祇之多，已经趋向最高的殊胜菩提；③

upasaṁkramitvā ca mamaiva antike

kṛtāñjalīḥsarvi sthitāḥsagauravāḥ ǀ

yehīśruto dharma jināna āsīt

upāyakauśalyu bahuprakāram ‖ 129 ‖ ④

【罗什】咸以恭敬心，皆来至佛所，曾从诸佛闻，方便所说法。⑤

【法护】一切皆来，归于世尊，佥共叉手，恭肃而住。善权方便，为若干种。⑥

【新译】还有所有来到我的身边，合掌站立，心怀虔敬者，他们已经听闻诸胜者的法，多种多样的善巧方便。⑦

tato mamā etadabhūṣi tatkṣaṇaṁ

samayo mamā bhāṣitumagradharmam ǀ

yasyāhamarthaṁiha loki jātaḥ

prakāśayāmī tamihāgrabodhim ‖ 130 ‖ ⑧

【罗什】我即作是念：如来所以出，为说佛慧故，今正是其时。⑨

---

① 《妙法莲华经》，《大正藏》第 9 册，No. 0262，第 7 页下。

② 《正法华经》，《大正藏》第 9 册，No. 0263，第 70 页上。

③ 《河口慧海》上卷，第 58 页；Kern 本，第 57 页。

④ Dr. P. L. Vaidya 校勘本，第 41 页。参见中亚本，第 32 页。

⑤ 《妙法莲华经》，《大正藏》第 9 册，No. 0262，第 7 页下。

⑥ 《正法华经》，《大正藏》第 9 册，No. 0263，第 70 页上。

⑦ 《河口慧海》上卷，第 58 页；Kern 本，第 57 页。

⑧ Dr. P. L. Vaidya 校勘本，第 41 页。参见中亚本，第 32 页。

⑨ 《妙法莲华经》，《大正藏》第 9 册，No. 0262，第 7 页下。

【法护】尔时世尊，复更思惟，吾说尊法，今正是时。我所以故，于世最胜，应当讲说，斯尊佛道。[①]

【新译】这个时候，我心里这样想：“这是我宣说殊胜法的时候了。我是为了那个法的缘故，才出生在世间，我应当在这里宣说此殊胜的菩提。”[②]

duḥśraddadhaṁetu bhaviṣyate'dya
nimittasaṁjñāniha bālabuddhinām |
adhimānaprāptāna avidvasūnāṁ
ime tu śroṣyanti hi bodhisattvāḥ ‖ 131 ‖ [③]

【罗什】舍利弗当知！钝根小智人、着相骄慢者，不能信是法。[④]

【法护】志怀愚痴，起于妄想，设吾说法，少有信者，骄慢自大，不肯启受。如斯法者，菩萨乃听。[⑤]

【新译】在这里，有事相观念、觉智迟钝、骄慢自大、无知无识者，现在都将难以相信此法，而这些菩萨才能听闻它。[⑥]

viśāradaścāhu tadā prahṛṣṭaḥ
saṁlīyanāṁsarva vivarjayitvā |
bhāṣāmi madhye sugatātmajānāṁ
tāṁścaiva bodhāya samādapemi ‖ 132 ‖ [⑦]

【罗什】今我喜无畏，于诸菩萨中，正直舍方便，但说无上道。[⑧]

---

① 《正法华经》，《大正藏》第 9 册，No. 0263，第 70 页上。
② 《河口慧海》上卷，第 58 页；Kern 本，第 57 页。
③ Dr. P. L. Vaidya 校勘本，第 41 页。参见中亚本，第 32 页。
④ 《妙法莲华经》，《大正藏》第 9 册，No. 0262，第 7 页下。
⑤ 《正法华经》，《大正藏》第 9 册，No. 0263，第 70 页上。
⑥ 《河口慧海》上卷，第 58 页；Kern 本，第 57 页。
⑦ Dr. P. L. Vaidya 校勘本，第 41 页。参见中亚本，第 32 页。
⑧ 《妙法莲华经》，《大正藏》第 9 册，No. 0262，第 7 页下。

【法护】佛时悦豫，秉修勇猛，应时解断，一切诸结。今日当说，最胜自由，或以劝助，使入佛道。[①]

【新译】此时，舍弃了一切的怯懦，我无畏且欢喜；我在诸由善逝自体所生者中说话，劝勉他们向菩提。[②]

saṁdṛśya caitādṛśabuddhaputrāṁ –
stavāpi kāṅkṣā vyapanīta bheṣyati |
ye cāśatā dvādaśime anāsravā
buddhā bhaviṣyantimi loki sarve ‖ 133 ‖ [③]

【罗什】菩萨闻是法，疑网皆已除，千二百罗汉，悉亦当作佛。[④]

【法护】诸佛之子，得观睹此，因从获信，顺行法律。时千二百，诸漏尽者，皆当于世，成为佛道。[⑤]

【新译】而且，见到如此这般的诸佛子，你的疑虑也可以消除了；还有那一千二百位无漏者，所有的他们都会在世间成佛。[⑥]

《方便品》第八部分颂文的第五个义理层次，是这一部分的结论：佛陀通过反思自己一生教法实践及过程，证成自己在《法华经》中揭示的基于善巧方便而导向佛之菩提的教法思想原则，是与过去、未来诸佛的教法思想原则绝对一致的。这一层次有第 134 颂一个颂文：

yathaiva teṣāṁpurimāṇa tāyināṁ
anāgatānāṁca jināna dharmatā |
mamāpi eṣaiva vikalpavarjitā

① 《正法华经》，《大正藏》第 9 册，No. 0263，第 70 页上。
② 《河口慧海》上卷，第 58—59 页；Kern 本，第 57 页。
③ Dr. P. L. Vaidya 校勘本，第 42 页。参见中亚本，第 32 页。
④ 《妙法莲华经》，《大正藏》第 9 册，No. 0262，第 7 页下。
⑤ 《正法华经》，《大正藏》第 9 册，No. 0263，第 70 页上。
⑥ 《河口慧海》上卷，第 59 页；Kern 本，第 57 页。

tathaiva haṁdeśayi adya tubhyam ‖ 134 ‖ [1]

【罗什】如三世诸佛，说法之仪式，我今亦如是，说无分别法。[2]

【法护】亦如往古，诸佛大圣，亦如当来，最胜之法。吾复如是，蠲弃众想，然后尔乃，讲天尊法。[3]

【新译】正如这些往世的救度者，以及未来诸胜者的法性，我也有此舍弃了分别的法性，现在，我就要这样为你们宣说。[4]

根据以上的分析，可知《方便品》第八部分颂文，旨在反思佛陀一生的教法实践，我们知道佛陀一生的教法实践，按照这部《法华》经典的描述和诠释，是先采取随宜言说的弘法模式为主，到了《法华经》中，追求无上菩提的佛子云集，显示大众的根性已经非常成熟，所以佛陀才决意适时转入非随宜言说或大揭秘的弘法模式。根据这样的义理脉络来讨论，我们就可以理解"正直舍方便"一颂，其实是表示佛陀反思弘法模式由随宜言说转入非随宜言说关键阶段的一个反思性颂文，佛陀此时摆脱了长期因过度考虑众生根性引起的心理上的一切怯懦，所以自觉欢喜踊跃，决意适时推动弘法模式的大转型，即大揭秘。

第五节 结论与期勉

正是基于以上的分析，拙著中曾经断言：

从新译可以看出，这个颂文完全不是在讨论"方便"这个话题，此处佛陀所"舍弃"者，是指那些不能接受大乘思想的人，他们在佛陀即将说法之前离场，所以佛陀此处是舍弃他们，而非舍弃"方便"！古代经典的传本常常存在歧异，所以我们不便根据今传梵本，断言古代汉译产生的一些不同，究竟是译家的失误，或是传本的差

---

① Dr. P. L. Vaidya 校勘本，第 42 页。

② 《妙法莲华经》，《大正藏》第 9 册，No. 0262，第 7 页下。

③ 《正法华经》，《大正藏》第 9 册，No. 0263，第 70 页上。

④ 《河口慧海》上卷，第 59 页；Kern 本，第 57—58 页。

异。但是从这个颂文的上下文义看，参照竺法护此处的译文，以及现在传世的梵本，我们推测罗什这里的译文，很有可能是出于误读。因此，历史上根据罗什这个颂文的翻译贬低善巧方便的做法，现在可以止也！[①]

笔者此前在拙著中倾向把“所有的怯懦”，理解为“所有的怯懦者”，现在笔者认为还是应当把“saṁlīyanāṁsarva”理解为“所有的怯懦”，这不是指那些不理解佛陀教法的人，而是指佛陀内心中此前因为过多考虑众生根性问题而导致的怯懦或畏缩。

根据以上对于罗什译《法华经》第二品中“正直舍方便”一颂所有相关资料的再审察，我们认为拙著中所提出的上述看法的基本精神，是完全成立的。最重要的是，我们在这里需要重申指出：这个颂文中确实应当并不涉及“方便”议题的讨论！虽然我们现在难以遽断究竟出于什么样的原因，导致了罗什这个颂文如上的翻译，尤其是由于中亚传本《法华经》本身也会有历史的演变，所以对于这个问题的精确的检讨，今日已经没有可能，似乎也无必要；但是无论是以汉译此颂与长行部分进行内部的比照，还是以罗什译文与较古的法护译文对勘，及与今存的梵本对勘，罗什这个颂文翻译的文献来源的可靠性，可能都要承认是需要再检讨的。这一点应当是完全可以肯定的。

遗憾的是，这个颂文的翻译带来了重大的影响，对于汉传佛教经典诠释思维中将“方便”与“无上道”对置、对立的做法，乃至对于汉传佛教诠释思想中重“无上道”而轻“方便”、舍“方便”而取“无上道”的价值取向，都发生过关键性的影响，甚至对于19—20世纪国际学界的《法华经》研究，也有一定程度的影响。[②] 国内佛教学界，前贤据梵藏汉

---

① 程恭让：《星云大师人间佛教诠释思想研究》，佛光文化事业有限公司2015年版，第770页。

② *Saddharma - Pundarīka*, *Or The Lotus Of The True Law*, Translated By H. Kern (1884), *Sacred Books of the East*, *Vol XXI*: And I felt free from hesitation and highly cheered; putting aside all timidity, I began speaking in the assembly of the sons of Sugata, and rousedthem to enlightenment. 这是科恩教授据梵本《法华经》英译提供的翻译，是笔者所见唯一正确的翻译。在这一翻译中，saṁlīyanā 被译为 timidity，胆怯。其他根据罗什汉文译本《法华经》所做此经的英文翻译，基本上都延续了罗什对此颂文的处理方式。

诸本勘校《法华经》，已经发现此经罗什汉译中的一些问题，[①] 不过前贤尚未明确指出此颂翻译中存在的一些隐秘问题。所以在佛学研究理性昌明，及中国化佛教思想充满希望的今天，我们有必要也有可能采取更加客观的态度，来理性地、认真地及建设性地面对这段佛经汉译文字的历史公案了。

① 参考《妙法莲华经》，载欧阳竟无主编《藏要》二，上海书店1991年版，第357—604页。另外参考吕澂《〈妙法莲华经·方便品〉讲要》，载《吕澂佛学论著选集》二，齐鲁书社1991年版，第1094—1145页。

第七章 《法华经》“开方便门,示真实相”译语及其与法云《法华义记》诠释思想形成的内在关系

第一节 问题的提出——吕澂先生的拟议

“开方便门，示真实相”，是汉译早期大乘佛教重要经典《妙法莲华经》中的著名语句，也是在“正直舍方便，但为无上道”的颂文之外，另一个对于汉传佛教的《法华》诠释思维及诠释思想造成重大影响的语句。自法云《法华经义记》对于这一译语的意义郑重地且反复地予以提倡之后，此一经语成为中国《法华经》注释家都高度一致地予以极大重视的经语，不仅对于此后中国佛教的《法华》诠释与理解，乃至于对于中国佛教的整体思维与思想的传统，都产生了重大的具有本质意义的影响。

其实，关于罗什译本《法华经》问题的某些讨论，早在古代的时候，就已经被一些学者所注意。不过，对于“开方便门，示真实相”一句的译文翻译的质疑，则直到20世纪现代佛教学术研究的风气兴起，才开始被一些学者意识到。欧阳竟无先生所领导的南京支那内学院在20世纪30年代发起编辑《藏要》，他们使用现存的梵本、藏文本及多种汉刻本校对佛经，力图形成一部精确的佛教经典的汇编。实际主持这个工作的是欧阳的学生吕澂先生。大概是在从事这一工作的过程中，吕澂先生发现了《法华经》翻译的一些问题，尤其是与我们本书论题有关这一著名经语翻译的相关问题。我们在吕澂的著作《〈妙法莲华经·方便品〉讲要》中，可以读到吕澂以下的说法：

此经以一法门而释佛教，曰妙法莲华法门（梵名芬陀利，即白莲花）。妙示法所含蓄者，如《如来神力品》说："佛说此经，以要言之，谓如来一切所有之法，一切自在神力，一切秘要之藏，一切甚深之事。"即言佛所得之真实处，殊胜处，隐微处，奥妙处也。如此四德，佛教皆具，故称妙法。次表法之相状，喻若白莲花。一显其洁净，出污泥而不染；二谓开敷，宣明显示以表其德。以此完备净显法门而释佛教，乃本经之舒特处。所以《法师品》云："一切菩萨阿耨多罗三藐三菩提，皆属此经，此经开方便门，示真实相。"勘梵藏本此文原意，谓此法门即无上菩提之所从出。何以故？由此法门释佛说意趣最为殊胜故（罗什意译为开方便门示真实相）。了此佛教意趣，则能直趋无上菩提而无惑，否则于佛教法，无有入处也。[1]

吕澂先生在这里提出以"完备净显法门"解释佛教，是"本经之舒特处"，并认为本经是释教之经，而本经之释教，"即释教之所以为教之究竟，一言以蔽之曰：巧便而已矣。巧谓善巧，便言方便。方便即指规矩准绳之方法，但其致用则有待于善巧，佛教之所以为教者，亦无非善巧以用方便耳"[2]。吕澂这里所谓"教之所以为教之究竟"，即指"佛教教法之所以为佛教教法的根据"之意，他认为佛教教法之为佛教教法的根据即善巧方便。吕澂这些看法对人们重新理解《法华经》的思想，乃至对于人们重新思考佛教教法之本质，都具有重大的启发意义。吕澂复于文中引用了罗什译文《法华经》中"一切菩萨阿耨多罗三藐三菩提，皆属此经，此经开方便门，示真实相"，认为经文中的这句话足以彰显《法华经》释教的特殊品德。

也是在这处引用中，吕澂先生告诉人们：经过用此经梵本、藏本比对，他认为罗什的译语"开方便门，示真实相"，可以译为"由此法门释佛说意趣最为殊胜故"。吕澂这里不以罗什之译语为非，而是温和地认为罗什这处译语乃是罗什的"意译"。

---

① 吕澂：《〈妙法莲花经·方便品〉讲要》，载《吕澂佛学论著选集》二，齐鲁书社 1991 年版，第 1096 页。

② 同上书，第 1097 页。

我们在由欧阳竟无先生所主持编集的《藏要》之《妙法莲华经》卷四，可以看到在罗什译文“所以者何？一切菩萨阿耨多罗三藐三菩提皆属此经”之下，吕澂先生在旁边加的校注语是：“梵藏本此二句云：由此经生一切无上菩提，所以者何？”① 这个例子也证实吕澂先生确实已经根据梵藏译本，注意到了罗什此译中存在的一些问题。罗什此处所译的“开方便门，示真实相”二句，吕澂校注本未加注，此与吕澂先生前述的意见一致，即他认为罗什译文的这两句是“意译”的问题，而不是误译的问题，所以他并未出注。

吕澂先生在勘校《法华经》的过程中，确确实实地发现了《法华经》译本中存在的一些问题，不过他倾向于对这些问题加以回护性的解释。如他下面的说法就很典型：

> 经本传译中土，从三国至隋，前后亦经六译。今存三种：初为西晋竺法护所译之《正法华经》，次即此本姚秦鸠摩罗什所译之《妙法莲华经》，最后隋阇那笈多之《添品法华经》乃用什译而增订者。现存本以秦译为最要，征之梵本，知其颇有改动处（现存梵本，一为尼泊尔本，近竺译；二西域本，近什译，但不尽合，知秦译实有改动也）；但所改有深意殊特处，今即取以为讲本。②

吕澂先生经过勘对，承认罗什的译本与今存的梵本及西域本，都有许多“不尽合”之处，因而承认罗什的译本确实存在“改动”的问题。不过他虽然承认罗什的译本存在“改动”之处，却同时认为罗什的改译“有深意殊特处”。这大概就是吕澂先生称“开方便门，示真实相”的译文是“意译”的原因所在？

本来，经典翻译与诠释中出现各种各样的一些问题，本是包括佛典翻译在内的所有译事的共通的特征，并不值得大书特书。不过，鉴于罗什“开方便门，示真实相”这句译语在中国佛教《法华经》诠释传统中的重

① 《妙法莲华经》，见欧阳竟无主编《藏要》第二册，上海书店1991年版，第486页。

② 吕澂：《〈妙法莲花经·方便品〉讲要》，载《吕澂佛学论着选集》二，齐鲁书社1991年版，第1097页。

要地位和影响，使得我们对于这句译语的性质，就有进一步讨论的兴趣和意义了。

第二节 关于"开方便门,示真实相"原语及译文的考察

在《法华经》古译现存的三种译文中，隋代阇那共笈多的《添品妙法莲华经》只是对罗什译文有所补充，凡罗什已译处，添本都未予以改动，故在此处不必讨论。另外两个译本——西晋竺法护的《正法华经》及姚秦鸠摩罗什的《妙法莲华经》相关的段落翻译如下：

> 佛告药王：譬如男子渴极求水，舍于平地，穿凿高原，日日兴功，但见燥土，积有时节，其泉玄邃，而不得水。复于异时，掘土甚多，乃见泥水，浊不可饮，当奈之何？其人不懈，稍进得水，于时男子，睹本瑞应，释除狐疑，无复犹豫：吾兴功夫，积有日月，今者乃能值得水耳。如是药王！设有菩萨闻是经典，而不受持讽诵学者，去于无上正真之道，为甚远矣。是景摸者，诸菩萨业，假使闻此《正法华经》，讽诵精修怀抱在心而奉行之，尔乃疾成最正觉矣。佛语药王：一切菩萨，其有不肯受讽行者，不能得至无上正真道最正觉也。所以者何？吾前已说班宣此言，假使有人不乐斯经，则为违远于诸如来。此经典者，道法之首，众慧之元，成就菩萨。①
>
> 药王！譬如有人渴乏须水，于彼高原穿凿求之，犹见干土，知水尚远；施功不已，转见湿土，遂渐至泥，其心决定、知水必近。菩萨亦复如是，若未闻、未解、未能修习是《法华经》者，当知是人去阿耨多罗三藐三菩提尚远；若得闻解、思惟、修习，必知得近阿耨多罗三藐三菩提。所以者何？一切菩萨阿耨多罗三藐三菩提皆属此经。此经开方便门，示真实相。是《法华经》藏，深固幽远，无人能到，今佛教化成就菩萨而为开示。②

---

① 《正法华经》,《大正藏》第9册，No. 0263，第101页下。

② 《妙法莲华经》,《大正藏》第9册，No. 0262，第31页下。

以法护、罗什二译对照而言：所引段落，先说凿土求水的譬喻：在高原凿土求水者，若见泥土，则知去水不远，若未见泥土，则知去水尚远；再言这个譬喻所对应的义理：若菩萨未闻、未解、未习《法华经》者，则知去阿耨多罗三藐三菩提尚远，若能闻、能解、能习《法华经》者，则知已经临近阿耨多罗三藐三菩提；然后解释原因。

罗什这句译语，即在解释原因的部分出现。罗什这段译经中解释原因的部分，一共有三句：（1）一切菩萨阿耨多罗三藐三菩提皆属此经；（2）此经开方便门，示真实相；（3）是《法华经》藏，深固幽远，无人能到，今佛教化成就菩萨而为开示。

竺法护译文的对应部分有二句：（1）吾前已说班宣此言，假使有人不乐斯经，则为违远于诸如来；（2）此经典者，道法之首，众慧之元，成就菩萨。其中，护法的（1）句，与前面的说譬喻正义的部分重复；（2）句，相当于罗什的（3）句；竺法护译文中尚有一句“是景摸者，诸菩萨业”，似乎与罗什译文的（2）句对应。此外，法护译文修饰甚多，反而表意不甚清晰；罗什译文则十分质朴，表意清晰。两家翻译的特点，在这一段文字的处理中表现得也很清楚。

我们以此经今存的梵本中的对应段落相对照：

tadyathāpi nāma bhaiṣajyarāja kaścideva puruṣo bhavedudakārthī udakagaveṣī। sa udakārthamujjaṅgale pṛthivīpradeśe udapānaṁkhānayet। sa yāvat paśyecchuṣkaṁpāṇḍaraṁpāṁsuṁnirvāhyamānam, tāvajjānīyāt, dūra itastāvadūdakamiti। atha pareṇa samayena sa puruṣa ārdrapaṁ sumudakasaṁniśraṁ kardamapaṅkabhutamudakabindubhiḥsravadbhirnirvāhyamānaṁpaśyet, tāṁśca puruṣānudapānakhānakān kardamapaṅkadigdhāṅgān, atha khalu punarbhaiṣajyarāja sa puruṣastatpūrvanimittaṁ dṛṣṭvā niṣkāṅkṣo bhavennirvicikitsaḥ – āsannamidaṁ khalūdakamiti। evameva bhaiṣajyarāja dūre te bodhisattvā mahāsattvā bhavantyanuttarāyāṁsamyaksaṁbodhau, yāvannemaṁdharmaparyāyaṁśṛṇvanti, nodgṛhṇanti nāvataranti nāvagāhante na cintayanti। yadā khalu punarbhaiṣajyarāja bodhisattvā mahāsattvā imaṁdharmaparyāyaṁśṛṇvanti udgṛhṇanti dhārayanti vācayanti avataranti svādhyāyanti cintayanti bhavayanti, tadā te'bhyāśībhūtā bhaviṣyantyanuttarāyāṁsamyaksaṁbodhau | **sattvānāmito bhaiṣajyarāja dharmaparyāyādanuttarā samyaksaṁbodhirājāyate | tatkasya hetoḥ? paramasaṁdhābhāṣitavivaraṇo hyayaṁdharmaparyāyastathāgatairarhadbhiḥsamyaksaṁbuddhaiḥ | dharmanigūḍhasthānamākhyātaṁbodhisattvānāṁmahāsattvānāṁpariniṣpattihetoḥ |** ①

引用中黑体的部分，相当于我们要讨论的部分。我们以《法华经》梵本的另外几个校勘本，例如 Kern 及 Nanjio 的校勘本，以及蒋忠新先生校勘的民族文化宫图书馆藏本等相参证，发现上面这个段落除抄写文字偶尔有些不同之外，诸本的内容实质都是完全一致的。考虑到罗什的译文与中亚传本的联系，我们现在将中亚本这一段最后几句录文如下，与上引段落中最后用黑体标出的部分做个比较：

Ito dharmaparyāyāt sarveṣāṃ bodhisatvānāṃ anuttarā samyaksaṃbodhir ājāyate abhisaṃbuddhyaṃti ca · tat kasya heto（ḥ）paramsa［ṃ］ndhābhāṣitavivaraṇo hi bhaiṣajyarāja imaṃ dharmaparyāyaṃ tathāgatena nirdiṣṭaṃ dharmaniṣkuṭasthānam idam tathāgate（na）vyākhyātaṃ bodhisatvānāṃ pari（ni）ṣpādanahetoḥ②

可以看出两个段落的内容也完全相同，只是在文字细节上有些差异。这一段落中主要的文字差异，可以从下面几处加以比较：

（1）尼泊尔传本中动词 ājāyate（生）之后，中亚本加了一个动词说明，即 abhisaṃbuddhyaṃti（觉）；

（2）尼泊尔传本中的 tathāgatairarhadbhiḥsamyaksaṁbuddhaiḥ，在中亚

---

① Dr. P. L. Vaidya 校勘本，第 146 页，同时参见 Kern 及 Nanjio 校勘本，第 233 页；《改订梵文法华经》，第 202 页；蒋忠新：《民族文化宫图书馆藏梵文〈妙法莲华经〉写本》，中国社会科学出版社 1988 年版，第 200—201 页。

② 参见中亚本，第 114 页。

本中，写为：tathāgatena，也就是说前者是“诸佛”，后者是“佛”，一个是用复数，一个是用单数；

（3）尼泊尔传本中的 dharmanigūḍhasthānam，在中亚本中写为：dharmaniṣkuṭasthānam，这里，nigūḍha，是过去被动分词，用作形容词，意思是：“隐蔽的”，“隐秘的”，“潜藏的”；niṣkuṭa，也是过去被动分词，用作形容词，意思是：“不欺诳的”，“正直的”，“真实的”。所以这个复合词，根据尼泊尔传本，可以译为“法之隐秘的层次”；根据中亚传本，则可以译为“法之真实的层次”。

我们根据尼泊尔传本，可以将整段相关文字新译如下：

药王！譬喻有个求水寻水的男子，为了水，他在高原的地上凿井。只要当他看到被（工人）搬运出来的淡黄色的沙土还是干枯的，他心里就知道：此处离水尚远；而当某个时候他看到被（工人）搬运出来的是混合着水的湿润的沙土，因为诸流动的水珠而是黑色的淤泥，并且看到这些凿井工人身体上都沾满了黑色淤泥时，药王！此时此人见到这些先兆，他就心无疑虑，毫不怀疑：我们已经临近水了。药王啊！正是同样，当诸菩萨摩诃萨未听闻这个法门，不接受、不领悟、不深入、不思考这个法门时，这些菩萨摩诃萨就尚远离无上正等觉；而当这些菩萨摩诃萨听闻、接受、受持、谈论、领悟、诵读、思考、修持这个法门时，此时他们就会临近无上的正等觉。药王啊！众生们的无上正等觉都由此法门产生。为什么呢？因为这个法门是对于随宜言说最高的开显，诸如来阿罗汉正等觉者是为成就诸菩萨摩诃萨的缘故说出了法之隐秘的层次。①

解说：这段话就是《法师品》中著名的“凿井譬”所在的段落。这个譬喻说：就好比一人在高地上凿井，如果见到搬运出来的土是湿润的，则知离水不远；同样的道理，如果听闻并接受了《法华经》中所示的法门，则表示此人已离无上正等觉不远。最后几句是对这个譬喻的解释，说明《法华经》法门“是对于随宜言说最高的开显”，它说出了“法之隐秘

① 参考《河口慧海》中卷，第63页；Kern本，第221页。

的层次”。

所以，这里我们清楚地看到：在《法华经》之前佛陀的弘法，都是“随宜言说”；而《法华经》的法门，则是“对随宜言说的开显”，或者说，是“开显随宜言说”。所谓“随宜言说”，就是随机而说，不充分地说；而所谓“开显”，意思就是“揭秘”，把原来隐秘未显的义理层次直接揭显出来。如《法华经》从一开始就以佛陀自赞的方式，说明佛陀的本怀是无上正等觉，即佛菩提；佛陀说法的依据，是善巧方便等。我们称之为《法华经》教法思想的基本原则：基于善巧方便导向佛菩提的原则。而所谓法华法门，还要加上一项，就是把这个原则清楚明晰地说出来。这就是“说出了法之隐秘的层次”一语的涵义。《法华经》中的这个譬喻及说明的段落，确证了《法华经》在弘法模式的问题上，有密意说及开显说的明确考量。《法华经》自身是开显说的典范经典。

罗什译文中“开方便门”一句，是对经文中 paramasaṁdhābhāṣitavivaraṇo hyayaṁdharmaparyāyas 的汉译。这句话的涵义是：这个法门是对于随宜言说最高的开显；或者处理为：这个法门是对于最高的随宜言说的开显。当然前一种处理方式在逻辑上更加合理一些，是以我们的新译即采取这种处理方式。罗什把这一句译为“开方便门”，但参考梵本，无论是尼泊尔传本，还是中亚传本，此处都只是“随宜言说”一词，而无“方便”之字，所以罗什的译法，很明显是将“善巧方便”这个用语完全等同于“随宜言说”之用语了。如我们前面所作充分的考证，在《法华经》的翻译中，有多例证明：罗什确实有直接将“随宜言说”概念等同“善巧方便”概念的译文体例。

罗什译文中的“示真实相”一句，考虑中亚传本中 dharmaniṣkuṭas thāna，其中的 niṣkuṭa，意思就是的“不虚诳的”，“真实的”，而这里 sthāna（层次，地位，状况）一语，也有可能被处理为“相”。所以，罗什“示真实相”一句译语，非常有可能就是对应这句中亚传本的译语。至于其下面的译文，还有“是《法华经》藏，深固幽远，无人能到”，在现存的《法华经》各种传本中都没有看到这个句子，这也表明罗什所依据的翻译底本与现存的中亚传本也未必完全一致。不过中亚传本这一句的比对可以证明，罗什的翻译确实是受到中亚传本的影响。

不管是根据尼泊尔传本，还是中亚传本，我们看到上面所讨论的这段话中，中心思想都是集中在“这个法门是对于随宜言说最高的开显”一句。这里再次强调一下：saṁdhābhāṣita，罗什在《法华经》译文中，一般都译为“随宜言说”，我们这里从之。随宜言说，就是密意言说的意思，即指不清楚的说法，容易引起歧义的说法。作为《法华经》中专门术语使用的善巧方便（upāyakauśalya）在这段话中完全未出现。《法华经》所揭示的佛教教法思想的基本原则，是基于善巧方便而导向佛陀菩提的思想原则。善巧方便是佛菩萨圣者说法立教、救度众生的智慧依据，由于众生多种多样，所以依据善巧方便宣传的佛法，也多种多样。不过，从教法模式的角度言，则可以说存在两种教法：一种是随宜言说的教法，一种是对于随宜言说的教法本质的揭秘。《法华经》之所以重要，就是因为它是对于既往随宜言说教法的揭秘，而这种揭秘就是所谓法华法门。对于随宜言说的揭秘，换句话表达，就是说出教法隐秘的层次（尼泊尔本），或说出教法真实的层次（中亚本）。所以，罗什译文中的“示真实相”，并不是与“开方便门”相对立或对应的一句，两句所指示的涵义是一致的，第二句只是对第一句义理的补充说明。

总的来讲，我们认为：罗什的这段译语是反映了《法华经》中亚传本影响的汉译，而且是可以得到理解的恰当的译法。但是需要牢记的是：罗什此段译文中的“方便”，在对应的原典中其实并不存在，这句译语中的“真实相”或“实相”，也不是罗什惯常译语中用来指示真如、实际一类涵义的“实相”。所以吕澂先生断言罗什的《法华经》翻译，尤其是这段译文的翻译，是具有“意译”性质的，吕先生的这一断言是可以成立的。罗什用这样的意译，表达《法华经》此处是在彰显法华法门——揭秘过去教法中未能说出或未能清晰地说出的涵义。至少根据上下文经文的客观观察，我们认为此处实不包含“方便”与“真实”相对立的寓意。不过由于“方便”和“真实”两个用语都出现在这句译文中，在不娴经典原语的解释者那里，出现将“方便”与“真实”对置的解读方式的可能是存在的。而这种情况恰恰是在法云注疏中发生的情形。

我们知道，罗什译文中的“开方便门，示真实相”，是中国佛教《法华经》经典诠释学形成“开权显实”解释模式的重要依据之一，这里指出其原委，有利于我们今后的进一步研究。

第三节 “开方便门,示真实相”译文与法云《法华经》诠释思想的形成

中国魏晋南北朝期间，研究《法华经》的学者很多，留下的重要著述著作，有刘宋竺道生之《法华经疏》二卷，梁光宅寺法云《法华经义记》八卷，陈慧思《法华经安乐行义》一卷。此外，作为道安大师高足和罗什译师弟子的僧叡，也曾参与罗什新译《法华经》的校文，并作有《法华经后序》与《小品经序》，收于《出三藏记集》中，这两篇序文讨论《法华经》与《般若经》之间的关系，也是早期中国佛教学者研究《法华经》思想的重要文献。此外，曾跟随慧远及罗什学习的慧观，曾撰有《法华宗要序》，也收在《出三藏记集》中，这篇文献提出了慧观判教的基本理论，以《法华经》为同归教，慧观这些思想对于《法华经》的研究也产生了重要的影响。在以上诸位研究《法华经》的学者中，光宅法云所著《法华经义记》，成就和影响公认极大，甚至有评者认为是“天台智者大师之前，研究《法华经》的指南”。[①]

学者们迄今的研究，都肯定了光宅法云《法华》注疏著作的特点及其卓越的价值，以及他的注疏思想对于天台、三论、唯识诸家《法华》注疏的重要影响。迄今为止学者的上述研究，基本上都强调法云注疏与此后诸家注疏的比较研究，通过这种比较上的异同，来讨论法云《法华经义记》的思想及其对后代诸师的影响。不过因为法云的《法华》研究著作是在汉语佛教界第一部具有高度系统性质且极具首创性质的《法华》注疏著作，因此这样的研究方法并未深入法云注疏的内部，也就是对法云有关《法华》诠释理念的形成，及其法云相关观念的合理性及其佛学价值，以及可能的诠释上的经验教训，对于诸如此类的问题，大家并未过多予以思考和关注。我们现在的讨论因此更多地将关注法云著作内在诠释理

---

① 释永本:《法华经注释书文献概介》,《佛教图书馆馆讯》2004 年 9 月第 39 期，第 40 页。

路形成脉络问题的讨论。

正是考虑要从法云著作内在诠释理路的脉络出发，去解读法云的著作，使得我们很快就发现：罗什译文“开方便门，示真实相”一句，对于法云有关《法华经》诠释观念的形成，似乎产生了决定性的影响。事实上，正是由于法云的反复引用，尤其是法云对于罗什这句话所赋予的极具高度的理论意义，才使得罗什这句译语成了其《法华经》翻译中最有名的名句之一。而与此同时，法云对于罗什这个译语的解读，也就成为关于罗什所译《法华经》一种权威的和有影响的解读方式。接下来，我们将讨论法云注疏著作中引用罗什这句译语的几个重要的句例，以期对相关问题做进一步的细部观察。

第一例

今第一句所以言欲说大法者，此明文殊思惟忖度一因一果大法也。今此一欲字通冠下四句也。所以言欲说者，文殊言我思惟忖度之时，如来出定之后，必当略说一因一果大法。是故如来下明因之中，先略说开三显一，即与此欲说大法句相应。下明果之中，先略说开近显远之义，亦与此欲说大法句相应。故言欲说大法也。仍道第三段显大法义者，此明文殊思惟忖度如来出定之后，非唯略说因果大法而已，亦当广说一因一果大法之义。是故如来下明因中，有广说开三显一断疑生信之义，则与此演大法义句相应。下明果中复有广说寿命长远断疑生信，亦与此显大法义句相应。故言显大法义。思惟之义，意在乎此也。雨大法雨者，此下中间三句为前后两句作譬，自分为两意：第一句通为开三显一、开近显远作譬；第二两句各别作譬：吹螺一句，为开三与开近作譬；击鼓，为显一与显远作譬也。所以名作雨大法雨者，但昔三乘人执三因决定别异，无有得佛之义；且又昔日二乘小心狭劣，不能广化众生，沾被万物；又执三果究竟，无有进求之心。此是枯旱之义。如我今日思惟忖度，如来出定之后必说大乘因，明三乘人皆成菩提，受记得佛，明佛果更有，复倍为期。此则是雨大法雨，沾润之义也。吹大法螺者，外国言吹螺改号，但昔日三乘人执昔日三因三果，自言决定不可移改，明今日如来出定之后，必说无有三乘之别、三果之殊，此则改昔日三乘号令，立今日一因一果之号，是故下经文言开方便门，即是改三乘之号。何以知之？昔日不言三乘是方便，如来下既言开方便门，此则改昔日号令也。击大法鼓者，前吹螺改号，今严鼓诫兵。夫诫兵之法，便万心同契，齐率物情，将欲有所为作，表明今日如来应说一因一果，是故下言示真实相，时众不可不欣心澍渴仰。欣，形异心同，齐竖意志，欣闻异唱也。又言前吹螺一句，正明改昔三因三果号令，作今一因一果之号令。严鼓诫兵者，将欲前进破阵，内合昔日止言断四住地烦恼，今日犹有无明住地烦恼，时应断此无明住地烦恼，故言严鼓诫兵也。①

法云这段话，见于《法华经义记》卷二，是他解释《法华经·序品》的一段文字。这段话所要疏释的，是罗什译文《法华经·序品》以下一段文字：

尔时文殊师利语弥勒菩萨摩诃萨及诸大士、善男子等：如我惟忖，今佛世尊欲说大法，雨大法雨，吹大法螺，击大法鼓，演大法义。②

此是《法华经》的开端，释迦如来住王舍城耆阇崛山中，为诸菩萨说名为“大说”（mahānirde1a，罗什译为“无量义”）的经典之后，结跏趺坐，入于无量义处三昧，身心不动，眉间发光，光照东方万八千世界。弥勒菩萨目睹此神变，欲释自己及与会大众之疑，所以请教于文殊师利菩萨。文殊师利遂答其疑问，预测佛陀将弘大法。理由是乃往过去，曾见有二万日月灯明佛，皆同样在弘大法（《法华经》法门）前，先演说大乘经，然后显现同样的瑞相：入定放光。因此文殊师利预测佛陀将说大法，预测的文字已见上面的引文，原文为：

atha khalu mañjuśrīḥkumārabhūto maitreyaṁ bodhisattvaṁ mahāsattvaṁtaṁca sarvāvantaṁbodhisattvagaṇamāmantrayate sma – mahādharmaśrava-

① 《法华经义记》，《大正藏》第 33 册，No. 1715，第 587 页上。

② 《妙法莲华经》，《大正藏》第 9 册，No. 0262，第 3 页下。

ṇasāṁkathyamidaṁkulaputrāstathāgatasya kartumabhiprāyaḥ, mahādharmavṛṣṭhayabhipravarṣaṇaṁca mahādharmadundubhisaṁpravādanaṁca mahādharmadhvajasamucchrayaṇaṁca mahādharmolkāsaṁprajvālanaṁca mahādharmaśaṅkhābhiprapūraṇaṁca mahādharmabherīparāhaṇanaṁca mahādharmanirdeśaṁca adya kulaputrāstathāgatasya kartumabhiprāyaḥ। ①

【新译】当时，文殊师利法王子对弥勒菩萨摩诃萨以及所有的菩萨之众说言：诸位善男子！这是如来之意图，他想要说（大法）以便使（大众）听闻大法。诸位善男子！这是如来之意图：如今，他想要雨注大法雨，击打大法鼓，树立大法幢，燃烧大法炬，吹响大法螺，擂响大法鼓，及演说大法。

可以看出：从梵本言，此段话之关键词，是大法 mahādharma，但是这里的"大法"究竟是指什么，此处经文并未作出明确的暗示。法云在这段话的解释中，把他所理解的《法华经》自第二品以下的正文部分开三显一、开近显远的思想宗旨，与此段序文贯通起来，认为下面《法华经》经文开三显一的经文和宗旨，就与此段"说大法"句相应；下文开近显远的经文和宗旨，也和此段经文"说大法"句相应。那么法云是根据什么而对经文的序言与正文部分作出这样义理贯通的解释呢？我们在上面的引文中看到：正是罗什"开方便门，示真实相"这两句译文，对于法云的诠释灵感产生了关键的启发作用：《法华经》下文的"开方便门"，即是"改号"之义，过去不说三乘是方便，今日说三乘是方便，这就是改昔日三乘之号令。法云这里并称：外国人的习惯是"吹螺改号"，这种譬喻的用意，与"开方便门"的说法，涵义是完全一致的。法云也同样解释了"击大法鼓"，他认为下文的"示真实相"，是鼓励人们对于真实专心致意，心向往之，这与"击大法鼓"这一譬喻所示的"严鼓诫兵"之法是完全一致的。

总之，按照法云对《法华经·序品》的这一注疏，他认为《法华经》

① Dr. P. L. Vaidya 校勘本，第 11 页。《改订梵文法华经》，第 15 页。

正宗分将详细阐述“开三显一”及“开近显远”的思想宗旨，而《序品》，尤其是文殊师利菩萨回答弥勒菩萨的提问，已经很好地展示了《法华经》正文的这些思想宗旨，而法云之所以能在《序品》中找到贯穿全经的这一思想宗旨的一贯性，是因为他从“开方便门，示真实相”两句译文，受到了关键的启发。于此，我们已经不难理解，罗什译文的“开方便门，示真实相”二句，对于法云《法华》诠释思想形成之核心的及关键的启发作用。而鉴于罗什这句译文本是一个“意译”的语句，并非对经文的直接翻译，尤其重要的是这句话中的“方便”概念本是《法华经》中的中心概念，也是《般若经》及另一部早期大乘佛教著名经典《维摩经》中的重要概念之一，而方便或善巧方便概念本身有自己严格的内涵，有明确的所指，现在法云引这句经文作为理解《法华经》思想宗旨的关键语句，因而必然连带地对初期大乘佛教教法中真正的方便概念及其思想产生一定的误解，这是法云《法华经》诠释的一个副产品，却是我们现在不可不知晓的！

第二例

我见灯明佛，本光瑞如此，此下两行偈，偈中之第二，颂长行中第四分明结答。但上长行中本有二：一者、结已见事同，二者、结当见事应同。此两行偈，亦颂上二段。但此两偈齐取上半颂结已见事同。上长行中言：今见此瑞，与本无异，取两偈各下半，颂上第二当见事应同。就上两半中，则有二意：初偈上半，偈言：我见灯明佛，本光瑞如此，此名为以古同今；后偈上半行，言今相如本瑞，此则以今同古义也。是诸佛方便者，所以放光现十二相者，诸佛为正说作前方便也。以是知今佛下两偈，各下半行，颂上结第二：当见事应同。上长行言：是故惟忖今日，如来当说大乘经，名妙法莲华，就此两半行中，亦成二意：第一言：以是知今佛，欲说《法华经》，此名理上名应同，应同昔日《法华》，如来后出定说经，果名法华。第二言：今佛放光明，助发实相义，此名为名下理应同，所以言助发实相义者，如来现此相，正欲助众生发大乘机，众生大乘机已发，如来出定，仍言：此经开方便门、示真实相，真实者，即是理也。①

按法云以上这段注释，亦见于《法华经义记》卷二，是其解释《法华经·序品》的最后一段文字。本段所释，是文殊师利答复弥勒提问的颂文部分的末后5颂，即第96—100数颂（依梵本言）。梵本中这5颂，罗什的译文译为了四颂：

我见灯明佛，本光瑞如此，
以是知今佛，欲说法华经。
今相如本瑞，是诸佛方便，
今佛放光明，助发实相义。
诸人今当知，合掌一心待，
佛当雨法雨，充足求道者。
诸求三乘人，若有疑悔者，
佛当为除断，令尽无有余。②

与之对应的梵本如下：

imena haṁkāraṇahetunādya
dṛṣṭvā nimittamidamevarūpam |
jñānasya tasya prathitaṁnimittaṁ
prathamaṁmayā tatra vadāmi dṛṣṭam || 96 ||
dhruvaṁjinendro'pi samantacakṣuḥ
śākyādhirājaḥparamārthadarśī |
tameva yaṁicchati bhāṣaṇāya
paryāyamagraṁtadadyo mayā śrutaḥ || 97 ||
tadeva paripūrṇa nimittamadya

① 《法华经义记》，《大正藏》第33册，No. 1715，第591页下。
② 《妙法莲华经》，《大正藏》第9册，No. 0262，第4页中。

upāyakauśalya vināyakānām ׀
saṁsthāpanaṁkurvati śākyasiṁho
bhāṣiṣyate dharmasvabhāvamudrām ‖ 98 ‖
prayatā sucittā bhavathā kṛtāñjalī
bhāṣiṣyate lokahitānukampī ׀
varṣiṣyate dharmamanantavarṣaṁ
tarpiṣyate ye sthita bodhihetoḥ ‖ 99 ‖
yeṣāṁca saṁdehagatīha kācid
ye saṁśayā yā vicikitsa kācit ׀
vyapaneṣyate tā vidurātmajānāṁ
ye bodhisattvā iha bodhiprasthitāḥ ‖ 100 ‖ ①

【新译】以此因缘,我如今见到如此这般的征象;

我在这里说:(此种)征象是此佛智慧之显示,是我以前见过的。(96)

作为胜者之首领,拥有普眼,统治释迦群,见到最胜义的他,

如今想要说的那个法门,坚固而殊胜,是我听闻过的。(97)

这正是圆满的征象:现在释迦狮子在确立诸导师的善巧方便,他将要演说法自体印。(98)

利益、悲悯世间者,就要说话了,你们应当合掌、善意、虔诚;

他将要雨注无尽的雨,即法,以菩提之故而住立者将会饱足。(99)

如果这里有些人还有某些疑虑,及困惑,

诸由圣人自体产生者——他们是趋向菩提的菩萨——应当将其清除掉!(100)②

可以看出:罗什这里的译文,"今相如本瑞,是诸佛方便,今佛放光明,助发实相义"一颂,相当这里梵本第98颂。其中,"相"字,原文

① Dr. P. L. Vaidya 校勘本,第19—20页。《改订梵文法华经》,第26—27页。

② 参考 Kern 本,第29页。

为 nimitta，是征象之意，意思是“预兆”，也就是指经文中佛陀额头、眉间释放光明等的瑞相。文殊曾在过去灯明古佛处，见过其先示现此种瑞相，然后则演说《法华经》，故由此推断：释迦今佛马上就要演说大法了。梵本第 96 颂的意思是说：这个征象，本是佛智慧之显示；第 98 颂进而指出：释迦所示现这个圆满的征象表明：佛陀在确立诸导师的善巧方便，而且将要演示法的本质。第 98 颂的下面半颂，原文表达的是两个动作：（1）佛陀确立了诸佛共通的原则：善巧方便；（2）佛陀将要解说法自体印。在罗什的译文中，“法自体印”，这里被意译为“实相”。此处此短语，可以解释为“如印的法之自体”，也就是法的本质，或本质意义上的法，从整个《法华经》的思想来看，也可以看成是指“证法”：佛的菩提。罗什的译文中用了“助发”这个表达方式，表示“放光”是“宣说实相”的辅助或准备。但是罗什这里的译文，也确实并不含有将“方便”与“实相”对置的涵义。可是由于罗什此颂的译文中，有“方便”一词，也有“实相”一词，且又有以放光帮助宣说“实相”的涵义，所以这一译法对于法云此处的理解和诠释，确实起到了巨大的牵引作用。

我们看到，在法云对罗什此段颂文的解释中说：“是诸佛方便者，所以放光现十二相者，诸佛为正说作前方便也。”这里法云把罗什译文中的“方便”正式确定为“前方便”，就是说诸佛放光这些征象是佛“正说”的“前方便”。“前方便”这一用词的提出，表示法云已经不知道此处的颂文其实所谈的“方便”，乃是指佛陀的方法智慧，即善巧方便。法云接下来解释“助发实相义”云：“所以言助发实相义者，如来现此相，正欲助众生发大乘机，众生大乘机已发，如来出定，仍言：此经开方便门、示真实相，真实者，即是理也。”他在这里再一次引用了罗什“开方便门，示真实相”的译语，法云此处的引用，说明他非常深切地关注到罗什译文“今相如本瑞，是诸佛方便，今佛放光明，助发实相义”与罗什译文“开方便门，示真实相”这两处翻译之间的关系。从这里我们就基本可以确定，在法云的思想中，基本上只是把“方便”理解为了方法或手段，而不是理解为佛陀的善巧方便智慧——佛陀所具有的“最高或最后的波罗蜜多”，由此，他对善巧方便概念的崇高性或卓越性，似乎在理解上一开始就有所偏差。其次，他明显地把“方便”与“实相”两个概念对立了起来，这样一种思想观念上的对立，从逻辑上言，势必引发对方便的轻视，或看低，而尽管在罗什的译语中，本来并不具有这种对立而置的涵义。法云将“方便”与“实相”理解为两个对立概念的诠释意识与诠释理念，我们在下面他关于《方便品》宗旨的解释中，将可以看得更加清楚明白。

第三例

自此以下，即是经之正宗。上来序说既竟，次辨正宗。凡制品目，是出经者意，亦可是传佛圣旨，述而不作也。若从理立名者，应言《实相品》，不应言《方便品》，只今日此经正显昔日三乘教是方便，方便但三乘教，当乎昔日之时，本是实教，不名方便，既说今日一乘实相之理，此则形显昔三乘是方便。是故下经文言：此经开方便门、示真实相，是则说今日因果真实之相，则显昔日因果非是真实。今此品从所显受名，名为方便。方便义者，是善巧之能。此如来方便智所说教，名教为门。实相者，则是如来实智所说之理，因理为实相，为未说今日真实之理，方便门则有闭义，既说今日实相之理，则有开昔日方便门义。此品则有两义，一则、明今真实，二则、显昔是方便。

问者言：今日应是闭方便门时。何以知之？今日会三归一，皆是真实，云何言有方便门可闭耶？解释者言：此则不然，不然之意，就外譬显义故。如有此板门，于时板门闭而不开，人但知有此板门，竟自不知此门内有好金像。若使此人用手开此门，门既开时，人皆见真金之像。是则开门之手，则有两能：一能开门，二能示人真像。今此法华经教如手，有二能：一则说昔日三乘教是方便，故下经文言：佛以方便力，示以三乘教，如手能开门；二则说今日长远之理，故下经文言：世尊法久后，要当说真实，明同归之理，寿命长远，此则如手指示金像。门者是通人出入为能，昔日三乘教远通行人，得今日一乘之解，则是从门入义。只由有昔日教是方便，得显出今日是真实，此则是从门出义。故知此品从所显得名，故名《方便品》也。[1]

① 《法华经义记》，《大正藏》第33册，No. 1715，第592页上。

此段文字是法云解释《方便品》得名之缘由，也是法云阐释《法华经》中《方便品》义理宗旨的重要段落。在这段话中，法云认为：《方便品》旨在阐述诸法的实相，所以本品，按照道理言，应当命名为《实相品》。之所以命名为《方便品》而不命名为《实相品》，是从“所显”立名：从今日一乘实相之理，显示昔日三乘教非是真实，而是方便，所以命名为《方便品》；由昔日三乘教是方便，显示今日之教是一乘实相之教，所以命名为《方便品》。

我们看到，法云在这一段阐述昔日之教是三乘方便，今日之教是一乘实相的关键文字中，同样引用了罗什“开方便门，示真实相”的译语，对自己的诠释理念予以证成：“开方便门，示真实相”，意思是“说今日因果真实之相，则显昔日因果非是真实”。

法云在这里还提出了其著名的“二智”之主张：二智，即如来之实智与方便智，前者说一乘真实之相，后者说三乘方便之教。我们看到法云在这段话中，甚至还引用“佛以方便力，示以三乘教”及“世尊法久后，要当说真实”等两则相关颂文，来进一步佐证其理论及其诠释的正确性。我们看到，无论是法云一直作为最重要理论论据的“开方便门，示真实相”，还是另外所引两个颂文中，一个令人瞩目的重要特点，就是这些经文或颂文中，都出现“方便”或“真实”一类的语汇，这些证据清楚地证明在法云的诠释意识中，所谓“方便”与“实相”（或真实）的对立，已经构成他的诠释观念中最为基本的诠释意识。

在这里我们要对法云所引用罗什译《法华经》中的另外两处译文，再作一番考察。这两个颂文都是《方便品》中的颂文，其中“佛以方便力，示以三乘教”是《方便品》之第21颂，罗什译文如下：

> 佛以方便力，示以三乘教，
> 众生处处着，引之令得出。①

【梵本】

upāyakauśalya mam etad agraṁ

① 《妙法莲华经》，《大正藏》第9册，No. 0262，第5页下。

bhāṣāmi dharmaṁbahu yena loke |
tahiṁtahiṁlagna pramocayāmi
trīṇī ca yānāny upadarśayāmi ‖ 21 ‖ ①

【新译】我的这种善巧方便极为殊胜，依据它，我在世间演说很多的法，度脱处处陷溺者，并且示现三种乘。②

从梵文可以看出：此颂是在赞叹善巧方便的特性：善巧方便极为殊胜，以致佛陀依据它，在世间做了很多救度众生、弘扬佛法的工作，这些工作主要是：（一）演说很多的法；（二）度脱到处陷溺者；（三）示现三种乘。罗什此处的译文同样将"善巧"去掉，只是译为"方便"，此处译文中在"方便"之后还添加一个"力"字，侧重表达了方便具有力量的特征。罗什对于善巧方便概念的处理，总体来讲，是侧重凸显这一概念具有行动力的思想内涵，而未侧重凸显这个概念另外一个基本的特点：具有智慧性的特点。其次，本颂所示依据方便救度众生、弘扬佛法的工作，包括说法、解脱陷溺者、建立三乘三个方面，罗什这里译出了后二项，没有译出第一项"说很多的法"。《法华经》此处的经文是十分重要的，它说明佛陀说法（不管说任何法，也不管以什么样的形式说法）都是依据善巧方便，这是经文中确立佛陀说法智慧依据这一重要教法思想原理的文字，可是这个关键的思想内涵，在罗什此处的译文中并没有特别彰显出来。还有本颂确立善巧方便之崇高品德，有"极为殊胜"这一表达方式，也未见于罗什的翻译，这也是我们在完整理解罗什此处的译文时，值得注意之处。再次，罗什在译出的后两项中，从语气上讲，建立三乘被放在前面，解脱陷溺者被放在后面，从行文逻辑上讲，表明罗什的翻译思想中有比较侧重"依据方便建立三乘"的诠释意味。

法云在上面这段文字中说：《法华经》如手，有"开门"及"示人"两重能力，他引用罗什译文的"佛以方便力，示以三乘教"，来说明"说昔日三乘教是方便，故下经文言佛以方便力示以三乘教，如手能开门"，

---

① Dr. P. L. Vaidya 校勘本，第 23 页。《改订梵文法华经》，第 32 页。

② 《河口慧海》上卷，第 33 页；Kern 本，第 34 页。

把揭示佛陀说法、解救众生、建立三乘之根本智慧依据的善巧方便，解释成了“说昔日三乘教是方便”的“方便”。如果说罗什此处的译文由于过度的省略等因素，已经在一定程度上造成了对于“方便”性质全面、完整理解上的困难，那么法云则通过对于这则颂文的简单引用和理解，实质性地造成了倾向较为贬低方便性质的解读。我们过去就曾提出在中国佛教的思想诠释传统中，多多少少存在某种轻视“善巧方便”的思想倾向，我们在法云此处的诠释中其实可以发现这种价值趋向的思维端倪。

关于另外一则颂文“世尊法久后，要当说真实”，在《法华经》中，是紧接在上引颂文的前面，是《方便品》中的第19颂。罗什译文及梵本对勘如下：

> 于佛所说法，当生大信力，
> 世尊法久后，要当说真实。①

> yaṁśāriputro sugataḥprabhāṣate
> adhimuktisaṁpanna bhavāhi tatra |
> ananyathāvādi jino maharṣī
> cireṇa pī bhāṣati uttamārtham ‖ 19 ‖ ②

【新译】舍利弗！凡是善逝所说的，你都应当对其具足信心！
他是胜者、大仙，不是异语者，长久以来他也都在谈论殊胜义。

从原语可以看出：此颂的核心是赞叹佛陀不是异语者（ananyathāvādi），所谓“不是异语者”，意思就是说佛陀前后所说彼此不相矛盾，也就是说佛陀所说的旨趣，是前后一致、内在和谐的。正是因为佛陀是不相异而语者，所以经文告诫舍利弗要相信佛陀所说的任何教法，因为长久以来佛陀的教法，不管其具体内容怎样，也不管说法的具体方式怎样，就其实质而言，都是在谈论殊胜义。我们知道，按照《法华经》的

① 《妙法莲华经》，《大正藏》第9册，No. 0262，第5页下。
② Dr. P. L. Vaidya 校勘本，第23页。《改订梵文法华经》，第32页。

观念，佛陀之前所说的教法，虽然是依据善巧方便而说，但是是采取密意说的方式，是随宜言说；而即将展开的大法揭秘，虽然同样是依据善巧方便而说，但是是揭秘了随宜所说，是非密意说，是开显说。那么这是否表示佛陀是个异语者，也就是说其说法内容、模式前后矛盾呢？这个颂文就是要解决这个问题。

比照罗什的译文，可以看出罗什此处的译文，缺少了经文中世尊“不是异语者”这关键的一句话；而罗什的译文因为省略了此关键之语，且用“久后，要当说”的句式，似乎把下半个颂文处理成了世尊将要说真实。如果不善解读罗什译文的上下文，或仅从字面意义解读此处，读者很容易理解为似乎过去佛陀一直没有说真实似的。

如前已说，在法云的注疏中，认为《法华经》有开门及示人二种功能，他引用罗什这个颂语来说明《法华经》的示人功能：“二则说今日长远之理，故下经文言世尊法久后要当说真实，明同归之理寿命长远，此则如手指示金像。”如我们的分析已经显示的，法云在这里之所以作这样的引用，主要是因为这个颂文里面有“真实”一词，而他之所以对于颂文中的“真实”一词感兴趣，是因为在他的观念中，已经形成“方便”与“真实”的对立意识。而其实罗什译文里的“真实”，是指殊胜义，也就是指证得义，即指佛陀所证的菩提。而善巧方便，正是导向“真实”者，我们只是在“教法”的层面讨论问题，所以这里根本不可能存在“方便”与“真实”的对置模式！

总之，我们看到，通过对于罗什“开方便门，示真实相”以及一些相关经文的理解与引用，法云形成了开三显一、开权显实的诠释思路，但也由此在其诠释观念中，凝聚成了方便与真实相对，或方便智与真实智相对的核心观念。

第四例

覆明二智体相第二，若论二智体者，果报神虑上有照境之用，为体；若欲知体相，但用境检取二智体。方便智所照之境，凡有三三之境：一者三教，二者是三机，三者三人。照此三三之境，当知此智是权智体。昔日有三人，人有三人，人有三机，三机感三，是故如来之权智既照此三三之境，即说三教，应三机，化三人。是故将此三三之境，检取此智，当知照此三三之境，是方便智体也。又实智体，亦用前境检也。实智所照之境，凡有四种：一者是教一，二者是理一，三者是机一，四者是人一。明如来之智，照此四一之境，此即是实智。所言教一、理一者，今日唱明因无异趣，果无别从。然真实之义，其理莫二。然所诠之理既一，能诠之教何容是二也？复言机一者，法华座席，时众者有感一果之机一也。人一者，明昔日声闻、缘觉等人，今日皆改心成菩萨，下经文言：**但化诸菩萨，无声闻弟子**，亦言一人，有一机，感一教、一理，如来用一教，说一理，应一机，化一人也。是故如来智慧照此四一之境，即是实智体也。

问者言：实智所照之境，乃有四一，则长有理一；说权智所照之境，便应有四三。今者何故无有三理，只有三三也？解释者言：昔日若有三理者，便应是实有三，**何谓于一佛乘方便说三**？故知昔日教下无有三理。下经文言：**但以假名字，引导于众生**，若言三教下实有三理者，便应言以实名字引导众生，何谓言但以假名字乎？问者又言：三教本诠于理，若三教下无有三理者，此教竟何所诠？若无所诠三理，亦应无有能诠三教。解云：应众生实有三机，故昔日实有三教、实无三理，但昔三教为诠一理，昔日既未得说一实之理，是故假三乘言教，远诠今日一实之理，但昔说一因作三因，其实是一因。下经文言：**汝等所行，是菩萨道**。故知无有三理，但有三种言教。前明权智，即是**开方便门**；后明实智，即是**示真实相**也。①

上面所引证的文字，是法云在《法华经义记》之《方便品》注疏开头部分写下的另一段重要文字。前面我们提到：法云在《法华经》诠释中建立了著名的“二智”思想诠释体系，此处的文字便是他阐述其《法华经》二智诠释思想的核心文字。

法云理解的《法华经》二智，指如来之方便智，及实智（真实智），法云又称方便智为“权智”，称实智为“智慧”。② 法云在这段

① 《法华经义记》，《大正藏》第 33 册，No. 1715，第 592 页下。

② 同上书，第 592 页中。

文字中重点思考了二智的“体”的问题，也就是二智的本质问题。法云认为可以根据二智所观照的境，“捡取”二智的“体”：方便智或权智所观照的境，是“三三之境”：三种教，三种机，三种人，所以能够观照此三三之境的，就是方便智的“体”。实智所观照的境，是“四一之境”：一种教，一种理，一种机，一种人，所以能够观照此四一之境的就是实智的“体”。这一方便智、实智以及对应的三三之境、四一之境的诠释体系，是法云解释《法华经·方便品》思想的重要诠释体系，并由此成为法云整个《法华经》诠释中的核心思想。我们在这一段话的末尾看到，法云再一次引用了罗什《法师品》的译语“开方便门，示真实相”，认为佛陀说法先阐明权智，就是开方便门；后阐明实智，就是示真实相。也就是说他认为“开方便门，示真实相”，是可以证成《法华经》中如来能观照的二智，以及二智所观照的三三之境及四一之境这二境的。

有趣的是，法云在上述段落的疏解中，提到“于一佛乘，方便说三”的经文，用以证明方便智所观照的境是三三之境，而非四三之境——即缺少三种理这第四种“三”境。法云这里所指，应当是《法华经》中以下几处文字：

> 舍利弗！诸佛出于五浊恶世，所谓劫浊、烦恼浊、众生浊、见浊、命浊。如是，舍利弗！劫浊乱时，众生垢重，悭贪嫉妒，成就诸不善根故，诸佛以方便力，于一佛乘分别说三。（《方便品》）①
>
> 舍利弗！以是因缘，当知诸佛方便力故，于一佛乘分别说三。（《譬喻品》）②

---

① 《妙法莲华经》，《大正藏》第9册，No. 0262，第7页中。梵文为：api tu khalu punaḥ śāriputra yadātathāgatā arhantaḥ samyaksaṁ buddhā kalpakaṣ āye votpadyante sattvakaṣ āye vā kleśakaṣ āye vā dṛṣṭikaṣ āye vāāyuṣ kaṣ āye votpadyante। evaṁ rūpeṣ u śāriputra kalpasaṁ kṣ obhakaṣ āyeṣ u bahusattveṣ u lubdheṣ valpakuśalamūleṣ u tadā śāriputra tathāgatā arhantaḥ samyaksaṁ buddhā upāyaka-uśalyena tadevaikaṁ buddhayānaṁ triyānanirdeśena nirdiśanti।（《改订梵文法华经》，第39—40页）

② 《妙法莲华经》，《大正藏》第9册，No. 0262，第13页下。梵文：anenāpi śāriputra paryāyeṇaivaṁ veditavyam，yathāupāyakauśalyajñānābhinirhāraistathāgata ekameva mahāyānaṁ deśayati ‖（《改订梵文法华经》，第76页）

若众生住于二地，如来尔时即便为说："汝等所作未办，汝所住地，近于佛慧，当观察筹量所得涅槃非真实也。但是如来方便之力，于一佛乘分别说三。如彼导师，为止息故，化作大城。既知息已，而告之言：宝处在近，此城非实，我化作耳。①

从罗什三处的译文可知：罗什在相关的地方，均译为佛以方便力，将一佛乘分别说为三乘。所以罗什的译法，很清楚地显示：佛陀说法的工具，乃是善巧方便。所以并非三乘 = 方便，而是将一乘之理开示为三乘之教的，才是方便。而由于佛陀以善巧方便为众生说法这个根本的原理，所以不仅将一乘之理分析为三乘的密意说法，是依据了善巧方便；揭秘三乘教法其实本是一乘，同样也是依据善巧方便。所以我们不仅不能将三乘 = 方便，也不能将说一乘的功能归于如来的所谓"实智"！法云这个《法华经》二智思想诠释体系的学术根基，如果细究起来，其实是很不踏实的。

有关以"开方便门，示真实相"证成如来二智思想的诠释理念，在法云下面这段文字中，也体现了出来：

第五例

又就此二智所照境中，有三：第一、双开两章门，第二、双释两章门，第三者、双结两章门。双开两章门者：诸法，此两字，即是方便智所照境章门也。实相，此两字，即是实智所照章门。但权智所照境，凡有三三之境，今唯取照三教也；实智所照境，有四一之境，今唯取照一理。解释者言：权智所照三三境中，要者是三教进行之徒，要须藉言教方得入道，故言"诸法"。三乘教不一，故言"诸法"也。实相者，四一之中是理一，等是四一，理一最要，是故的照也。

---

① 《妙法莲华经》，《大正藏》第9册，No. 0262，第26页上。梵文：yasmiṁ śca bhikṣ avaḥ samaye te sattvāstatra sthitābhavanti，atha khalu bhikṣ avastathāgato′pyevaṁ saṁ śrāvayati – na khalu punarbhikṣ avo yūyaṁ kṛ takṛ tyāḥ kṛ takaraṇīyāḥ । api tu khalu punarbhikṣ avo yuṣ mākamabhyāsaḥ । itastathāgatajñānaṁ vyavalokayadhvaṁ bhikṣ avo vyavacārayadhvam । yad yuṣ mākaṁ nirvāṇaṁ naiva nirvāṇam，api tu khalu punarūpāyakauśalyametad bhikṣ avastathāgatānāmarhatāṁ samyaksaṁ buddhānāṁ yat trīṇi yānāni saṁ prakāśayantīti ‖ （《改订梵文法华经》，第167页）

但的照三教，即是开方便门义也；的照理一，即示真实相义也。何以知之？下释中举因果释之，当知因果只是理一也。[1]

这也是法云《法华经义记》解释《方便品》的一段文字。这段话解释《方便品》中"唯佛与佛乃能究尽诸法实相"中"诸法实相"这个译语。法云认为"诸法实相"中的"诸法"，是方便智之所观照境，虽可包括三教、三机、三人这些内容，但是这里对于修持者（进行之徒）而言，最重要的是观照三教：有三种教法，所以这里称为"诸法"；而实智的所观照境，虽可包括四一之境，不过四一之中理一最为重要，所以称为"实相"。法云同样在这里引用罗什"开方便门，示真实相"的译语，他说"的照三教"——重点在观照三种教法——，就是开方便门；"的照理一"——重点在观照绝对的真理——，就是示真实相。所以在法云看来，"开方便门，示真实相"的说法，不仅可以证成《法华经》中包含方便智、实智这如来二智，也可以证成这二种智慧所观照之境的本质差异。

这里所谓"唯佛与佛乃能究尽诸法实相"的译文，对应的原语如下：

tathāgata eva śāriputra tathāgatasya dharmān deśayet, yān dharmāṁstathāgato jānāti | sarvadharmānapi śāriputra tathāgata eva deśayati | sarvadharmānapi tathāgata eva jānāti,[2]

【新译】舍利弗！只有如来可以给如来开示他所知晓的诸法；舍利弗！只有如来开示他所知晓的一切诸法。[3]

根据梵本和新译我们可知：此处《方便品》的长行文字，本是在解释《方便品》颂文的第一部分（即第1—21颂）中的一些颂文，尤其是第18颂。根据我们制定的《方便品》颂文科判表：《方便品》第1—18颂，是佛陀无问自赞佛陀证法；第19—21颂，则是佛陀无问自赞佛陀教

① 《法华经义记》，《大正藏》第33册，No. 1715，第596页中。

② Dr. P. L. Vaidya 校勘本，第21页。《改订梵文法华经》，第29页。

③ Kern 本，第32页。

法。而第18颂，在罗什译文中，相当于这几句："又告舍利弗：无漏不思议，甚深微妙法，我今已具得，唯我知是相，十方佛亦然。"[①] 是为这一部分第一层次义理（赞叹佛陀证法）的结语，主要的意义是表示：佛陀所证甚深、无漏诸法，具有高度的超越性，只有释迦如来及诸佛如来，能知能解。为了表达佛陀所证境界高深，难以言说之义，此处长行诠释中加以发挥："只有佛才能给佛说法。"在该经此处的原本中，并不存在与"实相"这个概念相当的任何原语。所以此处的译文，也是罗什的意译，在一定意义上反映了罗什某些个人的意见。我们在法云引证的这句罗什译文中可以看出：他之所以引用这句经文，还是因为这句经文中包含了"实相"一词，这句经文可以与另一句经文"示真实相"的"真实相"呼应，所以可以证成此处法云所构想的二种智慧所观照境界的差异，这样也就间接地证成了"二智"的存在和合理。

第六例

尔时世尊而说偈言下，正法说中本有二：长行与偈颂。此下是第二，偈颂，凡有一百十四行偈，正颂上。上长行中本有二：一者缘起，二者正法说，开方便门，示真实相，今者一百一十四行偈，亦开为二段：初有四行一句偈，颂上长行中第一缘起；第二，余一百九行三句偈，颂上长行中第二正法说也。但上缘起中本有二，一者是佛许为说同归之义，二者舍利弗受佛明旨。今者四行一句，唯颂佛许，不颂舍利弗受旨也。然上佛许中本有四重：一者正许说，二者诫敕，三者简众，今皆不颂；唯颂第四叹众，总结诫许也。

诸佛所得法，自此下，有一百九行三句偈，是偈中第二，颂上长行中第二正法说。但上正法说中本有二：一者就诸佛门广明开三显一，二者就释迦门中广明开三显一。今此一百九行三句偈亦分为二：初有七十三行一句，颂上诸佛门开三显一；从今我亦如是下，有三十六行半，颂释迦门开三显一也。[②]

---

① 《妙法莲华经》，《大正藏》第9册，No. 0262，第5页下。

② 《法华经义记》，《大正藏》第33册，No. 1715，第606页上。

此例也见于法云《法华经义记》对于《方便品》的解释文字中。法云这里所揭示的是《方便品》最后一部分世尊说偈的思想义理。这部分偈颂，罗什共译为一百十四行偈，按照梵本，共 108 颂，即第 38—145 颂。法云的科判，认为这段颂文与该品中从“尔时世尊告舍利弗：汝已殷勤三请”至这部分长行结尾“唯一佛乘”，是对应的关系，这部分长行文字分成两个部分：“就长行中自复有二，第一从汝已殷勤三请竟愿乐欲闻，名为法说缘起，第二从佛告舍利弗如是妙法以下竟长行以来，名为正法说。”① 也就是说这部分的长行文字，分成“法说缘起”及“正法说”两个部分，所以相应地，法云认为这一百十四行偈（实际为 108 颂）也包括了说缘起和正法说两个部分。即开头的四行一句偈，为说缘起；后面的一百九行三句偈，是正法说。

我们看到，在上引两段话中，第一段话说到“正法说”的话题时，法云加上了一句“开方便门，示真实相”，这就表示在他看来，《方便品》中的“正法说”（阐释思想宗旨）的部分，核心的旨趣就是“开方便门，示真实相”。接下来的解释文字中，法云进一步说明，无论是经文长行部分中的正法说部分，还是颂文部分对应的正法说部分，都包括了两个方面的内容：“一者就诸佛门广明开三显一，二者就释迦门中广明开三显一”，即正法说的部分，要分别就诸佛的角度谈开三显一的义理，及从释迦佛的角度谈开三显一的义理。因此我们看到，法云这里所引用的“开方便门，示真实相”，其意义就等于他所谓“开三显一”。开三显一，即指出三乘不究竟，一乘为究竟，这就是法云所谓“开权显实”诠释理念最主要的内容，是法云所开创的《法华经》诠释理解核心的核心。我们在这里可以清晰地看到，法云之所以得出《法华经》的核心思想在开三显一，开权显实，与他对罗什“开方便门，示真实相”这一译语特定思想取向的解读，确实存在不可分割的关系。

第七例

而说偈言：此品有两段，即长行与偈为二。自此下有五十四行半

---

① 《法华经义记》，《大正藏》第 33 册，No. 1715，第 606 页上。

偈，是第二重颂。但上长行中本有二：一者从品初讫若有所说皆不虚也，先明述成四大声闻叹佛恩深难报，今者不颂。所以不颂者，述叹佛恩深难报，此意大悲，是正述领解，傍及此义，是故略不颂也。唯颂上第二述成正领解而已。但上第二正述成领解之中，本有三段：第一、从于一切法以智方便，竟示诸众生一切智慧，将欲述成领解，先出其所领之法；第二、从譬如三千大千以下，竟是故不即为说以来，名为明昔日不解，形今日得解；第三汝等迦叶甚为希有以下，正是述成今日领解。

就此五十四行半，亦为三段：初有四行偈，颂上第一出所领之法；第二从迦叶当知譬如大云以下，有四十七行偈，颂上第二昔不解；第三迦叶当知以诸因缘以下，有三行半，颂第三正述成领解也。上第一出所领之法本有二：第一有两句，开两章门；第二，解释章门。今此四行偈亦为二：初两行，颂开章门；第二有两行，颂第二释章门。就前两偈中，初偈颂权智章门，后偈颂实智章门也。今言颇有法王此一偈，颂上于一切法以智方便而演说之，即是开方便门。今言破有法王者，破二十五有之法王。随众生欲者，随三乘根性之欲也。如来尊重此一偈，颂上实智章门，上言其所说法皆悉到于一切智地，今言如来尊重智慧深远久默同归之要不务速说也。有智若闻此下两偈，颂上第二释两章门。初偈颂释权智，后偈颂释实智章门。上释权智中，本有两句，初言如来观智一切诸法之所归趣，此是识法，知三乘诸法归趣一乘，今者不颂。又言亦知一切众生深心所行通达无碍，此是妙识三乘人根性，今者一行，唯颂此也。是故迦叶随力为说，此偈颂上释实智。上释实智中本有两句：初又于诸法究尽明了，此是识法药义，今者不颂；后言示诸众生一切智慧，今者一偈，唯颂此句也。①

此例是法云解释《法华经》中《药草喻品》的一段文字。《药草喻品》分长行、重颂两个部分，这部分文字解释的，是重颂部分，尤其是重颂开头四个颂文的内容。法云在第一段话中先略叙《药草喻品》长行

① 《法华经义记》，《大正藏》第33册，No.1715，第649页下。

文字的脉络，然后在第二段话中解释重颂与长行之间的对应关系。法云认为重颂开头的四偈，与这部分长行文字“第一出所领之法”对应，法云这里指的，是此品开头罗什译文以下这段文字：

于一切法，以智方便而演说之，其所说法，皆悉到于一切智地。如来观知一切诸法之所归趣，亦知一切众生深心所行，通达无碍；又于诸法究尽明了，示诸众生一切智慧。①

而法云此处所疏解的四个颂文，罗什所译如下：

破有法王，出现世间，随众生欲，种种说法。
如来尊重，智慧深远，久默斯要，不务速说。
有智若闻，则能信解；无智疑悔，则为永失。
是故迦叶！随力为说，以种种缘，令得正见。②

所以法云的意思是：上引这段经文包括开章门、释章门两个部分，所谓开章，指揭明权智章门与实智章门两个部分；所谓释章门，是指解释权智章门及实智章门，这样上引四颂的内涵，即分别是颂权智、颂实智、颂释权智、颂释实智。法云在这段解释文字中再一次提到：“今言破有法王此一偈，颂上于一切法以智方便而演说之，即是开方便门。”我们看到，法云是以权智、实智的二分，作为理解这段相关的经文、颂文，乃至《药草喻品》思想义理的主轴，而法云在这里之所以会有这种理解，当然还是与罗什“开方便门，示真实相”这一译语对他的启发有关。

我们把这段经文长行文字的原语列在下面：

Sarvadharmāśca kāśyapa tathāgato yuktyopanikṣipati | tathāgatajñānenopanikṣipati | yathā te dharmāḥ sarvajñabhūmimeva gacchanti | sarvadharmārthagatiṁca tathāgato vyavalokayati | sarvadharmārthavaśitāp-

① 《妙法莲华经》，《大正藏》第 9 册，No. 0262，第 19 页上。
② 同上书，第 19 页下。

rāptaḥsarvadharmādhyāśayaprāptaḥsarvadharmaviniścayakauśalyajñānaparamapāramitāprāptaḥsarvajñajñānasaṁdarśakaḥsarvajñajñānāvatārakaḥsarvajñajñānopanikṣepakaḥkāśyapa tathāgato'rhan samyaksaṁbuddhaḥ ‖ ①

【新译】迦叶波！如来以道理安置一切诸法，他以如来之智慧安置一切诸法，那样这些诸法就达到一切知者之地。其次，如来审察一切诸法之利益，迦叶波！如来因为关于一切诸法的利益获得自在，获得（众生）对于一切诸法的深心，获得善巧抉择一切诸法智这种最高的波罗蜜多、能够开显一切知者的智慧、能够使人们悟入一切知者的智慧、能够安置一切知者的智慧，因而是如来、阿罗汉、正等觉者。②

对照此经的中亚传本，我们看到：第一句，中亚传本与尼泊尔传本完全相同；第二句中 tathāgatajñānena，中亚传本作：sarvajñajñānena，指“一切知者智”，也就是作为菩提的“佛智”。可以看出：罗什这段长行译文中，“以智方便而演说之”一句，是糅合了梵文sarvadharmāśca kāśyapa tathāgato yuktyopanikṣipati 一句，及另一句：tathāgatajñānenopanikṣ-ipati。此处罗什译文中的“方便”，对应 yuktyā 一词，并不是在《法华经》中作为规范的学术术语使用的“善巧方便”。所谓 yuktyā，即道理之义，也就是指推理论证这一套世间的理性智慧。我们知道，按照《法华经》的术语系统，善巧方便是佛智之一，所以这里说的“一切知者智”，仍然可以理解为是指善巧方便智，因为善巧方便智才是佛陀说法的内在智慧基础。所以这两句的意思是：如来说法立教，是根据善巧方便，而不违世间理性。而基于善巧方便的说法立教，是要导向佛陀证法的，所以说佛陀如是建立的“一切诸法”，能够“达到一切知者之地”，也就是佛的菩提。所以由基于善巧方便智的佛陀教法，而导向佛陀证法，这种说法与《方便品》所阐述的教法思想的基本原则，可以说本质上是一致的。

这段话中间说的“善巧抉择一切诸法智”，被称赞为“最高（或最后）的波罗蜜多”，而这一术语是《法华经》中专门用以称呼“善巧方

① Dr. P. L. Vaidya 校勘本，第 84 页。《改订梵文法华经》，第 114 页。

② Kern 本，第 118 页。

便"者。所以这一段话的中心,毫无疑问,仍然是在表述作为佛陀说法依据的善巧方便,这段文字称赞的都是如来的智慧,而这里的如来智慧就是《方便品》所盛赞的善巧方便,因此这里也与《方便品》一样,称这种如来智慧是"最高的波罗蜜多"。所以将这段长行文字解释为包含权智门与实智门的做法,是较为勉强的。

下面是所引四个颂文的梵本:

dharmarājā ahaṁloke utpanno bhavamardanaḥ |
dharmaṁbhāṣāmi sattvānāmadhimuktiṁvijāniya ‖ 1 ‖
dhīrabuddhī mahāvīrā ciraṁrakṣanti bhāṣitam |
rahasyaṁcāpi dhārenti na ca bhāṣanti prāṇinām ‖ 2 ‖
durbodhyaṁcāpi tajjñānaṁsahasā śrutva bāliśāḥ |
kāṅkṣāṁkuryuḥsudurmedhāstato bhraṣṭā bhrameyu te ‖ 3 ‖
yathāviṣayu bhāṣāmi yasya yādṛśakaṁbalam |
anyamanyehi arthehi dṛṣṭiṁkurvāmi ujjukām ‖ 4 ‖ ①

【新译】我是法王,破有者,出生世间,
懂得众生的信解,而为其说法。(1)
有贤明觉知的大雄们,都长久地守护所说,
他们维持秘密,不向大众说明。(2)
愚痴者匆忙听闻这种难以理解的智慧,
因为知性极为恶劣,他们就会怀疑,迷惑,因而徘徊。(3)
我根据其人的境界、能力而说,
以诸种不同的意义,我构作不同正直的观念。(4)

从这四个颂文的梵本及新译,比照罗什的译文,我们可以懂得:罗什译文的第1颂,是在强调如来说法时了解众生心理意向的重要性;第2颂言有深奥智慧的诸佛,都同样维持秘密,而不轻易解密;第3颂重点是言

① Dr. P. L. Vaidya 校勘本,第85—86页。《改订梵文法华经》,第117页。

愚痴之人的根性、智慧，难以理解佛的智慧，即佛之菩提，所以如果对其明言佛智，反而易陷其于不义；第 4 颂言所以释迦如来根据众生的能力，用种种不同的义理，教授佛法。可见这四个颂文的意义，本质上其实非常一致，即都是在解释佛陀在法华法门大揭秘之前，为什么只能采取随宜言说的方式说法。四个颂文可以说是从不同侧面来表达同一个思想主题，而第 4 个颂文在这一组颂文中，带有给出结论的性质。所以根据对颂文的理解，我们也很难得出这部分颂文是在分别解释权智、实智的问题。法云之所以得出这样的诠释结论，根本上讲还是与他对于罗什译文中使用的一些译语（如这些颂文中的“种种”“智慧”等）的理解模式有关，尤其是与他对“开方便门，示真实相”这个译语业已形成的见解有关。

第八例

诸比丘若如来自知涅槃时到，此下是第三：阶明今日相值。就此中亦应有四重，文只有三，略无第三重，亦可是传者误。虽无，今日义出。何以知之？下譬中有故。在今玄（文?）出四重者，第一、从诸比丘竟深入禅定，先明众生大乘机发；第二、为说《法华》；第三、明以大乘拟宜不得，此即是今义出者；第四、为说小乘。今先明大乘机发，言诸比丘若如来自知涅槃时到者，如来说《法华》时，去涅槃经教不赊，大乘机发，仍说《法华》，故言涅槃时到。又解言：正大乘机发时，如来三乘化功将断，故言涅槃时到。众又清净者，正明大乘机发。若使昔日五浊障大乘机者，则不清净，大乘机发，五浊不复为障，是名清净。信解坚固者，昔亦有信，不成使今日大乘机发，有大乘之信。今日大乘机发，则有大乘之解，解则慧。有信有慧，有定相资之力，是故大乘机发。了达空法者，明昔日无相之法，故言了达空法也。便集诸菩萨，此下是第二，正说大乘，即是说《法华》。便集诸菩萨者，即是尔时世尊四众围绕之义。世间无有二乘而得灭度者，即是开方便门。唯一佛乘得灭者，即是示真实相也。此下应有第三，用大乘拟宜化众生不得，今者玄出，应下譬有下即作懈退譬作本也。比丘当知如来方便之力，此下是第四，明如来用三乘化得众生。就此第四，用小乘化得众生中，自有四文：第一言如来方便之力深入众生之性，先明三乘拟宜；第二言知其志乐小法，深着五欲，此明如来见小乘机；为是等故说于涅槃，此是第三，正为众生说三乘教；第四，言是人若闻则便信受，此明三乘人受行。①

此例见于法云《法华经义记》中《化城喻品》之疏解。所释的文字是：

诸比丘！若如来自知涅盘时到，众又清净、信解坚固、了达空法、深入禅定，便集诸菩萨及声闻众，为说是经。世间无有二乘而得灭度，唯一佛乘得灭度耳。比丘当知！如来方便，深入众生之性，知其志乐小法，深着五欲，为是等故说于涅槃。是人若闻，则便信受。②

录这段经文梵本如下：

yasmin bhikṣavaḥsamaye tathāgataḥparinirvāṇakālasamayamātmanaḥs-amanupaśyati, pariśuddhaṁca parṣadaṁpaśyati adhimuktisārāṁśūnyadhar-magatiṁgatāṁdhyānavatīṁmahādhyānavatīm, atha khalu bhikṣavastathāga-to'yaṁkāla iti viditvā sarvān bodhisattvān sarvaśrāvakāṁśca saṁnipātya pa-ścādetamarthaṁsaṁśrāvayati | na bhikṣavaḥkiṁcidasti loke dvitīyaṁnāma yānaṁparinirvāṇaṁvā, kaḥpunarvādastṛtīyasya? upāyakauśalyaṁkhalvida-ṁbhikṣavastathāgatānāmarhatām – dūrapranaṣṭaṁsattvadhātuṁviditvā hīnā-bhiratān kāmapaṅkamagnān, tata eṣāṁbhikṣavastathāgatastannirvāṇaṁ bh-āṣate yadadhimucyante || ③

【新译】诸位比丘！若于某个时刻，如来见到是自己涅槃之时刻，并

① 《法华经义记》，《大正藏》第33册，No. 1715，第653页中。

② 《妙法莲华经》，《大正藏》第9册，No. 0262，第25页下。

③ Dr. P. L. Vaidya 校勘本，第120页。《改订梵文法华经》，第165页。

且见到大众已经清净，拥有坚实的信心，通达了空法，具足禅那，具足伟大的禅那，那么，在这个时候，诸位比丘！如来知道“是时候了”，就会聚集所有的菩萨及所有的声闻，晓谕他们这个意思：诸位比丘！世间不存在任何名为“第二”的乘，或者涅槃，更何况名为“第三”的乘或涅槃呢？诸位比丘！这是诸如来、阿罗汉的善巧方便：他们知晓众生的界久已败坏，他们耽乐褊狭，深陷淤泥，于是，诸位比丘！如来就说了这样他们可以信解的涅槃。①

比较梵本、新译，可知罗什此处译文中，所谓“世间无有二乘而得灭度，唯一佛乘得灭度耳”一句，原本的意思是：世间没有第二种乘，或第二种涅槃，意思是强调所有的乘，都是同一个乘，那就是佛乘；所有的涅槃，都是同一个涅槃，那就是佛的涅槃，这里所表达的正是《法华经》根据其基本教法思想原则——基于善巧方便而导向无上菩提——，强调尊重融合一切教乘教理的思想价值。罗什此处的译文中，译“第二”为“二”，原文“第二乘”无任何特指，但在“二乘”的译语下，如不善读，那么就很容易把它理解为声闻乘、缘觉乘了。罗什译文中“唯一佛乘得灭度”一句，本是罗什的意译，意在强调佛乘的唯一性，及佛涅槃的唯一性。法云在此处的疏解中，再度引用“开方便门，示真实相”二句译语，认为“世间无有二乘而得灭度”一句，正是“开方便门”；“唯一佛乘得灭度”一句，正是“示真实相”。罗什的译语“开方便门，示真实相”，似乎再一次支持了法云对《化城喻品》经文思想义理的解读；而他对此段经文思想义理的解读，似乎也支持了他对罗什译语的理解。然而不幸的是，正如在其他地方一样，法云此处对罗什译语的理解，显然也有过度强化原译中“二乘”与“佛乘”的分别的趋势。

第九例

就第一叹，经中有五重：第一先明格量，第二就人叹，第三就处叹，第四据因为叹，第五据果为叹也。以众经格量乎此经，此经为第

① 《河口慧海》中卷，第 23 页；Kern 本，第 180 页。

一者，若明称会物机为第一者，则五时经教皆是称会物机，今不论此处，只言会前开后，名为第一。会前者，谈三乘无异路，语万善明同归；开后者，明万善皆成佛寿命长远，此则开涅槃前路，作常住之由渐。然则前后两望，二义双明。下即出言：已说今说当说。已说者，昔来三乘等教；当说者，即指涅槃为当说；今说者，即是《法华》。有如此义，故称第一也。药王当知如来灭后，此下是第二，据人为叹。明此经在人则人尊，慈悲覆护如衣覆也。如来位心，同归之理，此人意无，二无之中，故云共宿也。药王在在处处，此下是第三，据处为叹，明此经在处则处重。药王多有人在家出家，此下是第四，就因为叹。其有众生求佛道者，此下是第五，就果为叹。只就此第五，自有五重：第一法说叹，第二譬如有人下譬说叹，第三菩萨亦复如是之下合譬叹，第四所以者何下释叹，第五若有菩萨下诫劝时众叹也。二乘教，如燥土；说无量义经，于时直明万善成佛，如湿土；若说法华教，决定无有三，一时得佛果，譬泥也。药王此经开方便门者，开三乘是方便；示真实相者，示同归之理。是《法华经》藏者，此经明因谈妙，果在此中，故言藏也。深者，金刚方穷其底，故言深也。不可破坏，故言固。其理杳然，故言幽。行因久到，故言远也。得之者少，故言无人能到也。①

此例是法云《法华经义记》中，疏解《法华经》中《法师品》的一段文字。这段文字也是罗什译文《法华经》中出现“开方便门，示真实相”著名译语的出处，如在本章开头的部分已经详解者。

法云解释《法师品》中从颂文“药王今告汝，我所说诸经，而于此经中，法华最第一”，至经文“药王！若有菩萨闻是《法华经》，惊疑、怖畏，当知是为新发意菩萨；若声闻人闻是经，惊疑、怖畏，当知是为增上慢者”② 这一部分，为“赞叹此经”。而其中，“其有众生求佛道者，若见、若闻是《法华经》，闻已信解受持者，当知是人得近阿耨多罗三藐三菩提。药王！譬如有人渴乏须水，于彼高原穿凿求之，犹见干土，知水

① 《法华经义记》，《大正藏》第 33 册，No. 1715，第 660 页中。

② 同上。

尚远；施功不已，转见湿土，遂渐至泥，其心决定、知水必近。菩萨亦复如是，若未闻、未解、未能修习是《法华经》者，当知是人去阿耨多罗三藐三菩提尚远；若得闻解、思惟、修习，必知得近阿耨多罗三藐三菩提。所以者何？一切菩萨阿耨多罗三藐三菩提，皆属此经——此经开方便门，示真实相。是《法华经》藏，深固幽远，无人能到，今佛教化成就菩萨而为开示。药王！若有菩萨闻是《法华经》，惊疑、怖畏，当知是为新发意菩萨；若声闻人闻是经，惊疑、怖畏，当知是为增上慢者”这一大部分，① 则是“赞叹此经”的第五部分：“就果为叹”。我们看到就是在这部分法云科为“就果为叹”的经文中，出现了罗什翻译的著名经语，也出现了法云对于罗什这一译语的解释。在法云的科判中，这部分是属于“释叹”这一小部分的内容。

法云在这里解释：所谓“开方便门”，就是“开三乘是方便”；所谓“示真实相”，就是“示同归之理”。法云这里的解释很简要，但意思与我们前面所考察过的所有例证完全一致，他的说法有两个要点：其一，是把开方便门、示真实相的问题，同三乘、一乘的问题对应起来，由于“开方便门，示真实相”，是无可置疑的经语，于是贬斥三乘、高扬一乘，也就具有无可置疑的合理性；其二，是把三乘与方便（方便智，权智）及方便门（教）等同起来，把一乘与真实（实智，智慧）、真实相（教）等同起来，由于“真实相”对于“方便门”有绝对的超越性，一乘对于三乘有绝对的超越性，于是实智对于方便（方便智）的绝对超越性，也就不言而喻。由此，通过法云的《法华经》诠释，善巧方便，佛陀、菩萨的一项伟大品德，在《法华经》原文中被称为“善巧方便波罗蜜多”，被称为“伟大的波罗蜜多”，被称为“最高（或最后）的波罗蜜多”的东西，自然而然要成为人们观念中逐渐被轻视甚至被扬弃的东西。

第四节　本章简要的结论

（1）罗什译本《法华经》中，有一个著名的译语“开方便门，示真实相”，在魏晋南朝时代中国佛教经典诠释学中，尤其是在《法华经》经

---

① 《妙法莲华经》，《大正藏》第9册，No. 0262，第31页下。

典诠释学中，这句译语发挥过不可思议的重要影响作用。

（2）从《法华经》原语与法护译、罗什译的对勘研究，以及包括吕澂先生在内的一些现代学者的研究结果来综合考虑，罗什这句译文主要是意译，梵语经典中此处并无善巧方便这个概念，而是随宜言说的概念，罗什在某种程度上有将善巧方便等同于随宜言说的考虑，所以罗什的译文中就出现了“方便”这个语词。除此以外，罗什的译文本身也并不具有把“开方便门”与“示真实相”及相关的“方便”与“真实”两个概念加以对立的意思。

（3）法云是魏晋南朝时代《法华经》一位重要的诠释者，他的《法华经》解释的原创性、系统性不容置疑，我们这里关心的主要不是法云《法华经》诠释对于后来中国大乘佛教思想巨大的及无可置疑的重要影响的问题，而是重点考量其《法华经》诠释中核心诠释意识及诠释理念是如何形成的问题。我们的细致分析充分地说明对于罗什译文中“开方便门，示真实相”译语具有一定倾向性的解读和理解，是法云形成其独特的《法华》诠释意识的一个关键。

（4）法云对罗什这句译语的解读，显然自觉不自觉地强化了“开方便门”与“示真实相”的对立，“方便门”与“真实相”的对立，以及“方便”与“真实”的对立。这样的理解方式对于法云形成方便智与实智二分的二智思想诠释思路，乃至对于法云形成开三显一、开权显实、开近显远等一系列独特而深厚的《法华经》诠释思想及思路，有着至关重要的决定作用。

（5）轻视或看轻善巧方便的思维，并不始于中国佛教的思想诠释活动，当然也并非始于法云的诠释工作，这种倾向几乎与佛教的兴废相始终，与大乘佛教的盛衰相始终，所以是一个需要深度、系统地检讨的重大佛教思想史课题。不过法云的《法华经义记》，作为魏晋南朝时期第一部真正系统的佛教经典诠释学著作，其精致的诠释方式，宏达的诠释理想，严谨的学术风格，使得这部著作表现出了非同一般的学术力量，即使在今天阅读、研究这部书，我们仍然能够感受到法云佛教学术思想的精致魅力。不过也正因为如此，法云对于作为佛教智慧学系统尤其是菩萨智慧学系统核心思想要素之一的善巧方便一系概念思想的理论诠释，基于误读而引发的某种误解，也就是我们今天必须认真措意的所在。

第八章 《维摩经》善巧方便概念及其相关思想之研究

《维摩经》是初期大乘佛教的一部重要经典，也是最早对大乘佛教的诸多思想尝试进行系统化理论总结的一部哲学色彩浓厚的重要经典。如此经对于善巧方便概念及相关的善巧方便一系思想，就有较为翔实和系统的理论阐述，这为我们今日梳理初期大乘佛教经典结集时代善巧方便一系思想的真实面貌，深入理解汉传佛教经典诠释思想的历史演变、发展，提供了极为客观和极为重要的原始资料。《维摩经》梵文本现存，根据对梵本及古代三种汉译经文的对勘、比较，有利于我们较为精准地掌握此经中的相关思想信息。

据我们统计，本经梵本中涉及“方便”或“善巧方便”的句例，一共有 41 处。从这些梵文句例，以及汉译的习惯看，本经中的“方便”概念，与另外一个概念“善巧方便”，是两个完全可以自由替换及交互使用的术语。如果我们将全经这 41 个“方便”句例当作一个整体观察，就不难看出《维摩经》中所表达的善巧方便思想层次分明，逻辑清晰，内涵丰富，意旨深远，显示了经文自觉建构善巧方便概念及其思想的努力和意图。《维摩经》主要是从以下六个方面，系统阐述其方便概念及其相关思想的。

第一节 方便概念是一种智慧概念——作为智慧的善巧方便

方便，或善巧方便，是以一定方法、手段达到度脱众生之目标的智慧，所以方便不仅仅是指方法、手段，更是指与方法、手段有关，或渗透在方法、手段中的智慧。经文中下面这个句例，可以清楚地证明："方便"这一概念，确实是在表达一种智慧：

【梵本】

hivimalakīrtir licchavir evam apramāṇopāyakauśalajñānasamanvāgato vaiśālyāṃ mahānagaryāṃ prativasati sma | ①

【支谦】如是，长者维摩诘不可称说善权方便无所不入。②

【罗什】长者维摩诘以如是等无量方便，饶益众生。③

【玄奘】是无垢称以如是等不可思议无量善巧方便慧门，饶益有情。④

【新译】离车族人维摩诘就这样，具足无量善巧方便智，住在毗耶离大城中。

此例句中，复合词 upāyakauśalajñāna，作持业释，upāyakauśala（善巧方便）即 jñāna（智慧），复合词前后语之间是同位格关系。这个复合词明确告诉我们：在本经中，善巧方便概念是指一种智慧。支谦译此复合词为"善权方便"，罗什译此复合词为"方便"，都省略了 jñāna（智慧）这个字，不过二人此处的省略，恰恰显示两位译家最有可能把 upāyakauśalajñāna 解读成了一个表示同位格关系的持业释复合词。玄奘以"善巧方便慧门"译此词，译出了 jñāna，不过衍出"门"字。

方便或善巧方便是指智慧，也就是说，方便这一概念所指代的事物的本质，乃是智慧，而不是别的什么东西。这个例句为我们理解方便或善巧方便概念所指对象的本质内涵，提供了最直接、最权威的证据。

同一部经文中还能找到另外两处例证，可以进一步佐证我们的判断。其中一处例证如下：

---

① 《梵文维摩经》第二品 §6，第 8 例，第 17 页。

② 《佛说维摩诘经》，《大正藏》第 14 册，No. 0474，第 521 页上。

③ 《维摩诘所说经》，《大正藏》第 14 册，No. 0475，第 539 页上。

④ 《说无垢称经》，《大正藏》第 14 册，No. 0476，第 560 页中。

【梵本】

upāyakauśalyaṃ bodhisatvasya buddhakṣetram, tasya bodhiprāptasya sarvopāyamīmāṃsākuśalāḥsatvā buddhakṣetre saṃbhavanti | ①

【支谦】菩萨行善权方便故，于佛国得道，一切行权、摄人为善，生于佛土。②

【罗什】方便是菩萨净土，菩萨成佛时，于一切法方便无碍众生，来生其国。③

【玄奘】巧方便土是为菩萨严净佛土，菩萨证得大菩提时，善巧观察诸法有情，来生其国。④

【新译】善巧方便是菩萨之佛土，所以一切擅长方便思考的众生，都生到获得菩提的此菩萨之佛土中。

此处两个句子中，第一个句子中有 upāyakauśalya，译为“善巧方便”（擅长方便）；第二个句子中有 upāyamīmāṃsākuśala，译为“擅长方便思考”。所以，前一句中的 upāya（方便）等于后一句中的 upāyamīmāṃsā（方便思考）。upāyamīmāṃsā 亦为表示同位格关系的持业释复合词，这里 upāya（方便），即 mīmāṃsā（思考）。而思考即智慧，所以方便是指智慧。

另一处例证：

【梵本】

yāvanto bhadanta mahākāśyapa daśasu dikṣv aprameyeṣu lokadhātuṣu mārā māratvaṃ kārayanti, sarve te yadbhūyasācintyavimokṣapratiṣṭhitā bodhisatvā upāyakauśalyena satvaparipācanāya māratvaṃ kārayanti | yāvadbhir bhadanta mahākāśyapa daśasu dikṣv aprameyeṣu lokadhātuṣu bodhisatvā

---

① 《梵文维摩经》第 1 品 § 13，第 2—3 例，第 10 页。

② 《佛说维摩诘经》，《大正藏》第 14 册，No. 0474，第 520a 页上。

③ 《维摩诘所说经》，《大正藏》第 14 册，No. 0475，第 538a 页上。

④ 《说无垢称经》，《大正藏》第 14 册，No. 0476，第 559 页上。

yācanakair yācyante …… cotpīḍya yācyante, sarve te yācanakā yadbhūyasācintyavimokṣapratiṣṭhitā bodhisatvā upāyakauśalyenemāṃ dṛḍhādhyāśayatāṃ darśayanti | …… | ayam bhadanta mahākāśyapa acintyavimokṣapratiṣṭhitānāṃ bodhisatvānāmupāyajñānabalapraveśaḥ | ①

【支谦】唯然贤者！十方无量无央数魔、魔怪——贤者！——悉行恐怖。立不思议门菩萨者，常解度人，魔之所为。十方无量，或从菩萨求索……皆从求索，立不思议门菩萨者，能以善权，为诸菩萨，方便示现，坚固其性……犹如此立不思议门菩萨入权慧力者也。②

【罗什】仁者！十方无量阿僧祇世界中作魔王者，多是住不可思议解脱菩萨，以方便力，教化众生，现作魔王。十方无量菩萨，或有人从乞……如此乞者，多是住不可思议解脱菩萨，以方便力，而往试之，令其坚固……是名住不可思议解脱菩萨智慧、方便之门。③

【玄奘】十方无量无数世界作魔王者，多是安住不可思议解脱菩萨，方便善巧，现作魔王，为欲成熟诸有情故。大迦叶波！十方无量无数世界，一切菩萨，诸有来求……如是一切，逼迫菩萨而求乞者，多是安住不可思议解脱菩萨，以巧方便，现为斯事，试验菩萨，令其了知意乐坚固……是名安住不可思议解脱菩萨方便善巧智力所入不可思议解脱境界。④

【新译】大德大迦叶波啊！凡在十方无量世界中，有多少魔罗，使人作诸魔罗性，那么所有的他们，大多数都是在不可思议的解脱中住立的诸菩萨，以善巧方便，使人作诸魔罗性，以便成熟众生。大德大迦叶波啊！若在十方无量世界中，诸菩萨被那样的诸索求者所索求……他们先遭迫害，然后被索求，那么所有这些索求者，大多数是在不可思议的解脱中住立的菩萨们，他们以善巧方便，使坚固的深心显现出来。……这就是悟入在不可思议的解脱中住立的诸菩萨之方便智慧力量。

---

① 《梵文维摩经》第五品 §20，第 32—34 例，第 62—63 页。

② 《佛说维摩诘经》，《大正藏》第 14 册，No. 0474，第 527 页下。

③ 《维摩诘所说经》，《大正藏》第 14 册，No. 0475，第 547 页下。

④ 《说无垢称经》，《大正藏》第 14 册，No. 0476，第 572 页中。

这段话有三处涉及方便概念，前面两处，都称为 upāyakauśalya，而第三处，则称为 upāya，说明在《维摩经》经文原语中，“方便”概念确实就是“善巧方便”概念。第三处原语中有复合词 upāyajñānabala，同样为表示同位格关系的持业释复合词，因此，这里的“方便”（upāya），即“智慧”（jñāna），即“力量”（bala）。三种汉译中，支谦此处译为“权慧力”，玄奘译为“方便善巧智力”，与今存梵本相合。惟罗什在此处处理为“智慧、方便”，与诸家不洽。玄奘此处的译语“方便善巧”，或者是在其所依据的梵本中，此处已经添上了 kauśalya，或者梵本中并未添上 kauśalya，而玄奘自行在译语中添加了“善巧”。不管是哪一种情况，都证明这部经文乃至整个初期大乘经文的定例：方便即是善巧方便。

第二节　方便概念与般若概念并列——与般若并列并举、平等并重的善巧方便

《般若经》中不厌其烦地反复倡言般若之崇高、卓绝，故般若之盛德，在研读《般若经》者那里，自是毋庸置疑；不过，《般若经》中其实还有一个非常特别而微妙的现象，这个现象很容易为研读《般若经》者所忽视：在很多地方，《般若》经文都将方便与般若并列并举。这是以将般若与方便二者并列并举的表达形式，来寓意和体现方便与般若平等并重的思想。

我们在《般若经》中，可以找到将方便与般若二者并列并举的大量句例，而在这部《维摩经》中，也存在这样的句例，可以见证《维摩》《般若》二经，在某些核心思想理念上，确有其相关、相通之处。下面就给出这样一个句例。

【梵本】

prajñāpāramitānirjātaḥ，upāyakauśalyagatiṃgataḥ.①

---

①《梵文维摩经》第二品 §1，第 6 例，第 15 页。

【支谦】出于智度无极，善权方便。①

【罗什】善于智度，通达方便。②

【玄奘】善于智度，通达方便。③

【新译】他已成就般若波罗蜜多，通达善巧方便。

这里所引的例句，见于《维摩经》梵本第二品 §1；该段描写维摩诘菩萨所具有的崇高的特殊的品德，上引的两句是其中的两句。值得注意的是：这里的两句把般若波罗蜜多和善巧方便排列在一起，以之表显维摩诘菩萨的两种重要品德，明显具有将这两个概念并列并举的意味。

中国古代《维摩经》经典诠释中，对于此二句将般若、方便并列并举之经文形式，以及透过这一形式彰显般若、方便平等并重之经文内涵，一些学者颇有察觉，并大大加以发挥。如《注维摩诘经》中，僧肇注释此二句说：

善于智度，通达方便。肇曰：到实智彼岸，善智度也；运用无方，达方便也。④

这里经文、注文的编排方式，即显示了编者认为这两句经文应当贯通起来予以理解和解释的思想。

此后，天台智者大师发挥了僧肇的理念，如智者大师说：

入深法门，善于智度，通达方便，大愿成就，明了众生，心之所趣，又能分别，诸根利钝：此八句，是第五：叹二智，如长者深智也。前四句，正叹；后四句，释叹。入深法门，即叹实智门，不二法门也。实相之理甚深，唯佛与佛，乃能究尽，故名深法门也。善于智度，正叹实智。大智彼岸，实相义故。此两句是叹实智也。通达方便，即是叹权智。权智善巧，能成大愿。大愿成就者，方便益物之用

① 《佛说维摩诘经》，《大正藏》第 14 册，No. 0474，第 520 页下。

② 《维摩诘所说经》，《大正藏》第 14 册，No. 0475，第 539 页上。

③ 《说无垢称经》，《大正藏》第 14 册，No. 0476，第 560 页中。

④ 《注维摩诘经》，《大正藏》第 38 册，No. 1775，第 339 页上。

> 成也。此两叹权智也。明了众生，心之所趣，此两句释叹实智。一切众生皆有佛性，凡有心者皆得菩提，如泉流必趣大海也。又能分别，诸根利钝，此两句释叹权智。众生根有利钝不同，而能善巧逗机，令得悟解，即是方便也。[①]

显然，在智者大师看来，《维摩经》中以上两句经文，分别表达“实智”及“权智”；而包括上述两句经文在内的上下文共八句经文，则构成经文一个相对独立的意义单元：以对“二智”的赞叹及解释为旨趣的意义单元。

此后的吉藏，也受到僧肇释经同样的启发。如吉藏如下的解释：“善于智度，通达方便：所以能入法门者，由具二慧故也。到实智岸，善智度也；运用无方，达方便也。”[②] 正如智者大师继承僧肇的释经理路，用权智、实智“二智”来发挥《维摩经》这两句经文将般若、方便并列并举的旨趣一样，吉藏这里同样继承僧肇的释经理路，只是他把“二智”的措辞改成了“二慧”而已。我们于此发现：从《维摩经》的般若、方便并列并举，到汉传佛教的二智思想或二慧思想，确实存在一条理念演绎进展的清晰线索。

第三节　善巧方便被升格为波罗蜜多——作为第七种波罗蜜多的善巧方便

初期大乘佛教思想中最重大的思想动向有二：一是在原来六种波罗蜜多（六度）思想体系中，作为第六种波罗蜜多的般若，被尊为佛母般若；一是《阿含》经典中在教学法意义上使用的方便概念，升格为波罗蜜多的概念。我们在《维摩经》中也能找到一个句例，此句例明确地证实：《维摩经》中的方便概念或善巧方便概念，已经升级为一种波罗蜜多的概念。

我们看下面这个句例：

---

① 智者大师：《维摩经文疏》，《卍续藏》第 18 册，No. 0338，第 522 页上。

② 吉藏：《维摩经义疏》，《大正藏》第 38 册，No. 1781，第 931 页中。

【梵本】

mārakarma ca budhyante mārāṇāṃ cānuvartakāḥ |

upāyapāramiprāptāḥsarvāṃ darśenti te kriyām ‖ ①

【支谦】邪行为顺现，随欲牵致来；

方便度无极，一切示轨仪。②

【罗什】觉知众魔事，而示随其行；

以善方便智，随意皆能现。③

【玄奘】虽觉诸魔业，而示随所转；

至究竟方便，有表事皆成。④

【新译】他们随着魔罗活动，知晓魔罗作业；

他们获得方便波罗蜜多，示现所有的事业。

此颂文中出现 upāyapārami（方便波罗蜜）这一复合词，确证此经中具有“方便波罗蜜多”概念，说明在《维摩经》初期流行或该经初期结集的时代，将原始佛教即已有之的方便概念提升为波罗蜜多的重要思想动向，在此时业已宣告完成。因为韵文音节的缘故，经文在 pārami 之后省去了 tā。三种汉译中，支谦译为“方便度无极”，正确地译出了这个复合词，“度无极”是早期汉译佛典“波罗蜜多”之对应译词；罗什此处译为“善方便智”，多出“善”（善巧）、“智”二字，未能译出“波罗蜜多”；玄奘此处译为“究竟方便”，是采取意译，可惜他也未明确地译出“波罗蜜多”。

上引这个颂文是《维摩经》梵本第七品 §6 中的第 17 颂。本段经文共有 42 颂，其中，有三个颂文，均涉及“方便”这个概念。一处已如上述，另一处是第 1 颂，其中出现了般若波罗蜜多是诸菩萨母、善巧方便是诸菩萨父的著名说法（下详），还有一处是第 39 颂，在那里我们可以读

---

① 《梵文维摩经》第七品 §6，第 38 例，第 81 页。

② 《佛说维摩诘经》，《大正藏》第 14 册，No. 0474，第 529 页下。

③ 《维摩诘所说经》，《大正藏》第 14 册，No. 0475，第 549 页中。

④ 《说无垢称经》，《大正藏》第 14 册，No. 0476，第 576 页上。

到 mahopāya（伟大的方便）这样的表达方式。[①]

此外，这段经文的第 4 颂中，也出现了“六种波罗蜜多”（ṣaḍpāramitāḥ）的说法：

> sahāyāścānubaddhā hi ṣaḍimāḥpāramitāḥsadā |
> stryāgāraḥsaṃgrahas teṣāṃ dharmāḥsaṃgītivāditam ‖[②]

同一段经文中，既多次出现讨论方便或方便波罗蜜多的说法——在这一说法中，方便被称为方便波罗蜜多——，又出现“六种波罗蜜多”的说法——在这一说法中，般若则是第六种波罗蜜多——，充分显示此段经文不仅就《维摩经》而言，且就整个大乘佛教经典而言，都具有非常明显的特殊性：由 42 组颂文构成的这段经文，在波罗蜜多思想发展的历程中，尤其是在善巧方便概念及善巧方便思想发展的历程中，应当占据十分重要的地位。

正是在《维摩经》方便思想及波罗蜜多思想上述这种发展历程及发展格局中，我们充分感知到善巧方便波罗蜜多被列为第七种波罗蜜多的明确的意义指向。

关于《维摩经》中以善巧方便为波罗蜜多及为第七种波罗蜜多的意义指向，我们也可以经文中的以下三例加以参证。第一例：

> 【梵本】
> dānadamaniyamasaṃyamaśīlakṣāntivīryadhyānaprajñopāyaniryātaiḥ,[③]

【支谦】其所布施、调意、自损、戒、忍、精进、一心、智慧、善权已下。[④]

---

① 《梵文维摩经》第七品 §6，第 39 例，第 83 页。

② 同上书，第 80 页。

③ 《梵文维摩经》第一品 §3，第 1 例，第 1 页。

④ 《佛说维摩诘经》，《大正藏》第 14 册，No. 0474，第 519 页上。

【罗什】布施、持戒、忍辱、精进、禅定、智慧及方便力无不具足。①

【玄奘】皆获第一布施、调伏、寂静、尸罗、安忍、正勤、静虑、般若、方便善巧、妙愿、力、智波罗蜜多。②

【新译】已经成办布施、调伏、抑制、自制、戒律、安忍、精进、禅那、般若、方便。

此例见于梵本第 1 品 §3，本段描述参与佛陀法会的三万二千位“以神通著称”的大菩萨众的品德，经文共用 46 句描述这些菩萨的四十六种品德，此句为 46 句中的一句。虽然在现存梵本中此句末尾未出现 pāramitā 一字，但此句所描述的菩萨品德，显然即指通常所谓诸波罗蜜多的内容。诸汉译中，支谦列出 9 种波罗蜜多，罗什列出 7 种，玄奘列出 12 种，今传梵本则列出 10 种。玄奘译本中出现“波罗蜜多”之术语，其他三本均未见；四本中都列举了北传佛教通行的六度，且都有“方便”，而玄奘译本不仅明确出现“波罗蜜多”这个语汇，且包括了北传佛教中后来所流行的“十度”思想的完整内容。这个例句应该可以见证波罗蜜多思想发展的一个历史轨迹，也应该可以见证《维摩经》确实已经将善巧方便这个概念列入“波罗蜜多”的思想范畴中。

第二例：

【梵本】

dānadamasaṃyamanirjātaḥkṣāntisauratyanirjāto dṛḍhavīryakuś alamūla-nirjāto dhyānavimokṣasamāḍhisamāpattinirjātaḥśrutaprajñopāyanirjātaḥ | ③

【支谦】从布施、调意、自损生；从忍辱、仁爱柔和生；从强行精进功德生；从禅、解、定意、正受生；从智度无极闻德生；从善权

① 《维摩诘所说经》，《大正藏》第 14 册，No. 0475，第 537 页上。

② 《说无垢称经》，《大正藏》第 14 册，No. 0476，第 557 页下。

③ 《梵文维摩经》第二品 §12，第 10 例，第 19 页。

方便智谋生；从一切诸度无极生。①

【罗什】从布施、持戒、忍辱、柔和、勤行精进、禅定、解脱、三昧、多闻、智慧诸波罗蜜生，从方便生。②

【玄奘】从修布施、调伏、寂静、戒、忍、精进、静虑、解脱、等持、等至、般若、方便、愿、力、智生。③

【新译】从布施、调伏、自制所生，从安忍、柔和所生，从坚固的精进这种善根所生，从禅那、解脱、三摩地、三摩钵底所生，从听闻、般若、方便所生。

此段见于《维摩经》梵本第二品§12，这段话讲如来法身之起源，所引的几句是其中的一部分。此例同上例，现存梵本中未出现 pāramitā 一字，但从上下文义推敲，此段明显也是从波罗蜜多思想的角度立言。支谦的译文中有“一切诸度无极”，罗什的译文中也有“诸波罗蜜”，虽然他们具体处理文字的方式不同，但两人显然都赞同此处关于法身来源问题的讨论是在波罗蜜多思想范畴中展开的。玄奘此处译文未出现波罗蜜多一语，但其译文中包含诸本所不见的“愿、力、智”三项，足见他也是从波罗蜜多思想范畴的角度解读此句。所以这个例证的意义与前面那个例证的意义是一致的。

第三例：

【梵本】

dharmadānamaitry anācāryamuṣṭitayā, śīlamaitrī duḥśīlasatvāvekṣaṇatayā, kṣāntimaitry ātmaparākṣaṇyanatayā, vīryamaitrī sarvasatvabhāravahanatayā, dhyānamaitry anāsvādanatayā, prajñāmaitrī kālasaṃprāpaṇatayā, upāyamaitrī sarvatramukhoddarśanatayā ‖ ④

① 《佛说维摩诘经》,《大正藏》第14册，No. 0474，第521页上。
② 《维摩诘所说经》,《大正藏》第14册，No. 0475，第539页中。
③ 《说无垢称经》,《大正藏》第14册，No. 0476，第560页中。
④ 《梵文维摩经》第六品§2，第35例，第66页。

【支谦】行布施慈，无所遗忘；行戒以慈，与恶戒眼；行忍以慈，彼、我皆护；行精进慈，荷负众人；行一心慈，思所当念；行智慧慈，而以知时；行善权慈，一切现闻。①

【罗什】行法施慈，无遗惜故；行持戒慈，化毁禁故；行忍辱慈，护彼、我故；行精进慈，荷负众生故；行禅定慈，不受味故；行智慧慈，无不知时故；行方便慈，一切示现故。②

【玄奘】修法施慈，离师卷故；修净戒慈，成熟犯戒诸有情故；修堪忍慈，随护自、他，令无损故；修精进慈，荷负有情利乐事故；修静虑慈，无爱味故；修般若慈，于一切时现知法故；修方便慈，于一切门普示现故。③

【新译】就产生施法慈，因为无有阿阇梨之保留性；就产生戒律慈，因为关注破戒的众生；就产生安忍慈，因为保护自己、他者④；就产生精进慈，因为承载一切众生的负担；就产生禅那慈，因为不贪恋享受；就产生般若慈，因为按时达成；就产生方便慈，因为到处显现颜面。

此段经文见于《维摩经》梵本第六品 §2，维摩诘、文殊师利在讨论：如果以如幻等观法看待众生，则菩萨对于众生的大慈（mahāmaitrī）将如何产生的问题。此段经文讨论的议题虽然是在 maitrī（慈悯）的思想范畴之下进行，而非在 pāramitā（波罗蜜多）的思想范畴下进行，但经文把传统的六度概念与方便概念紧密地连接在一起，让它们都成为大慈的来源。我们从经文的内在逻辑可以体会到：以善巧方便邻接般若，以善巧方便波罗蜜多邻接般若波罗蜜多，从而将善巧方便升格为第七种波罗蜜多的相关意识，此时已经成为《维摩经》经典结集及佛教思想界的一种共识。我们在《法华经》等初期大乘佛教经典中，可以看到同样的思想动向。

---

① 《佛说维摩诘经》，《大正藏》第 14 册，No. 0474，第 528 页上。

② 《维摩诘所说经》，《大正藏》第 14 册，No. 0475，第 547 页中。

③ 《说无垢称经》，《大正藏》第 14 册，No. 0476，第 572 页下。

④ 按此句梵文本及日本校勘本均为 ātmaparākṣ aṇyanatayā，支谦本译为“彼、我皆护”，罗什本译为“护彼、我”，玄奘本译为“随护自、他”，都读此句为 ātmapararākṣ aṇyanatayā，今根据汉译传统解读。

第四节 方便与般若各司其职——与般若功能作用不同的善巧方便

《维摩经》所表述的善巧方便思想的第四个要义，可以这样概括：般若、方便，各有自己职司的功能，因此二者各自所起的功能或作用，是不一样的。

关于此一问题，我们在经文中可以找到的最恰当例证，是下面这个例句：

【梵本】

upāyakuśalatvād asaṃskṛte na pratitiṣṭhati, prajñāsunirīkṣitatvāt saṃskṛtaṃ na kṣapayati①

【支谦】不尽数者，为行善权；不住无数者，为出智慧。②

【罗什】(阙译)

【玄奘】方便善巧化众生故，不住无为；微妙智慧善观察故，不尽有为。③

【新译】由于有善巧方便，他不住于无为中；由于善用般若观察，他不销尽有为。

这两句出自《维摩经》梵本第十品 §19。根据僧肇的解释，经文此段文字旨在说明菩萨能够做到“不尽有为，不住无为”的理由。④ 因此我们征引的这两句说明：菩萨因有善巧方便，所以能够不住于无为中；因有善巧观察的般若，所以能够不销尽有为。

---

① 《梵文维摩经》第十品 §19，第 41 例，第 107 页。

② 《佛说维摩诘经》，《大正藏》第 14 册，No. 0474，第 534 页上。

③ 《说无垢称经》，《大正藏》第 14 册，No. 0476，第 583 页下。

④ “肇曰：上直明菩萨不尽有为，不住无为，未释所以不尽，所以不住。夫大士之行，行各有以，妙期有在，故复对而明之。”《注维摩诘经》，《大正藏》第 38 册，No. 1775，第 409 页上。

本段几种汉译之间，及汉译与今存梵本之间，文字上存在甚大的出入：今存梵本的日本校勘本与玄奘的译文相同，与支谦译文的涵义，却正好相反；而罗什的译文，则缺少这两句。此经梵本的日本校勘者，也提示西藏布达拉宫本的底本此处所记如下：

> upāyakuśalatvād asaṃskṛte na pratitiṣṭhati, prajñāsunirīkṣitatvātsaṃskṛte na pratitiṣṭhati | sarvajñajñānaparipūrṇārtham | saṃskṛtan na kṣapayati upāyakuśalatvād asaṃskṛte na pratitiṣṭhati | ①

【新译】由于有善巧方便，他不住于无为中；由于善以般若观察，他不住于有为中。为了成熟一切知者的智慧，他不销尽有为；由于有善巧方便，他不住于无为中。

今据此经梵本及玄奘的翻译，可以确定善巧方便的功能作用：因为具足善巧方便，一个菩萨就能不住无为。所以善巧方便所职司的功能是：它使得菩萨不驻留于无为法、不实证无为法，而是参与到有为法当中。因为具足般若，一个菩萨就不住于有为法，或者就不销尽有为法。根据经文中前一段的界定，有为法的涵义是“尽”，无为法的涵义是“不尽”，② 所以“不尽有为”，意思就是使有为法不成其为有为法，这也就是指要关联于无为法，而不住停于、陷溺于有为法中，所以也即“不住有为”。因此，虽然这里的经文字句在传承上有所差异，但本质的涵义仍然是一致的。般若的功能，就是使得具足般若者不停住于有为法，不陷溺于有为法，使得有为法与无为法有所关联，而不致全然无意义地至于死灭。所

---

① 《梵文维摩经》，第 107 页下注。

② 支谦：“佛告诸菩萨言：‘有尽不尽门，汝等当学。何谓为尽？谓其有数；何谓不尽？谓为无数。”（《佛说维摩诘经》，《大正藏》第 14 册，No. 0474，第 533 页下）罗什：“佛告诸菩萨：有尽无尽解脱法门，汝等当学。何谓为尽？谓有为法；何谓无尽？谓无为法。”（《维摩诘所说经》，《大正藏》第 14 册，No. 0475，第 554 页中）玄奘：“世尊告彼诸来菩萨言：善男子！有诸菩萨解脱法门，名有尽无尽，汝今敬受，当勤修学。云何名为有尽无尽？言有尽者，即是有为，有生灭法；言无尽者，即是无为，无生灭法。”（《说无垢称经》，《大正藏》第 14 册，No. 0476，第 582 页中）

以，般若、方便确实各有其彼此不可替代的不同方向的殊胜功能！

既然经文中明确提示般若、方便各有其不可替代的殊胜功能作用，那么我们据此就可合理地推论：无论是以般若替代善巧方便的功能作用，或是以善巧方便替代般若的功能作用，都是不可取的，也都是不可能的！

第五节 方便与般若不可分割——与般若不可分割的善巧方便

《维摩经》不仅与《般若经》一致，将善巧方便与般若二者并列并举，强调二者各有职司，各有功能作用，而且进一步阐明善巧方便与般若二者之间具有不可分割的关系：般若不能脱离善巧方便，善巧方便不能脱离般若，若善巧方便脱离了般若的影响和制约，则善巧方便就会成为菩萨的系缚，成为菩萨的障碍；若般若脱离了善巧方便的影响和制约，般若同样会成为菩萨的系缚，成为菩萨的障碍。这种般若、方便相互不可脱离对方、彼此不可分割、密不可分、相互制约的思想，是《维摩经》所阐述的善巧方便思想中最为突出的部分，比之《般若经》的相关思想，《维摩经》这方面的思想要清楚明晰得多，[①] 所以值得我们予以特殊的及高度的重视。

---

① 如日本学者神林隆净在《菩萨思想研究》一书中，讨论《般若经》菩萨思想的部分，认为菩萨与声闻、缘觉的区别，即在于两点：(1)“菩萨虽与声闻、缘觉都修三十七菩提分法、六波罗蜜等，但菩萨比声闻、缘觉二乘人更进一步，是因为他修习般若波罗蜜。”(2)“菩萨化他的愿力强烈，相反地，声闻、缘觉二乘人几乎没有这种愿力，在救度众生时，因众生的根基有很多种类，所以救度的方法若只慈悲而已，也不能达成目的，随根基更改教化的手段，这就是方便波罗蜜。菩萨具有此方便波罗蜜，就是与二乘人殊异所在。菩萨而缺此方便波罗蜜，则失去做菩萨的资格。”因此，作者进而论说，般若与方便不可相离。作者说：“但可注意的是：在菩萨的场合，般若与方便不可相离。般若是真实智，而方便是教化的手段。在菩萨的场合，般若一定是附随于教化手段的真实智。又教化的手段若离真实智，则显不出真用。因此二者不能相离。”（参见神林隆净《菩萨思想研究》，许洋主所译，载蓝吉富主编《世界佛学名著译丛》66，华宇出版社 1985 年版，第 229—231 页。）神林隆净此处指出“在菩萨的场合，般若与方便不可相离”，这个理念是很对的，但作者在这里的理念更多地出自他的推论，而未能从《般若经》中检视出表达这种思想的明确证据，这就显示《般若经》这方面的思想，与《维摩经》相比，明显存在着不足之处。

我们从梵本《维摩经》可以清楚看出。《维摩经》梵本第四品整整用了三个段落，来专题阐述上述般若、方便不可分割的思想理念，足见此经对于这一思想理念的关切程度。其中，§16 中说：

【梵本】

tatra katamo bandhaḥ, katamo mokṣaḥ | anupāyād bhavagatiparigraho bodhisatvasya bandhaḥ, upāyād bhavagatigamanaṃ mokṣaḥ | anupāyād dhyānasamādhyāsvādanatā bodhisatvasya bandhaḥ, upāyena dhyānasamādhyāsvādanatā mokṣaḥ | anupāyasaṃgṛhītā prajñā bandhaḥ, upāyasaṃgṛhītā prajñā mokṣaḥ | prajñayāsaṃgṛhīta upāyo bandhanam, prajñāsaṃgṛhīta upāyo mokṣaḥ | ①

【支谦】何谓缚？何谓解？菩萨禅定以缚诸我以道缚我。缚者，菩萨以善权生五道解。彼受菩萨无权执智缚，行权执智解。智不执权缚，智而执权解。②

【罗什】何谓缚？何谓解？贪着禅味，是菩萨缚；以方便生，是菩萨解。又无方便慧缚，有方便慧解。无慧方便缚，有慧方便解。③

【玄奘】又，妙吉祥！何等名为菩萨系缚，何等名为菩萨解脱？若诸菩萨味着所修静虑、解脱、等持、等至，是则名为菩萨系缚；若诸菩萨以巧方便摄诸有、生，无所贪着，是则名为菩萨解脱。若无方便善摄妙慧，是名系缚，若有方便善摄妙慧，是名解脱。④

【新译】那么何谓系缚，何谓解脱呢？没有方便而接受存有之趣向，是菩萨之系缚；由于方便而前往存有之趣向，是菩萨之解脱。没有方便而享受禅那、三摩地，是菩萨之系缚；由于方便而享受禅那、三摩地，是菩萨之解脱。不为方便所统摄的般若，是菩萨之系缚；为方便所统摄的般若，是菩萨之解脱。不为般若所统摄的方便，是菩萨之系缚；为般若所

① 《梵文维摩经》第四品 §16，第 14—21 例，第 51 页。

② 《佛说维摩诘经》，《大正藏》第 14 册，No. 0474，第 526 页上。

③ 《维摩诘所说经》，《大正藏》第 14 册，No. 0475，第 545 页上。

④ 《说无垢称经》，《大正藏》第 14 册，No. 0476，第 569 页上。

统摄的方便，是菩萨之解脱。

《维摩经》此段文字，及以下紧接着的二段文字，都是维摩诘及文殊师利两位菩萨在讨论般若、方便二者之间相互关系的议题。本段首先提出“何谓系缚、何谓解脱”的问题，然后逐层展开讨论。经文认为：关于菩萨系缚及解脱之问题，可以从“托生”及“禅悦”两个角度予以分析：

（一）从托生角度言，一个菩萨若无方便而接受存有，接受趣向，则是系缚；若有方便而接受存有，接受趣向，则是解脱。可见对于菩萨是否可以托生的问题言，最重要的原则是看这个菩萨是否已经成就善巧方便。

（二）从享受禅那角度言，一个菩萨若无方便而享受禅那，则为系缚；若有方便而享受禅那，则是解脱。可见对于菩萨是否可以享受禅那的问题言，关键也要看此菩萨究竟是否具备善巧方便之智。

托生问题，禅定问题，一个关乎来生的生命福利，一个关乎今生的生命品质，应当是初期大乘佛教讨论菩萨思想的两个重大议题。从上引这段文字可以看出，无论对于解决托生问题，或是享受禅定乐趣的问题，方便都具有本质重要的地位。

在如此高度地强调方便之重要性的基础上，经文进而导出般若、方便相互制约、不可分割的观点：无论是脱离般若的方便，或脱离方便的般若，对于一个菩萨而言，都是系缚；相反，与般若不可分割的方便，与方便不可分割的般若，则是菩萨的解脱。所以，本段经文的内在逻辑，是要在高度强调善巧方便重要性的基础上，进而规定善巧方便与般若二者彼此之不可分割。三种汉译本的文义，似乎都有所脱误，导致这一重要义理，在汉译佛教的经典诠释传统中，显得不够清晰。今存梵本的文义比以上诸本都要精确。

下面是此经梵本第四品 § 17 段的论述：

【梵本】

tatra katamo ’ nupāyasaṃgṛhītā prajñā bandhaḥ, yad idaṃ śūnyatā-nimittāpraṇihitanidhyaptiḥ, na ca lakṣaṇānuvyañjanabuddhakṣetrālaṃkā-rasatvaparipācananidhyaptiḥ । iyam anupāyasaṃgṛhītā prajñā bandhaḥ ।

tatra katamopāyasaṃgṛhītā prajñā mokṣaḥ, yad idaṃ lakṣanānuvyañjanabuddhakṣetrālaṃkārasatvaparipācananidhyapticittaṃ ca śūnyatānimittāpraṇihitaparijayaśca । iyam upāyasaṃgṛhītā prajñā mokṣaḥ । tatra katamaḥprajñayāsaṃgṛhīta upāyo bandhaḥ, yad idaṃ sarvadṛṣṭikleśaparyutthānānuśayānunayapratighapratiṣṭhitasya sarvakuśalamūlārambho bodhau cāpariṇāmanā । ayaṃ prajñayāsaṃgṛhīta upāyo bandhaḥ । tatra katamaḥprajñāsaṃgṛhīta upāyo mokṣaḥ, yad idaṃ sarvadṛṣṭikleśaparyutthānānuśayānunayapratighaprahīṇasya sarvakuśalamūlārambho bodhau pariṇāmitas tasya cāparāmarśaḥ । ayaṃ bodhisatvasya prajñāsaṃgṛhīta upāyo mokṣaḥ । ①

【支谦】彼何谓无权执智缚？谓以空、无相、不愿之法生，不治相及佛国，以化人，是无权执智之缚也。何谓行权执智解？谓修相及佛国，开化人，而晓空、无相、不愿之法生，是行权执智之解也。何谓智不执权缚？谓以见、行、劳、望受立，修行一切德善之本，是智不执权之缚也。何谓智而执权解？谓断诸见、行、劳、望之受，以殖众德之本，而分布此道，是智而执权之解也。②

【罗什】何谓无方便慧缚？谓菩萨以爱、见心庄严佛土、成就众生，于空、无相、无作法中而自调伏，是名无方便慧缚。何谓有方便慧解？谓不以爱、见心庄严佛土、成就众生，于空、无相、无作法中以自调伏，而不疲厌，是名有方便慧解。何谓无慧方便缚？谓菩萨住贪欲、瞋恚、邪见等诸烦恼，而植众德本，是名无慧方便缚。何谓有慧方便解？谓离诸贪欲、瞋恚、邪见等诸烦恼，而植众德本，回向阿耨多罗三藐三菩提，是名有慧方便解。③

【玄奘】云何菩萨无有方便善摄妙慧名为系缚？谓诸菩萨以空、无相、无愿之法而自调伏，不以相、好莹饰其身、庄严佛土、成熟有情，此诸菩萨无有方便善摄妙慧名为系缚。云何菩萨有巧方便善摄妙

① 《梵文维摩经》第四品 § 17，第 22—29 例，第 51—52 页。

② 《佛说维摩诘经》，《大正藏》第 14 册，No. 0474，第 526 页上。

③ 《维摩诘所说经》，《大正藏》第 14 册，No. 0475，第 545 页上。

慧名为解脱？谓诸菩萨以空、无相、无愿之法调伏其心，观察诸法有相、无相，修习、作证，复以相、好莹饰其身、庄严佛土、成熟有情，此诸菩萨有巧方便善摄妙慧名为解脱。云何菩萨无有方便善摄妙慧名为系缚？谓诸菩萨安住诸见、一切烦恼、缠缚、随眠，修诸善本，而不回向正等菩提，深生执着，此诸菩萨无巧方便善摄妙慧名为系缚。云何菩萨有巧方便善摄妙慧名为解脱？谓诸菩萨远离诸见、一切烦恼、缠缚、随眠，修诸善本，而能回向正等菩提，不生执着，此诸菩萨有巧方便善摄妙慧名为解脱。①

【新译】那么不为方便所统摄的般若即系缚是怎样的？即是指专注思考空性、无相、无愿，而不专注思考诸相、诸好、庄严佛土、成熟众生，这是不为方便所统摄的般若即系缚。那么这里为方便所统摄的般若即解脱是怎样的？即是指专注思考诸相、诸好、庄严佛土、成熟众生的这种心，并且折服空性、无相、无愿，这是为方便所统摄的般若即解脱。那么这里不为般若所统摄的方便即系缚是怎样的？即是指在有着一切邪见、杂染之缠绕、随眠的亲爱及憎恨中住立者，发起一切善根，而不回向于菩提，这是为般若所不统摄的方便即系缚。那么为般若所统摄的方便即解脱是怎样的？即是指已经断除有着一切邪见、杂染之缠绕、随眠的亲爱、憎恨者，发起一切善根，回向菩提，并且此人无所计较，这是为般若所统摄的方便即解脱。

此段进一步讨论般若与方便的关系。般若与方便的关系有两种：第一种，般若脱离了方便，方便脱离了般若；第二种，般若不脱离方便，方便不脱离般若。因而本段分别阐述脱离了方便的般若、脱离了般若的方便各自的形态，以及与方便不可分割的般若、与般若不可分割的方便各自的形态。从般若这一面言，如果人们只是专注于空、无相、无愿这些解脱门，而不专注于佛的32种相、80种好，以及庄严国土、成熟众生这些事业，这样的般若就是不为方便所统摄的般若；反过来说，如果专注于佛的32种相、80种好，以及庄严国土、成熟众生这些事业，同时也折服空、无相、无愿这些解脱门，这样的般若就是为方便所统摄的般若。再从方便一面言，如果一个人在一切的烦恼中深深地植立，虽然发起一切的良善行为，却都不以菩提作为目标，那么这

① 《说无垢称经》，《大正藏》第14册，No. 0476，第569页上。

样的方便就是不为般若所统摄的方便；反过来说，如果一个人已经断除一切的烦恼，发起一切的良善活动，回向菩提，心里无所计较，那么这样的方便就是为般若所统摄的方便。本段经文的内容，可以说为讨论菩萨的般若（为方便所统摄的般若）及菩萨的方便（为般若所统摄的方便）的特质问题，制定了基本的判断标准和思考方向。

最后，此经第四品 § 17，继续阐述：

【梵本】

tatra mañjuśrīḥglānena bodhisatvenaivam ime dharmā nidhyapayitavyāḥ ǀ yat kāyasya cittasya ca vyādheś cānityaduḥkhaś ūnyānātmapratyavekṣaṇā, iyam asya prajñā ǀ yat punaḥ kāyavyādhipariharaṇatayā na khidyate, na pratibadhnāti saṃsāram, satvārthayogam anuyuktaḥ, ayam asyopāyaḥ ǀ punar aparaṃ yat kāyasya vyādheścittasya cāñonyaparāparatāṃ na nirnavatānihpurāṇatāṃ pratyavekṣate, iyam asya prajñā ǀ yat punaḥkāyasya vyādheścittasya ca nātyantopaśamaṃ nirodham atyayati, ayam asyopāyaḥ ǀ ①

【支谦】彼有疾菩萨已如是下此法：设身有病，观其无常、为苦、为空、为非身，是为智慧。又身所受不以断、恶生死，善利人民，心合乎道，是为权行。又若身病，知异同，意彼过非新则观其故，是为智慧。假使身病，不以都灭所当起者，是为权行。②

【罗什】文殊师利！彼有疾菩萨，应如是观诸法：又复观身无常、苦、空、非我，是名为慧。虽身有疾，常在生死，饶益一切，而不厌倦，是名方便。又复观身，身不离病，病不离身，是病是身，非新非故，是名为慧。设身有疾，而不永灭，是名方便。③

【玄奘】又，妙吉祥！有疾菩萨应观诸法：身之与疾，悉皆无常、苦、空、无我，是名为慧。虽身有疾，常在生死，饶益有情，曾无厌倦，是名方便。又观身、心与诸疾，展转相依，无始流转，生灭无间，

① 《梵文维摩经》第四品 § 17，第 52 页。

② 《佛说维摩诘经》，《大正藏》第 14 册，No. 0474，第 526 页上。

③ 《维摩诘所说经》，《大正藏》第 14 册，No. 0475，第 545 页上。

非新非故，是名为慧。不求身、心与诸疾毕竟寂灭，是名方便。①

【新译】这里，文殊师利啊！一个生病的菩萨，应当这样专注思考此等诸法：观察身、心疾病之无常、苦、空、无我，此是这个菩萨的般若。又不为回避身体之疾病而心生懈怠，及不阻碍轮回，致力于与利益众生有关者，此是这个菩萨的方便。再者，观察②身病及心病之相互辗转、非新非旧，此是这个菩萨的般若。并不追求身病及心病彻底停止的消灭，此是这个菩萨的方便。③

这段经文是《维摩经》中阐述般若、方便关系的第三段经文。此段经文复以对待疾病的态度为例，说明在身患疾病的情况下，何为菩萨的般若（与方便不相脱离的般若），何为菩萨的方便（与般若不相脱离的方便）。一个身在疾病中的菩萨，观察身、心疾病之无常、苦、空、无我，这是其般若，同时不为疾病所折服，常在轮回中利益众生，这是其方便。再者，观察此身、心疾病彼此辗转、非新非故，这是其般若，同时并不追求此身、心疾病之绝对消灭，这是其方便。维摩诘菩萨这里以自己对待疾病的方式为例，善巧显示了在一个菩萨那里，般若与方便是时时、处处密切地结合在一起的。

第六节　般若母、方便父——与般若绝对平等而相辅相成的善巧方便

《维摩经》中善巧方便与般若并列并举、各司其职、不可分割等思想理念，在此经梵本第七品 §6 的第一个颂文中，终于被推向理论的高峰和极致：这个颂文以母譬般若，以父譬方便，说明一切诸佛诸导师都由此二者起源，因此正如般若是诸佛菩萨法身慧命最重要的产生根源，因而在《般若经》中演绎出“般若佛母”的譬喻一样，善巧方便同样是一切诸佛菩萨法身慧命最重要的产生根源，因而在《维摩经》中就演绎出“方便

① 《说无垢称经》，《大正藏》第 14 册，No. 0476，第 569 页中。

② 梵本此处有 na“不”字，似应删去。

③ 《梵文维摩经》第四品 §18，第 30—31 例，第 52 页。

佛父”的譬喻。《维摩经》这一譬喻及这一颂文，不仅生动形象地揭示了善巧方便在诸佛菩萨品德中的崇高地位，也深刻地揭示了善巧方便与般若智慧二者之间绝对平等且相辅相成的重要思想理念。

这个颂文如下：

【梵本】

prajñāpāramitā mātā bodhisatvāna māriṣa |

pitā copāyakauśalyaṃ yato jāyanti nāyakāḥ || ①

【支谦】母智度无极，父为权方便；

菩萨由是生，得佛一切见。②

【罗什】智度菩萨母，方便以为父；

一切众导师，无不由是生。③

【玄奘】慧度菩萨母，善方便为父；

世间真导师，无不由此生。④

【新译】诸位朋友！般若波罗蜜多是菩萨母，

善巧方便是菩萨父，导师们由此二者产生。

《维摩经》这种般若菩萨母、方便菩萨父的思想，在《华严经》的经文中，也可以找到一处佐证：

【梵本】

prajñāpāramitā kulaputra bodhisattvānāṁ mātā, upāyakauśalyaṁpitā, dānapāramitā stanyam, śīlapāramitā dhātrī, kṣāntīpāramitā bhūṣaṇālaṁkāraḥ, vīryapāramitā saṁvardhikā, dhyānapāramitā caryāviśuddhiḥ || ⑤

---

① 《梵文维摩经》第七品 §6，第 37 例，第 79 页。

② 《佛说维摩诘经》，《大正藏》第 14 册，No. 0474，第 529 页下。

③ 《维摩诘所说经》，《大正藏》第 14 册，No. 0475，第 549 页中。

④ 《说无垢称经》，《大正藏》第 14 册，No. 0476，第 576 页上。

⑤ Gaṇḍ āvyūhasūtra, Buddhist Sanskrit Texts - No. 5, edited by Dr. P. L. Vaidya, Published by The Mithila Institute of Post - graduate Studies and Research in Sanskrit Learning, Darbhanga, 1960, p. 417.

【般若】复次，善男子！菩萨摩诃萨以般若波罗蜜为母，方便善巧为父，檀那波罗蜜为乳母，尸罗波罗蜜为养母，忍辱波罗蜜为庄严具，精进波罗蜜为养育者，禅那波罗蜜为浣濯人。①

【新译】善男子！在诸菩萨那里，般若波罗蜜多是母亲，善巧方便是父亲，布施波罗蜜多是乳母，戒律波罗蜜多是养母，安忍波罗蜜多是以装饰品装饰，精进波罗蜜多是养育，禅那波罗蜜多是净化行为。

《华严经》这段经文，以般若波罗蜜多为诸菩萨母、以善巧方便为诸菩萨父，与《维摩经》梵本第七品 §6 第一个颂文的理念，有明显的一致和承接，故《华严经》此段文字，是在《维摩经》以外，同样清晰申明般若、方便绝对平等、相辅相成这一思想理念最为重要的经证。

我们看到，《华严经》这段经文，列举了菩萨的七种波罗蜜多（虽然这里没有出现方便波罗蜜多的明确名称），而以般若、方便二者作为所列举的七度之首，极为明确地凸显了般若、方便二者在诸佛菩萨法身慧命起源问题上的特殊重要意义，这样的经文安排及其所表达的意义，与《维摩经》中相关的旨在凸显菩萨善巧方便这一品德的波罗蜜多思想，也是完全一致的。我们可以看出两段经文之间内在紧密的联系，而《华严经》这段经文在七度次序施设方面这种特殊而严整的逻辑安排，显示出此处经文思想内容与《维摩经》相关经文思想内容之间似乎存在着先后继承的关系。②

至此，我们不仅可以说《维摩经》的善巧方便思想，业已宣告成熟；也可以说在大乘佛教初期经典结集时代，围绕救度众生这一宏伟理想展开

① 般若译：《大方广佛华严经》，《大正藏》第 10 册，No. 0293，第 835 页下。

② 平川彰在《印度佛教史》一书中，把《维摩经》归类为“般若经系的经典”，认为“《维摩经》是以说空闻名的经典，而且宣说《入不二法门》，以‘维摩一默’来表示。支娄迦谶没有翻译《维摩经》，到支谦时才译出，可能它的成立比《般若经》及《阿閦佛国经》还晚。”（［日］平川彰：《印度佛教史》上，显如法师、李凤媚、庄昆木译，贵州大学出版社 2013 年版，第 360 页）还提到：“《华严经》并非一开始就集成这么大部的经典。《大智度论》中引用了《十地经》（Daśabhūmika）和《不可思议解脱经》（《入法界品》），这两经理应该早就独立流行。”（［日］平川彰：《印度佛教史》上，显如法师、李凤媚、庄昆木译，贵州大学出版社 2013 年版，第 362 页）并未明确说明《维摩经》和《华严经》尤其是作为《华严经》前身的两部早期经典《十地经》及《入法界品》之间的先后关系。

的佛教思想的崭新动向，至此也已圆满臻于成熟！

在中国佛教的经典诠释中，僧肇对《维摩经》的解释，是早期对《维摩经》善巧方便思想把握得最准确、最充分的。如僧肇提出："此经所明，统万行则以权智为主，树德本则以六度为根，济蒙惑则以慈悲为首，语宗极则以不二为门，凡此众说，皆不思议之本也。"① 并直接明确宣示："权智，此经之关要。"②

可以看出：僧肇把"权智"视为《维摩经》的核心思想。

在僧肇使用的概念中，"权"指善巧方便，"智"指般若。权智，又称为"权慧"，如在《肇论》中，有如下一段话：

> 沤和、般若者，大慧之称也。诸法实相，谓之般若；能不形证，沤和功也。适化众生，谓之沤和；不染尘累，般若力也。然则般若之门观空，沤和之门涉有。涉有未始迷虚，故常处有而不染；不厌有而观空，故观空而不证。是谓一念之力，权慧具矣。一念之力权慧具矣，好思，历然可解。③

这段话中的"沤和"，是早期汉译佛典中的术语，就是指"方便"。这段话把"沤和"与"般若"连在一起，称为"权慧"，这与《注维摩诘经》中以"智"称呼般若，以"权"称呼方便，权智合称的用法，是完全一致的。因此，无论是《注维摩诘经》中的"权智"之说，还是《肇论》中颇能反映僧肇思想的"权慧"之说，都证明在僧肇对于《维摩经》的诠释思想中，《维摩经》强调善巧方便的作用，强调将善巧方便与般若并列并举、相辅相成等一系以善巧方便作为核心概念发挥的思想，得到了僧肇非常准确的理解与阐释！

我们在《注维摩诘经》中，还可以读到下面这段话：

> 肇曰：夫有不思议之迹显于外，必有不思议之德着于内。覆寻其

---

① 《注维摩诘经》，《大正藏》第 38 册，No. 1775，第 327 页上。

② 同上书，第 379 页下。

③ 僧肇：《肇论》，《大正藏》第 45 册，No. 1858，第 150 页下。

> 本，权智而已乎。何则？智无幽而不烛，权无德而不修。无幽不烛，故理无不极；无德不修，故功无不就。功就在于不就，故一以成之；理极存于不极，故虚以通之。所以智周万物而无照，权积众德而无功，冥寞无为而无所不为，此不思议之极也。巨细相容，殊形并应，此盖耳目之粗迹，遽足以言乎？①

僧肇这段话把“权智”视为佛菩萨圣者“不思议之德”所以成立的内在的根本（“覆寻其本，权智而已”），正因为佛菩萨圣者有此“权智”作为内在的根本，所以才会有“不思议之迹”表现于外。僧肇这样的说法，也把般若、方便二者在菩萨内在品德修养中特具的崇高及重要的地位彰显出来了。

因此我们认为：僧肇的“权智”说，或“权慧”说，在汉传佛教经典诠释历史上具有重要地位，因为这一诠释首次清晰而准确地敞明了在《般若经》中已见端倪、已具梗概，在《法华经》中已确立其思想大端，而在《维摩经》中理念得以成型的善巧方便一系思想最为核心的要义！

---

① 僧肇：《注维摩诘经》，《大正藏》第38册，No. 1775，第382页上。

第九章　从僧肇的《维摩经》诠释看其对善巧方便概念及思想的理解

僧肇（384—414年）是我国东晋时期的重要佛教思想家，是著名译经大师鸠摩罗什法师（344—413年）门下的杰出弟子。史载僧肇素来家贫，以佣书为业，因缮写书籍的工作，得以历观经史，备尽坟籍。他"性好玄微，每以庄老为心要府，尝读《老子》，至《道德章》，乃嗟叹曰：美则美矣，然则斯神冥累之方，犹未尽也。后因遇见旧《维摩经》，欢喜顶受，披寻玩味。乃言：今始知所归矣。因此出家"①。这段记载告诉后人：对于《维摩经》的研习修学，在僧肇由服膺庄老之学而皈依佛教信仰的过程中，起到根本的促进作用。

僧肇年少时期所读的"旧《维摩经》"，是指罗什之前《维摩经》的诸种译本，很有可能是指吴时支谦或西晋竺法护的译本。后投罗什，遵从为师。罗什弘始八年（406年）于长安大寺新译《维摩诘经》时，僧肇"时预听次"②，并据现场所闻罗什的讲解，著成经注，这就是后来所称的《注维摩诘经》。僧肇自己的态度很谦虚，自称这部《维摩经》注解，是"略记成言，述而无作"③，实际上这部注疏著作不仅是中国佛教《维摩经》第一部真正系统的传世注疏，也堪称以经典注疏形式出现的中国佛教第一部系统而深刻的思想诠释著作。书中不仅记录罗什的许多口义，也提出自己的诸多理论创见，是开启后世中国佛教经典诠释思想的重要资源

① 《高僧传》，《大正藏》第50册，No. 2059，第365页上。

② 《注维摩诘经》，《大正藏》第38册，No. 1775，第327页上。

③ 同上。

之一。[①] 本章将重点观察僧肇这部注疏中对《维摩经》善巧方便概念及其思想理论的深入研究和阐述，我们从中可以掌握僧肇在注疏《维摩经》时取得的最重要的思想成就，也可以由此更进一步证成他杰出的思想天赋和理论才华。[②]

第一节 僧肇之权智说及般若、方便并列并举之思想原则

在《注维摩诘经》一书的开端，有僧肇撰写的一篇序言，这篇序言较为完整地阐述了僧肇对《维摩经》这部大乘佛教经典思想宗旨的理解。僧肇在序言中写道：

> 《维摩诘不思议经》者，盖是穷微尽化，绝妙之称也。其旨渊玄，非言象所测；道越三空，非二乘所议。超群数之表，绝有心之境。眇莽无为而无不为，罔知所以然而能然者，不思议也。何则？夫

---

① 关于这部《维摩诘》注疏之于僧肇思想之重要性，前辈学者已经提及。如《中国佛教史》第二卷载："就佛教内部言，当然要从鸠摩罗什那里接受资料，但同僧叡的广博不同，僧肇接受的主要是《维摩经》的思想。《肇论》中引用的经论并不少，甚至除了鸠摩罗什的译籍外，还有支曜、竺法护等人的，除了鸠摩罗什介绍的中道般若外，还有《道行》《放光》般若等。但是就根本上讲，他是用《维摩经》去会通其他经论的。""僧肇对于《维摩经》特别看重，是风气使然。他对《维摩经》的注解汪洋恣肆，发挥极多，《肇论》中讲得简略模糊处，从《维摩经注》中大多可以得到澄清。他的《维摩注》应看作《肇论》的组成部分。"（任继愈主编：《中国佛教史》第二卷，中国社会科学出版社 1993 年版，第 472 页）

② 关于善巧方便思想在般若思想中的重要地位，及其在僧肇思想中的表现的问题，前辈学者亦有论及。如《中国佛教史》第二卷，认为《肇论》之《宗本义》一篇："此章的中心，在于将般若和巧智（沤恕）统一起来"，并认为："这种思想在任何般若经类中都有，但把它讲得如此明确，则出于鸠摩罗什的门下。僧叡以'权智'概括般若，昙影以二谛解释中道，其宗旨相同。而《宗本义》以权慧二字归纳《肇论》的基本内容，同僧肇的整个思想也是完全相应的。"（任继愈主编：《中国佛教史》第二卷，中国社会科学出版社 1993 年版，第 473 页）另外，洪修平教授亦谓："《宗本义》是《肇论》一书的纲领性篇章，不知何时被列于《肇论》的卷首。有人认为这篇文章的思想内容不同于《肇论》中的其他各篇，因而判定其为伪作，我们不这样看。我们认为，《宗本义》的中心思想是将般若智慧和方便善巧结合起来，并以此来概括中观般若学的主要思想，这与僧肇的整个思想基本上是一致的。"（洪修平：《肇论注释》，佛光出版社 1996 年版，第 29 页）邱敏捷博士在其论文《〈宗本义〉与〈涅槃无名论〉的作者问题》中，对相关问题的研究史做过较详细的叙述，可以参看。（台湾大学文学院佛学研究中心《佛学研究中心学报》2003 年 07 月第八期，第 43—72 页）

圣智无知，而万品俱照；法身无象，而殊形并应；至韵无言，而玄籍弥布；冥权无谋，而动与事会。故能统济群方，开物成务；利见天下，于我无为。而惑者睹感照，因谓之智；观应形，则谓之身；觌玄籍，便谓之言；见变动，而谓之权。夫道之极者，岂可以形、言、权、智，而语其神域哉！然群生长寝，非言莫晓；道不孤运，弘之由人。是以如来命文殊于异方，召维摩于他土，爰集毗耶，共弘斯道。此经所明，统万行则以权智为主，树德本则以六度为根，济蒙惑则以慈悲为首，语宗极则以不二为门。凡此众说，皆不思议之本也。至若借座灯王，请饭香土，手接大千，室包乾象，不思议之迹也。然幽关难启，圣应不同，非本无以垂迹，非迹无以显本，本迹虽殊而不思议一也。①

从这段话可以看出，僧肇从以下三个层次讨论《维摩经》的思想宗旨：

（1）僧肇在序言中提出了智、形、言、权四个概念，其中，“智”指佛菩萨圣者的智慧，“形”指其形体，“言”指其语言，“权”指其应事。僧肇认为，对于这四个概念的理解可以有两个角度，即可从圣者自身的角度以言，也可从世俗之人（“惑者”）的角度以言。从前一角度言，智是无知而知的“圣智”，形是无象妙应的“法身”，言是无言而典籍遍布天下的“至韵”，权是无谋而能应事施为的“冥权”。从后一角度言，智则指感物而照，形指身体，言指经籍，权指变动。僧肇指出两个角度的形、言、权、智的差异，但也指出从两个角度所理解的上述四者，在弘法布教的实际进行中是不可分割的。僧肇这里所列举的四个概念，是他所提示理解《维摩经》一切思想义理的四个主要概念。

（2）《维摩经》中提出了哪些重要的思想？僧肇分别从“统万行”“树德本”“济蒙惑”“语宗极”四个方面，概括这部大乘佛典的主要思想。从“统万行”的角度言，本经是以“权智”作为主导，统摄万行，即统摄菩萨自行、化他的实践；从“树德本”的角度言，本经是以“六度”作为根本，建构菩萨的诸种品德；从“济蒙惑”的角度言，本经是

---

① 《注维摩诘经》，《大正藏》第38册，No.1775，第327页上。

以“慈悲”作为首要的原则，以救度众生；从“语宗极”的角度言，本经所示之不二法门，是讨论宗旨问题的极致形式。因此，僧肇这里揭橥《维摩经》的四个主要思想：以权智为主导统摄菩萨行的思想，以六度为根本建构菩萨诸德的思想，以慈悲为首要原则救度众生的思想，及以不二作为法门讨论宗旨问题的思想。

（3）《维摩经》通贯全经的中心思想又是什么呢？僧肇认为不思议思想就是通贯这部经典一切思想的根本思想、中心思想。僧肇还在序言中提出本、迹之说，认为本经的不思议思想也可以从“本”和“迹”两个层面予以理解。如上述《维摩经》四个主要的思想义理，是从“本”的层面或理论层面来表现此经的不思议，所以是“不思议之本”；而经中所示现的菩萨种种奇妙神通行为，则是从“迹”的层面或实践层面来表现此经的不思议，所以是“不思议之迹”。本、迹两个层面的共通特征是“不思议”，所以《维摩经》是一部“不思议经”。

以上，我们看到僧肇是以四个概念、四个主要思想及一个中心思想，来概括《维摩经》的思想宗旨的。在这一概括中，权与智这两个概念，成为四个概念中的两个主要概念；而有关权、智的思想，则成为四个主要思想中的一个主要思想。所以我们可以清晰地感知到僧肇的诠释意识：权智概念及其相关思想在《维摩经》的佛教思想中具有非常重要的地位。

如上所叙，僧肇是以不思议思想作为《维摩经》一切思想中具有核心地位的中心思想，那么在僧肇所理解的这一《维摩经》中心思想中，权智概念及其思想又占据何种地位呢？对此问题之进一步考虑，可以更加精确地判断权智之说在僧肇《维摩经》诠释思想中的真正份量。

关于这篇序言中提出的所谓“不思议”，我们在僧肇这部注疏的正文中，还可以找到更详细的解释，根据僧肇的这些解释，可以看出他也是把“不思议”思想主题与其权智之说紧密地联系在一起的。例如，罗什译《维摩经》中有如下一段经文：“维摩诘言：唯，舍利弗！为须弥灯王如来作礼，乃可得坐。于是新发意菩萨，及大弟子，即为须弥灯王如来作礼，便得坐师子座。舍利弗言：居士！未曾有也。如是小室，乃容受此高广之座，于毗耶离城无所妨碍。又于阎浮提聚落城邑，及四天下诸天龙王鬼神宫殿，亦不迫迮。维摩诘言：唯！舍利弗！诸佛菩萨有解脱，名不可思议。”[①] 僧肇解释如下：

> 肇曰：夫有不思议之迹显于外，必有不思议之德着于内。覆寻其本，权智而已乎。何则？智无幽而不烛，权无德而不修。无幽不烛，故理无不极；无德不修，故功无不就。功就在于不就，故一以成之；理极存于不极，故虚以通之。所以智周万物而无照，权积众德而无功，冥寞无为而无所不为，此不思议之极也。巨细相容，殊形并应，此盖耳目之粗迹，遽足以言乎？然将因末以示本，托粗以表微，故因借座，略显其事耳。此经自始于净土，终于法供养，其中所载大乘之道，无非不思议法者也。故嘱累云：此经名不思议解脱法门，当奉持之。此品因现外迹，故别受名耳。解脱者，自在心法也。得此解脱，则凡所作为，内行外应，自在无碍。此非二乘所能议也，七住法身已上，乃得此解脱也。别本云：神足三昧解脱。什曰：同体异名也。夫欲为而不能，则为缚也；应念即成解脱，无不能名为解脱。能然而莫知所以然，故曰不思议也。[②]

僧肇这段释文提出外内、本迹、本末、粗微多组概念，将“不思议”的外在表现及内在根据区分开来，这样的思路与僧肇在此疏序言中从理论、实践两个层次讨论不思议问题的做法，可以互补。表现在外的不思议，是一些神通现象，它们是粗显的而非隐微的，是现象而非本质，是枝节而非根本，而作为内在根据的不思议，则是菩萨圣者内在的德性修养，它们是隐微的，是本质的，是根本的。而这些隐微的本质的根本的内在德性修养之根本，则是权智。其中，无幽而不烛照者是智，无德而不修学者是权。因此，在僧肇看来不思议思想是本经的中心思想，本经所揭橥的所有佛教思想都以不思议思想为基础，本经所展示的诸多菩萨实践、神通现象，是不思议的外在表现，而作为这些不思议的理论及实践的支撑的根本依据，则是作为菩萨圣者内在德性根本的权智。所以透过僧肇不思议是《维摩经》的中心思想及权智是菩萨不思议德性根本依据的思想，僧肇实

---

① 《维摩诘所说经》，《大正藏》第 14 册，No. 0475，第 546 页中。

② 《注维摩诘经》，《大正藏》第 38 册，No. 1775，第 382 页上。

际上赋予了权智之说在本经所有的佛教概念及思想中最核心及最殊胜的位置。

罗什译《维摩经》中，有一句经文："是名住不可思议解脱菩萨智慧方便之门。"[①] 僧肇解释说：

> 肇曰：智慧远通，方便近导。异迹所以形，众庶所以成。物不无由，而莫之能测。故权智二门，为不思议之本也。[②]

罗什这句译文，支谦译为"此立不思议门菩萨入权慧力者也"[③]，玄奘译为"入菩萨方便善巧智力所入不可思议解脱境界"[④]，今存梵本中此句为：acintyavimokṣapratiṣṭhitānāṃ bodhisatvānām upāyajñānabalapraveśaḥ,[⑤] 可译为：住于不可思议解脱的诸菩萨的悟入方便智慧力量。其中复合词 upāyajñānabala，为表示同位格关系的持业释复合词，表示：方便即智慧，而方便智慧即力量。所以这个复合词示意方便是一种智慧，也是一种力量，整个复合词所处理的概念，是方便这个概念。如果以这种理解作为标准，可以看到支谦及玄奘此处的译文，比较符合梵文原本的涵义，罗什此处译为"智慧方便"，与原文及诸译不尽相合。《维摩经》这句话所在的那个段落，是在讨论居于不可思议解脱的诸菩萨的方便，而非讨论诸菩萨的智慧与方便，不过僧肇这里根据罗什的译文，认为这段经文揭示智慧、方便二门，并把此二门概括为"权智二门"，认为"权智二门"是《维摩经》中菩萨不思议德性的根本。僧肇此处以"权智二门"释"智慧方便之门"，以"权智二门"为菩萨"不思议之本"，再次证明僧肇确实是以权智之说作为证成《维摩经》中不思议思想的核心学说。

这种以权智之说作为《维摩经》中核心思想理念的诠释意识，我们在僧肇下面这处注释中，看得更加明显。罗什所译《维摩经》中有如下一段译文：

---

① 《维摩诘所说经》，《大正藏》第 14 册，No. 0475，第 547 页上。

② 《注维摩诘经》，《大正藏》第 38 册，No. 1775，第 383 页中。

③ 《佛说维摩诘经》，《大正藏》第 14 册，No. 0474，第 527 页下。

④ 《说无垢称经》，《大正藏》第 14 册，No. 0476，第 572 页中。

⑤ 《梵文维摩经》第五品 § 20，第 62—63 页。

如是道无量，所行无有涯，智慧无边际，度脱无数众。假令一切佛，于无数亿劫，赞叹其功德，犹尚不能尽。①

僧肇解释这几句话如下：

肇曰：权智之道，无涯无际。虽复众圣殊胜辩，犹不能尽。②

显然，僧肇这里说的“无涯”，是指“所行无有涯”一句，“无际”，是指“智慧无边际”一句，所以此处“权智之道，无涯无际”，是他解释经文中“所行无有涯，智慧无边际”这两句。也就是说，在僧肇看来，此处颂文“所行无有涯”一句，讨论的是权道；“智慧无边际”一句，讨论的是智道。所以两句颂文合起来，讨论的就是“权智之道”。

今考原文，此段话梵本如下：

teṣām anantaśikṣā hi anantaścāpi gocaraḥ ｜
anantajñānasaṃpannā anantaprāṇimocakāḥ ‖ （40）
na teṣāṃ kalpakoṭībhiḥkalpakoṭīśatais tathā ｜
bhāṣadbhiḥsarvabuddhais tu guṇāntaḥsuvaco bhavet ‖ （41）③

【新译】因为，他们有无边的学问，且有无边的眼界，
因而具足无边智慧的他们，能够度脱无边的众生。(40)
即使用一亿劫波，乃至用百亿劫波，正在演说的所有诸佛，
都不能传达其品德之边际。(41)

这是梵本第六品中末后 42 个颂文中的第 40、41 颂。对比可以看出，此处第 40 颂，谈诸菩萨圣者拥有无边的学问及无边的领域，所以是具足无边智慧者，能够度脱众生。文中“智慧”一词，原文是 jñāna，而非

① 《维摩诘所说经》，《大正藏》第 14 册，No. 0475，第 549 页中。
② 《注维摩诘经》，《大正藏》第 38 册，No. 1775，第 396 页中。
③ 《梵文维摩经》第六品，第 83 页。

prajñā（般若），所以罗什译文中此处的“智慧”，并非表示般若的“智慧”。“所行”，原文是 gocara，是领域、范围、境界、眼界之义，并非指行为或实践。从上下文推敲，此处是以“学问” + “眼界” = “智慧”，所以这里的“智慧”是指广义的智慧，既可以包括以领悟诸法真实为主的般若智慧，也可以包括以救度众生的知识为主的方便智慧。所以从梵本来看，这段颂文表面上并非讨论般若与方便，也就是并非在讨论权智，但实质上菩萨圣者之所以能够“度脱无数众”，恰恰因为他具足包含般若及方便在内的种种“智慧”。所以僧肇这里用“权智之道”来疏通这段文字，与经文的内在思想理路仍是契合的。无论从梵本看，或从罗什此处译文看，都未明确出现般若、方便一类的语汇，尤其是没有出现“方便”这个说法，而僧肇此处则令人注目地以“权智之道”的范畴，来疏通和概括此句的思想，这表明僧肇有用权、智一对范畴作为核心范畴疏释经文思想的重要诠释取向，这种诠释取向的存在，证明在僧肇的《维摩经》注疏中对于般若、方便一对概念及其相关思想高度重视的程度。般若、方便概念及其思想，或者说，以“权智之道”代表的权智概念及其思想，确实是僧肇在《维摩经》研究、诠释中形成的理解《维摩经》核心思想理念的重要诠释概念及思想。

正是因此，我们才可以理解僧肇在这部注疏著作中，提出了“权智，此经之关要”的著名说法：

> 肇曰：新故之名，出于先后。然离身无病，离病无身，众缘所成，谁后谁先？既无先后，则无新故。新故既无，即入实相，故名慧也。既有此慧，而与彼同疾，不取涅槃，谓之方便。自调初说，即其事也。慰谕、自调，略为权智。权智，此经之关要，故会言有之矣。①

僧肇这段疏释文字中，观病无先后，无新故，入实相，是慧；虽观病之实相，而与彼同疾，不取涅槃，是权。他因而提出“权智，此经之关要”的观点。“关要”，是指关键、枢纽、要害、核心之义，所以僧肇这

① 《注维摩诘经》，《大正藏》第 38 册，No. 1775，第 379 页下。

个观点的意思就是：权智思想是《维摩经》思想的关键、枢纽，是《维摩经》思想的要害、核心。

僧肇在诠释《维摩经》时这种以权智概念为《维摩经》核心概念，以“权智之道”或权智思想为《维摩经》核心、关键思想的做法，是僧肇《维摩经》诠释理念最为重大的特色，也是僧肇在中国佛教经典诠释学上所取得的最为卓越的成就之一。因为正是这样的理解及诠释，精准地把握了印度初期大乘经典结集时代高举般若思想及方便思想、将般若与方便并列并举的重大思想动向，僧肇卓越的思想洞察力及其理论诠释的天才，在这一诠释中表现得非常充分。僧肇这一诠释不仅凝聚其《维摩经》诠释的精粹理念，也凝聚其毕生学思的精粹理念。我们可以用僧肇另一部重要著作《肇论》中的有关说法，来证明此一诠释思想在僧肇整体的佛教思想中具有不可替代的中心地位。

在《肇论》开篇之《宗本义》一篇中，能读到如下一段话：

> 沤和、般若者，大慧之称也。诸法实相，谓之般若；能不形证，沤和功也。适化众生，谓之沤和；不染尘累，般若力也。然则般若之门观空，沤和之门涉有。涉有未始迷虚，故常处有而不染；不厌有而观空，故观空而不证。是谓一念之力，权慧具矣。一念之力权慧具矣，好思，历然可解。①

有趣的是，这段话中提出了“权慧”的说法，显然，这里说的“权慧”，与《注维摩诘经》中所说的“权智”完全对应。这段话开头所言“沤和、般若”，即指方便、般若。这段话的要点有二：一是规定了般若、方便各自的对象与职能，如文中所说，般若观空，方便涉有，这是二者所涉及的对象的区分；般若观照实相，方便则保证能不取证实相，方便救度众生，般若则保证不染尘累，这是二者功能作用的差异。其次，这段话包含的另一个重要思想是，般若与方便在具体作用的方式上有一个重要特点，那就是二者不可分割地融合在一起，而正因为如此，这段话提出“一念之力权慧具”的思想，也就是说般若与方便二者虽然是二种不同的

① 《肇论·宗本义》，《大正藏》第45册，No. 1858，第150页下。

智慧，指向不同，功能不同，但二者却包含在、具足于同一心念当中。①

这篇《宗本义》是否僧肇所著，历来存在一些争议。不过我们从上面的分析可以看出，《宗本义》这段话不仅把“沤和、般若”的关系，或者说“权慧”关系，规定为《肇论》一书的核心思想，且规定般若、方便二者各自的对象与功能，高度浓缩而又精准地概括了僧肇在《维摩诘经》注疏著作中表述的有关思想。所以这段话内含的思想，完全可以代表僧肇本人的思想。因此，根据《宗本义》的权慧之说，我们可以进一步推论：权智思想不仅是僧肇所理解及诠释的《维摩经》的核心思想，也是僧肇所理解及诠释的般若中观乃至整个大乘佛教的核心思想。正因为僧肇的权智说或权慧说，扣紧了初期大乘佛教经典结集时代最为核心的议题，准确把握了初期大乘佛教的思想脉动，所以我们认为僧肇确实有资格位列中国古代第一流佛教思想家当中！

第二节　僧肇之“权道”说及善巧方便之超越、卓绝

以权智一对概念及其相关思想来概括《维摩经》的核心思想，表明在僧肇的《维摩经》诠释中，对于善巧方便概念及善巧方便一系思想的涵义、价值及地位，有着高度的自觉和认同。反映这种自觉和认同的一个证据是，僧肇不仅创造了“权智之道”的著名说法，也创造了“权道”的表达方式。我们在这部《维摩经》注疏著作中可以找到三处僧肇使用“权道”这一表达方式的证据。

其中，第一处证据如下：

肇曰：维摩诘，秦言净名，法身大士也。其权道无方，隐显殊

① 《中国佛教史》第三卷引用了《宗本义》中上一段话，并评论说：“据他（指僧肇，引者按）看来，作为大慧的般若，必须包含两个方面的内容，第一是‘般若’自身，它的任务是体认‘诸法实相’，而‘实相’即是‘性空’，所以它的作用在‘处有而不染’，‘不厌有而观空’，此亦简称之为慧为智；第二是‘沤和’，它的任务是‘适化众生’，所以被列为‘涉有’之门，而它的作用，即在于‘观空而不证’。‘沤和’意译为‘方便’，简称为‘权’。‘沤和’与‘般若’的统一，亦称‘权慧（智）’。所谓‘一念之力，权慧具矣’，就是要求在运用般若的任何一念中，都必须权慧等具，不可偏废。”（任继愈主编：《中国佛教史》第二卷，中国社会科学出版社1993年版，第473页）

迹。释彼妙喜，现此忍土。所以和光尘俗，因通道教。常与宝积俱游，为法城之侣。其教缘既毕，将返妙喜，故欲显其神德，以弘如来不思议解脱之道，至命宝积独诣释迦，自留现疾，所以生问疾之端，建微言之始。妙唱自彼，故言其说。①

在这段话中，僧肇有三处使用了“道”字：一处是“权道”，即指维摩诘菩萨方便度众之道；一处是“道教”，即指佛教或佛法，这种以“道教”称佛教或佛法的做法，是魏晋南北朝时期佛典翻译及佛教文献中的一种通常用法，在僧肇自己这部《维摩经》注疏著作中，就多次使用了这种说法；还有一处是“如来不思议解脱之道”，这个道字，在原文中是“法门”之义。通贯这部注疏也可以看出，“道”字是僧肇最喜欢使用的语汇之一，是僧肇这部书中出现频率最高的语汇，这反映了老庄之学对于僧肇思想、语言的深刻影响，也反映了当时时代学风的共性。凡是僧肇著作使用“道”字之处，在大多数的语境下，都既表示超验卓越的真理、理则、原则，也表示对于超出有限性事物的尊敬、感戴与归向。所以僧肇《维摩》疏中创造“权道”这个概念，以权道指方便之道，表明在僧肇心目中，方便这个概念及其所表达的思想具有崇高殊绝、令人推崇的性格。如此段文字中，以“无方”修饰“权道”，就说明方便具有不为空间或位置限制的超越性品质。

我们在僧肇注疏中看到他第二处使用“权道”这一表达方式的地方是：

其慧、方便，皆已得度。

肇曰：穷智用、尽权道，故称度也。②

罗什所译此句经文，见于梵本第四品 §1，其段落乃描写维摩诘菩萨所具有的诸种品德，本句即为其中之一。我们对比此句梵本及诸汉译如下：

---

① 《注维摩诘经》，《大正藏》第 38 册，No. 1775，第 327 页中。

② 同上书，第 371 页上。

upāyakauśalyagatiṃgataḥ ‖ ①

【支谦】务行权慧。②

【罗什】其慧方便皆已得度。③

【玄奘】到大智慧巧方便趣。④

【新译】已经通达善巧方便。

我们看到，此处支谦的译文似乎支持今存梵本，而罗什及玄奘二译此处一致，他们所依据的底本此句应当有般若、方便两个名词。所以罗什此处是译 prajñā 为慧，译 upāya 为方便，玄奘此处译前者为“智慧”，译后者为“巧方便”。因此，僧肇此处解释般若慧为智，解释方便为权，并把罗什译文中的“已得度”（通达）解释为穷尽。值得注意的是，此处的句子采取了互文修辞法：穷尽智用之道，穷尽权用之道，作者这里未写成“智道、权用”，足以证明在僧肇心目中对于般若、方便二者无所轩轾，以及对于方便德性之尊崇与提倡。

僧肇注疏中第三处使用“权道”这个词语的例证如下：

尔时会中有一菩萨，名普现色身，问维摩诘言：居士父母、妻子、亲戚、眷属、吏民、知识，悉为是谁？奴婢、僮仆、象马、车乘，皆何所在？

肇曰：净名权道无方，隐显难测，外现同世家属，内以法为家属。恐惑者见形，不及其道，故生斯问也。⑤

僧肇此处使用“权道”一词时，给所谓“权道”添加了两个修饰语，一个是“无方”，无方，表示权道具有超越空间、地域、方位的性格，能够不为空间、地域或方位所限；另外一个修饰语是补充说明的语词“隐

① 《梵文维摩经》第四品 §1，第 45 页。

② 《佛说维摩诘经》，《大正藏》第 14 册，No. 0474，第 525 页中。

③ 《维摩诘所说经》，《大正藏》第 14 册，No. 0475，第 544 页上。

④ 《说无垢称经》，《大正藏》第 14 册，No. 0476，第 567 页中。

⑤ 《注维摩诘经》，《大正藏》第 38 册，No. 1775，第 393 页上。

显难测”，指权道之表现方式，或隐或显，难以测度。这里的两个修饰性或补充说明的语词，与第一处例证中用以说明“权道”性质的两个修饰语（“无方”，“隐显殊迹”）是一致的，都表达了方便的超越性、殊胜性。文中又提出“形”及“道”一对概念，说明维摩诘菩萨以“权道”在世间救度众生的生命存在状态，有可见的“形”的一面，及不可见的“道”的一面。这里的“道”字与“形”字对举，表示菩萨圣者的生命存在状态（慧命）具有超越形体、外表的殊胜特质。维摩诘菩萨之救度众生的实践，广义而言一切菩萨圣贤救度众生的实践，都是在善巧方便（权）主导下的行动及结果，菩萨圣者生命存在形式（慧命）的这种超绝性，正是由于其善巧方便的超绝性。所以正是为了表现这种善巧方便的超绝性，僧肇才把“道”字连接在“权”字上，从而创造出“权道”这个语词。僧肇此处的分析，说明他创造“权道”这一语汇，重点即在表达作为菩萨圣者生命依据的善巧方便，不仅具有和光同尘、向众生示现的“形”的一面，有限性的一面，也具有超尘脱俗、不为众生所见的“道”的一面，无限性的一面。

因此，从“权道”这个语词概念的创立和使用，我们不难看出，僧肇不仅对于善巧方便这一概念及思想的价值、意义和地位有着高度的体认和认同，对于旨在救度众生、作为菩萨圣者生命形式之基础的善巧方便介于“形”与“道”之间、介于有限性与无限性之间的品性和特质，也有着充分的认识和感悟！

第三节　僧肇释善巧方便:作为一种智慧的善巧方便或作为智慧运用的善巧方便

我们可以从僧肇这部注疏中一些例句对于善巧方便的解释，进一步研讨僧肇对作为权道的善巧方便的涵义、本质、功能等的理解。

例如，罗什译《维摩诘经》中有如下一句：

布施、持戒、忍辱、精进、禅定、智慧及方便力，无不具足。[1]

---

① 《维摩诘所说经》，《大正藏》第 14 册，No. 0475，第 537 页上。

罗什、僧肇的解释如下：

什曰：上言道念不断。道念不断，然后具行六度。六度具足，自事已毕。自事已毕，则方便度人。度人之广，莫若神通。神通既具，乃化众生。如是次第，如后净国中说也。

肇曰：具足，谓无相行也。七住已上，心智寂灭。以心无为，故无德不为。是以施极于施而未尝施，戒极于戒而未尝戒。七德殊功，而其相不异，乃名具足。方便者，即智之别用耳。智以通幽穷微，决定法相，无知而无不知，谓之智也。虽达法相，而能不证，处有不失无，在无不舍有，冥空存德，彼彼两济，故曰方便也。①

按此句，今存梵本及诸汉译如下：

【梵本】

dānadamaniyamasaṃyamaśīlakṣāntivīryadhyānaprajñopāyaniryātaiḥ ‖ ②

【支谦】其所布施、调意、自损、戒、忍、精进、一心、智慧、善权已下。③

【罗什】布施、持戒、忍辱、精进、禅定、智慧及方便力，无不具足。

【玄奘】皆获第一布施、调伏、寂静、尸罗、安忍、正勤、静虑、般若、方便善巧、妙愿、力、智波罗蜜多。④

经文此句见于梵本第1品§3，此段描述参与法会的三万二千“以神通著称”的大菩萨众的品德，共包括46句，描述这些菩萨的四十六种品德，此句是其中之一。虽然此句所列菩萨品德的德目，在今存梵本及诸种

① 《注维摩诘经》，《大正藏》第38册，No. 1775，第329页中。

② 《梵文维摩经》第一品§3，第1页。

③ 《佛说维摩诘经》，《大正藏》第14册，No. 0474，第519页上。

④ 《说无垢称经》，《大正藏》第14册，No. 0476，第557页下。

汉译中不尽相同，但是可以肯定此句所叙述者，为菩萨圣者所具备的诸种波罗蜜多。罗什此处所列菩萨诸波罗蜜多，共七种，此即北传佛教传统所谓的六度，再加上第七度善巧方便，非常深刻和典型地反映了初期大乘佛教经典结集时代善巧方便正在提升为波罗蜜多这一显著的佛教思想动向。罗什此句的译文在“方便”之后有个“力”字，强化了方便是一种力量的理念，而未凸显善巧方便是一种智慧的理念。

我们看到：罗什此处对于七度范畴的解释，是分成“自事”及“度人”两个层面，六度，是菩萨自事或自度的方面，度人则是菩萨度他的方面。而僧肇这里的解释，则是把七度与菩萨修行阶位即菩萨地联系在一起，由于在菩萨地的前六地，从布施到般若的六种波罗蜜多虽已具足，而方便尚未具足，而在菩萨地第七地，则包括方便在内的七种波罗蜜多（七德）皆已具足，所以僧肇认为此处的“具足”，是指菩萨地第七地以上的菩萨修行层次。其次，僧肇在这里的解释，显然受到罗什译文“方便力”的影响，提出“方便者，即智之别用”的说法，在一定程度上容易导致这样一种理解：般若是指智慧，而方便则是般若智慧的一种特殊功能。不过，僧肇在此处注释中仍侧重描写了般若、方便二者各自不同的功能作用：般若主要的功能是观照法相，方便的主要功能则是“冥空存德，彼彼两济”，所以僧肇仍然表达出对于般若、方便的不同特质、功能要予以区分的思想。

关于方便究竟是指一种智慧，还是仅指智慧的一种功能或运用的问题，我们通观僧肇这部注疏著作，可以得到这样的印象：僧肇一方面似乎把方便理解为智慧的一种功能、应用、运用，一方面似乎又把方便理解为一种智慧。我们在下面这个例子中，可以明确感觉到：他是非常清晰地把方便理解为一种智慧的：

> 方便是菩萨净土，菩萨成佛时，于一切法方便无碍众生来生其国。①
>
> 肇曰：方便者，巧便慧也。积小德而获大功，功虽就而不证，处

① 《维摩诘所说经》，《大正藏》第14册，No.0475，第538页上。

有不乖寂，居无不失化，无为而无所不为，方便无碍也。[①]

罗什所译此句，勘对梵本及诸译如下：

【梵本】

upāyakauśalyaṃ bodhisatvasya buddhakṣetram，tasya bodhiprāptasya sarvopāyamīmāṃsākuśalāḥsatvā buddhakṣetre saṃbhavanti | [②]

【支谦】菩萨行善权方便故，于佛国得道，一切行权摄人为善生于佛土。[③]

【罗什】方便是菩萨净土，菩萨成佛时，于一切法方便无碍众生来生其国。

【玄奘】巧方便土是为菩萨严净佛土，菩萨证得大菩提时，善巧观察诸法有情来生其国。[④]

【新译】善巧方便是菩萨之佛土，所以一切擅长方便思考的众生，都生到获得菩提的这个菩萨的佛土中。

这句话梵本原文有 upāyamīmāṃsākuśalāḥ这个复合词，这是一个表示对格关系的依主释复合词（方便思考＋擅长），后转有财释，作形容词，修饰后文的 satvā（众生）。其中的前语 upāyamīmāṃsa（方便思考），则是一个表示同位格关系的持业释复合词，意思是“方便思考”，方便即思考。因为“方便”即“思考”，所以《维摩经》中的方便概念本是表达一种智慧的概念。支谦此处译为“行权摄人为善”，罗什译为“方便无碍”，玄奘译“善巧观察诸法”，三种汉译都未能准确传达出原典中善巧方便是指一种智慧这样一层涵义。然而正是在此处，僧肇却明确地指出：“方便者，巧便慧也”，也就是清楚地告诉我们：方便是一种巧便的智慧。

① 《注维摩诘经》，《大正藏》第 38 册，No. 1775，第 336 页上。
② 《梵文维摩经》第 1 品 § 13，第 10 页。
③ 《佛说维摩诘经》，《大正藏》第 14 册，No. 0474，第 520 页上。
④ 《说无垢称经》，《大正藏》第 14 册，No. 0476，第 559 页上。

考虑到在初期汉语佛教翻译事业中，佛经哲学思想的译传同时面临语言沟通及哲学建构的双重难题，因而僧肇此处精准而创发性的诠释，就显得尤其难能可贵了。此外，虽然由于罗什译文中“方便无碍”的译法，导致僧肇此处解释文字中出现“无为而无所不为”的说法，使得僧肇此处的解释文字带有玄学化思想及语词的浓厚痕迹，不过，僧肇以“处有不乖寂，居无不失化”来具体界定所谓的无碍的方便，仍然准确地传达出方便的主要功能特征。

在下面这个例子中，则可看到僧肇有时候也从“智慧的运用”这一角度来解释与方便概念有关的经文。如下面的例子：

善于智度，通达方便。①
肇曰：到实智彼岸，善智度也；运用无方，达方便也。②

此句诸本对勘如下：

【梵本】
prajñāpāramitānirjātaḥ, upāyakauśalyagatiṃgataḥ ‖ ③

【支谦】出于智度无极，善权方便。④
【罗什】善于智度，通达方便。
【玄奘】善于智度，通达方便。⑤
【新译】他已成办般若波罗蜜多，通达善巧方便。

根据《维摩经》原典此句上下文语境，我们知道这句经文传达出的重要信息，是将般若、方便予以并列并举的思想。表达这样思想的句例，在《般若经》中是非常普遍的，这种用法所反映出的将般若、方便二种

① 《维摩诘所说经》，《大正藏》第 14 册，No. 0475，第 539 页上。
② 《注维摩诘经》，《大正藏》第 38 册，No. 1775，第 339 页上。
③ 《梵文维摩经》第二品 § 1，第 15 页。
④ 《佛说维摩诘经》，《大正藏》第 14 册，No. 0474，第 520 页下。
⑤ 《说无垢称经》，《大正藏》第 14 册，No. 0476，第 560 页中。

德目予以并列并举的思想意识，在《般若经》中是一个到处涌现的思想意识。而《维摩经》的善巧方便思想与《般若经》的相关思想比较而言，大大前进了一步，它以《般若经》般若、方便并列并举的思想意识为基础，而更关心对于方便概念及其相关思想的系统的理论建构，所以那种旨在凸显般若、方便并列并举思想意识的经文用法，在这部经文中并不多见。我们看到僧肇这里的注疏，并未侧重这种般若、方便并列并举思想意识的掘发，而是更加侧重于般若是智慧之本身、而方便是智慧之“运用”的思想意识。不过，由于此处再度使用了“无方”这个修饰语，虽然作者是从“运用”的角度解释方便，但是仍然表现出方便的超越性。此外，在此处注疏中，僧肇提出了“实智”这一概念，用以强化表达般若智慧的真实性。僧肇这里虽称方便为“权”，称般若为“实智”，但无论在僧肇此处的诠释中，抑或在这部《维摩经》注疏的其他地方，都丝毫不含有般若是真实、而方便非真实，或透过非真实的方便以显示真实的实智的任何寓意。在此后汉传佛教诠释思想的发展中，那种与僧肇诠释思想非常偏离的意识，才会愈来愈影响甚至主导人们对于般若、方便关系的理解。

我们再以僧肇对于《维摩经》中著名颂文“智度菩萨母”一颂的阐释，检讨僧肇对善巧方便思想、方便与般若关系等议题的理解。此颂文如下：

智度菩萨母，方便以为父。一切众导师，无不由是生。①

下面是罗什、僧肇、道生师弟三人对这个颂文的解释：

生曰：所谓菩萨，以智慧为主，而智慧以内解为用，有母义焉。

什曰：穷智之原，故称度。梵音中有母义，故以为母。亦云：智度虽以明照为体，成济万行，比其功用，不及方便，故以为母。正方便父，梵音中有父义。方便有二种：一、深解空而不取相受证，二、以实相理深，莫能信受，要须方便，诱引群生，令其渐悟。方便义深而功重，故为父也。

---

① 《维摩诘所说经》，《大正藏》第14册，No.0475，第549页中。

肇曰：智为内照，权为外用。万行之所由生，诸佛之所因出。故菩萨以智为母，以权为父。

生曰：方便以外济为用，成菩萨道父义也。

什曰：菩萨、如来，通名导师。以新学谓其未离受生，应有父母。今欲显其以法化生，绝于受身，故答之以法也。生曰：菩萨以上至佛也。①

可以看出：关于般若、方便各自的功能作用，罗什认为般若（智度）“虽以明照为体”，但并非没有“成济万行”的功用，只是在“成济万行”的功用方面，般若不及方便而已。罗什这个说法包含这样的意味：即般若、方便都有“明照”的功能，也都有“成济万行”的功能，只是般若在“明照”方面功能殊胜，所以以“明照”为体，而方便在成济万行方面功能殊胜，所以以“成济”为体。罗什这个说法包含了般若及方便乃是两种智慧，或者是同一智慧之一体两面的珍贵意见。遗憾的是，由于语言的隔阂，或者由于记录的疏略，罗什似乎并未把自己的深意完全揭明。

透过这里节录的注疏文字，我们看到：僧肇“智为内照，权为外用”的观念，与竺道生“智慧以内解为用”“方便以外济为用”的观念，完全一致。二人以向内、向外的不同功能方向来界定般若、方便的区分，都没有特别着意解释般若、方便二者的体质究竟是一是异的问题。僧肇“菩萨以智为母，以权为父”的论说，道生以般若内解成菩萨道母义、方便外济成菩萨道父义的论说，也都完全一致，表明二家完全承继《维摩经》般若、方便绝对平等、相辅相成的理念。所有这些思想和观念，也都构成魏晋时期汉传佛教善巧方便思想的一些基本理念。

第四节　“二行俱备”——僧肇释般若、方便之不可分割

除般若、方便并列并举，般若与方便功能作用各别，善巧方便超越、卓绝，般若与方便绝对平等、相辅相成等诸义以外，强调般若与方便相互

① 《注维摩诘经》，《大正藏》第38册，No. 1775，第393页上。

不可脱离、彼此不可分割，般若与方便二者相互统摄、相互制约，也是《维摩经》善巧方便思想中一个极为突出的思想内容。《维摩经》中用了很大的篇幅，几乎是专题式地讨论并阐发了这一善巧方便思想主题。我们现在要考虑，僧肇对于这一思想主旨的理解及阐发如何呢？

《维摩经》中一共用了三段话来阐述这一议题。我们先看第一段文字：

【梵本】

tatra katamo bandhaḥ，katamo mokṣaḥ । anupāyād bhavagatiparigraho bodhisatvasya bandhaḥ，upāyād bhavagatigamanaṃ mokṣaḥ । anupāyād dhyānasamādhyāsvādanatā bodhisatvasya bandhaḥ，upāyena dhyānasamādhyāsvādanatā mokṣaḥ । anupāyasaṃgṛhītā prajñā bandhaḥ，upāyasaṃgṛhītā prajñā mokṣaḥ । prajñayāsaṃgṛhīta upāyo bandhanam，prajñāsaṃgṛhīta upāyo mokṣaḥ । ①

【支谦】何谓缚？何谓解？菩萨禅定以缚诸我以道缚我。缚者，菩萨以善权生五道解。彼受菩萨无权执智缚，行权执智解。智不执权缚，智而执权解。②

【罗什】何谓缚？何谓解？贪着禅味，是菩萨缚；以方便生，是菩萨解。又无方便慧缚，有方便慧解。无慧方便缚，有慧方便解。③

【玄奘】又，妙吉祥！何等名为菩萨系缚，何等名为菩萨解脱？若诸菩萨味着所修静虑、解脱、等持、等至，是则名为菩萨系缚；若诸菩萨以巧方便摄诸有、生，无所贪着，是则名为菩萨解脱。若无方便善摄妙慧，是名系缚，若有方便善摄妙慧，是名解脱。④

这段文字见于梵本第四品 § 16。本段共分五句，第一句提出问题：何

① 《梵文维摩经》第四品 § 16，第 51 页。

② 《佛说维摩诘经》，《大正藏》第 14 册，No. 0474，第 526 页上。

③ 《维摩诘所说经》，《大正藏》第 14 册，No. 0475，第 545 页上。

④ 《说无垢称经》，《大正藏》第 14 册，No. 0476，第 569 页上。

为菩萨之系缚，何为菩萨之解脱？第二句从接受有趣的角度，讨论善巧方便之重要性；第三句从享受禅那的角度，讨论善巧方便之重要性；第四句、第五句，说明般若、善巧方便二者彼此不可分割，必须互相统摄，互相制约。

从今传梵本可以看出，这一段经文的思想理路非常清晰，即一方面指出方便对于菩萨学行而言之特殊重要性，一方面指出般若、方便不可分割、相互制约。但三种汉译的底本在此处似乎各有不同程度的脱落，以致这段重要经文的主题思想不够显豁。为了便于下面的讨论，我们对照梵本，将此段经文新译如下：

那么何谓系缚，何谓解脱呢？没有方便而接受存有之趣向，是菩萨的系缚；由于方便而前往存有之趣向，是菩萨的解脱。没有方便而享受禅那、三摩地，是菩萨的系缚；由于方便享受禅那、三摩地，是菩萨的解脱。不为方便所统摄的般若，是菩萨的系缚；为方便所统摄的般若，是菩萨的解脱。不为般若所统摄的方便，是菩萨的系缚；为般若所统摄的方便，是菩萨的解脱。

我们看僧肇下面的诠释：

贪着禅味是菩萨缚。

肇曰：三界受生，二乘取证，皆由着禅味，所以为缚。

以方便生是菩萨解。

肇曰：自既离生，方便为物而受生者，则彼我无缚，所以为解也。

又无方便慧缚，有方便慧解；无慧方便缚，有慧方便解。

肇曰：巧积众德，谓之方便；直达法相，谓之慧。二行俱备，然后为解耳。若无方便而有慧，未免于缚；若无慧而有方便，亦未免于缚。①

① 《注维摩诘经》，《大正藏》第38册，No. 1775，第378页下。

可以看出，僧肇这几段诠释中，所谓“三界受生，二乘取证，皆由着禅味”，是受到罗什此处特殊的译文影响所致。幸而罗什这段译文中，最后四句的汉译十分精确，能够成功凸显方便与般若不可分割、互相统摄的思想主旨。僧肇释文认为无方便而有慧、无慧而有方便，都是系缚；方便、智慧“二行俱备”，则是解脱。所谓“无方便而有慧”“无慧而有方便”，正是指方便、智慧二者相互脱离的意思；所谓“二行俱备”，正是指菩萨具备般若、方便二行，而菩萨二行并非各自孤立存在，二行不可偏废之义。所以由于这段汉译底本本身存在的一些问题，使得本段经文所特别强调的方便之于菩萨学行特殊重要意义的思想，并未在译文及僧肇的注疏中体现出来，但是僧肇仍然成功地扣紧并传达了本段经文般若与方便不可分割、不可偏废，般若与方便这菩萨“二行”必须“俱备”这一《维摩经》善巧方便思想的重要宗旨。

下面是《维摩经》解释般若、方便不可分割关系议题的第二个段落：

【梵本】

tatra katamo ’ nupāyasaṃgṛhītā prajñā bandhaḥ, yad idaṃśūnyatānimittāpraṇihitanidhyaptiḥ, na ca lakṣ aṇānuvyañjanabuddhakṣ etrālaṃkārasatvaparipācananidhyaptiḥ | iyam anupāyasaṃgṛ hītā prajñā bandhaḥ | tatra katamopāyasaṃgṛ hītā prajñā mokṣ aḥ, yad idaṃ lakṣ anānuvyañjanabuddhakṣetrālaṃkārasatvaparipācananidhyapticittaṃ ca ś ūnyatānimittāpraṇihitaparijayaśca | iyam upāyasaṃgṛhītā prajñā mokṣaḥ | tatra katamaḥprajñayāsaṃgṛhīta upāyo bandhaḥ, yad idaṃ sarvadṛṣṭikleśaparyutthānānuś ayānunayapratighapratiṣṭhitasya sarvakuś alamūlārambho bodhau cāpariṇāmanā | ayaṃ prajñayāsaṃgṛhīta upāyo bandhaḥ | tatra katamaḥprajñāsaṃgṛhīta upāyo mokṣaḥ, yad idaṃ sarvadṛṣṭikleśaparyutthānānuśayānunayapratighaprahīṇasya sarvakuśalamūlārambho bodhau pari-ṇāmitas tasya cāparāmarśaḥ | ayaṃ bodhisatvasya prajñāsaṃgṛhīta upāyo mokṣaḥ | ①

① 《梵文维摩经》第四品 § 17，第 51—52 页。

【支谦】彼何谓无权执智缚？谓以空、无相、不愿之法生，不治相及佛国，以化人，是无权执智之缚也。何谓行权执智解？谓修相及佛国，开化人，而晓空、无相、不愿之法生，是行权执智之解也。何谓智不执权缚？谓以见、行、劳、望受立，修行一切德善之本，是智不执权之缚也。何谓智而执权解？谓断诸见、行、劳、望之受，以殖众德之本，而分布此道，是智而执权之解也。①

【罗什】何谓无方便慧缚？谓菩萨以爱、见心庄严佛土、成就众生，于空、无相、无作法中而自调伏，是名无方便慧缚。何谓有方便慧解？谓不以爱、见心庄严佛土、成就众生，于空、无相、无作法中以自调伏，而不疲厌，是名有方便慧解。何谓无慧方便缚？谓菩萨住贪欲、瞋恚、邪见等诸烦恼，而植众德本，是名无慧方便缚。何谓有慧方便解？谓离诸贪欲、瞋恚、邪见等诸烦恼，而植众德本，回向阿耨多罗三藐三菩提，是名有慧方便解。②

【玄奘】云何菩萨无有方便善摄妙慧名为系缚？谓诸菩萨以空、无相、无愿之法而自调伏，不以相、好莹饰其身、庄严佛土、成熟有情，此诸菩萨无有方便善摄妙慧名为系缚。云何菩萨有巧方便善摄妙慧，名为解脱？谓诸菩萨以空、无相、无愿之法调伏其心，观察诸法有相、无相，修习、作证，复以相、好莹饰其身、庄严佛土、成熟有情，此诸菩萨有巧方便善摄妙慧名为解脱。云何菩萨无有方便善摄妙慧名为系缚？谓诸菩萨安住诸见、一切烦恼、缠缚、随眠，修诸善本，而不回向正等菩提，深生执着，此诸菩萨无巧方便善摄妙慧名为系缚。云何菩萨有巧方便善摄妙慧名为解脱？谓诸菩萨远离诸见、一切烦恼、缠缚、随眠，修诸善本，而能回向正等菩提，不生执着，此诸菩萨有巧方便善摄妙慧名为解脱。③

根据诸本对勘与比较可以看出：这段话是进一步讨论般若、方便不可分割的善巧方便思想主旨：当在一个菩萨那里，般若与方便二种品德相互

① 《佛说维摩诘经》，《大正藏》第 14 册，No. 0474，第 526 页上。

② 《维摩诘所说经》，《大正藏》第 14 册，No. 0475，第 545 页上。

③ 《说无垢称经》，《大正藏》第 14 册，No. 0476，第 569 页上。

脱离时，此时成为菩萨之系缚的方便、般若各自的形态如何；而当在一个菩萨那里，般若与方便二种品德不相脱离时，此时成为菩萨之解脱的方便、般若各自的形态又如何。梵本和诸汉译这段经文的翻译文义大体相同，惟罗什译文中此处突兀地出现“以爱见心”这个措辞，为诸本所无，且与文义不甚融洽。

我们看罗什及僧肇对这段话的解释：

什曰：观空不取，涉有不着，是名巧方便也。今明六生已还，未能无碍，当其观空，则无所取着，及其出观，净国化人，则生见取，相心爱着。拙于涉动，妙于静观。观空慧不取相，虽是方便，而从慧受名。此中但取涉有不着为方便，故言无方便而有慧也。七住以上，其心常定，动静不异，故言有方便慧也。

肇曰：六住以下，心未纯一。在有则舍空，在空则舍有，未能以平等真心，有无俱涉。所以严土化人则杂以爱见。此非巧便修德之谓，故无方便。而以三空自调，故有慧也。

肇曰：七住以上二行俱备，游历生死而不疲厌，所以为解。

什曰：七住以还又优劣不同也。此明新学不修正观，不制烦恼，故言无慧也。而能修德回向，仰求大果，故言有方便也。若能修四念处，除四颠倒，是名离烦恼慧也。又善能回向，心不退转，是能求方便也。六住以还，虽通在缚境，若能具此二法，则是缚中之解也。上说无相慧，及涉有不着方便，是二门出世间法也。此说有相慧，及能求方便，是二门世间法也。

肇曰：不修空慧以除烦恼，是为慧也。而劝积众德，有方便也。

肇曰：上有方便慧解，今有慧方便解。致解虽同，而行有前后。始行者，自有先以方便积德，然后修空慧者。亦有先修空慧，而后积德者。各随所宜，其解不殊也。离烦恼，即三空自调之所能。积德向菩提，即严土化人之流也。前后异说，互尽其美矣。①

我们看到：原本的经文，此处是要给出一些标准，说明在一个菩萨修

① 《大正藏》第38册，No. 1775，《注维摩诘经》，第379页上。

学的过程中，在般若与方便不相分割，及般若与方便相互分割的情况之下，作为菩萨之解脱的般若，或作为菩萨之系缚的般若，各自的形态究竟如何；以及在方便与般若不相分割，及方便与般若相互分割的情况之下，作为菩萨之解脱的方便，或作为菩萨之系缚的方便，各自的形态究竟如何。这段经文也暗示了这样的思想：在菩萨学修的过程中，无论何时，无论何处，般若与方便之间，方便与般若之间，都是不可分割，不可脱离的。不过，僧肇在这里受到罗什的影响，引入菩萨地的思想来解释这段经文，所以认为“无方便而有慧”，讨论的是在菩萨地第六地以前菩萨的修学状态；有方便且有慧，是讨论菩萨地自第七地以上“二行俱备”的菩萨修学状态。僧肇且以第六地以下“严土化人则杂以爱见”，解释罗什译文中“以爱、见心”这句措辞。在解释“无慧方便缚”“有慧方便解”二句时，僧肇不得不以“始行者，自有先以方便积德，然后修空慧者。亦有先修空慧，而后积德者”，即每个人是先修行方便，还是先修行智慧，各人的情况不同，来疏解前后经文。这显示由于受到罗什译文及罗什解释的影响，僧肇未能突出揭示这一段经文旨在从般若、方便分割、不分割的角度为菩萨学行奠定规则和模式这个对于菩萨学行具有普遍意义的课题。

下面是《维摩经》中讨论般若、方便不可分割关系议题的第三个段落：

【梵本】

tatra mañjuśrīḥglānena bodhisatvenaivam ime dharmā nidhyapayitavyāḥ। yat kāyasya cittasya ca vyādheścānityaduḥkhaśūnyānātmapratyavekṣaṇā, iyam asya prajñā । yat punaḥkāyavyādhipariharaṇatayā na khidyate, na pratibadhnāti saṃsāram, satvārthayogam anuyuktaḥ, ayam asyopāyaḥ। punar aparaṃ yat kāyasya vyādheścittasya cāñonyaparāparatāṃ na nirnavatāniḥpurāṇatāṃ pratyavekṣate, iyam asya prajñā । yat punaḥkāyasya vyādheścittasya ca nātyantopaśamaṃ nirodham atyayati, ayam asyopāyaḥ।①

① 《梵文维摩经》第四品 § 17，第 52 页。

【支谦】彼有疾菩萨已如是下此法：设身有病，观其无常、为苦、为空、为非身，是为智慧。又身所受不以断、恶生死，善利人民，心合乎道，是为权行。又若身病，知异同，意彼过非新则观其故，是为智慧。假使身病，不以都灭所当起者，是为权行。①

【罗什】文殊师利！彼有疾菩萨，应如是观诸法：又复观身无常、苦、空、非我，是名为慧。虽身有疾，常在生死，饶益一切，而不厌倦，是名方便。又复观身，身不离病，病不离身，是病是身，非新非故，是名为慧。设身有疾，而不永灭，是名方便。②

【玄奘】又，妙吉祥！有疾菩萨应观诸法：身之与疾，悉皆无常、苦、空、无我，是名为慧。虽身有疾，常在生死，饶益有情，曾无厌倦，是名方便。又观身、心及与诸疾，展转相依，无始流转，生灭无间，非新非故，是名为慧。不求身、心及与诸疾毕竟寂灭，是名方便。③

经文在这一段特别举有疾菩萨为例，说明在遭遇疾病的情况之下，一个菩萨应当如何保持其般若、善巧方便不可分割的这种修养。菩萨观察身心疾病均是无常苦空无我法，这是其般若智慧；另一方面却不厌倦轮回，常在生死当中饶益众生，这是其善巧方便。一个菩萨认识到身心疾病彼此之间辗转相依、非新非故的实况，这是其般若智慧；但不追求身心疾病之彻底消灭，此是其善巧方便。由于疾病是人类众生日常生命的正常形态，所以这段经文举菩萨患疾的情境，例示了在日常有限的生命状态之下，应当如何确保般若智慧与善巧方便不相分割、不相脱离这一菩萨学行中另外一个具有普遍意义的课题。

我们看僧肇对于此段的解释：

肇曰：大乘四非常观，即平等真观，故名为慧。以平等心，而处世不倦，故名方便。慰谕之说，即其事也。

---

① 《佛说维摩诘经》，《大正藏》第14册，No. 0474，第526页上。

② 《维摩诘所说经》，《大正藏》第14册，No. 0475，第545页上。

③ 《说无垢称经》，《大正藏》第14册，No. 0476，第569页中。

肇曰：新故之名出于先后，然离身无病，离病无身，众缘所成，谁后谁先。既无先后，则无新故，新故既无，即入实相，故名慧也。既有此慧，而与彼同疾，不取涅槃，谓之方便。自调初说，即其事也。慰谕、自调，略为权智，权智此经之关要，故会言有之矣。[①]

这段经文也从逻辑上分成两个部分，第一部分是有疾菩萨以四非常观平等观察，同时处世不倦；第二个部分是有疾菩萨观察身心疾病非新非故，而不彻底追求消灭身心。僧肇在这两段注释中认为，第一部分所揭示的慧、方便，相当于“慰谕之说”的内容。据罗什译《维摩诘经》第五品《文殊师利问疾品》中，“尔时文殊师利问维摩诘言：菩萨应云何慰谕有疾菩萨”[②] 以下，僧肇认为是慰问有疾菩萨的“慰谕之说”的部分；而该品“文殊师利言：居士！有疾菩萨云何调伏其心”[③] 以下部分，则是有疾菩萨“自调”的部分。僧肇认为：“上问慰谕之宜，今问调心之法。外有善谕，内有善调，则能弥历生死，与群生同疾。辛酸备经，而不以为苦。此即净名居疾之所由也，将示初学处疾之道，故生斯问也。”[④] 在僧肇看来，不仅我们上面所引经文的三个段落，是在阐述般若与方便不可分割关系的议题，甚至在这三个段落之前文殊师利菩萨与维摩诘菩萨答问中，有关“慰谕”及“自调”的两个部分，实际上也都是在讨论般若与善巧方便不可分割关系的议题。

所以僧肇最后总结说：“慰谕、自调，略为权智，权智此经之关要。”也就是说，僧肇由这段经文的诠释得出权智两个概念及相关的权智思想是《维摩经》关键核心思想的结论。我们的分析表明：僧肇这段注疏虽未能完全扣住有疾菩萨在其日常修学中般若与善巧方便不可分割这一方便思想的重要主旨，但他却经由对本段经文上下文的通盘审察，得出权智思想或权智关系思想乃是《维摩经》核心关键思想的重大结论！

因此，综合而言，由于汉译《维摩经》底本及译文中存在的一些问题，以及由于初期汉译佛典在传译及理解上存在的诸多主客观的困难，导

① 《注维摩诘经》，《大正藏》第 38 册，No. 1775，第 379 页中—下。

② 《维摩诘所说经》，《大正藏》第 14 册，No. 0475，第 544 页下。

③ 同上。

④ 《注维摩诘经》，《大正藏》第 38 册，No. 1775，第 375 页下。

致《维摩经》中强化善巧方便特殊重要价值、地位思想的经文，强调善巧方便、般若在菩萨学行中时时处处不可分割等思想主旨，在僧肇的诠释中并未被充分地、很好地表达出来，但僧肇的佛学理论洞察力及诠释天分，仍然使得他不仅正确传达出般若、方便二者不可分割、“二行俱备”的菩萨学行思想，也使得他得出权智关系及权智思想是《维摩经》核心关键思想的重要结论。

第五节　本章结论

僧肇以疏解般若方便关系为主轴的权智学说，是其诠释《维摩经》善巧方便思想的重要学说，此一学说不仅在中国佛教《维摩经》诠释、理解的历史上，是第一个成系统的思想理论，也是中国佛教呼应大乘佛教初期经典结集时代的思想动向，并成功把握大乘佛教善巧方便一系思想理论要旨的重要诠释成果。僧肇对于《般若经》《维摩经》等方等经典的深厚学养，他杰出的理论才华，高超的诠释天赋，使得他能够精准把握般若、方便并列并举、不可分割等善巧方便思想的理论主旨，从而使得他成为中国佛教早期居于第一流行列的一位思想家。当然，《维摩经》底本依据及经典翻译上存在的一些缺陷及不足，也不可避免地对他的诠释思想和意识带来了一定程度上的负面影响。

第十章 《宝性论》中的善巧方便说

《究竟一乘宝性论》是印度大乘佛教如来藏系的重要论书，是印度大乘佛教系统建构如来藏思想体系的经典著作。如笔者在一系列研究中已经指出的，在初期大乘佛教经典结集及思想开展中，除了存在众所周知的以般若思想为核心的佛学思想动向以外，也存在以善巧方便一系概念思想为核心的佛学思想动向，并且存在般若、方便并列并举、平等并重的重要思想动向。那么在代表印度大乘佛教如来藏系统的这部论书中，是否含有善巧方便一系概念思想，它对善巧方便一系概念思想持何种态度，又如何评判呢？这是我们在研究《宝性论》佛学思想，以及研究其所代表的大乘如来藏思想时，值得探究和深思的问题。本章的研究立意在此。

从整体看，梵本《宝性论》一书中多处涉及善巧方便概念思想的理解和诠释问题，根据统计，多达 17 处；而使用这一概念的次数，更是远远大于此数。我们通过细致分析这 17 处涉及善巧方便概念思想的用例，发现其中 15 处的用例，都是在《法华经》等初期大乘经典所昭示的善巧方便概念思想及其相关大乘佛教教法思想——基于佛陀证法与佛陀教法的区分，并以作为佛德之一的善巧方便为轴心，展开佛陀与众生的互动，引导众生归向佛菩提，从而实现证法与教法的融合——的意义上使用。所以我们现在就按照论书原文的顺序，对这 15 处相关内容，加以简要的讨论。

第 1 处

在勒那摩提所译《究竟一乘宝性论》卷二《佛宝品第二》中，有下面一段文字：

又复次说如来菩提有十六种。是故经言："文殊师利！如来如是如实觉知一切诸法，观察一切众生法性，不净、有垢、有点，奋迅，于诸众生，大悲现前。"此明如来无上智悲应知。"文殊师利！如来如是如实觉知一切法"者，如向前说，无体为体。"如实觉知"者，如实无分别佛智知故。"观察一切众生法性"者，乃至邪聚众生，如我身中法性、法体、法界、如来藏等，彼诸众生亦复如是，无有差别，如来智眼了了知故。"不净"者，以诸凡夫烦恼障故。"有垢"者，以诸声闻、辟支佛等有智障故。"有点"者，以诸菩萨摩诃萨等，依彼二种习气障故。"奋迅"者，能如实知种种众生可化方便，入彼众生可化方便种种门故。"大悲"者，成大菩提，得于一切众生平等大慈悲心，为欲令彼一切众生如佛证智、如是觉知证大菩提故。①

【梵本】

Yatpunarante ṣoḍaśākārāṁtathāgatabodhiṁnirdiśyaivamāha । tatramañjuśrīstathāgatasyaivaṁrūpān sarvadharmānabhisaṁbudhya sattvānāṁca dharmadhātuṁ vyavalokyāśuddhamavimalaṁ sāṅganaṁ vikrīḍitā nāma sattveṣu mahākaruṇā pravartata iti । anena tathāgatasyānuttarajñānakaruṇānvitatvamudbhāvitam । tatraivaṁ rūpān sarvadharmāniti yathāpūrvam nirdiṣṭānabhāvasvabhāvāt । abhisaṁbudhyeti yathābhūtamavikalpabuddhajñānena jñātvā । sattvānāmiti niyatāniyatamithyāniyatarāśivyavasthitānām । dharmadhātumiti svadharmatāprakṛtinirviśiṣṭattathāgatagarbham । vyavalokyeti sarvākāramanāvaraṇena buddhacakṣuṣā dṛṣṭvā । aśuddhaṁ kleśāvaraṇena bālapṛthagjanānām । avimalaṁjñeyāvaraṇena śrāvakapratyekabuddhānām । sāṅganaṁ tadubhayānyatamaviśiṣṭatayā bodhisattvānām । vikrīḍitā vividhāsaṁpannavinayopāyamukheṣu supraviṣṭatvāt । sattveṣu mahākaruṇā pravartata iti samatayā sarvasattvanimittamabhisaṁbuddhabodheḥsvadharmatādhigamasaṁpr-

① 《究竟一乘宝性论》，《大正藏》第31册，No. 1611，第822页下。

āpaṇāśayatvāt | ①

【新译】再者，在此经结尾处，说完十六种如来菩提后，经中这样说道：

"在这里，文殊师利啊！如来觉悟了如此这般的一切诸法，审观了众生的法界——它是不洁净、未离垢、有瑕疵的法界——，就对众生转现名为'游戏'的大悲。"②

这个说法，是显示如来之具足无上智慧、悲悯性。其中，所谓"如此这般的一切诸法"，是由于如前所说，一切诸法都具有无有这种自体性。所谓"觉悟了"，是指"以无分别的佛智如实地知晓"。所谓"众生"，是指在确定、不定、妄定三种（众生）类别中所建立者。所谓"法界"，是指与自己之法性本来没有差异的如来藏。所谓"审观了"，是指"以无障碍的佛眼看见一切的种类"。"不洁净"，根据愚痴异生们的烦恼障碍而言；"未离垢"，根据声闻、独觉们的所知障碍而言；"有瑕疵"，根据诸菩萨上述二种障碍中势力偏强的任一障碍而言；"游戏"，是因为它使（众生）善巧进入有各种、具足的调伏（教育）的方便门中；所谓"对诸众生转现大悲"，指由于平等觉悟一切众生之相的觉知，因而他有这种意念：要使他们都获证自己的法性。③

《宝性论》这段文字先引用《如来庄严智慧光明入一切佛境界经》中的一段话，然后加以自己的解释。在论中，这段话是在解释如来之菩提后

---

① 中村瑞隆：《梵汉对照究竟一乘宝性论研究》，《世界佛学名著译丛》76，华宇出版社 1989 年版，第 15 页。

② 《如来庄严智慧光明入一切佛境界经》："文殊师利！如来如是如实觉一切法、观察一切众生性，即生清净、无垢、无点，奋迅大慈悲心。"《大正藏》第 12 册，No. 0357，第 247 页中。《度一切诸佛境界智严经》："文殊师利！如是如来觉一切诸法已，观诸众生起大慈悲，令众生游戏清净无垢无烦恼处。"《大正藏》第 12 册，No. 0358，第 253 页上。《佛说大乘入诸佛境界智光明庄严经》："如来了知彼一切法如是相故，现成正觉，然后观察诸众生界，建立清净、无垢、无着游戏法门，以是名字于诸众生大悲心转。"《大正藏》第 12 册，No. 0359，第 261 页下。

③ 参考 Jikido Takasaki（高崎直道）：*A Study on the Ratnagotravibhāga*（*uttaratantra*），*Being a Treatise on the tathāgatagarbho Theory of Mahayana Buddhism*，Serie Orientale Roma，XXXIII，pp. 161 – 162。

而说，说明《宝性论》认为经文这段话的语义背景与讨论佛之菩提有关。佛之菩提，可以以“智慧”与“慈悲”两项要素简略表征之，所以《宝性论》认为经文这段话是“显示如来之具足无上智慧、悲悯性”。其中，“如来如是如实觉知一切诸法”，是言如来之具足智慧性；“观察一切众生法性”以下，是言如来具足悲悯性。《宝性论》古译中“奋迅，于诸众生，大悲现前”，是为一句，所以我们如是标点。这句话的意思是：“就对诸众生转现名为‘游戏’的大悲。”所以古译中是译“游戏”（vikrīḍitā）这个名词为“奋迅”。为什么称如来的“大悲”为“游戏”呢？经中指出：这是因为如来的大悲能够把众生巧妙地安置在有各种的教育（vinaya，“可化”）、有具足的教育的诸方便门中。《宝性论》这一释经说明：作为佛菩提本质内容之一的慈悲，是与我们所要讨论的重要佛德、初期大乘经典所着力揭示的“方便”，内在、紧密地关联在一起的。简要言之：佛之菩提包含“智慧”“慈悲”二种重要元素，而其中的“慈悲”与“方便”这一佛德密切相关。

论中释“方便门”为有各种调伏（教育）、有具足的调伏（教育）者。所以方便的内涵，可以说是与对众生的调伏（教育）有关。与大悲密切关联、拥有种种、具足教育的方便门的目标，又是什么呢？《宝性论》这段话最后一句说：佛陀要使得众生都能够“获证自己的法性”。获证自己的法性，就是所谓实现“证法”，即佛智、菩提。所以《宝性论》此处清楚地表明：“方便门”的目标，是要将众生都引向佛陀的证法或菩提。

我们在对以善巧方便一系概念、思想为核心的《法华经》的再诠释中[①]，已经根据对该经《方便品》原语及其思想的充分诠释，证明善巧方便是一种佛智，是佛陀说法的内在依据，善巧方便智之使用旨在弥合佛陀证法与教法的鸿沟，将众生导向作为证法的佛智、菩提。《宝性论》这里对《如来庄严智慧光明入一切佛境界经》中相关经文的解释，可以说对于方便概念核心义理的理解、诠释方向，与《法华经》的基本思想立场完全一致。

---

① 程恭让：《以善巧方便为核心的〈法华经〉思想理念及其对当代佛教义学建构之可能价值》，《佛光学报》第三卷第一期，2017 年 1 月，第 201—250 页。

第 2 处

勒那摩提所译《究竟一乘宝性论》卷二《僧宝品第四》中，有下面一段文字：

> 时有一人出兴于世，智慧聪达，具足成就清净天眼。见此经卷在微尘内，作如是念："云何如此广大经卷在微尘内，而不饶益诸众生耶？我今应当勤作方便，破彼微尘，出此经卷，饶益众生。"作是念已，尔时彼人即作方便，破坏微尘，出此经卷，饶益众生。佛子！如来智慧无相、智慧无碍、智慧具足，在于众生身中，但愚痴众生颠倒想覆，不知、不见，不生信心。尔时如来以无障碍清净天眼，观察一切诸众生身。既观察已，作如是言：奇哉、奇哉！云何如来具足智慧在于身中而不知见！我当方便教彼众生觉悟圣道，悉令永离一切妄想颠倒垢缚，令具足见如来智慧在其身内，与佛无异。①

这段话是《宝性论》引用《华严经》中的一段著名经文，我们在东晋佛驮跋陀罗所译的《华严经》中，已经见到这段经文。② 这段话的梵本对勘如下：

atha kaścideva puruṣa utpadyate paṇḍito nipuṇo vyakto medhāvī tatr-

① 《究竟一乘宝性论》，《大正藏》第 31 册，No. 1611，第 827 页上、中。

② 《大方广佛华严经·宝王如来性起品》："时有一人出兴于世，智慧聪达，具足成就清净天眼，见此经卷在微尘内，作如是念：云何如此广大经卷在微尘内，而不饶益众生耶？我当勤作方便，破彼微尘，出此经卷，饶益众生。尔时，彼人即作方便，破坏微尘，出此经卷，饶益众生。佛子！如来智慧无相，智慧无碍，智慧具足，在于众生身中，但愚痴众生颠倒想覆，不知、不见，不生信心。尔时，如来以无障碍清净天眼观察一切众生。观已，作如是言：奇哉！奇哉！云何如来具足智慧在于身中而不知见？我当教彼众生觉悟圣道，悉令永离妄想颠倒垢缚，具见如来智慧在其身内，与佛无异。如来即时教彼众生修八圣道，舍离虚妄颠倒；离颠倒已，具如来智，与如来等，饶益众生。佛子！是为菩萨摩诃萨第十胜行，知见如来、应供、等正觉心。佛子！菩萨摩诃萨有如是等无量无数诸胜妙行知见如来、应供、等正觉心。"（《大正藏》第 9 册，No. 0278，第 623 页下—624 页上）

opagamikayā mīmāṁsayā samanvāgataḥdivyaṁcāsya cakṣuḥsamantapariśuddhaṁprabhāsvaraṁbhavet । sa divyena cakṣuṣā vyavalokayati । idaṁ mahāpustamevaṁbhūtamihaiva parītte paramāṇurajasyanutiṣṭhataṁ । na kasyacidapi sattvasyopakāritbhūtaṁbhavati । tasyaivaṁsyāt । yannvahaṁmahāvīryabalasthāmnā etatparamāṇurajo bhittvā etanmahāpustaṁsarvajagadupajīvyaṁkuryām । sa mahāvīryabalasthāma saṁjanayitvā sūkṣmeṇa vajreṇa tatparamāṇurajo bhittvā yathābhiprāyaṁtanmahāpustaṁsarvajagadupajīvyaṁ kuryāt । yathā caikasmāt tathāśeṣebhyaḥparamāṇubhyastathaiva kuryāt । evameva bho jinaputra tathāgatajñānamapramāṇajñānaṁ sarvasattvopajīvyajñānaṁsarvasattvacittasaṁtāneṣu sakalamanupraviṣṭam । sarvāṇi ca tāni sattvacittasaṁtānānyapi tathāgatajñānapramāṇāni । atha ca punaḥsaṁjñāgrāhavinibaddhā bālā na jānanti na prajānanti nānubhavanti na sākṣātkurvanti tathāgatajñānam । tatastathāgato'saṅgeṇa tathāgatajñānena sarvadharmadhātusattvabhavanāni vyavalokyācāryasaṁ jñī bhavati । aho bata ime sattvā yathāvat tathāgatajñānaṁ na prajānanti । tathāgatajñānānupraviṣṭāśca । yannvahameṣāṁsattvānāmāryeṇa mārgopadeśena sarvasaṁjñākṛtabandhanāpanayanaṁkuryāṁyathā svayamevāryamārgabalādhānena mahatīṁsaṁjñāgranthiṁvinivartya tathāgatajñānaṁpratyabhijānīran । tathāgatasamatāṁcānuprāpnuyaḥ । te tathāgatamārgopadeśena sarvasaṁjñākṛtabandhanāni vyapanayanti । apanīteṣu ca sarvasaṁjñākṛtabandhaneṣu tat tathāgatajñānam apramāṇaṁbhavati sarvajagadupajīvyamiti । ①

【新译】于是就有一个贤明的智者出现，他是一位明白人，聪明人，具足接近此处的思维，而且他还有周遍清净、光明显耀的天眼。此人以天眼审观："这个巨大的塑像是如此这般，它虽然在此狭小的极微尘中随顺安住，却没有对任何众生有所饶益。"此人这样想："我要用有巨大的勤勉、力量的威势，剖开这些微尘，让此巨大的塑像能够饶益一切世人。"

① 中村瑞隆：《梵汉对照究竟一乘宝性论研究》，《世界佛学名著译丛》76，华宇出版社1989年版，第44—45页。

此人生起有巨大的勤勉、力量的威势，以微妙的金刚，剖开了这些微尘，随其心意让这个巨大的塑像能够饶益一切的世人。而且正如从一个微尘剖开塑像，此人同样也从其余的微尘剖开塑像，使其饶益世人。

正是同样，胜者子！如来之智慧是无量智慧，是饶益一切众生的智慧，它全部地进入一切众生的心相续中。而且所有这些众生的心相续，也都具有如来智慧的量度。可是为执取妄想所束缚的诸愚者，不懂得、不理解、不领受、不实证如来之智慧。因此，如来以无障碍的如来智慧，审视了有一切法界的众生住处后，就产生要做老师的想法："呜呼哀哉！这些众生不能如实理解如来之智慧，可是他们是如来智慧已经进入的。我应当给这些众生解说圣道，使其消除一切妄想作成的束缚，那样当他们凭借自己持有圣道之力，摆脱了一切妄想束缚，就可以各自体证如来智慧，并且可以获得与如来相等性。通过解说如来之道，他们将消除一切妄想所成的系缚，而当他们消除了由一切妄想所成的系缚时，其无量的如来智慧就饶益一切的世人。"①

如我们所知：《华严经》也是初期大乘佛教的重要经典之一，但是由于此经历史上并无完整的梵本传承后世，对于研究者而言，不免是一个巨大的遗憾！所以，《宝性论》中所记录的几段《华严经》经文，包括这段引用的经文，显得弥足珍贵。

根据梵本来看，这段经文中并没有出现方便或善巧方便这个语汇。不过在东晋佛驮跋陀罗所译《华严经》这段文字中，出现了两次相关的译文：一次是"我当勤作方便"，一次是"即作方便"。《宝性论》这段译文与晋译大同，两处相关文字更是完全一致。所以，《宝性论》这里的译文，是沿袭晋译而来。至于《宝性论》这段译文中第三次出现"方便"概念相关的译文，即"我当方便教彼众生觉悟圣道"，在晋译经文中是"我当教彼众生觉悟圣道"，晋译中没有出现"方便"之字，可见《宝性论》是承袭晋译《华严》的译文，并且似乎有意加以发扬了。

---

① 参考 Jikido Takasaki（高崎直道）：*A Study on the Ratnagotravibhāga*（*uttaratantra*），*Being a Treatise on the tathāgatagarbho Theory of Mahayana Buddhism*，Serie Orientale Roma，XXXIII，pp. 191 – 192。

从三次出现相关译语的这段《华严》经文原语与意义看：第一次，原语的意义是："用有巨大的勤勉、力量的威势"；第二次，原语的意义亦然，也是："有巨大的勤勉、力量的威势"；第三次，原语的意义是："以给这些众生解说圣道"。有巨大的勤勉、力量的威势，在经文譬喻故事中，是指那位智者得以破开极微尘中巨大塑像的内在生命伟力；给众生解说如来之道，在这个譬喻故事后面的说理环节中，是指如来引导众生领悟内在具足的佛智的方法策略。此二者都有"内在具足性"，及"引向目标性"二种共通的特征，而这样的特征，正是大乘佛教经典中方便概念的两个本质规定性：

（一）善巧方便是诸佛菩萨圣者内在具有的智慧品德；

（二）诸佛菩萨圣者以善巧方便智引导众生达到作为证法的佛智、菩提。

可见，《宝性论》所引的这段《华严》经文，虽然没有明文出现"方便"一系概念，但所表达的却正是初期大乘经典中方便一系概念的义涵所指。无论是晋译《华严》这里的译法，还是《宝性论》此处的引用和译文，我们都可以视为一种恰当的意译。晋译《华严》这里的译文中补入"方便"这个概念，不仅使得经文的涵义更加明确，也说明从两汉之际至两晋，中国佛教译家对于初期大乘经典中善巧方便一系概念思想的重要性已有明确的意识和理解；而《宝性论》此处的引用和译文，则说明《宝性》译家是明显受到了《华严》思想传统及晋译《华严》强化"方便"思想这一理解方法的深刻影响。

第 3 处

勒那摩提所译《究竟一乘宝性论》卷三《一切众生有如来藏品第五》中，有一部分文字，将一般所谓的"众生"，分成三个种类："一者求有，二者远离求有，三者不求彼二"，即第一类众生是求有众生，第二类众生是远离求有众生，第三类众生是不求彼二众生。其中关于后二种众生属性的说明文字中，作者多次涉及了方便概念。原文如下：

远离求有者，亦有二种。何等为二？一者无求道方便，二者有求道方便。无求道方便者，亦有二种。何等为二？一者多种外道，种种邪计，谓僧佉、卫世师、尼揵陀若提子等，无求道方便。二者于佛法中同外道行，虽信佛法而颠倒取。彼何者是？谓犊子等，见身中有我等，不信第一义谛，不信真如法空。佛说彼人无异外道。复有计空为有，以我相骄慢故。何以故？以如来为说空解脱门，令得觉知。而彼人计唯空无实。为彼人故，《宝积经》中，佛告迦叶："宁见计我，如须弥山，而不用见骄慢众生，计空为有。迦叶！一切邪见，解空得离。若见空为有，彼不可化令离世间故。"偈言及著我故，及外道故。有方便求道者，亦有二种。何等为二？一者声闻，偈言怖畏世间苦故，声闻故。二者辟支佛，偈言舍离诸众生故，及自觉故。不求彼二者，所谓第一利根众生诸菩萨摩诃萨。何以故？以诸菩萨不求彼有如一阐提故，又亦不同无方便求道种种外道等故，又亦不同有方便求道声闻、辟支佛等故。何以故？以诸菩萨见世间、涅槃道平等故，以不住涅槃心故，以世间法不能染故，而修行世间，行坚固慈悲涅槃心故，以善住根本清净法中故。又彼求有众生一阐提人，及佛法中同阐提位，名为邪定聚众生。又远离求有众生中，堕无方便求道众生，名为不定聚众生。又远离求有众生中，求离世间方便求道声闻、辟支佛，及不求彼二平等道智菩萨摩诃萨，名为正定聚众生。①

所引这段译文文字简洁，涵义清晰，无须我们一一加以对勘。② 关于这三类众生的名称：（一）求有者，原语是 bhavābhilāṣiṇo，意思是"乐于有者"；（二）远离求有者，原语是 vibhavābhilāṣiṇas，意思是"乐于无者"；（三）不求彼二者，原语是 tadubhayānabhilāṣiṇaśca，意思是"不乐于上述二者"。

求有者，或乐于有者，又分成二类人：（一）谤解脱道、无涅槃性的

---

① 《究竟一乘宝性论》，《大正藏》第 31 册，No. 1611，第 828 页下。

② 中村瑞隆：《梵汉对照究竟一乘宝性论研究》《世界佛学名著译丛》76，华宇出版社 1989 年版，第 53 页。Jikido Takasaki（高崎直道）：*A Study on the Ratnagotravibhāga* (*uttaratantra*), *Being a Treatise on the tathāgatagarbho Theory of Mahayana Buddhism*, Serie Orientale Roma, XXXIII, pp. 202 - 203.

众生，（二）佛教中诽谤大乘的行人。远离求有者，或乐于无者，又分成二类人：（一）无求道方便者，（二）有求道方便者。不求彼二者，或不乐于上述二者，则是专指“第一利根众生诸菩萨摩诃萨”。

以上关于三类众生的划分，是以其对于“有”或“无”的态度来划分。基于这一划分，《宝性论》引申出另外一个众生分类的系统：（一）求有众生，是“邪定聚众生”；（二）远离求有众生中无求道方便的众生，是“不定聚众生”；（三）远离求有众生中有求道方便的众生，以及不求彼二的菩萨们，是“正定聚众生”。后面这一众生分类的方案，是基于其能否获得菩提这一目标所作的划分。

这里，关于远离求有这类众生中的“无求道方便者”，原语是anupāyapatitās，意思是“落于非方便者”；“有求道方便者”，原语是upāyapatitās，意思是“落于方便者”。关于“落于非方便者”，具体而言，又分成三个类别：（一）佛教以外种种品类的外道，（二）佛教里面的恶取者，（三）拥有空性见而骄慢者。关于“落于方便者”，具体而言，又分成两种：（一）声闻，（二）独觉。至于不乐有、无二者的菩萨，当然是具有“方便”者。与此相对，求有众生，则当然是不具有“方便”者。

由于求有众生及远离求有众生中无求道方便的众生，分别属于“邪定聚”及“不定聚”两类众生，而远离求有众生中有求道方便的众生，及“不求彼二”的菩萨，是属于“正定聚”众生，所以有没有“方便”，实际上是区分“正定聚”众生与非“正定聚”众生的根本标准。由此我们可以看到《宝性论》给予方便一系概念思想在众生分类中的重要作用。

值得注意的是，《宝性论》汉译者将乐无众生中的二类众生，分别称为“无求道方便”的众生及“有求道方便”的众生，这里的“道”字，显然是译者所加。我们知道根据佛典汉译的传统，“道”字经常是用来译“菩提”者，此处亦然。所以这里“无求道方便”和“有求道方便”的译法，是意译，“求道”两个字是“方便”的限定语，清楚界定了“方便”概念之内涵是指向“道”，也就是指向“菩提”这一特质。我们前面指出过初期大乘佛教经典中善巧方便具有以菩提作为唯一目标并以菩提作为衡量标准的基本概念特征，《宝性论》这里关于“正定聚”众生与非“正定聚”众生的区别标准在于是否具备方便的思想，以及勒那摩提在汉译《宝性论》中加上“求道”二字以试图更准确界定“方便”概念内涵的译法，与《法华经》等初期大乘经典中大大提升善巧方便概念思想的意义，及以菩提界定善巧方便内涵的思想指向，是完全一致的。

这里还有一点需要强调，《宝性论》此处文字明确指出：声闻、独觉，都是具备“方便”的，也就是说，二乘都是具备成就无上菩提之可能者，这里基于方便概念对声闻、独觉二乘意义的积极评估，是在佛教史上大小之争已经固定成型的佛学思想氛围中阐述的，因此具有十分积极的意义。《宝性论》这一基于善巧方便概念思想肯定声闻、独觉二乘佛法终极意义的众生分类说，代表中、晚期大乘具有整体性和包容性的佛教教派观，值得我们高度的珍视。

第 4 处

在汉译《究竟一乘宝性论》卷三《一切众生有如来藏品第五》中，又有如下一段文字：

> 以是义故，《圣者胜鬘经》言：“世尊！若无如来藏者，不得厌苦，乐求涅槃。亦无欲涅槃，亦不愿求。”如是等。此明何义？略说佛性清净正因，于不定聚众生，能作二种业。何等为二？一者依见世间种种苦恼，厌诸苦故，生心欲离诸世间中一切苦恼。偈言“若无佛性者，不得厌诸苦”故。二者依见涅槃乐，悕寂乐故，生求心、欲心、愿心。偈言“若无佛性者，不求涅槃乐，亦不欲不愿”故。又欲者，求涅槃故。求者，悕涅槃故。悕者，于悕求法中不怯弱故。欲得者，于所求法中方便追求故，及谘问故。愿者，所期法中，所期法者，心心相行。①

如我们所知：《宝性论》核心的思想系统，是如来藏思想系统，而《宝性论》所建构的如来藏思想系统，受到了《胜鬘经》很深之影响和启发。所以《宝性论》中颇多引用及阐释《胜鬘经》的文字，这里所引乃是其中的一例。在后面的分析、研究中，我们还将频繁遇到《宝性》征引及诠释《胜鬘》经文的例子。我们录这段话之梵本如下：

---

① 《究竟一乘宝性论》，《大正藏》第 31 册，No. 1611，第 831 页上。

tathā coktam। tathāgatagarbhaścedbhagavanna syānna syādduḥkhe'pi nirvinna nirvāṇa icchā vā prārthanā vā praṇidhir veti। tatra samāsato buddhadhātuviśuddhigotraṁmithyātvaniyatānām api sattvānāṁdvividhakāry-apratyupasthāpanaṁbhavati। saṁsāre ca duḥkhadoṣadarśananiḥśrayeṇa nirvidamutpādayati। nirvāṇe sukhanuśaṁsadarśananiḥśrayeṇa cchandaṁ j-anayati। icchāṁprārthanāṁpraṇidhimiti। icchābhilaṣitārthaprāptāvasaṁk-ocaḥ। prārthanābhilaṣitārthaprāptyupāyaparimārgaṇā। praṇidhiryābhilaṣ-itārthe cetanācittābhisaṁskāraḥ। ①

【新译】经中这样说：

"薄伽梵啊！假使没有如来藏，人们就不会厌弃苦；对于涅槃，也不会乐欲、希求、誓愿。"②

在这里，总略而言，佛界这一清净种姓，即便在邪性确定的众生那里，也能发起两种作用：（一）由于见到苦之过患，使得人们生起对于轮回的厌弃；（二）由于见到乐之利益，使得人们生起对于涅槃的爱好。

所谓"乐欲、希求、誓愿"：乐欲，是指人们不畏缩于获得所欣乐的目标；希求，是指人们寻找方便获得所欣乐的目标；誓愿，是指人们为了所欣乐的目标之知觉性的心灵活动。③

《宝性论》这段文字先引用《胜鬘经》的说法："若无如来藏者，不得厌苦，乐求涅槃。亦无欲涅槃，亦不愿求。"然后加以解释。《宝性论》认为

---

① 中村瑞隆：《梵汉对照究竟一乘宝性论研究》，《世界佛学名著丛》76，华宇出版社 1989 年版，第 69 页。Jikido Takasaki（高崎直道）：*A Study on the Ratnagotravibhāga*（*uttaratantra*），*Being a Treatise on the tathāgatagarbho Theory of Mahayana Buddhism*, Serie Orientale Roma, XXXIII, pp. 202－203.

② 《大正藏》第 12 册，No. 0353，《胜鬘师子吼一乘大方便方广经》："世尊！若无如来藏者，不得厌苦、乐求涅槃。何以故？于此六识及心法智，此七法刹那不住、不种众苦，不得厌苦、乐求涅槃。世尊！如来藏者，无前际，不起不灭法，种诸苦，得厌苦、乐求涅槃。"

③ 参考 Jikido Takasaki（高崎直道）：*A Study on the Ratnagotravibhāga*（*uttaratantra*），*Being a Treatise on the tathāgatagarbho Theory of Mahayana Buddhism*, Serie Orientale Roma, XXXIII, pp. 221－222。

《胜鬘经》这几句话的主题是要说明：人身中所具备的如来藏佛性，是人们厌弃生死之苦、希求涅槃之乐的根本内在原因。经文中后面一句，意思是："对于涅槃，也不会乐欲、希求、誓愿。"《宝性论》解释这句话时指出：乐欲，是指不惮于获得所欣乐的目标；希求，是指寻找达成目标的方便；誓愿，是指专注于所要欣乐的目标。这里的"目标"（artha），根据上下文涵义，是指人生的终极目标："涅槃"。乐欲、希求、誓愿，是人们在内在佛性如来藏的推动下，追求涅槃这个人生终极目标三个渐次深入的身心活动。

在解释"希求"这一概念时，《宝性论》涉及方便概念思想的问题。在它看来，所谓的"希求"，是指寻找、探索能够达成"涅槃"的"方便"。在大乘佛教思想里，涅槃和菩提这对概念，乃是从不同角度对于佛陀清净、圆满证法的表达。所以《宝性论》这里引用《胜鬘经》及所作的经义诠释中，以方便为能够达成涅槃者，这与以方便为能够引向菩提者，虽然是两种涵义有所不同的表述，但就思想的本质而言——方便是指向佛陀清净、圆满证法者——则完全一致。

第 5 处

在汉译《究竟一乘宝性论》卷三《一切众生有如来藏品第五》中，又有如下一段文字：

> 大海慧菩萨白佛言："世尊！此诸善根，以何义故，说名烦恼？"佛告大海慧菩萨言："大海慧！如是烦恼，诸菩萨摩诃萨能生三界，受种种苦。依此烦恼故有三界，非染烦恼三界中生。大海慧！菩萨以方便智力，依善根力故，心生三界，是故名为善根相应烦恼而生三界，非染心生。大海慧！譬如长者，若居士等，唯有一子。甚爱甚念，见者欢喜。而彼一子，依愚痴心，因戏乐故，堕在极深粪厕井中。时彼父母及诸亲属，见彼一子堕在大厕深坑粪中，见已嘘唏，悲泣啼哭，而不能入彼极深厕粪屎器中，而出其子。尔时彼处众中，更有一长者子，或一居士子，见彼小儿堕在深厕粪屎井中。见已，疾疾生一子想。生爱念心，不起恶心，即入深厕粪屎井中，出彼一子。
>
> "大海慧！为显彼义，说此譬喻。大海慧！何者彼义？大海慧！

言极深井、粪屎坑者，名为三界。大海慧！言一子者，一切众生，诸菩萨等于一切众生生一子想。大海慧！尔时父母及诸亲者，名为声闻、辟支佛人。以二乘人见诸众生堕在世间极大深坑粪屎井中，既见彼已，悲泣啼哭，而不能拔彼诸众生。大海慧！彼时更有一长者子一居士子者，名为菩萨摩诃萨。离诸烦恼，清净无垢。以离垢心现见无为真如法界，以自在心现生三界，为教化彼诸众生故。大海慧！是名菩萨摩诃萨大悲，毕竟远离诸有，毕竟远离诸缚，而回生于三界有中。以依方便、般若力故，诸烦恼火不能焚烧。欲令一切诸众生等远离诸缚，而为说法。大海慧！我今说此修多罗句，依诸菩萨心，为利益一切众生，得自在力而生三有，依诸善根慈悲心力，依于方便般若力故，是名示现净不净时。”①

《宝性论》所引用的这段经文，出自《海慧菩萨品》，收集于《大方等大集经》中。② 我们对勘这段汉译的梵本如下：

āha punaḥ | yadā bhagavan kuśalamūlāni tatkena kāraṇena kleśā ity-ucyante | āha | tathā hi sāgaramate ebhirevaṁ rūpaiḥ kleśairbodhisattvāst-raidhātuke śliṣyante | kleśasaṁbhūtaṁ ca traidhātukam | tatra bodhisattvā upāyakauśalena ca kuśalamūlavalānvādhānena ca saṁcintya traidhātuke śli-

① 《究竟一乘宝性论》，《大正藏》第 31 册，No. 1611，第 833 页下—834 页上。

② “善男子！菩萨摩诃萨行如是法，不为烦恼之所染污，不着三界，菩萨摩诃萨行善方便功德力故，虽行三界身心不污。善男子！譬如长者唯有一子心甚爱念，其子游戏误坠圊厕。时母见已恶秽不净，父后见之呵责其母，即便入厕牵之令出，出已净洗，爱因缘故忘其臭秽。善男子！长者父母，喻于声闻、缘觉、菩萨，厕喻三界，子喻众生，母不能拔喻声闻缘觉，父能拔济喻诸菩萨，爱因缘者喻于大悲。菩萨摩诃萨具善方便，入于三界，不为三界之所染污。是故道有二种：一者、声闻；二者、菩萨。声闻道者厌于三界，菩萨道者不厌三界。善男子！菩萨修集空无相愿，虽行诸有不堕于有，既不堕有复不取证，行三界者是名方便，不取证者是名智慧。”参见《大方等大集经》，《大正藏》第 13 册，No. 0397，第 68 页上—中。又可参见《大正藏》第 13 册，No. 0400，《佛说海意菩萨所问净印法门经》：“海意！譬如世间有大长者唯有一子，慈育怜悯深加爱念。时彼童子愚小无智，于秽井边而为戏舞，以幼稚故忽堕井中。尔时其母及彼亲族，俱见其子堕秽井中，见已忧愁，竞前观井深不可测，徒极悲苦，无能为计入其井中，虽痛爱子不能救拔。是时其父知已奔至，见彼童子堕秽井中，临视哀恼苍惶旋转，深爱此子不生厌舍，即设方计入其井中，善为救拔令子得出。”

ṣyante । tenocyante kuś alamūlasaṁ prayuktāḥkleś ā iti । yāvadeva traidhātuke śleṣatayā na punaścittopakleśatayā ।

syādyathāpi nāma sāgaramate śreṣṭhino gṛhapatereka putraka iṣṭaḥkāntaḥpriyo manāpo'pratikūlo darśanena sa ca dārako bālabhāvena nṛtyanneva mīḍhakūpe prapateta । atha te tasya dārakasya mātṛjñātayaḥ paśyeyustaṁ dārakaṁmmīḍhakūpe prapatitam । dṛṣṭvā ca gambhīraṁniśvaseyuḥśoceyuḥ parideveran ।na punastaṁmmīḍhakūpamavaruhya taṁdārakamadhyālamberan । atha tasya dārakasya pitā taṁpradeśamāgacchet । sa paśyetaikaputrakaṁ mīḍhakūpe prapatitaṁdṛṣṭvā ca śīghraśīghraṁ tvaramāṇarūpa ekaputrakādhyāśayapremānunīto'jugupsamānastaṁ mīḍhakūpamavaruhyaikaputrakamabhyutkṣipet ।

iti hi sāgaramate upamaiṣā kṛtā yāvadevārthasya vijñaptaye । kaḥprabandho draṣṭavyaḥ । mīḍhakūpa iti sāgaramate traidhātukasyaitadadhivacanam । ekaputraka iti sattvānāmetadadhivacanam । sarvasattveṣu hi bodhisattvasyaikaputrasaṁjñā pratyupasthitā bhavati । mātṛjñātaya iti śrāvakapratyekabuddhayānīyānāṁ pudgalānāmetadadhivacanaṁ ye saṁ sāraprapatitān sattvān dṛṣṭvāśocanti paridevante na punaḥśamarthā bhavantyabhyutkṣeptum । śreṣṭhī gṛhapatiriti bodhisattvasyaitadadhivacanaṁyaḥśucirvimalo nirmalacitto'saṁskṛtadharmapratyakṣagataḥsaṁcintya traidhātuke pratisaṁdadhāti sattvaparipākārtham । seyaṁsāgaramate bodhisattvasya mahākaruṇā yadatyantaparimuktaḥ sarvabandhanebhyaḥ punareva bhavopapattimupādadāti । upāyakauśalyaprajñāparigṛhītaśca saṁkleśair na lipyate । sarvakleśabandhaprahāṇāya ca sattvebhyo dharma deśayatīti । tadanena sūtrapadanirdeśena parahītakriyārthavaśino bodhisattvasya saṁcintyabhavopapattau kuśalamūlakaruṇābalābhyāmupaśleṣādupāyaprajñābalābhyāṁca tadasaṁkleśādaśuddhaśuddhāvasthā paridīpitā । ①

① 中村瑞隆:《梵汉对照究竟一乘宝性论研究》,《世界佛学名著译丛》76,华宇出版社 1989 年版,第 91、93—94 页。

【新译】海慧又问："薄伽梵啊！诸善根何时以何理由被称为烦恼呢?"佛陀回答："海慧啊！因为，诸菩萨以像这样的这些烦恼，粘着于三界，而且三界是由烦恼所成。在这里，诸菩萨以善巧方便，及持有善根力，考量之后，粘着在三界中。所以它们被称为与善根关联的烦恼。只要当诸菩萨是以粘着而粘着于三界，而非以心之随染粘着于三界的时候，诸善根就被称为与善根关联的烦恼。

"海慧！就好比一个年长的家主，有个儿子，是其所喜欢的、可爱的、悦意的，是他不餍足时时看到的。然而这个孩子，因为幼稚的本性，在蹦跳玩耍时跌落到了粪坑中。孩子的母亲、亲戚，看到掉落到粪坑中的孩子，看见之后，他们深吸一口气，都感到悲伤、痛惜。可是他们不会跳入粪坑中，拉出这个孩子。而这个孩子的父亲来到那个地方，见到自己的独子落到了粪坑中，面现匆忙之色，以深心爱恋顾念独子的这位父亲，就极为迅速地、毫不嫌弃地跳下粪坑，把独子救了出来。

"海慧！说了这个譬喻，意在晓谕意义。那么我们应当看到什么样的关系呢？海慧！所谓'粪坑'，这是称呼'三界'；所谓'独子'，这是称呼'众生'。因为，菩萨们对于一切众生都有'独子'的想法。所谓'母亲、亲戚'，这是称呼'声闻乘、独觉乘的补特伽罗'，他们见到陷于生死轮回的众生，虽然悲伤、忧愁，却不能够救出他们。所谓'年长的家主'，这是称呼'菩萨'，他洁净、无垢，心中离垢，已经见到无为法，却考量之后续生于三界，以便成熟诸众生。海慧！这是菩萨的大悲：他虽然已经彻底解脱一切束缚，却又托生于存有中。他为善巧方便和般若所统摄，所以不为诸烦恼所污染。并且为了断除众生的一切烦恼束缚，他为其说法。"

因此，根据对于经典语句的这种解释，一个对于利他事业、目标已经自在的菩萨，考量后托生存有，以善根、悲悯二种力而粘着，以方便、般若二种力而不染于诸种烦恼，所以其不净净分位，就得以呈现。①

① 参考 Jikido Takasaki（高崎直道）：*A Study on the Ratnagotravibhāga*（*uttaratantra*），*Being a Treatise on the tathāgatagarbho Theory of Mahayana Buddhism*，Serie Orientale Roma，XXXIII，pp. 245－246。

《宝性论》这段文字讨论的主题是：菩萨的善根，在什么情况下被称为“与善根关联的烦恼”。它引用《海慧菩萨品》的经文回答：菩萨因为有善巧方便，及持有善根力，所以能够参与三界受生，不为烦恼所染，成就其救度众生的事业。在这样的情况下，菩萨的善根就被称为“与善根关联的烦恼”。可见，所引这段经文的主题思想是：是否具足善巧方便，是衡量一个菩萨能否合理受生，完成救度责任的一个关键因素。我们在考察《维摩经》的善巧方便思想时，已经注意到该经“以方便生，是菩萨解”① 的说法，是初期大乘经典中关于菩萨受生理论的重要观念，② 而现在我们在《宝性论》所引及所诠释《海慧菩萨品》这部分经文中，同样看到一种以善巧方便概念思想为重心讨论菩萨受生问题的教法思想。

这里我们所选取的几段文字中，根据《宝性论》古译，先后三次涉及善巧方便概念思想的问题。第一次是：“菩萨以方便智力，依善根力故”，根据北凉昙无谶译，此处译文是“菩萨摩诃萨行善方便功德力故”，这里凉本“行善方便力”，相当于勒那摩提所译“以方便智力”；凉本“行功德力”，相当于勒那摩提所译“依善根力故”。根据《宝性论》梵本，此处所引经文原语为：upāyakauśalena ca kuśalamūlavalānvādhānena，可以译为：（一）以善巧方便，（二）以持有善根力。可见，这里的表述，梵本、《宝性》本、凉本三本意义基本一致，而凉本在文字上与梵本更是完全一致。根据凉本、梵本，我们可以推测：《宝性论》此处译文“方便智力”中的“智力”二字，应当是勒那摩提所添。我们在考察《法华经》《维摩经》等初期大乘经典涉及善巧方便一系概念思想的经文时，已经多次发现：初期大乘经典中所言的善巧方便，具有智慧性、力量性，所以“善巧方便”这个名词术语通常被称为“善巧方便”，也被称为“善巧方便智”，或“善巧方便力”，或“善巧方便智力”，也常常简称为“方便智”，“方便力”，或“方便智力”。因此《宝性论》此处涉及方便概念的译文，也是采取意译的方式，而其所选用的名词术语（“方便智力”），则

---

① 《维摩诘所说经》，《大正藏》第 14 册，No. 0475，第 545 页上。

② 程恭让：《〈维摩诘经〉之〈方便品〉与人间佛教思想》，《玄奘佛学研究》第 18 期 2012 年 9 月，第 182—183 页。

表明译者勒那摩提非常娴熟并完全接受初期大乘经典规定善巧方便概念内涵的思想传统：初期大乘经典是以方便为智慧、以方便为力量，并因而以方便为智慧、力量的。

《宝性论》此处译文第二次出现方便相关概念时，所译经文是“依方便般若力”；第三次所涉译文，是“依于方便般若力”。考北凉译本，第二次是“菩萨摩诃萨具善方便”，仅有“善巧方便”，而无“般若”；第三次是“行三界者是名方便，不取证者是名智慧”，这里有“方便”“智慧”两个概念，而此处“智慧”，即“般若”。从《宝性论》所引经文的梵本看，这两次涉及善巧方便概念的原语，分别是：upāyakauśalyaprajñāparigṛhīta（为善巧方便和般若所统摄），及upāyaprajñābalābhyāṁca tadasaṁkleśād（以方便、般若二种力而不染于诸种烦恼），可见经文中这两次涉及方便概念的用法，都是把善巧方便与般若并举，指具备这两种品德的菩萨，能够入于三界同时不染于烦恼。所以，《宝性论》古译这两次涉及方便概念的译文，与所引《海慧菩萨品》的原语是一致的。梵本第三次用法中出现“力”字（bala），正是表明方便与般若乃是二种“力”。所以经文梵本的用法与《宝性论》此处的译法，也是很一致的。我们在这里看到《海慧菩萨品》提出方便、般若二力并重并举的思想，《宝性论》对此经文加以引用，并据以诠释、证成在“不净净”分位的菩萨受生度众的菩萨行理论。我们前文也曾指出《维摩经》是十分侧重般若、方便并重并举的思想的，《宝性论》此处对《海慧菩萨品》的引用与诠释，表明这部大乘佛教中、晚期论典也完全同意、支持初期大乘经典般若、方便并重并举这一重要思想。

第 6 处

在汉译《究竟一乘宝性论》卷三《一切众生有如来藏品第五》中，还可以读到下面这部分文字：

> 如《宝鬘经》中依漏尽故，说入城喻。彼经中言：“善男子！譬如有城，纵广正等，各一由旬。多有诸门，路险黑暗，甚可怖

畏。有人入者，多受安乐。复有一人，唯有一子，爱念甚重。遥闻彼城，如是快乐，即便舍子，欲往入城。是人方便，得过险道，到彼城门。一足已入，一足未举，即念其子，寻作是念："我唯一子，来时云何，竟不与俱？谁能养护，令离众苦？"即舍乐城，还至子所。善男子！菩萨摩诃萨亦复如是，为怜愍故，修集五通。既修集已，垂得尽漏，而不取证。何以故？愍众生故，舍漏尽通，乃至行于凡夫地中。善男子！城者，喻于大般涅槃。多诸门者，喻于八万诸三昧门。路险难者，喻诸魔业。到城门者，喻于五通。一足入者，喻于智慧。一足未入者，喻诸菩萨未证解脱。言一子者，喻于五道一切众生。顾念子者，喻大悲心。还子所者，喻调众生。能得解脱而不证者，即是方便。善男子！菩萨摩诃萨大慈大悲不可思议。如是，善男子！菩萨摩诃萨大方便力，发大精进，起坚固心，修行禅定，得证五通。如是菩萨依禅通业，善修心净，无漏灭尽定现前。如是菩萨即得生于大悲之心，为救一切诸众生故，现前无漏智通而回转，不取寂灭涅槃，以为教化诸众生故，回取世间，乃至示现凡夫人地。于第四菩萨焰地中，为自利益善起精进，为利益他善起坚固心，漏尽现前。于第五菩萨难胜地中，依止五通，自利利他，善熟心行，无漏灭尽定现前。是故于第六菩萨地中，无障碍般若波罗蜜起，漏尽现前。是故于第六菩萨现前地中，得漏尽自在，说名清净。是菩萨如是自身正修行，教化众生令置彼处，得大慈悲心，于颠倒众生生救护心，不着寂灭涅槃，善作彼方便：现前世间门，为众生故；现前涅槃门，为菩提分满足故；修行四禅，回生欲界，以为利益地狱、畜生、饿鬼、凡夫种种众生，示现诸身，以得自在故。①

《宝性论》这里所谓《宝鬘经》，即《宝髻经》。该经在汉译中存有《大方等大集经》及《大宝积经》中收录的两本，我们在其中都能读到

① 《究竟一乘宝性论》，《大正藏》第31册，No. 1611，第834页上。

《宝性论》所引的这一个段落。①

引文中从开头第一句话，直到“善男子！菩萨摩诃萨大慈大悲不可思议”句，《宝性论》中所录的经文梵本已残缺。这句以下的部分，梵本对勘为：

evameva kulaputra bodhisattvo mahatā yatnena mahata vīryeṇa dṛḍhayādhyāśayapratipattyā pañcābhijñā utpādayati | tasya dhyānābhijñaparikarmakṛtacittasyāsravakṣayo′ bhimukhībhavati | sa mahākaruṇācittotpādena sarvasattvaparitrāṇāyāsravakṣayajñāne parijayaṁkṛtvāpunarapi suparikarmakṛtacetāḥṣaṣṭhyāmasaṅgaprajñotpādādāsravakṣaye′ bhimukhībhavati |

① 《宝髻菩萨品》：“善男子！譬如一城，纵广一由旬，多有诸门，路险黑暗，甚可怖畏。有入城者，多受安乐。复有一人，唯有一子，爱念甚重，遥闻彼城如是快乐，即便舍子欲往入城。是人方便，得过险道，到彼城门。一足已入，未举一足，即念其子。寻作是念：我唯一子，来时云何，竟不与俱，谁能养护，令离众苦？即舍乐城，还向子所。善男子！菩萨摩诃萨亦复如是，为怜悯故修习五通，既修习已，垂得尽漏而不取证。何以故？悯众生故，舍漏尽通，乃至行于凡夫地中。善男子！城者喻于大般涅槃，多诸门者喻于八万诸三昧门，路险难者喻诸魔业，到城门者喻于五通，一足入者喻于智慧，一足未入者喻于菩萨未证解脱，言一子者喻于五道一切众生，顾念子者喻大悲心，还子所者喻调众生，能得解脱而不证者即是方便。善男子！菩萨摩诃萨，大慈大悲不可思议！宝髻菩萨白佛言：世尊！如佛所说大慈大悲不可思议。实如圣教，不但慈悲不可思议，善方便力亦不可思议。”（《大方等大集经》，《大正藏》第 13 册，No. 0397，第 181 页上）又见于《大宝积经》中之《宝髻菩萨会》：“佛告族姓子：‘譬如去于居邑百千俞旬，玄回之路，有大国城。其路艰险，众难难计。阻邃曲隘，寇贼抄掠。师子虎狼，还相食噉。若出此路，能到彼国。入大城者，悉脱众患，安隐无量。时有一人，闻彼国城恩德功勳快乐远著，其人生年唯有一子，甚爱重念，视之无厌，闻彼国名，舍子而往，尽力勤行，忍诸艰苦众难之患，昼夜不懈，得值阴凉。六艺备体，执持五兵，便得越度。到其城门，住门梱上。稍复进前，至第二门。开其城门，而独住立。即便忆念：所生一子，独不得来。以子恩情，不入大城，寻更还反，将其子来，共至乐国。’佛告族姓子：‘菩萨如是被无极铠，以大精进坚固志性，精诚所致显发大道，净治心业淳淑之行，诸漏得尽兴大哀心，开化众生为其说法，慧断生死，得至无漏究竟成就。哀悯众生欲救护故，则复来还现凡夫地。’佛告族姓子：‘其城者，喻圣慧，巍巍诸漏已尽。涉难远行百千俞旬玄迴路者，谓游无量生死诸难，救脱众生，不以为拘。盗贼虎狼者，谓众魔邪见非法之难。相食噉者，谓三界中阴衰之患。值阴凉者，谓平等行。六艺五兵，谓六度无极五神通也。其人者，菩萨也。到其城住门梱上，从外门稍复进至中门住不前者，谓菩萨而从有为至于无为，诸漏已尽，其心明彻，不舍本愿，欲度十方，如念一子也。不入城还反者，菩萨悯伤一切众生，中心念之，如一子父，灭除生死诸漏之难，超住法顶，虽出生死，不尽诸漏寻复来还，在于五趣开化众生。是为菩萨善权方便大哀之行。’”（《大宝积经》，《大正藏》第 11 册，No. 0310，第 668 页上）

evamasyāmābhimukhyāṁbodhisattvabhūmāvāsravakṣayasākṣātkaraṇavaśitva-lābhino bodhisattvasya viśuddhāvasthā | paridīpitā | tasyaivamātmanā samyakpratipannasya parānapi cāsyāmeva samyakpratipattau sthāpayiṣ yāmīti mahākaruṇayā vipratipannasattvaparitrāṇābhiprāyasya śamasukhānāsvādanatayā tadupāyakṛtaparijayasya saṁsārābhimukhasattvāpekṣayā nirvāṇavimukhasya bodhyaṅgaparipūraṇāya dhyānairvihṛtya punaḥkāmadhātau saṁcintyopapattiparigrahaṇato yāvadāśu sattvānāmarthaṁ kartukāmasya vicitratiryagyonigatajātakaprabhedena pṛthagjanātmabhāvasaṁdarśanavibhutvalābhino' viśuddhāvasthā paridīpitā | ①

【新译】正是同样，善男子！菩萨以巨大的努力，以巨大的勤勉，以有坚固深心的修行，使五种神通产生出来。以禅那、神通二种修持训练其心的这个菩萨，就有漏尽得以现前。这位菩萨，为了救度一切众生，就以生起大悲心，折服漏尽智，这样以善巧修持训练其心的他，于是在第六（菩萨地）生起无着般若，再度地现前面对漏尽。这样，在此现前菩萨地上，这个获得自在以作证漏尽的菩萨，就呈现出了清净之分位。这个自己这样正确实践的菩萨，想到“我也应当使诸他人都这样正确地实践”，以这样的大悲则想要救度乖违的众生；以不享受寂静之乐，得以作成其方便；顾及面向生死的众生，则背弃自己的涅槃；为了圆满菩提支分，则舍弃诸禅那，考量之后，再度接受在欲界的出生；……直至：想要急速地利益众生，则以居于动物状态的种种不同本生，获得威力自在，以便去示现异生之身体：这样这个菩萨的不净分位就呈现出来了。②

根据《宝性论》的古译，这一部分文字一共有四次谈到方便概念：

第一是在所引经文譬喻故事的叙述部分，叙述一人欲到快乐城，“是

① 中村瑞隆：《梵汉对照究竟一乘宝性论研究》，《世界佛学名著译丛》76，华宇出版社1989年版，第99页。

② 参考 Jikido Takasaki（高崎直道）：*A Study on the Ratnagotravibhāga*（*uttaratantra*），*Being a Treatise on the tathāgatagarbho Theory of Mahayana Buddhism*，Serie Orientale Roma，XXXIII，pp. 251 –252。

人方便，得过险道，到彼城门”。意思是此人依据方便，越过种种险路，到达了城门。这里的“方便”，是指人类日常生活中表示人生现实技巧、达到人生现实目标的智慧，我们可以称之为与“工具理性”类似的东西。我们在《法华经》的譬喻故事中可以同样看到：大乘佛教教法思想中所言的善巧方便，是透过作为人类日常生活中工具理性的方便智慧这一譬喻，得以由浅及深地被显示出来的。在《宝性论》所引《宝髻经》这个譬喻故事中，我们看到关于善巧方便概念名词起源的同样一种叙述模式。北凉昙无谶译本此处作“是人方便，得过险道，到彼城门”，与《宝性论》译本完全一致；西晋竺法护译本《大宝积经》，此处是意译，未出方便这一名词概念。可见《宝性论》的相关译文受到北凉译本的直接影响。

第二是经文在对这个譬喻故事意义的讲解部分，说言：“一足入者，喻于智慧。一足未入者，喻诸菩萨未证解脱”，前者所谓“智慧”，是指“般若”；后者所喻，是“诸菩萨未证解脱”，根据下文，有“能得解脱而不证者，即是方便”一句，所以后者所喻，实际上正是指“方便”。这里讲的“方便”，是在超出世间意义层面上所言的方便，即初期大乘经典教法思想所指的方便——引导众生达成佛陀证法的善巧方便。《宝髻经》这里以双足譬喻般若和方便的关系，与《八千颂般若经》以鸟之双翼、《维摩经》以父母双亲譬喻般若与方便的关系，其义理精神都是一致的，这些譬喻都意在昭示大乘佛教教法思想中般若与方便平等并举的关系。《宝性论》这里引用《宝髻》此说，证成菩萨地的理论，是《宝性论》赞成般若、方便并重并举思想的又一明证。

第三是指《宝性论》引述《宝髻经》中“善男子！菩萨摩诃萨大方便力”一句。《宝性》这句译文颇接近凉译中“善方便力亦不可思议”一句，在《宝性》所引此经这段原语中，我们未见到此句。如果以梵文文法推论，《宝性》这句话所依据的原语是：mahopāyabala。其中，“方便是力”这样的表述方法，已见于前面的几次分析，此处不赘。而在“方便”概念之前，加上修饰语“大”（mahat），成为“伟大的方便”这样一种表述形式，则是《法华经》梵本描述善巧方便这个概念时重要而独特的一种表达形式，《法华经》中正是用这样的表达形式说明善巧方便内涵品德之非庸常性，伟大性、卓越性。因此我们认为《宝性论》这里所录《宝髻》“大方便力”的引语，应当是确有根据的。这个引语的存在，再次见证《宝性论》的善巧方便概念思想，与《法华经》等初期大乘经典传达的善巧方便一系概念思想，确实在基本意义指向上有着令人惊诧的高度一致性。

最后，《宝性论》此段文字中，尚有"不着寂灾涅槃，善作彼方便"一句，这句话原语是：śamasukhānāsvādanatayā tadupāyakṛtaparijayasya，意思是：这位菩萨不享受寂静之乐，而作成其方便。根据上下文，是说这个拥有大悲心、誓愿救度众生的菩萨，自己不贪恋涅槃之乐，而是作成其方便。《宝性论》这里译为"彼方便"，古译的"彼"，即我们新译的"其"，对应原语中的指示代名词：tad，在这里，正是指代前句中的 śama（寂灭，涅槃）。这段经文中所谓的"涅槃"，是指佛陀所证得的"大涅槃"，而不是声闻弟子"灰身灭智"意义上的"涅槃"，它与佛菩提都是从不同侧面表示佛陀清净、圆满的证法。所以根据这个复合词，这里的"方便"，还是指"达成涅槃或菩提"的"方便"，如我们前面已反复指明者，这正是初期大乘经典对于"方便"概念内涵最基本的界定方式。

第 7 处

在汉译《究竟一乘宝性论》卷三《一切众生有如来藏品第五》中，还可以读到下面一段文字：

> 以是义故，《圣者胜鬘经》言："世尊！言声闻、辟支佛得涅槃者，是佛方便故。"此明何义？言声闻、辟支佛有涅槃者，此是诸佛如来方便。见诸众生于长道旷野远行疲惓，恐有退转，为止息故，造作化城。如来如是，于一切法中得大自在、大方便故，故明如是义。"世尊！如来应正遍知，证平等涅槃。一切功德无量无边、不可思议、清净、毕竟究竟。"此明何义？依四种义，毕竟功德、诸佛如来无差别。涅槃相无上果中，佛及涅槃一切功德不相舍离。若离佛地果中证智，更无余人有涅槃法。示现如是义。①

---

① 《究竟一乘宝性论》，《大正藏》第 31 册，No. 1611，第 835 页下。

《宝性论》这部分文字，是先后两次引用《胜鬘经》的说法，并分别加以诠释①，以证成“声闻、独觉证得涅槃，是佛陀出于善巧方便而说”及“只有如来才能获得究竟、圆满的涅槃”这样两层义理。这是《胜鬘经》和《宝性论》讨论“涅槃”问题的重要文字。《宝性论》中这段话梵本对勘如下：

Yaduktamarhatpratyekabuddhaparinirvāṇamadhikṛ tya । nirvāṇamiti bhagavannupāya eṣa tathāgatānāmiti । anena dīrghādhvapariśrāntānāmaṭavī-madhye nagaranirmāṇavadavivartanopāya eṣa dharmaparameśvarāṇāṁsamy-aksaṁbuddhānāmitiparidīpitam । nirvāṇādhigamād bhagavaṁstathāgatā bha-vantyarhantaḥsamyaksaṁbuddhāḥsarvāprameyācintyaviśuddhiniṣṭhāgataguṇ-asamanvāgatā iti । anena caturākāraguṇaniṣpatsvasaṁbhinnalakṣaṇaṁ nirv-āṇamadhigamya tadātmakāḥsamyaksaṁ buddhā bhavantīti । buddhatvanirv-āṇayoravinirbhāgaguṇayogādbuddhatvamantareṇa kasyacinnirvāṇādhigamo nāstīti paridīpitam । ②

【新译】关于阿罗汉、独觉之涅槃，经中说过：

“薄伽梵！所谓‘涅槃’这种说法，是诸如来的方便。”

经中这个说法，就呈现出：如同在密林中间幻化一座城市，这是于法获得最高自在的诸正等觉者，使得长久时间以来疲倦不堪的（众生）不

---

① 参考《胜鬘经》中下面的段落：“世尊！阿罗汉、辟支佛有怖畏，是故阿罗汉、辟支佛，有余生法不尽，故有生；有余梵行不成，故不纯；事不究竟，故当有所作；不度彼故，当有所断。以不断故，去涅槃界远。何以故？唯有如来、应、正等觉得般涅槃，成就一切功德。故阿罗汉、辟支佛，不成就一切功德。言得涅槃者，是佛方便。唯有如来得般涅槃，成就无量功德。故阿罗汉、辟支佛成就有量功德，言得涅槃者，是佛方便。唯有如来得般涅槃，成就不可思议功德。故阿罗汉、辟支佛成就思议功德，言得涅槃者，是佛方便。唯有如来得般涅槃，一切所应断过，皆悉断灭，成就第一清净。阿罗汉、辟支佛有余过，非第一清净，言得涅槃者，是佛方便。唯有如来得般涅槃，为一切众生之所瞻仰，出过阿罗汉、辟支佛、菩萨境界。是故阿罗汉、辟支佛去涅槃界远，言阿罗汉、辟支佛观察解脱四智究竟得苏息处者，亦是如来方便有余不了义说。”（《胜鬘师子吼一乘大方便方广经》，《大正藏》第 12 册，No. 0353，第 219 页下）

② 中村瑞隆：《梵汉对照究竟一乘宝性论研究》，《世界佛学名著译丛》76，华宇出版社 1989 年版，第 111 页。

退转的方便。

“薄伽梵啊！由于证得涅槃，他们成为具足一切、不可量、不可思议、达成究竟清净的品德的如来、阿罗汉、正等觉者。”

经中这一说法，也就呈现出：证得圆满实现四种品德、完全没有差异相的涅槃之后，他们成为拥有这样本质的正等觉者。这样，就说明了此义：由于佛陀、涅槃二者有不相脱离的品德，所以在佛陀以外，任何人都未作证涅槃。[①]

《宝性论》这段引证、诠释《胜鬘经》的文字中，先后三次提到方便概念，这样的说法都是出现在引用及解释《胜鬘》的前一部分经文中。其中，第一次：“是佛方便”；第二次：“是诸佛如来方便”。一为引用经文，一为解释经文。根据《宝性论》这里的原语，第一次是“是诸如来的方便”，第二次是“是诸正等觉者的方便”，两次文字的涵义是完全一致的。经文的意思是：凡是经中说到声闻、独觉的涅槃，这样的说法，都是诸佛的方便。《宝性论》诠释这句话，认为经文意思是指：如同诸如来给在密林中懈怠疲倦的人们，示现休息的城市，以便他们不会中途折回，而是继续其寻求珠宝这一重要商业活动一样，给声闻、独觉示现涅槃，也是诸佛的方便，以便声闻、独觉们不致于在修行过程中，中途堕落，而是要成就佛陀已经成就的无上正等觉。《宝性论》这一化城喻，出自《法华经》中著名的化城譬喻。[②]《法华经》中正是以这个譬喻故事，反省早期佛教经典中涅槃学说的本质，说明针对声闻的涅槃学说其实是依据佛陀的善巧方便所作的教法施设，其目的是阻止修行者中途折回，促使其继续向菩提这一终极目标前进。

《宝性论》这部分文字中第三次提及方便概念时，说言：“如来如是，于一切法中得大自在、大方便故。”这句话的原语是：dharmaparameśvarāṇāṁsamyaksaṁbuddhānām，意思是“关于法有最高自在的正等觉者”，原语中未见“大方便”云云的说法。此处“大方便”或是《宝性论》译者所添，但是所谓“大方便”（“伟大的方便”）这样的说法，如前已经指

---

① Jikido Takasaki（高崎直道）：*A Study on the Ratnagotravibhāga*（*uttaratantra*），*Being a Treatise on the tathāgatagarbho Theory of Mahayana Buddhism*，Serie Orientale Roma，XXXIII，p. 262.

② 参见《妙法莲华经·化城喻品第七》，《大正藏》第9册，No. 0262，第22页上以下。

明，是称赞善巧方便这一佛德伟大性、卓越性的特殊表达方式，而这也正是《法华经》中诠释善巧方便品德时极为重要和极具表现力的说法。

《胜鬘经》不仅独创性地发扬了大乘佛教的佛性如来藏学说，也继承了《法华经》的善巧方便思想，以及《法华经》基于善巧方便概念思想对于涅槃学说予以反思、重估其价值的思想立场。《宝性论》是对《胜鬘经》佛学思想予以系统化、理论化者，我们从这里考察的这段文字，可以体会到《宝性论》不仅继承、发扬了《胜鬘经》如来藏一系思想，也继承、发扬了《胜鬘经》所弘扬的初期大乘经典的善巧方便一系思想。在《胜鬘经》汉译经文标题中，已经出现“大方便”这样的说法，所以《宝性论》中常出现“大方便”这样的说法，直接而言则反映了《胜鬘经》对其的深刻影响，间接而言则反映了《法华经》善巧方便思想对此后大乘佛教教法思想潜在而持续的影响。

第 8 处

在汉译《究竟一乘宝性论》卷四《无量烦恼所缠品第六》中，可以读到下面这段文字：

> 此明何义？明如来藏究竟如来法身不差别，真如体相，毕竟定佛性体，于一切时、一切众生身中，皆无余尽应知。此云何知？依法相知。是故经言：“善男子！此法性法体性自性常住，如来出世、若不出世，自性清净、本来常住，一切众生有如来藏。”此明何义？依法性，依法体，依法相应，依法方便，此法为如是，为不如是。不可思议，一切处，依法，依法量，依法信，得心净，得心定。彼不可分别为实为不实，唯依如来信。[1]

《宝性论》这段文字，是引用《大方广如来藏经》的经文，[2] 加

① 《究竟一乘宝性论》，《大正藏》第 31 册，No. 1611，第 839 页上。

② 《大方广如来藏经》：“善男子！诸佛法尔，若佛出世若不出世，一切众生如来之藏常住不变。”《大正藏》第 16 册，No. 0667，第 457 页。又：“善男子！如来出世，若不出世，法性法界一切有情，如来藏常恒不变。”《大正藏》第 16 册，No. 0667，第 461 页中。

以诠释，以证成这部论典的根本主张：一切众生都有佛性如来藏。如我们所知，《大方广如来藏经》，同《胜鬘经》一样，都是大乘佛教如来藏思想系统比较源始的经典，也是《宝性论》如来藏思想最根本的经典来源。《宝性论》这段译文极其难懂，我们试与梵本对勘如下：

Sa khalveṣa tathāgatagarbho dharmakāyāvipralambhastathatāsaṁbhinnalakṣaṇo niyatagotrasvabhāvaḥsarvadā ca sarvatra ca niravaśeṣayogena sattvadhātāviti draṣṭavyaṁdharmatāṁpramāṇīkṛtya | yathoktam | eṣā kulaputra dharmāṇāṁdharmatā | utpādādvā tathāgatānāmanutpādādvā sadaivaite sattvāstathāgatagarbhā iti | yaiva cāsau dharmatā saivātra yuktiryoga upāyaḥ paryāyaḥ | evameva tatsyāt | anyathā naiva tatsyāditi | sarvatra dharmataiva pratiśaraṇam | dharmataiva yuktiś cittanidhyāpanāya cittasaṁ jñāpanāya | sāna cintayitavyā na vikalpayitavyādhimoktavyeti | ①

【新译】这个如来藏，以法性作为真理标准，应该被视为："一切时候，一切场合，都以无有余遗的方式，在众生界中，与法身不相分离，与真如无有差异相，以确定的种姓为自体。"如经中已经说过：

"善男子！这是诸法的法性：无论诸如来出现或不出现，这些众生总是有如来藏。"

凡是法性，那么道理、相应、方便就是其同义异名，表示："它应当这样，不应当别样。"在任何场合，只有法性是依据，只有法性是道理，以便人们使心专注，使心晓谕。我们不可思议它，不可分别它，而应当信解它。②

《宝性论》这段文字首先提出自己的观点：众生总是具有如来藏，这是法性——永恒不变的真理；然后引用《如来藏经》的说法，证成众生

---

① 中村瑞隆：《梵汉对照究竟一乘宝性论研究》，《世界佛学名著译丛》76，华宇出版社1989年版，第143页。

② 参考 Jikido Takasaki（高崎直道）：*A Study on the Ratnagotravibhāga* (*uttaratantra*), *Being a Treatise on the tathāgatagarbho Theory of Mahayana Buddhism*, Serie Orientale Roma, XXXIII, pp. 295 – 296。

具有如来藏，是不变的真理。接下去论文对“法性”进一步予以解释，说明是法性者，就是道理（yukti）、相应（yoga），及方便（upāya）。事实上，我们在《瑜伽师地论》中发现与这句话几乎同样的说法[①]，似乎证明《宝性论》此处的文字，是在引用《瑜伽》。不管《宝性论》这里是在引用《瑜伽师地论》的说法，还是它自己的说法，这段文字讲方便是法性，是《宝性论》中极为独特的说法。《宝性论》此处以方便等为法性的说法，是旨在强化表示善巧方便智等具有不会随着环境、时间而有所变异的超越性。

第 9 处

在汉译《究竟一乘宝性论》卷四《无量烦恼所缠品第六》中，可以读到如下一段文字：

> 彼如来藏非其境界，如是之义，《大般涅槃修多罗》中池水譬喻，广明此义应知。彼经中言：“迦叶！譬如春时，有诸人等，在大池浴，乘船游戏，失琉璃宝，没深水中。是时诸人，悉共入水，求觅是宝，竞捉瓦石、草木、沙砾，各各自谓得琉璃珠，欢喜持出，乃知非真。是时宝珠，犹在水中，以珠力故，水皆澄清。于是大众乃见宝珠故在水下，犹如仰观虚空月形。是时众中有一智人，以方便力，安徐入水，即便得珠。汝等比丘，不应如是修集无常、苦、无我想，不净想等，以为真实，如彼诸人，各以瓦石、草木、沙砾而为宝珠；汝等应当善学方便，在在处处，常修我想，常、乐、净想。复应当知，先所修集四法相貌，悉是颠倒，欲得真实修诸想者，如彼智人巧出宝珠，所谓我想，常、乐、净想故。”[②]

《宝性论》这段文字，是引用《大涅槃经》中的池水譬喻，说明对于

---

① 《瑜伽师地论》：“法性应尔。即此法尔，说名道理、瑜伽、方便。或即如是，或异如是，或非如是。一切皆以法尔为依，一切皆归法尔道理，令心安住，令心晓了。如是名为法尔道理。”（《瑜伽师地论》，《大正藏》第 30 册，No. 1579，第 419 页上）

② 《究竟一乘宝性论》，《大正藏》第 31 册，No. 1611，第 839 页中。

那些执着无常、苦、空、无我诸概念者，如来藏非其境界。[①] 由于作为大乘佛典之《大涅槃经》梵本无存，所以《宝性论》所引用的这段文字，当然也是十分珍贵！现在我们将这段译文与梵本对勘如下：

yathā ca sa vipayāsābhiratānāmanityaduḥkhānātmāśubhasaṁjñānāmagocarastathāvistareṇamahāparinirvāṇasūtre bhagavatā vāpītoyamaṇidṛṣṭāntena prasādhitaḥ । tadyathāpi nāma bhikṣavo grīṣmakāle vartamāne salilabandhanaṁ baddhvā svaiḥsvairmaṇḍanakopabhogairjanāḥsalile krīḍeyuḥ । atha tatraiko jātyaṁvaiḍūryamaṇimantarudake sthāpayet । tatastasya vaiḍūryasyārthe sarve te maṇḍanakāni tyaktvā nimajjeyuḥ । atha yattatrāsti śarkaraṁkaṭhalyaṁ vā tatte maṇiriti manyamānā gṛhītvā mayā labdho maṇirityutsṛjyotsṛjya vāpītire sthitvā nāyaṁ maṇiriti saṁ jñāṁ pravarteyuḥ । tacca vāpyudakaṁmaṇiprabhāvena tatprabheva bhrājeta । evaṁteṣāṁtadudakaṁ bhrājamānaṁ dṛṣṭvāho maṇiriti guṇasaṁ jñā pravarteta । atha tatraika upāyakuśalo medhāvī maṇiṁtattvataḥpratilabheta । evameva bhikṣavo yuṣmābhiḥsarvamanityaṁ sarva duḥkhaṁ sarvamanātmakaṁ sarvamaśubhamiti sarvagrahaṇena bhāvitabhāvitaṁbahulīkṛtabahulīkṛtaṁdharmatattvam ajānadbhistatsarvam ghaṭitaṁnirarthakam । tasmād bhikṣavo vāpīśarkarakaṭhalyavyavasthitā iva mā bhūtā upāyakuśalā yūyaṁbhavata । yadyad bhikṣavo yuṣmābhiḥsarvamanityaṁsarva duḥkhaṁsarvamanātmakaṁsarvamaśubhamiti sarvagrahaṇena bhāvitabhāvitaṁ bahulīkṛtabahulīkṛtaṁ tatra tatraiva nityasukhaśubhātmakāni santīti vistareṇa paramadharmatattvavyavasthānamārab-

① 《大般涅槃经》："譬如春时，有诸人等，在大池浴，乘船游戏，失琉璃宝，没深水中。是时诸人，悉共入水，求觅是宝，竞捉瓦石、草木、沙砾，各各自谓得琉璃珠，欢喜持出，乃知非真。是时宝珠，犹在水中，以珠力故，水皆澄清。于是大众乃见宝珠故在水下，犹如仰观虚空月形。是时众中有一智人，以方便力，安徐入水，即便得珠。汝等比丘，不应如是修习无常、苦、无我想，不净想等，以为实义，如彼诸人，各以瓦石、草木、沙砾而为宝珠。汝等应当善学方便，在在处处，常修我想，常、乐、净想。复应当知，先所修习四法相貌，悉是颠倒。欲得真实修诸想者，如彼智人巧出宝珠，所谓我想，常、乐、净想。"（《大般涅槃经》，《大正藏》第12册，No. 0374，第377页下）

hya viparyāsabhūtanirdeśo yathāsūtramanugantavyaḥ｜[①]

【新译】正如此如来藏不是乐于颠倒，有无常、苦、无我、不净观念的众生的境界，薄伽梵在《大涅槃经》中，详细地以水池中摩尼珠这个譬喻，来加以证成。

"诸位比丘！在夏天的时候，人们绑上水缚，带上各自的装饰物、食物，来到水中嬉戏。当时，有人把一个天生琉璃摩尼宝丢到水中了。于是，为了这个琉璃摩尼宝，所有这些人们都会抛掉装饰物，沉下水中去寻找。凡是水池中的木橛，或是瓦砾，这些人因为想着'这是摩尼'，就抓住它，心里认为：'我得到摩尼宝了！'每次都把它扔到水池岸边，待自己（到岸边）站住，才会发现：'这不是摩尼宝！'

"再者，这个水池中的水，以摩尼宝的威力光明晃耀，使得水似乎有那种摩尼宝的光明。见到像这样发光的这种池水后，这些人就会有这样的想法：'呜呼，这才是摩尼宝啊！'就会产生（摩尼）品德之观念。于是一个善巧方便的聪明人，就会在那里真正地获得摩尼。

"同样，诸位比丘！你们以这所有的执取，所谓：'一切皆无常，一切皆苦，一切皆无我，一切皆不净'，修习又修习，训练又训练，因为不懂得法之真实，这一切的努力，都变得没有意义。

"因此，诸位比丘！就好比水池中木橛、瓦砾这些东西所代表的，不是真实的东西，你们应当变成善巧方便者。诸位比丘！凡是你们以这所有的执取，所谓：'一切皆无常，一切皆苦，一切皆无我，一切皆不净'，修习又修习，训练又训练的，则在所有这些场合，存在着常、乐、净、我。"以上云云，乃至详细而言，是为了建立最高法之真实性，而开示颠倒与真实，它可以根据经得以理解。[②]

《大涅槃经》这个水池中摩尼珠的譬喻是说：在夏天的时候，人们在水池

---

① 中村瑞隆：《梵汉对照究竟一乘宝性论研究》，《世界佛学名著译丛》76，华宇出版社1989年版，第145、147页。

② 参考 Jikido Takasaki（高崎直道）：*A Study on the Ratnagotravibhāga*（*uttaratantra*），*Being a Treatise on the tathāgatagarbho Theory of Mahayana Buddhism*，Serie Orientale Roma，XXXIII，pp. 298－299。

中嬉戏时，一个真纯的摩尼珠宝掉进了水池中。很多人把水池中的木橛、瓦块、石头，都当成摩尼珠宝，所以不断出错，找不到真正的摩尼珠宝；而一个聪明人，则有善巧方便，所以他最终找到了真正的摩尼珠宝。佛陀讲完这个譬喻故事后，说明其意义：如果人们执着于无常、苦、空、无我这些观念，缺乏善巧方便，那么就得不到最高法之真实性；如果不执着这些观念，具备善巧方便，就能得到最高法之真实性。所以，究竟能不能得到最高法之真实性，关键看人们是否具备善巧方便。而在这里所谓的“方便”是什么呢？根据这段经文的描述，是指不执着无常、苦、空、无我这些观念，或者正面地说，是我们需要认识到宇宙人生“常、乐、净、我”的一面。

《宝性论》这段译文，完全沿用了北凉昙无谶《大涅槃经》的译文。这段话中两次出现善巧方便：一次是在讲述譬喻故事的部分，译文为“以方便力”，原语是：upāyakuśalo，这里这个复合词作为形容词用，意思是“善巧方便的”。这是指世俗层面方便智慧，是日常生活中达成世俗目标的工具理性。一次是经文对譬喻故事意义的说明中，译文为“善学方便”，原语是：upāyakuśalā，这里这个复合词同样作为形容词使用，意思也是“善巧方便的”，是指出世层面方便智慧。这里的方便智慧是怎样规定的呢？根据论文中“为了建立最高法之真实性”一句，这里方便智慧的依据，正是指“最高法之真实性”（paramadharmatattva）。譬喻中木橛、石块等代表的，不是“真实”；而摩尼宝所代表的，则是“真实”。《宝性论》此处以“真实”为方便的依据，而真实与菩提，可谓不一不二，所以与以菩提为方便之目标的说法，乃是一致的。综而言之，《宝性论》这段文字所引用的《大涅槃经》的经文，包括世俗层面的方便智与出世层面的方便智，这与《法华经》譬喻故事中涉及两种层次的善巧方便的说理方式，如出一辙；而《宝性论》此处以“真实”作为超越世俗层面方便智的依据的理念，与《法华经》以菩提为方便之目标的教法思想，在原理上是完全贯通的。

第 10 处

在汉译《究竟一乘宝性论》卷四《身转清净成菩提品第八》中，有如下的一段说法：

又依实体依因，于佛地中，及得彼方便因故，说三偈：
向说佛法身，自性清净体，
为诸烦恼垢，客尘所染污，
譬如虚空中，离垢净日月，
为彼厚密云，罗网之所覆，
佛功德无垢，常恒及不变，
不分别诸法，得无漏真智。①

我们把这段话的梵本对勘如下：

tatra svabhāvārthe hetvarthe cārabhya buddhatve tatprāptyupāye ca ślokaḥ |
buddhatvaṁprakṛtiprabhāsvaramiti proktaṁyadāgantuka –
kleśajñeyaghanābhrajālapaṭalacchannaṁravivyomavat |
sarvairbuddhaguṇairupetamamalairnityaṁdhruvaṁśāśvataṁ
dharmāṇāṁtadakalpanapravicayajñānāśrayādāpyate ‖ 3 ‖ ②

【新译】在这里，基于自体义及因义，关于佛以及获得它的方便，说了一个西罗歌：
已说本来光明佛，
客尘烦恼所知覆，
其如密云网眼翳，
如同太阳在虚空；
具一切无垢佛德，
恒常坚固及持续，
不分别诸法择智，

① 《究竟一乘宝性论》，《大正藏》第31册，No.1611，第841页上。
② 中村瑞隆：《梵汉对照究竟一乘宝性论研究》，《世界佛学名著译丛》76，华宇出版社1989年版，第157页。

此佛则为所证得。[1]

《宝性论》中的《菩提品》，解析七金刚句中第五金刚句：佛菩提。论中以八种句义释菩提："一者实体，二者因，三者果，四者业，五者相应，六者行，七者常，八者不可思议。"[2] 上面所引《宝性论》中的这段话，是对于其中第一义即实体义，及第二义即因义的解释。《宝性论》古译所谓"依实体依因"，意思是"基于自体义及因义"；所谓"于佛地中及得彼方便因"，原语是：buddhatve tatprāptyupāye ca，意思是："关于佛以及获得它的方便"，这句话是对"依实体依因"一句的解释，也就是说：菩提之自体，即佛（buddhatve，觉性）；菩提之因，即获得此自体（佛，觉性）的方便（tatprāptyupāye）。这里关于方便的这个用语，明确了"方便"，是"得彼"的"方便"，彼，就是前文中的"佛（觉性）"，所以"能够达成佛即觉性者"，是为"方便"。这与前面之考察以菩提或涅槃作为方便之目标，或以真实作为方便之依据等说法，都是根本一致的。

这段话中的颂文，根据梵本来看，本是一个颂文，不过涵义十分丰富，所以《宝性论》古译译为了三个颂文。其中，从第一句"向说佛法身"一直到倒数第三句，即"常恒及不变"，是言佛或觉性：菩提之自体。汉译最后两句，"不分别诸法，得无漏真智"，我们新译为"不分别诸法择智，此佛则为所证得"，这是言方便：菩提之因。参考梵本，可知汉译"得无漏真智"的"无漏真智"，在颂文中对应：akalpanapravicayajñāna，意思是："无分别简择智"。此简择智，正是指"方便"。此方便非虚妄分别，所以是 akalpana；能够思考量度，所以是 pravicaya；它不是识，而是智慧，所以是 jñāna。梵本颂文最后一句中的 tad，同于颂文前面长行句子 tatprāptyupāye 中的 tat，都是指示代名词，意思是指"佛"（觉者性）。所以根据《宝性论》中的这段话，我们知道：（一）方便是对于

---

① 参考 Jikido Takasaki（高崎直道）：*A Study on the Ratnagotravibhāga*（*uttaratantra*），*Being a Treatise on the tathāgatagarbho Theory of Mahayana Buddhism*，Serie Orientale Roma，XXXIII，p. 314。

② 《究竟一乘宝性论》，《大正藏》第 31 册，No. 1611，第 841 页上。

诸法的一种简择，这种简择从性质上言是非分别的一种佛智；（二）方便被称为达到佛或觉者性的“因”，因为通过它人们能够达到佛智菩提。关于方便的上述两层意义，非常清楚地指出了方便是一种简择智，而其功能则是能够达成菩提。

第 11 处

在汉译《究竟一乘宝性论》卷四《身转清净成菩提品第八》中，还有下面一段话：

此偈明何义？虚空譬喻者，明诸佛如来无为诸功德不离佛法身，于所有诸有，得不可思议胜大方便业，胜大悲业，胜大智业，为与一切众生乐相无垢清净三种佛身，所谓实佛，受法乐佛，及化身佛，常不休息，常不断绝，自然修行，以为利益一切众生应知。以不共余人，唯诸佛如来法身相应故。①

我们对勘这段话梵本如下：

Yatpunaretadākāś avadasaṁ skṛtaguṇāvinirbhāgavṛttyāpi tathāgatatvam ābhavagater acintyamahopāyakaruṇājñānaparikarmaviś eṣeṇa jagaddhitasukhādhānanimittam amalais tribhiḥsvabhāvikasāṁbhogikanairmāṇikaiḥkāyairanuparatamanucchinnamanābhogena pravartata iti draṣṭavyam āveṇīkadharmayutatvāditi | ②

【新译】这个如同虚空般的如来性，以与无为品德不相分离的显现，只要世界存在，则都以有不可思议伟大方便、伟大慈悲、伟大智慧的特殊

① 《究竟一乘宝性论》，《大正藏》第 31 册，No. 1611，第 842 页下。

② 中村瑞隆：《梵汉对照究竟一乘宝性论研究》，《世界佛学名著译丛》76，华宇出版社 1989 年版，第 165 页。

准备，以持有利益世人的福祉为特征，以自性、受用、幻化三种无垢身，不休止、不中断、无有警策地转现，以上可以由与不共法相关联性被人们所见到。[①]

《宝性论》这段话，主旨是讲菩提八德中的显现（vṛtti，行）。如来证得菩提，则有“特殊准备”，因而可以以三身，利益世人。根据《宝性论》这里的译文：“得不可思议胜大方便业，胜大悲业，胜大智业”，原文是：acintyamahopāyakruṇājñānaparikarmaviśeṣeṇa，可以译为“有不可思议伟大方便、伟大慈悲、伟大智慧的特殊准备”，原语中 parikarma，《宝性论》译为“业”，我们改译为“准备”，所以这句话讲佛陀证得菩提，则有三种特殊的准备：（1）有不可思议伟大方便的特殊准备，（2）有不可思议伟大慈悲的特殊准备，（3）有不可思议伟大智慧的特殊准备。这三种“准备”，都只有证悟菩提者才可以具有，是“特殊的”准备，所以《宝性论》译文中都译为了“胜”字。我们看到这里的原语中出现了“大方便”（mahopāya）的说法，意思是：伟大的方便。这种伟大的方便，和伟大的慈悲、伟大的智慧三者一起，可以说是证得菩提的佛三种最重要的内在功德，而它们的外化形式，则是以三种佛身永不停息、永不中断及永远自然而然地利益世间。这是我们在《宝性论》中见到“伟大的方便”这种表述方式的正式一例，这一例清楚地表明：《宝性论》对于作为一种佛德的善巧方便之伟大性，是明确予以肯定的。

第 12 处

在汉译《究竟一乘宝性论》卷四《身转清净成菩提品第八》中，我们还可以读到以下六个连续的颂文部分：

从兜率陀退，次第入胎生，习学诸伎艺。

① 参考 Jikido Takasaki（高崎直道）：*A Study on the Ratnagotravibhāga*（*uttaratantra*），*Being a Treatise on the tathāgatagarbho Theory of Mahayana Buddhism*，Serie Orientale Roma，XXXIII，p. 324。

婴儿入王宫，厌离诸欲相，出家行苦行，推问诸外道，往诣于道场，降伏诸魔众。

成大妙觉尊，转无上法轮，入无余涅槃，于不清净国，现如是等事。

世间无休息，宣说无常苦，无我寂静名，方便智慧力，令彼诸众生，厌离三界苦，后入于涅槃。

以入寂静道，诸声闻人等，有是虚妄相，言我得涅槃；法华等诸经，皆说如实法。

般若方便摄，回先虚妄心，令淳熟上乘，授妙菩提记。①

以上是我们根据《宝性论》梵本，对勒那摩提所译上面几个颂文作的重新标点。这六个颂文的梵本如下：

jātakānyupapattiṁca tuṣiteṣu cyutiṁtataḥ ।
garbhāvakramaṇaṁjanma śilpasthānāni kauśalam ‖ 54 ‖
antaḥpuraratikrīḍāṁnaiṣkramyaṁduḥkhacārikām ।
bodhimaṇḍopasaṁkrāntiṁmārasainyapramardanam ‖ 55 ‖
saṁbodhiṁdharmacakraṁca nirvāṇādhigamakriyām ।
kṣetreṣvapariśuddheṣu darśayaty ābhavasthiteḥ ‖ 56 ‖
anityaduḥkhanairātmyaśāntiśabdairupāyavit ।
udvejya tribhavāt sattvān pratārayati nirvṛttau ‖ 57 ‖
śāntimārgāvatīrṇāśca prāpyanirvāṇasaṁjñinaḥ ।
saddharmapuṇḍarīkādidharmatattvaprakāśanaiḥ ‖ 58 ‖
pūrvagrahānnivartyaitān prajñopāyaparigrahāt ।
paripācyottame yāne vyākarotyagrabodhaye ‖ 59 ‖ ②

① 《究竟一乘宝性论》，《大正藏》第 31 册，No. 1611，第 842 页下。

② 中村瑞隆：《梵汉对照究竟一乘宝性论研究》，《世界佛学名著译丛》76，华宇出版社 1989 年版，第 169、171 页。

【新译】示现诸本生，
兜率生及死，
入胎及出生，
学习诸工巧。(54)
欢娱后宫乐，
出家修苦行，
前往菩提场，
降服魔罗军。(55)
于诸不净国土中，
他都示现等菩提，
以及法轮证涅槃，
只要世界还存在。(56)
无常苦无我寂静，
领悟方便者诸声，
先令众生厌三有，
后使其等入寂灭。(57)
对于已入寂静道，
认为自己得涅槃，
则以妙法莲华等，
为其宣说法真实。(58)
使其转变过去执，
般若方便统摄之，
最高乘中成熟后，
为其授记胜菩提。(59)①

我们看到这里《宝性论》的六个颂文，其中第54颂，言佛陀示现诸种本生，在兜率宫中的生活，以及在人类中少年时期的生活；第55颂，

① 参考Jikido Takasaki（高崎直道）：*A Study on The Ratnagotravibhāga*（*uttaratantra*），*Being a Treatise on the tathāgatagarbho Theory of Mahayana Buddhism*，Serie Orientale Roma，XXXIII，pp. 330－331。

言佛陀青年时期在后宫中的生活，乃至出家、学道的过程；第56颂，言佛陀在诸不净国土中教法思想的核心内容，是“菩提”及“法轮”，而后者是以涅槃作为结果的；第57颂，言佛陀在不净世间最通常的教法，是苦、空、无常、无我之教；第58颂，言佛陀对于已经厌弃三有、而对涅槃寂静又有所执着的众生，则以《妙法莲华》等经，使其理解教法之真实；第59颂，言佛陀以般若、方便二种统摄，引领众生，使其成熟，并授记殊胜无上的菩提。

所以这段颂文是对佛陀从下生人间到完成一期教化工作这一教法历史的系统性反思。我们知道：在《法华经·方便品》的颂文中，同样有一部分颂文，是通过对释迦如来一期教化事业的系统反思，证成基于善巧方便而导向佛智菩提的《法华经》教法思想的合理性、正确性。《宝性论》这段颂文的主题思想，与《法华经·方便品》中那段颂文的主题思想，是非常相近的。我们几乎可以把《宝性论》这段颂文看成是《法华经·方便品》中那段相应颂文的缩略版！

尤其值得注意的是：《宝性论》这段颂文的第58颂，明确指出释迦如来在一期教化工作中，对于悟入寂静道并有所执着的众生，则依据《妙法莲华经》等经典，为其开示法之真实。在教法思想历史上，这就是著名的所谓“回小向大”。这是一个明确的证据，可以证明《宝性论》这段话的主题思想，在多么深的层次上受到《法华经》等经典教法思想的影响。我们在《宝性论》中几乎找不到它直接引用《法华经》的字句，但是这个颂文的存在，则完全可以证明《宝性论》之佛法思想其实是在至深层次上受到《法华经》思想的主导性的影响。

这段颂文中的第56颂，指出佛陀在不净国土中的教法，主旨是二：其一是示现“等菩提”，其二是示现“法轮”，而“法轮”则是以证得涅槃为其结果的。这里面所谓示现“等菩提”，参照《法华经》来理解，是基于善巧方便的非随宜言说的教法弘扬模式；所谓示现“证涅槃”的“法轮”，是基于善巧方便的随宜言说的教法弘扬模式。我们在《法华经》中已经看到：此经已经提出“随宜言说”及“非随宜言说”两种教法弘扬模式的主张，现在《宝性论》的这个思想主张，与《法华经》两种教法弘扬模式的思想，也是暗合的。

最后，《宝性论》这六个颂文中，有两次明确涉及“方便”的概念。

如第 57 颂，《宝性论》古译是："宣说无常苦，无我寂静名，方便智慧力，令彼诸众生，厌离三界苦，后入于涅槃"，其中"方便智慧力"，原语是：upāyavit，意思是："领悟方便者。"这里整个一句是采用意译的方式，"智慧力"几个字，是《宝性论》译者所添加，但是如我们前面已经说过，这种以方便为智慧、以方便为力的用法，是符合大乘佛教善巧方便概念之基本内涵的。

再如第 59 颂，《宝性论》古译是："般若方便摄，回先虚妄心，令淳熟上乘，授妙菩提记"，其中"般若方便摄"一句，原语是：prajñopāyaparigrahāt，意思是："以般若、方便这些统摄。"根据上下文的文义看，这里的意思是以般若、方便二种统摄，来引领已经转变过去执着之见者。这里的说法再一次体现了将般若与方便两种佛德平等并重、并列并举的重要思想，而这一思想是起源于《八千颂般若》，并由《维摩经》等予以发扬光大的。

综合以上诸点可以看出：《宝性论》这段颂文与《法华经》基于善巧方便的教法思想之间，与《法华经》的善巧方便概念思想之间，存在着极为紧密的亲缘关系。所以我们由这一处涉及善巧方便概念思想的用例，也完全可以肯定：《宝性论》不仅具有重要的善巧方便思想，而且这一善巧方便思想还内在地构成其教法思想的重要原则。《宝性论》善巧方便思想及教法思想的上述理论倾向，与《法华经》等初期大乘经典的思想理论倾向，可以说在内在精神上一脉相承，完全一致。

第 13 处

在汉译《究竟一乘宝性论》卷四《自然不休息佛业品第十》中，可以读到如下一个颂文：

> 于可化众生，以教化方便，起化众生业，教化众生界。
> 诸佛自在人，于可化众生，常待处待时，自然作佛事。①

① 《究竟一乘宝性论》，《大正藏》第 31 册，No. 1611，第 845 页下。

我们将这个颂文对勘梵本如下：

vineyadhātau vinayābhyupāye
vineyadhātorvinayakriyāyām |
taddeśakāle gamane ca nityaṁ
vibhoranābhogata eva vṛttiḥ ‖ 1 ‖ ①

【新译】关于调伏界，
方便以调伏，
此调伏事业，
合适地时进：
自在者行为，
常无有警觉。②

《宝性论》古译所谓“可化众生”，是指“调伏界”；“教化方便”，是指“方便以调伏”，或“方便以教化”；“起化众生业”，是指“调伏事业”；“于可化众生，常待处待时”，是指在某些合适的时间、地点，佛陀着手救度事业的行动。关于以上四事，自在者（佛陀）的行为，常常是自然发生的。

《宝性论》古译中的“方便”，此处作 abhyupāya，从构成来讲，是前缀 abhi 加上名词 upāya 构成的一个名词，其中 abhi 是向着、朝着之义，所以这个新词与名词 upāya 自身的涵义，乃是一致的。我们把这一句译为“方便以调伏”，意思是：方便是以调伏（教育）作为目标。我们知道：在佛教而言，任何调伏（教育）的目标，都是引导众生走向觉悟，所以这里的方便概念，归根结底是以“佛菩提”作为其最终的目标。

---

① 中村瑞隆：《梵汉对照究竟一乘宝性论研究》，《世界佛学名著译丛》76，华宇出版社1989年版，第185页。

② 参考 Jikido Takasaki（高崎直道）：*A Study on the Ratnagotravibhāga*（*uttaratantra*），*Being a Treatise on the tathāgatagarbho Theory of Mahayana Buddhism*，Serie Orientale Roma，XXXIII，p. 351。

第 14 处

上面引用、分析的这处用例，见于《宝性论》的论本偈，其后则有两个论释偈，对其涵义进行更细的解释。《宝性论》中这两个论释偈的译文如下：

以何等性智，何者何处时，作业无分别，是故业自然。
以何等根性，诸众生可度，以何等智慧，能度诸众生，
又以何者是，化众生方便，众生以何处，何时中可化。①

我们与梵本对勘如下：

yasya yena ca yāvacca yadā ca vinayakriyā |
tadvikalpodayābhāvādanābhogaḥsadā muneḥ ‖ 3 ‖
yasya dhātorvineyasya yenopāyena bhūriṇā |
yā vinītikriyā yatra yadā taddeśakālayoḥ ‖ 4 ‖ ②

【新译】何人以何及何时，
而有多少调伏业；
不生此等诸分别，
牟尼总是无警策。(3)
何人指可调伏界，
以何指诸多方便，
何者是指调伏事，
适合地点及时间，

① 《究竟一乘宝性论》，《大正藏》第 31 册，No. 1611，第 845 页下。

② 中村瑞隆：《梵汉对照究竟一乘宝性论研究》，《世界佛学名著译丛》76，华宇出版社 1989 年版，第 187 页。

则言何处及何时。(4)[①]

根据梵本、古译及新译，比较而观，我们可有以下的理解：

《宝性论》这两个论释偈中，第一个论释偈（第 3 颂），是解释为什么牟尼的佛业，是“自然”的（即无有警策的）？原因是：牟尼对于针对何人，以何种方式，在什么时间，以及有怎样的调伏作业等等这些问题，心中总是不产生分别。因为牟尼圣人对于上述诸事无有分别，因而其佛业就总是无有警策，显得自然而然。

第二个论释偈（第 4 颂），则是具体解释牟尼圣人不分别的对象，即（一）“何人”，这是指可调伏界，也就是指可调伏的众生；（二）“以何”，这是指“诸多方便”；（三）“何者”，这是指调伏的事业；（四）“何处及何时”，这是相对于适合的地点、时间二者而言的。对于以上四事，牟尼都不会加以分别。

《宝性论》古译这里所谓“又以何者是，化众生方便”，原语是：yenopāyena bhūriṇā，意思是：“以何指诸多方便”。可见《宝性论》这里是在“方便”这个概念之前，加上了“化众生”，是采用意译的方式，意在说明“方便”的目标，乃是教化众生。如前已说，教化众生的目标，终归是指向“佛菩提”。所以这里对于方便的内涵，与前处用例一样，《宝性论》译者在此强调，方便终归是联系“菩提”加以规定的。

第 15 处

在汉译《究竟一乘宝性论》卷四《校量信功德品第十一》中，可以读到下面这个颂文：

> 若人入禅定，焚三界烦恼，过天行彼岸，无菩提方便；
> 若复有人闻，妙境界一句，闻已复能信，过禅福无量。[②]

---

① 参考 Jikido Takasaki（高崎直道）：*A Study on the Ratnagotravibhāga*（*uttaratantra*），*Being a Treatise on the tathāgatagarbho Theory of Mahayana Buddhism*，Serie Orientale Roma，XXXIII，p. 352。

② 《究竟一乘宝性论》，《大正藏》第 31 册，No. 1611，第 846 页下。

我们对勘此颂文梵本如下：

Dhyāyeddhyānamapīha yastribhuvanakleśāgninirvāpakaṁ
divyabrahmavihārapāramigataḥsaṁbodhyupāyācyutaḥ |
yaścānyaḥśrṛṇuyāditaḥpadamapi śrutvādhimucyedayaṁ
tasmāddhyānamayācchubhādbahutaraṁpuṇyaṁsamāsādayet ‖ 5 ‖ ①

【新译】若人在此修禅那，
能灭三界烦恼火，
超过天梵之住处，
且不缺菩提方便；
又若有人能听闻，
闻此章句能信解，
较此禅那成净善，
此人兴发更多德。②

在《宝性论》这个颂文中，有 saṁbodhyupāyācyutaḥ，可以译为：“不缺菩提方便”，古译译为“无菩提方便”，把意义正好弄反了。不管这里是如新译译为“不缺菩提方便”，还是如古译译为“无菩提方便”，“菩提方便”，在这个颂文中，是一个非常有代表性的复合词，此复合词原语是：saṁbodhyupāya。其中 saṁbodhi，意思是“菩提”；upāya，意思是“方便”。我们看到这是一个表示于格关系的依主释复合词，译为“菩提方便”，意思是：以菩提为目标的方便。所以这个复合词的出现，最为清晰地说明了《宝性论》对于善巧方便概念最本质内涵的规定：方便是以菩提作为目标的，或者说方便是以菩提作为考量标准的。因此

① 中村瑞隆：《梵汉对照究竟一乘宝性论研究》，《世界佛学名著译丛》76，华宇出版社 1989 年版，第 352 页。

② 参考 Jikido Takasaki（高崎直道）：*A Study on the Ratnagotravibhāga*（*uttaratantra*），*Being a Treatise on the tathāgatagarbho Theory of Mahayana Buddhism*，Serie Orientale Roma，XXXIII，p. 381。

反过来说，凡是不以菩提作为目标或不以菩提作为考量标准的，就没有资格称为“方便”。可见这个复合词的构造，将“菩提”概念与“方便”概念关联起来，以“菩提”概念来规定“方便”概念，确实反映和体现了《宝性论》中重要而有特色的用法。而这种意义也正是《法华经》等初期大乘经典以来，关于善巧方便概念思想最基本的认识。

这个颂文的意义，是以两个行者的功德加以比较：其一拥有高深的禅那功德，另一则是有诵读、信解《宝性论》的功德。《宝性论》意在透过此一比较，说明理解《宝性论》的功德，要比禅修功德大。因为诵读、理解、接受《宝性论》，也就意味着理解并接受了佛性如来藏本具的思想，而接受了这一思想，在《宝性论》作者看来自然具有极其崇高的意义。从逻辑上讲，为了说明比较的两个对象中后者的价值高，必须说明与它资以比较的前者的价值，已经相当高。所以这里处理为“不缺菩提方便”，不仅与今传梵本一致，且更能表现这句话中禅修的价值甚高：它不仅是超过天梵的禅修，而且是拥有引向菩提的方便的禅修。而正因为这里资以比较的禅修价值已然极高，才能凸显：信解《宝性论》佛性如来藏学说的价值，乃是何等的难能可贵！

简要的结论·中晚期大乘经典与初期大乘经典思想义理之一贯

（1）《宝性论》中一共有 17 处关于善巧方便概念思想的论述，其中有 15 处论述是在菩萨智慧学的层面来讨论善巧方便概念，是在与佛菩提相关联的意义上来规范善巧方便概念，这种在菩萨智慧学层面及与佛菩提相关联的意义上来讨论善巧方便之概念思想，正是初期大乘佛教经典中关于善巧方便一系概念思想的基本佛法理路。所以《宝性论》也是大乘经典中蕴含丰富、深刻的善巧方便思想的一部重要大乘经典。在我们讨论善巧方便一系概念思想时，这部经典的相关思想倾向非常值得考量。

（2）《宝性论》中涉及的善巧方便一系概念思想，认可方便为佛菩萨的一种佛智，认可作为佛智的方便具有一种行动的力，称赞方便为伟大的方便，重视其伟大性、卓越性，在与现实人生中作为工具理性的世俗方便智的比较中界定出世的善巧方便智的超越性，并提炼出“菩提方便”的概念，明确规定善巧方便乃导向佛菩提者，同时《宝性论》也高度强度了般若与方便两种佛德的平等并举，凡此有关善巧方便的思想，都是与《法华经》等所代表的初期大乘经典的善巧方便思想高度一致的。

（3）我们在过去的研究以及前文中已经多次指出：初期大乘经典最重要的思想动向之一，乃是善巧方便一系概念思想的阐发。但是在初期大乘经典结集之后，大乘佛教是否持续保持和坚守这样的思想方向呢？我们以《宝性论》为例，是可以得出这样的结论的。有关善巧方便一系概念思想，及基于善巧方便概念的大乘佛教教法思想、佛法理论，在初期大乘佛教之后一以贯之。这是因为善巧方便一系概念思想，以佛陀这位无上正等觉者与众生的互动为特质，以研究众生的根性、需求为出发点，以引导众生归向最高的菩提为目标，在至深的层次上揭示了大乘思想的本质及特质，所以它必然是忠实于大乘基本精神的一切佛教教派、经典及思想家所要坚决贯彻和维系的。

（4）最后，我们还可以指出的是：《宝性论》在印度大乘佛教二宗一学（般若中观宗，瑜伽唯识宗，佛性如来藏学）中，是佛性如来藏学最重要、最具代表性的经典。佛性如来藏一系与初期大乘经典究竟有何联系与差异？佛性如来藏一系与中观学派及瑜伽行派的关系究竟如何，以致佛性如来藏一系的佛法品格究竟应该如何定位？诸如此类的问题在中印佛教思想史的古典时代，就已经是屡兴诤论的问题，在面临佛教思想转型发展的现代环境下，这个问题更是常常成为现代佛学论争的中心问题之一。我们这个研究认为善巧方便一系概念思想为初期大乘佛教经典的核心思想动向之一，并且我们以确凿的文本研究，发现和确证了《宝性论》在这个问题上与《法华经》《八千颂般若》《维摩经》等初期大乘经典佛学思想具有根本一致的指向，这样我们也就从一个新的角度得以认识中晚期大乘经典与初期大乘经典教法思想的本质一贯性，从而也就得以深刻体认大乘佛教二宗一学内在思想理路的根本一贯性。

第十一章　《瑜伽师地论·本地分》菩萨地对于方便善巧概念及思想的处理及阐释

《瑜伽师地论·本地分》之菩萨地，是其本地分中十七地之一。《瑜伽师地论》是系统建立大乘佛教菩萨乘思想信仰的一部经典论著，历来被传统法相唯识学者视为瑜伽行派“六经十一论”中的一部核心论典，现代唯识学家如欧阳竟无先生更是视此论为唯识学“一本十支”论中的根本论，所以它在大乘佛教思想发展的历程上，在瑜伽行派学术思想的历史上，均具有高度权威的意义。那么《瑜伽师地论·本地分》之菩萨地中，究竟怎样对待和处理善巧方便一系概念思想的问题，就不仅对于研究初期大乘以后（尤其是3—5世纪）善巧方便概念思想的脉络问题，具有非常重要的学术意义，对于理解瑜伽行派关于善巧方便问题的基本立场、价值和方法，也有非常重要的意义。本章选择《瑜伽师地论·本地分》菩萨地中相关议题的研讨展开思想义理分析，其意图即在于此。

第一节　从《瑜伽师地论·本地分》菩萨地初持瑜伽处“六度＋方便”的文本思想义理结构看其方便善巧概念思想

《瑜伽师地论·本地分》之菩萨地，是《瑜伽》这部大论中系统建构菩萨地思想义理的部分，这一部分共分四个瑜伽处，即一、“持瑜伽处”，二、“随法瑜伽处”，三、“究竟瑜伽处”，四、“次第瑜伽处”。《菩萨地》曰：“有十法具摄大乘菩萨道及果。何等为十？一者持，二者相，三者分，四者增上意乐，五者住，六者生，七者摄受，八者地，九者行，十者建立。”① 说明这一部分《瑜伽》，是以讨论菩萨道果的问题为中心思想，并且是以“十法”作为贯通讨论菩萨道果问题的主导脉络。其中第一部分“持瑜伽处”，以“持”作为中心来讨论；第二部分“随法瑜伽处”，以“相”“分”“增上意乐”“住”作为中心来讨论；第三部分“究竟瑜伽处”，以“生”“摄受”“地”“行”“建立”作为中心来讨论；第四部分“次第瑜伽处”，则言以上菩萨地中教理建立、施设的顺序。

玄奘大师的译文中，将初持瑜伽处共分为十八品，即：1.《种姓品》，2.《发心品》，3.《自他利品》，4.《真实义品》，5.《威力品》，6.《成熟品》，7.《菩提品》，8.《力种姓品》，9.《施品》，10.《戒品》，11.《忍品》，12.《精进品》，13.《静虑品》，14.《慧品》，15.《摄事品》，16.《供养亲近无量品》，17.《菩提分品》，18.《菩萨功德品》。而这18品论文的内容，从思想逻辑言，又可分成三个部分，即第一品《种姓品》，谈菩萨种姓；第二品《发心品》，谈菩萨发心；第3品《自他利品》直到第18品《菩萨功德品》，谈一切菩提分法。此可证诸论文中以下的说法：“云何名持？谓诸菩萨自乘种姓，最初发心，及以一切菩提分法，是名为持。”②

复以第3—18品谈论“一切菩提分法”的内容言，《瑜伽》论中言：“如是菩萨既发心已，云何修行诸菩萨行？略说菩萨若所学处，若如是学，若能修学，如是一切，总摄为一，名菩萨行。”③ 这几句话在梵本中为：evamutpāditacittānāṃ bodhisattvānāṃ bodhisattvacaryā katamā । samāsato bodhisattvā yatra śikṣante yathā ca śikṣante ye ca śikṣante tat sarvamaikadhyam-abhisaṃkṣipya bodhisattvacaryetyucyate । ④可以新译为：如此发心的诸菩萨的菩萨行是什么呢？总略而言，若诸菩萨于其处而学，如是而学，及诸能学，那么把所有这些合而为一，就称为“菩萨行”。勘对梵文，我们了知玄奘大师译本称为“菩萨行”者，共包括三个方面的内容：（一）“所学

---

① 《瑜伽师地论》，《大正藏》第30册，No.1579，第478页中。

② 同上。

③ 同上。

④ *Bodhisattva Bhūmi*, *A Statement of Whole Course of the Bodhisattva*, edited by Unrai Wogihara, Sankibo Buddhist Book Store, Tokyo, Japan, 1971, p.22.

处”，即“于其处而学”；（二）“如是学”，即“如是而学”；（三）“若能修学”，即“诸能学”。考《菩萨地》初持瑜伽处此后各品内容可知，菩萨地初持瑜伽处从第 3—7 诸品，正是“所学处”；第 8 品是“如是学”；第 9 施品—第 18 菩萨功德品，则是“诸能学”。

这里，所谓“诸能学”者，是指十种菩萨：“如是菩萨勤修学已，能证无上正等菩提。何等菩萨勤修学已能证无上正等菩提？当知菩萨略有十种：一住种性，二已趣入，三未净意乐，四已净意乐，五未成熟，六已成熟，七未堕决定，八已堕决定，九一生所系，十住最后有。此中即住种性菩萨发心修学，名已趣入。即已趣入，乃至未入净意乐地，名未净意乐。若已得入，名已净意乐。即净意乐，乃至未入到究竟地，名未成熟。若已得入，名已成熟。未成熟中，乃至未得入决定地、决定行地，名未决定。若已得入，名已决定。已成熟中，复有二种：一者一生所系，谓此生无间当证无上正等菩提；二住最后有，谓即住此生，能证无上正等菩提。如是如说从初种性，广说乃至能证无上正等菩提十种菩萨，于菩萨学，能正修学，此上更无能正修学，若于中学，若如是学。非如所说诸菩萨上，更有菩萨，于菩萨学能正修学。”[①] 从第 9—14 六品，即能正修学六种波罗蜜多的菩萨，所以论中言：“复次菩萨次第圆满六波罗蜜多已，能证无上正等菩提”[②]；而紧接其后的第 15 品，则是能正修学四种摄事的菩萨。依此类推，是诸菩萨，皆能正确地于所应学处，如是而学，故皆能证得无上正等菩提，所以其为“诸能学者”。这是从“诸能学者”的角度来理解第 9 品以后的内容。但是也可以从“所应学事”的角度来理解第 9 品以后的内容，此如《瑜伽师地论·摄抉择分》菩萨地的说法：“是诸菩萨凡有几种所应学事？善男子！菩萨学事略有六种。所谓布施、持戒、忍辱、精进、静虑、慧到彼岸。”[③] 可见，《瑜伽师地论》初持瑜伽处的第 9—14 六品，可以视为“诸能学”的菩萨所要修学的重要内容之一，而其后的第 15 品是讨论“诸能学”的菩萨所要修学的另外一项重要内容，因此可以直接从“所应学事”的角度，将第 9—15 品理解为菩萨两项重要的“所

① 《瑜伽师地论》，《大正藏》第 30 册，No. 1579，第 549 页上。
② 同上书，第 505 页上。
③ 同上书，第 730 页下。

应学事”。所以“六度”与“摄事”两个部分，是菩萨两项重要的“所应学事”，而且是前后相邻因而在思想义理上彼此有着密切关系的菩萨两项重要的“所应学事”。

我们在“六度”部分之前、表示菩萨修学态度的“如是学”部分的第8品，即《力种姓品》之末尾部分，读到这样一段话：

云何菩萨方便所摄身语意业？当知略说菩萨所有四种摄事，是名方便。如世尊言：菩萨成就四种摄事所摄方便，方名菩萨。复何因缘惟四摄事说名方便？谓诸菩萨略由如是摄事所摄四种方便，于诸有情普能摄受，调伏成熟，除此无有若过若增。何等名为四种方便？一随摄方便，二能摄方便，三令入方便，四随转方便。若诸菩萨先行布施，当知是名随摄方便。何以故？先以种种财物布施饶益有情，为欲令彼听受所说奉教行故。若诸菩萨次行爱语，于彼彼处有愚痴者，为欲除彼所有愚痴令无余故，令其摄受瞻察正理。如是爱语，当知名为能摄方便。若诸菩萨知彼有情摄受瞻察正道理已，次行利行，拔彼有情出不善处，于其善处劝导调伏安处建立。如是利行，当知名为令入方便。若诸菩萨如是方便，令诸有情得趣入已，最后与其于正事业同共修行，令彼随转。由是因缘，令所化者不作是说：汝自无有圆满净信，圆满尸罗，圆满惠舍，圆满智慧，何赖于善劝导于他，谏诲呵摈，与作忆念？是故菩萨所行第四同事摄事，当知是名随转方便。如是菩萨四种方便，若总若别，所摄身业语业意业，是名方便所摄三业，于诸有情能正摄受，调伏成熟。①

【梵文】

tatropāyasaṃ-gṛhītaṃ bodhisattvānāṃ kāyavāṅ manaskarma katamat | samāsato bodhisattvānāṃ catvāri saṃgrahavastūnyupāya ityucyante | yathoktaṃ bhagavatā catuḥ saṃgrahavastusaṃgṛ hītenopāyena samanvāgato bodhisattvo bodhisattva ityucyata iti | kena punaḥ kāraṇena catvāri

① 《瑜伽师地论》，《大正藏》第30册，No. 1579，第504页下。

saṃgrahavastūnyupāya ityucyante | samāsataś caturvidha upāyaḥ sattvānāṃ vinayāya saṃgrahāya | nāstyata ūttari nāstyato bhūyaḥ | tadyathā'nugrāhako grāhakaḥavatārako 'nuvartakaśca | tatra dānaṃ bodhisattvasyānugrāhakaṃ upāyaḥ | tathā hi vicitreṇāmiṣadānenānugṛhyamāṇāḥ sattvāḥ śrotavyaṃ kartavyaṃ vacanaṃ manyate | tadanantaraṃ bodhisattvaḥ priyavāditayā tatra tatra sammūḍhānāṃ tatsammohāśeṣāpanayāya yuktiṃ grāhayati sandarśayati | evamasya priyavāditā grāhaka upāyo bhavati | tathā ca yuktyā grāhitān sandarśitān sattvān akuśalātsthānād vyutthāpya kuśale sthāne samādāpayati vinayati niveśayati pratiṣṭhāpayati | sāsyārthacaryā bhavatyavatāraka upāyaḥ | evañca bodhisattvaḥ tānsarvānavatārya tatsabhāgavṛttasamācāreṇānuvartate yenāsya na bhavanti vineyā vaktāraḥ | tvaṃ tāvad ātmanā na śraddhāsampannaḥ śīlasampannas tyāgasampannaḥ prajñāsampannaḥ kasmādbhavān parānatra samādāpayati | tena ca codayati smārayatīti tasmātsamānarthatā bodhisattvasya caturtho'nuvartaka upāyo veditavyaḥ | ityebhiścaturbhir upāyair yat parigṛhītaṃ samastairvyastairvā bodhisattvasya kāyakarma vākkarma manaskarma | tadupāyaparigrahītaṃ ityucyate sattvānāṃ samyaksaṃgrahāya vinayāya paripācanāya | ①

文中所谓“方便所摄身语意业”，意思是指由方便所包含的身业、语业及意业。菩萨应当成为拥有方便所摄身语意业者，这是“初持瑜伽处”菩萨“如是学”的最后一项，表示菩萨的学修态度之一，说明重视“方便”及其所包含内容之修学，乃是菩萨学修菩萨行必须具备的重要态度之一。

此段提出“略说菩萨所有四种摄事，是名方便”（samāsato bodhisattvānāṃ catvāri saṃgrahavastūnyupāya ityucyante），把布施、爱语、利行、同事“四种摄事”称为“方便”；并引用经证的佛说：“四种摄事所摄方

① *Bodhisattva Bhūmi*, *A Statement of Whole Course of the Bodhisattva*, edited by Unrai Wogihara, Sankibo Buddhist Book Store, Tokyo, Japan, 1971, p. 112.

便”(catuḥsaṃgrahavastusaṃgṛhītenopāyena),以“四种摄事”所包含或所统摄者,为“方便”。这里不管是直接以四种摄事为方便,或是以四种摄事所包含、统摄者为方便,其重心都在“方便”这个概念上。

文中复言“诸菩萨略由如是摄事所摄四种方便,于诸有情普能摄受调伏成熟”(samāsataścaturvidha upāyaḥsattvānāṃ vinayāya saṃgrahāya),意思是:“菩萨的四种方便,意在对于诸众生的调伏、摄受”,说明四种摄事所表征的“方便”,其主要的目的或功能作用,在于济度众生。这说明作为菩萨行之基本构成成分的“如是学”(菩萨修学必备的主观态度),必须包含以济度众生为目标的这种方便智慧,不如此则不可为菩萨。

而在讨论菩萨“六度”的第14品之后,论文接着叙述的第15品,即摄事品,又以四种摄事作为“诸能学”菩萨修学菩萨行的重要内容。本品成立“一者自性摄事,二者一切摄事,三者难行摄事,四者一切门摄事,五者善士摄事,六者一切种摄事,七者遂求摄事,八者此世他世乐摄事,九者清净摄事”,从九个方面系统分析菩萨四种摄事的内容、特质。而在玄奘大师所译第15品论文的末尾,有下面三段话(此处汉译的部分,由笔者节略引用):

如是已说多种施戒,广说乃至最后同事。其中所有波罗蜜多,能自成熟一切佛法;所有摄事,能成熟他一切有情。①

【梵本】

tatra yacca dānamanekavidhaṃ nirdiṣṭaṃ yac ca śīlaṃ vistareṇa yāvadyā ca samānārthatā. tatra pāramitābhiradhyātmaṃ buddhadharmaparipākaḥ। saṃgrahavastubhiḥsarvasattvaparipākaḥ। ②

又如前说,多种施戒,广说乃至最后同事,如是众多助菩提分无

① 《瑜伽师地论》,《大正藏》第30册,No. 1579,第532页中。

② *Bodhisattva Bhūmi*, *A Statement of Whole Course of the Bodhisattva*, edited by Unrai Wogihara, Sankibo Buddhist Book Store, Tokyo, Japan, 1971, p. 227.

量善法，由三因缘应知现行，由二因缘应知最胜，由三因缘应知清净。①

【梵本】

tatra yacca dānamanekavidhaṃ pūrvavadyāvat samānārthatā ityeṣāmanekavidhānāmaprameyāṇāṃ kuśalānāṃ dharmāṇāṃ bodhipākṣikānāṃ tribhiḥkāraṇaiḥsamudācāro veditavyaḥ। dvābhyāṃ kāraṇābhyāṃ śreṣṭhatā veditavyā। tribhiḥkāraṇair viśuddhir veditavyā। ②

如是菩萨施等善法，能感无上到究竟果，当知亦感生死流转顺菩萨行所余无量无边可爱无罪胜果。③

【梵本】

idamasya bodhisattvasya dānādīnāṃ kuśalānāṃ dharmāṇāṃ paryantagataṃ phalaṃ niruttaram। anyaccāsyāpramāṇam iṣṭam anavadyaṃ bodhisattvacaryāsu saṃsarato veditavyam। ④

勘对梵本可知：《瑜伽》菩萨地初持瑜伽处上面这三段话，是把第9—14品的菩萨“六度”，及第15品的菩萨“四摄”，作为一个意义单元予以小结的，《瑜伽师地论·本地分》菩萨地这样的处理方式，清晰地表明了它对于六度与四摄思想义理关联性、亲缘性的深切认识。所以这三段话虽在汉译中为第15品的内容，但其实它不仅是对第15品“诸能学”菩萨学修内容的总结，也是对第9—14品“诸能学”菩萨学修内容的总结。这三段论文分别从三个方面总结“六度”及“四摄”所代表的菩萨

① 《瑜伽师地论》，《大正藏》第30册，No. 1579，第532页中。

② *Bodhisattva Bhūmi*, *A Statement of Whole Course of the Bodhisattva*, edited by Unrai Wogihara, Sankibo Buddhist Book Store, Tokyo, Japan, 1971, p. 227.

③ 《瑜伽师地论》，《大正藏》第30册，No. 1579，第532页下。

④ *Bodhisattva Bhūmi*, *A Statement of Whole Course of the Bodhisattva*, edited by Unrai Wogihara, Sankibo Buddhist Book Store, Tokyo, Japan, 1971, p. 230.

种种无量善菩提分法（anekavidhānāmaprameyāṇāṃ kuśalānāṃ dharmāṇāṃ bodhipākṣikānāṃ）的内容及特质：

（1）关于菩萨“六度”及“四摄”的功能作用，论文指出：六度的部分所示的“所有波罗蜜多”，“能自成熟一切佛法”（adhyātmaṃ buddhadharmaparipākaḥ）；而由“四摄”部分所示的“方便”，则“能成熟他一切有情”（sarvasattvaparipākaḥ）。

（2）菩萨的“六度”及“四摄”，作为“众多助菩提分无量善法”，即种种无量善菩提分法，具有一定的本质的相通性：其一，六度、四摄之发起、开展，颇有共通性，如文中所言“由三因缘应知现行，由二因缘应知最胜，由三因缘应知清净”；其二，六度、四摄的性质，如从道德角度言，均是良善之法；其三，六度、四摄的性质，如从终极角度言，均与菩提相关，如此段文字把六度与四摄，统称为“菩提分法”（玄奘译为“助菩提分法”），说明它们都有“菩提”之属性，统属于菩提，这可以说是六度、四摄在性质上最大的共通之点。

（3）菩萨“六度”及“四摄”，在获得殊胜果的方面，也具有一定的本质的相通性，即六度、四摄在感得菩萨诸种伟大殊胜的成果方面（菩提、涅槃，转依，随顺清净流转），确实具有相通性。

根据对于《瑜伽师地论》菩萨地初持瑜伽处上述文本结构及内容的分析，我们发现：《瑜伽》不仅以“方便”作为菩萨“如是学”（学修态度）的重要指向之一，高度强调学修“方便”、践行“方便”的重要性；也以“方便”作为“诸能学”菩萨学修内容的重要指向之一，以是否成就方便，作为衡量菩萨学修菩萨行、成就无上正等菩提的重要标准。无论就学者的态度而言或就所学的内容而言，方便（本身就是指四种摄事，或作为由四种摄事所包含、统摄者）都是一项重要指标，足见在《瑜伽师地论·本地分》菩萨地思想义理内容与结构中，对于方便概念及其思想，大论均将其置于十分重要及突出的地位！

其次，《瑜伽师地论·本地分》菩萨地初持瑜伽处在论述的形式上，主要是将“四种摄事”所标记的“方便”连接在菩萨“六度”的论文之后，从而形成极为清晰的“六度＋方便”（进而言之，则是：般若＋方便）的论述结构。尤其是初持瑜伽处在第15品之末，用相当大的篇幅讨论了六度所代表的诸种波罗蜜多与四摄所代表的诸种方便在作用、本质、结果三个方面的共通性、一致性以及相应的分工性，这不仅解释了《瑜伽》论文中“六度+方便”这种文本结构的内在逻辑，也非常清晰地说明了“方便”与“六度”乃至“方便”与“般若”这些“菩萨行”的密切相关性。这种“六度+方便”或“般若波罗蜜多+方便”的文本与思想结构的客观存在，证明《瑜伽师地论·本地分》菩萨地与大乘佛教思想一个古老的建构与解释的传统——升格善巧方便有关的概念思想，以与般若波罗蜜多概念为核心的思想两相辉映——具有内在的延续性及一致性。

最后，在这一《瑜伽师地论·本地分》菩萨地文本结构中，“方便”与“四种摄事”，二者几乎作为同义词在使用，“方便”这种“菩萨行”的功能，被规定为外在地调伏、摄受众生的方面，而包括般若在内的“六度”这些“菩萨行”的功能，则是菩萨“内在地成熟佛法”的方面。从这里可以初步体味《瑜伽》倾向从狭义的角度规定方便善巧概念的内涵及外延，同时倾向从广义的角度规定般若概念内涵及外延这一思想方法的特征。

第二节　从《瑜伽师地论·本地分》菩萨地初持瑜伽处《菩提分品》关于12种行相方便善巧的论说看其方便善巧概念思想

再者，《瑜伽师地论·本地分》菩萨地初持瑜伽处第17品，玄奘译名为《菩提分品》。此品开头云：

> 云何菩萨菩提分法？嗢拕南曰：
>
> 惭愧坚力持，无厌论世智，正依无碍解，资粮菩提分，止观性巧便，陀罗尼正愿，三摩地有三，法嗢拕南四。①

① 《瑜伽师地论》，《大正藏》第30册，No. 1579，第537页中。

【梵本】

hrīdhṛtyakhedatā caiva śāstra – lokajñatā tathā | samyak syāt pratisaraṇaṃ tathaiva pratisaṃvidaḥ || saṃbhāro bodhipakṣyāś ca śamathaś ca vipaśyanā | upāyakuśalatvañ ca dhāraṇī praṇidhānatā | samādhayastrayo jñeyā dharmoddānacatuṣṭayam iti || ①

《瑜伽》这里是从十五个方面（1. 惭愧，2. 坚力持性，3. 心无厌倦，4. 善知诸论，5. 善知世间，6. 修正四依，7. 四无碍解，8. 菩提资粮，9. 三十七菩提分法，10. 止观，11. 方便善巧，12. 妙陀罗尼，13. 正愿，14. 空等三摩地，15. 四种法嗢拕南）揭显“菩提分法”（bodhipakṣya）的内容，而其中第九个方面亦为“菩提分法”（bodhipakṣyāś），可见《瑜伽》此处所言“菩提分法”的概念，既指广义的菩提分法，也指狭义的菩提分法（三十七菩提分法）。而鉴于在第15品之末曾把“六度”及“四摄”所代表的“菩萨行”诸法，也都称为“菩提分法”（dharmāṇāṃ bodhipākṣikānāṃ）的说法，足见《瑜伽》菩萨地中还存在一个涵义及所指更为广泛的“菩提分法”的概念。玄奘大师正是为了将菩萨地第15品之前的“菩提分法”，与第17品所言“菩提分法”有所简别，故称前者为“助菩提分”。

在菩萨地第17品所列广义的“菩提分法”中，第11个方面是方便善巧，因此菩萨地初持瑜伽处的这部分论文，是在广义“菩提分法”的范畴下来规定方便善巧的内容及功能。菩提分法，意指与菩提有关、属于菩提或与菩提一类的诸法，也就是指具有菩提性的诸法，因此《瑜伽》此处在“菩提分法”的范畴下进一步规定方便善巧的性质，也就更加强化及凸显方便善巧所具有的与菩提密切关联的特殊性质，这是我们在解读这部分文本时首先需要注意到的。

在讨论方便善巧这种“菩提分法”的部分，《瑜伽》所说如下：

① *Bodhisattva Bhūmi*, *A Statement of Whole Course of the Bodhisattva*, edited by Unrai Wogihara, Sankibo Buddhist Book Store, Tokyo, Japan, 1971, p. 250.

云何菩萨方便善巧？当知略说有十二种：依内修证一切佛法，有其六种；依外成熟一切有情，亦有六种。[①]

【梵本】

tatra katamad bodhisattvānām upāyakauśalyam | tat samāsato dvādaśākāram | adhyātma - buddhadharmasamudāgamam ārabhya ṣaḍvidham | bahirdhā - sattvaparipākamārabhya ṣaḍvidham eva | [②]

《瑜伽师地论》此处一个非常重要的思想，是将方便善巧区分为两个部分："依内修证一切佛法"的六种善巧方便，及"依外成熟一切有情"的六种善巧方便。所谓"依内修证一切佛法"（adhyātma - buddhadharmasamudāgam ārabhya），意思是"根据内在地成就佛法而言"；所谓"依外成熟一切有情"（bahirdhā - sattvaparipākamārabhya），意思是"根据外在地成熟众生而言"。"依内修证一切佛法"的善巧方便，其方向，是针对菩萨自己的修学而言的；而"依外成熟一切有情"的善巧方便，其方向，则是针对菩萨自己以外的他者而言。前者的功能，是"修证佛法"，成就佛法，即使得"佛法"在自己生命中实现出来；后者的功能，则是"成熟众生"，即帮助众生在佛法中成长起来，或者使得佛法在众生生命中成长出来。所以我们看到《瑜伽》此处区分了两种指向、两种功能的善巧方便，前者是针对菩萨个人而言，后者是针对众生而言；前者的功能是使得菩萨个人成就佛法，后者的功能则是帮助众生成就佛法。

这里有两点需要关注：

其一，虽然这里区分了两种善巧方便，但是因为是在广义"菩提分法"的范畴中来规定二者，可以看到两种善巧方便虽在指向、功能上有别，但作为与菩提密切相关者，两种善巧方便的这一根本性质，是完全一致的。

其二，无论是菩萨个人实现菩提，还是帮助他人实现菩提，皆都离不

① 《瑜伽师地论》，《大正藏》第30册，No. 1579，第540页上。

② *Bodhisattva Bhūmi*, *A Statement of Whole Course of the Bodhisattva*, edited by Unrai Wogihara, Sankibo Buddhist Book Store, Tokyo, Japan, 1971, p. 261.

开善巧方便的参与、作用，如果说我们通常以为善巧方便只是针对他人而言的，《瑜伽》关于两种功能指向的善巧方便的界定，可以纠正我们观念上的错误。

《瑜伽师地论》接下来讨论“依内修证一切佛法”的六种方便善巧如下：

> 云何依内修证一切佛法六种方便善巧？一者菩萨于诸有情悲心俱行，顾恋不舍；二者菩萨于一切行如实遍知；三者菩萨恒于无上正等菩提所有妙智，深心欣乐；四者菩萨顾恋有情为依止故，不舍生死；五者菩萨于一切行如实遍知为依止故，轮转生死而心不染；六者菩萨欣乐佛智为依止故，炽然精进。当知是名菩萨依内修证一切佛法六种方便善巧。①

> 【梵本】
>
> adhyātma – buddhadharmasamudāgamamārabhya ṣaḍvidham upāyakau-ś´alyaṃ katamat। yā bodhisattvasya sarvasattveṣu karuṇāsahagatā apekṣā yacca sarvasaṃskāreṣ u yathābhūtasarvaparijñānaṃ yā cānuttarasamyaksaṃ-bodhijñāne spṛhā। yacca sattvāpekṣāṃ niś ritya saṃsārāparityāgaḥyā ca sa-ṃskāreṣu yathābhūtaparijñānaṃ niśrityāsaṃkliṣṭacittasya saṃsārasaṃsṛtī। yā ca buddhajñāne spṛhā nis´ rityottaptavīryatā। idam adhyātmabuddhadha-rmaṃsamudāgamamārabhya ṣaḍivadham upāyakauśalyaṃ veditavyam। ②

可见，针对菩萨内在佛法修证而言的六种方便善巧，它们分别是：1. 菩萨对于一切众生生起与悲悯一起的顾念不舍；2. 菩萨如实地全面地知晓一切诸行；3. 菩萨对于无上正等觉智的喜爱；4. 由于顾念众生因而不舍轮回；5. 由于如实地全面地知晓诸行，因而菩萨无有染心，生活在轮

---

① 《瑜伽师地论》，《大正藏》第30册，No. 1579，第540页上。

② *Bodhisattva Bhūmi*, *A Statement of Whole Course of the Bodhisattva*, edited by Unrai Wogihara, Sankibo Buddhist Book Store, Tokyo, Japan, 1971, p. 261.

回中；6. 由于喜爱佛智，因而菩萨拥有炽热的精进。可见这六种善巧方便是指菩萨为了自己成就佛法，对于众生、诸行、佛智、轮回、欲望、生命态度等合理地予以观察的智慧，以及在这样的智慧主导之下菩萨慈悲、淡泊而精进的特殊生命特质。所以这六种善巧方便是引导菩萨自己成就佛法、实现伟大的转依，获得伟大菩提果的必要条件。

下面是《瑜伽师地论》对于“依外成熟一切有情”的六种方便善巧的说明：

> 云何依外成熟一切有情六种方便善巧？一者菩萨方便善巧，能令有情以少善根感无量果；二者菩萨方便善巧，能令有情少用功力引摄广大无量善根；三者菩萨方便善巧，于佛圣教憎背有情除其恚恼；四者菩萨方便善巧，于佛圣教处中有情令其趣入；五者菩萨方便善巧，于佛圣教已趣入者令其成熟；六者菩萨方便善巧，于佛圣教已成熟者令得解脱。①
>
> 【梵本】
>
> tatra katamadbahirdhā – sattvaparipākamārabhya ṣaḍvidham upāyakau-ś alyam । yenopāyakauś alyena bodhisattvaḥparīttāni kuś alamūlāni apramāṇ-aphalatāyāmupanayati । tathālpakṛcchreṇa vipulānyapramāṇāni kuś alamūlā-ni samāvartayaty upasaṃharati । tathā buddhaś āsanapratihatānāṃ sattvānā-ṃ pratighātamapanayati । madhyasthānavatārayati । avatīrṇān paripācayati । paripakvān vimocayati । ②

针对外在地成熟众生而言的六种方便善巧，它们分别是：能使众生以微小善根获得无量果的方便善巧，能使众生以少许努力获得无量善根的方便善巧，能使憎恶佛教的众生舍弃对于佛教的憎恶的方便善巧，能使态度中庸的众生接受佛教的方便善巧，能使已经接受佛教的众生成熟起来的方

---

① 《瑜伽师地论》，《大正藏》第30册，No. 1579，第540页上。

② *Bodhisattva Bhūmi*, *A Statement of Whole Course of the Bodhisattva*, edited by Unrai Wogihara, Sankibo Buddhist Book Store, Tokyo, Japan, 1971, p. 261.

便善巧，能使已经成熟的众生得以解脱的方便善巧。根据六类不同的众生根性，或者根据不同程度的六种众生，菩萨分别以合理的观察、对待的智慧，相应地予以引导，帮助其与佛法相应。这样针对众生不同根性或不同程度而予以引导的方法智慧，就是菩萨旨在成熟众生的六种外在的方便善巧。

以上六种外在的方便善巧中，尤其“能使众生以微小善根获得无量果的方便善巧”，与最早期般若经典《佛母宝德藏般若伽陀》中所谓“如是行施无所著，亦复不求于果报，名大智者为一切，施因虽少果无量”①，及《大乘方便会》中“佛告智胜菩萨：善男子！如汝所说，菩萨摩诃萨行于方便，以方便力故虽行少施，所得福德无量无边阿僧祇”②，可以说是完全一致的。所以从这里就可以看到《瑜伽师地论》善巧方便思想与《佛母宝德藏般若伽陀》《大乘方便会》善巧方便概念思想之间学术思想的逻辑继承关系。

关于“依外成熟一切有情”的六种方便善巧，《瑜伽师地论》之《菩提分品》还进一步作出如下的详释：

> 云何菩萨方便善巧，令诸有情以少善根感无量果？谓诸菩萨方便善巧，劝诸有情舍微劣物乃至最下唯一麦团，施鄙秽田乃至蠢动傍生之类，作是施已，回求无上正等菩提。如是善根，物田虽下，由回向力，感无量果。
>
> 云何菩萨方便善巧，令诸有情以少功力引摄广大无量善根？谓诸菩萨方便善巧，若有信解受邪斋戒乃至一月都不食等诸有情类，为说八支圣斋戒法，令其弃舍最极艰辛感非爱果受邪斋戒，劝令修学无极艰辛感大爱果受正斋戒；若诸有情修自苦行精勤无懈，起邪方便欲求解脱，为说中道，令离二边，使其趣入；若诸有情求欲生天，起邪方便：投岩、赴火、断饮食等，为其宣说无倒静虑，令彼获于现法乐住，逮得当来无诸艰苦、与喜乐俱生天胜果；若诸有情信婆罗门吠地迦咒，妄计精勤受持读诵得究竟净方便，劝令于佛圣教受持读诵，思

---

① 《佛说佛母宝德藏般若波罗蜜经》，《大正藏》第8册，No.0229，第677页下。

② 《大宝积经·大乘方便会》，《大正藏》第11册，No.0310，第595页下。

惟其义，又正为他如是如是宣扬开示如来所说甚深空性相应妙法，令彼发生勇决厌离猛利净信，但由如是一刹那顷厌离净信俱行善心，尚能摄受不可称数广大善根，况其相续；又诸菩萨世间所有种种上妙珍宝香鬘诸供养具，起净信俱增上意乐，于佛法僧胜解供养，亦劝导他，令行如是胜解供养，又于十方一切世界一切供养佛法僧所，即以如是净信俱行增上意乐，周匝普缘深生随喜，亦劝导他作是随喜；又诸菩萨恒常修习念佛念法乃至念天，亦劝导他令修六念；又诸菩萨意言分别礼佛法僧，乃至命终时无虚度，亦劝导他行此礼业；又诸菩萨普于十方一切有情一切福业悉皆随喜，亦劝导他作是随喜；又诸菩萨普于十方一切有情入广大悲增上意乐，愿以自身皆代彼受一切忧苦，亦劝导他兴此悲愿；又诸菩萨过去现在一切误失一切违犯，以净调柔爱乐随顺所学戒心，想对十方佛世尊所，至诚发露，悔往修来，亦劝导他令行是事，如是数数发露所犯，少用功力，一切业障皆得解脱；又诸菩萨已具神通，得心自在，普于十方佛法僧所及有情处，化作众多种种化事，摄受无量大福德聚；又诸菩萨恒常修习慈悲喜舍，亦劝导他作此修习。如是菩萨以少功力，引摄广大无量善根诸胜妙果。

云何菩萨方便善巧，于佛圣教憎背有情，除其恚恼；处中住者，令其趣入；已趣入者，令其成熟；已成熟者，令得解脱？谓诸菩萨为欲成办如是四种有情义利，当知略说复有六种方便善巧：一者随顺会通方便善巧，二者共立要契方便善巧，三者异分意乐方便善巧，四者逼迫所生方便善巧，五者施恩报恩方便善巧，六者究竟清净方便善巧。①

《瑜伽》此处解释旨在外在地济度众生的六种方便善巧，其中为了解释后面的四种方便善巧，复又引入六种方便善巧。这样这一部分论文所谈的方便善巧，数目达到 18 种之多。

总的来说，《瑜伽师地论·本地分》菩萨地初持瑜伽处第 17 品论文关于方便善巧的讨论，具有非常重要的意义。这不仅因为《瑜伽》此部分论文在“菩提分法”范畴下规定方便善巧，最为直接明晰地凸显了方

① 《瑜伽师地论》，《大正藏》第 30 册，No. 1579，第 540 页中—下。

便善巧具有与菩提密切相关的本质特征，而且因为此部分论文非常明确地区分了两类方便善巧，一类是“依内修证一切佛法六种方便善巧”，一类是“依外成熟一切有情六种方便善巧”，这一区分及相关的说明，明确了作为广义“菩提分法”范畴下的方便善巧，不仅有成熟一切有情的外在指向的方便善巧，也有修证一切佛法的内在指向的方便善巧。

这种对方便善巧的说明，相对《瑜伽师地论》菩萨地第15品之前关于善巧方便概念思想的说明，是一个重要的补充：第15品之前所讨论的方便善巧，只是此处“依外成熟一切有情”的方便善巧，而此处所讨论的方便善巧，则还包括“依内修证一切佛法”的方便善巧。所以此处的方便善巧概念所指为广义的方便善巧，而前面所规定的方便善巧则是指狭义的方便善巧。

《瑜伽》这部分经文虽然明确区分了同一性质（有菩提性）的方便善巧所具有的两种功能指向（依内成就，依外成熟），不过细细品读论文，可以发现《瑜伽》似乎仍然着重对于以利他为指向的方便善巧的分析，对于以自利为指向的方便善巧，论中只是开列条目，而未展开具体内容的详尽分析，这也是12行相的方便善巧扩展为18行相的方便善巧的一个理由。这说明《瑜伽》囿于很多经论的思想传统，也还是比较侧重于方便善巧利他指向的阐述。尽管如此，《瑜伽》这部分论文对于内在指向的菩萨方便善巧的明确指示，对于我们完整理解方便善巧的本质及其功能指向，具有十分珍贵的意义。

鉴于《瑜伽师地论》初持瑜伽处第9—15品将六度与四摄对置，以四摄为为方便善巧所摄的四摄，而且以六度为菩萨成熟佛法的善法，以四摄为菩萨成熟有情众生的善法，可见第17品“依内修证一切佛法”的“六种方便善巧”，应当包含在前面菩萨“六度”的体系中，而“依外成熟一切有情”的“六种方便善巧”，则应当包含在前面菩萨“四摄”的体系中。第17品所讨论的方便善巧是在广义的角度规定的方便善巧，而在第9—15品菩萨“六度”及“四摄”体系中所讨论的方便善巧，则是从狭义角度规定的方便善巧。第9—15品所讨论的作为“菩萨行”的“六度”，既然是菩萨用以“成熟佛法”的善法，则其中必然包括将菩萨自己与菩提关联起来的方便智慧，也就是说“六度”体系中的般若波罗蜜多所示的智慧，应当是指广义的菩萨智慧，这种广义的菩萨般若智慧已经将菩萨自己以实现菩提为目标、以菩提为指向、针对自己的全部方便善巧智慧，包含于其中。

第三节 从《瑜伽师地论·本地分》菩萨地初持瑜伽处《慧品》对般若波罗蜜多的诠释看其方便善巧概念思想

在前面的两个部分，通过对于《瑜伽师地论》菩萨地初持瑜伽处文本思想结构的分析，以及对于《菩提分品》中二类方便善巧的分析，使得我们可以断定：在《瑜伽师地论》菩萨地的论述里，包含在菩萨“六度”体系中的“般若”或“般若波罗蜜多”这个概念的内涵及外延，有广义及狭义的区分，广义的般若其实包含了将菩萨自己与菩提关联起来的用以成熟自身佛法的方便善巧智慧，狭义的般若则只是广义般若中一个特殊部分的智慧，其功能方向主要是指向世界的本质：真实。与此相关，方便善巧这一概念也有内涵、外延上广狭的变化，狭义的方便，是指外在地成熟众生的方便智慧；而广义的方便，则还包括内在地在自身生命中成就佛法的方便智慧。

本节我们拟对《瑜伽师地论》菩萨地初持瑜伽处第 14 品，即《慧品》相关文字，做一个稍详的分析，以揭明这一品论文所说“般若波罗蜜多”之所指，检验我们前述分析的适切性。

在这一品中，亦如此前对于菩萨所具有其他诸种波罗蜜多的分析，都是从九个方面入手讨论。关于此意，论中的原语为：uddānaṃ pūrvavadveditavyam｜（“温陀南如前应知”），玄奘译本详细敷衍译文如下：“谓九种相慧，名为菩萨慧波罗蜜多。一者自性慧，二者一切慧，三者难行慧，四者一切门慧，五者善士慧，六者一切种慧，七者遂求慧，八者此世他世乐慧，九者清净慧。”①

其中，如关于“自性慧”一项，大论中的解释是：“云何菩萨自性慧？谓能悟入一切所知，及已悟入一切所知简择诸法，普缘一切五明处转：一内明处，二因明处，三医方明处，四声明处，五工业明处。当知即

① 《瑜伽师地论》，《大正藏》第 30 册，No. 1579，第 528 页下。

是菩萨一切慧之自性。”① 梵本对勘如下：

tatra katamo bodhisattvasya prajñāsvabhāvaḥ | sarvajñeyapraveśāya ca sarvajñeyānupraviṣṭaśca yo dharmāṇāṃ pravicayaḥpañcavidyāsthānānyālambya pravartate adhyātmavidyāṃ hetuvidyāṃ śabdavidyāñcikitsāvidyāṃ śilpakarmasthānavidyāñca | ayaṃ bodhisattvānāṃ prajñāsvabhāvo veditavyaḥ | ②

【新译】何谓菩萨的自性般若（自性慧）？凡是为悟入一切所知，对于诸法的简择，及已经悟入一切所知时对于诸法的简择，以五种明处作为对象——即指内明，因明，声明，医方明，工巧明——，应知其为诸菩萨的自性慧。

此处“自性般若”（“自性慧”，prajñāsvabhāva），意思是“从自性而言的般若（慧）”，“根据本质而言的般若（慧）”，也可以译为“般若（慧）自性”，即般若（慧）之自性，或般若（慧）之本质。菩萨的此种智慧，是以五明作为对象所引发的对于诸法的简择智慧，是以便悟入一切所知的简择智慧，或是已经悟入一切所知的简择智慧。这里对于般若自性的规定中值得注意的，是般若以五明作为对象，而非以仅仅以处理本真佛学问题为思想主题的内明知识系统作为对象，故而这种简择性的知识、智慧，毫无疑问是指最广义的智慧、最广义的般若，而不是仅仅以内明知识系统作为对象的狭义的智慧、狭义的般若，当然更加不是仅仅致力于内明中诸法本质、世界实相问题之理解及亲证的最狭义的智慧、最狭义的般若。

又如，关于“一切慧”一项，大论中的解释是：“云何菩萨一切慧？当知此慧略有二种：一者世间慧，二者出世间慧。此二略说，复有三种：一能于所知真实随觉通达慧，二能于如所说五明处及三聚中决定善巧慧，

① 《瑜伽师地论》，《大正藏》第30册，No. 1579，第528页下。

② *Bodhisattva Bhūmi*, *A Statement of Whole Course of the Bodhisattva*, edited by Unrai Wogihara, Sankibo Buddhist Book Store, Tokyo, Japan, 1971, p. 212.

三能作一切有情义利慧。若诸菩萨于离言说法无我性，或于真谛将欲觉悟，或于真谛正觉寤时，或于真谛觉寤已后，所有妙慧最胜寂静明了现前，无有分别，离诸戏论，于一切法悟平等性，入大总相，究达一切所知边际，远离增益、损减二边，顺入中道，是名菩萨能于所知真实随觉通达慧。若诸菩萨于五明处决定善巧，广说如前《力种性品》应知其相，及于三聚中决定善巧，谓于能引义利法聚，能引非义利法聚，能引非义利非非义利法聚，皆如实知，于是八处所有妙慧善巧摄受，能速圆满广大无上妙智资粮，速证无上正等菩提。能作一切有情义利慧有十一种，如前应知，即于彼位所有妙慧。当知是名饶益有情慧。"① 此段梵本为：

tatra katamā bodhisattvānāṃ sarvā prajñā | sā dvividhā draṣṭavyā | laukikī lokottarā ca | sā punaḥsamāsatastrividhā veditavyā | jñeyatattvānubodhaprativedhāya | pañcasu ca yathānirdiṣṭeṣu vidyāsthāneṣu triṣu ca rāśiṣu kauśalyakriyāyai sattvārthakriyāyai ca | yā bodhisattvānām anabhilāpyaṃ dharmanairātmyamārabhya satyāvabodhāya vā satyāvabodhakāle vā satyābhisaṃbodhādvā urddhaṃ prajñā paramapraśamavyupasthānā nirvikalpā sarvaprapañcāpagatā sarvaṃdharmeṣu samatānugatā mahāsāmānyalakṣaṇapraviṣṭā jñeyaparyantagatā samāropāpavādāntadvayavivarjitatvānmadhyamapratipadanusāriṇī | iyaṃ bodhisattvānāṃ tattvānubodhaprativedhāya prajñā veditavyā | pañcasu vidyāsthāneṣu kauśalyaṃ vistareṇa pūrvavadveditavyaṃ tadyathā balagotrapaṭale | trayaḥpunā rāś ayo arthopasaṃhitānāṃ dharmāṇāṃ rāśiḥ | anarthopasaṃhitānāṃ dharmāṇāṃ rāśiḥ | naivārthopasaṃhitānāṃ nānā'rthopasaṃhitānāṃ dharmāṇāṃ rāśiḥ | ity eteṣv aṣṭāsu sthāneṣu prajñāyāḥkauśalyaparigraho mahāntaṃ niruttaraṃ jñānasambhāraṃ paripūrayatyanuttarāyai samyaksaṃbodhaye | sattvārthakriyā punaḥ pūrvavad ekādaś aprakāraiva veditavyā | teṣveva sthāneṣu yā prajñā sā

① 《瑜伽师地论》，《大正藏》第30册，No. 1579，第528页下。

sattvārthakriyāyai prajñā veditavyā | ①

这里，《瑜伽师地论》将“一切般若（一切慧）”（sarvā prajñā），从性质上区分为世间慧，及出世间慧二种（laukikī lokottarā ca）；再从种类上，区分为三种：能于所知真实随觉通达慧（jñeyatattvānubodhaprativedhāya），能于如所说五明处及三聚中决定善巧慧（pañcasu ca yathānirdiṣṭeṣu vidyāsthāneṣu triṣu ca rāśiṣu kauśalyakriyāyai），及能作一切有情义利慧（sattvārthakriyāyai ca）。这里三种慧中的第一种慧，是领悟、通达所知真实的智慧，论文描写此种智慧的特征：以不可言说的法无我性作为基础，专注于最高的寂静，离于分别，摆脱一切的戏论，通达一切法的平等性，悟入伟大的共相，达到所知之究竟，由于抛弃了增益与减损二个极端因而能够随顺中道，这种智慧的唯一对象，乃是诸法的“真实”（tattva），所以正是指体认诸法实相、离于语言戏论的最狭义的般若智慧。此智慧是出世间智慧。第二种智慧，是指对于五种知识及三种法聚，能够通达善巧之智慧，这种智慧能使旨在实现无上菩提的伟大的无上的智慧资粮圆满起来。第三种慧慧，则是指在十一种利益众生的行为中的智慧。后二种智慧，以性质言，是这里所谓的世间慧。

参证此前我们已经考察的菩萨地初持瑜伽处《菩提分品》二种方便善巧的分类，显然在这里，所说的第二种般若慧，正是指菩萨成熟自身佛法所需的种种方便善巧；所说的第三种般若慧，则是指菩萨饶益一切有情的种种方便善巧。

再如，关于“难行慧”一项，《瑜伽师地论》中说言：“云何菩萨难行慧？当知此慧，略有三种。若诸菩萨能知甚深法无我智，是名第一难行慧；若诸菩萨能了有情调伏方便智，是名第二难行慧；若诸菩萨了知一切所知境界无障碍智，是名第三最难行慧。”② 此段文字，梵本如下：

tatra katamā bodhisattvasya duṣkarā prajñā | sā trividhā draṣṭavyā

① *Bodhisattva Bhūmi*, *A Statement of Whole Course of the Bodhisattva*, edited by Unrai Wogihara, Sankibo Buddhist Book Store, Tokyo, Japan, 1971, p. 212－213.

② 《瑜伽师地论》，《大正藏》第30册，No. 1579，第529页上。

gambhīrasya dharmanairātmyajñānāya duṣkarā । sattvānāṃ vinayopāyasya prajñānāya duṣkarā । sarvajñeyānāvaraṇajñānāya ca paramaduṣkarā । ①

这里所谓“难行慧”，意思是从“难行”角度讨论菩萨的般若（慧）。从“难行”的角度，菩萨的般若（慧），也可分为三种：第一种“难行慧”，是认识甚深“法无我”的般若智慧，所以是指最狭义的般若慧；第二种“难行慧”，是指菩萨认识调伏有情的方法的智慧，所以是指以调伏有情为主导的方便善巧智慧；第三种“难行慧”，是指能够无有障碍地认识一切所知的智慧，它已经接近佛一切知或“全知”的智慧状态，其中应既包含狭义的般若智慧，也包含包括调伏自己以及他者的善巧方便在内的其他各种智慧。

再如，关于菩萨的“遂求慧”一项，论文中言：“云何菩萨遂求慧？当知此慧略有八种。一依法异门智，所谓菩萨法无碍慧；二依法相智，所谓菩萨义无碍慧；三依法释词智，所谓菩萨释词无碍慧；四依法品类句差别智，所谓菩萨辩才无碍慧；五菩萨一切摧伏他论慧；六菩萨一切成立自论慧；七菩萨一切正训营为家属家产慧；八菩萨一切善解种种王正世务慧。”② 对勘这段话梵本如下：

tatra katamā bodhisattvasya vighātārthikaprajñā । sā'ṣṭavidhā draṣṭavyā । dharmāṇāṃ paryāyajñānamārabhya bodhisattvasya dharmapratisaṃvit । dharmāṇāṃ lakṣ aṇajñānamārabhyārthapratisaṃvit । dharmāṇāṃ nirvacanajñānamārabhya niruktipratisaṃvit । dharmāṇāṃ prakārapadaprabhedamārabhya pratibhānapratisaṃvit । sarvaparapravādinigrahāya bodhisattvasya prajñā । sarvasvavādavyavasthānapratiṣṭhāpanāya ca prajñā । gṛhatantrasamyak praṇayanāya kulodayāya prajñā । rājanītilaukikavyavahār-

---

① *Bodhisattva Bhūmi*, *A Statement of Whole Course of the Bodhisattva*, edited by Unrai Wogihara, Sankibo Buddhist Book Store, Tokyo, Japan, 1971, p. 213.

② 《瑜伽师地论》,《大正藏》第30册，No. 1579，第529页上。

anītiṣu ca bodhisattvasya yā niścitā prajñā | ①

菩萨的法无碍慧、义无碍慧、释词无碍慧、辩才无碍慧、摧伏他论慧、成立自论慧、正训营为家属家产慧、善解种种王正世务慧，称为菩萨的八种“遂求慧”。这里所指八种慧，都是指菩萨用以使自己成熟佛法及利他救度的各种方便善巧智。

再如“此世他世乐慧”，《瑜伽师地论》中说言：“云何菩萨此世他世乐慧？当知此慧略有九种。谓诸菩萨于内明处，能善明净善安住慧；于医方明处、因明处、声明处、世工业明处，能善明净非安住慧。一切菩萨即用如是于五明处善明净慧以为依止，于他愚痴放逸怯弱勤修正行所化有情，如其次第，示现、教导、赞励、庆慰慧。”② 梵本为：

> tatra katamā bodhisattvasyehāmutrasukhā prajñā | sā navavidhā draṣṭavyā | adhyātmavidyāyāṃ suvyavadātā supratiṣṭhitā prajñā | hetuvidyāyāṃ śabdavidyāyāṃ cikitsāvidyāyāṃ laukikaśilpakarmasthānavidyāyāṃ suvyavadātā no tu pratiṣṭhitā prajñā | tāmeva ca suvyavadātāṃ pañcaprakārāṃ vidyāṃ niśritya yā bodhisattvasya pareṣāṃ vineyānāṃ mūḍhānāṃ pramattānāṃ saṃlīnānāṃ samyak pratipannānāṃ yathākramaṃ saṃdarśanī samādāpanī samuttejanī saṃpraharṣaṇī ca prajñā | ③

这里所谈九种“此世他世乐慧”，关于内明的智慧是能善明净的，且是能善安住的，而关于其他四种明处的智慧，则是能善明净而非能善安住的，这一简别意在显示在菩萨的知识、智慧系统中，内明的知识、智慧应具有主导地位。上述五种极为明净的智慧，加上依据上述五种明净的智慧，对于各种需要调伏的众生，分别根据实际情况予以示现、教导、赞

① *Bodhisattva Bhūmi*, *A Statement of Whole Course of the Bodhisattva*, edited by Unrai Wogihara, Sankibo Buddhist Book Store, Tokyo, Japan, 1971, p. 214.

② 《瑜伽师地论》,《大正藏》第 30 册, No. 1579, 第 529 页中。

③ *Bodhisattva Bhūmi*, *A Statement of Whole Course of the Bodhisattva*, edited by Unrai Wogihara, Sankibo Buddhist Book Store, Tokyo, Japan, 1971, p. 214.

励、庆慰的四种智慧，合称九种“此世他世乐慧”。这里所谈的九种智慧同样既包括菩萨用以自度的智慧，也包括菩萨用以教化、调伏众生的智慧，因此它们也都包含菩萨自度、度他的种种方便善巧在内。

在本品所谈的其他几种般若智慧中，也都存在同样的情况。为省篇幅，这里不再赘述。

所以，综合地看，与初期大乘经典以及其他旨在弘扬菩萨“六度”（六种波罗蜜多）思想体系的经典一样，《瑜伽师地论》菩萨地初持瑜伽处《慧品》中的般若波罗蜜多，是指在最广义的角度使用的“般若”、智慧概念，也就是说，在这一“般若”概念中，既包含对于真理、实际的离言认识这种最狭义的般若智慧，也包含这种般若智慧以外的其他智慧，其中自然涵括菩萨用以引导自己成熟佛法的方便善巧智慧，也涵括菩萨用以引导、调伏、摄受众生，达到无上正等菩提的善巧方便智慧。

第四节　《瑜伽师地论·本地分》菩萨地第二持随法瑜伽处的善巧方便概念思想

我们在《瑜伽师地论》菩萨地第二持随法瑜伽处，能够看到支持我们所谓“在《瑜伽师地论·本地分》菩萨地中，存在狭义角度的善巧方便论说，以及广义角度的善巧方便论说”这一理解、诠释模式的另两个印证。

如在持随法瑜伽处第一品《菩萨相品》，首先标举五种真实菩萨之相，这五种相分别是：“一者哀悯，二者爱语，三者勇猛，四者舒手惠施，五者能解甚深义理密意。”[①] 而在这一品的末尾，谈到菩萨真实五相与菩萨六种波罗蜜多之间的相摄关系，其说曰：

> 问：菩萨五相、六到彼岸，何到彼岸摄何等相？答：菩萨哀悯，当知静虑到彼岸摄；菩萨爱语，尸罗、般若到彼岸摄；菩萨勇猛，进、忍、般若到彼岸摄；菩萨所有舒手惠施，当知即施到彼岸摄；菩

① 《瑜伽师地论》，《大正藏》第30册，No. 1579，第549页中。

萨所有能解甚深义理密意，静虑、般若到彼岸摄。①

【梵本】

pañcemāni bodhisattvaliṅ gāni ṣ aṭ pāramitāḥ । āsāṃ ṣ aṇṇāṃ pāramitānāṃ katamayā pāramitayā katamadbodhisattvaliṅgaṃ saṃgṛhītam । anukampā dhyānapāramitayā saṃgṛ hītā । priyāvāditā śīlapāramitayā prajñāpāramitayā ca saṃgṛhītā । vairyaṃ vīryapāramitayā kṣāntipāramitayā prajñāpāramitayā ca saṃgṛhītam । muktahastatā dānapāramitāyaiva saṃgṛ-hītā । gambhīrārthasandhinirmocanatā dhyānapāramitayā prajñāpāramitayā ca saṃgṛ hītā evamimāni pañca bodhisattvaliṅ gāni pañcaparivartena veditavyāni । svabhāvato'dhiṣṭhānataḥphalānusaṃśato 'nukramataḥ saṃgra-hataśca veditavyāni । ②

可见菩萨之哀悯，由静虑波罗蜜多所摄；爱语，由尸罗、般若二种波罗蜜多所摄；勇猛，由精进、忍辱、般若三种波罗蜜多所摄；舒手惠施，由施波罗蜜多所摄；能解甚深义理密意，由静虑、般若两种波罗蜜多所摄。我们看到，在此五种作为菩萨真实标记的法（bodhisattvaliṅgāni）中，至少“爱语”“勇猛”“能解甚深义理密意”这三种法，都部分地由般若波罗蜜多所统摄，也就是说这三种法与般若波罗蜜多之间存在着内涵及外延方面的交摄关系。

这里所谓的“般若波罗蜜多”，当然是从最广义角度所言说、规定的般若，其间实际上既包含了菩萨自己用以成熟佛法的方便善巧（如此处所谓的“勇猛”“能解甚深义密意”），也包含了菩萨用以利他成就的方便善巧（如此处所谓的“爱语”“勇猛”“能解甚深义理密意”）。所以虽然在《瑜伽师地论》的这段论文中，并没有出现类似“方便善巧”的概念，但是由于菩萨的真实五相中，大部分的相，准确地说，其中的三种相，都

① 《瑜伽师地论》，《大正藏》第30册，No. 1579，第550页中。

② *Bodhisattva Bhūmi*, *A Statement of Whole Course of the Bodhisattva*, edited by Unrai Wogihara, Sankibo Buddhist Book Store, Tokyo, Japan, 1971, p. 305.

与“般若波罗蜜多”概念存在内涵及外延上的相摄关系，于此可以见出在这部《瑜伽师地论》中存在着在广义角度上使用“般若波罗蜜多”概念的习惯，同时也存在着从广义、狭义两种不同角度对于“方便善巧”概念的论说与规定，从而导致“般若波罗蜜多”与“善巧方便”两个概念的内涵及外延出现一部分重叠、因而难以言说其间分际的复杂情况。

同时，从这一段文字的义理来解读，菩萨五相，乃是指判断真实菩萨及非真实菩萨的根本性标记所在，而在这组判断的标记中，能够看到方便善巧这种菩萨智慧因素担任着关键的角色，这也就再次见证前已言及之《瑜伽师地论》菩萨地对于方便善巧智慧高度重视的态度。

再如菩萨地持随法瑜伽处之第二品，是为《分品》，讨论菩萨分为在家菩萨及出家菩萨这一菩萨“二分”的问题。论文提出，不管是在家菩萨，或是出家菩萨，如果修学四种法，都能快速地证悟最高最圆满的菩提。这里的四种法，即指善修事业，方便善巧，饶益于他，无倒回向。

其中，关于“善修事业”，论文说言：

> 云何菩萨善修事业？谓诸菩萨于六波罗蜜多决定修作、委悉修作、恒常修作、无罪修作。云何菩萨于施波罗蜜多决定修作？谓诸菩萨现有种种可施财法，诸乞求者正现在前，有恩无恩、有德有失无有差别，要当施与。若人非人，若诸沙门，若婆罗门及余世间，无有如法能令施心有所倾动。云何菩萨于施波罗蜜多委悉修作？谓诸菩萨现有种种可施财法，诸乞求者正现在前，一切施与，无有少物于诸有情而不能舍，于内身命尚能惠施，何况外物？云何菩萨于施波罗蜜多恒常修作？谓诸菩萨于修惠施无有厌倦，恒常无间于一切时，随有所得即随惠施，无所吝惜。云何菩萨于施波罗蜜多无罪修作？谓诸菩萨远离如前施品所说诸杂染施修行所余无杂染施。如是菩萨于施波罗蜜多，能善修作。如于施波罗蜜多能善修作，如是于戒、忍、精进、静虑、慧波罗蜜多，如其所应，当知亦尔。是名菩萨由四行相于其六种波罗蜜多决定修作、委悉修作、恒常修作、无罪修作。[1]

[1] 《瑜伽师地论》，《大正藏》第30册，No.1579，第550页下。

可见，菩萨“善修事业”这一善法中的“事业”，是指六种波罗蜜多，而“决定修作、委悉修作、恒常修作、无罪修作”这“四行相”，则是“善修”。所以这里的“善修事业”一法，当然是指菩萨在修习六种波罗蜜多时的智慧，并且当然包含了善巧方便——针对六种波罗蜜多修习的特殊的善巧方便智慧。所以这段论文与前面讨论的《菩萨相品》的文字一样，虽然文中未见到“方便善巧”的概念，但其中何以修持六种波罗蜜多的智慧，其实包含了方便善巧之智。

《分品》论文所谈能使在家、出家菩萨速证最高菩提的第二种法，即“方便善巧”：

> 云何菩萨方便善巧？当知如是方便善巧，略有十种。何等为十？一者、憎背圣教有情，除其恚恼方便善巧；二者、处中有情，令其趣入方便善巧；三者、已趣入者，令其成熟方便善巧；四者、已成熟者，令得解脱方便善巧；五者、于诸世间一切异论，方便善巧；六者、于诸菩萨净戒律仪受持毁犯，能正观察，方便善巧；七者、于诸正愿，方便善巧；八者、于声闻乘，方便善巧；九者、于独觉乘，方便善巧；十者、于其大乘，方便善巧。如是一切方便善巧，如前即此菩萨地中随彼彼处已广分别，如应当知。如是十种菩萨所有方便善巧，能作五事。谓由前四种方便善巧，令诸菩萨能正安立所化有情于自义利；由于世间一切异论方便善巧，令诸菩萨善能摧伏一切异论；由于菩萨净戒律仪受持毁犯能正观察方便善巧，令诸菩萨不犯所犯，犯已速疾如法悔除，于善清净菩萨所受净戒律仪能善修莹；由于正愿方便善巧，令诸菩萨能证当来一切所爱事义圆满；由于三乘方便善巧，令诸菩萨于诸有情随其种性根及胜解，说相称法，说顺正理。是名十种方便善巧，令诸菩萨能作五事。由此五事，能令菩萨现法、当来一切事义皆得究竟。①

【梵本】

tatra katamad bodhisattvasya kauśalyam | tat samāsato daśavidhaṃ v-edi-

---

① 《瑜伽师地论》，《大正藏》第30册，No. 1579，第551页上。

tavyam pratihatānāṃ sattvānāṃ pratighātāpanayāyopāyakaus´alyam | madhyasthānām avatāraṇāya avatīrṇānāṃ paripācanāya paripakvānāṃ vimocanāyopāyakauśalyam | laukikeṣu sarvaś āstreṣu kauś alyam | bodhisattvaś īlasaṃvarasamādāne skhalitapratyav ekṣaṇākauśalyam samyakpraṇidhānakauśalyam | śrāvakayānakauśalyaṃī pratyekabuddhāyānakauśalyam mahāyānakauś aś alyañ ca | eṣāṃ sarveṣām eva kauś alyānāṃ pūrvavadyathāyogaṃ tatra tatrāsyāmeva bodhisattvabhūmaupravibhāgo veditavyaḥ | etāni punar bodhisattvasya daśa kauśalyāni pañcakṛtyāni kurvanti | pūrvakaiścaturbhiḥ kauśalyair bodhisattvaḥsattvān svārthe sanniyojayati | laukikeṣu sarvaś āstreṣu kaus´ alyena bodhisattvaḥ sarvaparapravādān abhibhavati | bodhisattvas´ īlasaṃvarasamādāne skhalitapratyavekṣaṇākauśalena bodhisattvaḥ āp-atti | na v' āpadyade | āpanno vā yathādharmaṃ pratikaroti | suvis´ uddh-aṃ s´ īlasaṃvarasamādānaṃ parikarṣati | samyak praṇidhānakauśalyena bo-dhisattvaḥāyatyāṃ sarvābhiprītārthaparipūrim adhigacchati | yqnatrayakaus´-alyena bodhisattvo yathā gotrendriyādhimuktīnāṃ tadupamqgama | dharmaṃ deśayati | anukūlāṃ yuktiṃ vyapadiśati | evam ebhir daśabhiḥkauś-alyair bodhisattvaḥpañcakṛtyāni karoti | yairasya pañcabhiḥkṛtyaiḥsarva | kṛtya | paripūrṇa | bhavati | dṛṣṭadhārma āyatyā | cārthamārabhya | ①

由梵本对勘可知：这里问题所问，是“菩萨的善巧为何”，玄奘的译文则是“云何菩萨方便善巧”；文中所谈内容为菩萨的“十种善巧”，玄奘的译文则是“十种方便善巧”。

由梵本可知：“十种善巧”中的前四种“善巧”，是为“憎背圣教有情除其恚恼方便善巧”等四种“方便善巧”，正是我们在讨论菩萨地初持瑜伽处相关文字时已经见到的，菩萨调伏、摄受其他有情六种方便善巧中的四种方便善巧；后面的六种“善巧”，分别是善巧世俗经典，善巧观察对于菩萨律仪的受持与违犯，善巧正愿，善巧声闻乘，善巧独觉乘，善巧

① *Bodhisattva Bhūmi*, *A Statement of Whole Course of the Bodhisattva*, edited by Unrai Wogihara, Sankibo Buddhist Book Store, Tokyo, Japan, 1971, p. 308.

大乘，也就是对于包括世俗经典在内的六种事物的知识、智慧。因此玄奘这里是受前四种“方便善巧”的影响，因而把后面的六种“善巧”，也都统一译成了“方便善巧”。玄奘的译法说明：在他看来，菩萨之精通世俗经典、律仪的受持违犯、正愿、声闻乘、独觉乘、大乘等六类知识、智慧，本质上都具有要将自己及他人引领向无上正等菩提的性质，所以它们就根本性质言，都是“方便善巧”！

再者，这里《瑜伽师地论》所谈“十种善巧”之作用，认为前四种方便善巧，“令诸菩萨能正安立所化有情于自义利”，也就是说，这四种方便善巧，主要的功能是安立众生，使得他们能够成就；而谈到所有“十种善巧”的作用，则言其等“令诸菩萨能作五事。由此五事能令菩萨现法、当来一切事义皆得究竟”（evam ebhir daśabhiḥkauśalyair bodhisattvaḥpañcakṛtyāni karoti । yairasya pañcabhiḥkṛtyaiḥsarva । kṛtya । paripūrṇa । bhavati । dṛṣṭadhārma āyatyā । cārthamārabhya । ）。这里所谓的“一切事义”，意思是“一切所作”，当然既包括菩萨利他之事，也包括菩萨自利之事。可见后面所列的六种“善巧”，或如玄奘所译的六种“方便善巧”，应当既包括菩萨成熟有情的方便智慧，也包括菩萨成熟自身佛法的方便智慧，是指那些既可利他又可自利的综合性方便善巧智慧。

论中此处所谈第三种能使在家、出家菩萨速证最高菩提的法，是“饶益于他”，论文中说：

> 云何菩萨饶益于他？谓诸菩萨依四摄事，即布施、爱语、利行、同事，能与一分有情利益，能与一分有情安乐，能与一分所化有情利益安乐。是名略说菩萨所有饶益于他，广说如前《自他利品》应知其相。①

这里所说的“饶益”（parānugraha），原文是“摄他”，实际即指四种摄事，而四种摄事如菩萨地初持瑜伽处所论，乃是由方便所统摄者，所以此处所谈的这种善法，又是指用以“成熟众生”的方便善巧智慧。

---

① 《瑜伽师地论》，《大正藏》第30册，No. 1579，第551页中。

《瑜伽师地论》此处所谈最后一种能使在家、出家菩萨速证最高菩提的法，乃是“无倒回向”：

> 云何菩萨无倒回向？谓诸菩萨三门积集所有善根，即善修事业，方便善巧，饶益于他，去来今世一切摄取，以淳一味妙净信心，回求无上正等菩提。终不用此所集善根希求世间余果异熟，唯除无上正等菩提。①
>
> 【梵本】
>
> tatra katamā bodhisattvasya pariṇāmanā। iha bodhisattvo yatkiñcidebhistribhirmukhair upacitopacitaṃ kuśalamūlaṃ sukṛtakarmāntatayā kauśalyena parānugraheṇa ca tatsarvamatītānāgatapratyutpannamanuttarāyāṃ samyaksaṃbodhau ghanarasena prasādena pariṇāmayati। na tasya kuśalamūlasyānyaṃphalavipākaṃ pratikāṃkṣ ati nānyatrānuttarāmeva samyaksaṃbodhim। ②

这里所谓的“无倒回向”，勘对原文，乃是“回向”（pariṇāmanā），指把凡是用三门（即善修善业、十种善巧及饶益于他）所积累的所有这些善根，无论是过去的、现在的、未来的，都以淳一味妙净信心（ghanarasena prasādena），回向无上正等菩提这一最高目标，而绝不指向其他世间的果报。这种将一切善根都引向无上正等菩提的行为，就是无倒回向，如我们前文已考察过的菩萨地初持瑜伽处所言，此正是以少许善根获得无量善果这一方便善巧智慧之特殊功能。因为正是由于善巧方便智慧之介入，才会引起菩萨布施行为或其他善根功能性质上本质性的变化，从而必然会引起这些善根结果的本质性变化。所以这里所谈的“无倒回向”，虽然文中同样没有出现“善巧方便”这个概念，但就本质而言，面向最高清净圆满菩提所做的回向，正是指包含了善巧方便的菩萨特殊智慧介入

---

① 《瑜伽师地论》，《大正藏》第30册，No. 1579，第551页中。

② *Bodhisattva Bhūmi*, *A Statement of Whole Course of the Bodhisattva*, edited by Unrai Wogihara, Sankibo Buddhist Book Store, Tokyo, Japan, 1971, p. 309.

其菩萨行的一种特殊菩萨行。

因此，我们看到：在《瑜伽师地论》菩萨地第二持随法瑜伽处的前两品，谈到菩萨诸多伴随“持”法（菩萨根性，发心，菩提分法）而来的诸法，这些诸法或是代表真实菩萨的“相”，或是促使在家、出家二类菩萨速证无上正等菩提的诸法，而就它们的具体内容看，在这些诸法中，大都包含、浸润各种各样方便善巧智慧的因素。因此，无论在《瑜伽师地论》菩萨地第一持瑜伽处，或是在第二持随法瑜伽处，我们都看到《瑜伽》大论事实上是以大量的篇幅、大量的内容，在建构及规定着方便善巧这种菩萨行的德目。《瑜伽师地论》菩萨地第二持随法瑜伽处所谈诸多与方便善巧有关的诸法，是对菩萨地第一持瑜伽处所谈方便善巧的有关内容的重要补充，这个补充更加充分地传达了《瑜伽师地论》菩萨地对于方便善巧概念及思想高度重视的思想义理信息。

第五节 《瑜伽师地论·本地分》菩萨地第三持究竟瑜伽处十种波罗蜜多体系中的善巧方便概念思想

最后，我们注意到：在《瑜伽师地论·本地分》菩萨地之第三部分持究竟瑜伽处的第四品，即《行品》，再次谈到方便善巧概念及思想。如其所言：“菩萨始从胜解行地，乃至最后到究竟地，于此一切菩萨地中，当知略有四菩萨行。何等为四？一者波罗蜜多行，二者菩提分法行，三者神通行，四者成熟有情行。”① （梵本：adhimukticaryābhūmimupādāya sarvāsu bodhisattvabhūmiṣu bodhisattvānāṃ samāsataścatasraś caryā veditavyāḥ｜ katamāścatasraḥ｜ pāramitācaryā bodhipakṣyācaryā abhijñācaryā sattvaparipākacaryā ca｜②）《瑜伽师地论》菩萨地所立菩萨 12 住之第二住，为胜解行住，也为《瑜伽师地论》菩萨地所立菩萨七地之第二地，从此住或此地开始，在菩萨诸住或诸地中包含的四种行，称为“四菩萨行”，即波罗蜜多行，

① 《瑜伽师地论》，《大正藏》第 30 册，No. 1579，第 565 页下。

② *Bodhisattva Bhūmi*, *A Statement of Whole Course of the Bodhisattva*, edited by Unrai Wogihara, Sankibo Buddhist Book Store, Tokyo, Japan, 1971, p. 371.

菩提分法行，神通行，成熟有情行。

其中，为解释“波罗蜜多行”，《瑜伽》论文在此处一共列出“十种波罗蜜多”：

> 前说六种波罗蜜多，及方便善巧波罗蜜多，愿波罗蜜多，力波罗蜜多，智波罗蜜多，如是十种波罗蜜多，总名波罗蜜多行。如前所说十二行相方便善巧，当知说名方便善巧波罗蜜多。如前所说五种大愿，当知名愿波罗蜜多。所有十力加行清净，当知名力波罗蜜多。于一切法如实安立清净妙智，当知名智波罗蜜多。今于此中，能取胜义无分别转清净妙慧，当知名慧波罗蜜多；能取世俗有分别转清净妙智，当知名智波罗蜜多。如是名为二种差别。复有异门，谓无量智，当知说名方便善巧波罗蜜多；悕求后后智殊胜性，当知名愿波罗蜜多；一切魔怨不坏道性，当知名力波罗蜜多；如实觉了所知境性，当知名智波罗蜜多。①

【梵本】

tatra ṣaṭca pūrvanirdiṣṭāḥpāramitāḥ | upāyakauś alyapāramitā ca praṇidhānapāramitā ca balapāramitā ca jñānapāramitā ca | itīmā daśapāramitā abhisamasya pāramitācaryety ucyate | tatra dvādaśākāraṃ pūrvanirdiṣṭam upāyakauśalyam upāyakauś alyapāramitā | pañca pūrvanirdiṣṭāni praṇidhānāni praṇidhānapāramitā | daś abalaprayogaviś uddhir balapāramitā | sarvadharmeṣu yathāvad vyavasthānajñānaṃ jñānapāramitā | tatra paramārthagrahaṇapravṛttāprajñā prajñāpāramitā | saṃvṛtigrahaṇapravṛttā punarjñānapāramitā | ity ayam anayor viś eṣaḥ | aparaḥparyāyaḥ | apramāṇajñānatā upāyakauś alyapāramitā | uttarottarajñānavaiś eṣikatāprārthanā praṇidhānapāramitā | sarvamārairmārgānācchedyatā balāpāramitā | yathāvajjñeyāvabo-

① 《瑜伽师地论》,《大正藏》第30册，No. 1579，第565页下—566页上。

dhatā jñānapāramitā | [1]

《瑜伽师地论》在这一部分，把布施等六种波罗蜜多及方便善巧等四种波罗蜜多合在一起，称为“波罗蜜多行”。六度（六种波罗蜜多）以外，新增加的后四种波罗蜜多，分别是方便善巧波罗蜜多，愿波罗蜜多，力波罗蜜多，及智波罗蜜多。这一部分文献是在《瑜伽师地论·本地分》菩萨地中正式确认方便善巧为波罗蜜多，以及正式确认方便善巧等四者为菩萨“波罗蜜多”德目十分重要的经典证据。

《瑜伽》论文在这里对所谓“方便善巧波罗蜜多”的涵义，给出了两种界定：

（1）“如前所说十二行相方便善巧，当知说名方便善巧波罗蜜多。”这里所谓“十二行相方便善巧”，就是指在《瑜伽师地论》菩萨地初持瑜伽处规定的“依内”“依外”十二种方便善巧。从十二种表现形式的角度予以讨论的方便善巧，如前已论，体现了最广义的方便善巧概念，而十二种方便善巧在此处被正式规定为所说的“方便善巧波罗蜜多”，证明《瑜伽师地论》之《本地分》确实是在波罗蜜多范畴下规定和建构方便善巧概念，并且在这里是采取最广义角度的方便善巧概念思想的界说。

（2）“复有异门，谓无量智，当知说名方便善巧波罗蜜多。”“异门”（aparaḥparyāyaḥ），即“异说”之义，《瑜伽》这里列出以“无量智”（apramāṇajñānatā upāyakauśalyapāramitā）诠释“方便善巧波罗蜜多”的一个“异说”，并且对于这一“异说”，《瑜伽》这里并未加以否定，说明《瑜伽》对于这一“异说”持包容、开放的态度。根据此一“异说”的诠释，“无量智”，意思是指“无量的智慧”，或是指（四种）无量即智慧，不管这里采取哪种解释，这个“异说”都很清楚地把方便善巧界定为“智慧”。以智慧来诠指菩萨善巧方便的本质特征，与《法华经》等经典以善巧方便智表示佛菩萨圣者特殊智慧的思想义理脉络，存在可以相通处。

《瑜伽师地论》上引这段话中，还有值得注意者：这段话因引入了比

---

① *Bodhisattva Bhūmi*, *A Statement of Whole Course of the Bodhisattva*, edited by Unrai Wogihara, Sankibo Buddhist Book Store, Tokyo, Japan, 1971, p. 371.

较新起的四种波罗蜜多，而这四种波罗蜜多与传统所言六种波罗蜜多（“六度”）之间的关系究竟如何？对于这一问题的意识与讨论，涉及各种不同波罗蜜多内涵、外延之区分、融摄问题，并且因而涉及各种波罗蜜多地位之安排，所以在波罗蜜多思想体系发展中，具有其特别的意义。如在这段话中，《瑜伽师地论》特别区分了第六种波罗蜜多即般若波罗蜜多，与第十种波罗蜜多即智波罗蜜多之间的义界，用“以取胜义而转者”界定第六种慧（般若）波罗蜜多，用“以取世俗而转者”界定第十种智波罗蜜多。玄奘大师此处分别译为“能取胜义无分别转清净妙慧，当知名慧波罗蜜多；能取世俗有分别转清净妙智，当知名智波罗蜜多”，这个界定将慧波罗蜜多规定为只是对于“胜义”即最高对象的智慧，正是从最狭义的角度对于般若波罗蜜多义涵的界定。对于慧波罗蜜多与智波罗蜜多的这一区分，在这段话中代表《瑜伽》的正说，而非“异说”，这反映了《瑜伽》的如下考虑：由于“六度”的体系发展为“十度”的体系，或者由于在传统的六度菩萨行体系中，引入十种波罗蜜多思想体系，必然需要对于不同波罗蜜多的内涵及外延加以更加精准的界说。虽然《瑜伽》这里的界定，只是针对“般若慧”与“般若智”的区分问题，但这一区分为我们理解般若与方便内涵、外延的区分与融摄，再一次提供了重要的参证标准。

再者，关于“波罗蜜多”这个概念，《瑜伽师地论》这里说言：

> 应知此中施等十法，经三大劫阿僧企耶，长时修习乃圆证故，自性清净体殊胜故，过余一切世间声闻独觉善根摄受最胜菩提果故，如是十法最极长时乃能圆证，自性最极清净殊胜，能得最极菩提妙果，是故说名波罗蜜多。①

【梵本】

tatrāsaṃkhyeyatrayadīrghakālasamudāgamātsvabhāvaviś uddhiviś eṣātta-danyebhyaḥsarvalaukikaśrāvakapratyekabuddhakuśalamūlebhyaḥparamabod-

① 《瑜伽师地论》，《大正藏》第30册，No. 1579，第566页上。

hiphalaparigrahāc caite daśa dānādayo dharmāḥparameṇa kālena samudāgatāḥparamayā svabhāvaviśuddhyā viśuddhāḥparamañca phalamanuprayacchanti । iti tasmātpāramitā ityucyante । ①

可见“波罗蜜多”这个词梵文为 pāramitā，其中含有 parama（最高，最后），所以这段话解释布施等“十法”（ete daśa dānādayo dharmāḥ），具有修证世间最长（parameṇa kālena samudāgatāḥ）、自体最清净（paramayā svabhāvaviśuddhyā viśuddhāḥ）及所获结果最殊胜（paramañ ca phalam anuprayacchanti）这“三最”的特征，因此称为“波罗蜜多”（诸种最高或最上）。《瑜伽》这一解释，强调“十法”皆具备“三最”的特征，因此菩萨的“方便善巧”等后四种新增的波罗蜜多，与传统所言其他六种波罗蜜多一样，同样具备“三最”的性质，这样《瑜伽》也就在这段文字中清晰确认了作为波罗蜜多的方便善巧所拥有的伟大、超卓的存在特质。

在《瑜伽师地论》菩萨地《行品》接下来的文字中，经文讨论了诸波罗蜜多次第建立的理由，论中说言：

> 应知如是波罗蜜多，由三因缘次第建立。何等为三？一由对治故，二由生起故，三由异熟果故。云何如是波罗蜜多由对治故次第建立？谓悭、恶行、于诸有情忿恨逼恼、懈怠、散乱、暗钝愚痴，如是六法，能障菩提，施等六法，能为对治。如其所应，建立六种波罗蜜多。当知所余波罗蜜多，即此所摄。如是名为由对治故次第建立。②

【梵本】

tribhiśca kāraṇaiḥpāramitānāmanukramavyavasthānaṃ veditavyam । katamais tribhiḥ । pratipakṣataḥupapattito vipākaphalataś ca । tatra mātsa-

---

① *Bodhisattva Bhūmi*, *A Statement of Whole Course of the Bodhisattva*, edited by Unrai Wogihara, Sankibo Buddhist Book Store, Tokyo, Japan, 1971, p. 372.

② 《瑜伽师地论》，《大正藏》第 30 册，No. 1579，第 566 页上。

ryaṃ duścaritaṃ sattveṣu vairotpīḍanatā kausīdyaṃ vikṣepo mandamomuhatā ca । amīṣaḍdharmā bodherāvaraṇasthānīyāḥ । eṣāṃ ṣaṇṇāṃ dharmāṇāṃ pratipakṣeṇa ṣaṭpāramitā yathāyogaṃ veditavyāḥ । tadanyāśca pāramitāābhir eva saṃgṛhītāḥ । evaṃ pratipakṣato vyavasthānaṃ bhavati । ①

《瑜伽》分别从对治、生起及异熟果三种理由，考虑诸种波罗蜜多的建立次第。上面的引文是由对治考量波罗蜜多的建立次第：因为要分别对治悭吝、恶行、于诸有情怨恨逼恼、懈怠、散乱、暗钝愚痴这六种恶法，所以相应地需要建立六种波罗蜜多，也就是说，建立布施波罗蜜多，以对治悭吝，乃至建立般若波罗蜜多，以对治暗钝愚痴。那么对包括方便善巧波罗蜜多在内的其余四种波罗蜜多的建立次第，应当如何思考呢？论文在这里指示：“当知所余波罗蜜多，即此所摄。”（tadanyāśca pāramitāābhir eva saṃgṛhītāḥ，意思是说：“此六种波罗蜜多之外的四种波罗蜜多，由前述诸波罗蜜多所摄”）而在此品文字临近结束处，《瑜伽》甚至写道：“由前四种波罗蜜多资粮、自性、眷属、守护，当知圆满修诸菩萨增上戒学。由其静虑波罗蜜多，当知圆满修诸菩萨增上心学。由其般若波罗蜜多，当知圆满修诸菩萨增上慧学。过此三上更无菩萨学道可得，是故此三普摄一切菩萨学道。由此建立波罗蜜多唯有六种，除此无有若过若增。”②

因此，《瑜伽师地论·本地分》菩萨地这部分论文只是笼统、模糊地提出将包括方便善巧波罗蜜多在内的后四种波罗蜜多，由包括般若在内的前六种波罗蜜多所融摄的思想，但是这段文字中并未明言后四种波罗蜜多，究竟如何归摄于前六种波罗蜜多中；也没有明言后四种波罗蜜多，是否归摄于般若波罗蜜多；更没有明言般若波罗蜜多与方便善巧波罗蜜多二者之间的真实摄属关系。这与此后《瑜伽师地论·抉择分》追随《解深

① *Bodhisattva Bhūmi*, *A Statement of Whole Course of the Bodhisattva*, edited by Unrai Wogihara, Sankibo Buddhist Book Store, Tokyo. Japan, 1971, p. 372.

② 《瑜伽师地论》，《大正藏》第 30 册，No. 1579，第 566 页中。

密经》在同一思想主题上的观念倾向，还是有明显的差异的。[①] 与此后《摄大乘论》宣布将方便善巧等波罗蜜多收摄于般若波罗蜜多的做法，也存在重要的不同。[②]

客观地观察与考量，可以看出《瑜伽师地论》菩萨地《行品》中表述的思想，实际上包含两种波罗蜜多思想的体系，其一是关于“六度”的波罗蜜多思想体系，其一是关于“十度”的波罗蜜多思想体系。这两个波罗蜜多思想体系，一个是较为古老的菩萨行思想体系，一个是相对较近的菩萨行思想体系。[③]《瑜伽》菩萨地《行品》接纳和建构了“十度”菩萨行思想体系，在“波罗蜜多”范畴下处理“善巧方便”概念及其思

---

① 在《瑜伽师地论·抉择分》的论述中，情况则有所不同。如《瑜伽师地论》卷第七十八《摄抉择分》中菩萨地之七，有说：“世尊！是诸菩萨凡有几种所应学事？善男子！菩萨学事略有六种：所谓布施、持戒、忍辱、精进、静虑、慧到彼岸。”（《瑜伽师地论》，《大正藏》第30册，No. 1579，第730页下）“世尊！何因缘故施设如是所应学事但有六数？善男子！二因缘故：一者饶益诸有情故，二者对治诸烦恼故。当知前三饶益有情，后三对治一切烦恼。前三饶益诸有情者，谓诸菩萨由布施故，摄受资具，饶益有情；由持戒故，不行损害逼迫恼乱，饶益有情；由忍辱故，于彼损害逼迫恼乱堪能忍受，饶益有情。后三对治诸烦恼者，谓诸菩萨由精进故，虽未永伏一切烦恼，亦未永害一切随眠，而能勇猛修诸善品，彼诸烦恼不能倾动善品加行；由静虑故，永伏烦恼；由般若故，永害随眠。”（《瑜伽师地论》，《大正藏》第30册，No. 1579，第730页下）还有，“世尊！何因缘故施设所余波罗蜜多但有四数？善男子！与前六种波罗蜜多为助伴故。谓诸菩萨于前三种波罗蜜多所摄有情，以诸摄事方便善巧而摄受之，安置善品，是故我说方便善巧波罗蜜多与前三种而为助伴。若诸菩萨于现法中烦恼多故，于修无间无有堪能，羸劣意乐故，下界胜解故，于内心住无有堪能，于菩萨藏不能闻缘善修习故，所有静虑不能引发出世间慧，彼便摄受少分狭劣福德资粮，为未来世烦恼轻微心生正愿，如是名愿波罗蜜多。由此愿故，烦恼微薄，能修精进，是故我说愿波罗蜜多与精进波罗蜜多而为助伴。若诸菩萨亲近善士，听闻正法，如理作意为因缘故，转劣意乐成胜意乐，亦能获得上界胜解，如是名力波罗蜜多。由此力故，于内心住有所堪能，是故我说力波罗蜜多与静虑波罗蜜多而为助伴。若诸菩萨于菩萨藏已能闻缘善修习故，能发静虑，如是名智波罗蜜多，由此智故，堪能引发出世间慧，是故我说智波罗蜜多与慧波罗蜜多而为助伴。”（《瑜伽师地论》，《大正藏》第30册，No. 1579，第731页上）这里以方便善巧为“六度”中前三种波罗蜜多之“助伴”，明显与《瑜伽·本地分》菩萨地的相关思想立场存在一定的差异。《瑜伽师地论·摄抉择分》的上述说法，引自《解深密经》，可以参考《解深密经·地波罗蜜多品第七》，《大正藏》第16册，No. 0676，第705页中。

② 《摄大乘论》：“又此四种波罗蜜多，应知般若波罗蜜多无分别智、后得智摄。”《大正藏》第31册，No. 1594，第146页上。

③ 六种波罗蜜多之说，甚至可以追溯到部派佛教中的大众部，如《增一阿含经》中说：“佛告弥勒：若菩萨摩诃萨行四法本，具足六波罗蜜，疾成无上正真等正觉。”及：“诸有众生之类，菩萨最为上首，具足六度，了诸法本。”（《增一阿含经》，《大正藏》第2册，No. 0125，第645页中）参考神林隆净《菩萨思想的研究》，《世界佛学名著译丛》66，第534页。

想，正式规定了“方便善巧乃是一种波罗蜜多”的概念，使得方便善巧被提升到与般若波罗蜜多等诸种波罗蜜多同等的思想层次上，这在瑜伽行派经论思想理解、诠释的历史上，是一个非常重要的指向，表明瑜伽学系在这个根本问题上——高度重视善巧方便的功能、作用，高度重视善巧方便之于菩萨学行的意义——，与以善巧方便概念思想作为核心价值之一的初期大乘的几部重要经典，例如《佛母宝德藏般若伽陀》《小品般若经》《法华经》《大乘善巧方便经》《维摩经》《华严经·十地品》等等，站在根本一致的思想立场上。

不过《瑜伽师地论·本地分》之菩萨地，又显然是在六度思想体系的基础上，接纳和融摄包括方便善巧在内的十度波罗蜜多思想，并且《瑜伽》菩萨地第三部分持究竟瑜伽处的《行品》，又有把十种波罗蜜多思想体系收摄于六种波罗蜜多思想体系的倾向。这并不表示《瑜伽师地论·本地分》对于善巧方便不够重视，或者重般若而轻方便，它只是表示《瑜伽师地论·本地分》之菩萨地，是要在传统的六度思想体系及般若波罗蜜多思想体系，和另外一个以善巧方便为中心的大乘佛教菩萨行思想系统之间，进行辩证的整合的努力。所以一方面充分彰显传统的六种波罗蜜多思想体系的价值，及般若波罗蜜多之崇高价值，一方面又高度肯认善巧方便之伟大、卓越品质，承认善巧方便在自度、度他的菩萨道果中所具有的特殊作用及特殊地位，在两种菩萨行思想体系中调和、整合，在新旧大乘佛教思想体系中调和、整合，并在这种调和、整合中不断注意表彰及凸显善巧方便之特殊功能价值，应当正是《瑜伽师地论·本地分》菩萨地诠释及建构方便善巧波罗蜜多概念思想的显著特色。

第六节　结论:《瑜伽师地论·本地分》菩萨地方便善巧概念思想之调和、辩证特色

综合以上的考察，关于《瑜伽师地论·本地分》菩萨地反映及体现的方便善巧思想，我们可以作出以下几点综合的说明：

（1）《瑜伽师地论·本地分》菩萨地，以大量篇幅、章节讨论及处理有关方便善巧概念及其思想的问题，足见这部瑜伽师系统的重要论典，对

于方便善巧一系概念思想具有高度的重视与关切。《瑜伽》规定菩萨种姓发心追求无上菩提，菩萨种姓以度他为胜，因而如何将一切众生引向无上正等菩提，乃是菩萨最基本的职责之一。《瑜伽师地论·本地分》菩萨地是大乘佛教思想史上，致力于系统建构菩萨道果思想系统的经典，对于方便善巧概念及其思想的高度重视，就本质而言，与《瑜伽师地论》菩萨地对于菩萨思想、菩萨行思想乃至整个大乘佛教教法思想本质的深刻理解，存在着不可割裂的密切关系。

（2）《瑜伽师地论·本地分》菩萨地，综合地看，是分别在“菩萨行”“菩提分法”“波罗蜜多”等范畴下，来考量及规定方便善巧的概念及思想。在“菩萨行”的范畴下，方便所摄的四种摄事，与菩萨“六度”这两大类菩萨行的同等重要性及密切关联性，得到了相应的彰显；在“菩提分法”的范畴下，《瑜伽》菩萨地不仅澄清方便善巧基于“菩提”、为了“菩提”、指向“菩提”、引向“菩提”，一切以菩提为轴心而旋转的根本性质，也据而把方便善巧分析为“依内修证一切佛法”及“依外成熟一切有情”的两大类共18种行相的方便善巧；而在“波罗蜜多”的范畴之下，《瑜伽师地论》菩萨地则清晰界定了方便善巧同传统所言六种波罗蜜多一样具有三种超卓性质。《瑜伽师地论·本地分》菩萨地在上述三个范畴下对于方便善巧性质的规定及说明，不仅非常系统，而且十分辩证，对于我们全面、系统、精确掌握佛教经论中对于方便善巧概念及思想相关说明的意义，对于我们认识、理解方便善巧的根本性质及重要作用，对于我们理解瑜伽行派关于善巧方便概念思想的本质认识，乃至对于我们在新的诠释视角下重新理解瑜伽学系的思想性质与学说价值方面，具有非常重要的指导价值。

（3）《瑜伽师地论·本地分》菩萨地思想体系中的“般若”概念，有从最广义角度对于般若内涵、外延的说明，也有从最狭义角度对于般若内涵、外延的说明；同样《瑜伽师地论》菩萨地思想体系中的方便善巧概念及思想，也存在内涵、外延广义及狭义的区分与建立。《瑜伽师地论·本地分》的相关论述，虽然最终表现出以较为传统的“六度”思想体系收摄较为新起的“十度”思想体系的倾向，但是《瑜伽》菩萨地还是在维持六度传统思想体系的基础上，不断彰显及突出方便善巧概念思想的特质及作用。所以《瑜伽师地论·本地分》的菩萨地思想义理，并不存在重般若而轻方便的思想倾向，而是展示了在传统的六度思想体系与善巧方便思想体系之间，及在般若、方便二种菩萨德目之间，予以调和和辩证的理论特色。